BIOLOGIE
HEUTE S II

Qualifikationsphase
Niedersachsen

Herausgegeben von
Michael Walory
Elsbeth Westendorf-Bröring

BIOLOGIE HEUTE S II

Qualifikationsphase
Niedersachsen

Herausgeber:
Michael Walory
Elsbeth Westendorf-Bröring

Autoren:
Dr. Denise Richardt-Pargmann
Michael Walory
Dr. Astrid Wasmann
Elsbeth Westendorf-Bröring
Jörg Wolter

In Teilen ist das Werk eine Bearbeitung von:
ISBN 978-3-507-10980-3
ISBN 978-3-507-11245-2

Zum Schülerband sind lieferbar:
Lösungen Qualifikationsphase ISBN 978-3-14-**150484**-2
Lehrermaterialien Qualifikationsphase ISBN 978-3-14-**150485**-9

BiBox - Digitale Unterrichtsmaterialien
Lehrer-Einzellizenz WEB-14-**150487**
Lehrer-Kollegiumslizenz WEB-14-**150489**
Schüler-Einzellizenz (1 Schuljahr) WEB-14-**150490**
Schüler-Einzellizenz (4 Schuljahre) WEB-14-**103445**
Schüler-Einzellizenz PrintPlus (1 Schuljahr) WEB-14-**150486**

westermann GRUPPE

© 2019 Bildungshaus Schulbuchverlage
Westermann Schroedel Diesterweg Schöningh Winklers GmbH, Braunschweig
www.westermann.de

Druck A[1] / Jahr 2019
Alle Drucke der Serie A sind im Unterricht parallel verwendbar.

Redaktion: Dr. Nora Feye, Ulrike Wallek
Illustrationen: 2 & 3d design Renate Diener & Wolfgang Gluszak, Christine Henkel,
Wolfgang Herzig, Brigitte Karnath, Heike Keis, Liselotte Lüddecke, Karin Mall,
Tom Menzel, Birgitt Biermann-Schickling, Stefanie Saile, Birgit & Olaf Schlierf
Umschlaggestaltung: Gingco.Net Werbeagentur GmbH & Co. KG, Braunschweig
Layout: Janssen Kahlert Design & Kommunikation GmbH, Hannover
Druck und Bindung: Westermann Druck GmbH, Braunschweig

ISBN 978-3-14-**150483**-5

Inhalt

Stoffwechselbiologie

1 Enzyme – Werkzeuge des Stoffwechsels

2 Stoffabbau – Zellatmung

3* Energiestoffwechsel beim Sport

Die mit einem Sternchen * markierten Kapitel umfassen Inhalte für die Kurse auf erhöhtem Anforderungsniveau.

Die mit einem Sternchen * markierten Kapitel umfassen Inhalte für die Kurse auf erhöhtem Anforderungsniveau.

Inhalt

Die mit einem Sternchen * markierten Kapitel umfassen Inhalte für die Kurse auf erhöhtem Anforderungsniveau.

Kommunikation in biologischen Systemen 272

Die mit einem Sternchen * markierten Kapitel umfassen Inhalte für die Kurse auf erhöhtem Anforderungsniveau.

Evolution 342

Die mit einem Sternchen * markierten Kapitel umfassen Inhalte für die Kurse auf erhöhtem Anforderungsniveau.

Konzeption des Buches

Fachwissen erwerben, vernetzen und anwenden

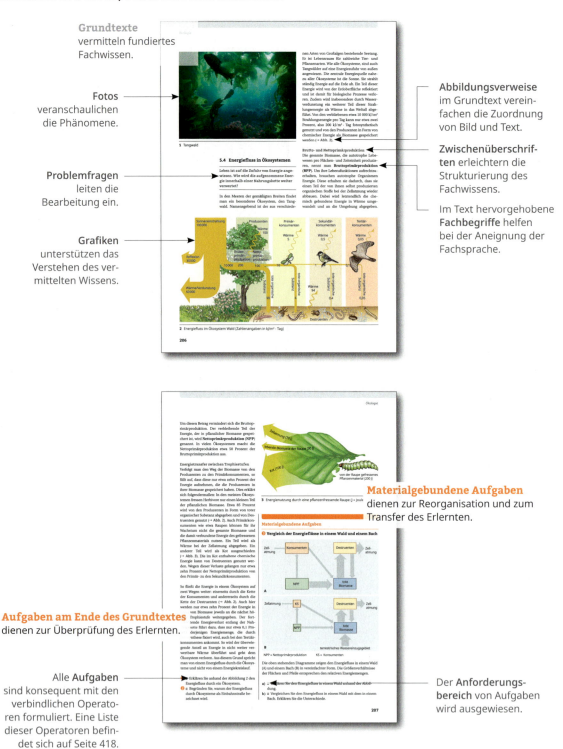

Grundtexte vermitteln fundiertes Fachwissen.

Fotos veranschaulichen die Phänomene.

Problemfragen leiten die Bearbeitung ein.

Grafiken unterstützen das Verstehen des vermittelten Wissens.

Abbildungsverweise im Grundtext vereinfachen die Zuordnung von Bild und Text.

Zwischenüberschriften erleichtern die Strukturierung des Fachwissens.

Im Text hervorgehobene **Fachbegriffe** helfen bei der Aneignung der Fachsprache.

Materialgebundene Aufgaben dienen zur Reorganisation und zum Transfer des Erlernten.

Aufgaben am Ende des Grundtextes dienen zur Überprüfung des Erlernten.

Alle **Aufgaben** sind konsequent mit den verbindlichen Operatoren formuliert. Eine Liste dieser Operatoren befindet sich auf Seite 418.

Der **Anforderungsbereich** von Aufgaben wird ausgewiesen.

Ein umfangreiches **Glossar** und **Register** ermöglichen den schnellen Zugriff auf wichtige Fachbegriffe und Inhalte.

Wissen sichern, anwenden und übertragen

Praktika

- leiten mit klaren Anweisungen zum selbstständigen Experimentieren an.
- führen zur Planung eigenständiger hypothesengeleiteter Experimente hin.
- sind mit einer Sicherheitsleiste nach der aktuellen GHS-Verordnung (siehe Seiten 425 bis 428) ausgestattet.
- Die Gefährdungsbeurteilungen befinden sich im gedruckten Lehrermaterial und in den digitalen Unterrichtsmaterialien der BiBox.

Basiskonzepte

- helfen das biologische Wissen zu strukturieren.
- zeigen die vielfache Vernetzung der biologischen Themen auf.
- Eine Übersicht über die Basiskonzepte befindet sich auf Seite 12.

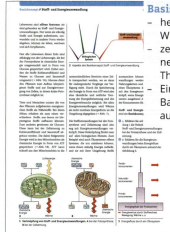

Methoden

- stellen fachspezifische Arbeitstechniken vor, die den Erkenntnisgewinn unterstützen.

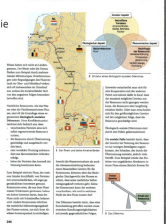

Exkurse

- ergänzen das Thema durch zusätzliche interessante Aspekte.
- greifen aktuelle Inhalte auf.
- informieren über Berufe aus dem Bereich Biologie.

Wissen kompakt

- fasst wesentliche Inhalte des Kapitels in strukturierter Form zusammen.
- ermöglicht eine gezielte Wiederholung des Lernstoffes und eine Selbstüberprüfung.

Klausuraufgaben

- ermöglichen ein variantenreiches Üben von Aufgaben in veränderten Kontexten.
- bereiten gezielt auf Klausuren vor.
- fördern nachhaltiges Lernen.
- ermöglichen eine Selbstüberprüfung unter anderem mithilfe der Lösungen auf den Seiten 419 bis 424.

Biologische Systeme und ihre Ebenen

1 Systemebene: Biosphäre (Erde)

2 Systemebene: Ökosystem (Moor)

3 Systemebene: Lebensgemeinschaft (Eidechse, Moos)

Um Zugänge zu der enormen Vielfalt des Lebens zu finden und um biologisches Wissen zu strukturieren, können Ausschnitte aus der Natur als biologisches System betrachtet werden. Dabei werden Merkmale, die Systeme charakterisieren, modellhaft auf den Ausschnitt der Natur, etwa ein Ökosystem, eine Lebensgemeinschaft oder eine Zelle, übertragen.

Allgemeine Merkmale eines Systems

Unter einem **System** versteht man ein geordnetes Ganzes, das aus verschiedenen Elementen besteht, die eng zusammenwirken. Räder, Nabe, Kette, Rahmen und Lenker sind beispielsweise Elemente des Systems Fahrrad. Betrachtet man einen einzelnen Organismus, etwa einen Menschen als System, so sind seine Organe die Systemelemente. Nur durch ein präzises und geregeltes Zusammenwirken der verschiedenen Elemente ist ein System funktionsfähig. Fällt ein relevantes Systemelement, etwa ein Auge, aus, büßt das System Organismus wesentliche Eigenschaften ein. Ein auf einem Auge blinder Mensch hat beispielsweise große Probleme beim gezielten Greifen, da sein räumliches Sehen eingeschränkt ist.

Durch das Zusammenwirken der verschiedenen Systemelemente hat ein System Eigenschaften, die die einzelnen Elemente nicht besitzen. So kann ein Mensch zwar mit jedem seiner beiden Augen sehen, aber erst mit beiden Augen zusammen kann er räumlich sehen. Die Eigenschaft eines Systems ist also mehr als die Summe der Eigenschaften der einzelnen Elemente. Dieses Auftreten neuer Systemeigenschaften bezeichnet man als **Emergenz** (lat. *emergo:* auftauchen).

Typische Merkmale eines biologischen Systems

Kennzeichnend für biologische Systeme ist ihre spezielle Abgrenzung von der Umgebung. Beispielsweise sind Zellen durch ihre Zellmembranen begrenzt. Trotzdem stehen sie im ständigem Stoff-, Energie- und Informationsaustausch mit der Umgebung. Sie sind **offene Systeme**. Obwohl eine ausgewachsene Zelle ständig Stoffe aufnimmt, verändert sich ihr Volumen nicht, denn Stoffe werden verarbeitet und Reste ausgeschieden. Die Zufuhr und der Abfluss von Stoffen und Energie halten sich in der Regel die Waage. In biologischen Systemen stellt sich also ein Gleichgewicht ein, das ständig in Bewegung ist. Man spricht daher von einem **dynamischen Gleichgewicht** oder **Fließgleichgewicht**.

Biologische Systeme zeichnen sich außerdem dadurch aus, dass sie ihre innere Ordnung eigenständig entwickeln und aufrechterhalten. So entstehen aus einer befruchteten Eizelle durch Zellteilungen unzählige embryonale Zellen, die sich selbstständig zu einem vollständigen Organismus formieren. Man spricht von **Selbstorganisation**.

Ein weiteres Merkmal biologischer Systeme ist die **Reproduktion**. Viele biologische Systeme wie Zellen und Organismen können sich reproduzieren, fortpflanzen und vermehren.

Hierarchie der Systemebenen

Biologische Systeme können auf verschiedenen Ebenen beschrieben werden. Zum Beispiel kann man eine Zelle, einen Organismus aber auch ein Ökosystem als biologisches System beschreiben. Dabei kann jedes einzelne Biosystem zugleich Element eines übergeordneten Biosystems sein. Je nachdem, auf welcher Organisationsebene des Lebens man den Ausschnitt der Natur betrachtet, unterscheidet man zwischen verschiedenen **Systemebenen**.

Das umfassendste biologische System ist die **Biosphäre** (→ **Abb. 1**). Ihre Systemelemente sind die verschiedenen Ökosysteme der Erde, wie etwa Moore, Seen und Wälder. Diese Ökosysteme sind durch Stoffkreisläufe und Energieflüsse miteinander verbunden sind. Ein **Ökosystem** wiederum ist eine Einheit aus Lebensraum und Lebensgemeinschaften (→ **Abb. 2**).

Auf einer darunter stehenden Systemebene befindet sich die **Lebensgemeinschaft** (→ **Abb. 3**). Das Nahrungsnetz stellt die Verbindung zwischen den zugehörigen Lebewesen, den „Systemelementen", her und grenzt dieses Biosystem von anderen Lebensgemeinschaften ab. Auf der folgenden Systemebene befinden sich die Organismen. Ein **Organismus** besteht aus verschiedenen Organen (→ **Abb. 4**). Ein **Organ** wiederum umfasst verschiedene Gewebe als Systemelemente (→ **Abb. 5**). Ein **Gewebe** besteht aus Zellen des gleichen Typs mit ähnlicher Funktion (→ **Abb. 6**).

Die Systemelemente einer **Zelle** sind die Organellen (→ **Abb. 7**). Die **Organellen** wiederum sind aus Biomolekülen aufgebaut (→ **Abb. 8**) und selbst **Biomoleküle,** wie etwa Proteine, können als System betrachtet werden (→ **Abb. 9**). Ihre Eigenschaften erklären sich nicht, wenn man lediglich die Eigenschaften ihrer Bausteine addiert. Emergenz tritt beispielsweise auf, wenn Aminosäuren zu Proteinen reagieren.

① ☰ Vergleichen Sie das technische System Fahrrad mit dem biologischen System Organismus.
② ☰ Erklären Sie, dass ein Organismus ein offenes System mit einem dynamischen Gleichgewicht ist.
③ ☰ Verdeutlichen Sie am Beispiel eines Ihnen bekannten Ökosystems, dass ein Biosystem seine Systemeigenschaften verliert, wenn relevante Systemelemente zerstört werden.

4 Systemebene: Organismus (Moospflanze)

5 Systemebene: Organ (Blätter einer Moospflanze)

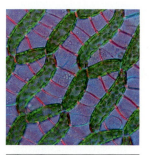 

6 Systemebene: Gewebe (Moospflanze)   **7** Systemebene: Zelle (Moospflanze)

8 Systemebene: Organell (Chloroplast)   **9** Systemebene: Biomolekül (Aminosäure Glutamin)

Basiskonzepte in der Biologie

Alle heute auf der Erde vorkommenden Lebewesen stammen von einzelligen Urlebewesen ab, die vor etwa 3,8 Milliarden Jahren existierten. Deshalb stehen alle Lebewesen und biologischen Systeme miteinander in Beziehung. Die Evolution bildet den allumfassenden Rahmen für die Entstehung, Wandlung und Entfaltung des Lebens. Aus diesem Grund lassen sich in der Vielfalt und Komplexität der biologischen Systeme und Phänomene gemeinsame Prinzipien und grundlegende Muster erkennen. Diese werden als **Basiskonzepte** zusammengefasst und beschrieben. Sie ermöglichen in der großen Fülle biologischer Phänomene und Themen eine Struktur zu erkennen und den Zugang zu neuen Themen und Problemstellungen zu finden. Außerdem verdeutlichen sie die Vernetzung der unterschiedlichen Themen und Systemebenen (→ **Abb. 2**).

Kompartimentierung

Biologische Systeme sind abgegrenzte Reaktionsräume. Darin können unterschiedliche Vorgänge stattfinden, ohne sich gegenseitig zu behindern. *So ist etwa das Hochmoor wie jedes andere Ökosystem in bestimmte Bereiche gegliedert. In ihnen liegen unterschiedliche abiotische und biotische Bedingungen vor. In Vertiefungen des Moorbodens herrschen zum Beispiel sehr feuchte, auf Erhöhungen dagegen trockene Bedingungen* (→ **Abb. 1**).

Variabilität und Angepasstheit

Lebewesen sind bezüglich Bau und Funktion an ihre Umwelt angepasst. *Zum Beispiel sind bestimmte Pflanzenarten an das mineralstoffarme Hochmoor angepasst, indem sie Insekten fangen und so zusätzlich Stickstoff und Mineralstoffe aufnehmen.*

1 Ökosystem Moor

Struktur und Funktion

Lebewesen und Lebensvorgänge sind an Strukturen gebunden. Die Strukturen eines Lebewesens stehen im engen Zusammenhang mit ihrer Funktion. *Torfmoose können beispielsweise etwa das 30-Fache ihrer Trockenmasse an Wasser speichern. Diese Funktion wird durch ihre großen toten Zellen ermöglicht, die zwischen den lebenden Zellen liegen.*

Stoff- und Energieumwandlung

Lebewesen und biologische Systeme sind offene Systeme, sie nehmen Stoffe und Energie aus der Umgebung auf, wandeln sie um und geben Stoffe sowie Energie an die Umgebung ab. *Das Ökosystem Moor unterscheidet sich von allen anderen Ökosystemen der Erde durch eine positive Stoffbilanz. Es bildet mehr Biomasse durch die Fotosynthese der Pflanzen als zersetzt und verbraucht wird.*

Information und Kommunikation

Lebewesen nehmen Informationen aus der Umgebung auf, speichern und verarbeiten sie und kommunizieren miteinander. *So werden durch die Rufe bestimmter Vögel, etwa Kiebitze, Artgenossen und andere Lebewesen vor dem Herannahen von Feinden in der offenen Moorlandschaft früh gewarnt.*

Geschichte und Verwandtschaft

Ähnlichkeit und Vielfalt von Lebewesen sind das Ergebnis stammesgeschichtlicher Entwicklungsprozesse. Alle Lebewesen stammen von gemeinsamen Vorfahren ab, sie sind stammesgeschichtlich miteinander verwandt. *Die gemeinsam verlaufene Evolution erklärt auch die wechselseitige Abhängigkeit zweier Arten voneinander, wie etwa die Symbiose von Heidekraut und bestimmten Pilzarten in Mooren.*

Reproduktion

Lebewesen sind fähig zur Reproduktion. Damit ist die Weitergabe und Rekombination von Erbinformationen verbunden. Lebewesen können sich geschlechtlich und ungeschlechtlich fortpflanzen. *Die Fortpflanzung vieler Lebewesen ist eng an die Bedingungen ihres Biotops gebunden. Zum Beispiel ist die Larvenentwicklung bestimmter moortypischer Libellenarten an das saure Moorwasser gebunden.*

Steuerung und Regelung

Lebende Systeme halten bestimmte Zustände durch Regulation aufrecht und reagieren auf Veränderungen. Steuerung ist eine einseitig gerichtete Beeinflussung eines Vorgangs. Eine Regelung ist dagegen durch eine negative Rückkopplung charakterisiert. *In einem Ökosystem sind bestimmte Ressourcen begrenzt, sodass nur eine gewisse Anzahl von Lebewesen einer Art dort vorkommen kann. So ist die Populationsdichte von Kreuzottern im Moor stark von der Vermehrungsrate ihrer Beutetiere, den Mäusen, abhängig.*

Auf den Basiskonzeptseiten im Buch werden die speziell für die Qualifikationsphase relevanten acht Basiskonzepte ausführlich erklärt:

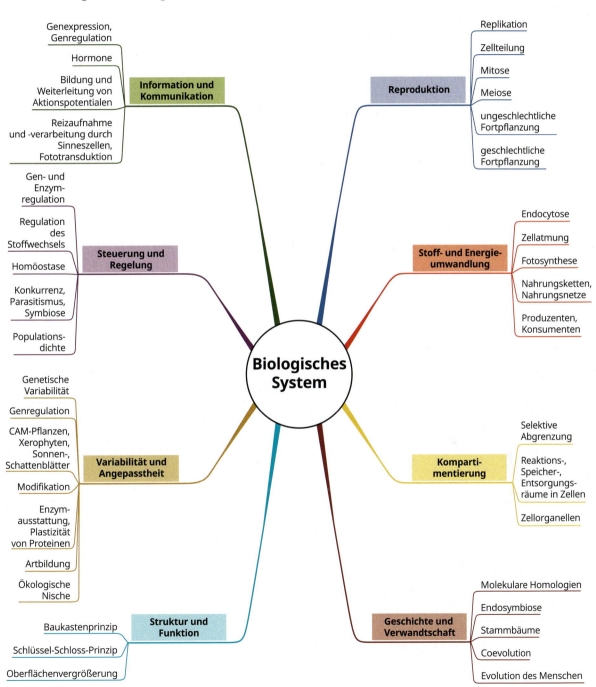

2 Vernetzung unterschiedlicher Themen durch Basiskonzepte

Keine andere Schwimmart ist so anstrengend wie das Schmetterlingsschwimmen. Nur durch das Zusammenspiel von Training und Energieversorgung der Muskeln werden solche körperlichen Leistungen möglich.

Stoffwechsel-biologie

1 Enzyme – Werkzeuge des Stoffwechsels

1.1 Wiederholung: Bau der Proteine

Proteine erfüllen wichtige Funktionen im Stoffwechsel, für die ihre Raumstruktur von besonderer Bedeutung ist. Wie sind Proteine aufgebaut und wie erhalten sie ihre Raumstruktur?

Die größte Gruppe der Biomoleküle umfasst die **Proteine**. Viele von ihnen wirken als Biokatalysatoren. Sie werden **Enzyme** genannt. Andere Proteine, etwa die verschiedenen Filamente des Cytoskeletts, haben eine Gerüst- und Strukturfunktion. Außerdem sind Proteine in der Membran am Stofftransport und an der Signalaufnahme und -weiterleitung beteiligt.

Bau der Aminosäuren

Proteine werden aus **Aminosäuren** aufgebaut. Diese besitzen ein zentrales C-Atom, dessen vier Bindungsstellen mit jeweils einer Aminogruppe, einer Carboxygruppe, einem Wasserstoff-Atom sowie einer Seitengruppe besetzt sind (→ **Abb. 1**). Die Seitengruppe wird auch als Rest bezeichnet und verleiht jeder Aminosäure charakteristische Eigenschaften. Der Rest kann polar oder unpolar sein. Aminosäuren mit einem polaren Rest können neutral, positiv oder negativ geladen sein. Die Aminosäure Cystein trägt am Ende ihres Restes eine Schwefelwasserstoff-Gruppe, abgekürzt SH-Gruppe. Über diese SH-Gruppe kann sie mit der SH-Gruppe einer zweiten Cystein-Aminosäure eine stabile Verbindung ausbilden, eine sogenannte **Disulfidbrücke.** Sie ist für die räumliche Struktur und Stabilität von Proteinen besonders wichtig.

Bindungen zwischen Aminosäuren

So wie mit den 26 Buchstaben des Alphabetes unbegrenzt viele verschiedene Wörter gebildet werden können, lässt sich mit den 20 natürlich vorkommenden Aminosäuren eine unbegrenzte Anzahl verschiedener Proteine aufbauen. Bei der Verknüpfung zweier Aminosäuren reagiert jeweils die Carboxygruppe einer Aminosäure mit der Aminogruppe einer anderen Aminosäure unter Abspaltung eines Wasser-Moleküls. Bei dieser Kondensationsreaktion entsteht eine **Peptidbindung.** Durch Kondensation von zwei Aminosäuren entsteht ein **Dipeptid** (→ **Abb. 2**). Es besitzt an einem Ende eine Aminogruppe und am anderen Ende eine Carboxygruppe, sodass weitere Aminosäuren daran gebunden werden können. Je nach Anzahl der verknüpften Aminosäuren unterscheidet man zwischen **Oligopeptiden, Polypeptiden** und **Proteinen.** Oligopeptide bestehen aus zwei bis zehn Aminosäuren, Polypeptide aus mehr als zehn Aminosäuren (→ **Abb. 3**). Proteine sind Polypeptide, die aus mehr als 100 Aminosäuren bestehen und eine charakteristische räumliche Struktur aufweisen.

Strukturen eines Proteins

Die Reihenfolge oder **Sequenz** der verschiedenen Aminosäuren in der Aminosäurekette eines Proteins nennt man **Primärstruktur** (→ **Abb. 4 A**). Eine **Sekundärstruktur** ergibt sich daraus, dass sich die Kette aufgrund von Wasserstoffbrücken zwischen den Peptidbindungen schraubenförmig aufdrehen oder ziehharmonikaartig falten kann (→ **Abb. 4 B**). Man spricht von einer **alpha (α)-Helixstruktur** und **beta (β)-Faltblattstruktur.**

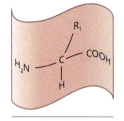

1 Aminosäure-grundstruktur

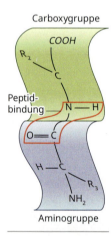

2 Dipeptid

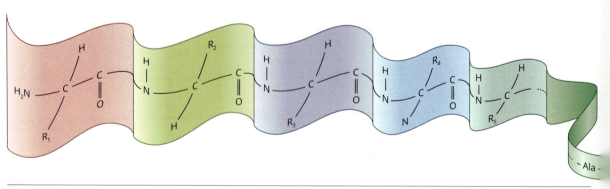

3 Polypeptid

Helixstruktur und Faltblattstruktur können auch innerhalb eines Protein-Moleküls in unterschiedlichen Abschnitten auftreten. Oft liegen auch noch Kettenbereiche dazwischen, die keine bestimmte Ordnung erkennen lassen (→ **Abb. 4 C**). Während in der α-Helixstruktur die Reste der verschiedenen Aminosäuren nach allen Seiten herausragen, befinden sich diese in der β-Faltblattstruktur oberhalb und unterhalb der Faltblattebene. Wechselwirkungen zwischen den Resten verändern die räumliche Struktur des Polypeptids zusätzlich. Proteine können so zum Beispiel eine kugelförmige Gestalt einnehmen (→ **Abb. 5**). Die Raumstruktur eines Proteins, die aufgrund von Wechselwirkungen zwischen den Resten ausgebildet wird, bezeichnet man als **Tertiärstruktur** (→ **Abb. 4 C**).

Viele Proteine setzen sich aus mehreren Polypeptidketten zusammen. Diese werden durch Wechselwirkungen zusammengehalten und bilden eine Funktionseinheit, etwa einen Proteinkanal in der Membran. Die räumliche Struktur eines aus mehreren Untereinheiten zusammengesetzten Proteins nennt man **Quartärstruktur** (→ **Abb. 4 D**). Nicht alle Proteine haben eine Quartärstruktur.

Bedeutung der Protein-Raumstruktur

Die korrekte räumliche Struktur eines Proteins ist Voraussetzung für seine Funktion und Eigenschaften. Oft haben Proteine wie etwa Carrier in der Membran die Aufgabe, andere Moleküle anzulagern. Dies erfolgt nach dem **Schlüssel-Schloss-Prinzip.** Falsch gefaltete Proteine sind gleichsam verbogene Schlösser und können ihre spezifischen Funktionen nicht erfüllen. Sie werden im Cytoplasma durch „Proteinschredder", sogenannte Proteasomen, abgebaut.

Die räumliche Struktur von Proteinen wird durch Veränderungen des pH-Werts oder durch Temperaturveränderungen beeinflusst. Verlieren Proteine dadurch ihre natürliche räumliche Struktur, spricht man von **Denaturierung**.

❶ ☰ Beschreiben Sie die Strukturen eines Proteins anhand der Abbildung 4.

❷ ☰ Erklären Sie, warum bereits in der Primärstruktur auch die Tertiärstruktur eines Proteins festgelegt ist.

❸ ☰ Erklären Sie, warum Proteine in der Regel denaturieren, wenn man Säuren, Basen oder Salzlösungen hinzufügt.

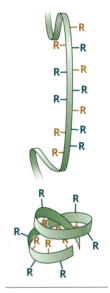

5 Faltung der Aminosäurekette zur Tertiärstruktur

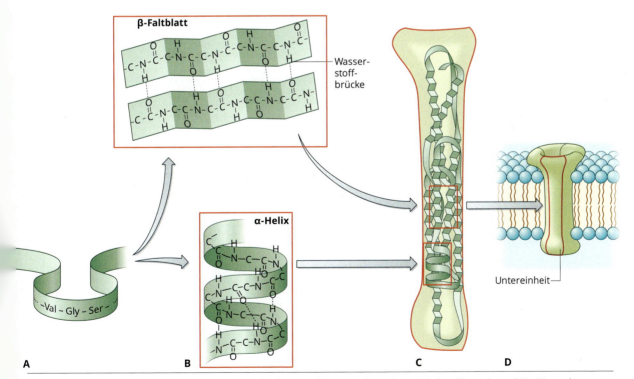

A   B   C   D

4 Proteinstrukturen (Reste der Aminosäuren nicht dargestellt). **A** Primärstruktur; **B** Sekundärstruktur; **C** Tertiärstruktur; **D** Quartärstruktur eines Membranproteins

1.2 Entdeckung der Enzyme

Wie wurden Enzyme und ihre Eigenschaften entdeckt?

Erste Versuche zu Enzymen

Menschen nutzen Enzyme bereits seit Jahrtausenden, etwa beim Vergären von Saft zu Alkohol oder beim Brotbacken. Dass Enzyme hierbei eine maßgebliche Rolle spielen, wussten sie jedoch nicht. Die naturwissenschaftliche Erforschung von Enzymen begann mit Lazzaro SPALLANZANI (1729 bis 1799), einem italienischen Priester und Naturforscher. Durch Versuche zur Verdauung bei Raubvögeln konnte er nachweisen, dass allein Magensaft ausreicht, um Fleisch zu zersetzen. Damit war die Vorstellung einer Verdauung, die rein mechanisch erfolgt, widerlegt.

Eigenschaften von Enzymen

Im 19. Jahrhundert wurden weitere grundlegende Versuche zu Enzymen durchgeführt. So gelang es dem deutschen Physiologen Theodor SCHWANN 1836 aus Magensaft einen Stoff zu isolieren, der bereits in geringen Mengen viel Protein abbauen konnte. Er nannte diesen Stoff „Pepsin". Fast gleichzeitig (1837) definierte der schwedische Chemiker Jöns Jakob BERZELIUS Stoffe, die Reaktionen in Gang setzen, dabei selbst aber nicht verändert werden, als **Katalysatoren.** Er übertrug seine Theorie auch auf biologische Vorgänge und vermutete, dass Stoffe wie Pepsin **Biokatalysatoren** sind.

Es dauerte noch bis an den Anfang des 20. Jahrhunderts, bis es den ersten Forschern gelang, einzelne Enzyme zu isolieren und diese gezielt zu nutzen.

Materialgebundene Aufgaben

❶ **Versuch von SPALLANZANI**

Beobachtung	Nahrung wird im Magen stark verändert, verdaut.
Frage	Wie erfolgt die Verdauung im Magen?
Hypothesen	• Mechanisch durch Bewegungen der Magenwände. • Chemisch durch den Magensaft.
Versuchsdurchführung	Raubvögel wurden mit durchlöcherten Metallkapseln gefüttert, die mit Fleischstückchen gefüllt waren. Die Vögel würgten nach etwa drei Stunden die Metallkapseln als unverdauliches Gewölle wieder hervor.
Beobachtung	Die Metallkapseln waren leer.
Deutung	
Erweiterte Frage	Erfolgt die Verdauung durch Magensaft auch im Reagenzglas?
Hypothesen	• Nein, nur im Magen von Lebewesen. • Ja, auch im Reagenzglas.
Versuchsdurchführung	Raubvögel wurden mit durchlöcherten Metallkapseln gefüttert, die kleine Schwämme enthielten. Nachdem sie die Metallkapseln wieder hervorgewürgt hatten, wurden die Schwämme ausgepresst und der so gewonnene Magensaft wurde in Reagenzgläsern zu Fleisch gegeben.
Beobachtung	Das Fleisch wurde zersetzt.
Deutung	

a) = Formulieren Sie für beide Versuchsbeobachtungen die Deutungen.

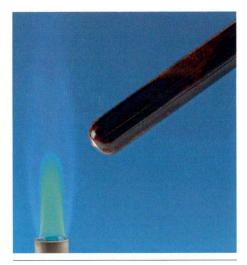

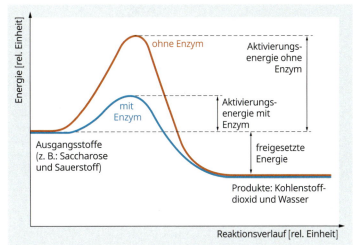

1 Reaktion von Zucker und Sauerstoff im Reagenzglas

2 Katalysatoren senken die Aktivierungsenergie für chemische Reaktionen

1.3 Enzyme sind Biokatalysatoren

Zucker reagiert in einem Reagenzglas nur dann mit Sauerstoff, wenn man ihn stark erhitzt. Wie kann die Reaktion in Lebewesen bereits bei Körpertemperatur ablaufen?

Chemische Reaktionen können in der Regel nur dann spontan ablaufen, wenn ihre Ausgangsstoffe mehr Energie enthalten als die entstehenden Produkte. Aber selbst solche spontanen Reaktionen verlaufen oft so langsam, dass man sie kaum wahrnimmt. Haushaltszucker, chemisch Saccharose, kann beispielsweise jahrelang bei Raumtemperatur stehen gelassen werden, ohne dass eine Reaktion zu den energieärmeren Produkten Kohlenstoffdioxid und Wasser erfolgt. Zwischen den Ausgangsstoffen und Produkten befindet sich eine **Energiebarriere.** Sie muss zunächst durch die Zufuhr von **Aktivierungsenergie** überwunden werden (→ Abb. 2), bevor die Reaktion ohne weitere Energiezufuhr ablaufen kann. Aktivierungsenergie kann etwa durch Wärmeenergie bereitgestellt werden. In Zellen würden aber Proteine durch die Zufuhr von Wärme ihre natürliche Raumstruktur verlieren und funktionslos werden. Sie würden **denaturieren.**

Enzyme sind Biokatalysatoren

Katalysatoren setzen die Aktivierungsenergie chemischer Reaktionen herab und erhöhen dadurch ihre Geschwindigkeit. In Zellen über-nehmen **Enzyme** diese Aufgabe, sodass die verschiedenen Stoffwechselreaktionen auch bei Temperaturen unter 40 °C und in Bruchteilen von Sekunden ablaufen können. Man bezeichnet Enzyme daher als **Biokatalysatoren.**

❶ ☰ Beschreiben Sie anhand der Abbildung 2 den Verlauf einer unkatalysierten und katalysierten Reaktion.
❷ ☰ Erklären Sie anhand der Abbildung 2, dass die freigesetzte Energie der dargestellten chemischen Reaktion unabhängig davon ist, ob sie mit oder ohne Enzym abläuft.

Materialgebundene Aufgaben

❸ **Modell: Rollende Kugel am Berghang**

a) ☰ Erklären Sie mithilfe des dargestellten Modells den Verlauf einer chemischen Reaktion.
b) ☰ Prüfen Sie, wie man das Modell verändern könnte, so dass es als Erklärungshilfe für eine chemische Reaktion genutzt werden kann, die durch einen Biokatalysator beschleunigt wird.

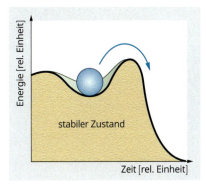

1 Welcher Schlüssel passt?

2 Substratspezifität. A Schlüssel-Schloss-Modell; **B** Modell der induzierten Anpassung

1.4 Enzyme sind substrat- und wirkungsspezifisch

Wie erkennt ein bestimmtes Enzym in einer Zelle den Stoff, den es umsetzen muss, und wie erfolgt dann die entsprechende Umsetzung?

Substratspezifität

Enzyme setzen jeweils ganz bestimmte Stoffe um. Diese werden als **Substrate** bezeichnet. Beispielsweise kann das Enzym Saccharase nur das Disaccharid Saccharose umsetzen. Andere Disaccharide wie etwa Maltose oder Lactose kann es nicht umsetzen. Deshalb bezeichnet man Enzyme als **substratspezifisch**.

Die meisten Enzyme bestehen aus **Proteinen**. Ihre Moleküle haben eine bestimmte räumliche Struktur. Auf ihrer Oberfläche besitzen sie eine Vertiefung, ähnlich einer Tasche. In dieses sogenannte **aktive Zentrum** passt in der Regel nur ein bestimmtes Substrat räumlich exakt hinein. Die **Substratspezifität** von Enzymen beruht darauf, dass zwischen dem Substrat-Molekül und dem aktiven Zentrum des Enzym-Moleküls chemische Wechselwirkungen auftreten. Dadurch wird das Substrat-Molekül an das aktive Zentrum des Enzym-Moleküls gebunden.

Modellvorstellungen zur Substratspezifität

Modellhaft kann man sich vorstellen, dass ein Substrat-Molekül in das aktive Zentrum des Enzym-Moleküls passt, wie ein Schlüssel in das dazugehörige Schloss (→ **Abb. 2 A**). Dieses

Schlüssel-Schloss-Modell vernachlässigt jedoch, dass sich sowohl die Raumstruktur des Substrat-Moleküls als auch die des Enzym-Moleküls durch die Wechselwirkungen zwischen Substrat und aktivem Zentrum verändern. Unter Berücksichtigung dieser Erkenntnisse kann das starre Schlüssel-Schloss-Modell durch das **Modell der induzierten Anpassung** (engl. *induced-fit*) erweitert werden. Danach werden durch die chemischen Wechselwirkungen zwischen dem Substrat-Molekül und dem aktiven Zentrum des Enzym-Moleküls Veränderungen der Raumstruktur beider Moleküle induziert, sodass sie erst dann exakt zusammenpassen (→ **Abb. 2 B**).

Gruppenspezifität

Substrat-Moleküle binden nur mit einem Teilbereich an das aktive Zentrum eines Enzym-Moleküls. Der restliche Bereich des Substrat-Moleküls ist für die Bindung ohne Bedeutung. Deshalb können auch unterschiedliche Substrat-Moleküle vom gleichen Enzym-Molekül umgesetzt werden, wenn sie über den spezifischen Teilbereich verfügen, der in das aktive Zentrum des Enzym-Moleküls passt. Man spricht von der **Gruppenspezifität** der Enzyme.

Zum Beispiel kann das Enzym Alkoholdehydrogenase verschiedene Alkohole wie Methanol, Ethanol oder Propanol umsetzen. Das Enzym ist also spezifisch für die Gruppe der Alkohole. Nur wenige Enzyme sind hochspezifisch und setzen nur ein Substrat um. Die meisten Enzyme sind gruppenspezifisch.

Wirkungsspezifität

Durch die Bindung des Substrat-Moleküls an das aktive Zentrum des Enzym-Moleküls entsteht ein **Enzym-Substrat-Komplex**. Das Substrat-Molekül befindet sich dabei in einem instabilen Zustand, in dem bestimmte Bindungen zwischen seinen Atomen gespannt oder gelockert sind. So können diese leichter gelöst und andere Bindungen gebildet werden. Das Substrat wird dadurch chemisch verändert, zum Beispiel gespalten oder oxidiert.

Das Enzym hat also eine ganz bestimmte Wirkung auf sein Substrat. Anders ausgedrückt, es kann nur eine bestimmte Reaktion katalysieren. Man sagt, Enzyme sind **wirkungs-** oder **reaktionsspezifisch**. Zum Beispiel kann das Enzym Glucoseoxidase nur die Oxidation von Glucose zu Gluconsäurelacton bewirken, während Glucoseisomerase zwar das gleiche Substrat bindet, Glucose aber ausschließlich zu Fructose umwandeln kann (→ **Abb. 3**).

Ablauf der Enzymreaktion

Eine Enzymreaktion lässt sich zusammenhängend folgendermaßen beschreiben: Durch die Bindung des Substrat-Moleküls an das aktive Zentrum des Enzym-Moleküls entsteht ein Enzym-Substrat-Komplex. Nach der chemischen Veränderung des Substrat-Moleküls liegt ein Enzym-Produkt-Komplex vor. Durch die Freisetzung des Produkt-Moleküls nimmt das Enzym-Molekül seine ursprüngliche Raumstruktur wieder an. Es geht unverändert aus der Reaktion hervor und steht dann wieder für die Umsetzung neuer Substrat-Moleküle zur Verfügung (→ **Abb. 4**). Deshalb genügen bereits kleinste Enzymmengen, um große Substratmengen umzusetzen. So kann etwa ein einziges Saccharase-Molekül innerhalb einer Sekunde mehrere Tausend Saccharose-Moleküle in Glucose und Fructose spalten.

Benennung von Enzymen

Heute sind weit über 3000 verschiedene Enzyme bekannt. Das macht eine übersichtliche Nomenklatur der Enzyme notwendig. Der systematische Name eines Enzyms setzt sich aus dem Namen des Substrats, der Wirkungsspezifität des Enzyms und der Endung „ase" zusammen. Zum Beispiel ist die Glucoseoxidase ein Enzym, das die Oxidation von Glucose katalysiert. Oft werden aber auch noch Trivialnamen für Enzyme verwendet wie etwa Pepsin und Trypsin für die Verdauungsenzyme.

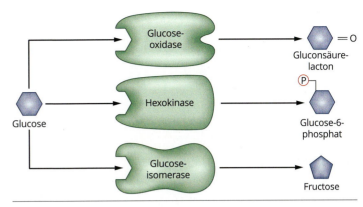

3 Wirkungsspezifität der Enzyme

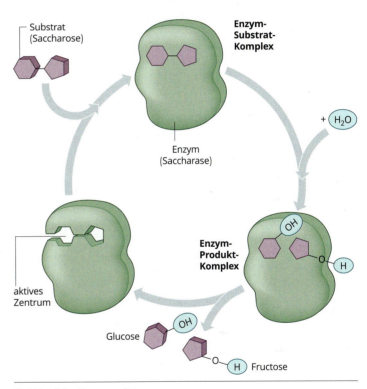

4 Ablauf der Enzymreaktion

❶ ≡ Erklären Sie anhand der Abbildung 3 den Unterschied zwischen Substrat- und Wirkungsspezifität.

❷ ≡ Erklären Sie den Verlauf einer Enzymreaktion anhand der folgenden Darstellung:
$$E + S \longrightarrow ES \longrightarrow EP \longrightarrow E + P$$

❸ ≡ Der Teil des Schlüssels, der im Schloss den Riegel bewegt, nennt man Schlüsselbart. Erklären Sie die Gruppenspezifität von Enzymen und verwenden Sie dabei den Begriff Schlüsselbart.

❹ Glucose-Teststäbchen

Glucose-Teststäbchen werden genutzt, um außerhalb eines Labors Glucose im Urin eines Menschen nachzuweisen. Bei einem positiven Ergebnis muss durch Blutuntersuchungen festgestellt werden, ob der Betroffene an Diabetes erkrankt ist. Mit den Teststäbchen kann man auch den Glucosegehalt in Lebensmitteln, etwa in Getränken, bestimmen.

In der Reaktionszone der Teststäbchen befinden sich die Enzyme Glucoseoxidase (GOD), Peroxidase (POD) und ein farbloser Indikator. Sie wirken folgendermaßen zusammen:

Glucose + Sauerstoff $\xrightarrow{\text{GOD}}$ Gluconsäurelacton + Wasserstoffperoxid

Wasserstoffperoxid + Indikator (farblos) $\xrightarrow{\text{POD}}$ Wasser + Indikator (grün)

a) ☰ Geben Sie die Substrat- und Wirkungsspezifität von Glucoseoxidase und Peroxidase an.

b) ☰ Erstellen Sie eine Skizze, die verdeutlicht, dass Glucoseoxidase nur Glucose oxidiert, nicht aber andere Monosaccharide wie etwa Fructose oder Galactose.

c) ☰ Erklären Sie unter Berücksichtigung der Formel von Saccharose, warum dieses Disaccharid nicht mit dem Teststäbchen nachgewiesen werden kann.

Saccharose
(Glucose +
Fructose)

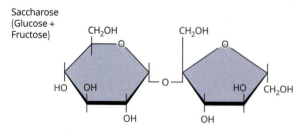

d) ☰ Obwohl Enzyme unverändert aus den von ihnen katalysierten Reaktionen hervorgehen, kann man ein Teststäbchen nicht mehrmals zum Glucosenachweis benutzen. Erklären Sie diesen Sachverhalt.

❺ Methanolvergiftung

Die Aufnahme von Methanol kann schwerwiegende Folgen haben. Die Flüssigkeit und die Dämpfe schädigen das Zentralnervensystem. Die tödliche Dosis liegt zwischen 5 und 100 Milliliter Methanol. Chemisch gesehen ist Methanol ein Alkohol, der weder eine spezielle Farbe noch einen speziellen Geruch besitzt. Er ist zum Beispiel in Flüssigkeiten wie Frostschutzmitteln, Lösungsmitteln oder Parfüms enthalten. Immer wieder kommt es zu Vergiftungen mit Methanol, etwa bei Kindern, die die wasserklare, geruchlose Flüssigkeit unbeabsichtigt getrunken haben. Solange Methanol noch im Blut ist, kann es durch die Nieren ausgeschieden werden. Gelangt es in die Leberzellen, wird es wie der Trinkalkohol Ethanol durch Alkoholdehydrogenase oxidiert und dann weiter enzymatisch abgebaut. Methanol wird dabei im Vergleich zu Ethanol wesentlich langsamer von Alkoholdehydrogenase gebunden und umgesetzt. Während beim Abbau von Ethanol als Zwischenprodukt das weniger gefährliche Ethanal entsteht, kommt es beim Abbau von Methanol zur Bildung von giftigem Methanal und Methansäure. Dies sind die eigentlich schädigenden Stoffe bei einer Methanolvergiftung.

a) ☰ Methanolvergiftungen werden im Rahmen der Erstversorgung unter anderem behandelt, indem man dem Patienten große Mengen Ethanol zuführt. Erklären Sie diese Therapie bei einer Methanolvergiftung.

❻ Konzentrationsveränderungen im Verlauf einer enzymatischen Reaktion

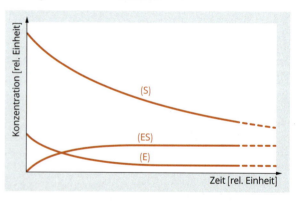

Die Abbildung gibt die Konzentrationsveränderungen von freiem Enzym (E), freiem Substrat (S) und Enzym-Substrat-Komplexen (ES) im zeitlichen Verlauf einer Enzymreaktion wieder.

a) ☰ Erklären Sie den Konzentrationsverlauf und geben Sie an, wie sich parallel dazu die Konzentration des Produkts entwickelt. Gehen Sie davon aus, dass aus einem Substrat-Molekül ein Produkt-Molekül entsteht.

b) ☰ Erklären Sie, wie sich die Konzentrationen von Enzym, Enzym-Substrat-Komplex und Substrat bis zum Ende der Reaktion weiter entwickeln werden.

Lebewesen und Lebensvorgänge sind an **Strukturen** gebunden, die in engem Zusammenhang mit ihrer **Funktion** stehen. Dieser Zusammenhang wird am Beispiel der Enzyme deutlich.

Enzym-Moleküle besitzen eine bestimmte Raumstruktur. Sie bilden mit ihren spezifischen Substrat-Molekülen Enzym-Substrat-Komplexe und setzen darin die Substrat-Moleküle in Produkt-Moleküle um. Das aktive Zentrum eines Enzym-Moleküls und ein bestimmter Bereich des Substrat-Moleküls sind zueinander komplementär wie ein Schlüssel zum Schloss (→ **Abb. 2**). Man spricht vom **Schlüssel-Schloss-Prinzip**.

Der Zusammenhang zwischen Struktur und Funktion wird auch am Bau der Enzyme deutlich. Enzyme sind Proteine. Aus den 20 natürlich vorkommenden Aminosäuren kann eine unbegrenzte Anzahl verschiedener Proteine aufgebaut werden. Je nachdem wie viele, welche und wie die Aminosäuren kombiniert werden, ergeben sich jeweils verschiedene Raumstrukturen und damit die unterschiedlichen speziellen Funktionen der Proteine. Der Sachverhalt, dass durch die Kombination von wenigen einfachen Grundbausteinen viele komplexe Systeme mit speziellen Funktionen aufgebaut werden können, ist ein weiteres grundlegendes Prinzip der Biologie. Man bezeichnet es als **Baukastenprinzip.**

Der Zusammenhang zwischen Struktur und Funktion lässt sich nicht nur auf der molekularen Ebene, sondern auf allen Systemebenen der Biologie erkennen. Auf der Ebene der Organe wird er etwa am Bau des Dünndarms deutlich. Seine innere Oberfläche ist in ringförmige Falten mit fingerförmigen Ausstülpungen, den Darmzotten, gelegt. Auch seine Epithelzellen besitzen kleinste Ausstülpungen, die in das Innere des Dünndarms ragen (→ **Abb. 3**). So wird die innere Oberfläche des Dünndarms stark vergrößert und ermöglicht damit seine Funktion,

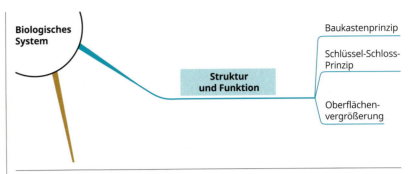

1 Aspekte des Basiskonzepts Struktur und Funktion

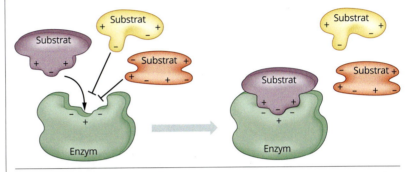

2 Substratspezifität von Enzymen

nämlich die Aufnahme der Nährstoffe in das Blut. Denn es gilt: Je größer die Oberfläche einer Struktur ist, desto mehr Stoffe oder Wärme können im gleichen Zeitraum an ihr ausgetauscht werden. Diesen Struktur-Funktions-Zusammenhang bezeichnet man als **Prinzip der Oberflächenvergrößerung**.

Verschiedene biologische Prinzipien wie das Schlüssel-Schloss-Prinzip, das Prinzip der Oberflächenvergrößerung

oder das Baukastenprinzip sind also auf den Zusammenhang von Struktur und Funktion zurückzuführen und gehören demzufolge zum **Basiskonzept Struktur und Funktion.**

❶ ≡ Zeigen Sie das Baukastenprinzip am Beispiel eines Organs auf.

❷ ≡ Nennen Sie je ein Beispiel zum Schlüssel-Schloss-Prinzip und zum Prinzip der Oberflächenvergrößerung auf der Ebene von Zellen.

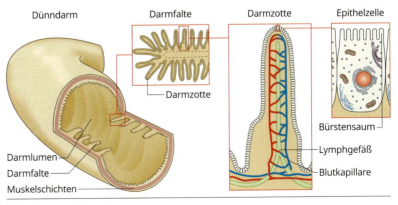

3 Aufbau der Dünndarmwand

1.5 Enzyme benötigen Cofaktoren

Vitamine sind essentielle Bestandteile einer ausgewogenen Ernährung. Sie sind im Stoffwechsel für viele enzymatische Reaktionen unverzichtbar. Welche Funktionen übernehmen sie dabei?

Die Mehrzahl der Enzyme benötigt zusätzliche Stoffe, sogenannte **Cofaktoren,** für die Katalyse. Diese lassen sich nach ihrer chemischen Struktur in zwei Gruppen einteilen: Zu der einen Gruppe gehören anorganische Metall-Ionen wie Eisen-, Kupfer- oder Mangan-Ionen. Diese stabilisieren die Raumstruktur von Enzym-Molekülen oder sind an der Bindung des Substrat-Moleküls an das aktive Zentrum eines Enzym-Moleküls beteiligt.

Coenzyme

Zu der anderen Gruppe gehören komplexe organische Moleküle, **Coenzyme** genannt. Sie lagern sich vorübergehend zusammen mit dem Substrat-Molekül an das aktive Zentrum des Enzym-Moleküls an. Im Gegensatz zum Enzym wird das Coenzym bei der Reaktion chemisch verändert. Es übernimmt Elektronen, Protonen oder chemische Gruppen vom Substrat-Molekül oder gibt sie an dieses ab. Erst in einer weiteren enzymatischen Reaktion wird das Coenzym wieder regeneriert (→ **Abb. 1**). Da Coenzyme also direkt an der Reaktion beteiligt sind und dabei chemisch verändert werden, nennt man sie auch **Cosubstrate**.

Vitamine – Bausteine der Coenzyme

Viele Vitamine sind Vorstufen oder Bestandteile von Coenzymen. Sie können vom menschlichen Körper nicht selbst gebildet werden und müssen mit der Nahrung aufgenommen werden. Eine Unterversorgung mit bestimmten Vitaminen führt zu charakteristischen Krankheitsbildern. Zum Beispiel ist Vitamin B1 Bestandteil von Coenzymen, die für den Glucoseabbau in den Zellen notwendig sind. Wird es nicht in ausreichenden Mengen aufgenommen, ist der Glucoseabbau und damit die Energiegewinnung in den Zellen gestört. So treten Müdigkeit, Erschöpfung sowie Störungen der Muskel- und Nervenfunktionen als Symptome eines Vitamin B1-Mangels auf.

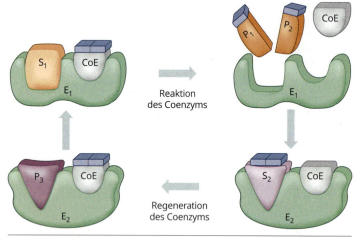

1 Modell zur Funktion eines Coenzyms (S = Substrat, E = Enzym, CoE = Coenzym, P = Produkt)

Wasserstoffübertragende Coenzyme

Bestimmte Coenzyme haben die Aufgabe, Wasserstoff zu binden und bei Bedarf wieder abzugeben. Zum Beispiel entsteht beim Abbau von Glucose in den Zellen Pyruvat, das Salz der Brenztraubensäure. Dabei wird Wasserstoff freigesetzt. Dieser wird von dem Coenzym **NAD⁺** (**N**icotinamid-**A**denin-**D**inucleotid) aufgenommen. NAD⁺ wird dadurch zu NADH + H⁺ reduziert. Bei der Reduktion von Pyruvat zu Lactat, dem Salz der Milchsäure, kann NAD⁺ beispielsweise wieder regeneriert werden. Bei dieser enzymatischen Reaktion ist NADH + H⁺ Wasserstoff-Donator. Er wird durch die Abgabe von Wasserstoff zu NAD⁺ oxidiert (→ **Abb. 2**). Wasserstoff wird vom Coenzym NAD⁺ jeweils in Form eines Hydrid-Ions (H⁻) aufgenommen. Formal geht man dabei von zwei Wasserstoff-Atomen aus. Eines wird zu einem Hydrid-Ion (H⁻), das andere zum Proton (H⁺). Deshalb schreibt man:

$$NAD^+ + 2\,H \longrightarrow NADH + H^+$$

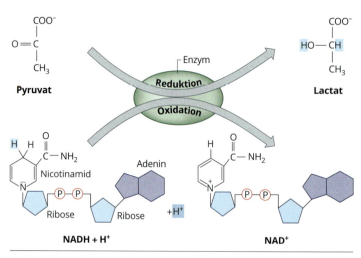

2 Wasserstoffübertragung durch das Coenzym NADH + H⁺ / NAD⁺

Im Zellstoffwechsel kommen neben NAD$^+$ weitere wasserstoffübertragende Coenzyme vor, etwa NADP$^+$ (**N**icotinamid-**A**denin-**Di**nucleotid-**P**hosphat) und FAD (**F**lavin-**A**denin-**Di**nucleotid).

Energieübertragende Coenzyme

ATP (**A**denosin**trip**hosphat) ist das wichtigste energieübertragende Coenzym der Zellen. Die Energie dieses Moleküls ist in den chemischen Bindungen zwischen den beiden endständigen Phosphatgruppen gespeichert. Werden diese nacheinander von einem ATP-Molekül abgespalten, wird jeweils Energie freigesetzt, die von den Zellen genutzt werden kann. Aus einem Molekül ATP wird durch Abspaltung einer Phosphatgruppe ein Molekül ADP (**A**denosin**dip**hosphat). Wird davon eine Phosphatgruppe abgespalten, entsteht ein Molekül AMP (**A**denosin**m**onophosphat). ATP kann wieder regeneriert werden, wenn unter Energieaufwand Phosphatgruppen an AMP beziehungsweise ADP gebunden werden. Mithilfe des Coenzyms ATP können auch Phosphatgruppen auf bestimmte Moleküle übertragen werden. Zum Beispiel wird zu Beginn des Glucoseabbaus in den Zellen von einem ATP-Molekül eine Phosphatgruppe abgespalten und auf ein

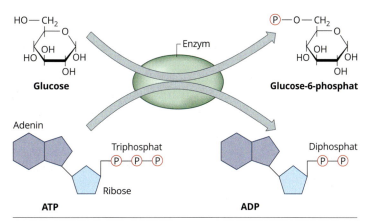

3 Energieübertragung durch das Coenzym ATP

Glucose-Molekül übertragen (→ **Abb. 3**). Mit der Phosphatgruppe findet eine Energieübertragung auf das Glucose-Molekül statt. Das entstandene energiereiche Glucose-6-Phosphat-Molekül ist reaktionsbereiter als Glucose und kann erst dann weiter reagieren.

❶ ≡ Erklären Sie anhand der Abbildung 2 die Funktion des Coenzyms NAD$^+$.

❷ ≡ Erklären Sie anhand der Abbildung 3 die Funktion des Coenzyms ATP.

Materialgebundene Aufgaben

❸ HARDEN-YOUNG-Experiment

Hefezellen setzen Glucose unter anaeroben Bedingungen zu Ethanol und Kohlenstoffdioxid (CO_2) um. An diesem Vorgang sind zahlreiche Enzyme beteiligt, deren Aktivität man auch außerhalb von Zellen untersuchen kann. Im Jahr 1905, also noch bevor man wusste, dass für die Enzymkatalyse häufig Cofaktoren benötigt werden, führten Arthur HARDEN und William YOUNG das nebenstehende Experiment durch.

a) ≡ Beschreiben Sie die Durchführung und die Beobachtungen des HARDEN-YOUNG-Experiments.

b) ≡ Deuten Sie die Versuchsergebnisse.

c) ≡ Erklären Sie, warum Proteine bei hohen Temperaturen denaturieren.

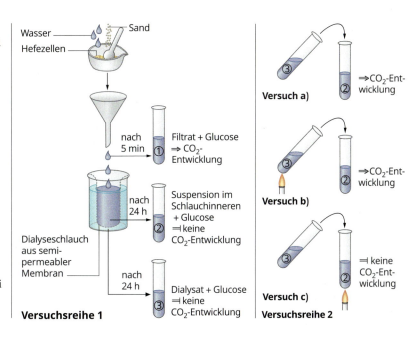

1.6 Enzymaktivität

Die verschiedenen Enzyme unterscheiden sich in der Geschwindigkeit, mit der sie Substrate umsetzen. Wie lässt sich diese Geschwindigkeit ermitteln und wovon ist sie abhängig?

Um die Geschwindigkeit einer chemischen Reaktion zu ermitteln, bestimmt man die Stoffmenge, die pro Zeiteinheit umgesetzt wird. Alternativ kann auch die Produktmenge, die pro Zeiteinheit gebildet wird, bestimmt werden. Bei einer chemischen Reaktion, die nicht durch ein Enzym katalysiert wird, finden in der Regel pro Zeiteinheit um so mehr Reaktionen statt, je höher die Konzentration des Ausgangsstoffes ist. Die Reaktionsgeschwindigkeit ist also direkt proportional zur Konzentration des Ausgangsstoffes (→ **Abb. 1 A**).

Im Vergleich dazu steigt die Reaktionsgeschwindigkeit einer enzymkatalysierten Reaktion mit steigender Substratkonzentration rapide an und nähert sich bei hohen Substratkonzentrationen einer Maximalgeschwindigkeit (V_{max}). Ist diese erreicht, nimmt die Reaktionsgeschwindigkeit nicht weiter zu, obwohl die Substratkonzentration weiter steigt (→ **Abb. 1 A**).

Auf Teilchenebene kann man die Versuchsbeobachtungen folgendermaßen erklären: Gibt man zu einer bestimmten Enzymmenge eine geringe Substratkonzentration, werden nur wenige Enzym-Substrat-Komplexe gebildet. Nur einige Enzym-Moleküle können dann ein Substrat-Molekül binden und umsetzen. Die Reaktionsgeschwindigkeit ist dementsprechend niedrig (→ **Abb. 1 B**). Mit ansteigender Substratkonzentration nimmt die Wahrscheinlichkeit für das Zusammentreffen von Enzym- und Substrat-Molekülen immer mehr zu. Demzufolge liegen immer mehr Enzym-Moleküle im Enzym-Substrat-Komplex vor, und die Reaktionsgeschwindigkeit steigt. Ab einer bestimmten Substratkonzentration liegen alle Enzym-Moleküle in einem Enzym-Substrat-Komplex vor. Dann ist die maximale Reaktionsgeschwindigkeit V_{max} erreicht. Durch eine weitere Zugabe von Substrat-Molekülen lässt sich die Reaktionsgeschwindigkeit nicht mehr steigern, denn jedes Enzym-Molekül braucht eine bestimmte Zeit, um das Substrat-Molekül zu binden und umzusetzen.

MICHAELIS-MENTEN-Konstante
Um die Anziehungskraft oder Affinität eines Enzyms zu seinem Substrat zu ermitteln, bestimmt man die Substratkonzentration, bei der die Reaktion mit halbmaximaler Geschwindigkeit verläuft. Sie wird als MICHAELIS-MENTEN-Konstante oder K_M-Wert bezeichnet. Ein kleiner K_M-Wert bedeutet, dass die halbmaximale Reaktionsgeschwindigkeit bereits bei einer geringen Substratkonzentration erreicht wird. Daraus kann man folgern, dass schnell Enzym-Substrat-Komplexe gebildet werden und die Affinität zwischen Enzym und Substrat groß ist.

Wechselzahl
Die Zahl der Substrat-Moleküle, die von einem Enzym-Molekül maximal in einer Sekunde in Produkt-Moleküle umgesetzt werden können, wird als **Wechselzahl** oder **molare Aktivität** bezeichnet. Sie dient neben der MICHAELIS-MENTEN-Konstante zur Charakterisierung eines Enzyms. Die Wechselzahl von Urease beträgt beispielsweise 3000. Ein Urease-Molekül setzt also pro Sekunde 3000 Harnstoff-Moleküle um.

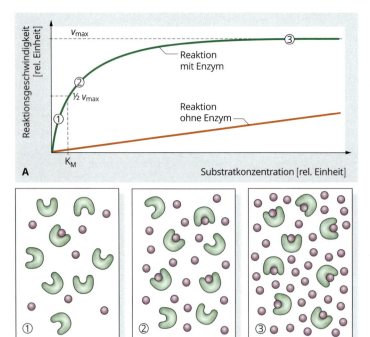

1 Reaktionsgeschwindigkeit in Abhängigkeit von der Substratkonzentration. A Grafische Darstellung der Versuchsbeobachtungen; **B** Modellvorstellung auf Teilchenebene

Die verschiedenen Enzyme unterscheiden sich in der Wechselzahl (→ **Abb. 2**). Sie ist insbesondere davon abhängig, wie schnell Substrat-Moleküle an das aktive Zentrum eines Enzym-Moleküls binden und wie gut sich das Produkt-Molekül vom Enzym-Molekül löst.

Die Wechselzahl eines Enzyms spiegelt sich in der Reaktionsgeschwindigkeit der katalysierten Reaktion wider. Je höher die Wechselzahl eines Enzyms ist, um so höher ist bei Substratsättigung die Reaktionsgeschwindigkeit.

Enzym	Substrat	Wechselzahl pro Sekunde
Katalase	H_2O_2	10 000 000
DNA-Polymerasen	DNA	10 – 10 000
Urease	Harnstoff	3000
Kinasen	ATP	1000
Lysozym	Murein	0,5

2 Wechselzahl einiger Enzyme

❶ ☰ Erklären Sie die Reaktionsgeschwindigkeit einer enzymkatalysierten Reaktion in Abhängigkeit von der Substratkonzentration anhand der Abbildung 1.

❷ ☰ Erklären Sie den Zusammenhang zwischen der Reaktionsgeschwindigkeit und der Wechselzahl eines Enzyms.

Materialgebundene Aufgaben

❸ **Reaktionsgeschwindigkeit in Abhängigkeit von der Substrat-konzentration**

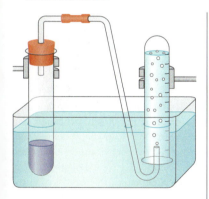

Substratkon-zentration in [%]	Reaktionsge-schwindigkeit in [ml O_2/5 min]
0,5	19,22
0,75	23,18
1,0	27,45
1,5	29,94
2,0	31,98
3,0	34,61
6,0	40,67
12	33,23

Das Enzym Katalase kommt in den Zellen nahezu aller Lebewesen vor und bewirkt die Spaltung des Zellgiftes Wasserstoffperoxid (H_2O_2) zu Wasser (H_2O) und Sauerstoff (O_2). Mit dem in der Abbildung dargestellten Versuchsaufbau wurde der Einfluss der Substratkonzentration auf die Geschwindigkeit der Katalasereaktion bestimmt. Als Chemikalien standen eine Katalase- und eine konzentrierte Wasserstoffperoxid-Lösung zur Verfügung. Bei der Durchführung des Versuchs erhielt man die in der Tabelle aufgeführten Messergebnisse.

a) ☰ Definieren Sie den Begriff Reaktionsgeschwindigkeit und beschreiben Sie, wie diese in dem Versuch experimentell bestimmt wurde.

b) ☰ Stellen Sie die Versuchsbeobachtungen grafisch dar und erklären Sie diese.

c) ☰ Ermitteln Sie aus Ihrer Grafik den K_M-Wert für Katalase und erklären Sie, wie sich Enzyme mit einem niedrigen beziehungsweise hohen K_M-Wert unterscheiden.

❹ **Reaktionsgeschwindigkeit in Abhängigkeit von der Enzym-konzentration**

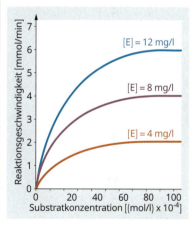

a) ☰ Erklären Sie die in der Grafik dargestellte Reaktionsgeschwindigkeit des Enzyms in Abhängigkeit von der Substratkonzentration bei den verschiedenen Enzymkonzentrationen.

b) ☰ Ermitteln Sie aus der Grafik den K_M-Wert des Enzyms bei den drei verschiedenen Enzymkonzentrationen und erklären Sie, warum der K_M-Wert unabhängig von der Konzentration des Enzyms ist.

1 Fiebermessung

sierten Reaktion zunächst stark. Dies beobachtet man auch bei vielen chemischen Reaktionen, die ohne Biokatalysator ablaufen. Man spricht von der **Reaktionsgeschwindigkeits-Temperatur-Regel (RGT-Regel).** Für enzymkatalysierte Reaktionen wird die Reaktionsgeschwindigkeit bei einer Temperaturerhöhung von 10 °C um das Zwei- bis Dreifache gesteigert. Die RGT-Regel gilt jedoch nur für einen begrenzten Temperaturbereich zwischen 0 bis 60 °C. Beispielsweise wird die Reaktionsgeschwindigkeit unterhalb von 0 °C dadurch begrenzt, dass die Teilchenbewegungen im Eis nur noch minimal sind.

Die Erhöhung der Reaktionsgeschwindigkeit mit steigender Temperatur lässt sich auf die zunehmende Teilchenbewegung zurückführen. Substrat- und Enzym-Moleküle treffen infolgedessen mit größerer Wahrscheinlichkeit aufeinander, sodass es schneller zur Bildung von Enzym-Substrat-Komplexen und somit zu einem höheren Stoffumsatz pro Zeiteinheit kommt. Die Temperatur, bei der ein bestimmtes Enzym die höchste Aktivität hat, bezeichnet man als sein **Temperaturoptimum**.

1.7 Abhängigkeit der Enzymaktivität von äußeren Bedingungen

Warum kann hohes, langanhaltendes Fieber lebensbedrohlich für Menschen sein?

Enzyme sind aus Proteinen aufgebaut. Deren räumliche Struktur wird beispielsweise durch die Temperatur und den pH-Wert des umgebenden Mediums stark beeinflusst. Veränderungen der Raumstruktur von Enzymen wirken sich unmittelbar auf deren Aktivität aus.

Temperaturabhängigkeit
Der Zusammenhang zwischen der Aktivität eines Enzyms und der Umgebungstemperatur wird durch eine Optimumkurve beschrieben (→ **Abb. 2**). Bei steigender Temperatur erhöht sich die Geschwindigkeit einer enzymkataly-

Bei höheren Temperaturen verringert sich die Reaktionsgeschwindigkeit wieder. Enzym- und Substrat-Moleküle bewegen sich jetzt zu schnell, sodass Substrat-Moleküle nicht im aktiven Zentrum gebunden werden können. Außerdem nehmen in den Enzym-Molekülen die Bewegungen der Polypeptidketten zu. Dadurch werden Wechselwirkungen zwischen den Aminosäureresten der Polypeptidkette zerstört. Dies hat eine Veränderung der Raumstruktur des Enzym-Moleküls zur Folge. Infolgedessen verändern sich die Wechselwirkungen zwischen dem aktiven Zentrum des Enzym-Moleküls und den Substrat-Molekülen, und diese können nicht mehr gebunden und umgesetzt werden. Die Veränderung der Raumstruktur eines Proteins bezeichnet man als **Denaturierung**. Nur wenn die Veränderungen nicht tiefgreifend sind, ist der Vorgang noch umkehrbar, **reversibel**. In der Regel ist sie bei Enzym-Molekülen **irreversibel.**

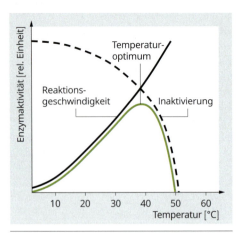

2 Temperaturabhängigkeit einer enzymkatalysierten Reaktion

So kann langanhaltendes hohes Fieber Enzyme eines Menschen irreversibel schädigen. Denaturieren etwa Enzyme der Zellatmung, können die betroffenen Zellen nicht mehr mit Energie versorgt werden und gehen folglich zugrunde.

Abhängigkeit vom pH-Wert

Untersucht man die Abhängigkeit der Enzymaktivität vom pH-Wert, erhält man ebenfalls eine Optimumkurve. Jedes Enzym zeigt ein charakteristisches pH-Wert-Optimum (→ **Abb. 3**). Eine Abweichung von diesem pH-Wert führt zu einer Verringerung der Enzymaktivität. Erniedrigt man beispielsweise den pH-Wert, so lagern sich vermehrt H^+-Ionen an negativ geladene Aminosäurereste des Protein-Moleküls. Diese sind dann nicht mehr geladen und können infolgedessen nicht mehr mit anderen geladenen Bereichen der Polypeptidkette in Wechselwirkung treten. Die typische räumliche Struktur des Protein-Moleküls ändert sich. Das Enzym-Molekül denaturiert und kann seine Funktion nicht mehr erfüllen.

Enzyme zeigen Angepasstheiten an das spezielle Milieu, in dem sie wirken. So besitzt Pepsin, das im Magensaft vorkommt, ein pH-Optimum im sauren Bereich. Trypsin aus dem Bauchspeichel hat die höchste Aktivität im basischen Bereich zwischen pH-Werten von 8 bis 9 (→ **Abb. 3**). Wie die unterschiedlichen Temperatur-Optima sind auch die pH-Optima der verschiedenen Enzyme auf die Aminosäuren zurückzuführen, die an ihrem speziellen Aufbau beteiligt sind. Wirken beispielsweise zwischen den Aminosäuren der Polypeptidkette starke Ionenbindungen, Disulfidbrücken oder eine hohe Zahl von Wechselwirkungen, so ist das entsprechende Enzym relativ unempfindlich gegenüber Veränderungen im umgebenden Milieu.

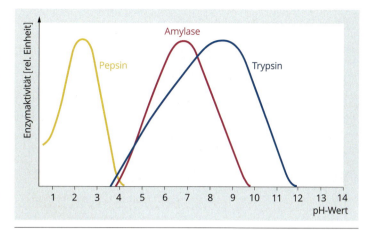

3 Abhängigkeit der Aktivität verschiedener Verdauungsenzyme des Menschen vom pH-Wert

❶ ☰ Beschreiben und erklären Sie die in Abbildung 3 dargestellte Enzymaktivität von Amylase in Abhängigkeit vom pH-Wert.

Materialgebundene Aufgaben

❷ Enzym-Modell Spiralfeder

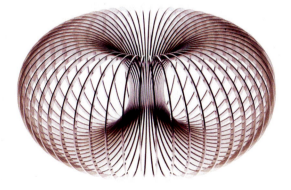

a) ☰ Beschreiben und erklären Sie mit dem Enzym-Modell Spiralfeder die reversible und irreversible Denaturierung von Enzym-Molekülen.

b) ☰ Prüfen Sie, ob das Modell den Bau eines Enzym-Moleküls ausreichend veranschaulicht und beschreiben Sie mögliche Verbesserungen.

❸ Lactoseunverträglichkeit

Für Menschen, die unter einer Lactoseunverträglichkeit leiden, verursacht der Milchzucker, die sogenannte Lactose, in Milchprodukten starke Verdauungsbeschwerden. Die Einnahme von Lactase-Kapseln ermöglicht ihnen beschwerdefrei Milchprodukte zu verzehren, wenn sie dies in Ausnahmefällen nicht vermeiden können. Auf dem Beipackzettel der Lactase-Kapseln wird empfohlen:

– *Die Kapseln sind unbedingt unmittelbar vor dem Essen mit etwas Flüssigkeit aufzunehmen.*
– *Bei einem mehrgängigen Menü sollte vor jedem Gang eine Kapsel genommen werden.*
– *Die Kapseln können auch aufgebrochen und der Inhalt mit dem Essen gemischt werden, allerdings darf dies nicht über 50 °C heiß und nicht zu sauer sein. Die enthaltene Lactase ist beispielsweise in reinem Zitronensaft unwirksam.*

a) ☰ Erklären Sie die Empfehlungen auf dem Beipackzettel.

1 Einsatz von Insektiziden

1.8 Enzymhemmungen

Die Wirkung vieler Insektizide beruht auf der Hemmung eines Enzyms, das für die Signalübertragung an Nerven wichtig ist. Wie können Enzym-Moleküle gehemmt werden?

Substanzen, die die Aktivität von Enzymen hemmen und damit die Reaktionsgeschwindigkeit erniedrigen, werden **Inhibitoren** genannt. Zwei Formen der Enzymhemmung sind von besonderer Bedeutung.

Kompetitive Hemmung

Bei der **kompetitiven Hemmung** (lat. *competere:* wetteifern) ähnelt das Inhibitor-Molekül dem Substrat-Molekül und konkurriert mit diesem um die Besetzung des aktiven Zentrums des Enzym-Moleküls (→ **Abb. 2 A**). Ein gebundenes Inhibitor-Molekül wird nicht umgesetzt und löst sich wieder aus dem aktiven Zentrum. Dadurch kann aber weniger Substrat pro Zeiteinheit umgesetzt werden, und die Geschwindigkeit der Enzymreaktion verringert sich. Mit zunehmender Substratkonzentration steigt die Wahrscheinlichkeit, dass Substrat-Moleküle an das aktive Zentrum binden. Die Inhibitor-Moleküle verlieren damit zunehmend an Bedeutung. Bei hoher Substratkonzentration wird daher die maximale Reaktionsgeschwindigkeit trotz des Inhibitors erreicht (→ **Abb. 2 B**).

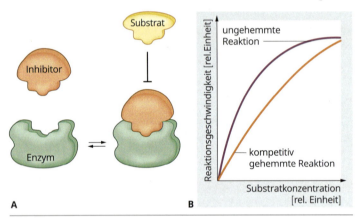

2 Reversible kompetitive Hemmung. A Molekül-Modelle; **B** Reaktionsgeschwindigkeit der kompetitiv gehemmten und der ungehemmten Reaktion bei steigender Substratkonzentration

Nichtkompetitive Hemmung

Bei der **nichtkompetitiven Hemmung** besteht zwischen dem Inhibitor-Molekül und dem Substrat-Molekül keine Ähnlichkeit der Struktur (→ **Abb. 3 A**). Das Inhibitor-Molekül bindet nicht am aktiven Zentrum, sondern an einer anderen Stelle des Enzym-Moleküls. Es verursacht dadurch eine Veränderung der Raumstruktur des Enzym-Moleküls. Dabei wird das aktive Zentrum so verändert, dass es keine Substrat-Moleküle mehr binden kann. Auch wenn sich ein Inhibitor-Molekül wieder vom Enzym-Molekül ablöst, bindet dieses sofort wieder an einem anderen Enzym-Molekül. So wird durch die Anwesenheit eines nichtkompetitiven Inhibitors die Zahl aktiver Enzym-Moleküle verringert. Dadurch kann die maximale Reaktionsgeschwindigkeit der ungehemmten Reaktion auch bei zunehmender Substratkonzentration nicht erreicht werden (→ **Abb. 3 B**).

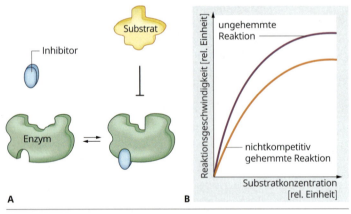

3 Reversible nichtkompetitive Hemmung. A Molekül-Modelle; **B** Reaktionsgeschwindigkeit der nichtkompetitiv gehemmten und der ungehemmten Reaktion bei steigender Substratkonzentration

Irreversible Hemmungen

Sowohl kompetitive als auch nichtkompetitive Inhibitoren können auch dauerhaft an Enzym-Moleküle binden. In diesen Fällen liegen **irreversible Hemmungen** vor. So wird etwa das Enzym, das für die Übertragung von Nervenimpulsen verantwortlich ist, durch bestimmte Insektizide irreversibel gehemmt. Viele Schwermetalle, etwa Quecksilber- oder Blei-Ionen, sind für Menschen giftig, weil sie irreversible nichtkompetitive Hemmungen verschiedener Enzyme verursachen. Da sie sich nicht wieder ablösen, ist die Raumstruktur des Enzym-Moleküls bleibend verändert. Zellen können irreversibel gehemmte Enzyme abbauen und diese neu synthetisieren. Doch dauert dieser Vorgang zu lange, sodass der Ausfall der jeweiligen Enzyme die schwerwiegenden Folgen der jeweiligen Vergiftung hat.

❶ ☰ Vergleichen Sie anhand der Abbildungen 2 und 3 die kompetitive und die nichtkompetitive Hemmung von Enzymen in Form einer Tabelle.

❷ ☰ Erklären Sie, warum bei einer reversiblen kompetitiven Enzymhemmung mit steigender Substratkonzentration die maximale Reaktionsgeschwindigkeit erreicht wird, bei einer reversiblen nichtkompetitiven Hemmung jedoch nicht.

❸ ☰ Die reversible kompetitive Hemmung könnte man mit einem Schlüssel vergleichen, der zwar in das Schlüsselloch hineinpasst, sich aber im Schloss nicht umdrehen lässt und es folglich nicht öffnet. Der nicht passende Schlüssel kann jedoch wieder entfernt werden. Erklären Sie auch die anderen Hemmtypen mithilfe dieser Schlüssel-Schloss-Analogie.

Materialgebundene Aufgaben

❹ Enzymhemmungen im Vergleich

Harnsäure entsteht beim Abbau von Purinen, etwa Adenin und Guanin, den Bestandteilen von Nucleinsäuren. Beim Abbau von Zellen werden täglich etwa 300 mg Purine frei. Außerdem nimmt der Mensch fast genau so viele Purine mit der Nahrung auf. Sie werden in der Leber in mehreren Schritten in wasserlösliche Verbindungen, hauptsächlich in Xanthin, überführt. Dieses wird durch Xanthinoxidase in die schwerlösliche Harnsäure umgewandelt, welche mit dem Urin ausgeschieden werden kann.

Gicht ist eine Stoffwechselkrankheit, bei der es infolge hoher Harnsäurekonzentrationen im Blut zu Ablagerungen von Harnsäurekristallen in Gelenken und Geweben kommt. Die betroffenen Gelenke sind gerötet, angeschwollen und schmerzen bei Bewegungen. Bei den meisten Gichtkranken ist die Ausscheidung von Harnsäure über die Nieren gestört, sodass infolgedessen erhöhte Harnsäurekonzentrationen im Blut entstehen. Ein bewährtes Medikament zur Gichtbehandlung ist Allopurinol.

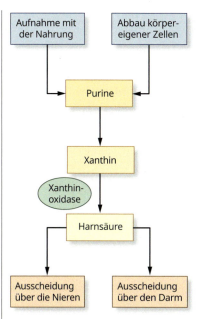

Xanthin-konzen-tration [µmol/l]	Reaktionsgeschwin-digkeit [µmol Harn-säure/(l · min)]	
	ohne Allo-purinol	mit Allo-purinol
0,5	1,8	0,4
1,0	2,8	0,8
2,0	4,0	1,3
3,0	4,8	1,9
5,0	5,7	3,0
10,0	6,5	4,7
15,0	6,7	6,2
20,0	6,8	6,8

a) ☰ In einem Versuch wurde die Umsetzung von Xanthin durch Xanthinoxidase ohne und mit Zusatz von Allopurinol ermittelt. Stellen Sie die tabellarischen Werte grafisch dar und erklären Sie die Versuchsbeobachtungen.

b) ☰ Begründen Sie, warum nach dem Absetzen des Medikaments oft einige Zeit später erneut hohe Harnsäurewerte bei dem Patienten auftreten.

1.9 Regulation der Enzymaktivität

Wie können sich Zellen auf eine unterschiedliche Stoffaufnahme oder einen veränderten Stoffbedarf einstellen?

Die Umsetzung von Stoffen erfolgt im Stoffwechsel einer Zelle in der Regel über mehrere Teilschritte. Jeder dieser Schritte wird von einem spezifischen Enzym katalysiert. Man spricht von **Stoffwechselketten:**

$$\text{Ausgangs-} \underset{}{\overset{E1}{\longrightarrow}} B \overset{E2}{\longrightarrow} C \overset{E3}{\longrightarrow} D \overset{E4}{\longrightarrow} \begin{array}{c}\text{Produkt}\\ P\end{array}$$
$$\text{stoff A} \qquad \text{Zwischenprodukte}$$

Obwohl in jeder Zelle viele Stoffwechselketten gleichzeitig ablaufen und unzählig viele Zwischenprodukte auftreten, verläuft die Stoffumsetzung in geordneten Bahnen. Dies ist zum einen auf die Substrat- und Wirkungsspezifität der Enzyme zurückzuführen, zum anderen darauf, dass die Aktivität von Enzymen reguliert werden kann.

Werden bei einer Stoffwechselkette kontinuierlich Ausgangsstoffe zugeführt und im gleichen Maße die entstehenden Endprodukte entfernt, so bleibt die Konzentration der Zwischenprodukte unverändert. Einen solchen stationären Zustand nennt man **Fließgleichgewicht**. Auf eine unterschiedliche Stoffzufuhr oder einen veränderten Stoffbedarf, also eine Störung des Fließgleichgewichts, kann eine Zelle in unterschiedlicher Weise reagieren: Zum einen können Enzyme, die an der Stoffwechselkette beteiligt sind, vermehrt gebildet oder vorhandene Enzyme abgebaut werden. Ein regelmäßiger Alkoholkonsum kann bei-

spielsweise dazu führen, dass mehr alkoholabbauende Enzyme in den Leberzellen synthetisiert werden. Zum anderen kann die Aktivität bereits vorhandener Enzyme reguliert werden. Beim Abbau von Glucose nimmt beispielsweise die Aktivität bestimmter Enzyme bei einer hohen Glucosekonzentration zu, bei einer geringen dagegen ab.

Veränderung der Enzymaktivität

Viele Enzym-Moleküle besitzen zusätzlich zum aktiven Zentrum regulatorische Zentren (→ **Abb. 1**). An diese können spezifische Effektoren binden und dadurch die Aktivität des Enzyms beeinflussen.

Positive Effektoren verändern dabei die räumliche Gestalt des Enzym-Moleküls so, dass das Substrat-Molekül besser vom aktiven Zentrum gebunden wird. Infolgedessen wird mehr Substrat pro Zeiteinheit umgesetzt; die Enzymaktivität ist gestiegen.

Bindet dagegen ein negativer Effektor an das dafür spezifische regulatorische Zentrum, wird der entgegengesetzte Effekt ausgelöst. Das Substrat-Molekül wird weniger gut vom aktiven Zentrum des Enzym-Moleküls gebunden, und die Enzymaktivität sinkt. Enzyme, die durch spezifische Effektoren reguliert werden können, bezeichnet man als **allosterische Enzyme**.

Allosterische Enzyme befinden sich häufig an Schlüsselpositionen der Reaktionsketten des Stoffwechsels. Zu diesen zählen beispielsweise der erste oder der langsamste Schritt einer Stoffwechselkette. Die Regulation der Aktivität dieser **Schlüsselenzyme** beeinflusst die Geschwindigkeit der gesamten Stoffwechselkette.

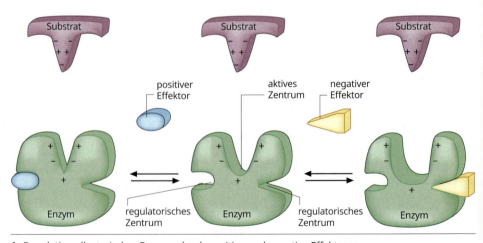

1 Regulation allosterischer Enzyme durch positive und negative Effektoren

Häufig erfolgt die Regulation allosterischer Enzyme durch die Substratkonzentration. Dabei setzen sich Substrat-Moleküle als positive Effektoren an ein regulatorisches Zentrum des betreffenden Enzyms und beschleunigen dadurch die Umsetzung weiterer Substrat-Moleküle. Diese Form der Regulation bezeichnet man als **Substratinduktion** (→ **Abb. 2**).

Auch Endprodukte einer Stoffwechselkette können allosterische Enzyme regulieren (→ **Abb. 3**). Liegen Produkt-Moleküle in höheren Konzentrationen vor, wirken sie als negative Effektoren und verringern damit die Geschwindigkeit, mit der die Produkte hergestellt werden. Durch diese **Endprodukthemmung** wird eine Überproduktion von Endprodukten vermieden. Dies ist biologisch sinnvoll, da eine Anreicherung von Endprodukten die Zelle schädigen könnte und dabei unnötig Energie und Baustoffe verbraucht würden.

❶ ☰ Erklären Sie anhand der Abbildung 1 die Regulation allosterischer Enzyme durch Effektoren.

❷ ☰ Begründen Sie, warum allosterische Enzyme oft den ersten Schritt einer Stoffwechselkette katalysieren.

❸ ☰ Erklären Sie die Substratinduktion und die Endprodukthemmung anhand der Abbildungen 2 und 3.

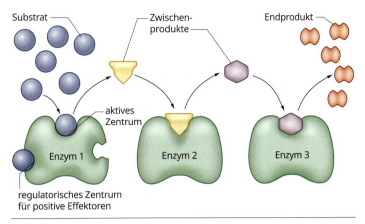

2 Substratinduktion

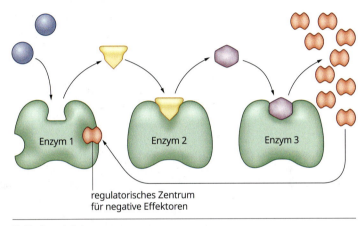

3 Endprodukthemmung

Materialgebundene Aufgaben

❹ **Regulation der Lysin-Synthese in Bakterien**

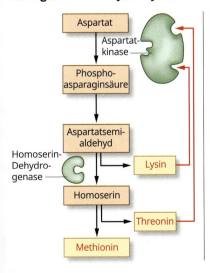

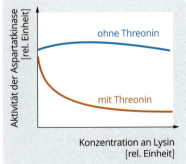

Viele Nutztiere müssen die Aminosäuren Lysin, Methionin und Threonin mit der Nahrung aufnehmen. Durch die Zugabe von Lysin lässt sich der Nährwert ihres Futters wesentlich verbessern. Lysin wird mithilfe von Bakterien hergestellt. Es ist neben Methionin und Threonin Endprodukt einer Stoffwechselkette, deren Ausgangsstoff Aspartat ist. Die Umsetzung von Aspartat zu Phosphoasparaginsäure wird durch das Enzym Aspartatkinase katalysiert.

a) ☰ Deuten Sie die Versuchsbeobachtungen unter Berücksichtigung der dargestellten Stoffwechselkette.

b) ☰ Erklären Sie, warum man für die Lysin-Synthese unter anderem Bakterien nutzt, bei denen das Enzym Homoserin-Dehydrogenase infolge einer Mutation inaktiv ist.

1 Anwendungsbereiche von Enzymen. A Übersicht; **B** „Stonewashed" Jeans als Beispiel

1.10 Enzyme sind Werkzeuge der Biotechnologie

Wie werden Enzyme in verschiedenen Bereichen der Biotechnologie genutzt?

Enzymgewinnung früher und heute
Enzyme lassen sich nur sehr schwer im Labor durch chemische Synthesen nachbauen. Sie müssen stattdessen von lebenden Zellen hergestellt und dann aus ihnen gewonnen werden. Bis Mitte des 20. Jahrhunderts isolierte man Enzyme vor allem aus tierischem oder pflanzlichem Material. Beispielsweise wurde Amylase aus den Bauchspeicheldrüsen von Schlachttieren oder aus keimenden Getreidesamen gewonnen. Heute werden Enzyme mithilfe gentechnisch veränderter Bakterien oder Pilze hergestellt. Sie sind so zu unverzichtbaren Werkzeugen vieler biotechnologischer Verfahren geworden (→ **Abb. 1 A**). Die betreffenden Bakterien oder Pilze stellen die gewünschten Enzyme kostengünstig in großen Mengen und hoher Reinheit her.

Zunehmend werden in der Biotechnologie Enzyme genutzt, die aus Bakterien und Archaeen isoliert wurden, welche in sehr heißen, sauren oder salzigen Lebensräumen vorkommen. Man bezeichnet sie als Extremophile. Ihre Enzyme sind auch bei extremen Bedingungen, etwa bei sehr hohen oder sehr kalten Temperaturen oder bei sehr niedrigen oder hohen pH-Werten, aktiv. Sie werden als **Extremozyme** bezeichnet. Ein Paradebeispiel für ein Extremozym ist die *Taq*-**Polymerase.** Sie wurde aus dem in heißen Quellen lebenden Bakterium *Thermophilus aquaticus* isoliert und wird in der Polymerase-Kettenreaktion (PCR) zur Vervielfältigung von DNA genutzt. Erst durch die Temperaturstabilität dieses Enzyms war die Entwicklung des vollautomatisierten Verfahrens mit mehrfach wechselnden Temperaturen zwischen 40 und 95 °C möglich.

Anwendungsbereich: Waschmittelzusatz
Beim Waschvorgang können Fettverschmutzungen durch die **Tenside** eines Waschmittels vom Gewebe gelöst und im Wasser verteilt werden. Eiweißhaltige Flecken wie etwa Eigelb, Milch oder Blut lassen sich damit allerdings nur schwer auswaschen. Durch den Zusatz von proteinabbauenden Enzymen, **Proteasen,** können solche Verschmutzungen jedoch gut abgebaut werden. Da Enzyme bei den Reaktionen nicht verbraucht werden, sind bereits kleine Mengen sehr wirkungsvoll. Die Menge anderer waschaktiver Substanzen in dem Waschmittel kann daher reduziert werden. Bei hohen Waschtemperaturen und gewöhnlich stark alkalischen Waschlaugen würden jedoch normale Enzyme denaturieren. Mithilfe bestimmter Proteasen aus Archaeen, die sowohl bei hohen Temperaturen als auch in einem stark alkalischen Milieu aktiv sind, konnte das Problem gelöst werden. Heute enthalten daher etwa 80 Prozent der Waschmittel Enzyme.

Anwendungsbereich: Textilien
Enzyme, die sowohl bei hohen Temperaturen als auch in einem alkalischen Milieu stabil sind, werden auch zur Herstellung ausgewa-

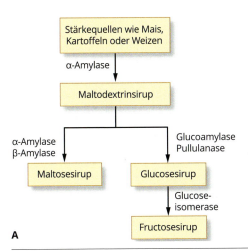

2 Enzymatische Stärkeverzuckerung. A Verfahren; **B** Produktionsstätte

schener Jeans, sogenannter „stonewashed" Jeans, genutzt. Während das Auswaschen des Baumwollstoffes früher durch das Waschen mit Bimssteinen erzielt wurde, nutzt man heutzutage Extremozyme. **Cellulasen** zersetzen die gefärbte äußere Schicht der Baumwollfasern, sodass der indigoblaue Farbstoff aus den Fasern freigesetzt wird. Sie beschädigen den Stoff nicht so stark wie Säuren oder mechanische Behandlungen.

Anwendungsbereich: Lebensmittelherstellung

Im Bereich der Lebensmittelherstellung besitzt insbesondere die enzymatische Stärkeverzuckerung große wirtschaftliche Bedeutung. Dabei gewinnt man aus preiswerten Stärkequellen wie Mais, Kartoffeln oder Weizen verschiedene Süßungsmittel und muss nicht auf Saccharose aus Zuckerrohr oder Zuckerrüben zurückgreifen (→ **Abb. 2 A**). Um die Löslichkeit von Stärke in Wasser zu erhöhen, muss man in dem Verfahren hohe Temperaturen verwenden, sodass auch hier thermostabile Extremozyme eingesetzt werden. Bei der Stärkeverzuckerung werden in einem mehrstufigen Verfahren Stärke-Moleküle in verschiedene Mono- und Disaccharid-Moleküle zerlegt. Durch die Wahl der Enzyme kann der Verzuckerungsprozess gezielt gesteuert werden, und es entsteht beispielsweise Maltose- oder Glucosesirup als Endprodukt. Aufgrund seiner niedrigen Herstellungskosten wird Glucosesirup insbesondere bei industriell hergestellten Süß- und Backwaren anstelle von Saccharose eingesetzt. Im nächsten Schritt der Stärkeverzuckerung

wird ein Teil der Glucose-Moleküle in Fructose-Moleküle umgewandelt. Der entstandene Sirup wird vor allem zum Süßen von Limonaden und Erfrischungsgetränken genutzt.

Ausblick auf kälteaktive Enzyme

Kälteliebende Bakterien gedeihen normalerweise bei -5 °C bis $+20$ °C. Ihre kälteaktiven Enzyme sind zunehmend für bestimmte Verfahren interessant. Sie werden zum Beispiel zur Verarbeitung von Lebensmitteln verwendet, die bei höheren Temperaturen verderben würden. Zum Abbau von Lactose wird etwa eine kälteaktive ß-Galactosidase verwendet. Menschen mit einer Lactoseintoleranz können Milch und bestimmte Milchprodukte aufgrund ihres Lactosegehalts nicht vertragen. Mithilfe von ß-Galactosidase kann Lactose in Milch abgebaut werden. Nutzt man dafür eine kälteaktive ß-Galactosidase, kann die Milch während des Verfahrens kühl gelagert werden und verdirbt nicht. Auch die Nutzung kälteaktiver Enzyme als Waschmittelzusatz ist erfolgversprechend, da kältere Waschtemperaturen eine erhöhte Energieeinsparung ermöglichen. Ebenso werden sie zur Parfümproduktion eingesetzt, weil Duftstoffe sich bei Wärme verflüchtigen.

❶ ☰ Erläutern Sie anhand der Abbildung 2 A die Schritte der Stärkeverzuckerung.

❷ ☰ Recherchieren Sie, welche Bedeutung Enzyme bei der Herstellung von Futtermitteln, Papier oder Biokraftstoffen haben, und fertigen Sie dazu arbeitsteilig jeweils ein Referat an.

❶ Welche Enzymeigenschaften lassen sich bei der Harnstoffspaltung durch Urease erkennen?

Das Enzym Urease spaltet Harnstoff in Ammoniak (GHS 05, 06, 09) und Kohlenstoffdioxid.

$$O = C \begin{smallmatrix} NH_2 \\ \\ NH_2 \end{smallmatrix} + H_2O \rightleftharpoons 2\,NH_3 + CO_2$$

$$2\,NH_3 + 2\,H_2O + CO_2 \rightleftharpoons 2\,NH_4^+ + HCO_3^- + OH^-$$

Eine dem Harnstoff chemisch ähnliche Substanz ist N-Methylharnstoff.

$$O = C \begin{smallmatrix} NH-CH_3 \\ \\ NH_2 \end{smallmatrix}$$

Material: Harnstoff; 2%ige Harnstoff-Lösung; 50%ige Harnstoff-Lösung; 2%ige N-Methylharnstoff-Lösung (GHS 07); 0,1%ige Urease-Suspension; ethanolische Thymolphthalein-Lösung (*); Tropfpipetten; Spatel; 5 Reagenzgläser; Reagenzglasständer

Durchführung: Befüllen Sie die Reagenzgläser 1 bis 5 entsprechend der Angaben in der Tabelle. Geben Sie anschließend zeitgleich jeweils 1 ml der Urease-Suspension zu den Reagenzgläsern 3, 4 und 5.

Reagenzglas	1	2	3	4	5
2%ige Harnstoff-Lösung (ml)	–	2	2	–	2
50%ige Harnstoff-Lösung (ml)	–	–	–	2	–
Harnstoff (Spatelspitzen)	3	–	–	–	–
N-Methylharnstoff-Lösung (Tr.)	–	–	–	–	2
Thymolphthalein-Lösung (Tr.)	–	2	2	2	2

a) ≡ Erklären Sie Ihre Versuchsbeobachtungen.
b) ≡ Erklären Sie die Bedeutung eines Kontrollversuchs, und geben Sie an, mit welchem Ansatz dieser durchgeführt wird.
c) ≡ Formulieren Sie schriftlich eine zusammenfassende Antwort auf die Versuchsfrage.

❷ Beeinflussen Schwermetall-Ionen die Harnstoffspaltung durch Urease?

Material: Aqua dest., 2%ige Harnstoff-Lösung; 1%ige Kupfersulfat-Lösung (GHS 07, 09); 1%ige Silbernitrat-Lösung (GHS 03, 05, 09); 0,1%ige Urease-Suspension; ethanolische Thymolphthalein-Lösung (*); Tropfpipetten; 6 Reagenzgläser; Reagenzglasständer

Durchführung: Geben Sie in drei Reagenzgläser je 1 ml der Urease-Suspension. Pipettieren Sie in Reagenzglas 1 zusätzlich einen Tropfen Aqua dest. und in die anderen Reagenzgläser je einen Tropfen aus einer der zwei Schwermetallsalz-Lösungen. Befüllen Sie drei weitere Reagenzgläser mit je 2 ml 2%iger Harnstoff-Lösung und zwei Tropfen Thymolphthalein-Lösung. Gießen Sie diese jeweils zeitgleich zu den Urease-Suspensionen.

Reagenzglas	1	2	3
Urease-Suspension (ml)	1	1	1
Urease-Suspension + Kupfersulfat (ml)		1	
Urease-Suspension + Silbernitrat (ml)			1
2%ige Harnstoff-Lösung mit 2 Tropfen Thymolphthalein-Lösung	2	2	2

a) ≡ Erklären Sie Ihre Versuchsbeobachtungen.
b) ≡ Formulieren Sie schriftlich eine Antwort auf die Versuchsfrage.

❸ Wie verhindert man die Braunfärbung von Obst und Kartoffeln?

Frisch geschälte und geschnittene Kartoffeln, Äpfel oder Bananen sehen zunächst weiß und appetitlich aus. Aber schon nach kurzer Zeit werden sie an den Schnittflächen unansehnlich braun. Ursache für die Verfärbung ist die Reaktion pflanzlicher Phenole mit Sauerstoff. Die Reaktion wird durch das pflanzeneigene Enzym Phenoloxidase katalysiert. Das Braunwerden kann dadurch verhindert werden, dass die Obst- oder Kartoffelstücke in Wasser getaucht, mit einer Frischhaltefolie bedeckt, mit Zitronensaft beträufelt, mit Vitamin C (Ascorbinsäure) bestreut oder mit heißem Wasser übergossen werden.

a) ≡ Begründen Sie die Empfehlungen.
b) ≡ Planen Sie einen Versuch, der nachweist, dass man die Braunfärbung von Obst und Kartoffeln mithilfe von Vitamin C verhindern kann, und führen Sie ihn durch. Als Material steht Ihnen zur Verfügung: Messer, Brettchen, Pürierstab, Bechergläser (250 ml), Schnappgläschen mit Deckel, Waage, Messzylinder, Wasser, Vitamin C-Pulver, Apfel, Kartoffel und Banane.
c) ≡ Recherchieren Sie, welche Funktion Vitamin C im Körper eines Menschen hat.

Enzyme sind Biokatalysatoren

Enzyme erhöhen die Geschwindigkeit chemischer Reaktionen, indem sie deren Aktivierungsenergien herabsetzen.

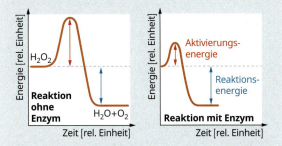

Verlauf der Enzymkatalyse:

$$E + S \longrightarrow ES \longrightarrow EP \longrightarrow E + P$$

Enzyme sind substratspezifisch. Das aktive Zentrum eines Enzym-Moleküls und ein bestimmter Bereich des Substrat-Moleküls sind zueinander komplementär.

Modellvorstellungen
Schlüssel-Schloss-Modell:

Modell der induzierten Anpassung:

Enzyme sind wirkungsspezifisch oder reaktionsspezifisch. Jedes Enzym hat eine spezifische Wirkung auf sein Substrat.

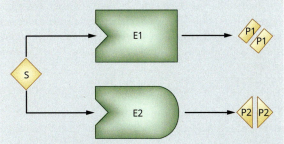

Gruppenspezifität

Viele Enzyme setzen nicht nur ein bestimmtes Substrat um, sondern Moleküle einer bestimmten chemischen Gruppe, da diese über einen ähnlich gebauten Molekülbereich verfügen.

Enzymaktivität

V_{max}: maximale Reaktionsgeschwindigkeit
K_M-Wert: Substratkonzentration, bei der die Hälfte der maximalen Reaktionsgeschwindigkeit erreicht ist

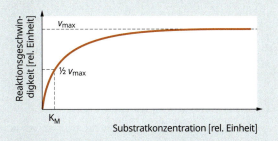

Wechselzahl: Anzahl der Substrat-Moleküle, die ein Enzym-Molekül in einer Sekunde umsetzt

Abhängigkeit der Enzymaktivität vom pH-Wert und der Temperatur: pH-Wert- und Temperatur-Veränderungen beeinflussen die Raumstruktur der Enzym-Moleküle und somit ihre Aktivität.

Coenzyme
– lagern sich vorübergehend mit dem Substrat-Molekül an das aktive Zentrum eines Enzyms.
– übertragen Elektronen, Protonen, Atomgruppen.
– werden in anderen Reaktionen regeneriert.
– Beispiele: ATP, NAD^+

Enzymhemmungen:
kompetitiv, reversibel
Das Inhibitor-Molekül
– konkurriert mit dem Substrat-Molekül um die Bindung an das aktive Zentrum.
– wird nicht umgesetzt und löst sich wieder ab.
– blockiert zeitweise das aktive Zentrum.
nichtkompetitiv, reversibel
Das Inhibitor-Molekül
– setzt sich reversibel an das Enzym-Molekül.
– verursacht eine Veränderung seines aktiven Zentrums, sodass zeitweise keine Substrat-Moleküle binden können.
irreversibel: Das Inhibitor-Molekül löst sich nicht wieder von dem Enzym-Molekül.

Enzymregulation
Substratinduktion: Bei hohen Substratkonzentrationen wirken Substrat-Moleküle als positive Effektoren und aktivieren Enzym-Moleküle.
Endprodukthemmung: Bei hohen Endproduktkonzentrationen wirken Produkt-Moleküle als negative Effektoren und hemmen Enzym-Moleküle.

2 Stoffabbau – Zellatmung

2.1 Wiederholung: Bau der Kohlenhydrate

Kohlenhydrate dienen in Zellen vorwiegend als Gerüstsubstanz und Energiespeicher. Wie sind sie aufgebaut, sodass sie diese Funktionen ausüben können?

Kohlenhydrate kommen als einfache Kohlenhydrate, Zucker genannt, und auch in Form komplexer Kohlenhydrate vor. Bei der Benennung der Kohlenhydrate verwendet man häufig die Endsilbe **-ose**, zum Beispiel Glucose, Fructose oder Maltose.

Monosaccharide

Die einfachsten Zucker werden **Monosaccharide** genannt. Sie enthalten linear- oder ringförmig angeordnete Kohlenstoff-Atome, die mit Wasserstoff-Atomen und jeweils einer Hydroxygruppe verbunden sind. Ein Kohlenstoff-Atom hat außerdem eine Doppelbindung zu einem Sauerstoff-Atom, die jedoch in der ringförmigen Anordnung der Kohlenstoff-Atome aufgelöst ist (→ **Abb. 1**). Insgesamt können drei bis sieben Kohlenstoff-Atome in einem Monosaccharid vorkommen. **Ribose,** der Zucker, der am Aufbau der Nucleinsäuren beteiligt ist, enthält fünf Kohlenstoff-Atome. Er gehört zu den **Pentosen.** Glucose bildet die Grundlage für den Aufbau aller organischen Moleküle. Sie enthält sechs Kohlenstoff-Atome, ist also eine **Hexose.**

Bei den Monosacchariden gibt es Moleküle, die trotz gleicher Summenformel eine andere Anordnung der Atome aufweisen. Man spricht von **Isomeren.** Glucose und Galactose sind solche Isomere. Sie unterscheiden sich nur in der räumlichen Anordnung der Hydroxygruppe am vierten Kohlenstoff-Atom (→ **Abb. 3**).

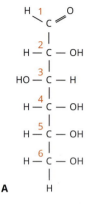

A lineare Form; **B** Ringform

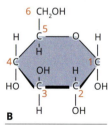

1 Glucose. A lineare Form; **B** Ringform

Disaccharide

Durch die Kondensation von zwei Monosacchariden entstehen **Disaccharide,** die über eine sogenannte **glykosidische Bindung** miteinander verknüpft sind (→ **Abb. 2**). Je nachdem, welche Monosaccharide miteinander verknüpft werden, entstehen unterschiedliche Disaccharide. In der **Saccharose,** dem Haushaltszucker, sind je ein Fructose-Molekül und ein Glucose-Molekül miteinander verbunden. In der **Maltose,** dem Malzzucker, sind es zwei Glucose-Moleküle (→ **Abb. 3**).

Polysaccharide

Langkettige Polymere aus vielen Monosacchariden bezeichnet man als **Polysaccharide.** Bei **Stärke,** dem Hauptreserve-Kohlenhydrat höherer Pflanzen, kann man zwei Formen unterscheiden: **Amylose** und **Amylopektin** (→ **Abb. 3**). Amylose besteht aus einer Kette von mehreren hundert Glucose-Molekülen, die sich schraubenartig aufwindet. Die Kette des Amylopektins ist im Vergleich dazu aus mehreren tausend Glucose-Molekülen aufgebaut. Sie ist zudem verzweigt. Amylose und Amylopektin werden zusammen in den Stärkekörnern von bestimmten Pflanzenzellen gespeichert.

Glykogen, das Hauptreserve-Kohlenhydrat von Prokaryoten, Pilzen und Tieren besteht aus bis zu 100 000 Glucose-Molekülen und hat einen noch höheren Verzweigungsgrad als Amylopektin (→ **Abb. 3**).

Cellulose, der Hauptbestandteil von pflanzlichen Zellwänden, ist ein Polymer aus etwa 10 000 Glucose-Molekülen. Die unverzweigten Ketten sind linear nebeneinander angeordnet (→ **Abb. 3**).

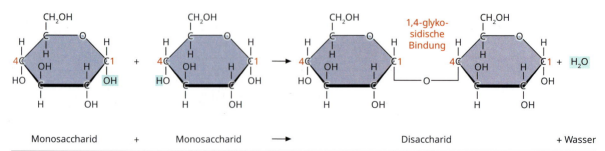

2 Kondensation von zwei Monosacchariden zu einem Disaccharid

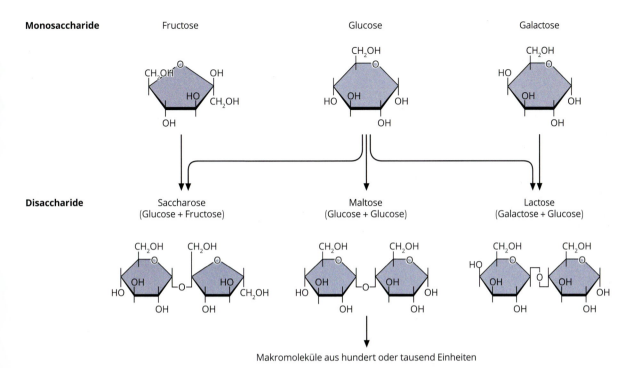

Monosaccharide

Fructose Glucose Galactose

Disaccharide

Saccharose Maltose Lactose
(Glucose + Fructose) (Glucose + Glucose) (Galactose + Glucose)

Makromoleküle aus hundert oder tausend Einheiten

Polysaccharide Glykogen Cellulose Stärke
Amylopektin Amylose

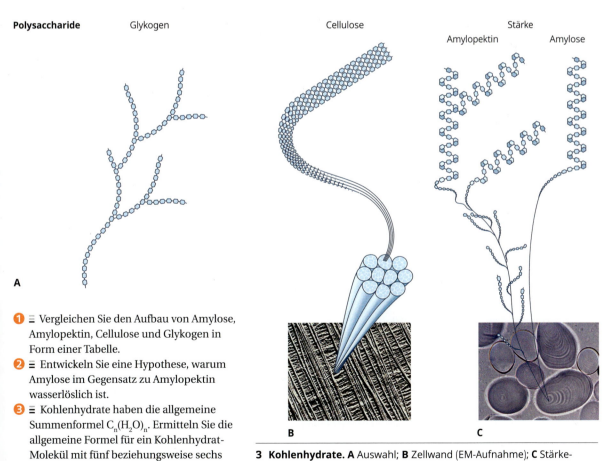

A

① ☰ Vergleichen Sie den Aufbau von Amylose, Amylopektin, Cellulose und Glykogen in Form einer Tabelle.

② ☰ Entwickeln Sie eine Hypothese, warum Amylose im Gegensatz zu Amylopektin wasserlöslich ist.

③ ☰ Kohlenhydrate haben die allgemeine Summenformel $C_n(H_2O)_n$. Ermitteln Sie die allgemeine Formel für ein Kohlenhydrat-Molekül mit fünf beziehungsweise sechs Kohlenstoff-Atomen.

B **C**

3 Kohlenhydrate. A Auswahl; **B** Zellwand (EM-Aufnahme); **C** Stärke-körner (LM-Aufnahme)

1 Mann und Kind in völliger Ruhe

2.2 Energieumsatz des Menschen

Selbst in völliger Ruhe brauchen Menschen Energie. Wovon ist ihr Energiebedarf abhängig und wie wird er ermittelt?

Wie alle Lebewesen benötigen Menschen Energie zum Leben, beispielsweise für den Herzschlag, für den Erhalt der Körpertemperatur sowie für die Kontraktion der Skelettmuskeln. Der Mensch gewinnt Energie aus den aufgenommenen Nährstoffen. Deren Grundbausteine werden in den Zellen abgebaut und die dabei freigesetzte Energie wird für energieverbrauchende Vorgänge, etwa für die Kontraktion der Muskelzellen, genutzt. Bei allen Stoffwechselvorgängen in den Zellen entsteht Wärme als Nebenprodukt.

Grundumsatz und Einflussfaktoren
Die Energie, die ein Mensch in völliger Ruhe umsetzt, wird als **Grundumsatz** bezeichnet. Man bestimmt ihn, indem man für 24 Stunden den Energieumsatz einer nüchternen Veruchsperson bei völliger Ruhe und einer Umgebungstemperatur, bei der sie weder friert noch schwitzt, ermittelt.

Der Grundumsatz wird von verschiedenen Faktoren, etwa dem Körpervolumen, dem Geschlecht und dem Alter, beeinflusst. Mit zunehmendem Körpervolumen steigt auch der Grundumsatz des Menschen, denn je größer das Körpervolumen eines Menschen ist, desto mehr Zellen müssen mit Energie versorgt werden. Die Energiemenge, die für den Erhalt der Körpertemperatur benötigt wird, ist vor allem vom Verhältnis des Körpervolumens zur Köperoberfläche abhängig. Im Körpervolumen wird durch den Stoffwechsel der Zellen Wärme erzeugt. Dagegen wird über die Körperoberfläche Wärme an die Umgebung abgegeben. Je kleiner ein Körper ist, umso größer ist die Oberfläche im Verhältnis zum Volumen. Ein Kind zum Beispiel hat im Verhältnis zu seinem Körpervolumen eine relativ große Oberfläche. In seinem Körper wird relativ wenig Wärme erzeugt und über die Oberfläche verhältnismäßig viel Wärme abgegeben. Kinder benötigen deshalb viel Energie, um die Körpertemperatur aufrechtzuerhalten und haben somit einen hohen Grundumsatz. Der Grundumsatz ist auch vom Geschlecht eines Menschen abhängig. Männer besitzen durchschnittlich mehr Muskelmasse und einen geringeren Körperfettanteil als Frauen. Da im Muskelgewebe auch im Ruhezustand mehr Energie umgesetzt wird als im Fettgewebe, ist bei normalgewichtigen Männern der Grundumsatz etwa zehn Prozent höher als bei normalgewichtigen Frauen. Auch das Alter wirkt sich auf den Grundumsatz aus. Zum Beispiel nimmt der Energiebedarf eines Heranwachsenden stetig zu, da immer mehr Zellen mit Energie versorgt werden müssen. Ab einem Alter von etwa 30 Jahren sinkt dagegen der Grundumsatz, da Muskelmasse abgebaut wird und der Körperfettanteil steigt. Zusätzlich verlangsamen sich die Stoffwechselvorgänge im höheren Alter, sodass der Grundumsatz dann noch weiter sinkt.

Arbeitsumsatz und Gesamtumsatz
Bei körperlicher Aktivität steigt der Energieumsatz deutlich an. Der über den Grundumsatz hinausgehende Energieumsatz wird als **Arbeits**- oder **Leistungsumsatz** bezeichnet. Grundumsatz und Arbeitsumsatz machen zusammen den **Gesamtumsatz** aus, also den gesamten Energiebedarf eines Organismus pro Tag. Beim Erwachsenen beträgt der Grundumsatz etwa 60 bis 70 Prozent des Gesamtumsatzes.

Bestimmung des Energieumsatzes
Zur Bestimmung des Energieumsatzes gibt es verschiedene Verfahren. Bei der **direkten Kalorimetrie** (lat. *calor*: Wärme, gr. *metran*: messen) wird aus der abgegebenen Wärmemenge eines Menschen sein Energieumsatz errechnet. Dieses Verfahren hat heute jedoch aufgrund des hohen technischen Aufwandes kaum noch Bedeutung.

Bei der **indirekten Kalorimetrie** wird der Energieumsatz aus dem Gaswechsel eines Menschen errechnet. Alle aufgenommenen Nährstoffe im Körper werden letztendlich mithilfe von Sauerstoff zu Wasser und Kohlenstoffdioxid abgebaut. Zum Beispiel lässt sich der Abbau von Glucose durch folgendes Reaktionsschema wiedergeben:

$C_6H_{12}O_6 + 6\,O_2 \rightarrow 6\,CO_2 + 6\,H_2O;$
$\Delta G = -28\,602\ kJ/mol$

Man erkennt daran, dass für die Oxidation von 1 Mol Glucose 6 Mol Sauerstoff benötigt und dabei 2822 Kilojoule Energie frei werden. Oxidiert man mehr Glucose, etwa die fünffache Menge, wird auch fünfmal mehr Sauerstoff verbraucht und entsprechend mehr Energie frei. Aus dem Sauerstoffverbrauch lässt sich also auf die umgesetzte Energiemenge bei chemischen Reaktionen schließen. Um über den Sauerstoffverbrauch den Energieumsatz eines Menschen berechnen zu können, muss man zunächst ermitteln, ob er seine Energie aus der Oxidation von Glucose oder Fettsäuren gewinnt. Dazu werden in der eingeatmeten und ausgeatmeten Luft die Sauerstoff- und Kohlenstoffdioxidkonzentration bestimmt (→ **Abb. 2**). Das Verhältnis der abgegebenen Kohlenstoffdioxidmenge zur aufgenommenen Sauerstoffmenge nennt man **respiratorischer Quotient** (abgekürzt: **RQ**). Anhand des Reaktionsschemas für die Oxidation von Glucose wird deutlich, dass dabei 6 Mol Sauerstoff benötigt und 6 Mol Kohlenstoffdioxid gebildet werden:

$RQ_{Glucose}$: 6 Mol CO_2/6 Mol O_2 = 1,0

Bei einem Menschen, der nur Glucose oder andere Kohlenhydrate zum Energiegewinn oxidiert, liegt der RQ also bei 1,0. Der RQ bei reiner Fettverbrennung liegt bei 0,71. Je nach der Zusammensetzung der Nahrung liegt der RQ eines Menschen zwischen 0,71 und 1,0. Je höher der gemessene RQ ist, desto mehr Energie gewinnt er aus Kohlenhydraten. Bei Mischkost nutzt man für die Berechnungen des Energieumsatzes einen durchschnittlichen RQ-Wert von 0,8. Um vom Sauerstoffverbrauch auf die freigesetzte Energie schließen zu können, muss man wissen, wie viel Energie pro Liter Sauerstoff bei der Umsetzung verschiedener Nährstoffe frei wird. Dieser Wert wird als **kalorisches Äquivalent** bezeichnet. Für Glucose beträgt das kalorische Äquivalent 21,2 KJ/l O_2 und für Fettsäuren 19,65 KJ/l O_2. Daraus kann man ableiten, dass bei gemischter Kost und

2 Indirekte Kalorimetrie

einem RQ von 0,8 der Verbrauch von einem Liter Sauerstoff einem Energieumsatz von 21 kJ entspricht. Zusammenfassend lässt sich der **Energieumsatz Q** eines Menschen anhand seines Sauerstoffverbrauchs nach folgender Formel berechnen:

$Q\ (kJ/h) = V\,O_2\ (l/h) \cdot 21\ (kJ/l)$

❶ ☰ Beim Joggen verbraucht ein Mensch pro Stunde 97,5 Liter Sauerstoff. Berechnen Sie, wie viel Energie er dabei umsetzt.

Materialgebundene Aufgaben

❷ Abhängigkeit des Grundumsatzes von verschiedenen Faktoren

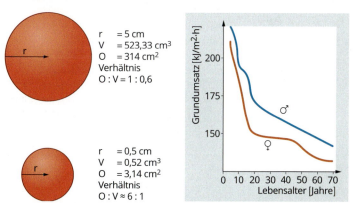

r = 5 cm
V = 523,33 cm³
O = 314 cm²
Verhältnis
O : V = 1 : 0,6

r = 0,5 cm
V = 0,52 cm³
O = 3,14 cm²
Verhältnis
O : V ≈ 6 : 1

a) ☰ Erklären Sie unter Berücksichtigung der Abbildung, dass von den zwei erhitzten Eisenkugeln die kleine Kugel schneller abkühlt als die große.

b) ☰ Beschreiben und erklären Sie die Veränderungen des Grundumsatzes im Verlauf des Lebens bei Mann und Frau.

1 Marathonläufer

2.3 Energieformen und Energieumwandlungen

Warum wandeln Lebewesen und Zellen Energie um und welche Energieumwandlungen sind für sie besonders wichtig?

Wie können Marathonläufer 42 Kilometer ohne Unterbrechung laufen? Jede Bewegung erfordert Energie und Energieumwandlungen. Sie sind die Grundlage für die Arbeit, die Muskeln beim Laufen leisten müssen. Zur intensiven Vorbereitung auf einen Marathonlauf gehört nicht nur ein intensives Lauftraining, sondern auch eine darauf abgestimmte Ernährung. Die in der Nahrung enthaltenen Nährstoffe liefern den Läufern letztendlich die Energie, die es ihren Muskeln ermöglicht, über zwei Stunden immer wieder zu kontrahieren und zu entspannen.

Energieformen und - umwandlungen
Die von den meisten Lebewesen genutzte Energie kommt ursprünglich aus der Lichtenergie der Sonne. Sie wurde von pflanzlichen

Zellen im Verlauf der Fotosynthese in **chemische Energie** umgewandelt und zum Aufbau von Glucose und aller anderen Biomolekülen verwendet. Neben der chemischen Energie tritt Energie etwa in Form von Lageenergie oder Bewegungsenergie auf. Energie kann weder erzeugt noch vernichtet werden, sondern nur von einer Energieform in eine andere umgewandelt werden.

Energie kann auch in einem Konzentrationsgefälle oder in einem Ladungsgefälle gespeichert sein, man spricht dann von **Lageenergie**. Chemische Energie und Lageenergie sind für Lebewesen von besonderer Bedeutung, da in ihnen Energie gespeichert ist, die sie portionsweise umwandeln können. Nur wenn gespeicherte Energie umgewandelt wird, kann in Zellen Arbeit verrichtet werden. Zum Beispiel wird beim Abbau von Glucose die in ihr gespeicherte chemische Energie zunächst in chemische Energie in Form von ATP und dann etwa bei Muskelkontraktionen in **Bewegungsenergie** umgewandelt.

Energieentwertung in Zellen
Bei jeder Energieumwandlung geht ein Teil der Energie durch zufällige thermische Bewegungen von Teilchen, also durch Wärme, verloren. Da sie nicht für weitere Energieumwandlungen genutzt werden kann, bezeichnet man Wärme als entwertete Energie (→ **Abb. 2**).

Auch bei den Energieumwandlungen in Zellen kann nicht die gesamte, zum Beispiel in Glucose gespeicherte Energiemenge, in nutzbare Energie umgewandelt werden. Ein Teil wird immer in Wärme umgewandelt. Sie kann von den Zellen nicht mehr in andere Energieformen umgewandelt werden und wird an die Umgebung abgegeben. So stehen Zellen beim Abbau von Glucose zu Kohlenstoffdioxid und Wasser nur 40 Prozent der Energiemenge, die in Glucose gespeichert ist, für Arbeit zur Verfügung. Der Rest wird in Wärme umgewandelt. Bei Marathonläufern steigt durch die Wärme, die bei den Energieumwandlungen in ihren Zellen entsteht, die Körpertemperatur über 40 °C an und löst als Gegenmaßnahme ihr starkes Schwitzen aus.

Freie Energie G
Energie, die genutzt werden kann, um Arbeit zu leisten, nennt man **freie Energie**, abgekürzt G. Die Änderung der freien Energie kenn-

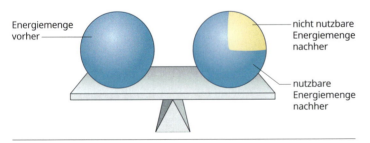

Energiemenge vorher

nicht nutzbare Energiemenge nachher

nutzbare Energiemenge nachher

2 Energieentwertung bei der Energieumwandlung

zeichnet man als **Differenz von G** (**ΔG**). Eine Reaktion verläuft nur dann spontan, wenn die freie Energie dabei abnimmt, ΔG also negativ ist (ΔG < 0). Man spricht von einer **exergonischen Reaktion** (→ **Abb. 3A**). Findet bei einer chemischen Reaktion eine Zunahme der freien Energie statt, so ist der ΔG-Wert positiv (ΔG > 0). Eine solche **endergonische Reaktion** kann nur ablaufen, wenn Energie von außen zugeführt wird (→ **Abb. 3B**).

Chemisches Gleichgewicht

Im Verlauf einer chemischen Reaktion, stellt sich nach einer bestimmten Zeit ein Gleichgewicht ein, bei dem die Ausgangsstoffe und Endstoffe in einem bestimmten Mengenverhältnis vorliegen. Man spricht vom **chemischen Gleichgewicht**. Ist es erreicht, verändert sich die freie Energie nicht. ΔG ist dann Null. Energie wird also nur dann frei, wenn ΔG ≠ 0, also wenn der Gleichgewichtszustand angestrebt wird.

Offene und geschlossene Systeme

Ein **geschlossenes System**, wie etwa ein Reagenzglas mit Stopfen, kann keine Stoffe, wohl aber Energie mit seiner Umgebung austauschen. In ihm stellt sich der Gleichgewichtszustand zwischen den an der chemischen Reaktion beteiligten Stoffen relativ schnell ein.

Lebende Zellen, Lebewesen und alle biologischen Systeme sind dagegen **offene Systeme**. Sie tauschen mit ihrer Umgebung sowohl Stoffe als auch Energie aus. Von einer ausdifferenzierten Zelle werden zum Beispiel pro Zeiteinheit etwa gleiche Mengen an Stoffen und Energie aufgenommen wie abgegeben.

Fließgleichgewicht

Komplexe chemische Umwandlungen finden in Zellen nicht in einer einzigen Reaktion statt, sondern in einer Reihe von Teilreaktionen, die zusammen eine **Reaktionskette** bilden. Die dabei in einer Zelle entstehenden Zwischenprodukte werden kontinuierlich weiterverarbeitet. Ihre Konzentrationen bleiben dadurch unverändert. Es liegt ein **Fließgleichgewicht** vor. Deshalb kann sich kein chemisches Gleichgewicht der einzelnen Teilreaktionen einstellen. Da die Gleichgewichte der verschiedenen Teilreaktionen nur angestrebt, aber nicht erreicht werden, wird ständig Energie freigesetzt, sodass in der Zelle Arbeit verrichtet werden kann.

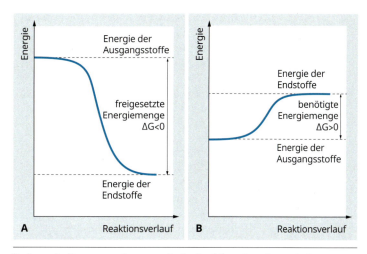

3 Energiediagramm. A exergonische Reaktion; **B** endergonische Reaktion

❶ ≡ Erklären Sie, warum man von Energieentwertung spricht, wenn Wärme bei Energieumwandlungen entsteht. Berücksichtigen Sie dabei Abbildung 2.

❷ ≡ Prüfen Sie, ob es sich bei einem Kühlschrank um ein offenes oder geschlossenes System handelt.

Materialgebundene Aufgaben

❸ **Offenes und geschlossenes System als Modell**

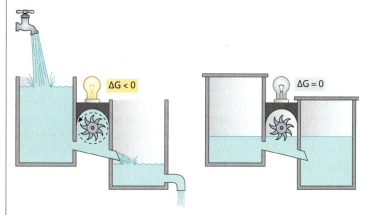

a) ≡ Erklären Sie, wodurch offene und geschlossene Systeme gekennzeichnet sind.

b) ≡ Geben Sie an, welche Energieumwandlungen in dem Modell des offenen Systems dargestellt sind, und erklären Sie daran den Begriff Fließgleichgewicht.

c) ≡ Begründen Sie unter Berücksichtigung der Modelle, warum eine Zelle nur als offenes System Arbeit leisten kann.

2.4 Energieübertragung durch ATP

Welche Rolle spielt ATP bei den Energieumwandlungen in Zellen?

Im Stoffwechsel einer Zelle finden laufend energieverbrauchende, endergonische Reaktionen statt. Die hierfür notwendige Energie kann durch den Abbau energiereicher Moleküle wie Kohlenhydrate und Fette mithilfe von Sauerstoff bereitgestellt werden. Dieser Prozess erfolgt über viele Zwischenschritte und nimmt relativ viel Zeit in Anspruch. Zellen besitzen mit dem **Coenzym ATP** einen kurzfristig verfügbaren Energiespeicher. Als langfristiger Energiespeicher eignet sich ATP nicht, da es auch regulatorische Funktion hat.

Exergonische und endergonische Reaktionen sind über das ATP miteinander gekoppelt (→ **Abb. 1**). Die bei exergonischen Reaktionen freiwerdende Energie wird genutzt, um eine

Phosphatgruppe (P) an ein ADP-Molekül zu binden, wobei ATP-Molekül entsteht:

$$ADP + P \quad \rightarrow \quad ATP;$$
$$\Delta G = +30{,}6\ kJ/mol$$

Wird anschließend die Phosphatgruppe von dem ATP-Molekül abgespalten, kann die freiwerdende Energie für eine endergonische Reaktion genutzt werden:

$$ATP \quad \rightarrow \quad ADP + P;$$
$$\Delta G = -30{,}6\ kJ/mol$$

Bei der Spaltung eines ATP-Moleküls kann die endständige Phosphatgruppe auch auf andere Moleküle übertragen werden. Diese **Phosphorylierung** aktiviert die betreffenden Moleküle und macht sie reaktionsbereit. Ein Beispiel für eine solche **Energieübertragung** ist die Reaktion von Glucose zu Glucose-6-phosphat:

$$Glucose + P \quad \rightarrow \quad Glucose\text{-}6\text{-}phosphat;$$
$$\Delta G = +13{,}8\ kJ/mol$$

Die endergonische Reaktion ist mit der exergonischen Spaltung von ATP gekoppelt. Die Energiebilanz für die exergonische Gesamtreaktion lautet:

$$Glucose + ATP \rightarrow Glucose\text{-}6\text{-}phosphat + ADP;$$
$$\Delta G = -16{,}8\ kJ/mol$$

$$(+13{,}8\ kJ/mol) + (-30{,}6\ kJ/mol) = -16{,}8\ kJ/mol$$

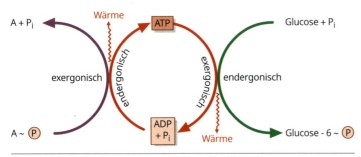

1 Energieübertragung durch ATP

❶ ≡ Erklären Sie anhand der Abbildung 1 die Rolle von ATP bei den Energieumwandlungen in Zellen.

Materialgebundene Aufgaben

❷ **Energieübertragungen im Modell**

a) ≡ Erklären Sie die dargestellten Energieumwandlungen und Energieübertragungen unter Verwendung der Fachbegriffe: exergonisch, endergonisch, freie Energie, Lageenergie und Bewegungsenergie.

b) ≡ Prüfen Sie, ob das rotierende Flügelrad als Modell für die Rolle von ATP im Stoffwechsel der Zellen dienen kann.

c) ≡ Erklären Sie die Grenzen des dargestellten Modells.

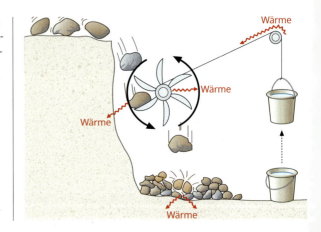

Lebewesen sind **offene Systeme**; sie sind gebunden an Stoff- und Energieumwandlungen. Nur wenn sie ständig Stoffe und Energie aufnehmen, umwandeln und in anderer Form wieder abgeben, können sie leben, wachsen und sich fortpflanzen.

Fast alle Lebewesen dieser Erde sind abhängig von der Lichtenergie, die bei der Fotosynthese in chemische Energie umgewandelt und in Form von Glucose gespeichert wird. Dabei werden die Stoffe Kohlenstoffdioxid und Wasser zu Glucose und Sauerstoff umgesetzt (→ **Abb. 1A**). Glucose dient den Pflanzen zum Aufbau körpereigener Stoffe und zur Energieversorgung von Zellen, in denen keine Fotosynthese möglich ist.

Tiere und Menschen nutzen die von den Pflanzen aufgebauten energiereichen Stoffe als Nährstoffe. Bei deren Abbau erhalten sie zum einen verschiedene Stoffe, aus denen sie körpereigene Stoffe aufbauen können. Zum anderen gewinnen sie Glucose. Diese kann bei der Zellatmung zu Kohlenstoffdioxid und Sauerstoff abgebaut werden. Die dabei freigesetzte Energie wird in den Mitochondrien als chemische Energie in Form von ATP gespeichert (→ **Abb. 1B**). ATP kann schnell aus den Mitochondrien in die

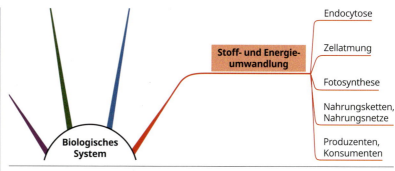

2 Aspekte des Basiskonzepts Stoff- und Energieumwandlung

unterschiedlichen Bereiche einer Zelle transportiert werden, wo es dann für endergonische Vorgänge zur Verfügung steht. Durch die Speicherung der Energie in Form von ATP wird also eine räumliche und zeitliche Trennung der Energiefreisetzung und des Energieverbrauchs möglich. Bei allen Energieumwandlungen wird Wärme als nicht nutzbare Energieform an die Umgebung abgegeben (→ **Abb. 1**).

Die Stoffumwandlungen bei der Fotosynthese und Zellatmung sind also eng mit Energieumwandlungen verknüpft. Diese Verknüpfung findet man auf allen biologischen Ebenen. Zum Beispiel sind auch Ökosysteme offene Systeme, die nur existieren können, wenn ihnen ständig Energie zufließt, und sie mit ihrer Umgebung Stoffe

austauschen können. Die Stoffumwandlungen werden etwa in den Nahrungsketten und Nahrungsnetzen eines Ökosystems deutlich. Sie sind mit den Energieumwandlungen verknüpft, wenn Energie von den Produzenten ausgehend durch die Ebenen der Konsumenten fließt (→ **Abb. 3**).

Stoff- und Energieumwandlungen sind ein **Basiskonzept** der Biologie.

❶ ☰ Erklären Sie anhand der Abbildung 1 die Verknüpfung zwischen Stoff- und Energieumwandlungen bei der Fotosynthese und der Zellatmung.

❷ ☰ Erklären Sie die Energieumwandlungen beim Energiefluss durch ein Ökosystem anhand der Abbildung 3.

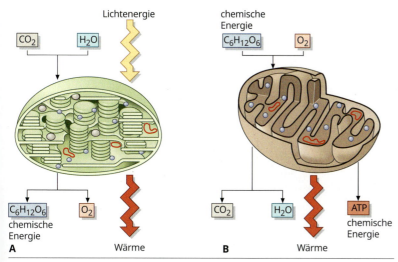

1 **Verknüpfung von Stoff- und Energieumwandlungen. A** bei der Fotosynthese; **B** bei der Zellatmung

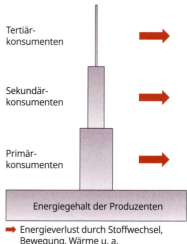

3 Energiefluss durch ein Ökosystem

2.5 Glucoseabbau durch die Zellatmung im Überblick

Wie wird beim Glucoseabbau in den Zellen Energie freigesetzt und gespeichert? Wo finden die verschiedenen Reaktionen statt?

Glucose wird in den Zellen mithilfe von Sauerstoff zu Kohlenstoffdioxid und Wasser abgebaut. Ein Teil der chemischen Energie, die in Glucose gespeichert ist, wird dabei zu chemischer Energie in Form von ATP umgesetzt. So kann sie für energieverbrauchende Reaktionen in den Zellen genutzt werden.

Der Abbau von Glucose zu Kohlenstoffdioxid und Wasser wird **Zellatmung** genannt und umfasst vier Teilbereiche: **Glykolyse, oxidative Decarboxylierung von Pyruvat, Citratzyklus** und **Atmungskette**. Letztere ist mit der ATP-Synthese gekoppelt.

Bau und Funktion der Mitochondrien
Mitochondrien sind für den Stoffabbau und die ATP-Synthese von zentraler Bedeutung (→ **Abb. 1**). Ihre Zahl variiert in den verschiedenen Zellen in Abhängigkeit von deren Stoffwechselaktivität. Beispielsweise enthält eine stoffwechselaktive Leberzelle eines Menschen über 1000 Mitochondrien.

Im elektronenmikroskopischen Bild ist erkennbar, dass ein Mitochondrium von zwei Biomembranen umgeben ist (→ **Abb. 1 A**). Die **äußere Membran** umschließt das Mitochondrium. Sie enthält viele Proteine, die jeweils von einem Kanal durchzogen sind. Nur Moleküle einer bestimmten Größe können sie passieren. Die **innere Membran** können Stoffe nur mithilfe von Carriern überwinden. Sie stülpt sich in Form von Falten in das Innere des Mitochondriums, wodurch ihre Oberfläche stark vergrößert ist. An der inneren Mitochondrienmembran sind die Enzyme der oxidativen Decarboxylierung von Pyruvat und die Komponenten der Atmungskette gebunden. Zwischen der inneren und äußeren Membran befindet sich der **Intermembranraum** (→ **Abb. 1B**).

In der Grundsubstanz eines Mitochondriums, **Matrix** genannt, befinden sich eine Vielzahl weiterer Enzyme und Coenzyme der Zellatmung, außerdem DNA-Moleküle und Ribosomen. Daher können sich Mitochondrien durch Teilung selbstständig vermehren und einen Teil ihrer Proteine selbst herstellen.

Zellulärer Glucoseabbau
Die **Glykolyse** findet im Cytoplasma statt (→ **Abb. 2**). Glucose-Moleküle bestehen aus sechs Kohlenstoff-Atomen (C_6-Körper). Sie werden in zwei Pyruvat-Moleküle (C_3-Körper) zerlegt. Die Pyruvat-Moleküle werden in die Mitochondrien transportiert. Dort wird bei der **oxidativen Decarboxylierung** jeweils ein Kohlenstoffdioxid-Molekül von einem Pyruvat-Molekül abgespalten. So entsteht aus jedem Pyruvat-Molekül ein C_2-Körper, der vorübergehend an das Coenzym A gebunden wird. Der C_2-Körper wird im **Citratzyklus** vollständig zu Kohlenstoffdioxid-Molekülen abgebaut.

Durch die Glykolyse, die oxidative Decarboxylierung von Pyruvat und den Citratzyklus werden nur relativ geringe Mengen ATP gebildet. Dies geschieht, indem an einigen Stellen eine Phosphatgruppe von einem Substrat direkt auf ADP übertragen wird. Man nennt diese Form der ATP-Bildung **Substratkettenphosphorylierung.**

Im Verlauf des Glucoseabbaus werden den verschiedenen Zwischenprodukten Elektronen und Wasserstoff entzogen und auf die Coenzyme FAD und NAD^+ übertragen. Dabei entstehen $FADH_2$ und $NADH + H^+$. In dieser gebundenen Form werden die Elektronen und Protonen in die Atmungskette eingeschleust. In dieser werden sie über die Elektronentransportkette auf Sauerstoff-Atome übertragen. Zusammen mit Protonen entstehen dadurch

äußere Membran

innere Membran

Ribosom

Matrix

Intermembranraum

DNA

A   **B**

1 Mitochondrium. A EM-Aufnahme; **B** Schema

Wasser-Moleküle. Die dazu benötigten Sauer-stoff-Moleküle stammen aus der Atemluft.

Die **Atmungskette** findet an der inneren Mito-chondrienmembran statt. Im Verlauf des Elek-tronentransports wird Energie freigesetzt, die dazu genutzt wird, eine Phosphatgruppe an ADP-Moleküle zu binden. Diese Art der ATP-Bildung nennt man **oxidative Phosphorylie-rung.** Sie liefert den größten Teil des bei der Zellatmung entstehenden ATPs. Da dies in den Mitochondrien erfolgt, werden sie auch als „Kraftwerke der Zelle" bezeichnet.

❶ ☰ Beschreiben Sie anhand der Abbildung 1 den Aufbau eines Mitochondriums.

❷ ☰ Geben Sie mithilfe der Abbildung 2 an, in welchen Kompartimenten der Zellen die vier Teilbereiche des Glucoseabbaus statt-finden.

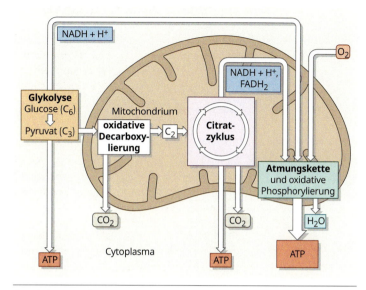

2 Lokalisation der Teilbereiche des Glucoseabbaus

Materialgebundene Aufgaben

❸ **Untersuchung von Mitochondrienfragmenten**

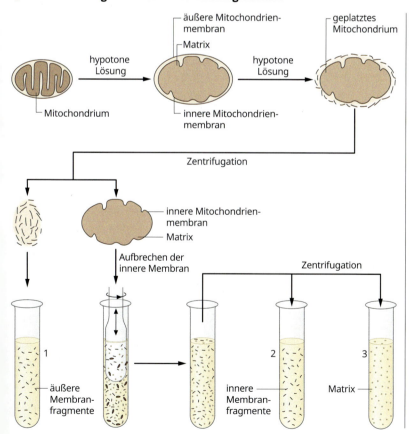

Intakte Mitochondrien wurden mit-hilfe des gezeigten Verfahrens in Frak-tionen aus äußeren Membranfrag-menten, inneren Membranfragmen-ten und Matrix zerlegt.

a) ☰ Beschreiben und erklären Sie das dargestellte Isolationsverfah-ren.

b) ☰ Gibt man Glucose zu den ge-wonnenen Fraktionen – äußere Membranfragmente, innere Mem-branfragmente und Matrix – er-folgt kein Glucoseabbau. Begrün-den Sie dieses Versuchsergebnis.

c) ☰ Geben Sie an, welche Reaktion Sie erwarten, wenn man zu den drei Fraktionen Pyruvat gibt.

d) ☰ Stellen Sie die Isolierung von Zellbestandteilen durch eine fraktionierte Zentrifugation und Dichtezentrifugation in Form eines Kurzreferats vor.

47

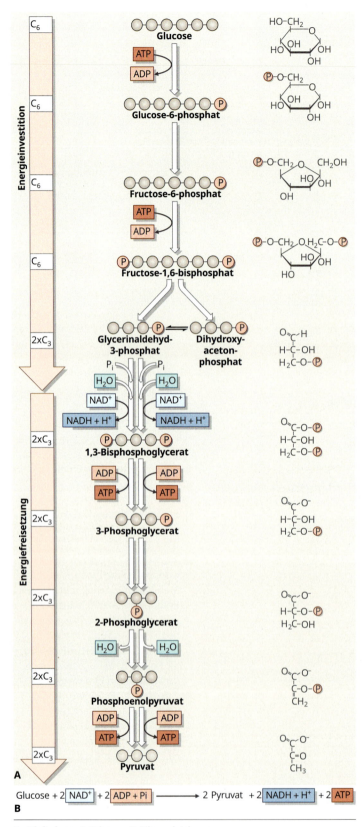

2.6 Glykolyse

Wie wird Glucose zu Pyruvat abgebaut und wie viele Moleküle ATP werden dabei gewonnen?

Aktivierung

Die **Glykolyse** (griech. *glycos*: süß; *lysis*: Auflösung) findet im Cytoplasma der Zellen statt. Sie beginnt mit der Aktivierung eines Moleküls Glucose, sodass dieses reaktionsbereit wird. Dies geschieht durch die Spaltung von ATP in ADP und die Übertragung der dabei freiwerdenden Phosphatgruppe auf das Glucose-Molekül. Es entsteht ein phosphorylierter C_6-Körper, **Glucose-6-phosphat**. Dieser wird umgelagert zu Fructose-6-phosphat und durch ein weiteres ATP-Molekül mit einer zweiten Phosphatgruppe beladen, sodass Fructose-1,6-bisphosphat entsteht.

Spaltung

Fructose-1,6-bisphosphat wird in zwei verschiedene C_3-Körper gespalten, die je eine Phosphatgruppe besitzen. Davon ist jedoch nur Glycerinaldehyd-3-phosphat reaktionsfähig. Der nicht reaktionsfähige C_3-Körper Dihydroxyacetonphosphat wird aber stetig in Glycerinaldehyd-3-phosphat umgelagert.

Oxidation

Glycerinaldehyd-3-phosphat wird mit einer zweiten Phosphatgruppe beladen, die aus dem Cytoplasma stammt. Gleichzeitig wird es oxidiert und die Elektronen werden zusammen mit Wasserstoff auf den Elektronenakzeptor NAD^+ übertragen, sodass $NADH+H^+$ entsteht.

ATP-Gewinn

In den folgenden Reaktionsschritten werden die beiden Phosphatgruppen abgespalten und auf ADP-Moleküle übertragen. Dabei werden pro C_3-Körper zwei Moleküle ATP und ein Molekül $NADH+H^+$ gewonnen. Das Endprodukt der Glykolyse ist **Pyruvat** (→ **Abb. 1 A**).

Bilanz

Betrachtet man den ATP-Verbrauch und ATP-Gewinn der gesamten Glykolyse, so erhält man pro Glucose-Molekül als Nettogewinn zwei ATP-Moleküle. Zusätzlich werden noch zwei $NADH+H^+$-Moleküle gebildet (→ **Abb. 1 B**).

❶ ☰ Beschreiben Sie die Glykolyse anhand der Abbildung 1.

1 Glykolyse. A Schema; **B** Bilanzgleichung

❷ Versuch zur Aufklärung der Glykolyse

In einer Versuchsreihe wurde zu drei Ansätzen mit verschiedenen Zellbestandteilen eine Glucoselösung gegeben, deren Glucose-Moleküle radioaktiv markiert waren. Nach 15 Minuten überführte man die Probenlösungen aus den drei Ansätzen in je ein Zentrifugenglas. Dieses enthielt eine Salzlösung, auf der sich eine Schicht aus Silikonöl befand. Sie trennte die Salz- und die Probenlösungen voneinander. Nach der Dichtezentrifugation befanden sich intakte Zellen und Mitochondrien in der Salzlösung. Danach wurde die Radioaktivität in den drei Schichten der verschiedenen Ansätze gemessen.

a) ☰ Beschreiben und erklären Sie die Versuchsbeobachtungen.

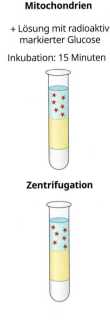

❸ Versuch zur Ermittlung der Komponenten, die an der Glykolyse beteiligt sind

Nr.	Versuchsansatz	Versuchsbeobachtungen
1	aufgebrochene Hefezellen + 2%ige, belüftete Glucoselösung	Glucoseabbau
2	Flüssigkeit, die man beim Auspressen von Hefezellen gewinnt (Hefepresssaft genannt) + 2%ige, belüftete Glucoselösung	Glucoseabbau; stoppt jedoch nach kurzer Zeit
3	Hefepresssaft + 2%ige, belüftete Glucoselösung + ADP + NAD^+	Glucoseabbau; stoppt jedoch nach einiger Zeit
4	Hefepresssaft + 2%ige, belüftete Glucoselösung + ATP + NADH + H^+	kein Glucoseabbau
5	Hefepresssaft, der auf 60 °C erhitzt und anschließend auf 37 °C abgekühlt wurde + 2%ige, belüftete Glucoselösung	kein Glucoseabbau
6	Lösung, die man gewinnt, wenn Hefepresssaft in einen Dialyseschlauch gegeben wird, durch dessen Membran kleine Moleküle in die umgebende Lösung diffundieren können (Dialysat) + 2%ige, belüftete Glucoselösung	kein Glucoseabbau
7	Inhalt des Dialyseschlauches aus Ansatz 6 + 2%ige, belüftete Glucoselösung	kein Glucoseabbau
8	Dialysat und Inhalt des Dialyseschlauches aus Ansatz 6 + 2%ige, belüftete Glucoselösung	Glucoseabbau
9	Dialysat aus Ansatz 6, das auf 60 °C erhitzt und anschließend auf 37 °C abgekühlt wurde, sowie der Inhalt des Dialyseschlauches + 2%ige, belüftete Glucoselösung	Glucoseabbau

a) ☰ Erklären Sie die Versuchsbeobachtungen der Versuchsansätze 1, 2, 3 und 9. Berücksichtigen Sie dabei die Versuchsbeobachtungen aller Versuchsansätze.

b) ☰ Geben Sie an, welche Produkte jeweils entstanden sind.

2.7 Oxidative Decarboxylierung von Pyruvat und Citratzyklus

Wie erfolgt der Abbau von Pyruvat zu Kohlenstoffdioxid? Wie viele Moleküle ATP werden dabei gewonnen?

Nach der Glykolyse wird der C_3-Körper Pyruvat in die Mitochondrien transportiert und dort unter Energiefreisetzung schrittweise zu drei Molekülen Kohlenstoffdioxid abgebaut.

Oxidative Decarboxylierung von Pyruvat
Am ersten Reaktionsschritt dieses Abbaus ist ein Komplex aus mehreren Enzymen beteiligt.

Dieser Multienzymkomplex befindet sich an der inneren Mitochondrienmembran. Vom C_3-Körper Pyruvat wird zunächst ein Molekül Kohlenstoffdioxid abgespalten, sodass ein C_2-Körper entsteht. Diese Abspaltung von Kohlenstoffdioxid wird **oxidative Decarboxylierung** genannt (→ **Abb. 1**).

Die bei der Oxidation abgegebenen Elektronen werden zusammen mit Wasserstoff auf NAD^+ übertragen, das dabei zu $NADH + H^+$ reduziert wird. Außerdem wird der verbleibende C_2-Körper an das Coenzym A gebunden. So entsteht Acetyl-CoA als Produkt der oxidativen Decarboxylierung von Pyruvat.

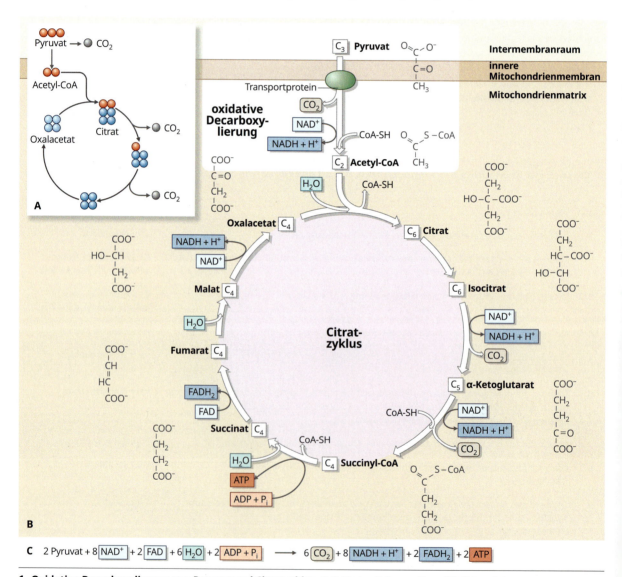

C $\quad$ 2 Pyruvat + 8 $\boxed{NAD^+}$ + 2 $\boxed{FAD}$ + 6 $\boxed{H_2O}$ + 2 $\boxed{ADP + P_i}$ $\longrightarrow$ 6 $\boxed{CO_2}$ + 8 $\boxed{NADH + H^+}$ + 2 $\boxed{FADH_2}$ + 2 $\boxed{ATP}$

1 Oxidative Decarboxylierung von Pyruvat und Citratzyklus. A C-Körper-Schema; **B** ausführliches Schema; **C** Bilanzgleichung

Citratzyklus

Das Coenzym A überträgt anschließend den C_2-Körper auf Oxalacetat, einen C_4-Körper. Dabei entsteht unter Freisetzung von Coenzyms A der C_6-Körper Citrat. Nach dem Namen dieses Zwischenprodukts wird der Gesamtvorgang **Citratzyklus** genannt (→ **Abb. 1**).

Von einem Citrat-Molekül werden schrittweise zwei C_1-Körper in Form von Kohlenstoffdioxid abgespalten. Bei diesen oxidativen Decarboxylierungen werden auch die letzten beiden Kohlenstoff-Atome des ursprünglichen C_3-Körpers Pyruvat oxidiert. Die bei den Oxidationen abgegebenen Elektronen werden zusammen mit Wasserstoff auf NAD^+-Moleküle übertragen. So entstehen zwei Moleküle $NADH + H^+$.

Nach der Abspaltung der beiden Kohlenstoffdioxid-Moleküle bleibt von dem C_6-Körper ein C_4-Körper zurück. Dieser ist noch energiereich und wird mithilfe des Coenzyms A in einen energieärmeren C_4-Körper, Succinat, umgewandelt. Dabei wird so viel Energie frei, dass aus einem ADP-Molekül und einer Phosphatgruppe ein ATP-Molekül entstehen kann.

Regeneration des Akzeptors

Die letzten Reaktionsschritte des Citratzyklus dienen dazu, Succinat wieder zu dem Akzeptor Oxalacetat umzubauen. Bei diesen Reaktionen werden weitere Elektronen frei. Sie werden zusammen mit Wasserstoff auf NAD^+ und FAD übertragen. Auf diese Weise entstehen weitere Moleküle $NADH + H^+$ sowie $FADH_2$.

Energiebilanz

Bei der oxidativen Decarboxylierung von Pyruvat und den nachfolgenden Reaktionen im Citratzyklus wird Pyruvat zu drei Molekülen Kohlenstoffdioxid abgebaut. Dabei entstehen insgesamt vier Moleküle $NADH + H^+$ und ein Molekül $FADH_2$. Außerdem wird ein Molekül ATP aufgebaut. Da beim Abbau des C_6-Körpers Glucose zwei C_3-Moleküle Pyruvat entstehen, wird der Citratzyklus pro Glucose-Molekül zweimal durchlaufen.

❶ ≡ Erklären Sie die Reaktionsschritte des Pyruvatabbaus anhand der Abbildung 1A.

❷ ≡ Zeigen Sie anhand der Abbildung 1B auf, an welchen Stellen des Glucoseabbaus oxidative Decarboxylierungen vorliegen.

Materialgebundene Aufgaben

❸ Industrielle Produktion von Citronensäure

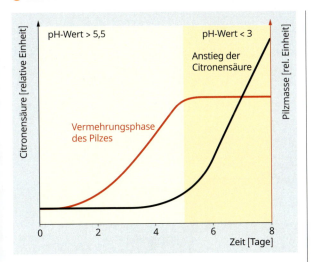

Citronensäure wird heutzutage in großen Mengen etwa für die Herstellung von Bonbons, Limonaden und Konfitüren sowie für die Konservierung von Lebensmitteln benötigt. Man isoliert sie nur zu einem geringen Anteil aus Früchten. Der überwiegende Anteil wird mithilfe des Schimmelpilzes *Aspergillus niger* erzeugt. Dazu kultiviert man *Aspergillus* in einer Lösung mit hohen Glucose- und Sauerstoffkonzentrationen. Nach der Vermehrungsphase des Pilzes beim pH-Wert 5,5 stellt man in der Lösung einen pH-Wert von 3 ein und entfernt daraus die Eisen-Ionen. Citrat, das Salz der Citronensäure, wird im Citratzyklus durch das Enzym Aconitase in Isocitrat umgewandelt. Aconitase besitzt ein pH-Wert-Optimum von 8 und benötigt Eisen-Ionen als Cofaktor. Citrat reichert sich aufgrund der Versuchsbedingungen in den Pilzen an und tritt in die umgebende Lösung über, da die Membranen der Pilze durch den niedrigen pH-Wert geschädigt werden. Aus der Lösung lässt sich dann Citronensäure isolieren.

a) ≡ Erklären Sie auf molekularer Ebene, wie Aconitase durch den niedrigen pH-Wert und die fehlenden Eisen-Ionen gehemmt wird.

b) ≡ Begründen Sie, warum man *Aspergillus niger* bei hohen Glucosekonzentrationen kultiviert.

c) ≡ Beschreiben und erklären Sie Veränderungen der Pilzmasse und Citronensäurekonzentration in der Kulturlösung anhand der Abbildung.

2.8 Atmungskette – chemiosmotisches Modell der ATP-Bildung

Wie verläuft die Atmungskette und wie stellt man sich die ATP-Bildung vor?

Im Verlauf der Glykolyse, der oxidativen Decarboxylierung von Pyruvat und des Citratzyklus werden die Kohlenstoff-Atome der Glucose-Moleküle vollständig zu Kohlenstoffdioxid oxidiert. Dabei wird kein molekularer Sauerstoff benötigt und nur ein relativ geringer Teil der freigesetzten Energie wird durch Substratkettenphosphorylierung zum Aufbau von ATP genutzt. Außerdem werden Elektronen und Wasserstoff auf NAD$^+$ und FAD übertragen und NADH + H$^+$ sowie FADH$_2$ gebildet.

Atmungskette

NADH + H$^+$ sowie FADH$_2$ übertragen im weiteren Verlauf ihre Elektronen über eine Elektronentransportkette auf Sauerstoff-Moleküle. Zusammen mit Protonen aus der Umgebung entstehen Wasser-Moleküle. Die Sauerstoff-Moleküle stammen aus der Atemluft, gelangen über den Blutkreislauf in die Zellen und diffundieren in die Mitochondrien. Den Prozess, bei dem die Elektronen von den mit Wasserstoff beladenen Coenzymen auf Sauerstoff-Moleküle übertragen werden, nennt man **Atmungskette** (→ Abb. 1).

Die Atmungskette findet an der inneren Mitochondrienmembran statt. Reagieren Wasserstoff und Sauerstoff im Labor zu Wasser, so wird die Energie bei dieser Knallgasreaktion explosionsartig freigesetzt. In den Mitochondrien erfolgt die Reaktion zwischen Wasserstoff-Molekülen und Sauerstoff-Molekülen in mehreren Einzelreaktionen. Dabei wird die Energie portionsweise freigesetzt, sodass sie in Form von ATP gespeichert werden kann.

Elektronentransport

In der inneren Mitochondrienmembran befinden sich vier große Proteinkomplexe, die Elektronen aufnehmen und wieder abgeben können. Zwischen ihnen bewegen sich kleine Membranproteine, die die Elektronen von einem Komplex zum nächsten transportieren.

Das Coenzym NADH + H$^+$ gibt seine zwei Elektronen zunächst an den Komplex I ab. Dabei entstehen NAD$^+$ sowie zwei Protonen, die an die Matrix der Mitochondrien abgegeben werden. FADH$_2$ überträgt seine Elektronen auf Komplex II. Über bewegliche Membranproteine und den Komplex III gelangen die Elektronen zum Komplex IV. Von ihm werden die Elektronen an ein Sauerstoff-Atom abgegeben. Das Sauerstoff-Ion verbindet sich dann mit zwei Protonen aus der Matrix zu einem Molekül Wasser.

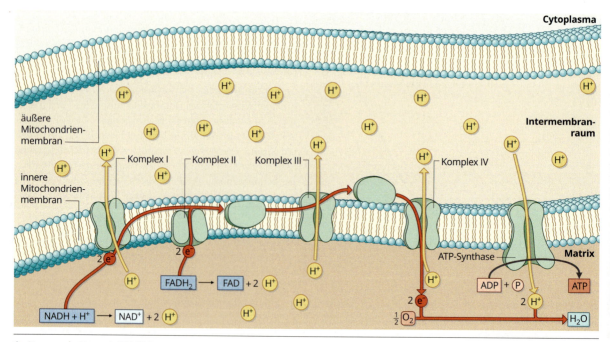

1 Atmungskette und ATP-Bildung

Bildung eines Protonengefälles

Werden Elektronen von einem Proteinkomplex an einen anderen abgegeben, wird Energie frei. Diese kann von den Komplexen I, III und IV genutzt werden, um Protonen aus der Matrix in den Intermembranraum zu pumpen. So entsteht dort eine hohe Protonenkonzentration, der pH-Wert sinkt also. Zwischen dem Intermembranraum und der Matrix wird ein Protonengefälle aufgebaut, in dem Energie gespeichert ist.

ATP-Synthese

In der inneren Mitochondrienmembran sind spezielle Enzyme, die **ATP-Synthasen,** integriert. Sie sind von einem Kanal durchzogen. Da die innere und äußere Mitochondrienmembran nicht permeabel für Protonen ist, können diese nur durch den Kanal der ATP-Synthasen in die Matrix gelangen. Diffundieren Protonen aufgrund des Konzentrations- und Ladungsgefälles durch den Kanal, wird die in dem Protonengefälle gespeicherte Energie portionsweise freigesetzt. Sie kann von den ATP-Synthasen genutzt werden, um eine Phosphatgruppe an ADP zu binden und ATP zu bilden.

Oxidative Phosphorylierung

Da die Phosphorylierung von ADP letzten Endes durch die Oxidation von $NADH + H^+$ und $FADH_2$ angetrieben wird, spricht man von der **oxidativen Phosphorylierung**. Sie liefert den größten Teil der bei der Zellatmung entstehenden ATP-Moleküle. Pro Molekül $NADH + H^+$ werden drei Moleküle ATP gebildet. Ein Molekül $FADH_2$ liefert nur zwei Moleküle ATP, da seine Elektronen erst am Proteinkomplex II in die Atmungskette eingeschleust werden.

Chemiosmotisches Modell

Die Elektronentransportkette in der inneren Mitochondrienmembran ist also mit der Diffusion von Protonen durch die Membran gekoppelt. Diese Modellvorstellung bezeichnet man als **chemiosmotisches Modell der ATP-Bildung**.

❶ ≡ Beschreiben und erklären Sie anhand der Abbildung 1 die Atmungskette und ATP-Bildung durch die oxidative Phosphorylierung.

❷ ≡ Begründen Sie, warum bei einer Hemmung der Atmungskette oder der ATP-Bildung auch der jeweils andere Prozess beeinflusst wird.

❸ **Versuch zur Aufklärung der ATP-Bildung durch die oxidative Phosphorylierung**

Beobachtung	Die Atmungskette steht im Zusammenhang mit der ATP-Bildung.
Frage	Wie erfolgt die ATP-Bildung an der inneren Mitochondrienmembran?
Hypothesen	• ATP wird durch die Substratkettenphosphorylierung aufgebaut. Während der Atmungskette wird ein energiereiches Zwischenprodukt gebildet, das das Substrat der ATP-Synthase ist. • Die ATP-Bildung erfolgt durch den Abbau des Protonengefälles zwischen Intermembranraum und Matrix.
Durchführung	Isolierte Mitochondrien aus einer Pufferlösung mit pH 7 wurden in eine Pufferlösung mit hoher Protonenkonzentration überführt, deren pH-Wert etwa bei pH 4 lag. Die Lösung enthielt weder $NADH + H^+$ noch Sauerstoff.

Beobachtung	In den Mitochondrien wurde ATP gebildet.
Deutung	

a) ≡ Deuten Sie die Versuchsbeobachtungen.

b) ≡ Geben Sie an, welche der Hypothesen bestätigt beziehungsweise nicht bestätigt wird.

❹ **Regulation der Atmungskette durch die Coenzyme**

In einem Versuch wurde der Sauerstoffverbrauch isolierter Mitochondrien in einem Medium untersucht. Sauerstoff lag darin im Überschuss vor. In vier Ansätzen variierte man den Zusatz von Coenzymen.

Ansatz	Zusatz	Versuchsbeobachtungen
1	$NADH + H^+ + ADP + P$	stetige Sauerstoffabnahme
1	$NADH + H^+ + ADP$	keine Sauerstoffabnahme
2	$NADH + H^+$	keine Sauerstoffabnahme
3	$ADP + P$	keine Sauerstoffabnahme
4	$NADH + H^+ + ATP$	keine Sauerstoffabnahme

a) ≡ Erklären Sie die Versuchsbeobachtungen.

❺ Entkoppler

Neugeborene verlieren viel Wärme über ihre Körperoberfläche, die im Verhältnis zum Volumen relativ groß ist. Sie besitzen ein spezielles Fettgewebe, dessen Zellen Wärme produzieren können. Die Zellen besitzen zahlreiche Mitochondrien, die für eine bräunliche Färbung des Gewebes verantwortlich sind. Man spricht daher vom braunen Fettgewebe. Beim menschlichen Säugling kommt es vor allem am Hals, an der Brust und im Bereich der Schultern vor.

Im braunen Fettgewebe ist die Atmungskette nicht mit der oxidativen Phosphorylierung gekoppelt. Als Entkoppler wirkt bei Neugeborenen Thermogenin, ein Protein, das die innere Mitochondrienmembran für Protonen durchlässig macht. Der Elektronentransport verläuft ungehindert, aber die ATP-Bildung unterbleibt. Die Energie des Protonengefälles zwischen dem Intermembranraum und der Matrix wird bei dessen Abbau in Wärme umgewandelt.

In einem Versuch wurden Mitochondrien in einem isotonen Medium aufgeschwemmt. Die Aufschwemmung enthielt zudem NADH + H$^+$ oder Pyruvat. Nach einer gewissen Zeit wurde Thermogenin zugesetzt. Mit einer Sauerstoffelektrode konnte die Änderung der Sauerstoffkonzentration im Medium bestimmt werden.

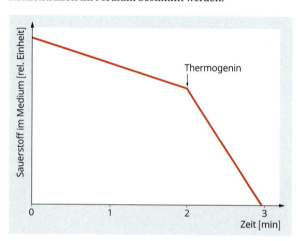

a) ≡ Beschreiben und erklären Sie die Versuchsbeobachtungen.
b) ≡ Erklären Sie, wie durch Thermogenin die ATP-Synthese verhindert wird.
c) ≡ Entwickeln Sie eine Hypothese zum möglichen Kurvenverlauf, wenn ein Gift zugesetzt wird, das das bewegliche Membranprotein zwischen Komplex II und III zerstört.
d) ≡ Der künstliche Entkoppler 2,4-Dinitrophenol wurde früher gelegentlich zur Gewichtsreduktion eingesetzt, bis es zu einigen Todesfällen kam. Erklären Sie, warum 2,4-Dinitrophenol zu einem Gewichtsverlust führt, aber auch den Tod zur Folge haben kann.

❻ Hemmung der ATP-Bildung

In einer Versuchsreihe wurde die Wirkung verschiedener Hemmstoffe auf die ATP-Bildung untersucht. Dazu wurden Mitochondrien in einer Suspension ausreichend mit ADP und Phosphat sowie mit Wasserstoff und Elektronen durch Succinat versorgt, sodass sie kontinuierlich ATP bildeten. Nach kurzer Zeit wurde einer der folgenden Hemmstoffe zugeführt:

Nr.	Hemmstoff	Funktion
1	FCCP (Entkoppler)	macht die Membran für Protonen durchlässig
2	Malonat	verhindert die Oxidation von Succinat und damit die Bereitstellung von Elektronen
3	Butylmalonat	verhindert die Aufnahme von Succinat in die Mitochondrien
4	Oligomycin	hemmt die ATP-Synthase
5	Cyanid	hemmt die Cytochromoxidase, ein Enzym der Atmungskette

Anschließend wurde die Sauerstoffkonzentration im Medium bestimmt.

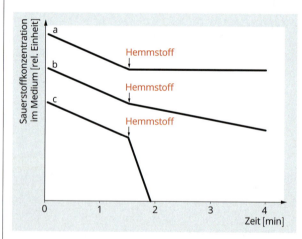

a) ≡ Erklären Sie die Abnahme der Sauerstoffkonzentration im Reaktionsgefäß vor Zugabe der Hemmstoffe.
b) ≡ Ordnen Sie jeder Kurve einen Hemmstoff zu und begründen Sie Ihre Zuordnung.

2.9* Atmungskette – energetisches Modell der ATP-Bildung

Wie stellt man sich nach dem energetischen Modell die ATP-Bildung vor?

Redoxsysteme und Redoxpotential

Die Elektronen von $NADH + H^+$ und $FADH_2$ werden über eine Elektronentransportkette zum Sauerstoff transportiert (→ **Abb. 1**). Sie besteht aus **Redoxsystemen**, die sich in den Proteinkomplexen der inneren Mitochondrienmembran befinden. Redoxsysteme sind im unterschiedlichen Maße bereit, Elektronen aufzunehmen oder abzugeben. Die Bereitschaft eines Redoxsystems, Elektronen aufzunehmen oder abzugeben, wird durch das **Redoxpotential** beschrieben. Redoxsysteme mit einem hohen Bestreben, Elektronen abzugeben, besitzen ein negatives Redoxpotential. Je positiver das Redoxpotential eines Redoxsystems ist, umso größer ist sein Bestreben, Elektronen aufzunehmen. Elektronen können immer nur von einem Redoxsystem an ein anderes abgegeben werden, wenn das zweite Redoxsystem ein höheres Bestreben hat, Elektronen aufzunehmen, also ein positiveres Redoxpotential hat. In der Atmungskette sind die Redoxsysteme nach immer positiver werdenden Redoxpotentialen geordnet.

Energiefreisetzung

Bei der Elektronenabgabe von einem Redoxsystem an ein anderes Redoxsystem, das ein positiveres Redoxpotential aufweist, wird Energie freigesetzt. Je größer die Differenz zwischen den jeweiligen Redoxpotentialen ist, umso mehr Energie wird dabei frei. In der Atmungskette haben die Coenzyme $NADH + H^+$ und $FADH_2$ das negativste Redoxpotential, Sauerstoff-Atome das positivste Redoxpotential. Würden die Coenzyme $NADH + H^+$ oder $FADH_2$ ihre Elektronen direkt auf ein Sauerstoff-Atom übertragen, würde aufgrund der großen Differenz zwischen ihren Redoxpotentialen eine große Energiemenge auf einmal freigesetzt. Ein Großteil davon wäre für die Zelle nicht nutzbar. In der Atmungskette wird die Energie beim Elektronentransport von Redoxsystem zu Redoxsystem portionsweise freigesetzt. Die Differenz zwischen den Redoxpotentialen der verschiedenen Redoxsysteme entspricht etwa jeweils der Energiemenge, die zum Aufbau von ATP aus ADP und Phosphat benötigt wird.

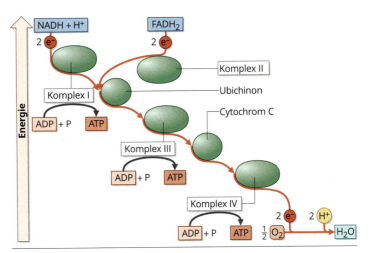

1 Änderung der Energie beim Elektronentransport

Energieumwandlungen zur ATP-Bildung

Die drei Komplexe I, III und IV der inneren Mitochondrienmembran pumpen mithilfe der freigesetzten Energie bei der Elektronenabgabe Protonen gegen das Konzentrationsgefälle in den Intermembranraum. Die in Form elektrischer Energie im Elektronenfluss gebundene Energie wird dabei in Lageenergie umgewandelt und in dem Protonengefälle gespeichert. Fließen die Protonen durch den Kanal der ATP-Synthase zurück in die Matrix, kann die Energie portionsweise genutzt werden, um eine Phosphatgruppe an ADP zu binden. Dabei wird Lageenergie also in chemische Energie umgewandelt.

Materialgebundene Aufgaben

❶ Energiestufen-Modell der Atmungskette

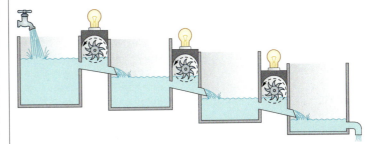

a) ≡ Erklären Sie die ATP-Bildung durch die Atmungskette und oxidative Phosphorylierung mithilfe des dargestellten Modells.

b) ≡ Prüfen Sie, welche Aspekte der Atmungskette und der ATP-Bildung verdeutlicht werden, und zeigen Sie Grenzen des Modells auf.

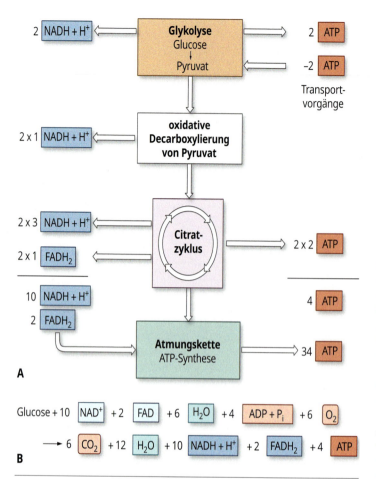

2.10 Stoff- und Energiebilanz des Glucoseabbaus

Wie viele ATP-Moleküle entstehen insgesamt beim Abbau eines Glucose-Moleküls?

Die Glykolyse liefert pro Molekül Glucose zwei Moleküle NADH+H$^+$. Bei der oxidativen Decarboxylierung der beiden Pyruvat-Moleküle entstehen zwei, im Citratzyklus sechs Moleküle NADH+H$^+$. Zusätzlich werden im Citratzyklus zwei Moleküle FADH$_2$ gebildet. Es entstehen also zehn Moleküle NADH+H$^+$ und zwei Moleküle FADH$_2$. Daraus werden in der Atmungskette 34 Moleküle ATP gebildet (→ **Abb. 1 A**). Die Glykolyse liefert durch die Substratkettenphosphorylierung zwei Moleküle ATP. Im Citratzyklus kommen zwei Moleküle ATP hinzu. Zusammen werden also 38 Moleküle ATP gebildet. Allerdings verbrauchen Transportvorgänge an der Mitochondrienmembran zwei Moleküle ATP. Insgesamt ergibt sich so ein Gewinn von 36 Molekülen ATP pro Molekül Glucose.

Bei der Phosphorylierung von ADP zu ATP werden etwa 30,6 KJ/mol gespeichert. Insgesamt werden pro Mol Glucose also aus 36 Mol ATP maximal 1101,6 kJ gespeichert. Bei der Oxidation von Glucose im Labor werden insgesamt 2808 kJ/mol frei. Zellen steht beim Glucoseabbau also nur etwa 40 % der Energiemenge, die in Glucose gespeichert ist, zur Verfügung. Der Rest wird in Wärme umgewandelt.

1 Energie - und Stoffbilanz eines Glucose-Moleküls. A Übersicht des ATP-Gewinns; **B** Bilanzgleichung ohne oxidative Phosphorylierung

---

Materialgebundene Aufgaben

❶ Concept-Map zur Zellatmung

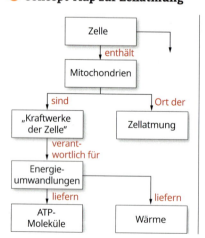

Eine Concept-Map veranschaulicht Themen oder Konzepte und deren inhaltliche Aspekte. Die Themen werden in dem Diagramm als Formen, die Beziehungen zwischen ihnen durch Pfeile oder Linien dargestellt. Diese sind mit Begriffen beschriftet, die die Verbindungen zwischen den Aspekten verdeutlichen. Eine Concept-Map ist hierarchisch geordnet, allgemeinere Aspekte befinden sich im oberen Bereich des Diagramms, die zugehörigen Aspekte sind in verschiedenen Ebenen darunter angeordnet.

a) ☰ Übertragen Sie den Ausschnitt der Concept-Map zur Zellatmung auf ein Blatt Papier und erweitern Sie ihn durch folgende Begriffe: Glucose, Pyruvat, CO$_2$, H$_2$O, Zellatmung, Glykolyse, Citratzyklus, Atmungskette, oxidative Phosphorylierung, Zellorganellen, Cytoplasma, Intermembranraum, Matrix. Sie können auch weitere Begriffe ergänzen.

b) ☰ Zeigen Sie durch beschriftete Pfeile auf, welche Beziehungen zwischen den Aspekten bestehen.

Eukaryotische Zellen sind in verschiedene Räume, sogenannte **Kompartimente** unterteilt. Dadurch können in ihnen unterschiedliche Reaktionen und Reaktionsketten stattfinden, ohne sich gegenseitig zu behindern. Für den zellulären Stoffwechsel ist die strukturelle und funktionelle Teilung zwischen Cytoplasma und Mitochondrien von besonderer Bedeutung. Beispielsweise findet die Glykolyse im Cytoplasma statt, während der Citratzyklus in der Matrix der Mitochondrien lokalisiert ist.

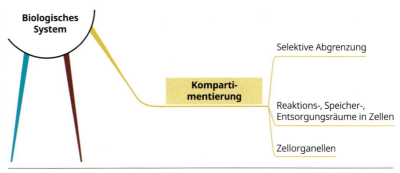

1 Aspekte des Basiskonzepts Kompartimentierung

Die Abgrenzung von Kompartimenten erfolgt insbesondere durch Biomembranen. Durch die innere Mitochondrienmembran wird etwa der Intermembranraum von der Matrix abgegrenzt. Nur weil die Mitochondrienmembranen nicht permeabel für Protonen sind, können diese im Intermembranraum angereichert werden. Das ist die Voraussetzung für die APT-Synthese.

Kompartimente trennen häufig Stoffwechselketten, die voneinander abhängig sind oder aufeinander aufbauen. Deshalb ist ein ständiger Stoffaustausch zwischen diesen Kompartimenten notwendig. Biomembranen ermöglichen diesen Austausch von Stoffen. Sie sind selektiv permeabel, lassen also bestimmte Stoffe passieren. Pyruvat-Moleküle werden beispielsweise mithilfe von spezifischen Carriern der Mitochondrienmembranen in die Matrix transportiert. Glucose-Moleküle können dagegen nicht in das Innere eines Mitochondriums befördert werden, da dafür spezifische Carrier in den Mitochondrienmembranen fehlen.

Für jede Stoffwechselreaktion sind bestimmte Bedingungen, wie spezifische Enzyme, Coenzyme, Stoffkonzentrationen und pH-Werte notwendig. Diese können in den unterschiedlichen Kompartimenten einer Zelle jeweils für die verschiedenen Stoffwechselreaktionen bereitgestellt werden (→ **Abb. 2**).

Nicht nur Zellen und Organellen sind kompartimentiert, auch die Gliederung eines Organismus in Organe stellt eine Kompartimentierung dar. Organe wiederum sind in verschiedene Gewebe kompartimentiert. Die Zellen der verschiedenen Organe oder Gewebe sind jeweils mit unterschiedlichen Carriern und Enzymen ausgestattet, die für die spezifischen Stoffwechselleistungen des betreffenden Organs oder des Gewebes verantwortlich sind. Zum Beispiel besitzen nur Leber- und Muskelzellen die Enzyme für den Aufbau von Glykogen. Diese Speicherform von Glucose ist beispielsweise für die Blutzuckerregulation wichtig.

Eine Kompartimentierung findet man auf allen biologischen Ebenen. Die Erde ist in verschiedene Ökosysteme und diese wiederum in verschiedene Lebensräume unterteilt.

Die **Kompartimentierung** kann als **Basiskonzept** der Biologie beschrieben werden.

❶ ☰ Die wichtigste Gemeinsamkeit aller biologischen Kompartimente ist die selektive Abgrenzung. Erklären Sie diese auf der Ebene eines Organismus und eines Organs.

❷ ☰ Erklären Sie anhand der Abbildung 2 die Arbeitsteilung durch Kompartimentierung der Zelle.

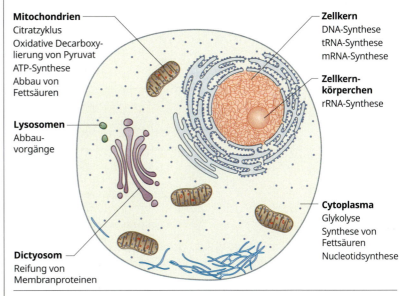

2 Kompartimente einer Zelle mit Beispielen ihrer Stoffwechselfunktionen

1 Weinfässer – Lebensbedingungen ohne Sauerstoff

2.11 Gärungen – Energiegewinn ohne Sauerstoff

Hefepilze können auch ohne Sauerstoff leben. Wie können sie unter diesen anaeroben Bedingungen ATP bilden?

Glucose oder andere energiereiche Stoffe können von bestimmten Lebewesen und Zellen auch ohne Sauerstoff abgebaut werden. Die entsprechenden Stoffwechselwege bezeichnet man als **Gärungen.**

Stoff- und Energieumsatz bei Gärungen

Der Abbau von Glucose ohne Sauerstoff beginnt mit der Glykolyse, wobei aus einem Glucose-Molekül zwei Moleküle Pyruvat ent-

stehen. Dabei werden insgesamt zwei Moleküle ATP gebildet und zwei Moleküle NAD$^+$ zu NADH+H$^+$ reduziert. Die Elektronen des Coenzyms NADH+H$^+$ können nicht in die Atmungskette eingeschleust werden, da kein Sauerstoff als Endakzeptor zur Verfügung steht. Die zwei Moleküle ATP stellen somit die gesamte Energieausbeute der Gärung dar.

Regeneration der Coenzyme

Die Glykolyse käme zum Erliegen, sobald alle Moleküle NAD$^+$ des Cytoplasmas zu NADH+H$^+$ reduziert wären. NAD$^+$ muss daher regeneriert werden. Dies geschieht in verschiedenen Lebewesen unterschiedlich: Bei der **alkoholischen Gärung** (→ Abb. 2 A), die in Hefepilzen stattfindet, entsteht aus einem Molekül Pyruvat nach Abspaltung eines Kohlenstoffdioxid-Moleküls zunächst ein Ethanal-Molekül. Dieses wird mit NADH+H$^+$ zum Ethanol reduziert. Bei der **Milchsäuregärung** (→ Abb. 2 B), die zum Beispiel in Milchsäurebakterien oder Muskelzellen erfolgt, wird das Pyruvat-Molekül direkt durch NADH+H$^+$ zu Lactat, dem Anion der Milchsäure, reduziert.

Hefepilze können ihre Energie sowohl durch Gärung als auch über die Zellatmung gewinnen. Nur unter anaeroben Bedingungen betreiben sie Gärung. Milchsäurebakterien können nur Milchsäuregärung durchführen.

❶ ☰ Vergleichen Sie die alkoholische Gärung und Milchsäuregärung tabellarisch. Berücksichtigen Sie dabei Abbildung 2.

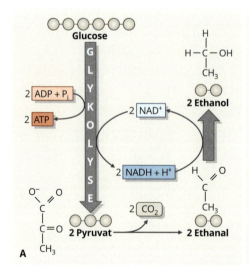
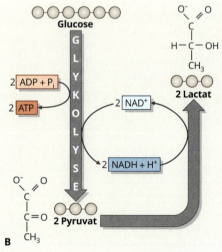

2 **Gärung. A** alkoholische Gärung; **B** Milchsäuregärung

❷ **Glucoseabbau von Hefezellen**

In einem Versuch wurde der Glucoseabbau von Hefezellen sowohl unter aeroben als auch unter anaeroben Bedingungen bestimmt.

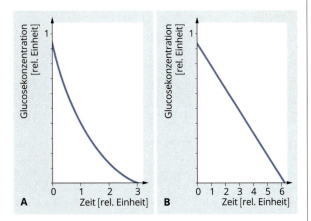

a) ☰ Beschreiben und erklären Sie die in den Diagrammen dargestellten Versuchsbeobachtungen.

---

❸ **Gärung bei Fischen**

Einige Fischarten, etwa Karauschen, überleben auch in Gewässern, die lange zugefroren sind und in denen zeitweise anaerobe Bedingungen vorliegen.

In einem Versuch hielt man Karauschen mehrere Stunden in einem Aquarium, dessen Wasser keinen Sauerstoff enthielt. Vor und nach dem Versuch ermittelte man im Blut der Fische und im Wasser die Lactat- und Ethanolkonzentrationen.

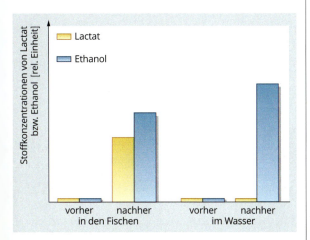

a) ☰ Beschreiben Sie die Versuchsbeobachtungen und erklären Sie, wie die Fische bei anaeroben Bedingungen ATP gewinnen.

b) ☰ Erklären Sie, welche Vor- und Nachteile diese beiden verschiedenen Formen der Energiegewinnung für Fische haben.

---

❹ **Regulation des Glucoseabbaus**

In einem Versuch wurde die Umsetzung von Pyruvat zu Acetyl-CoA durch die Pyruvat-Dehydrogenase in Abhängigkeit von der Pyruvatkonzentration bei hoher NAD^+- sowie bei hoher $NADH + H^+$-Konzentration untersucht.

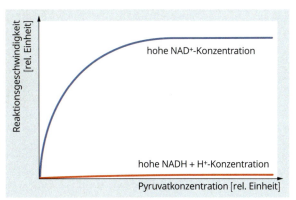

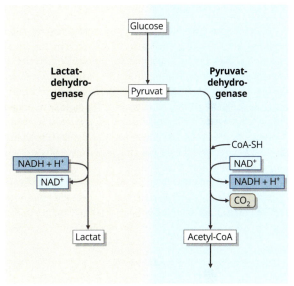

a) ☰ Erklären Sie die in dem oberen Diagramm dargestellten Versuchsbeobachtungen unter Berücksichtigung des Ausschnitts aus dem Glucosestoffwechsel von Hefezellen.

b) ☰ Im Vergleich zur Pyruvatdehydrogenase ist die Aktivität der Lactatdehydrogenase bei hohen NAD^+-Konzentrationen sehr gering, bei hohen $NADH + H^+$-Konzentrationen dagegen sehr hoch. Erklären Sie die Beobachtungen.

c) ☰ Erklären Sie zusammenfassend, wie in Hefezellen die Umschaltung vom aeroben zum anaeroben Glucoseabbau und umgekehrt erfolgt.

d) ☰ In flüssigen Kulturlösungen sammeln sich Hefezellen im oberen Bereich des Kulturgefäßes, während Milchsäurebakterien sich relativ gleichmäßig im Gefäß verteilen. Erklären Sie diese Beobachtung.

❶ Wie lässt sich die Vergärung von Glucose durch Hefe nachweisen?

Material: Waage; Wasserbad; Waschflasche; 2 Erlenmeyerkolben (500 ml); Messzylinder; Quetschpipette; rechtwinklig gebogenes Rohr; durchbohrter Gummistopfen; dünner Gummischlauch; Thermometer; Hefe; 3%ige Natronlauge (GHS 05), Universalindikator-Lösung (GHS 02, 07); Leitungswasser; Glucose

Durchführung: Schwemmen Sie 20 g Hefe in einem Erlenmeyerkolben in 100 ml 30 °C warmen Leitungswasser auf und halten Sie die Suspension etwa eine Stunde im Wasserbad bei 30 °C warm. Lösen Sie im zweiten Erlenmeyerkolben 20 g Glucose in 100 ml Leitungswasser. Füllen Sie die Waschflasche zu zwei Dritteln mit destilliertem Wasser und geben Sie anschließend ein ml Natronlauge und einige Tropfen Universalindikator-Lösung hinzu. Mischen Sie die Hefesuspension mit der Glucoselösung. Verschließen Sie dann den Kolben und verbinden ihn entsprechend der Abbildung mit der Waschflasche. Halten Sie den Göransatz mithilfe des Wasserbades auf etwa 30 °C.

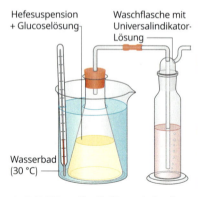

Hefesuspension + Glucoselösung

Waschflasche mit Universalindikator-Lösung

Wasserbad (30 °C)

a) ☰ Erklären Sie die Versuchsbeobachtung.

b) ☰ Geben Sie begründet an, welche Beobachtungen Sie erwarten, würde man einen entsprechenden Versuch mit Milchsäurebakterien durchführen.

❷ Können Hefezellen verschiedene Zucker vergären?

Material: 8 Einhorn-Gärröhrchen; 9 Bechergläser (100 ml); Becherglas (250 ml); Messzylinder; Waage; 8 Quetschpipetten; Wärmeschrank; Heizplatte; Hefe; Glucose; Fructose; Lactose; Saccharose; Dextrin; Stärke; Cola; Cola light; Leitungswasser

Durchführung: Schwemmen Sie 10 g Hefe im Becherglas in 250 ml Leitungswasser auf. Stellen Sie 3%ige Lösungen der verschiedenen Zucker her. Kochen Sie die Cola etwa 15 Minuten, sodass sämtliches Kohlenstoffdioxid entweicht. Kühlen Sie die Cola unter fließendem Leitungswasser wieder ab. Mischen Sie jeweils 20 ml der verschiedenen Zuckerlösungen einschließlich der Cola mit 20 ml Hefeaufschwemmung. Füllen Sie diese jeweils mit einer Pipette in je ein Gärröhrchen, sodass der geschlossene Schenkel vollständig mit der Suspension aufgefüllt ist. Stellen Sie die beschrifteten Gärröhrchen in den Wärmeschrank und messen Sie 40 Minuten lang im Abstand von 5 Minuten das entstandene Gasvolumen, das sich im geschlossenen Schenkel der Röhrchen angesammelt hat.

Gas

a) ☰ Stellen Sie die Versuchsbeobachtungen grafisch dar.

b) ☰ Erklären Sie die Beobachtungen.

c) ☰ Planen Sie einen Versuch zum Nachweis der Temperaturabhängigkeit der Glucosevergärung durch Hefezellen und führen Sie ihn durch. Nutzen Sie dafür als Material unter anderem die Einhorn-Gärröhrchen.

❸ Wie lassen sich tote und lebende Hefezellen unterscheiden?

Material: 2 Bechergläser (50 ml); 1 Becherglas (200ml); 3 Quetschpipetten (10 ml); Mikroskop mit Zubehör; Hefe; destilliertes Wasser; Brennspiritus (GHS 02), 0,1%ige Methylenblaulösung in Wasser (GHS 07)

Durchführung: Suspendieren Sie ein erbsengroßes Stück Hefe in 100 ml lauwarmem Wasser. Geben Sie zu 10 ml dieser Hefesuspension 10 ml Brennspiritus, um die Hefezellen abzutöten. Geben Sie zu weiteren 10 ml der Hefesuspension 10 ml destilliertes Wasser. Setzen Sie nach 15 Minuten Inkubationszeit einen Tropfen der beiden Suspensionen auf je einen Objektträger. Fügen Sie jeweils einen Tropfen der Methylenblaulösung hinzu, legen Sie ein Deckgläschen auf und mikroskopieren Sie beide Präparate bei 400-facher Vergrößerung.

a) ☰ Fertigen Sie von einigen Hefezellen aus beiden Ansätzen eine mikroskopische Zeichnung mit Beschriftung an.

b) ☰ Erklären Sie Ihre Versuchsbeobachtungen unter Berücksichtigung der folgenden Informationen: Methylenblau ist in der oxidierten Form blau und in der reduzierten Form, dem sogenannten Leuko-Methylenblau, farblos. Es hat im oxidierten Zustand ein höheres Bestreben, sich mit Wasserstoff zu verbinden, als das Coenzym NAD^+.

c) ☰ Beantworten Sie die Versuchsfrage.

d) ☰ Erklären Sie, warum auch in dem Ansatz ohne Zugabe von Brennspiritus etwa 20 Prozent tote Hefezellen vorliegen.

e) ☰ Beurteilen Sie, ob man in dem Versuch die Hefezellen auch durch ein Erhitzen auf 100 °C abtöten könnte.

2.12 Verknüpfungen im Zellstoffwechsel

Wie sind die Stoffwechselketten im Zellstoffwechsel miteinander verknüpft?

Auf- und Abbauende Stoffwechselketten

Im Stoffwechsel einer Zelle finden zeitgleich unzählige Stoffwechselreaktionen statt. Zum Beispiel werden aus einfachen Molekülen in mehreren Schritten komplexe Biomoleküle aufgebaut. Solche aufbauenden Stoffwechselketten werden als **anabole** Stoffwechselketten bezeichnet. In der Regel wird dafür Energie benötigt und in Form der gebildeten chemischen Bindungen gespeichert. Die Gesamtheit derartiger Reaktionen nennt man **Anabolismus**. In anderen, **katabolen** Stoffwechselketten werden komplexe Moleküle zu einfacheren abgebaut. Dabei wird die in chemischen Bindungen gespeicherte Energie freigesetzt. Die Gesamtheit solcher Stoffwechselreaktionen bezeichnet man als **Katabolismus**.

Katabolismus

Beim Katabolismus werden in einer ersten Stufe die komplexen Moleküle in ihre Monomere zerlegt: Polysaccharide zu Monosacchariden, Proteine zu Aminosäuren und Fette zu Glycerin sowie Fettsäuren (→ **Abb. 1**). Diese Stufe ist eine Vorbereitungsphase, bei der für die Zelle keine nutzbare Energie entsteht. In einer zweiten Stufe werden die Monomere zu bestimmten einfachen Molekülen abgebaut, die eine zentrale Rolle im Stoffwechsel spielen. Zu ihnen zählen Pyruvat und andere Moleküle, die Zwischenprodukte des Citratzyklus sind. Dabei wird bereits ein geringer Teil ihrer Energie durch Substratkettenphosphorylierung in ATP umgewandelt. In der dritten Stufe werden die zuvor gebildeten Moleküle vollständig oxidiert. Die dabei reduzierten Coenzyme werden in der Atmungskette oxidiert. Die freigesetzte Energie kann durch die oxidative Phosphorylierung zur ATP-Synthese genutzt werden. Hierbei entsteht die größte ATP-Menge.

Anabolismus

Für den Anabolismus können in manchen Fällen direkt Moleküle der ersten Abbaustufe verwendet werden. Aminosäuren aus dem Abbau von Nahrungsproteinen können etwa zum Aufbau körpereigener Proteine dienen. Zwischenprodukte der Glykolyse und des Citratzyklus können auf anabole Stoffwechselwege umgeleitet werden und dann als Vorstufen für den Aufbau der benötigten Moleküle genutzt werden. Unter ATP-Verbrauch können beispielsweise aus Pyruvat Glucose und aus Acetyl-CoA Fettsäuren aufgebaut werden. Dabei werden also im Prinzip katabole Stoffwechselketten umgekehrt. Beim Abbau von Aminosäuren wird die Aminogruppe abgespalten und größtenteils in Form von Harnstoff ausgeschieden. Werden aus den Zwischenprodukten der Glykolyse und des Citratzyklus Aminosäuren aufgebaut, müssen daran jeweils wieder Aminogruppen angelagert werden. Dieser Prozess findet hauptsächlich in Leberzellen statt.

Katabole und anabole Reaktionen sind über die Energieumsetzungen miteinander verbunden: Die bei katabolen Reaktionen freigesetzte nutzbare Energie wird von der Zelle zum Antreiben anaboler Reaktionen genutzt.

❶ ☰ Beschreiben Sie anhand der Abbildung 1 die Verknüpfungen im Zellstoffwechsel.

❷ ☰ Erklären Sie, warum der Citratzyklus Drehscheibe des Stoffwechsels genannt wird.

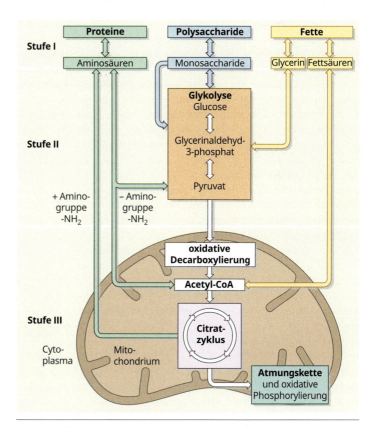

1 Verknüpfungen im Zellstoffwechsel

❸ Vernetzung von Stoffwechselwegen während einer plötzlichen und intensiven Muskelarbeit

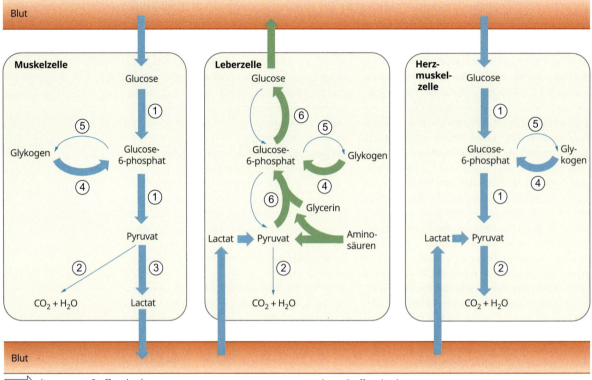

Für eine plötzliche und intensive Muskelarbeit, etwa bei einem Sprint, benötigen Muskelzellen in relativ kurzer Zeit viel ATP. Dafür bauen sie zunächst Glucose ab. Muskelzellen werden stetig mit Glucose aus dem Blut versorgt. Zudem besitzen sie mit dem Makromolekül Glykogen einen Glucosespeicher. Glykogen-Moleküle bestehen aus etwa 100 000 Glucose-Molekülen. Aus ihnen können schnell Glucose-6-phosphat-Moleküle freigesetzt werden. Diese werden bei plötzlicher und intensiver Muskelarbeit vor allem anaerob abgebaut. Das dabei entstehende Lactat muss zunächst in Pyruvat zurückverwandelt werden, bevor es weiter verstoffwechselt werden kann. Es wird über das Blut in Herzmuskelzellen und Leberzellen transportiert, die gut mit Sauerstoff versorgt sind. Dort kann Lactat mithilfe des Enzyms Lactatdehydrogenase wieder zu Pyruvat oxidiert werden.

Auch Herzmuskelzellen haben bei einem Sprint einen erhöhten ATP-Bedarf. Ihre Glykogenreserven sind allerdings gering.

Leberzellen nutzen Glykogen vor allem, um die Konzentration von Glucose im Blut konstant zu halten. Sinkt diese, etwa weil Muskelzellen vermehrt Glucose umsetzen, bauen sie Glykogen-Moleküle zu Glucose-6-phosphat-Molekülen ab, setzen sie zu Glucose-Moleküle um und geben diese in das Blut ab. In Leberzellen können Glucose-Moleküle auch aus verschiedenen anderen Molekülen, etwa aus Glycerin-

Molekülen oder bestimmten Aminosäure-Molekülen, aufgebaut werden. Diese werden zunächst in Pyruvat umgewandelt und dann zum Aufbau von Glucose genutzt.

a) ☰ Lactatdehydrogenase katalysiert in den Muskelzellen die Umwandlung von Pyruvat zu Lactat. In den Leberzellen und Herzmuskelzellen katalysiert es die Rückreaktion, also die Umwandlung von Lactat in Pyruvat. Erklären Sie unter Berücksichtigung der folgenden Abbildung, unter welchen Bedingungen Lactatdehydrogenase die Hinreaktion beziehungsweise Rückreaktion katalysiert.

b) ☰ Benennen Sie anhand der Ziffern in der oberen Abbildung die verschiedenen Reaktionsketten, die in Muskel-, Leber- und Herzmuskelzellen bei einer plötzlichen, intensiven Muskelarbeit stattfinden.

c) ☰ Erklären Sie anhand der oberen Abbildung die Vernetzung der Reaktionswege bei der Muskelarbeit.

2.13* Regulation der Zellatmung durch Rückkopplung

Wie wird der unterschiedliche ATP-Bedarf von Zellen reguliert?

Zellen arbeiten ökonomisch. Sie stellen bestimmte Stoffe nur in den Konzentrationen her, in denen sie diese Stoffe zu dem Zeitpunkt benötigen. Dabei können sie sich schnell auf einen unterschiedlichen Stoffbedarf einstellen. Mithilfe allosterischer Enzyme regulieren sie die betreffenden Stoffwechselketten.

Rückkopplungsmechanismen

Für die Regulation der Zellatmung hat das Enzym Phosphofructokinase eine zentrale Bedeutung. Es katalysiert zu Beginn der Glykolyse die Umsetzung von Fructose-6-phosphat in Fructose-1,6-bisphosphat. Bei einer hohen ATP-Konzentration in einer Zelle lagern sich ATP-Moleküle als negative Effektoren an die spezifischen regulatorischen Zentren von Phosphofructokinase-Molekülen und hemmen deren Aktivität (→ **Abb. 1**). So nimmt die Geschwindigkeit der Glykolyse und der daran anschließenden Stoffwechselketten ab. Hohe ATP-Konzentrationen in der Zelle hemmen folglich die ATP-Bildung. Die Regulation der Zellatmung erfolgt also dadurch, dass ein Enzym am Anfang der Stoffwechselkette durch hohe Konzentrationen des Endprodukts gehemmt wird. Diese Form der Regulation bezeichnet man als **negative Rückkopplung**.

Durch hohe ADP-Konzentrationen in einer Zelle werden dagegen Phosphofructokinase-Moleküle aktiviert (→ **Abb. 1**). ADP-Moleküle

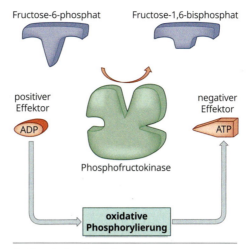

1 Regulation der Zellatmung

wirken als positive Effektoren auf die Phosphofructokinase. Sie fördern also ihren eigenen Verbrauch. Bei dieser Form der Regulation liegt eine **positive Rückkopplung** vor.

Durch die Regulation der ATP-Konzentration in einer Zelle wird ihr Energiehaushalt stetig im Gleichgewicht gehalten. Das Aufrechterhalten von Gleichgewichtszuständen durch Regelungsvorgänge nennt man **Homöostase**. Alle Stoffwechselketten einer Zelle sind mit der Zellatmung verknüpft. So wird durch ihre Regulation eine effektive Regulation des Gesamtstoffwechsels einer Zelle möglich.

❶ Ξ Erklären Sie, warum durch die Regulation der Zellatmung der Gesamtstoffwechsel einer Zelle reguliert werden kann.

Materialgebundene Aufgaben

❷ Regulation der Phosphofructokinase durch Citrat

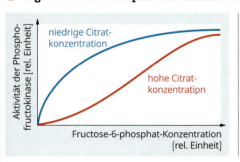

In der Abbildung ist die Aktivität der Phosphofructokinase in Abhängigkeit von der Substratkonzentration bei unterschiedlichen Citratkonzentrationen dargestellt.

a) Ξ Erklären Sie die Aktivität der Phosphofructokinase in Abhängigkeit von der Fructose-6-phosphat-Konzentration.

b) Ξ Prüfen Sie, ob bei der Regulation der Phosphofructokinase durch Citrat eine negative oder positive Rückkopplung vorliegt.

Energieumsatz des Menschen

Grundumsatz: Energie, die ein Mensch umsetzt, ohne Energie für Bewegung, Verdauung oder Temperaturregulation zu benötigen; abhängig vom Körperbau, Geschlecht und Alter

Arbeitsumsatz: Energie, die ein Mensch über den Grundumsatz hinausgehend für Bewegungen, Verdauung oder Temperaturregulation umsetzt

Gesamtumsatz = Grundumsatz + Arbeitsumsatz

Bestimmung des Energieumsatzes durch:
– **direkte Kalorimetrie:** anhand der Wärmeabgabe der Versuchsperson
– **indirekte Kalorimetrie:** anhand der Sauerstoffaufnahme der Versuchsperson

Formel: $Q\,(kJ/h) = V\,O_2\,(l/h) \cdot 21\,(kJ/l)$

Energie
– tritt in verschiedenen Formen auf.
– kann weder erzeugt noch vernichtet werden.
– kann nur von einer Energieform in eine andere umgewandelt werden.

Energieumwandlungen
– Bei jeder Energieumwandlung wird ein Teil der Energie in Wärme umgewandelt.
– Wärme: nicht nutzbare Energie
– exergonische Reaktionen: $\Delta G < 0$
– endergonische Reaktionen: $\Delta G > 0$

Fließgleichgewicht in Zellen
– Geschlossene Systeme tauschen nur Energie, keine Stoffe mit der Umgebung aus.
– Zellen und Lebewesen sind offene Systeme. Stoffe und Energie werden mit der Umgebung ausgetauscht. Aufgenommene Stoffe werden kontinuierlich weiterverarbeitet.
– Chemisches Gleichgewicht der Reaktionen wird nicht erreicht, sondern angestrebt. Daher wird kontinuierlich Energie freigesetzt.

Energieübertragung durch ATP

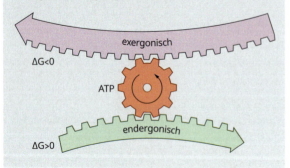

Zellulärer Glucoseabbau

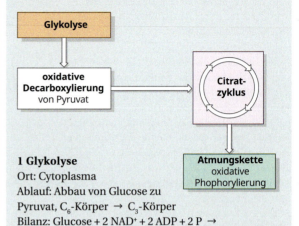

1 Glykolyse
Ort: Cytoplasma
Ablauf: Abbau von Glucose zu Pyruvat, C_6-Körper $\rightarrow$ C_3-Körper
Bilanz: Glucose + 2 NAD^+ + 2 ADP + 2 P $\rightarrow$
   2 Pyruvat + 2 NADH + H^+ + 2 ATP + 2 H_2O

2 Oxidative Decarboxylierung von Pyruvat
Ort: innere Mitochondrienmembran
Ablauf: Umsetzung von Pyruvat zu Acetyl-CoA,
C_3-Körper $\rightarrow$ C_2-Körper,
nur in Anwesenheit von Sauerstoff
Bilanz: 2 Pyruvat (C_3) + 2 CoA + 2 NAD^+ $\rightarrow$
   2 Acetyl-CoA + 2 CO_2 + 2 NADH + H^+

3 Citratzyklus
Ort: Matrix der Mitochondrien
Ablauf: Bindung von Acetyl-CoA an Oxalacetat (C_4-Körper), Bildung von Citrat (C_6-Körper), zweimal oxidative Decarboxylierung (2 x CO_2), Regeneration des Akzeptors Oxalacetat,
C_2-Körper $\rightarrow$ zwei C_1-Körper
Bilanz: 2 Acetyl-CoA + 2 ADP + 2 P + 6 NAD^+ + 2 FAD + 6 H_2O $\rightarrow$ 4 CO_2 + 2 ATP + 6 NADH + H^+ + 2 $FADH_2$ + 2 CoA

4 Atmungskette und oxidative Phosphorylierung

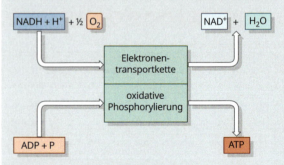

Ort: innere Mitochondrienmembran
Bilanz: 10 NADH + H^+ + 2 $FADH_2$ + 34 ADP + 34 P + 6 O_2 $\rightarrow$ 34 ATP + 10 NAD^+ + 2 FAD + 12 H_2O

Chemiosmotisches Modell der ATP-Bildung

– Transport der Elektronen von $NADH+H^+$ und $FADH_2$ durch Redoxsysteme der inneren Mitochondrienmembran zum Akzeptor Sauerstoff
– Nutzung der dabei freiwerdenden Energie zur Beförderung von Protonen aus der Matrix in den Intermembranraum
– Aufbau eines Protonengefälles
– Rückfluss der Protonen durch den Kanal der ATP-Synthase
– Nutzung der dabei freiwerdenden Energie zur Bindung einer Phosphatgruppe an ADP

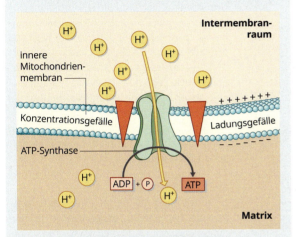

Energetisches Modell der ATP-Bildung

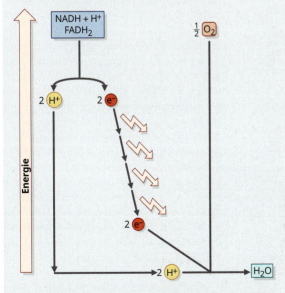

– Energie wird portionsweise beim Elektronentransport von Redoxsystem zu Redoxsystem freigesetzt.
– Energieportionen können zur Synthese von ATP genutzt werden.

Stoffbilanz des aeroben Glucoseabbaus:

Glucose (C_6-Körper) + 6 CO_2 + 6 H_2O → 6 CO_2 + 12 H_2O

Energiebilanz des aeroben Glucoseabbaus:

$10\ NAD^+ + 2\ FAD + 4\ ADP + 4\ P →$
$\qquad\qquad\qquad 10\ NADH+H^+ + 2\ FADH_2 + 4\ ATP$

$10\ NADH+H^+ \quad \hat{=} \quad 30\ ATP$
$\ 2\ FADH_2 \qquad \hat{=} \quad\ \ 4\ ATP$
$\qquad\qquad\qquad\quad \underline{4\ ATP}$ (Substratphosphorylierung)
$\qquad\qquad\qquad\quad 38\ ATP$
abzüglich $\ \underline{2\ ATP}$ (Transportvorgänge)
$\qquad\qquad\qquad\quad \underline{36\ ATP}$

Gärungen – Energiegewinn ohne Sauerstoff

Zwei Reaktionsketten:
1. Glykolyse
Ort: Cytoplasma
Bilanz: Glucose (C_6-Körper) + 2 NAD^+ + 2 ADP + 2 P →
$\qquad$ 2 Pyruvat (C_3-Körper) + 2 $NADH+H^+$ + 2 ATP + 2 H_2O

2.A) Regeneration von NAD^+ bei der alkoholischen Gärung (Hefezellen)
2 Pyruvat + 2 $NADH+H^+$ →
$\qquad$ 2 Ethanol (C_2-Körper) + 2 CO_2 + 2 NAD^+
2.B) Regeneration von NAD^+ bei der Milchsäuregärung (Milchsäurebakterien, Muskelzellen)
2 Pyruvat + 2 $NADH+H^+$ →
$\qquad\qquad\qquad$ 2 Lactat (C_3-Körper) + 2 NAD^+

Energiebilanz des anaeroben Glucoseabbaus:

2 ATP durch Substratphosphorylierung in der Glykolyse

Verknüpfungen im Zellstoffwechsel

– anabol = aufbauend
– katabol = abbauend
– Die bei katabolen Reaktionen freigesetzte nutzbare Energie wird von der Zelle zum Antreiben anaboler Reaktionen genutzt.
– Die Zwischenprodukte der Glykolyse und des Citratzyklus werden als Rohstoffe für die Synthese anderer Biomoleküle genutzt.
– In den Stoffwechselweg des Glucoseabbaus münden weitere anabole Stoffwechselketten, zum Beispiel der Abbau von Aminosäuren und Fettsäuren.

Regulation des zellulären Stoffwechsels

– Regulation des Gesamtstoffwechsels einer Zelle erfolgt durch Regulation der Zellatmung.
– Die Regulation erfolgt im Wesentlichen über allosterische Schrittmacherenzyme.
– ATP, ADP und Citrat wirken als Effektoren.

3* Energiestoffwechsel beim Sport

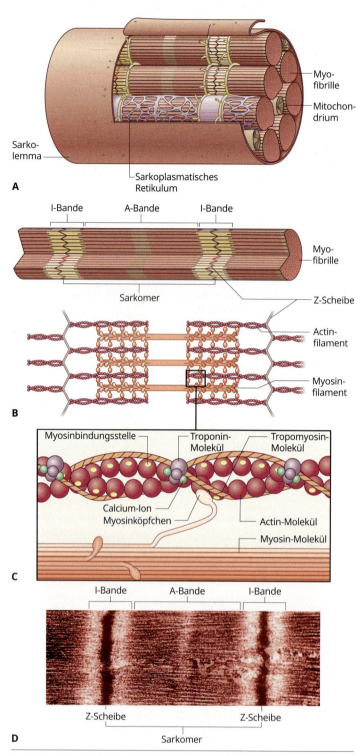

A

I-Bande **A-Bande** **I-Bande**

Myo-
fibrille

Sarkomer

Z-Scheibe

Actin-
filament

Myosin-
filament

B

Myosinbindungsstelle   Troponin-
Molekül   Tropomyosin-
Molekül

Calcium-Ion
Myosinköpfchen

Actin-Molekül

Myosin-Molekül

C

Myo-
fibrille

Mitochon-
drium

Sarko-
lemma

Sarkoplasmatisches
Retikulum

I-Bande   **A-Bande**   **I-Bande**

Z-Scheibe   Z-Scheibe

D   Sarkomer

1 Aufbau der Skelettmuskeln. A Muskelfaser; **B** Aufbau einer Myofibrille; **C** molekularer Aufbau eines Sarkomers; **D** lichtmikroskopisches
Bild eines Sarkomers

3.1* Bau und Funktion des Muskels und der Muskelzellen

**Wie sind Muskeln und Muskelzellen aufge-
baut, und wie können mit ihrer Hilfe der
Körper und seine Gliedmaßen bewegt werden?**

Bau der Skelettmuskeln und Muskelfasern
Skelettmuskeln bestehen aus **Muskelfaserbündeln**, die sich über die gesamte Länge des
Muskels erstrecken. Jedes Muskelfaserbündel
besteht aus vielen hundert parallel liegenden
Muskelfasern (→ **Abb. 1 A**). Diese sind durch
die Verschmelzung von vielen einzelnen Zellen
entstanden. Jede Muskelfaser enthält zahlreiche parallel angeordnete **Myofibrillen** (gr.
myo: Muskel). Diese sind jeweils von einer
speziellen Form des Endoplasmatischen Reti-
kulums, dem sogenannten **Sarkoplasmatischen Retikulum,** umgeben (→ **Abb. 1 A**).

Bau einer Myofibrille
Im Inneren der Myofibrillen (→ **Abb. 1 B**) lie-
gen Bündel parallel angeordneter Protein-
fäden, sogenannte Myofilamente (lat. *filum*:
Faden). Man unterscheidet zwei Formen von
Filamenten: **Actin- und Myosinfilamente**.

Jede Myofibrille ist in zahlreiche Untereinheiten, **Sarkomere** genannt, gegliedert. Die Sarkomere sind die funktionellen Einheiten eines
Skelettmuskels. Sie werden durch die **Z-Scheiben** gegeneinander abgegrenzt. An ihnen sind
die Actinfilamente verankert. Actinfilamente
werden von zwei Ketten kugeliger Actin-Mole-
küle gebildet, die umeinander gewunden sind.
Diese wiederum sind von fädigen Tropomyo-
sin-Molekülen umwunden, die in regelmäßigen Abständen **Troponin-Moleküle** enthalten
(→ **Abb. 1 C**). Zwischen den Actinfilamenten
befinden sich die dickeren Myosinfilamente.
Sie bestehen aus einem Bündel länglicher
Myosin-Moleküle, aus denen seitlich köpf-
chenartige Strukturen herausragen.

Im mittleren Bereich eines Sarkomers über-
lappen sich die Myosin- und Actinfilamente.
Man bezeichnet den Bereich als **A-Bande**
(→ **Abb. 1 B**). Links und rechts der Z-Scheiben
befinden sich dagegen nur Abschnitte von
Actinfilamenten. Diese Bereiche heißen

I-Banden. Da sich die I- und A-Banden der nebeneinander liegenden Myofibrillen an gleichen Positionen befinden, ist im Lichtmikroskop eine Querstreifung sichtbar (→ **Abb. 1 D**). Man bezeichnet daher die Skelettmuskulatur als **quer gestreifte Muskulatur**.

Ablauf der Muskelkontraktion

Nach der Gleitfilamenttheorie lässt sich der Ablauf eine Muskelkontraktion in vier Abschnitte untergliedern (→ **Abb. 2**):

Im entspannten Zustand des Muskels befinden sich jeweils ein ADP-Molekül und eine Phosphatgruppe an den beweglichen Köpfen der Myosinfilamente ①. Sie wurden durch die ATP-Spaltung aktiviert und sind dadurch zur Bindung an die Actinfilamente bereit. Diese wird jedoch zunächst durch fädige Tropomyosin-Moleküle, die die Bindungsstellen an den Actinfilamenten verdecken, verhindert. Durch einen Nervenimpuls werden in den Muskelfasern Calcium-Ionen aus dem Sarkoplasmatischen Retikulum freigesetzt. Sie binden an die Troponin-Moleküle. Dadurch verändert sich die Struktur der Tropomyosin-Moleküle, sodass die Bindungsstellen am Actinfilament frei werden ② und die Myosinköpfchen daran binden können ③. Durch die Abspaltung des ADP-Moleküls und der Phosphatgruppe führen die Myosinköpfchen eine Kippbewegung durch. Dadurch ziehen sie sich entlang der Actinfilamente in Richtung der Z-Scheibe ④. Die Folge ist eine Verkürzung des Sarkomers. Durch die synchrone Verkürzung der Sarkomere aller Muskelfasern kontrahiert der Muskel. Anschließend binden die Myosinköpfchen ATP-Moleküle und lösen sich dadurch von den Actinfilamenten ⑤. Durch die bei der Spaltung der ATP-Moleküle freigesetzte Energie richten sich die Myosinköpfchen wieder auf ② und werden erneut aktiviert, sodass der Zyklus neu startet. Er endet erst, wenn der Muskel keine Nervenimpulse mehr erhält und die Calcium-Ionen wieder zurück in das Sarkoplasmatische Retikulum gepumpt wurden.

Skelettmuskeln arbeiten antagonistisch

Skelettmuskeln bilden den Hauptanteil der Muskelmasse des menschlichen Körpers. Über Sehnen sind sie mit Knochen verbunden und können diese um Gelenke bewegen. Skelettmuskeln werden in der Regel willkürlich gesteuert. Muskeln können sich nur zusammenziehen, kontrahieren. Durch die Kontrak-

tion, zum Beispiel des Bizeps im Oberarm, wird der Unterarm angehoben und gleichzeitig der Trizeps, sein Gegenspieler oder **Antagonist,** gedehnt. Die Bewegung des Unterarms in Gegenrichtung erfolgt durch die Kontraktion des Trizeps. Dabei wird der Unterarm gestreckt und gleichzeitig der Bizeps gedehnt. So arbeiten jeweils bestimmte Muskeln nach dem Gegenspielerprinzip zusammen.

Häufig sind an einer Bewegung auch mehrere Muskeln beteiligt, die in die gleiche Richtung arbeiten. Diese Muskeln werden dann als **Synergisten** bezeichnet.

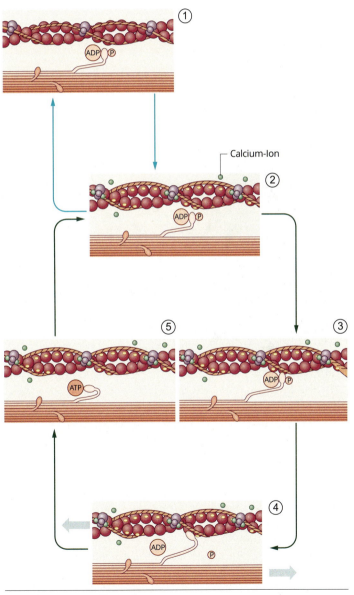

2 Ablauf der Muskelkontraktion

Muskelarten

Wie Skelettmuskeln weisen auch **Herzmuskeln** ein Querstreifenmuster auf. Im Unterschied zu den Skelettmuskeln sind sie aus verzweigten Muskelzellen aufgebaut. Sie können nicht bewusst gesteuert werden, sondern arbeiten autonom.

In den Wänden der Hohlorgane, zum Beispiel von Magen, Darm und Atemwegen, ist die Muskulatur nicht quer gestreift. Man spricht von **glatter Muskulatur**. Sie wird vom vegetativen Nervensystem gesteuert und kann lange Zeit ohne großen ATP-Verbrauch im kontrahierten Zustand verharren.

❶ ☰ Erklären Sie anhand der Abbildung 1 den Aufbau eines Skelettmuskels.

❷ ☰ Erklären Sie, warum Muskelfasern so viele Mitochondrien und Zellkerne enthalten.

❸ ☰ Stellen Sie die Gleitfilamenttheorie zur Muskelkontraktion auf der Ebene der Sarkomere in einem Fließdiagramm dar.

❹ ☰ Erklären Sie, warum sich die Länge der Actin- und Myosinfilamente bei einer Muskelkontraktion nicht verändert.

❺ ☰ Begründen Sie, warum Troponin auch als Regulatorprotein der Muskeln bezeichnet wird.

Materialgebundene Aufgaben

❻ Zusammenarbeit der Muskeln

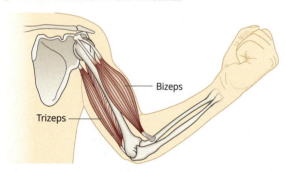

a) ☰ Erklären Sie anhand der Abbildung das antagonistische Zusammenspiel von Trizeps und Bizeps.

b) ☰ Ordnen Sie das Gegenspielerprinzip einem Basiskonzept zu, und begründen Sie Ihre Zuordnung.

❼ Strukturen einer Myofibrille

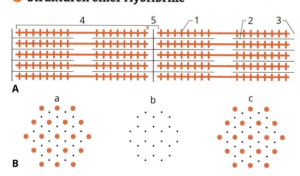

a) ☰ Ordnen Sie den Ziffern und Buchstaben der Abbildung die entsprechenden Fachbegriffe zu.

b) ☰ Geben Sie begründet an, in welchen Bereichen der Myofibrille die Querschnitte a bis c angefertigt wurden.

❽ Bedeutung des ATPs für die Muskelkontraktion und Leichenstarre

Die Leichenstarre, fachsprachlich Rigor mortis genannt, ist eines der sicheren Todeszeichen. Dabei geht der Leichnam vorübergehend in einen Zustand fast völliger Erstarrung über. Etwa sechs bis 12 Stunden nach Eintritt des Todes ist die Leichenstarre voll ausgeprägt. Nach etwa 24 bis 48 Stunden löst sich die Leichenstarre wieder, denn Enzyme, die sich normalerweise in den Lysosomen der Zellen befinden, werden daraus freigesetzt und bauen zelleigene Proteine ab. Wärme führt zu einem frühen Eintritt der Leichenstarre, Kälte hat den gegenteiligen Effekt.

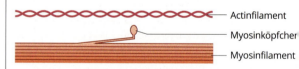

Actinfilament
Myosinköpfchen
Myosinfilament

a) ☰ Skizzieren Sie mit den vorgegebenen Symbolen die Gleitfilamenttheorie. Verdeutlichen Sie dabei die Funktion der ATP-Moleküle.

b) ☰ Erklären Sie, warum Muskeln nach dem Tod eines Lebewesens starr werden.

c) ☰ Anhand der Ausprägung der Leichenstarre in bestimmten Muskelpartien können Rechtsmediziner abschätzen, wann der Todesfall eingetreten ist. Erklären Sie, warum zuerst Muskelpartien starr werden, die zu Lebzeiten besonders aktiv waren, wie etwa die Kau- und Augenlidermuskeln.

d) ☰ Begründen Sie, dass die Leichenstarre bei einem Menschen, der etwa während des Joggens an einem Herzinfarkt verstarb, früher einsetzt, als bei einer Person, die über mehrere Wochen bettlägrig war.

e) ☰ Erläutern Sie, dass für das Einsetzen der Leichenstarre die Umgebungstemperatur entscheidend ist.

3.2* Muskelfasertypen

Wie unterscheiden sich Muskelfasern in ihrem Bau und ihrer Funktion?

Die Skelettmuskulatur des Menschen setzt sich im Wesentlichen aus zwei Typen von Muskelfasern zusammen, den ST- und den FT-Fasern.

ST-Fasern – langsame, rote Muskelfasern
Skelettmuskelfasern, die nach einem Nervenimpuls erst relativ spät kontrahieren, werden als **ST-Fasern** (engl. *slow-twitch-fibers*) bezeichnet. Sie halten die Kontraktion für längere Zeit aufrecht. Sie befinden sich vor allem in Muskeln, die eine Stütz- und Haltefunktion im Körper haben und sind beispielsweise an der aufrechten Körperhaltung des Menschen beteiligt. ST-Fasern besitzen viele Mitochondrien und Blutgefäße und decken ihren Energiebedarf vorwiegend über den aeroben Stoffwechsel (→ **Abb. 1 A**). Sie besitzen viel Myoglobin. Dieses Molekül transportiert Sauerstoff in Muskelzellen und ist für die dunkelrote Farbe der ST-Fasern verantwortlich.

FT-Fasern – schnelle, weiße Muskelfasern
Skelettmuskelfasern, die fast sofort nach einem Nervenimpuls kontrahieren, werden **FT-Fasern** (engl. *fast-twitch-fibers*) genannt. Sie halten die Kontraktion nur kurz. FT-Fasern befinden sich überwiegend in Muskeln, die schnelle und kräftige Bewegungen ausführen, etwa im Trizeps und Bizeps des Oberarms. Die schnellere Kontraktion der FT-Fasern ist mit einem hohen ATP-Verbrauch verbunden. Er wird durch den anaeroben Stoffwechsel, der nicht an die Mitochondrien gebunden ist, gedeckt. Daher besitzen FT-Fasern im Vergleich zu ST-Fasern weniger Mitochondrien und Blutgefäße (→ **Abb. 1 B**). Da die Energiereserven der FT-Fasern gering sind, ermüden sie rasch. Aufgrund ihres geringen Gehaltes an Myoglobin erscheinen sie blass und werden daher auch weiße Muskelfasern genannt.

Die Verteilung der Muskelfasertypen in den Muskeln ist zum großen Teil genetisch bedingt und ist von der Funktion des Muskels abhängig. Eine Umwandlung von FT-Fasern in ST-Fasern ist möglich, umgekehrt jedoch nicht.

❶ ≡ Vergleichen Sie die ST- und FT-Fasern anhand der Abbildung 1.

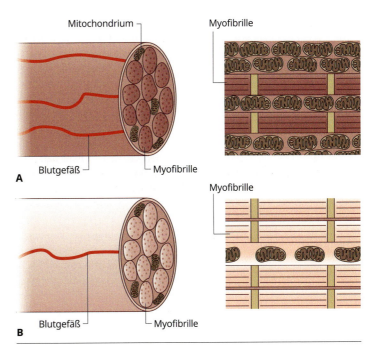

1 Muskelfasertypen. A ST-Fasern; **B** FT-Fasern

Materialgebundene Aufgaben

❷ Muskelfasern

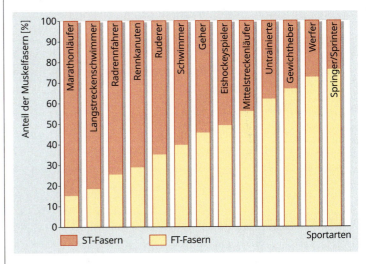

In der Abbildung ist der Anteil der Muskelfasertypen im Oberschenkelmuskel verschiedener Sportler gezeigt.
a) ≡ Beschreiben und erklären Sie die Unterschiede zwischen ST- und FT-Fasern.
b) ≡ Vergleichen Sie die prozentualen Anteile der Muskelfasertypen in den Oberschenkelmuskeln der verschiedenen Sportler und erklären Sie die Unterschiede.

3.3* Sauerstoffversorgung des Muskels

Wie werden Muskeln mit Sauerstoff versorgt, sodass sie Arbeit leisten können?

Sauerstoff wird ständig durch die Atmung aufgenommen. Gleichzeitig wird dabei das bei der Zellatmung entstehende Kohlenstoffdioxid abgegeben. Der Gasaustausch zwischen der Atemluft und dem Blut erfolgt in den Lungenbläschen oder **Alveolen**.

Sauerstoffaustausch
Der Gasaustausch erfolgt über die Wände der Alveolen und der sie umgebenden Kapillaren. Die von ihnen gebildete Oberfläche wird **respiratorische Oberfläche** genannt. Der Gasaustausch erfolgt allein durch Diffusion der Gasmoleküle. Die Diffusionsrate hängt von der Größe und Dicke der respiratorischen Oberfläche ab. Außerdem wird sie von dem Konzentrationsgefälle der Gas-Moleküle bestimmt, das zwischen den membrangetrennten Bereichen herrscht.

Bei Gasgemischen gibt man die Konzentration der einzelnen Gasbestandteile als Teildruck oder als **Partialdruck** an. Ein hoher Partialdruck, etwa von Sauerstoff, bedeutet, dass in dem Gasgemisch eine hohe Konzentration an Sauerstoff-Molekülen vorliegt. Der Gesamtdruck eines Gasgemisches ergibt sich aus der Summe seiner Partialdrücke. Damit Sauerstoff-Moleküle in das Blut hinein und Kohlenstoffdioxid-Moleküle aus dem Blut hinaus diffundieren können, muss der Partialdruck des Sauerstoffs im Blut der Alveolenkapillaren niedriger und der des Kohlenstoffdioxids höher sein als in dem Gasgemisch der Alveolen (→ **Abb. 1**). Durch das ständige Einatmen und Ausatmen sowie durch den Blutfluss wird ein hohes Gefälle der Partialdrücke der Atemgase an der respiratorischen Oberfläche aufrechterhalten.

Sauerstoff löst sich nur schlecht im Blut. Daher sind sauerstofftransportierende Moleküle wie Hämoglobin essentiell für die Sauerstoffversorgung der verschiedenen Gewebe. Sauerstoff diffundiert im Blut der Alveolenkapillaren in die Erythrozyten und lagert sich dort an die Eisen-Ionen der Hämoglobin-Moleküle an. Dadurch erhöht sich das maximale Aufnahmevermögen des Blutes von fünf auf 250 Milliliter Sauerstoff pro Liter.

Strömt das sauerstoffreiche Blut durch Gewebe mit einem geringeren Sauerstoffpartialdruck, diffundiert Sauerstoff aus dem Blut in die Zellen (→ **Abb. 1**). Am Sarkolemma der Muskelfasern übernimmt **Myoglobin**, ein spezielles Muskelprotein, den Sauerstoff und transportiert ihn von dort zu den Mitochondrien. Myoglobin speichert auch Sauerstoff in Muskelfasern, sodass er schnell für deren Atmungskette mobilisiert werden kann, wenn Muskelfasern bei der Muskelarbeit kontrahieren.

Da in den Zellen der Kohlenstoffdioxidpartialdruck höher ist als im Blut, diffundiert Kohlenstoffdioxid aus den Zellen in das Blut. Jeweils ein kleiner Teil davon löst sich im Blutplasma beziehungsweise bindet an Aminosäuren des Hämoglobins, etwa 70 Prozent lösen sich im Plasma der Erythrozyten.

1 Gasaustausch in den Alveolen und dem Muskelgewebe (Partialdrücke in hPa)

❶ ≡ Erklären Sie anhand der Abbildung 1 den Gasaustausch in den Alveolen und im Muskelgewebe.

❷ Sauerstoffbindung durch Hämoglobin und Myoglobin

Hämoglobin ist ein eisenhaltiges Protein-Molekül. Es ist aus vier Polypetidketten aufgebaut, zwei alpha- und zwei beta-Ketten. Jede dieser Ketten besitzt einen Eisenkomplex, Häm genannt, an den jeweils ein Sauerstoff-Molekül binden kann. Die Bindungsstellen für Sauerstoff-Moleküle kooperieren miteinander: Hat eine der vier Bindungsstellen ein Sauerstoff-Molekül angelagert, nimmt das Bestreben der anderen drei Gruppen stark zu, Sauerstoff-Moleküle anzulagern.

a) ☰ Vergleichen Sie Hämoglobin- und Myoglobin-Moleküle anhand der Abbildung A miteinander, und zeigen Sie Unterschiede und Gemeinsamkeiten auf.

b) ☰ Erklären Sie die Zusammenarbeit der vier Sauerstoffbindungsstellen mithilfe des Modells in Abbildung B.

c) ☰ Prüfen Sie, welche der folgenden Aussagen mit den Modellvorstellungen im Einklang stehen:
 • Bei der Sauerstoffabgabe gibt Hämoglobin das erste Sauerstoff-Molekül schwer ab, alle anderen Sauerstoff-Moleküle werden leicht abgegeben.
 • Hämoglobin gibt die ersten drei Sauerstoff-Moleküle leicht ab, nur das letzte wird schwer abgegeben.
 • Hämoglobin gibt alle vier Sauerstoff-Moleküle gleich schwer ab.

d) ☰ Beschreiben und erklären Sie die Sauerstoffbindungskurve für Hämoglobin in Abbildung C unter Berücksichtigung des Modells in Abbildung B.

e) ☰ Vergleichen Sie die Sauerstoffbindungskurven von Myoglobin und Hämoglobin in Abbildung C, und erklären Sie die Unterschiede.

f) ☰ Beurteilen Sie, ob die Erklärung des Kurvenverlaufs in dem Text in Abbildung D sachlich richtig ist.

g) ☰ Myoglobin ist im Blut löslich. Es könnte daher auch den Sauerstofftransport im Blut übernehmen. Begründen Sie, warum zwei unterschiedliche Moleküle für die Sauerstoffbindung und den Sauerstofftransport im Körper notwendig sind.

h) ☰ Wenn der pH-Wert in den Muskelfasern oder im Blut etwa durch die Bildung von Lactat sinkt, können Myoglobin und Hämoglobin weniger effektiv Sauerstoffmoleküle anlagern. Erklären Sie diese Beobachtung.

i) ☰ Eine Vergiftung mit Kohlenstoffmonooxid ist eine der häufigsten Formen der Rauchgasvergiftung. Beim Einatmen gelangt dieses Kohlenstoffmonooxid über die Lungen ins Blut und bindet dort reversibel an Hämoglobin. Im Vergleich zu Sauerstoff hat es eine etwa 250- bis 300-fach höhere Affinität zu Hämoglobin. Die Anlagerung eines Kohlenstoffmonooxid-Moleküls an eine der vier Bindungsstellen des Hämoglobin-Moleküls bewirkt, dass sich angelagerte Sauerstoff-Moleküle nur noch schlecht ablösen können. Erklären sie die Auswirkung einer Kohlenstoffmonooxidvergiftung auf die Sauerstoffversorgung eines Muskels auf molekularer Ebene.

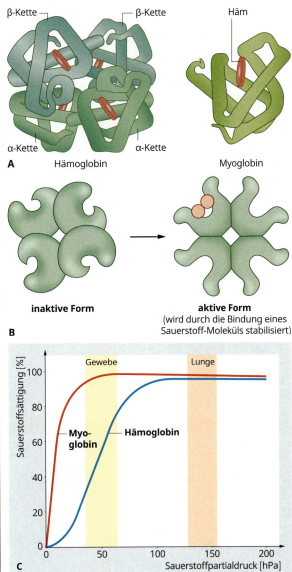

A Hämoglobin — Myoglobin

β-Kette — β-Kette — Häm
α-Kette — α-Kette

inaktive Form — **aktive Form** (wird durch die Bindung eines Sauerstoff-Moleküls stabilisiert)

B

C Sauerstoffsättigung [%] / Sauerstoffpartialdruck [hPa] — Gewebe — Lunge — Myoglobin — Hämoglobin

Myoglobin hat bei einem niedrigen Sauerstoffpartialdruck ein sehr hohes Bestreben, Sauerstoff-Moleküle anzulagern. In der Lunge liegt ein hoher Sauerstoffpartialdruck vor. Hämoglobin ist zu 100 Prozent gesättigt. Alle Hämoglobin-Moleküle haben vier Sauerstoff-Moleküle angelagert. Gelangt das Blut ins Muskelgewebe, liegt dort ein niedriger Sauerstoffpartialdruck vor. Dabei ist das Hämoglobin nur zu etwa 50 Prozent gesättigt. Also haben 50 Prozent der Hämoglobin-Moleküle ihre vier Sauerstoff-Moleküle abgegeben. Myoglobin ist bei diesem Sauerstoffpartialdruck aber zu 100 Prozent gesättigt. Alle Myoglobin-Moleküle haben ein Sauerstoff-Molekül angelagert.

D

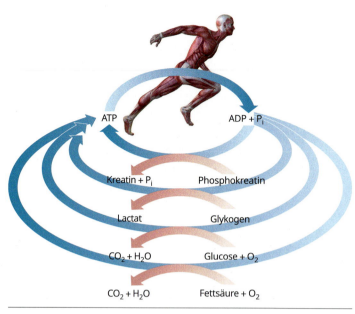

1 Möglichkeiten der Energiebereitstellung im Skelettmuskel

❶ ☰ Erklären Sie anhand der Abbildung 1 die unterschiedlichen Möglichkeiten der ATP-Bereitstellung in Muskeln bei körperlicher Belastung.

Materialgebundene Aufgaben

❷ Energiebereitstellung im Skelettmuskel

In der Abbildung ist die mögliche Energiebereitstellung im Skelettmuskel während einer Belastung zu sehen.

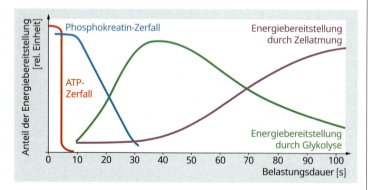

a) ☰ Beschreiben und erklären Sie die Energiebereitstellung im Skelettmuskel anhand des Diagramms.

b) ☰ Bei Kurzstreckenläufen, etwa beim 100-Meter-Lauf, kann man oft beobachten, dass die Läufer während des Laufes kaum atmen und auf den letzten 20 Metern deutlich langsamer werden. Erklären Sie diese Beobachtung.

3.4* Muskelstoffwechsel

Wie regenerieren Muskelfasern den ATP-Vorrat während körperlicher Belastungen?

Muskeln können nur dann kontrahieren, wenn den Myofibrillen ATP zur Verfügung steht. Der ATP-Vorrat ist jedoch begrenzt und reicht bei einer hohen körperlichen Belastung, etwa beim Sprint, nur für ein bis zwei Sekunden aus. Um die Aktivität des Muskels während der gesamten körperlichen Belastung aufrechtzuerhalten, muss in den Muskelzellen ATP laufend regeneriert und neu gebildet werden. Dies erfolgt auf unterschiedlichen Wegen.

Zwischenspeicher Phosphokreatin
Ist der ATP-Vorrat in den Myofibrillen erschöpft, wird zunächst ATP aus einem Zwischenspeicher, dem **Phosphokreatin**, hergestellt (→ **Abb. 1**). Dabei überträgt das Enzym Phosphokreatinkinase die Phosphatgruppe von Phosphokreatin auf ADP, sodass ATP entsteht. In einer Erholungsphase überträgt das gleiche Enzym eine Phosphatgruppe von ATP auf Kreatin und füllt somit den Zwischenspeicher Phosphokreatin wieder auf.

Anaerobe ATP-Synthese
Bei weiter andauernder Belastung wird ATP vornehmlich **anaerob** durch **Milchsäuregärung** gebildet. Dabei wird das in den Muskelzellen gespeicherte Glykogen zu Lactat abgebaut (→ **Abb. 1**). Hierdurch wird pro Zeiteinheit mehr ATP gebildet als beim aeroben Abbau von Glucose. Das Produkt Lactat wird in das Blut abgegeben und senkt sowohl im Muskel als auch im Blut den pH-Wert. Lactat kann in Leberzellen und Herzmuskelzellen zu Pyruvat oxidiert und dann weiter abgebaut oder wieder zum Aufbau von Glucose und Glykogen genutzt werden. Die Lactatkonzentration im Blut dient als Kriterium zur Diagnose der Ausdauerleistungsfähigkeit eines Sportlers.

Aerobe ATP-Synthese
Dauert die Belastung weiter an, wird ATP durch den **aeroben** Abbau von Glucose bei der **Zellatmung** gebildet. Erst bei körperlichen Belastungen, die länger als 30 Minuten dauern, entsteht ATP vorwiegend durch den oxidativen Abbau von Fettsäuren (→ **Abb. 1**). Beim aeroben Abbau von Glucose und Fettsäuren hängt die Leistung des Muskels wesentlich von der Sauerstoffversorgung ab.

❸ Sauerstoffverbrauch bei sportlicher Aktivität

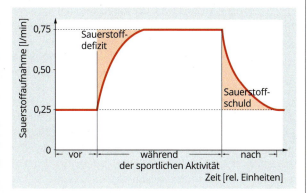

In der Grafik ist die Sauerstoffaufnahme einer Versuchsperson in Ruhe, bei sportlicher Aktivität und in der anschließenden Erholungsphase dargestellt.

a) ☰ Beschreiben und erklären Sie die Sauerstoffaufnahme in den unterschiedlichen Phasen. Gehen Sie dabei insbesondere auf die gekennzeichneten Bereiche „Sauerstoffdefizit" und „Sauerstoffschuld" ein.

b) ☰ Geben Sie an, wie die Kurve bei sportlicher Aktivität verlaufen würde. Begründen Sie Ihren Vorschlag.

❹ Lactatstufentest

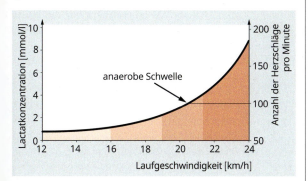

Beim sogenannten Lactatstufentest wird die körperliche Belastung auf einem Laufband in standardisierten Stufen erhöht, bis die Testperson ihre maximale Leistungsfähigkeit erreicht hat. Am Ende jeder Belastungsstufe wird die Herzfrequenz gemessen und die Lactatkonzentration im Blut bestimmt.
Lactat entsteht, wenn in der Glykolyse schneller Pyruvat entsteht, als es im Citratzyklus abgebaut werden kann. Dies ist der Fall, wenn die Muskulatur bei einer körperlichen Belastung nicht oder noch nicht genügend mit Sauerstoff versorgt wird. Der Zeitpunkt, bei dem sich die Bildung und der Abbau von Lactat die Waage halten, wird anaerobe Schwelle genannt. Jenseits dieser Schwelle führt die Lactatkonzentration im Blut zu einem Sinken des pH-Wertes des Blutes.

a) ☰ Beschreiben und erklären Sie anhand der Abbildung die Lactatkonzentrationen im Blut einer untrainierten Person sowie die Veränderung ihrer Herzfrequenz im Lactatstufentest.

b) ☰ Beschreiben und erklären Sie, welche Unterschiede Sie in den Ergebnissen des Lactatstufentests bei einer untrainierten und trainierten Person erwarten.

❺ Lactatabbau in Erholungsphasen

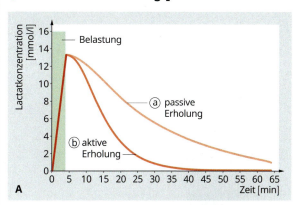

A

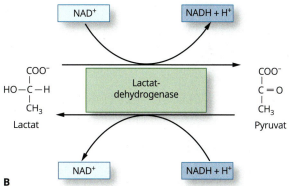

B

In der Abbildung A sind die Veränderungen der Lactatkonzentration im Blut einer Versuchsperson während einer maximalen Belastung auf einem Fahrradergometer und der anschließenden 60-minütigen Erholungsphase dargestellt. Bei der passiven Erholung a ruht die Versuchsperson, bei der aktiven Erholung b fährt die Versuchsperson mit 35 Prozent der Maximalleistung auf dem Ergometer weiter. Lactat wird durch das Blut in die Leber und den Herzmuskel transportiert und dort wieder zu Pyruvat oxidiert.

a) ☰ Erklären Sie unter Berücksichtigung der Abbildung B die Rolle des Coenzyms NAD$^+$ / NADH+H$^+$ bei der Lactatbildung im Muskel und der Lactatoxidation in Leberzellen, und nennen Sie Stoffwechselschritte, bei denen NAD$^+$ wieder regeneriert werden kann.

b) ☰ Beschreiben und erklären Sie die Veränderung der Lactatkonzentration im Blut der Versuchsperson im Verlauf der Belastung sowie in der aktiven und in der passiven Erholungsphase.

3.5* Leistungssteigerung durch Training

Wie kann die körperliche Leistungsfähigkeit eines Menschen durch Training gesteigert werden?

Unter sportlichem Training (engl. *to train*: ausbilden) versteht man eine systematisch sich wiederholende Belastung des Körpers. Die verschiedenen Organsysteme passen sich den regelmäßigen Belastungen an, sodass eine höhere Leistungsfähigkeit des Körpers möglich wird (→ **Abb. 2**). Je nach Training werden unterschiedliche Organsysteme beeinflusst.

1 Muskelaufbau durch Krafttraining

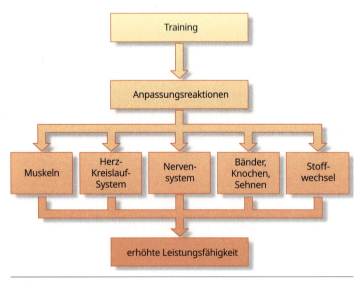

2 Übersicht über die durch Training beeinflussten Systeme

Krafttraining

Ein Training, das darauf angelegt ist, Muskeln aufzubauen und die Kraft zu steigern, nennt man **Krafttraining** (→ **Abb. 1**). Die Übungen werden mit hohen Wiederholungszahlen, aber nur mittlerer Beanspruchung durchgeführt. In der Folge kommt es zu einer Vergrößerung des Muskelfaserquerschnitts der FT-Fasern. Sie beruht auf einer Erhöhung der Zahl an Myofibrillen. Auch die Zusammenarbeit von Nerven und Muskeln kann durch Krafttraining wesentlich verbessert werden, sodass durch Nervenimpulse mehr Muskelfasern gleichzeitig zur Kontraktion angeregt werden. Die Anzahl der Muskelfasern ändert sich dabei nicht.

Ausdauertraining

Ein Training, das darauf abzielt, dass der Körper über einen langen Zeitraum Leistung erbringen kann, bezeichnet man als **Ausdauertraining**. Es wirkt sich insbesondere auf das Herz-Kreislauf-System aus. So vergrößern sich dadurch beispielsweise die Herzinnenräume und der Durchmesser der Herzmuskelzellen. Man spricht vom **Sportlerherz**. Infolgedessen nimmt das Volumen des pro Herzschlag transportierten Blutes, das **Schlagvolumen**, zu. Um pro Minute das gleiche Blutvolumen zu bewegen, braucht das Sportlerherz nur die Hälfte der Schläge, die das Herz eines Untrainierten braucht. Außerdem bewirkt Ausdauertraining, dass mehr Luft pro Zeiteinheit eingeatmet beziehungsweise ausgeatmet werden kann. Durch das Training kommt es auch zu einem höheren Blutvolumen im Körper und damit zu einer höheren Zahl Erythrozyten. Da sich auch die Zahl der Kapillaren in den Muskeln erhöht, wird die Sauerstoffversorgung der Muskeln dadurch insgesamt verbessert. Die bessere Sauerstoffversorgung trägt zu einer höheren Stoffwechselaktivität der Zellen bei. Deshalb besitzen ausdauertrainierte Muskeln eine größere Zahl an Mitochondrien. So können sie, hauptsächlich durch den aeroben Glucoseabbau, mehr ATP pro Zeiteinheit bilden. Außerdem regt das Ausdauertraining in den Muskelzellen die Bildung von Enzymen an, die Fette abbauen.

❶ ☰ Begründen Sie, warum Sportler, die Ausdauertraining betreiben, sich im Muskelaufbau und Gewicht von Sportlern, die Krafttraining betreiben, unterscheiden.

❷ ☰ Vergleichen Sie die Wirkung von Kraft- und Ausdauertraining tabellarisch.

❸ Vergleich der physiologischen Messwerte eines Nichtsportlers und eines Ausdauersportlers

physiologische Werte	Nichtsportler		Ausdauersportler	
	in Ruhe	maximale Belastung	in Ruhe	maximale Belastung
Herzgewicht [g]	300		500	
Blutvolumen [l]	5,6		5,9	
Herzfrequenz [min⁻¹]	80	180	40	180
Schlagvolumen [ml]	70	100	140	190
Herzzeitvolumen [l/min]	5,6	18	5,6	35
Atemzeitvolumen [l/min]	8,0	100	8,0	200
O₂-Aufnahme [l/min]	0,3	2,8	0,3	5,2

a) ☰ Erklären Sie die unterschiedlichen Messwerte eines Nichtsportlers und eines Ausdauersportlers.

❹ Ausdauertraining

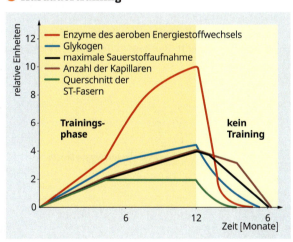

In einer Versuchsreihe wurden die Veränderungen verschiedener physiologischer Werte in Muskeln, wie etwa der Enzym- und der Glykogenkonzentration, während eines zwölfmonatigen Ausdauertrainings und einer anschließenden sechsmonatigen Trainingspause ermittelt.

a) ☰ Erklären Sie die Veränderungen der in der Abbildung dargestellten Werte während der Trainingsphase und der Trainingspause.

b) ☰ Stellen Sie Vermutungen auf, wie sich die Werte verändern, wenn die Trainingsphase auf drei Jahre verlängert wird. Begründen Sie Ihre Vermutungen.

❺ Krafttraining

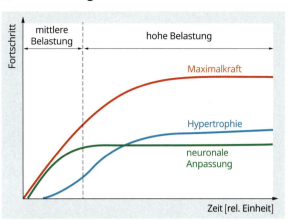

A Veränderung der Kraft durch Training

> **Hypertrophie:** Die Vergrößerung eines Gewebes oder Organs durch Zunahme des Zellvolumens bei gleichbleibender Zellzahl, zum Beispiel die Vergrößerung eines Muskels durch Training.
>
> **Neuronale Anpassung:** Wird ein Muskel regelmäßig zur Kontraktion angeregt, können durch die Vermehrung der zuständigen Nervenverbindungen mehr Muskelfasern innerhalb eines Muskels zur Kontraktion angeregt werden. Die sogenannte intramuskuläre Koordination verbessert sich.

B Definitionen

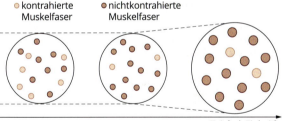

C Schema zur Hypertrophie und Verbesserung der intramuskulären Koordination

a) ☰ Vergleichen Sie anhand der Abbildung A die Anpassungen der Muskeln im Verlauf der Zeit bei einem Krafttraining mit mittleren sowie mit hohen Belastungen.

b) ☰ Werten Sie die Materialien A bis C aus und erklären Sie, worauf jeweils die Wirkung eines Krafttrainings mit mittleren sowie mit hohen Belastungen zurückzuführen ist.

c) ☰ Begründen Sie die aufgeführten Eigenschaften von Muskelfasern, die man hauptsächlich bei Kraftsportlern findet: hohe Ermüdung, geringe Ausdauer, hohe Maximalkraft, hohe Kontraktionsgeschwindigkeit, geringer Myglobingehalt, geringer Glykogengehalt, hohe Lactatbildung, geringe Mitochondrienzahl.

Im Leistungssport kommt es immer wieder zu Skandalen, wenn Sportler verbotene Substanzen oder Methoden angewendet haben, um ihre Leistungsfähigkeit zu steigern. Man spricht von **Doping**. Doping ist verboten, weil es eine nicht trainingsbedingte Leistungssteigerung bewirkt und daher als unfair gilt. Die verbotenen Substanzen und Methoden sind in ständig aktualisierten Dopinglisten der Welt-Anti-Doping-Agentur aufgeführt.

Zu den Dopingmitteln gehören sehr unterschiedliche Substanzklassen. So beeinflussen **Stimulanzien** und **Narkotika** die Psyche des Sportlers. Stimulanzien wie Amphetamine sind Aufputschmittel. Sie wirken anregend und unterdrücken Ermüdungsgefühle des Sportlers. Narkotika, zum Beispiel Methadon, machen den Sportler weniger schmerzempfindlich. Dabei muss man zwischen Schmerzmitteln, die Opiate enthalten, und anderen Schmerzmitteln, wie etwa Aspirin, unterscheiden. Opiathaltige Schmerzmittel stehen auf der Verbotsliste.

Anabole Wirkstoffe regen die Proteinbildung in der Muskulatur an und bauen damit Muskelmasse auf. Dazu gehören zum Beispiel synthetisch hergestellte Hormone wie Testosteron und Hormon-Ersatzstoffe, sogenannte Agonisten, die Hormone in ihrer Wirkung imitieren.

Diuretika gehören zur Gruppe der **dopingverschleiernden Stoffe.** Sie vergrößern die Harnmenge und verdünnen so die Konzentration der Dopingmittel in den Harnproben. Zudem führen sie zu einem Gewichtsverlust, sodass der Sportler, etwa ein Boxer, in einer niedrigeren Gewichtsklasse eingestuft wird.

Beim **Blutdoping** lassen sich Sportler kurz vor dem Wettkampf Eigenblut oder Fremdblut einer geeigneten Person injizieren. Dadurch wird die Zahl der Roten Blutkörperchen im Blut des Sportlers erhöht und die Sauerstoffaufnahme verbessert. Im Gegensatz zum Fremdblutdoping ist Eigenblutdoping bisher kaum nachweisbar. Mit dem genetisch erzeugten Erythropoietin, kurz EPO genannt, können die gleichen Effekte erreicht werden wie mit Eigenblutdoping oder Fremdblutdoping. EPO steht schon seit 1989 auf der Liste der Dopingmittel.

Alle Dopingmittel und Dopingmethoden haben mehr oder weniger starke Nebenwirkungen. Ihre regelmäßige Anwendung kann zu schweren gesundheitlichen Schäden oder sogar zum Tod führen. Obwohl diese Risiken bekannt sind, nehmen auch viele Freizeitsportler regelmäßig leistungsfördernde Substanzen ein.

❶ Beim Höhentraining erfolgt das Training in großer Höhe. Die Sauerstoffkonzentration in der Luft ist hier verringert. Der Körper passt sich an diese Bedingungen an, indem er mehr Rote Blutkörperchen produziert. Die dadurch erzielte Leistungssteigerung bleibt danach auch im Flachland einige Wochen erhalten.

a) ☰ Erklären Sie, warum Höhentraining eine Leistungssteigerung bewirken kann.

b) ☰ Geben Sie begründet an, mit welchem Doping das Höhentraining vergleichbar ist.

c) ☰ Nehmen Sie Stellung zu der Frage, ob Höhentraining eine faire Trainingsmethode ist.

Stimulanzien, Narkotika	
Amphetamin (alltagssprachlich „Speed"):	wirkt stimmungsaufhellend und motivierend
Methadon:	macht schmerzunempfindlicher, beruhigt
Risiken:	hoher Blutdruck, Unruhe, Abhängigkeit, körperliche Überlastung, Kreislaufkollaps, Unterzuckerung

Anabole Wirkstoffe	
Testosteron, Agonisten:	fördern das Muskelwachstum
Risiken:	Sehnenrisse, Impotenz, Leberschäden, Schlaflosigkeit, Schädigung des Herzens, Schlaganfall, Thrombosen

Dopingverschleiernde Stoffe	
Diuretika:	spülen wasserlösliche Dopingmittel aus dem Körper und führen zur Gewichtsabnahme
Risiken:	hoher Blutdruck, Austrocknung, Nierenschäden

Blutdoping	
Doping mit Eigen-/Fremdblut oder EPO:	regt die Produktion von Roten Blutkörperchen an und fördert die Blutmenge
Risiken:	Gefäßverschlüsse, Infarkte, Immunreaktionen

1 Dopingmittel und Dopingmethoden (Beispiele)

Bau der Skelettmuskeln und der Muskelzellen

Skelettmuskeln:
– aus vielen Muskelfaserbündeln aufgebaut

Muskelfaserbündel:
– besteht aus vielen hundert parallel liegenden Muskelfasern

Muskelfasern:
– miteinander verschmolzene Muskelzellen

Myofibrillen:
– fädige Strukturen in den Muskelfasern
– umsponnen vom Sarkoplasmatischen Retikulum
– Mitochondrien dazwischen liegend

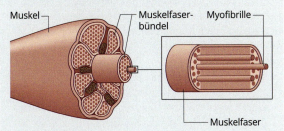

Sarkomer:
– Untereinheit der Myofibrillen
– von Z-Scheiben begrenzt

Myofilamente:
– zwei Formen: Actin- und Myosinfilamente

Actinfilament:
– Bindungsstellen für Myosinköpfchen durch Tropomyosinfäden verdeckt

Myosinfilamente:
– Myosinköpfchen mit Bindungsstelle für ATP und für Aktin

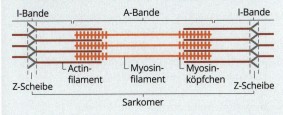

Gleitfilamenttheorie

– Nervenimpuls führt zur Freisetzung von Calcium-Ionen aus dem Sarkoplasmatischen Retikulum
– Bindung von Calcium-Ionen an Troponin-Moleküle und Verschiebung der Tropomyosin-Moleküle, sodass die Bindungsstellen für Myosinköpfchen an den Actinfilamenten frei werden
– Aktivierung der Myosinköpfchen durch Spaltung der angelagerten ATP-Moleküle
– Anlagerung der aktivierten Myosinköpfchen an die Bindungsstellen der Actinfilamente

– Umklappen der Myosinköpfchen durch Freisetzung von ADP + P
– Verkürzung des Sarkomers durch Verschiebung der Actinfilamente gegen die Myosinfilamente in Richtung Sarkomermitte
– Ablösung der Myosinköpfchen vom Actin durch Anlagerung von ATP-Molekülen
– Beendigung des Actin-Myosin-Zyklus durch Zurückpumpen der Calcium-Ionen ins Sarkoplasmatische Retikulum

Muskelfasertypen

Eigenschaften	ST-Fasern	FT-Fasern
Kontraktion nach Nervenimpuls	relativ spät	sofort
Dauer der Kontraktion	relativ lange	nur kurz
Muskelfunktion	Stütz- und Haltefunktion	schnelle, kräftige Bewegungen
Mitochondrienzahl	hoch	gering
Stoffwechsel	aerob	anaerob
Energiereserven	hoch	gering
Myoglobingehalt	hoch	gering
Farbe	rot	blaß

Energiebereitstellung im Skelettmuskel

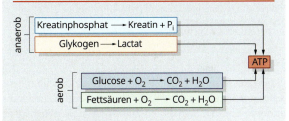

Leistungssteigerung durch Training

Ausdauertraining
– wirkt sich insbesondere auf das Herz-Kreislauf-System, die Atmung und die Stoffwechselaktivität der Zellen aus.

Krafttraining
– vergrößert die Zahl an Myofibrillen und die Zusammenarbeit von Nerven und Muskeln.
– erhöht die Zahl der Muskelfasern, die durch Nervenimpulse gleichzeitig zur Kontraktion angeregt werden.

AUFGABENSTELLUNG

Alkoholbedingte Stoffwechselveränderungen von Leberzellen

Beim Konsum von alkoholischen Getränken wird das gut wasserlösliche Ethanol nach der Resorption im Verdauungstrakt schnell mit dem Blutstrom im Körper verteilt. Nur ein geringer Anteil kann unverändert über Nieren, Lungen und Haut ausgeschieden werden. Der Hauptanteil der aufgenommenen Ethanolmenge wird in der Leber abgebaut. Der Abbau von Ethanol im Körper erfolgt fast linear mit einer festen Rate zwischen 0,1 und 0,2 Promille pro Stunde. Die folgende Abbildung zeigt den Ethanolabbau im Körper im Verlauf der Zeit:

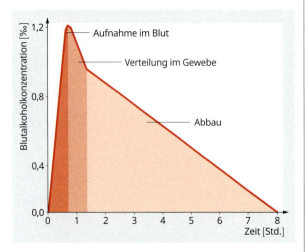

Der erste Schritt des Ethanolabbaus findet im Cytoplasma der Leberzellen statt. Ethanol wird zu Ethanal, früher auch Acetaldehyd genannt, oxidiert.

$$\text{Ethanol} + \text{NAD}^+ \xrightarrow{\text{Alkohol-Dehydrogenase}} \text{Ethanal} + \text{NADH+H}^+$$

Ethanal ist wesentlich schädlicher als Ethanol. Es bindet an zelleigene Proteine und schädigt so zum Beispiel die Membranproteine von Leberzellen, sodass etwa die Abgabe von Fetten in das Blut gehemmt ist.

Der zweite Schritt des Ethanolabbaus erfolgt in den Mitochondrien der Leberzellen. Ethanal wird dabei zu Acetat oxidiert.

$$\text{Ethanal} + \text{NAD}^+ \xrightarrow{\text{Aldehyd-Dehydrogenase}} \text{Acetat} + \text{NADH+H}^+$$

Im dritten Schritt erfolgt die Umwandlung von Acetat in Acetyl-CoA. Dabei wird ATP verbraucht.

Bei übermäßigem Alkoholkonsum wird die Leber durch Ethanol und Ethanal schwer geschädigt und durch die erhöhte Konzentration von NADH + H$^+$ der Stoffwechsel der Leberzellen stark beeinflusst. Zum Beispiel können Fettsäuren nicht mehr an das Blut abgegeben werden und infolgedessen lagern sich vermehrt Fette in den Leberzellen ab. Man spricht von einer alkoholbedingten Leberverfettung. Wird der Alkoholkonsum nicht deutlich eingeschränkt, kann es im weiteren Verlauf zu Leberentzündungen und schließlich zur Leberzirrhose kommen. Dabei wird ein Großteil des Lebergewebes dauerhaft durch funktionsunfähiges Narbengewebe ersetzt.

Im Folgenden sollen Sie sich mit verschiedenen Aspekten des Alkoholabbaus in Leberzellen und den dadurch bedingten Stoffwechselveränderungen beschäftigen:

1. Enzymaktivität
1.1 Erklären Sie den fast linearen Ethanolabbau im Körper unter Berücksichtigung der Enzymaktivität in Abhängigkeit von der Substratkonzentration. Nutzen Sie die linke Abbildung und M1. (10 BE)
1.2 Erläutern Sie die Bedeutung des Coenzyms NAD$^+$ für den Stoffwechsel einer Zelle, und erklären Sie unter Berücksichtigung von M2 und den Schritten des Ethanolabbaus die hohen Lactatkonzentrationen im Blut eines Menschen mit einem übermäßigen Alkoholkonsum. (15 BE)

2. Veränderter Stoffwechsel in Leberzellen
2.1 Hohe NADH + H$^+$-Konzentrationen hemmen wichtige regulatorische Enzyme des Citratzyklus. Begründen Sie das Vorliegen hoher NADH + H$^+$-Konzentrationen in Leberzellen bei einem übermäßigen Alkoholkonsum, und erklären Sie die allosterische Enzymregulation anhand des Modells in M4. (10 BE)
2.2 Erklären Sie anhand des Ausschnitts aus dem Stoffwechsel einer Leberzelle in M2 die Entwicklung einer alkoholbedingten Leberverfettung. (15 BE)

3. Genetisch bedingte Alkoholintoleranz
Bei einigen Bevölkerungsgruppen ist die Aktivität der Alkohol-Dehydrogenase oder der Aldehyd-Dehydrogenase genetisch bedingt verändert.
3.1 Vergleichen Sie die Veränderungen der Ethanolkonzentrationen im Blut eines von der Alkoholintoleranz Betroffenen mit der eines Nichtbetroffenen im M3, und prüfen Sie, welche der dort beschriebenen genetisch bedingten Enzymveränderungen bei dem Betroffenen vorliegen könnten. (15 BE)
3.2 Erläutern Sie, was man unter einer Punktmutation versteht und wie durch eine Punktmutation die Aktivität eines Enzyms verändert werden kann. (10 BE)

MATERIAL

M1 Enzymaktivität in Abhängigkeit von der Substratkonzentration

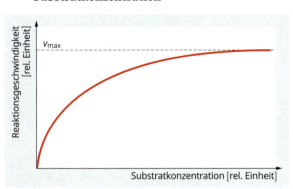

M4 Regulation allosterischer Enzyme

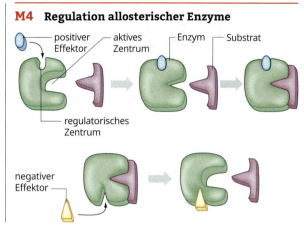

M2 Ausschnitt aus dem Stoffwechsel einer Leberzelle

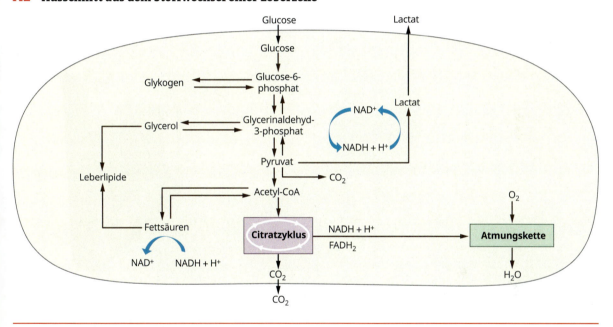

M3 Flushing-Syndrom

Bei vielen Asiaten liegt eine Alkoholintoleranz vor. Bei ihnen treten nach dem Konsum bereits sehr geringer Alkoholmengen Symptome wie Gesichtsröte, Herzrasen und Übelkeit auf. Man spricht vom Flushing-Syndrom (engl. *flush:* erblühen, erröten). Bei den betroffenen Personen liegen häufig Punktmutationen im Gen für die Aldehyd-Dehydrogenase vor, die zu einem gestörten Alkoholabbau führen. Andere Personen besitzen eine Alkohol-Dehydrogenase mit einer etwa fünffach höheren Aktivität, wobei jedoch die Aktivität der Aldehyd-Dehydrogenase nicht verändert ist.

Die nebenstehende Abbildung zeigt die Ethanalkonzentration im Blut von Asiaten nach dem Konsum von Alkohol.

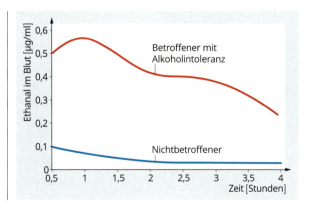

In Zellen mit dem gleichen Genom sind vielfach verschiedene Gene aktiv. Mithilfe von DNA-Chips können bereits sehr geringe Mengen an mRNA nachgewiesen werden. So lässt sich mit dieser Arbeitstechnik der Molekulargenetik ermitteln, welche Gene in bestimmten Zellen gerade aktiv sind und transkribiert werden.

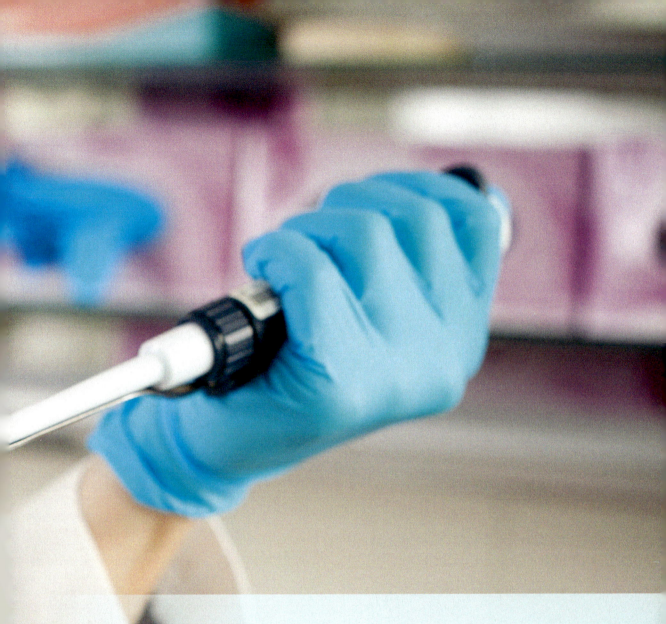

Molekular-genetik

1 Wiederholung: Molekulare Grundlagen

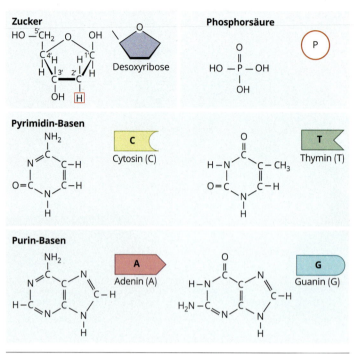

1 Chemische Moleküle der DNA (Strukturformeln und Symbole)

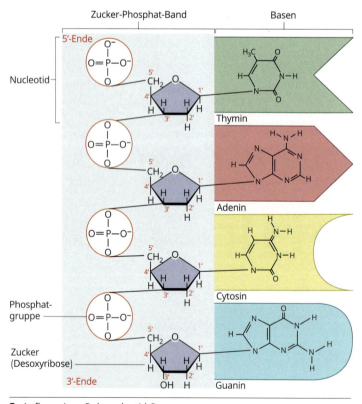

2 Aufbau eines Polynucleotid-Stranges

1.1 Aufbau der DNA und RNA

In allen Lebewesen ist DNA Träger der genetischen Information. RNA spielt eine zentrale Rolle bei der Synthese von Proteinen. Wie sind DNA und RNA chemisch aufgebaut?

Chemische Moleküle der DNA
Am chemischen Bau der **Desoxyribonucleinsäure (DNA)** sind der Zucker **Desoxyribose,** die **Phosphorsäure** sowie verschiedene organische **Basen** beteiligt. Die Basen enthalten neben Kohlenstoff-Atomen auch Stickstoff-Atome und lassen sich in zwei Gruppen einteilen: **Pyrimidin-Basen** enthalten einen einfachen Sechserring. Zu ihnen gehören die Basen **Cytosin (C)** und **Thymin (T).** **Purin-Basen** bestehen im Gegensatz dazu aus einem größeren Doppelringsystem. Zu ihnen gehören die Basen **Adenin (A)** und **Guanin (G)** (→ **Abb. 1**).

Verknüpfung der chemischen Moleküle
Die chemischen Moleküle der DNA werden zu den **Nucleotiden** verknüpft. Ein Nucleotid besteht aus je einem Molekül Desoxyribose, einer Phosphatgruppe und einer der vier Basen. Um ihre Verknüpfung genauer beschreiben zu können, werden die Kohlenstoff-Atome des Zuckers von 1´ bis 5´ durchnummeriert. In einem Nucleotid ist die Base immer an das 1´-Kohlenstoff-Atom und die Phosphatgruppe stets an das 5´-Kohlenstoff-Atom der Desoxyribose gebunden (→ **Abb. 2**).

Nucleotide sind Bausteine der **Nucleinsäuren.** Die DNA besteht aus einer Kette von vielen Nucleotiden; sie ist ein **Polynucleotid** (→ **Abb. 2**). Die einzelnen Nucleotide sind über die Phosphatgruppen miteinander verbunden. Dabei ist die Phosphatgruppe am 5´-Kohlenstoff-Atom eines Nucleotids mit dem 3´-Kohlenstoff-Atom des folgenden Nucleotids verknüpft. So entsteht ein **Zucker-Phosphat-Band.** Seine Enden werden nach den freien Gruppen der Desoxyribose benannt: Am 3´-Ende befindet sich eine freie OH-Gruppe, am 5´-Ende eine freie Phosphatgruppe. Die Enden eines Polynucleotid-Stranges unterscheiden sich also. Die spezifische Reihenfolge der Basen eines Polynucleotid-Stranges nennt man **Basensequenz**.

Raumstruktur der DNA

Die DNA besteht aus zwei Polynucleotid-Strängen, die sich parallel gegenüberliegen. Der räumliche Bau der DNA gleicht einer gedrehten Strickleiter. In ihr bilden die Zucker-Phosphat-Bänder die Seile und jeweils zwei Basen die Sprossen. Aufgrund dieser Struktur spricht man von einer **DNA-Doppelhelix** (→ **Abb. 3**). Die einander gegenüberliegenden Basen dieser Doppelhelix sind durch Wasserstoffbrücken miteinander verbunden. Nach dem **Schlüssel-Schloss-Prinzip** können nur Adenin und Thymin sowie Guanin und Cytosin einander gegenüberstehen. Zwischen Adenin und Thymin können zwei, zwischen Guanin und Cytosin drei Wasserstoffbrücken ausgebildet werden. Man bezeichnet die auf diese Weise zueinander passenden Basen als komplementär und spricht von einer **komplementären Basenpaarung.** In der DNA-Doppelhelix verläuft ein Polynucleotid-Strang vom 3´- zum 5´-Ende, der komplementäre Strang vom 5´- zum 3´-Ende. Die beiden Polynucleotid-Stränge sind also gegenläufig, **antiparallel**.

Struktur der RNA

Die **Ribonucleinsäure** (**RNA**) unterscheidet sich in drei wesentlichen Punkten von der DNA (→ **Abb. 4**): Die RNA enthält als Zucker **Ribose** anstelle von Desoxyribose und die Base **Uracil** anstelle von Thymin. Auch in der Raumstruktur unterscheidet sie sich von der DNA. So besteht RNA in der Regel nur aus Polynucleotid-Einzelsträngen.

Funktion der RNA

Die Synthese von Proteinen in Zellen wird **Proteinbiosynthese** genannt. An ihr sind verschiedene Arten von RNA mit jeweils unterschiedlicher Funktion beteiligt: Eine **messenger-RNA (mRNA)** ist komplementär zu der Basensequenz eines bestimmten DNA-Abschnitts. Sie wird an dem DNA-Abschnitt gebildet und lagert sich danach mit Ribosomen zusammen. Sie dient als Matrize bei der Proteinbiosynthese. Die **transfer-RNA (tRNA)** besitzt eine Länge zwischen 75 und 95 Nucleotiden und nimmt eine L-förmige Struktur ein. Sie hat die Aufgabe, Aminosäuren aus dem Cytoplasma zu den Ribosomen zu transportieren, wo sie verknüpft werden. In den Ribosomen kommt eine dritte RNA-Art vor, die **ribosomale RNA (rRNA).** Sie gibt dem Ribosom gemeinsam mit Proteinen seine Struktur und Funktion.

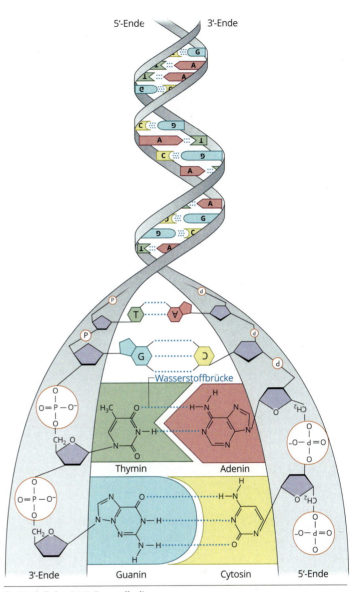

3 Modell der DNA-Doppelhelix

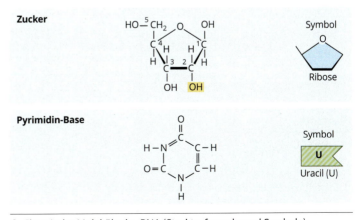

4 Chemische Moleküle der RNA (Strukturformeln und Symbole)

1.2 Replikation der DNA

Vor jeder Mitose werden in der Interphase des Zellzyklus aus Ein-Chromatid-Chromosomen Zwei-Chromatiden-Chromosomen gebildet. Dabei wird die DNA verdoppelt. Wie erfolgt die DNA-Verdopplung auf molekularer Ebene?

Bei der Verdopplung der DNA, **Replikation** (lat. *replicare:* aufrollen, entfalten) genannt, wird die DNA-Doppelhelix wie ein Reißverschluss in zwei Einzelstränge getrennt. Jeder der beiden Einzelstränge dient als Vorlage für die Bildung eines neuen Einzelstranges. An die Basen jedes Einzelstranges lagern sich freie Nucleotide komplementär an. Durch ihre Verknüpfung entstehen zwei Doppelstränge, deren Basensequenzen völlig identisch sind. Bei dem beschriebenen Modell der DNA-Replikation besteht jeder neue Doppelstrang aus einem alten und einem neu synthetisierten Einzelstrang. Man spricht daher von einer **semikonservativen Replikation** (gr. *semi:* halb; lat. *conservare:* bewahren).

Beginn der Replikation

Die Replikation beginnt an einer bestimmten Basensequenz der DNA, dem **Replikationsursprung.** Dort lagert sich das Enzym **Helicase** an. Es entwindet die DNA-Doppelhelix und trennt die beiden alten Einzelstränge voneinander. Auf diese Weise entsteht ein Y-förmiger Abschnitt, die **Replikationsgabel** (→ **Abb. 1**).

Synthese der neuen Stränge

Die Synthese neuer DNA-Stränge erfolgt mithilfe des Enzyms **DNA-Polymerase**. Es verlängert DNA-Stränge, indem es einzelne Nucleotide daran bindet. Dabei ist es auf ein Startermolekül, den **Primer,** angewiesen. Dieser wird von dem Enzym **Primase** komplementär zu einer kurzen Nucleotidsequenz der alten Einzelstränge gebildet. An das 3´-Ende des Primers bindet die DNA-Polymerase komplementär zur Nucleotidsequenz des jeweiligen alten Einzelstranges freie Nucleotide. So entsteht aus ihm ein neuer DNA-Doppelstrang.

Allerdings kann die DNA-Polymerase nur an das 3´-Ende eines Polynucleotids einzelne Nucleotide binden. Da die beiden Einzelstränge der DNA antiparallel verlaufen, kann das Enzym nur an einem der beiden Einzelstränge kontinuierlich in Richtung Replikationsgabel arbeiten. Der so gebildete neue Einzelstrang wird als **Leitstrang** bezeichnet. Am anderen Einzelstrang wird der neue Einzelstrang in entgegengesetzter Richtung, also von der Replikationsgabel weg, synthetisiert. Diesen neuen Einzelstrang nennt man **Folgestrang.** An diesem werden mit dem Fortschreiten der Replikationsgabel immer wieder neue Primer gebildet, an deren 3´-Enden die DNA-Polymerase Nucleotide anhängt. So entstehen zwischen den Primern komplementär zum Folgestrang DNA-Stücke des neuen Einzelstranges. Man bezeichnet sie als OKAZAKI-**Fragmente.** Die DNA-Replikation findet am Folgestrang also diskontinuierlich statt. Anschließend werden die Primer von einem Enzym abgebaut und die entstandenen Lücken mit komplementären Nucleotiden gefüllt. Zuletzt werden die OKAZAKI-Fragmente durch das Enzym **Ligase** zu einem durchgehenden DNA-Einzelstrang verknüpft. Als Ergebnis sind zwei identische DNA-Doppelstränge entstanden.

1 Ablauf der Replikation

1.3 Der genetische Code

Nach welchen Regeln wird die Basensequenz der DNA in die Aminosäuresequenz eines Proteins übersetzt?

Die genetische Information ist in der Basensequenz der DNA gespeichert. Sie wird über die mRNA zu den Ribosomen transportiert und dort in eine Aminosäuresequenz übersetzt.

Der Triplett-Code

Um 20 Aminosäuren zu codieren, stehen vier verschiedene RNA-Basen zur Verfügung. Würde jede Aminosäure durch eine Base verschlüsselt, so könnten nur 4^1, also vier Aminosäuren, codiert werden. Würde eine Aminosäure durch zwei Basen codiert werden, gäbe es nur $4^2 = 16$ Kombinationsmöglichkeiten. Tatsächlich wird eine Aminosäure durch drei hintereinander liegende Basen, also ein **Triplett,** codiert. Ein solches mRNA-Basentriplett wird **Codon** genannt. Mit ihm ergeben sich $4^3 = 64$ Kombinationsmöglichkeiten und damit ausreichend Codewörter, um die 20 Aminosäuren zu verschlüsseln. Die Regeln, nach denen die Basensequenzen der mRNA in eine Abfolge von Aminosäuren übersetzt werden, nennt man **genetischen Code.**

Entschlüsselung des genetischen Codes

Den Biologen Marshall NIRENBERG und Heinrich MATTHAEI gelang es 1960 erstmals einem Codon eine bestimmte Aminosäure zuzuordnen. Sie untersuchten die Proteinbiosynthese in vitro und arbeiteten mit einem zellfreien System aus *Escherichia coli*-Bakterien. Dazu brachen sie die Bakterien auf und entfernten aus dem gewonnenen Zellinhalt die komplette DNA und mRNA. Alle notwendigen Komponenten für die Proteinbiosynthese, also Ribosomen, t-RNAs und Aminosäuren, blieben erhalten. Weiter stellten sie eine künstliche mRNA, die ausschließlich aus Nucleotiden mit der Base Uracil bestand, her. Diese gaben sie in das zellfreie System. An den Ribosomen entstand ein Polypeptid, das nur aus der Aminosäure Phenylalanin bestand. Damit war nachgewiesen, dass das Codon UUU die Aminosäure Phenylalanin codiert.

Weitere Versuche mit künstlich hergestellter mRNA führten zur vollständigen Entschlüsselung des genetischen Codes. Dieser lässt sich als Tabelle oder in Form der sogenannten

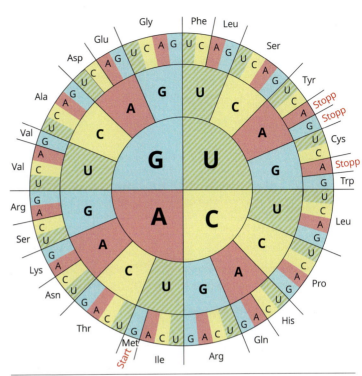

1 Codesonne (Abkürzungen der Aminosäuren siehe Abbildung 2)

Codesonne darstellen (→ **Abb. 1**). Sie wird von innen nach außen gelesen und gibt die mRNA-Basentripletts in 5´ → 3`-Richtung an. Von den 64 Codons der Codesonne verschlüsseln 61 Codons die 20 Aminosäuren (→ **Abb. 2**). Das Codon AUG hat dabei eine Doppelfunktion: Es steht für die Aminosäure Methionin und dient gleichzeitig als Startcodon, mit dem die Proteinbiosynthese beginnt. Folglich beginnen alle neu gebildeten Polypeptide mit der Aminosäure Methionin. Die drei Codons UAA, UAG und UGA codieren keine Aminosäure. Sie dienen als Stoppcodons und beenden die Proteinbiosynthese.

Eigenschaften des genetischen Codes

- Er ist ein **Triplett-Code**. Jeweils drei Basen codieren für eine Aminosäure.
- Er ist **eindeutig**. Jedes Codon steht nur für eine Aminosäure.
- Er ist **degeneriert.** Fast alle Aminosäuren werden durch mehrere Tripletts codiert.
- Er ist **kommafrei**. Die Codons folgen lückenlos ohne Leerstellen aufeinander.
- Er ist **nicht überlappend**. Eine Base ist immer nur Bestandteil eines Codons.
- Er ist **nahezu universell**. Bis auf wenige Ausnahmen nutzen alle Lebewesen denselben genetischen Code.

Ala = Alanin
Arg = Arginin
Asn = Asparagin
Asp = Asparaginsäure
Cys = Cystein
Gln = Glutamin
Glu = Glutaminsäure
Gly = Glycin
His = Histidin
Ile = Isoleucin
Leu = Leucin
Lys = Lysin
Met = Methionin
Phe = Phenylalanin
Pro = Prolin
Ser = Serin
Thr = Threonin
Trp = Tryptophan
Tyr = Tyrosin
Val = Valin

2 Abkürzungen der 20 Aminosäuren

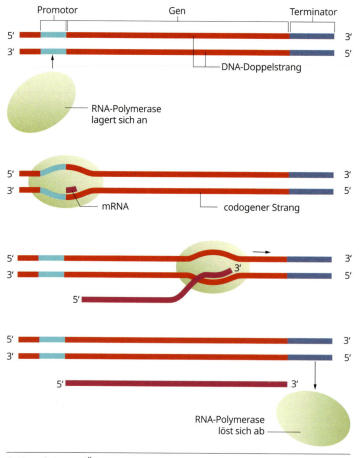

1 Transkription (Übersicht)

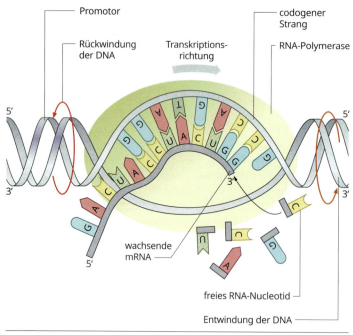

2 Transkription (Ablauf)

1.4 Transkription

Bei der Proteinbiosynthese wird zunächst ein Abschnitt der DNA-Basensequenz kopiert. Wie läuft dieser Vorgang ab und welche Zellbestandteile sind daran beteiligt?

Die Basensequenz eines DNA-Abschnittes enthält die Bauanleitung für ein bestimmtes Protein. Die Synthese eines Proteins beginnt mit der Übertragung der genetischen Information von der doppelsträngigen DNA auf eine einzelsträngige **mRNA.** Diesen Schritt nennt man **Transkription.**

Ablauf der Transkription
Bei der Transkription wird nicht die gesamte DNA einer Zelle kopiert, sondern nur der Teil, der für die Synthese eines bestimmten Proteins verantwortlich ist. Einen solchen DNA-Abschnitt nennt man **Gen** (→ **Abb. 1**). Vor dem eigentlichen Gen befindet sich eine kurze DNA-Basensequenz, an der die Transkription startet. An diesen sogenannten **Promotor** bindet das Enzym **RNA-Polymerase** (→ **Abb. 1**). Das Enzym bewegt sich entlang der DNA-Doppelhelix und entwindet sie (→ **Abb. 2**). Nur einer der beiden Einzelstränge dient als Kopiervorlage. Er wird Matrizenstrang oder **codogener Strang** genannt. Bei dem Kopiervorgang von der DNA zur mRNA lagern sich komplementär zur Basensequenz des codogenen Stranges freie RNA-Nucleotide daran. Sie werden durch die RNA-Polymerase zu dem mRNA-Strang verbunden (→ **Abb. 2**). Die Transkription endet, sobald die RNA-Polymerase an eine bestimmte DNA-Basensequenz gelangt. An diesem sogenannten **Terminator** löst sie sich von der DNA, und das RNA-Molekül wird freigesetzt (→ **Abb. 1**).

Pro- und Eukaryoten
Bei Prokaryoten kopieren oft mehrere RNA-Polymerasen hintereinander ein Gen. Da Prokaryoten keine Kernhülle besitzen, lagern sich noch während der Transkription Ribosomen an die schon fertigen Bereiche der mRNA an. Diese Struktur aus mRNA und perlenförmig angeordneten Ribosomen nennt man **Polysomen.** Sie ermöglichen eine schnelle und effektive Synthese von Proteinen.
Bei Eukaryoten findet die Transkription im Zellkern statt. Die gebildete mRNA gelangt anschließend durch die Kernporen in das Cytoplasma zu den Ribosomen.

1.5 Translation

Wie wird die Basensequenz der mRNA in die Aminosäuresequenz eines Proteins umgesetzt?

Bei der Transkription wurde die Basensequenz eines Gens auf die mRNA übertragen. Die daran anschließende „Übersetzung" der Basensequenz der mRNA in eine Aminosäuresequenz nennt man **Translation**. Dabei dient der genetische Code als „Übersetzungsvorschrift".

Bau und Funktion der tRNA

Während der Translation im Cytoplasma werden ständig Aminosäuren zu den Ribosomen transportiert. Verantwortlich hierfür sind **tRNA-Moleküle.** Jede Aminosäure wird von einem für sie spezifischen tRNA-Molekül transportiert.

Ein tRNA-Molekül besteht aus etwa 80 Nucleotiden. Durch komplementäre Basenpaarung innerhalb des Moleküls bilden sich doppelsträngige Bereiche. Weitere Windungen und Faltungen führen zu einer Raumstruktur mit L-förmiger Gestalt (→ **Abb. 1**). Zwei Bereiche des tRNA-Moleküls sind von besonderer Bedeutung für die Translation: Am kurzen Arm befindet sich das 3´-Ende mit der **Aminosäurebindungsstelle**. Sie hat bei allen tRNA-Molekülen die Basenabfolge CCA. Am Ende des langen Arms befindet sich bei jeder tRNA ein Basentriplett mit besonderer Funktion, das sogenannte **Anticodon.** Mit diesem bindet die tRNA an ein komplementäres Codon der mRNA.

Das Beladen eines tRNA-Moleküls mit der jeweiligen Aminosäure erfolgt durch das Enzym **tRNA-Synthetase.** Da es 20 natürlich vorkommende Aminosäuren gibt, findet man auch 20 verschiedene tRNA-Synthetasen. Diese Enzyme weisen jeweils zwei spezifische Bindungsstellen auf: In die eine passt die jeweilige Aminosäure. An die andere lagert sich die tRNA mit ihrem spezifischen Anticodon. Sind beide Bindungsstellen des Enzyms besetzt, bindet es die Aminosäure an die tRNA. Jedes beladene tRNA-Molekül trägt somit stets die zum Anticodon passende Aminosäure. So dient es als eine Art „Dolmetscher", der die Information eines Basentripletts in eine Aminosäure übersetzt (→ **Abb. 2**).

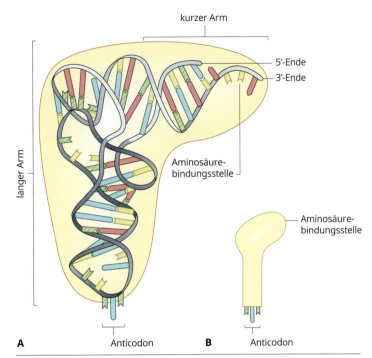

1 Struktur der tRNA. A Raumstruktur; **B** Schema

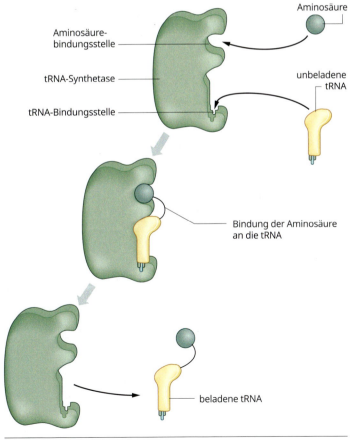

2 Beladen der tRNA mit einer Aminosäure

3 Translation einer mRNA (rot) durch viele Ribosomen (violett)

Aufbau der Ribosomen

Ribosomen bestehen aus einer großen und kleinen Untereinheit. Die kleine Untereinheit besitzt eine Bindungsstelle für die mRNA, die große verfügt über drei Bindungsstellen für tRNA-Moleküle: An der **A-Stelle** bindet jeweils eine beladene tRNA. In der **P-Stelle** verbindet das Ribosom die Aminosäure, mit der die tRNA beladen ist, mit der wachsenden Polypeptidkette. Die entladenen tRNA-Moleküle verlassen das Ribosom über die **E-Stelle** (→ **Abb. 4**).

Start der Translation

Die Translation startet mit der Anlagerung einer mRNA an die kleine Untereinheit eines Ribosoms. Diese bewegt sich in Richtung ihres 3'-Endes, bis sie auf ein Startcodon trifft. Sobald sich eine tRNA mit ihrem Anticodon an das Startcodon angelagert hat, bindet die gro-

ße Untereinheit an den Komplex. Das Ribosom ist nun funktionsbereit (→ **Abb. 3, 4**).

Kettenverlängerung

Die tRNA, die mit ihrem Anticodon zum Startcodon komplementär ist, besetzt die P-Stelle des Ribosoms. Sie ist mit der Aminosäure Methionin beladen. An das Codon der mRNA in der benachbarten A-Stelle lagert sich eine weitere tRNA mit ihrem Anticodon komplementär an. Die Aminosäure Methionin wird anschließend an die Aminosäure der tRNA in der A-Stelle gebunden. So hängt das entstandene Dipeptid an der tRNA in der A-Stelle. Das Ribosom wandert nun um ein Codon auf der mRNA weiter. Dabei wird die tRNA zusammen mit dem gebundenen Dipeptid aus der A-Stelle in die P-Stelle verlagert. An die dadurch frei gewordene A-Stelle kann nun die nächste beladene tRNA binden. Zugleich wird die entladene Start-tRNA aus der P-Stelle in die E-Stelle verlagert. Sie verlässt das Ribosom und kann erneut beladen werden. Diese Vorgänge wiederholen sich Codon für Codon.

Kettenabbruch

Gelangt eines der Stoppcodons UAA, UAG oder UGA in die A-Stelle, bricht die Translation ab, da es für diese Codons keine passende tRNA gibt. Das Ribosom zerfällt in seine beiden Untereinheiten und gibt das fertige Polypeptid frei.

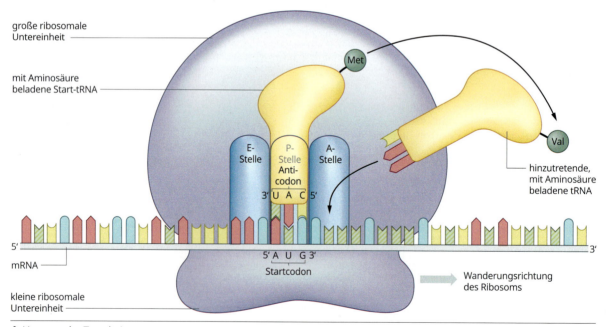

große ribosomale Untereinheit

mit Aminosäure beladene Start-tRNA

E-Stelle
P-Stelle Anticodon
A-Stelle

3' U A C 5'

Met

Val

hinzutretende, mit Aminosäure beladene tRNA

5'
mRNA
5' A U G 3'
Startcodon

3'

Wanderungsrichtung des Ribosoms

kleine ribosomale Untereinheit

4 Vorgang der Translation

1.6 Arbeitstechnik PCR

Kleinste Spuren von DNA lassen sich heutzutage im Labor künstlich vervielfältigen. Wie erfolgt diese Vervielfältigung, und zu welchem Zweck wird sie eingesetzt?

Die **Polymerase-Kettenreaktion** (engl. *polymerase chain reaction*), kurz **PCR**, ist eine Arbeitstechnik, mit der man kurze DNA-Sequenzen gezielt vervielfältigen kann. Sie basiert auf Teilschritten der DNA-Replikation in Zellen.

Benötige Komponenten

Für eine PCR werden neben der Ausgangs-DNA folgende Komponenten benötigt: DNA-Polymerase, ein Gemisch der vier DNA-Nucleotide sowie zwei Primer. Diese besitzen kurze Basensequenzen, die komplementär zum Anfang und Ende der DNA-Sequenz sind, die vervielfältigt werden soll. Primer werden künstlich hergestellt. Deshalb kann die PCR nur zur Vervielfältigung von DNA-Abschnitten eingesetzt werden, deren Anfangs- und Endsequenzen bekannt sind.

Bei der PCR kommt eine Polymerase zum Einsatz, die auch bei hohen Temperaturen nicht denaturiert. Diese sogenannte **Taq-Polymerase** wird aus dem Bakterium *Thermus aquaticus* gewonnen. Es lebt in heißen Quellen und besitzt ein Temperaturoptimum von 72 °C. Sämtliche Komponenten werden in einem Re-aktionsgefäß gemischt und anschließend in ein Heiz-/Kühlgerät, den sogenannten **Thermocycler,** gegeben. Er stellt automatisch innerhalb kurzer Zeit alle für eine PCR erforderlichen Temperaturen ein.

Ablauf

Ein PCR-Zyklus besteht aus drei Schritten (→ **Abb. 1**): Im ersten Schritt, der **Denaturierung**, wird der Reaktionsansatz auf etwa 95 °C erhitzt. Dadurch wird die Ausgangs-DNA in ihre beiden Einzelstränge getrennt. Danach kühlt der Thermocycler auf eine Temperatur zwischen 40 und 60 °C ab. Bei dieser Temperatur lagern sich die Primer an die DNA-Einzelstränge an. Den Vorgang nennt man **Hybridisierung.** Im dritten Schritt wird die Temperatur auf 72 °C erhöht. Bei dieser Temperatur verlängert die *Taq*-Polymerase die beiden Primer und synthetisiert so jeweils einen neuen Einzelstrang komplementär zu den Einzelsträngen der Ausgangs-DNA. Dieser Vorgang wird **Polymerisation** genannt. Am Ende des ersten Zyklus hat sich die Zahl der Ausgangs-DNA für den folgenden, zweiten Zyklus verdoppelt. Der Kreislauf beginnt von neuem, und es werden die drei Schritte wiederholt.

Ein einzelner Zyklus dauert etwa fünf Minuten. Dies bedeutet, dass innerhalb weniger Stunden viele Millionen Kopien eines bestimmten DNA-Abschnittes hergestellt werden können.

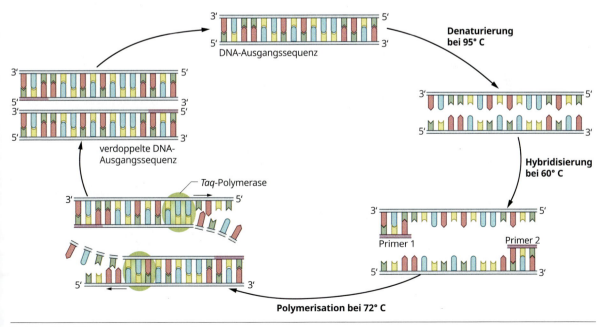

1 Ablauf der PCR

1.7 Arbeitstechnik Gelelektrophorese

Gemische kleinster Moleküle lassen sich nur mit besonderen Techniken voneinander trennen. Wie erfolgt diese Trennung, und wie lassen sich die Moleküle anschließend identifizieren?

Die **Gelelektrophorese** ist ein Trennverfahren für Gemische von Makromolekülen. Mit ihrer Hilfe kann man beispielsweise DNA-Fragmente oder Proteingemische nach ihrer Größe und Ladung auftrennen.

Grundprinzip des Trennverfahrens
Bei der Gelelektrophorese wandert eine Probe der zu trennenden Moleküle unter dem Einfluss eines elektrischen Feldes durch ein Gel. Dieses Gel wirkt wie ein engmaschiges Netz und behindert die Moleküle bei ihrer Wanderung. In der Regel nutzt man ein **Agarose-Gel** oder **Polyacrylamid-Gel**. Sie lassen sich mit unterschiedlicher Maschenweite herstellen.

Das Gel gibt man in eine Elektrophoresekammer, die mit Puffer-Lösung gefüllt ist. Im Gel liegen mehrere Vertiefungen vor. In diese sogenannten Gel-Taschen füllt man die zu untersuchenden Proben (→ **Abb. 1 A**). So können mehrere Proben parallel nebeneinander durch dasselbe Gel wandern. Je nach Größe und Ladung bewegen sich die Moleküle unterschiedlich schnell durch das wie ein Molekularsieb wirkende Gel. Negativ geladene Moleküle, die Anionen, wandern dabei in Richtung der positiv geladenen Anode und positiv geladene Moleküle, die Kationen, in Richtung der negativ geladenen Kathode.

Auftrennung von DNA-Fragmenten
Die DNA ist aufgrund ihrer Phosphatgruppen negativ geladen. Deshalb wandern DNA-Fragmente bei der Gelelektrophorese zur Anode. Je kürzer die Fragmente sind, umso besser können sie die Maschen des Gels durchdringen und umso schneller bewegen sie sich durch das Gel. Da die DNA-Fragmente farblos sind, lässt man einen Farbstoff mitlaufen, um das Fortschreiten der Gelelektrophorese zu verfolgen (→ **Abb. 1 B**). Sobald der Farbstoff den Rand des Gels erreicht hat, wird die Elektrophorese beendet.

Auswertung
Zur Größenbestimmung der verschiedenen DNA-Fragmente lässt man bei jeder Elektrophorese parallel mit den Proben einen **DNA-Molekülmassenstandard** im Gel mitlaufen (→ **Abb. 1 B**). Dieser enthält ein Ge-

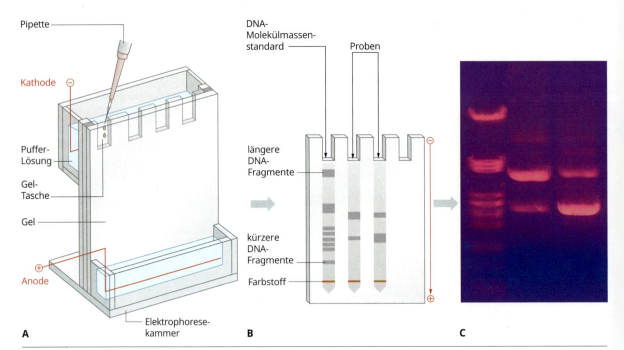

1 Trennung von DNA-Fragmenten. A Gelelektrophorese-Apparatur; **B** Agarose-Gel mit DNA-Fragmenten; **C** DNA-Banden mit Ethidiumbromid im UV-Licht sichtbar gemacht

misch verschiedener DNA-Fragmente mit bekannter Größe. Durch ihre Laufstrecke im Gel hat man nach Beendigung der Elektrophorese eine Vergleichsskala, an der die Größe der unbekannten DNA-Fragmente abgelesen werden kann.

Die DNA-Fragmente liegen nach Beendigung der Elektrophorese in sogenannten **Banden** vor. Dabei legen Fragmente gleicher Größe die gleiche Laufstrecke zurück. Um sie für die Auswertung sichtbar zu machen, werden sie mit geeigneten Nachweisreagenzien behandelt. Sie können zum Beispiel vor der Elektrophorese radioaktiv markiert und anschließend durch Autoradiografie nachgewiesen werden. Oft nutzt man auch fluoreszierende Reagenzien wie Ethidiumbromid. Die DNA-Banden leuchten dann unter ultraviolettem Licht hell auf (→ **Abb. 1 C**). Vergleicht man die Banden mit den Banden des DNA-Molekülmassenstandards, lässt sich auf die Größen der unbekannten Fragmente schließen.

Auftrennung von Proteingemischen

Auch Proteingemische lassen sich durch Gelelektrophorese auftrennen. Proteine können allerdings sehr unterschiedlich geladen sein. Ihre Ladung hängt von den Aminosäuren ab, die an ihrem Bau beteiligt sind. Deshalb

können gleich große Protein-Moleküle im elektrischen Feld einer Gelelektrophorese unterschiedlich schnell und sogar in unterschiedliche Richtungen wandern. Um ein Proteingemisch trotzdem mit diesem Verfahren trennen zu können, muss die Ladung der verschiedenen Protein-Moleküle überdeckt werden. Dafür denaturiert man sie zunächst und belädt gleichzeitig die entfalteten Polypeptidketten mit spezifischen Anionen. Hierzu setzt man zum Beispiel **Natrium-Dodecyl-Sulfat** (abgekürzt: **SDS**) ein (→ **Abb. 2 A**). SDS überdeckt die Eigenladung der verschiedenen Polypeptidketten. Diese sind jetzt negativ geladen und wandern daher in Richtung Anode. Da SDS in einem genauen Verhältnis an Polypeptidketten bindet, ist deren Wanderungsgeschwindigkeit im Gel nur noch von ihrer Molekülgröße abhängig (→ **Abb. 2 B**).

Auswertung

Zusätzlich zu dem Gemisch der unbekannten Proteine lässt man Referenzproteine im Gel mitlaufen, deren Molekülgrößen bekannt sind. Die Banden der unbekannten Proteine werden mit den Banden der Referenzproteine verglichen. Aus diesem Vergleich kann man auf die Größe der unbekannten Proteine schließen, die in dem Proteingemisch vorkommen (→ **Abb. 2 B**).

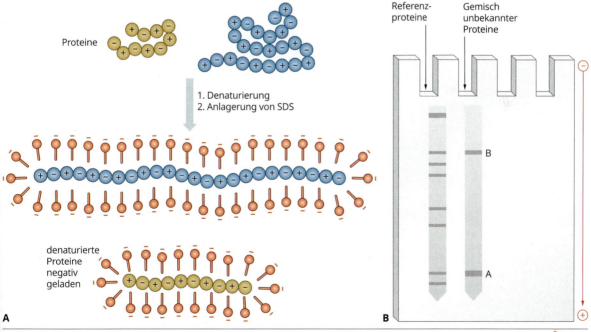

2 Trennung von Proteingemischen. A Beladung der entfalteten Polypeptidketten mit SDS (◯ Protein A, ◯ Protein B, ⬤ SDS); **B** Gel mit aufgetrennten Proteinen

Materialgebundene Aufgaben

❷ Differenzielle Aktivität der Globingene

Hämoglobin, das sauerstofftransportierende Molekül der Erythrozyten, besteht aus vier Polypetidketten, sogenannten Globinen. In den verschiedenen Entwicklungsphasen eines Menschen setzen sich unterschiedliche Polypeptidketten, die mit alpha (α), beta (β), gamma (γ), delta (δ), epsilon (ϵ) und zeta (ζ) bezeichnet werden, paarweise zu verschiedenen Hämoglobintypen zusammen. Diese unterscheiden sich in der Affinität zum Sauerstoff.

Das Hämoglobin eines Embryos setzt sich zum Beispiel bis zur achten Woche vorwiegend aus zwei zeta- und zwei epsilon-Ketten zusammen. Während der ersten drei Monate erfolgt die Synthese des Hämoglobins in den Zellen des Dottersacks, anschließend in Leber- und Milzzellen und nach der Geburt im Knochenmark.

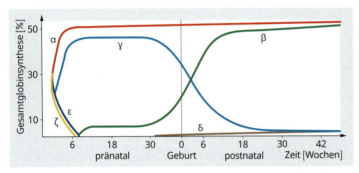

a) ☰ Beschreiben Sie anhand der Abbildung, welche Globine jeweils in den verschiedenen Entwicklungsphasen synthetisiert werden und wie sich demzufolge die Hämoglobin-Moleküle zusammensetzen.

b) ☰ „Solange der Embryo noch keinen eigenen Blutkreislauf hat, muss sein Hämoglobin Sauerstoff mit höherer Affinität binden als das Hämoglobin der Mutter." Erklären Sie diese Aussage.

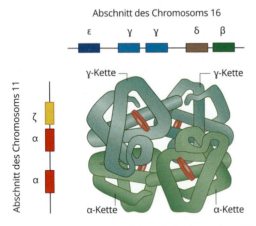

c) ☰ Die Gene der verschiedenen Globine befinden sich auf den Chromosomen 11 und 16. Erklären Sie unter Berücksichtigung der Abbildung und des einleitenden Textes die differenzielle Genexpression an verschiedenen Orten und zu verschiedenen Zeiten anhand der Globinsynthese.

2* Genregulation

2.1* Differenzielle Genaktivität

Wie kann sich ausgehend von einer einzigen Zelle ein vielzelliges Lebewesen mit unterschiedlichen Zelltypen entwickeln?

Genexpression an verschiedenen Orten

Bis auf wenige Ausnahmen enthalten alle Zellen eines vielzelligen Organismus die gleiche genetische Information, also die gleichen Gene. Trotzdem besteht jeder Organismus aus vielen verschiedenen Zelltypen. Diese können sich sowohl in der Größe und Form als auch in ihrer Funktion erheblich unterscheiden. In kaum einer Zelle werden alle Gene exprimiert. Nur ein bestimmter Teil wird jeweils in RNA und Proteine umgeschrieben, während der andere Teil inaktiv ist. Man bezeichnet dieses Phänomen als **differenzielle Genaktivität** oder **differenzielle Genexpression**. Es ist die Ursache dafür, dass sich Zellen in einem vielzelligen Lebewesen in ihrer RNA- und Proteinzusammensetzung unterscheiden und unterschiedliche Zelltypen vorkommen.

Genexpression zu verschiedenen Zeiten

Bestimmte Proteine sind für die grundlegenden Zellfunktionen unentbehrlich. Die für sie codierenden Gene bezeichnet man als **Haushaltsgene** oder **konstitutive Gene**. Sie sind immer aktiv und werden unabhängig von anderen Einflüssen mit relativ konstanter Geschwindigkeit exprimiert. Im Gegensatz dazu werden andere Gene nur unter bestimmten Bedingungen, etwa in Abhängigkeit vom Nährstoffangebot oder bestimmten Hormonkonzentrationen, exprimiert. So werden in einigen Zellen des menschlichen Körpers erst in der Pubertät bestimmte Gene aktiviert und Proteine gebildet, die an der Entwicklung der sekundären Geschlechtsmerkmale beteiligt sind. Gene, die nach Bedarf an- und abgeschaltet werden, bezeichnet man als **regulierte Gene**.

Das An- und Abschalten von Genen in unterschiedlichen Zellen und zu verschiedenen Zeiten ist die Grundlage für die Entwicklung von Lebewesen. So können sich ausgehend von der befruchteten Eizelle die vielen verschiedenen Zelltypen eines Vielzellers bilden.

❶ ☰ Erklären Sie den Unterschied zwischen Haushaltsgenen und regulierten Genen.

Reproduktion oder **Fortpflanzung** ist die Fähigkeit der Lebewesen, Nachkommen zu erzeugen. Sie ist ein wesentliches Kennzeichen des Lebendigen. Bei der Reproduktion geben Lebewesen ihre Erbinformation in Form der DNA an die Nachkommen weiter. Dazu wird die DNA zuvor verdoppelt, sodass jede Tochterzelle anschließend ein vollständiges Genom erhält. Die Fähigkeit der DNA, sich identisch zu verdoppeln, ist die Basis für die Reproduktion. Bei der Reproduktion unterscheidet man zwischen **ungeschlechtlicher** und **geschlechtlicher Fortpflanzung**.

Bei der **ungeschlechtlichen Fortpflanzung** sind die Nachkommen untereinander und mit dem Ausgangsindividuum genetisch identisch, denn sie erhalten ja ausschließlich seine Gene. Ungeschlechtliche Fortpflanzung findet man etwa bei Archaeen, Bakterien, Algen, bestimmten Pilzen und auch bei manchen Pflanzen.

Bei der **geschlechtlichen Fortpflanzung** verschmelzen die Zellkerne der Geschlechtszellen, die bei der Meiose von den Eltern gebildet werden. Es entstehen Nachkommen, die sich voneinander und von ihren Eltern genetisch unterscheiden, da die Gene der Eltern neu kombiniert wurden. Diese Art der Fortpflanzung führt zur genetischen und phänotypischen Variabilität der Lebewesen. Zusätzlich erhöht sich diese Variabilität durch Mutationen.

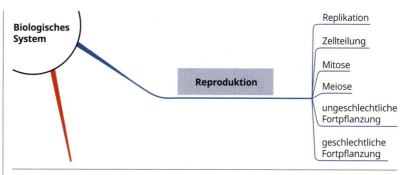

2 Aspekte des Basiskonzepts Reproduktion

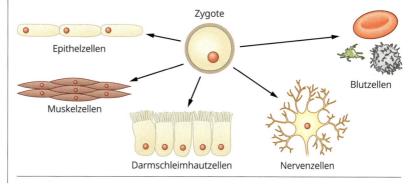

3 Zelldifferenzierung

Bei jeder Art von Reproduktion entwickeln sich vielzellige Lebewesen aus einer oder wenigen Zellen. Zum Beispiel entstehen bei der ungeschlechtlichen Fortpflanzung der Kartoffel aus den Kartoffelknollen vollständige Kartoffelpflanzen. Bei der geschlechtlichen Fortpflanzung entwickelt sich der Organismus aus der befruchten Eizelle, der Zygote. Grundlage dieser Entwicklung sind Zellteilungen. Dabei entstehen aus einer Ausgangszelle immer zwei genetisch identische Tochterzellen, die sich dann wiederum nach einer gewissen Zeit teilen. So nimmt die Zahl der Zellen enorm zu.

Die Zellteilungen mit den dafür notwendigen zellulären Synthese- und Wachstumsvorgängen verlaufen in regelmäßiger Folge im Zellzyklus (→ **Abb. 1**). Er gliedert sich in die Interphase und die Mitose. Während in der Interphase das genetische Material bei der DNA-Replikation verdoppelt wird, erfolgt in der Mitose seine systematische Aufteilung auf die Tochterzellen.

Von der Ausgangszelle ausgehend entwickeln sich nicht nur zahlreiche, sondern auch unterschiedliche Zellen mit jeweils spezieller Struktur und Funktion. Diese unterscheiden sich aber nicht in ihrem Genom, sondern in der Genexpression. In den verschieden differenzierten Zellen sind jeweils andere Gene aktiv. Beim Wachstum und bei der Entwicklung werden in den Zellen zu unterschiedlichen Zeiten jeweils bestimmte Gene an- und abgeschaltet. Diese differenzielle Genaktivität im Verlauf der Zeit und in unterschiedlichen Zellen führt zu einer Entwicklung von unterschiedlich differenzierten Zellen, Geweben (→ **Abb. 3**), Organen und schließlich zu komplexen Organismen.

❶ ≡ Nennen Sie Vor- und Nachteile der geschlechtlichen und ungeschlechtlichen Fortpflanzung.

❷ ≡ Erklären Sie den Unterschied zwischen Mitose und Meiose.

❸ ≡ Erklären Sie den Zusammenhang zwischen differenzieller Genaktivität und Zelldifferenzierung.

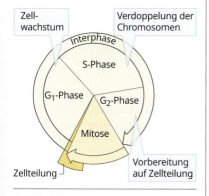

1 Zellzyklus

2.2* Genregulation bei Prokaryoten

Wie und unter welchen Bedingungen können Prokaryoten Gene an- und abschalten?

Das Bakterium *Escherichia coli*, abgekürzt *E. coli*, besitzt etwa 4300 Gene. Viele dieser Gene müssen ständig exprimiert werden, da die von ihnen codierten Proteine für die grundlegenden Zellfunktionen unentbehrlich sind. Andere Gene werden dagegen nur unter bestimmten Bedingungen angeschaltet.

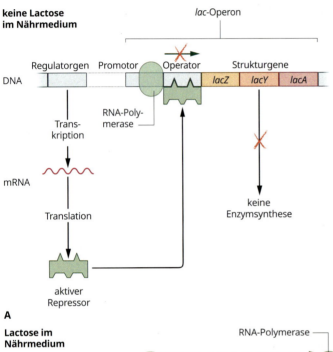

keine Lactose im Nährmedium

A

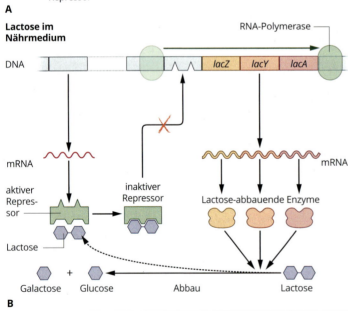

Lactose im Nährmedium

B

1 Lactose-Operon. A abgeschaltet; **B** angeschaltet

Wechselnde Nährstoffversorgung

Das Bakterium *E. coli* kann sich von verschiedenen Zuckern ernähren, etwa von Glucose oder Lactose. Wird es in einem Nährmedium kultiviert, das nur Glucose enthält, vermehrt es sich gut. Überträgt man es in ein Nährmedium, in dem die Glucose durch Lactose ersetzt wurde, erfolgt vorübergehend keine Vermehrung. Danach vermehren sich *E. coli*-Bakterien wieder mit gleicher Geschwindigkeit wie bei Glucose. Untersucht man während des Versuchs die Enzymausstattung der Bakterien, können im Glucose-Medium nur die Enzyme des Glucoseabbaus nachgewiesen werden. Die Enzyme des Lactoseabbaus findet man hingegen nur, wenn Lactose im Medium ist.

Aus den Versuchsbeobachtungen lässt sich schließen, dass die Gene für den Lactoseabbau nur eingeschaltet sind, wenn für die Bakterien Lactose als Nährstoff verfügbar ist. Auf der Basis dieser und ähnlicher Versuche entwickelten die Biologen Francois JACOB und Jacques MONOD ein Modell für die Genregulation bei Prokaryoten, das **Operon-Modell** (→ **Abb. 1**).

Operon-Modell

Gene, die für Proteine mit enzymatischer oder struktureller Funktion codieren, bezeichnet man als **Strukturgene**. Die drei Strukturgene *lac*Y, *lac*Z und *lac*A codieren für Enzyme, die das Disaccharid Lactose in die Monosaccharide Glucose und Galactose abbauen. Sie liegen nebeneinander auf dem Bakterienchromosom und bilden eine Transkriptionseinheit. Diese wird durch eine gemeinsame DNA-Region kontrolliert und in ein einziges mRNA-Molekül transkribiert. Eine solche Einheit aus Strukturgenen und Kontrollregion bezeichnet man als **Operon**. Im vorliegenden Fall spricht man vom Lactose- oder kurz *lac*-Operon. Die Bakterienzelle translatiert diese mRNA dennoch in drei getrennte Enzyme, da die mRNA durch Start- und Stoppcodons gegliedert ist. Diese signalisieren jeweils den Anfang und das Ende eines Enzyms.

Die Kontrollregion einer Transkriptionseinheit besteht aus zwei vorgelagerten DNA-Abschnitten, dem **Promotor** und dem **Operator**. An den Promotor bindet die RNA-Polymerase. Der unmittelbar daran angrenzende Operator erfüllt die Funktion eines Schalters, der darüber entscheidet, ob die Strukturgene abgelesen werden oder nicht. So lange nur Glucose im

Nährmedium enthalten ist, wird das *lac*-Operon durch ein Protein abgeschaltet, das man als **Repressor** bezeichnet. Dieser Repressor selbst ist das Produkt eines Gens, das als **Regulatorgen** bezeichnet wird. Es liegt außerhalb des von ihm kontrollierten Operons. Bindet der Repressor an den Operator, wird das Weiterwandern der RNA-Polymerase in Richtung der Strukturgene blockiert und damit deren Transkription verhindert. Ein Operator mit gebundenem Repressor steht für die „Schalterposition Aus". Dies ist der Fall, wenn im Nährmedium das Substrat Lactose fehlt.

Ist Lactose vorhanden, wird sie von den Bakterien aufgenommen und bindet an den Repressor. Dessen räumliche Struktur verändert sich dadurch so, dass er nicht mehr an den Operator binden kann. Er ist inaktiviert. Der repressorfreie Operator steht also für die „Schalterposition Ein". Die RNA-Polymerase kann die Strukturgene transkribieren und die Enzyme für die Lactoseverwertung werden gebildet.

Aktiviert das Substrat die Genaktivität und damit die Enzymsynthese, spricht man von **Substratinduktion**. Man findet sie vor allem bei der Synthese von Enzymen für abbauende, katabole Stoffwechselreaktionen.

Tryptophan-Operon

In aufbauenden, anabolen Stoffwechselreaktionen wird die Genaktivität häufig auf andere Weise reguliert. Ein Beispiel hierfür ist das **Tryptophan-Operon** (→ **Abb. 2**). Es umfasst bei *E. coli* fünf Strukturgene. Diese codieren für fünf Enzyme, mit deren Hilfe aus einer Vorstufe die für *E. coli* lebensnotwendige Aminosäure Tryptophan (Trp) hergestellt wird. Herrscht im Nährmedium ein Tryptophanmangel, wird das *trp*-Operon angeschaltet und das Bakterium kann selbst Tryptophan aufbauen. Das Regulatorgen des *trp*-Operons codiert nach diesen Modellvorstellungen einen inaktiven Repressor, der nicht an den Operator binden kann. Demzufolge werden die Strukturgenen exprimiert.

Sobald im Nährmedium ausreichend Tryptophan vorhanden ist, wird das *trp*-Operon abgeschaltet und die eigne Tryptophansynthese des Bakteriums eingestellt. Dabei hemmt Tryptophan seine eigene Synthese, indem es an den Repressor bindet und diesen aktiviert. So kann er an den Operator binden und das Operon abschalten. Da hier das Endprodukt eines Syntheseweges die eigene Genexpression reguliert, spricht man von einer **Endproduktrepression**.

❶ ☰ Stellen Sie das „Anschalten" des *lac*-Operons in Form eines Fließdiagramms dar.

❷ ☰ Erklären Sie jeweils die Folgen einer Mutation im Repressorgen für das *lac*-Operon und das *trp*-Operon, durch die jeweils ein nicht funktionsfähiger Repressor gebildet wird.

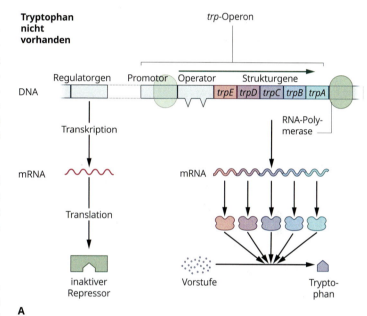

A

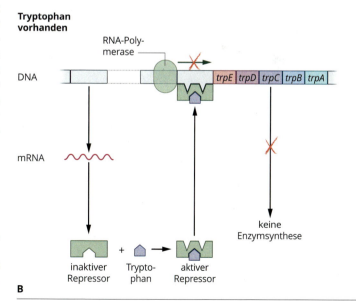

B

2 Tryptophan-Operon. A angeschaltet; **B** abgeschaltet

2.3* Genexpression bei Eukaryoten

Wie unterscheiden sich eukaryotische von prokaryotischen Genen und welche Besonderheiten ergeben sich daraus für die Proteinbiosynthese der Eukaryoten?

Eine klassische Definition des Gens lautet: Ein Gen ist ein DNA-Abschnitt, der die Information für die Synthese eines Polypeptids enthält. Wird dieser DNA-Abschnitt in eine mRNA transkribiert und deren Basensequenz an den Ribosomen in eine Aminosäuresequenz translatiert, spricht man von **Proteinbiosynthese** oder **Genexpression**.

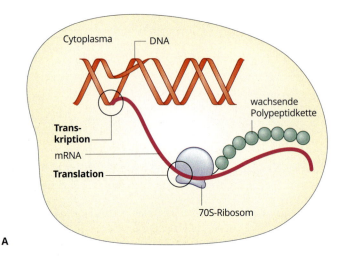

A

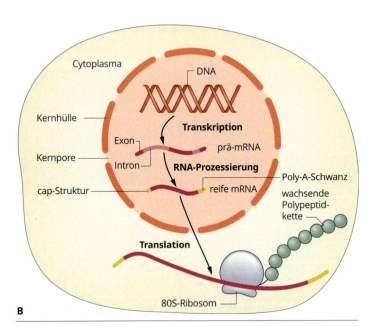

B

1 Genexpression im Vergleich. A Prokaryoten; **B** Eukaryoten

Aufbau eines eukaryotischen Gens

Die Unterschiede der Genexpression bei Prokaryoten und Eukaryoten ergeben sich vor allem aus den Besonderheiten im Aufbau der eukaryotischen Gene. Im Gegensatz zu prokaryotischen Genen enthalten diese Nucleotid-Sequenzen, die kein Polypeptid codieren. Man bezeichnet sie als **Introns** (→ **Abb. 1 B**). Die codierenden Nucleotid-Sequenzen heißen **Exons**. Sie können in ein Polypeptid exprimiert werden. Da eukaryotische Gene sich aus codierenden und nicht codierenden Sequenzen zusammensetzen, werden sie auch als **Mosaikgene** bezeichnet.

Bildung der mRNA bei Eukaryoten

Bei Prokaryoten ist das genetische Material nicht von einer Kernhülle umgeben. Bei ihnen kann die Translation der mRNA bereits beginnen, während die Transkription noch fortschreitet (→ **Abb. 1 A**). Deshalb können bei Prokaryoten bereits eine halbe Minute nach Beginn der Transkription neu synthetisierte Proteine nachgewiesen werden. Bei Eukaryoten dagegen sind die Transkription und Translation räumlich und auch zeitlich voneinander getrennt.

Die mosaikartig aus Exons und Introns aufgebauten Gene der Eukaryoten werden bei der Transkription zunächst durchgängig in eine mRNA transkribiert. Es entsteht eine Vorstufe der mRNA, die **prä-mRNA.** Aus ihr wird noch im Zellkern die funktionsfähige, reife mRNA gebildet. Dieser Prozess besteht aus drei wesentlichen Abschnitten (→ **Abb. 1 B**):

1. Zunächst werden die Introns aus der prä-mRNA herausgeschnitten und die Exons zu einer zusammenhängenden mRNA verknüpft. Dieser Vorgang wird als **Spleißen** bezeichnet. Die prä-mRNA kann dabei auch auf unterschiedliche Weise zusammengeschnitten werden. Man spricht vom **alternativen Spleißen**.

2. An das 5'-Ende der prä-mRNA wird ein besonderes Nucleotid, ein methyliertes Guanin, angehängt. Diese sogenannte **cap-Struktur** schützt das 5'-Ende der mRNA vor einem enzymatischen Abbau und dient ihrer Bindung an die Ribosomen.

3. An das 3'-Ende werden bis zu 250 Adenin-Nucleotide angefügt. Dieser sogenannte **Poly-A-Schwanz** erleichtert den Export der mRNA in das Cytoplasma und schützt das 3'-Ende vor einem enzymatischen Abbau.

Eukaryotische mRNA-Moleküle haben durch die cap-Struktur und den Poly-A-Schwanz eine wesentlich längere Lebensdauer als prokaryotische mRNA-Moleküle, die oft schon nach wenige Minuten abgebaut werden. Für Prokaryoten ist das biologisch sinnvoll, denn so können sie schnell und flexibel auf sich ändernde Umweltbedingungen, wie etwa ein wechselndes Nährstoffangebot, reagieren.

Die Veränderungen eukaryotischer mRNA-Moleküle, die von der prä-mRNA zur reifen mRNA führen, werden als **mRNA-Reifung** oder **mRNA-Prozessierung** zusammengefasst. Die reife mRNA verlässt den Zellkern über die Kernporen und wird an den Ribosomen in ein Polypeptid translatiert. Dieses wird anschließend oft noch in mehreren Schritten verändert. Beispielsweise werden Aminosäuren oder kurze Peptide von den Enden oder aus der Molekülmitte enzymatisch entfernt. Man bezeichnet die Vorgänge als **posttranslationale Modifikation**. Erst danach nimmt das Polypetid seine räumliche Struktur ein und bildet ein funktionsfähiges Protein.

Nichtcodierende RNA bei Eukaryoten

In Eukaryoten codiert nur ein sehr kleiner Teil der DNA Polypeptide. Im menschlichen Genom sind es nur etwa drei Prozent der drei Milliarden Basenpaare. Die nichtcodierenden Nucleotidsequenzen werden zwar zum größten Teil transkribiert, aber die entstandenen RNA-Moleküle werden nicht in ein Polypeptid translatiert. Die nichtcodierenden RNA-Moleküle (abgekürzt: ncRNA) sind aber kein „DNA-Müll", wie man lange glaubte, sondern sie haben eine wichtige Funktion, etwa bei der Genregulation.

Nachdem erkannt wurde, dass die Produkte vieler Gene keine Polypetide, sondern RNA-Moleküle sind, definiert man das Gen heute folgendermaßen: „Ein Gen ist eine Kombination von DNA-Abschnitten, die zusammen für ein Polypetid oder ein RNA-Molekül codieren."

❶ ☰ Stellen Sie die Genexpression bei Eukaryoten in einem Fließdiagramm dar.

❷ ☰ Vergleichen Sie die Genexpression bei Pro- und Eukaryoten in tabellarischer Form.

❸ ☰ Erklären Sie, warum sich bei Eukaryoten die Aminosäuresequenz eines Proteins nicht aus der DNA-Sequenz ableiten lässt.

Materialgebundene Aufgaben

❹ Insulinsynthese

Das blutzuckerregulierende Hormon Insulin wird in den sogenannten Betazellen der Bauchspeicheldrüse gebildet. Es setzt sich aus zwei getrennten Aminosäureketten zusammen, die über zwei Disulfidbrücken zusammengehalten werden. Die A-Kette besteht aus 21 Aminosäuren, die B-Kette aus 30 Aminosäuren.

Viele Proteine wie Insulin entstehen über mehrere verschiedene inaktive Vorstufen. Diese besitzen häufig an ihren Enden Signalsequenzen, mit denen sie durch Membranen transportiert werden können. Insulin wird in GOLGI-Vesikel der Betazellen als Proinsulin gespeichert. Diese Vorstufe des Insulin-Moleküls enthält noch eine dritte Kette, die sogenannte C-Kette. Bevor Insulin in das Blut freigesetzt wird, wird diese Kette enzymatisch aus dem Proinsulin herausgeschnitten und so aktives Insulin gebildet.

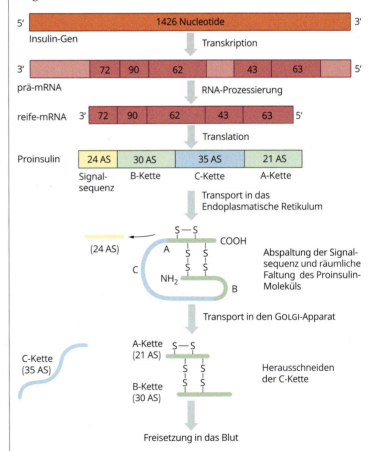

a) ☰ Das Insulin-Gen des Menschen umfasst 1426 Nucleotide. Man findet im Cytoplasma der Betazellen sowohl RNA-Moleküle mit 1426 Nucleotiden, als auch solche mit 330 Nucleotiden. Außerdem lassen sich aus ihnen drei verschiedene Polypeptide mit 51, 86 und 110 Aminosäuren isolieren. Beschreiben Sie anhand der Abbildung die Genexpression des Insulin-Gens und erklären Sie die Befunde.

b) ☰ Stellen Sie eine Hypothese zur Funktion des C-Peptids auf.

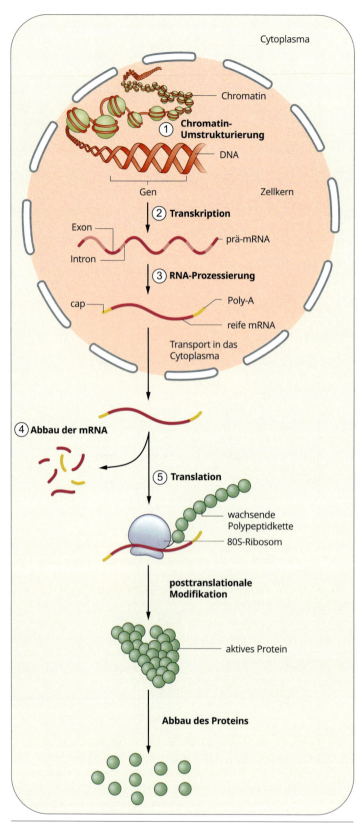

1 Ebenen der Genregulation bei Eukaryoten

2.4* Genregulation bei Eukaryoten

Wie gelingt es eukaryotischen Zellen, die benötigten Proteine zu jedem Zeitpunkt in ausreichender Menge zu bilden?

Die Genexpression wird in Zellen genau reguliert. Diese Genregulation erfolgt bei Prokaryoten vor allem auf der Ebene der Transkription. Bei Eukaryoten findet sie dagegen auf verschiedenen Ebenen statt (→ **Abb. 1**), der Chromatinebene ①, Transkriptionsebene ②, Ebene der RNA-Prozessierung ③, des mRNA-Abbaus ④ sowie der Translation ⑤. Oft laufen sogar mehrere Regulationsmechanismen parallel auf unterschiedlichen Ebenen ab.

Regulation auf Chromatinebene

Bei Eukaryoten ist die DNA im Chromatin auf kugelige Komplexe aus Histonproteinen gewickelt (→ **Abb. 1**). Eine Einheit aus einem Histonkomplex mit dem darum gewundenen DNA-Abschnitt bezeichnet man als **Nucleosom**. Zwischen den Nucleosomen befinden sich Stücke freier DNA. Diese perlenschnurartige Kette ist stark verdrillt, sodass eine Transkription von Genen nicht möglich ist. Sie wird erst durch eine **Chromatin-Umstrukturierung** möglich. Dabei werden zum Beispiel Acetylgruppen ($–COCH_3$) oder Methylgruppen ($–CH_3$) enzymatisch an bestimmte Aminosäuren von Histonen gebunden. Infolgedessen verringern sich die Anziehungskräfte zwischen den Histonen und der DNA und das Chromatin lockert in bestimmten Bereichen auf. Die DNA kann sich dann für kurze Zeit abschnittsweise von den Histonkomplexen abwickeln, wodurch die betreffenden DNA-Abschnitte für die Transkription zugänglich werden. Umgekehrt kann die Transkription verhindert werden, wenn chemische Gruppen von Histonen abgespalten werden. In der Folge nehmen die Anziehungskräfte zwischen den Histonen und der DNA zu und das Chromatin verdichtet sich dadurch.

Regulation auf Transkriptionsebene

Die Regulation der Genaktivität auf Ebene der Transkription ist für die Zelle die wichtigste Kontrollstelle. Die Transkription eines Gens startet mit der Bindung der RNA-Polymerase an den Promotor des Gens. Im Gegensatz zu Prokaryoten kann die RNA-Polymerase bei Eukaryoten dann jedoch noch nicht mit der Transkription fortfahren. Zunächst müssen verschiedene regulatorische Proteine an die dafür spezifischen Bindungsstellen des Promotors binden. Man bezeichnet sie als **allgemeine Transkriptionsfaktoren** (→ Abb. 2). Eine dieser Bindungsstellen weist eine typische Basensequenz aus Thymin und Adenin auf. Daher wird sie **TATA-Box** genannt. Nachdem sich dort die dafür spezifischen TATA-Bindungsproteine angelagert haben, können die anderen Transkriptionsfaktoren nacheinander ihre jeweils spezifischen Bindungsstellen besetzen. So bildet sich ein sogenannter **Transkriptionskomplex**.

Doch auch danach werden viele Gene nur mit geringer Geschwindigkeit transkribiert. Für die differenzielle Genexpression sind weitere, **spezifische Transkriptionsfaktoren** erforderlich. Sie verstärken die Transkriptionsrate der regulierten Gene um ein Vielfaches. Spezifische Transkriptionsfaktoren binden an regulatorischen DNA-Sequenzen, die oft weit von dem regulierten Gen entfernt liegen. Nachdem die spezifischen Transkriptionsfaktoren an die regulatorischen Sequenzen gebunden haben, bilden die benachbarten DNA-Abschnitte Schleifen, sodass die spezifischen Transkriptionsfaktoren zusätzlich in Kontakt mit dem Transkriptionskomplex des regulierten Gens kommen. Je nach der Wirkung auf die Transkription werden die regulatorischen DNA-Sequenzen als Verstärker, englisch **Enhancer**, oder Dämpfer, englisch **Silencer**, bezeichnet. Erst die Summe aller in dem Transkriptionskomplex gebundenen Transkriptionsfaktoren reguliert letztlich die Aktivität der RNA-Polymerase und damit die Transkriptionsrate.

Regulation auf der Ebene der RNA-Prozessierung

Bei den mosaikartig aus Exons und Introns zusammengesetzten Genen der Eukaryoten müssen die aus ihnen gebildeten prä-mRNA-Moleküle durch die RNA-Prozessierung in reife mRNA umgewandelt werden. Das **alternative RNA-Spleißen** ist ein Beispiel für die Regulation auf der Ebene dieser RNA-Prozessierung. Dabei werden nicht nur die Introns herausgeschnitten. Es können auch ein oder mehrere Exons aus der prä-mRNA herausgeschnitten werden. So können aus derselben prä-mRNA verschiedene reife mRNA-Moleküle hergestellt werden (→ Abb. 3). Dadurch erhöht sich die Anzahl der Proteine, die durch ein einzelnes Gen codiert werden, immens.

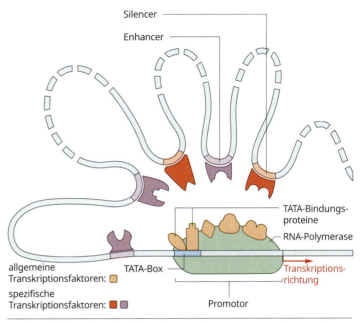

2 Transkriptionskomplex

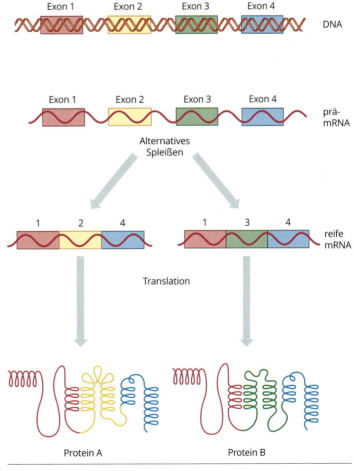

3 Alternatives RNA-Spleißen

Regulation auf der Ebene des mRNA-Abbaus
Durch den Abbau von mRNA im Cytoplasma kann die Synthese eines Proteins schnell gestoppt und somit die Genexpression effektiv reguliert werden. Der Abbau von mRNA findet in spezifischen Strukturen des Cytoplasmas, den sogenannten **P-Bodies,** statt. In ihnen liegen RNA-abbauende Enzyme in hoher Konzentration vor. Dort können mRNA-Moleküle direkt abgebaut oder auch vorübergehend zwischengelagert werden.

Eine weitere Möglichkeit des zielgerichteten Abbaus von mRNA ist der Prozess der **RNA-Interferenz**. Daran sind unter anderem spezielle RNA-Moleküle und ein Proteinkomplex beteiligt. Die speziellen RNA-Moleküle sind nur 20 bis 29 Nucleotide lang und werden daher **micro-RNA** (kurz **miRNA**) genannt. Sie werden durch Gene auf der DNA codiert. Nach der Transkription falten sich die kurzen einzelsträngigen RNA-Moleküle spontan zu Molekülen mit doppelsträngigen Abschnitten. Die miRNA-Moleküle werden aus dem Zellkern in das Cytoplasma transportiert und jeweils an einen Proteinkomplex, **RISC**-Proteinkomplex (engl. *RNA-induced silencing complex*) genannt, gebunden. Enzyme des Proteinkomplexes spalten die miRNA-Moleküle in die Einzelstränge. Diese werden getrennt voneinander an der Oberfläche des RISC-Proteinkomplexes angelagert (→ **Abb. 4**).

Die Sequenz einer der beiden miRNA-Stränge ist komplementär zu einer Teilsequenz der mRNA-Moleküle, die abgebaut werden sollen. Dieser miRNA-Strang bindet die entsprechende mRNA, sodass sie für die Translation unmittelbar blockiert ist. Anschließend wird der mRNA-miRNA-Komplex abgebaut.

Regulation auf der Ebene der Translation
Die Genexpression kann außerdem auf der Translationsebene beeinflusst werden. Die Translationsrate kann zum Beispiel gesteigert werden, indem mehrere Ribosomen gleichzeitig hintereinander an dasselbe mRNA-Molekül binden und es übersetzen. So können von einem mRNA-Molekül schnell viele Protein-Moleküle erzeugt werden.

Die Genexpression kann auch durch die **posttranslationale Modifikation** reguliert werden. Dabei werden die bei der Translation gebildeten Polypeptide anschließend chemisch verändert. An fast alle eukaryotischen Proteine werden zum Beispiel Zuckerketten gebunden. Durch diese Glykolysierung verlängert sich ihre Lebensdauer.
Wie bei der mRNA kann die Lebensdauer der Proteine, das heißt ihre Konzentration in den Zellen, durch ihren Abbau reguliert werden. Dafür zuständig ist ein Proteinkomplex, **Proteasom** genannt. Es handelt sich dabei um einen molekularen „Schredder", der Proteine, die nicht mehr benötigt werden oder fehlgefaltet sind, enzymatisch abbaut.

❶ ≡ Beschreiben und erklären Sie anhand der Abbildung 2 auf Seite 99 die Regulation durch Transkriptionsfaktoren.
❷ ≡ Begründen Sie, warum man zwischen allgemeinen und spezifischen Transkriptionsfaktoren unterscheidet.
❸ ≡ Beschreiben und erklären Sie anhand der Abbildung 3 auf Seite 99 das alternative Spleißen.
❹ ≡ Geben Sie an, wie viele verschiedene Protein-Moleküle theoretisch gebildet werden können, wenn ein Gen aus 4 Exons und 3 Introns besteht.
❺ ≡ Beschreiben und erklären Sie anhand der Abbildung 4 die RNA-Interferenz
❻ ≡ Erklären Sie, warum durch die posttranslationale Modifikation die Vielfalt der Proteine erhöht wird.
❼ ≡ Erstellen Sie eine Mindmap zur Genregulation bei Eukaryoten.

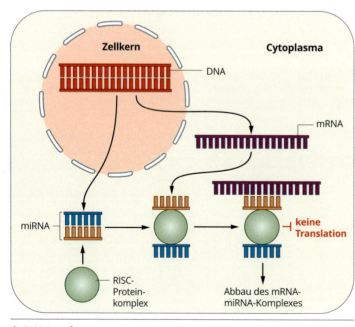

4 RNA-Interferenz

❽ Inaktivierung von X-Chromosomen

Die Fellfarbe von Katzen ist von der Inaktivierung eines X-Chromosoms in der Embryonalentwicklung abhängig.

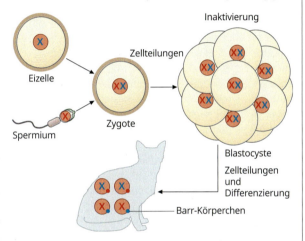

Weibliche Säugetiere besitzen zwei X-Chromosmen als Geschlechtschromosomen. Etwa 95 Prozent der Gene eines der beiden X-Chromosomen werden bereits in der frühen Embryonalphase inaktiviert. Die Inaktivierung trifft zufallsgemäß entweder das X-Chromosom väterlicherseits oder mütterlicherseits. Der aktive oder inaktive Zustand des X-Chromosoms wird bei den anschließenden Zellteilungen

an die Tochterzellen weitergegeben. So entsteht in weiblichen Individuen ein Mosaik aus Zellen mit unterschiedlich aktiven X-Chromosomen.

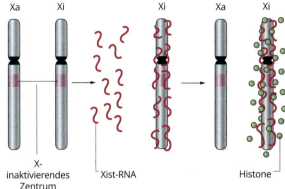

Die Inaktivierung des X-Chromosoms beginnt mit der Synthese einer speziellen RNA, die als Xist-RNA (engl. *X-inactive specific transcript*) bezeichnet wird. Das dafür spezifische Gen befindet sich im sogenannten X-inaktivierenden Zentrum, das in der Nähe des Centromers liegt. Auf dem homologen X-Chromosom wird das dafür spezifische Gen inaktiviert. Durch die Bindung von Xist-RNA-Molekülen an ein Chromosom werden verschiedene Histon-Arten methyliert, demethyliert und acetyliert. Infolgedessen wird die DNA immer mehr mit Histonen verpackt. Das so inaktivierte X-Chromosom ist im Lichtmikroskop als sogenanntes Barr-Körperchen erkennbar.

a) ☰ Erklären Sie anhand der rechten Abbildung die Inaktivierung des X-Chromosoms.

b) ☰ Bei Katzen befinden sich die Allele für die rote oder schwarze Fellfarbe auf dem X-Chromosom. Erklären Sie, wie eine rot-schwarze Fellfarbe bei Katzen zustande kommt.

c) ☰ Prüfen Sie die Aussage: „Nur bei weiblichen Katzen kann eine rot-schwarze Fellfarbe auftreten."

❾ Anwendung der RNA-Interferenz-Technologie

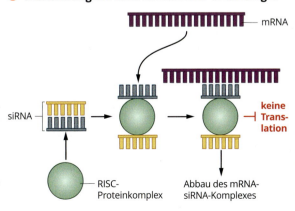

In der Gentechnik wird die RNA-Interferenz genutzt, um gezielt Gene abzuschalten. Man spricht von Gen-Knockout. Hierzu fertigt man gezielt kurze RNA-Doppelstrangabschnitte an. Man bezeichnet diese als siRNA (engl. *small interfering RNA*). Sie sind in ihrem Aufbau und ihrer Wirkung der miRNA vergleichbar. Nach dem Einschleusen in die Zelle bewirkt die siRNA, dass das zugehörige Gen inaktiv wird.

a) ☰ Beschreiben Sie die Wirkung der siRNA anhand der Abbildung.

b) ☰ Recherchieren Sie, bei welchen Krankheitstherapien siRNA bereits eingesetzt wird.

2.5* Arbeitstechnik DNA-Chip-Technologie

Wie wird DNA auf Genvarianten hin untersucht und die differentielle Genaktivität von Zellen analysiert?

Aufbau eines DNA-Chips

DNA-Chips werden auch **Gen-Chips** oder **DNA-Microarrays** genannt. Die Bezeichnung Chip leitet sich davon ab, dass auf ihnen wie bei einem Computerchip viele Informationen auf kleinstem Raum gespeichert sind. So ist die etwa 1 cm² große Oberfläche eines DNA-Chips in Tausende Felder unterteilt. An der Oberfläche jedes Feldes sind viele einzelsträngige DNA-Moleküle mit jeweils identischer Basensequenz fixiert (→ **Abb. 1**). Diese dienen als „Sonden" zum Aufspüren von DNA-Abschnitten mit wiederum komplementärer Basensequenz. Jedes Feld enthält eine andere DNA-Sonde in millionenfacher Kopie. Die Nucleotidsequenz der Sonden und die Lage des entsprechenden Feldes sind auf einem Computer gespeichert. Insgesamt kann ein DNA-Chip mehr als 50 000 verschiedene Sonden enthalten und damit die gesamte menschliche DNA erfassen.

Mutationsanalyse mithilfe von DNA-Chips

Um beispielsweise die DNA eines Menschen auf ein mutiertes Allel hin zu untersuchen, wird seine DNA isoliert und die relevanten DNA-Abschnitte werden mithilfe der PCR vervielfältigt. Dabei wird ein fluoreszenzmarkiertes Nucleotid eingesetzt, sodass die vervielfältigten DNA-Abschnitte entsprechend markiert sind (→ **Abb. 1**). Die PCR-Produkte werden durch Erwärmen einzelsträngig gemacht und auf einen DNA-Chip aufgetragen. Dieser enthält Sonden für die verschiedenen möglichen Mutationen des Allels. Befinden sich in der Probe DNA-Abschnitte, die komplementär zu der Basensequenz einer der Sonden sind, binden sie daran und bilden mit ihr einen kurzen Doppelstrang. Man bezeichnet den Vorgang als **Hybridisierung**. Die komplementären DNA-Abschnitte werden infolgedessen auf einem der Felder des Chips gebunden. Diejenigen, die nicht vollständig an die Basensequenzen der verschiedenen Sonden binden können, werden anschließend vom Chip abgewaschen.

Der Chip wird anschließend mit einem Fluoreszenz-Scanner abgetastet. Dabei erhält man ein Fluoreszenz-Punktmuster, das vom Computer ausgewertet wird. Leuchten Felder des DNA-Chips auf, liegt eine Hybridisierung vor. Da bekannt ist, welche Basensequenzen die Sonden in jedem Feld auf dem Chip besitzen, kann die Mutation genau identifiziert werden. Mit einem DNA-Chip können Tausende von Genen gleichzeitig untersucht werden. Heute sind bereits Chips mit mehreren Millionen Feldern in der Entwicklung.

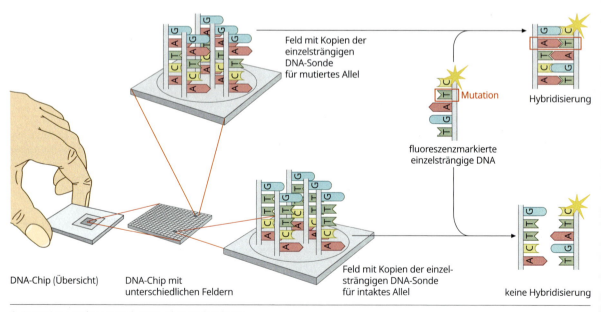

DNA-Chip (Übersicht) | DNA-Chip mit unterschiedlichen Feldern | Feld mit Kopien der einzelsträngigen DNA-Sonde für mutiertes Allel | Feld mit Kopien der einzelsträngigen DNA-Sonde für intaktes Allel | Mutation | fluoreszenzmarkierte einzelsträngige DNA | Hybridisierung | keine Hybridisierung

1 Mutationsanalyse mittels DNA-Chip-Technologie

Analyse der differenziellen Genaktivität

Zur Analyse der differenziellen Genaktivität wird aus den zu untersuchenden Zellen zunächst die gesamte mRNA extrahiert und mithilfe von bestimmten Enzymen in eine **komplementäre DNA**, kurz **cDNA** (engl. *complementary DNA*), umgeschrieben. Diese bindet dann an die DNA-Sonden der DNA-Chips, die man aus den Vergleichszellen gewinnt. Der Fluoreszenscann des Chips lässt sowohl qualitative als auch quantitative Aussagen zu. Man erhält nicht nur Informationen über das Gen, dessen Expression beispielsweise verändert ist, sondern gleichzeitig auch darüber, wie stark die Expression im Vergleich zu einer anderen Zelle verändert ist. Die Anwendungsmöglichkeiten der DNA-Chip-Technologie zur Analyse der differenziellen Genaktivität sind vielfältig. Zum Beispiel kann damit die Genaktivität von gesunden Zellen mit der von Krebszellen verglichen und so ermittelt werden, welche Gene bei Tumorzellen besonders aktiv oder inaktiv sind. Die Ergebnisse könnten zur Diagnostik genutzt werden und zu gezielteren Therapien von Krebserkrankungen führen.

Grundsätzlich kann das Wissen, das man mit der DNA-Chip-Technologie gewinnt, große Vorteile für die Betroffenen mit sich bringen. Aber man gewinnt damit auch Wissen über diese Personen, mit dem verantwortlich umgegangen werden muss. Wie lässt sich beispielsweise verhindern, dass Wissen, etwa über die genetische Veranlagerung einer Krankheit, nicht von Versicherungen oder Arbeitgebern missbraucht wird? Sollten Menschen überhaupt auf Krankheiten wie etwa Chorea HUNTINGTON, für die es aktuell keine wirksame Behandlung gibt, getestet werden? Verletzt das Wissen einer getesteten Person nicht das Recht auf Nichtwissen eines biologischen Verwandten?

❶ ☰ Beschreiben Sie das in der Abbildung 1 dargestellte Verfahren einer Mutationsanalyse mittels eines DNA-Chips.

❷ ☰ Informieren Sie sich über Chorea HUNTINGTON und nennen Sie Argumente für und gegen eine Mutationsanalyse bei dem Verdacht, Genträger zu sein.

❸ ☰ Der Sohn eines an Chorea HUNTINGTON erkrankten Mannes hat sein Krankheitsrisiko testen lassen. Erörtern Sie, ob durch das Testergebnis das Recht auf Nichtwissen seines Zwillingsbruders verletzt wird.

---

❹ **Analyse der differenziellen Genaktivität mithilfe der DNA-Chip-Technologie**

Um zu ermitteln, welche Gene in gesunden Zellen beziehungsweise in Krebszellen aktiv sind, nutzt man die DNA-Chip-Technologie. Der zum Einsatz kommende DNA-Chip enthält viele Tausend DNA-Sonden, die für die exprimierten Gene sowohl in den gesunden Zellen als auch in den Krebszellen stehen. Mithilfe des so gewonnenen Profils exprimierter Gene sucht man nach „Kandidatengenen", die an der Entwicklung einer Krebserkrankung beteiligt sein könnten.

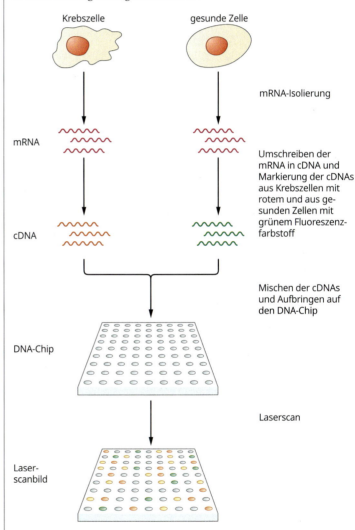

a) ☰ Beschreiben Sie die experimentelle Vorgehensweise bei diesem Testverfahren.

b) ☰ Werten Sie das Laserscanbild aus. Erläutern Sie dabei die Entstehung der grün-, gelb- und rotfluoreszierenden sowie der farblosen Felder auf dem Chip, und geben Sie an, in welchen Feldern sich DNA-Abschnitte befinden, die zu möglichen „Krebsgenen" gehören könnten.

1 Eineiige Zwillinge

2.6* Epigenetik

Obwohl eineiige Zwillinge das gleiche genetische Material besitzen, können sie sich im Aussehen unterscheiden. Wie lässt sich das erklären?

Lange Zeit war man davon überzeugt, dass die Eigenschaften eines Lebewesens nur durch das genetische Material bestimmt werden. Mittlerweile wird immer deutlicher, dass Gene auch durch Umwelteinflüsse in ihrer Aktivität beeinflusst werden können. Etwa können die Ernährung, aber auch psychische Belastungen ein Genom beeinflussen. Bestimmte Gene werden dadurch stärker oder schwächer abgelesen. Dabei wird nicht die Basensequenz der DNA verändert, sondern die Genregulation beeinflusst. Man bezeichnet diese molekularen Regulationsmechanismen als **Epigenetik** (griech. *epi:* über).

Epigenetische Regulationsmechanismen
Eine der wichtigsten epigenetischen Veränderung ist die **Methylierung der DNA.** Dabei werden Methylgruppen etwa an Cytosinbasen der DNA gebunden (→ **Abb. 2**). Dadurch wird verhindert, dass die nachfolgende Gensequenzen abgelesen und in ein Polypeptid übersetzt werden können. So kann auf epigenetischem Weg ein Gen abgeschaltet werden. Epigenetische Regulationsmechanismen können auch auf der Chromatin- und auf der Translationsebene stattfinden. Oft erfolgt die Regulation auch gleichzeitig auf mehreren Ebenen.

Auf der Chromatinebene kann ein Umstrukturierung des Chromatins erfolgen. Dadurch wird die Zugänglichkeit der DNA für die Transkription beeinflusst. Chromatin wird dabei zum Beispiel durch das Binden oder Abspalten von Acetylgruppen (− $COCH_3$) oder Methylgruppen (− CH_3) an die Histonproteine modifiziert. Durch diese **Histonmodifizierung** verändern sich die Anziehungskräfte zwischen der DNA und den Histonen. In der Folge ändert sich auch der Verpackungsgrad der DNA. Gleichzeitig kann auch eine DNA-Methylierung an der Chromatin-Umstrukturierung beteiligt sein (→ **Abb. 3**).

Auf der Translationsebene wird oft auch die **RNA-Interferenz** zur epigenetischen Regulation gezählt. Dafür sprechen unter anderem experimentelle Befunde, wonach Fadenwürmer kleine RNA-Moleküle aus der Umgebung aufnehmen und dadurch Gene abschalten können. Dagegen spricht jedoch, dass die micro-RNA-Moleküle, die für die RNA-Interferenz von Bedeutung sind, durch Gene auf der DNA codiert werden.

Die epigenetischen Veränderungen werden auch epigenetische Markierungen, die Gesamtheit dieser Markierungen **epigenetisches Muster** genannt. In Anlehnung an den genetischen Code spricht man auch vom **epigenetischen Code.**

Beispiele epigenetischer Regulation
Um den Einfluss der Umwelt auf die Aktivität von Genen zu untersuchen, eignen sich insbesondere Studien an eineiigen Zwillingen, da bei ihnen keine genetische Variabilität vorliegt. So wurden in einer Studie die Methylierungsmuster bestimmter Chromosomen bei eineiigen Zwillingspaaren im Alter von drei- bis

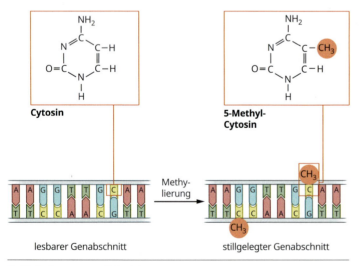

2 Methylierung von Cytosinbasen

vierundsiebzig Jahren analysiert. Dabei wurde deutlich, dass sich die Methylierungsmuster bei dreijährigen Zwillingen kaum unterschieden. Dagegen wiesen die Methylierungsmuster der untersuchten Chromosomen bei fünfzigjährigen Zwillingspaaren deutliche Unterschiede auf (→ **Abb. 4**). Diese waren umso stärker ausgeprägt, je verschiedener die Lebenswege der Zwillinge waren. Die Umwelt, der sie ausgesetzt waren, hatte sich demnach auf das Methylierungsmuster der Chromosomen ausgewirkt. Dieses wiederum beeinflusste die Aktivität ihrer Gene, sodass die Zwillinge Unterschiede im Phänotyp zeigten.

Am Beispiel von Bienenköniginnen und Arbeiterinnen wird deutlich, wie der Umweltfaktor „Ernährung" zu epigenetischen Veränderungen führen kann (→ **Abb. 5**). Beide entwickeln sich aus Eiern, die in der Regel genetisch identisch sind. Werden Bienenlarven nur mit Pollen und Nektar gefüttert, entwickeln sie sich zu sterilen Arbeiterinnen. Werden sie dagegen mit Gelee Royale, einem speziellen Nahrungsbrei gefüttert, entstehen aus den Larven fortpflanzungsfähige Bienenköniginnen. Untersuchungen der DNA von Arbeiterinnen und Bienenköniginnen zeigen ein unterschiedliches Methylierungsmuster. Wissenschaftler fanden im Gelee Royal Stoffe, welche ein bestimmtes Enzym hemmen. Dieses bewirkt die epigenetische Methylierung. Bei den Arbeiterinnen werden offensichtlich Gene, die etwa für die Fortpflanzungsfähigkeit wichtig sind, durch eine Methylierung nicht mehr abgelesen.

Epigenetische Veränderungen können etwa durch Ernährung, chemische Stoffe, Strahlungen sowie durch körperliche und psychische Belastungen bewirkt werden. Die Einflüsse können aus der Umgebung eines Organismus oder auch aus der Umgebung von Zellen kommen. Einige der Faktoren bewirken auch Mutationen, aber im Gegensatz dazu sind epigenetische Veränderungen reversibel.

Lange galten Genmutationen, die zu einer unkontrollierten Zellteilung führen, als alleiniger Auslöser für Krebs. Befinden sich jedoch epigenetische Markierungen an falschen Stellen der DNA oder des Chromatins, können ebenso Gene stillgelegt oder Gene, die normalerweise nicht aktiv sind, angeschaltet werden. Das kann den gleichen Effekt wie eine Genmutation haben. Mittlerweile hat man bei fast allen

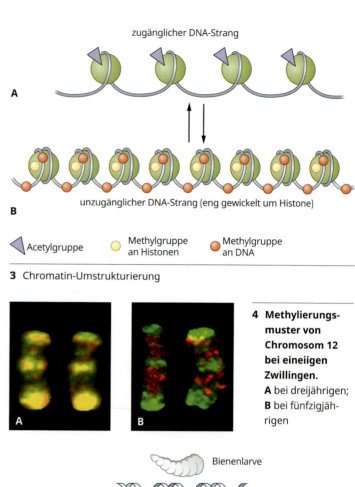

Acetylgruppe — **Methylgruppe an Histonen** — **Methylgruppe an DNA**

3 Chromatin-Umstrukturierung

4 Methylierungsmuster von Chromosom 12 bei eineiigen Zwillingen. **A** bei dreijährigen; **B** bei fünfzigjährigen

5 DNA-Methylierung bei der Entwicklung von Bienen

Krebsarten auffällige epigenetische Veränderungen gefunden. Da diese sich rückgängig machen lassen, ist die Epigenetik in den Fokus der Krebsforschung gerückt. Wissenschaftler arbeiten zurzeit mit Hochdruck an der Entwicklung von Wirkstoffen oder gentechnischen Werkzeugen, mit denen sie epigenetische Markierungen verändern können.

Vererbung der epigenetischen Muster

Die mögliche Vererbung epigenetischer Markierungen wird kontrovers diskutiert. Hinweise darauf lieferte die sogenannte „Holländische Hungerstudie" im niederländischen Hungerwinter der Jahre 1944 und 1945. Sie zeigte, dass eine Mangelernährung der Mütter während der Schwangerschaft lebenslang die körperliche und physische Gesundheit des betroffenen Kindes beeinflusste. Darüber hinaus konnten auch noch bei den Enkeln Auswirkungen festgestellt werden.

Die Vererbung der epigenetischen Veränderungen ist zurzeit nicht erklärbar. Einerseits ist unklar, wie die Information über die epigenetischen Veränderungen des Genoms einer Körperzelle in die Keimbahn gelangen. Andererseits ist bekannt, dass die Methylierungen des Chromatins und der DNA in einer Zygote fast vollständig gelöscht werden. In einer Studie aus dem Jahr 2017 wiesen deutsche Forscher bei Fruchtfliegen nach, dass bestimmte epigenetische Markierungen, die in den Eizellen der Mutter vorhanden waren, auch noch in den Embryonen der Fliegen nachweisbar sind. Wie diese Vererbung epigenetischer Markierungen im Detail erfolgt, ist Gegenstand der aktuellen epigenetischen Forschung.

❶ ☰ Erklären Sie den Unterschied zwischen einer Mutation und einer epigenetischen Veränderung der DNA.

❷ ☰ Stellen Sie in Form eines Fließdiagramms dar, wie durch unterschiedliche Fütterung aus Bienenlarven Arbeiterinnen oder Bienenköniginnen entstehen können.

❸ ☰ Vergleichen Sie die epigenetische Genregulation mit der klassischen Genregulation.

❹ ☰ Fertigen Sie zu dem Thema „Holländische Hungerstudie und Epigenetik" ein Referat an.

Materialgebundene Aufgaben

❺ Einfluss der Ernährung auf epigenetische Markierungen

Qualität und Quantität der Nahrung können die Aktivität von Genen beeinflussen. Dieser Zusammenhang zeigt sich auch bei „Agouti-Mäusen". Sie besitzen das Agouti-Gen, welches das Agouti-Signalprotein codiert. Dieses Protein steuert unter anderem die Fellfarbe der Mäuse. Es signalisiert den Pigmentzellen der Haut, mehr gelbe als braune Pigmente herzustellen. Mäuse mit dem Agouti-Gen weisen nicht nur eine gelbe Fellfärbung auf. Sie erkranken auch häufiger an Krebs, Diabetes und Fettleibigkeit. Das Agouti-Signalprotein hemmt einen Rezeptor, der für das Fressverhalten und den Stoffwechsel der Mäuse bedeutsam ist. Die Analyse des Agouti-Gens bei braunen und gelben Mäusen ergab keine Unterschiede in der Basensequenz des Gens.

In Versuchen wurden Agouti-Mäuse mit Nahrungsergänzungsstoffen gefüttert. Wurden gelbe Agouti-Weibchen während einer Schwangerschaft mit Nahrungsergänzungsstoffen versorgt, die vermehrt Methylgruppen enthalten, wie das etwa bei Vitamin B12 und Folsäure der Fall ist, brachten sie mehrheitlich braune, schlanke, gesunde Jungtiere zur Welt.

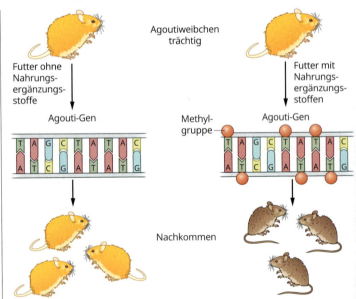

a) ☰ Erklären Sie anhand der Abbildung die unterschiedliche Entwicklung von braunen und gelben Agouti-Mäusen.

b) ☰ Deuten Sie die Beobachtungen der Fütterungsversuche mit den Nahrungsergänzungsstoffen.

c) ☰ Geben Sie an, welche Kontrollversuche dazu durchgeführt werden mussten.

Prof`in Dr. Anja Holtmann: „Ich habe zunächst Molekularbiologie studiert und mich dann auf den Bereich Humangenetik und Epigenetik spezialisiert. Am Uniklinikum leite ich nun eine Forschungsgruppe, die sich mit den epigenetischen Veränderungen bei Leukämien beschäftigt.“

Was ist Epigenetik?
„Epigenetik beschäftigt sich mit Mechanismen der Vererbung, die über die reine Basenabfolge des DNA-Stranges hinausgehen. In der Epigenetik untersucht man, wie Einflüsse von außen auf unsere Gene einwirken und wie Gene reguliert werden. Epigenetische Veränderungen sind dynamisch und von unterschiedlichen Bedingungen, wie zum Beispiel Ernährung, Stress sowie Medikamenten, abhängig. Die Epigenetik kann zum besseren Verständnis der Entstehung von Krankheiten beitragen und neue Möglichkeiten der Diagnose und Behandlung eröffnen.“

Welche Inhalte umfasst das Studium?
„Um den Beruf der Epigenetikerin beziehungsweise des Epigenetikers ausüben zu können, gibt es mehrere Wege, die über verschiedene Studiengänge mit unterschiedlicher Schwerpunktsetzung laufen. An einen Bachelorstudiengang der Biologie oder Biochemie können sich verschiedene Masterstudiengänge anschließen. Im Bachelorstudium der Biologie werden vor allem grundlegende Inhalte aus den Bereichen der Mikrobiologie, Zellbiologie, Physiologie oder Genetik behandelt. Aber auch Kenntnisse der organischen und physikalischen Chemie werden hier vermittelt. Neben den theoretischen Inhalten werden auch verschiedene Arbeitstechniken im Labor erlernt, wie etwa das sterile Arbeiten mit Zellkulturen. Die eigentliche Spezialisierung erfolgt dann im Masterstudium, in dem unterschiedliche Schwerpunkte gesetzt werden können. Ein Weg zur Epigenetikerin beziehungsweise zum Epigenetiker ist zum Beispiel das Masterstudium im Bereich der Genetik und molekularen Pathologie oder der Zell- und Entwicklungsbiologie. Eine andere Möglichkeit ist die Spezialisierung im Bereich der Humangenetik und daran anschließend im Bereich der Epigenetik. Hier werden dann spezielle Arbeitstechniken erlernt, wie zum Beispiel die DNA-Chip-Analyse. Außerdem werden spezifische Inhalte aus der Tumorgenetik und Bioinformatik behandelt. Zudem lernt man viele weitere spezielle Themenbereiche kennen, wie die Epigenetik auf DNA- und Proteinebene und die Molekularbiologie der RNA.“

Warum gefällt mir das Arbeiten als Epigenetikerin beziehungsweise als Epigenetiker?
„Mein Beruf ist sehr abwechslungsreich und spannend. Die Erforschung neuer Therapieansätze für die Behandlung von Krebserkrankungen gibt mir das Gefühl, etwas Sinnvolles zu tun. Dabei ist es eine besondere Herausforderung, sich durch fehlgeschlagene Experimente nicht entmutigen

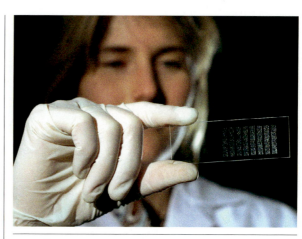

1 Prof`in Dr. Anja Holtmann im Labor

zu lassen und immer wieder nach neuen Möglichkeiten der Problemlösung zu suchen. Das macht das Arbeiten in der epigenetischen Forschung so kreativ. Als Epigenetikerin arbeite ich mit vielen Wissenschaftlern aus anderen Forschungsgebieten an Universitäten oder Unikliniken zusammen, wie zum Beispiel aus der Gentechnik, Biochemie oder Bioinformatik. Meine tägliche Arbeit ist dadurch sehr vielfältig und nie langweilig. Auf internationalen englischsprachigen Kongressen habe ich die Möglichkeit, mich mit anderen Wissenschaftlern und Wissenschaftlerinnen auf meinem Forschungsgebiet auszutauschen.“

Wo arbeiten Epigenetikerinnen / Epigenetiker?
„Die Einstellungsmöglichkeiten für Epigenetikerinnen beziehungsweise Epigenetiker sind sehr vielfältig. Nach dem Masterabschluss kann man sich bei Industrie- und Wirtschaftsunternehmen bewerben. Während man mit einem Masterabschluss meist zuarbeitende Aufgaben übernimmt, ist ein Doktortitel für die Tätigkeit in der Forschung und Entwicklung eine Voraussetzung. Er ermöglicht darüber hinaus Führungsverantwortung zu übernehmen. Neben der Tätigkeit an Universitäten und Unikliniken gibt es ebenso die Möglichkeit, in öffentlichen Einrichtungen oder im nationalen sowie internationalen Patentwesen zu arbeiten.“

❶ ≡ Nennen Sie Kompetenzen, die Prof`in Dr. Anja Holtmann auszeichnen, sodass sie den Beruf der Epigenetikerin erfolgreich ausüben kann.

❷ ≡ Recherchieren Sie, an welchen Hochschulen die Masterstudiengänge mit Spezialisierung im Bereich Epigenetik angeboten werden.

❸ ≡ Geben Sie auf einer Werteskala von null bis zehn an, ob das Studium und der Beruf der Epigenetikerin beziehungsweise des Epigenetikers für Sie infrage käme. Begründen Sie Ihre Entscheidung und vergleichen Sie diese mit Ihren Mitschülerinnen und Mitschülern.

1 Raupe und Schmetterling

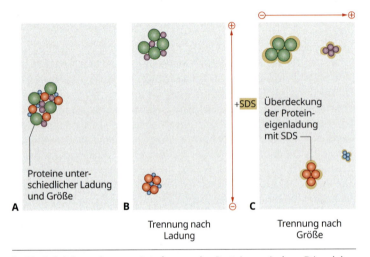

2 2D-Gelelektrophorese. A Auftragen des Proteingemisches; **B** isoelektrische Fokussierung; **C** SDS-Gelelektrophorese

2.7* Das Proteom

Eine Raupe und der sich daraus entwickelnde Schmetterling besitzen die gleiche genetische Information. Wie erklärt sich, dass sie sich dennoch so stark unterscheiden?

Sequenzanalysen der DNA aus einer Raupe und aus dem sich daraus entwickelnden Schmetterling zeigen, dass sie die gleiche genetische Information besitzen. Vergleicht man aber die in der Raupe und dem Schmetterling vorkommenden Proteine, so unterscheiden sich diese jedoch deutlich in ihrer Menge und Art. Bei der Entwicklung einer Raupe zum Schmetterling werden bestimmte Proteine neu gebildet, während nicht mehr benötigte Proteine abgebaut werden. So erklärt sich die unterschiedliche Zusammensetzung der Proteine bei Raupe und Schmetterling.

In einem Organismus unterscheiden sich verschiedene Zelltypen, zum Beispiel Darm- und Muskelzellen, in ihrer Proteinzusammensetzung, obwohl sie identische genetische Information besitzen. Proteine erfüllen vielfache Aufgaben in einer Zelle. Als Enzyme ermöglichen sie etwa Stoffumsetzungen, als Membranproteine sorgen sie für den Stofftransport und als Muskelproteine für die Muskelkontraktion. Unterschiedliche Zelltypen benötigen für ihre jeweils speziellen Funktionen verschiedene Proteine. Daher findet man in Darmzellen eine andere Proteinzusammensetzung als in Muskelzellen. Die Gesamtzahl der Proteine eines Lebewesens, eines Gewebes oder einer Zelle bezeichnet man als **Proteom**. Im Gegensatz zum starren Genom, ist das Proteom veränderlich. Es ist immer eine Momentaufnahme der vorhandenen Proteine zu einem ganz bestimmten Zeitpunkt. Die Änderungen des Proteoms sind vom Entwicklungszustand, dem Alter, von bestimmten Krankheiten und Umwelteinflüssen abhängig.

Proteomik

Das Fachgebiet der **Proteomik** analysiert und vergleicht Proteome zu einem bestimmten Zeitpunkt mit verschiedenen Verfahren. Dafür isoliert man als erstes die Proteine aus dem zu untersuchenden Material. Bringt man das Proteingemisch in ein elektrisches Feld, ordnen sich die Proteine entsprechend ihrer Ladung in unterschiedlichen Punkten im Gel an. Man bezeichnet dieses Verfahren als **isoelektrische Fokussierung**, kurz **IEF** (→ **Abb. 2**). Proteine, die zwar die gleiche Ladung besitzen, aber unterschiedlich groß sind, lassen sich so nicht trennen. Daher muss man in einem zweiten Verfahren zunächst die Eigenladung der Proteine mit spezifischen Anionen überdecken. Dies geschieht durch Zugabe von **Natrium-Dodecyl-Sulfat,** abgekürzt **SDS.** Danach legt man senkrecht zur Laufrichtung der IEF erneut ein elektrisches Feld an. Darin wandern die Proteine in Abhängigkeit von ihrer Größe unterschiedlich weit. Dieses zweite Verfahren nennt man **SDS-Gelelektrophorese.** Das Ergebnis beider Verfahren ist eine zweidimensionale Darstellung des Proteingemisches. Daher spricht man von einer **2D-Gelelektrophorese**. Mit ihr kann man bis zu 10 000 Proteine nach Größe und elektrischer Ladung auftrennen und so die Menge der tatsächlich in der Zelle zu einem bestimmten Zeitpunkt vorhandenen Proteine erfassen.

Aufklärung der Proteinfunktion

Zu den Zielen der Proteomik gehört nicht nur die Analyse und der Vergleich von Proteomen, sondern auch die Aufklärung ihrer Bedeutung für Zellen oder Lebewesen. Dazu werden nach einer 2D-Gelelektrophorese aus den Gelen Bereiche ausgeschnitten, die besonders auffällig sind oder in denen sich die Gele zweier Proteome besonders unterscheiden. Man bezeichnet solche Bereiche als **Spots.** Aus den ausgeschnittenen Spots werden die Proteine isoliert, gereinigt und genauer untersucht. Zum Beispiel ermittelt man ihre Aminosäuresequenzen und kann dann mithilfe von **Computersimulationen** Aussagen zu den dreidimensionalen Strukturen der Protein-Moleküle treffen. Danach ist man in der Lage, Wechselwirkungen der Protein-Moleküle mit anderen Molekülen zu untersuchen. Auf diese Weise kann zum Beispiel festgestellt werden, ob ein Hemmstoff in das aktive Zentrum eines Enzyms passt.

Anwendung der Proteomik

Bestimmte Veränderungen im Proteom können Hinweise auf eine Erkrankung geben. Fehlende, übermäßig oder fehlerhaft gebildete Proteine, die krankhafte Veränderungen in einer Zelle oder in einem Organismus anzeigen, werden **Biomarker** genannt. Sie können zur Diagnose und Überwachung von Krankheiten genutzt werden. Mithilfe der Proteomik wird intensiv nach solchen Biomarkern für bestimmte Krankheiten gesucht.

Das menschliche Genom enthält etwa 20 000 bis 25 000 Gene. Erstaunlicherweise wird die Anzahl der menschlichen Proteine auf bis zu 400 000 geschätzt. Das alternative Spleißen der mRNA und die Veränderung der Proteine nach der Translation führen zu dieser hohen Zahl verschiedener Proteine. Es ist daher nicht einfach aus der Vielzahl der Proteine einer Zelle diejenigen herauszufinden, die bei einer Erkrankung eine Rolle spielen. Kennt man aber das für eine bestimmte Fehlfunktion verantwortliche Protein und seine räumliche Struktur, ist es möglich, gezielt passende Moleküle zu entwickeln, welche nach dem Schlüssel-Schloss-Prinzip an dieses Protein binden und es beeinflussen können. Auf dieser Grundlage nutzt man die Proteomik, um gezielt neue therapeutische Wirkstoffe zu entwickeln.

❶ ☰ Erstellen Sie ein Fließdiagramm, das die Schritte zeigt, mit denen man in der Proteomik die Struktur eines bestimmten Proteins untersucht.

Materialgebundene Aufgaben

❷ **Anwendung der Proteomik in der Erforschung der Tumorbildung bei Krebserkrankungen**

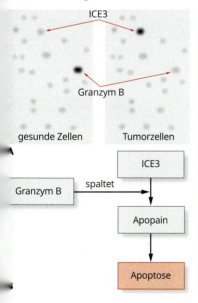

Ist das genetische Material in den Zellen eines Organismus stark geschädigt, können diese sich unkontrolliert teilen und dadurch einen Tumor bilden. Eukaryotische Zellen, die nicht mehr in der Lage sind ihre Zellteilungen zu kontrollieren, können sich jedoch durch einen genetisch festgelegten Prozess selbst zerstören. Durch diesen sogenannten programmierten Zelltod, der **Apoptose,** wird eine Schädigung des Gesamtorganismus verhindert. Bei der Apoptose spielt das Protein-Molekül ICE3 eine wichtige Rolle. Das dargestellte Schema in Abbildung B zeigt vereinfacht die Zusammenhänge einiger Protein-Moleküle, die in Zellen den programmierten Zelltod auslösen.

a) ☰ Beschreiben Sie die Unterschiede in den Proteomen der gesunden Zellen im Vergleich zu den Tumorzellen anhand der 2D-Gele in Abbildung A.

b) ☰ Erklären Sie anhand des Schemas das Zusammenwirken der Proteine in gesunden Zellen, die zur Einleitung des programmierten Zelltods führen.

c) ☰ Erklären Sie unter Berücksichtigung der Unterschiede in den Proteomen von gesunden Zellen und Tumorzellen, wie es zu dem unkontrollierten Wachstum der Krebszellen kommen kann. Erstellen Sie dazu ein modifiziertes Schema entsprechend der Abbildung B.

Differenzielle Genaktivität

– auch differenzielle Genexpression genannt
– umfasst die komplexe Regulation der Transkription und Translation
– Basis der unterschiedlichen RNA- und Protein- zusammensetzung in verschiedenen Zelltypen
– Regulierte Gene werden nach Bedarf an- und ab- geschaltet.
– Housekeeping Gene (konstitutive Gene) werden immer gleich stark exprimiert.

Genexpression bei Eukaryoten

Eukaryotische Gene: Mosaikgene aus codierenden und nicht codierenden Sequenzen
Exons: codierende Nucleotidsequenzen
Introns: nicht codierende Nucleotidsequenzen

Proteinbiosynthese bei Eukaryoten:
– räumliche und zeitliche Trennung von Transkription und Translation durch die Kernhülle

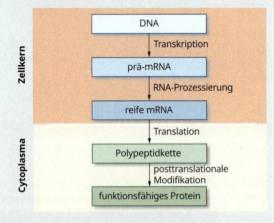

RNA-Prozessierung oder mRNA-Reifung:
– Herausschneiden (Spleißen) der Introns aus der prä- mRNA
– Anhängen der cap-Struktur (methyliertes Guanin) an das 5´-Ende der prä-mRNA
– Anfügen des poly-A-Schwanzes an das 3´-Ende der prä-mRNA

Posttranslationale Modifikation der Polypeptid- kette:
– enzymatischer Abbau einzelner, kurzer Peptide
– Faltung zum funktionsfähigen Protein

Aktuelle Gen-Definition: Ein Gen ist eine Kombi- nation von DNA-Abschnitten, die zusammen für ein Polypeptid oder für ein RNA-Molekül codieren.

Genregulation bei Eukaryoten

– im Vergleich zu Prokaryoten komplexer
– findet auf verschiedenen Ebenen statt

Regulation auf Chromatinebene:

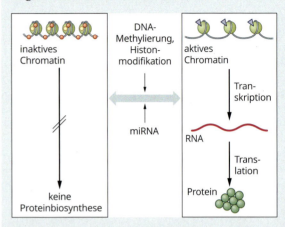

Regulation auf Transkriptionsebene:
– Bildung eines Transkriptionskomplexes aus TATA- Bindungsproteinen, allgemeinen Transkriptions- faktoren und RNA-Polymerase an der TATA-Box des Promotors
– Transkription mit geringer Geschwindigkeit
– Erhöhung der Transkriptionsrate durch spezifische Transkriptionsfaktoren
– Spezifische Transkriptionsfaktoren: Weiter entfernt liegende regulatorische DNA-Sequenzen treten über Schleifenbildung der DNA in Kontakt mit dem Tran- skriptionskomplex.
– Enhancer (Verstärker): erhöhen Transkriptionsrate
– Silencer (Dämpfer): verringern Transkriptionsrate

Regulation auf Ebene der RNA-Prozessierung:
– Alternatives Spleißen: Aus der prä-mRNA entstehen unterschiedliche reife mRNAs, die in verschiedene Proteine übersetzt werden können.

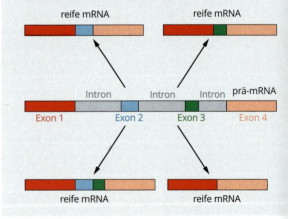

Regulation auf Ebene des mRNA-Abbaus:
– schneller Stopp der Proteinbiosynthese durch Abbau der mRNA in P-Bodies
– Abbau der mRNA durch RNA-Interferenz

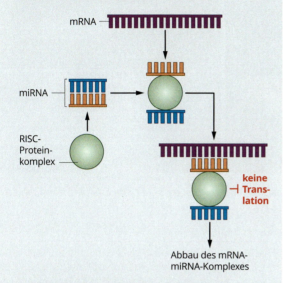

Regulation auf der Ebene der Translation:
Proteinkonzentration in der Zelle wird reguliert
– durch Steigerung der Translationsrate,
– durch Verlängerung der Protein-Lebensdauer durch ihre Glykolysierung,
– durch Abbau überflüssiger Proteine durch Proteasomen.

DNA-Chip-Technologie (Microarray)

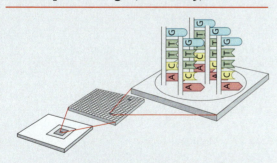

– DNA-Chip enthält tausende Felder mit einzelsträngigen DNA-Sonden in millionenfacher Kopie.
– DNA-Sonden dienen als „Köder" für komplementäre einzelsträngige DNA-Fragmente aus DNA-Proben.
– Einzelsträngige fluoreszenzmarkierte DNA-Proben hybridisieren mit komplementären Sonden in den Feldern.
– Ein Laserscan des Chips führt in den Feldern, in denen eine Hybridisierung stattgefunden hat, zu einem Signal.

Epigenetik
– Mechanismus der eukaryotischen Genregulation
– steuert umweltabhängig alle Vorgänge, die zu einem stärkeren oder schwächeren Ablesen von Genen führen

Epigenetische Prozesse
– sind von der Umwelt abhängig,
– bewirken keine Änderung des genetischen Codes,
– sind reversibel,
– steuern viele biologische Prozesse, etwa die Zelldifferenzierung und Entwicklung,
– finden auf verschiedenen Ebenen statt.

DNA-Ebene: Methylierung von Cytosinbasen

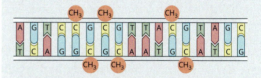

Chromatinebene: Histonmodifikationen durch Methylierung und Acetylierung

RNA-Ebene: RNA-Interferenz

Das **epigenetische Muster** wird bei der DNA-Replikation auf die DNA-Tochterstränge übertragen.

Proteomik
– **Proteom:** Gesamtzahl der Proteine eines Lebewesens, eines Gewebes oder einer Zelle
– schnell veränderlich
– abhängig von verschiedenen Faktoren und Zuständen, etwa Alter, Krankheiten, Umwelteinflüssen

Methoden der Proteomik:

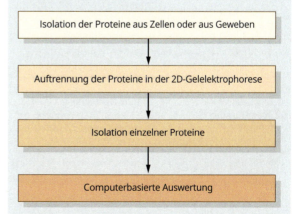

3 Auswahlkapitel: Gentechnik

1 Gentechnisch veränderter Organismus. A Fluoreszierende Zebrabärblinge; **B** Gewöhnlicher Zebrabärbling *Danio rerio*; **C** Tiefseequalle *Aequorea victoria*

3.1 Einführung in die Gentechnik

Was versteht man unter Gentechnik und in welche Bereiche ist sie gegliedert?

Besondere Aquarienfische erfreuen sich seit einigen Jahren wachsender Beliebtheit: Zebrabärblinge leuchten bei Bestrahlung mit UV-Licht in jeweils unterschiedlicher Farbe auf (→ **Abb. 1 A**). Die Fische besitzen ein Gen, das für ein fluoreszierendes Protein codiert. Das Gen stammt ursprünglich von Tiefseequallen, die – ähnlich wie Glühwürmchen – Licht erzeugen können (→ **Abb. 1 C**). Wissenschaftler übertrugen das „Leuchtgen" der Qualle in das Genom der Fische und schufen so einen gentechnisch veränderten Organismus.

Gentechnisch veränderte Lebewesen werden auch als gv-Lebewesen oder **transgene Lebewesen** bezeich-

net. Am Beispiel der leuchtenden Fische wird das Prinzip der **Gentechnik** deutlich. Mithilfe bestimmter Methoden und Verfahren wird gezielt in das Genom von Lebewesen eingegriffen. Dazu wird die DNA isoliert und in vitro oder in vivo verändert. Die so entstandene **rekombinante DNA** wird in einen Organismus eingeschleust. Die Synthese und Expression der rekombinanten DNA ist möglich, da der genetische Code universell ist.

Anwendungsbereiche

Gentechnische Verfahren werden heute in den unterschiedlichsten Bereichen angewendet. Je nach Anwendungsbereich spricht man von Grüner, Roter, Weißer oder Grauer Gentechnik (→ **Abb. 2**).

Die **Grüne Gentechnik** beschäftigt sich mit gentechnisch veränderten Nutzpflanzen. Diese haben die Züchtung in den letzten Jahrzehnten geradezu revolutioniert. Denn anders als bei herkömmlichen Züchtungsmethoden

Gentechnik
Anwendungsbereiche

Grüne Gentechnik	**Rote Gentechnik**	**Weiße Gentechnik**	**Graue Gentechnik**
• Landwirtschaftliche Produktion Herstellung von Nutzpflanzen mit veränderten Anbaueigenschaften oder Inhaltsstoffen	• Medizin und Pharmazie Erforschung von Krankheitsursachen, Entwicklung von diagnostischen und therapeutischen Verfahren, Herstellung von Medikamenten oder Impfstoffen	• Industrielle Verfahren Nutzung gentechnisch veränderter Mikroorganismen zur Herstellung von Enzymen und Chemikalien	• Umwelttechnik Reinigung von Abwasser, Entgiftung verseuchter Böden, Behandlung von Abfällen

2 Anwendungsbereiche der Gentechnik

lassen sich mithilfe der Gentechnik Merkmale nicht verwandter Arten miteinander kombinieren. So hat man etwa Gene von Bakterien, die eine Resistenz gegenüber Unkrautvernichtungsmittel bewirken, auf Raps- und Sojapflanzen übertragen. Dadurch werden die **transgenen Pflanzen** durch bestimmte Herbizide nicht geschädigt. Außerdem wurden in Mais Gene eingebracht, die den transgenen Pflanzen eine Resistenz gegen verschiedene Schädlinge wie dem Maiszünsler verleihen.

Im pharmazeutischen und medizinischen Bereich gibt es zahlreiche Anwendungen der **Roten Gentechnik.** Medikamente wie das Humaninsulin werden in großtechnischem Maßstab in Fermentern aus gentechnisch veränderten Bakterien gewonnen. Für andere Wirkstoffe werden Säugerzellen benötigt. So wird etwa der Blutgerinnungsfaktor VIII in transgenen Hamsterzellen produziert. Bei der Therapie von Erbkrankheiten, die durch die Mutation eines bestimmten Gens verursacht werden, kann in den Zellen der Patienten das mutierte Gen durch ein intaktes Gen ersetzt werden. Diese **somatische Gentherapie** wird derzeit in Deutschland jedoch nur bei schwerstkranken Menschen, für die es keine andere Behandlungsmethode gibt, durchgeführt.

Die **Weiße Gentechnik** wird unter anderem in der Lebensmittel- und Waschmittelindustrie angewendet. Ihr Ziel ist es, Stoffe kostengünstig und in hoher Reinheit herzustellen. So wird etwa der Geschmacksverstärker Glutamat in großen Mengen gentechnisch hergestellt.

Die biologische Reinigung von Böden und Abwässern sowie die Aufarbeitung von Abfall sind Schwerpunkte der **Grauen Gentechnik.** Mit transgenen Pappeln versucht man zum Beispiel Schwermetalle und Pestizide aus damit verunreinigten Böden zu entfernen.

Die Gentechnik wird in der Gesellschaft kontrovers diskutiert. Während die gentechnische Herstellung von Medikamenten weitgehend akzeptiert wird, sind beim Eingriff in das menschliche Genom grundlegende **rechtliche und ethische Fragen** zu klären. Insbesondere wenn es sich dabei um einen Eingriff in die Keimbahn handelt, der irreversibel ist und den der transgene Mensch vererben würde. Auch die Grüne Gentechnik ist umstritten. Während

die Gegner die Risiken betonen, die vom Anbau transgener Pflanzen im Freiland ausgehen, weisen die Befürworter auf die Chancen hin. Sie hoffen insbesondere auf eine Lösung des Welthungerproblems.

In Deutschland bietet seit 1990 das **Gentechnikgesetz** den rechtlichen Rahmen für die Forschung, Entwicklung und Erprobung der Gentechnik. Insbesondere durch die neuen molekularen Genscheren **CRISPR/Cas,** die seit 2012 in der Gentechnik eingesetzt werden, wurde die klassische Gentechnik revolutioniert. Dadurch wird eine rechtliche und ethische Neubewertung der Gentechnik dringend erforderlich.

❶ ☰ Recherchieren Sie, in welchen europäischen Ländern transgene Pflanzen im Freiland angebaut werden dürfen.

❷ ☰ Recherchieren Sie, warum die Einfuhr und der Handel von „Leuchtfischen" in Deutschland verboten sind.

Materialgebundene Aufgaben

❸ Akzeptanz von Gentechnik

In einer Umfrage zur Natur und biologischen Vielfalt, die im Auftrag des Bundesministeriums für Umwelt, Naturschutz und nukleare Sicherheit (BMU) alle zwei Jahre durchgeführt wird, haben sich 2017 79 Prozent der Befragten für ein Verbot der Gentechnik in der Landwirtschaft ausgesprochen. 42 Prozent hielten das Verbot für sehr wichtig und 37 Prozent für wichtig.

Durch-schnitt	Alter (Jahre)				Bildung			Haushaltsnetto-einkommen (€)			
ø	bis 29	30 bis 49	50 bis 65	über 65	nied-rig	mittel	hoch	bis 999	1000 bis 1999	2000 bis 3499	3500 und mehr
42	35	40	43	51	41	45	43	42	44	43	38

■ stark unterrepräsentiert   ■ stark überrepräsentiert   ■ unterrepräsentiert

In der Tabelle sind die 42 Prozent der Bevölkerung, die das Verbot für sehr wichtig hielten, hinsichtlich Alter, Bildung und Haushaltsnettoeinkommen genauer aufgeschlüsselt.

a) ☰ Werten Sie die Ergebnisse der Umfrage hinsichtlich der Frage aus, welchen Einfluss das Alter, die Bildung und das Einkommen auf die Akzeptanz der Gentechnik in der Landwirtschaft hat.

b) ☰ Nennen Sie mögliche Gründe für die vergleichsweise geringe Akzeptanz der Gentechnik in der Landwirtschaft.

113

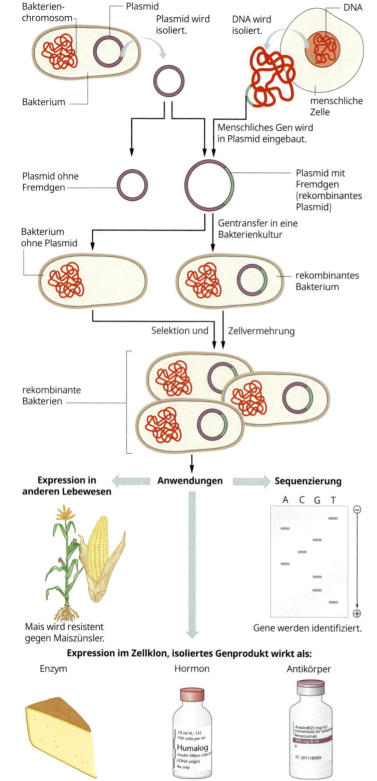

Bakterien-chromosom

Plasmid

Plasmid wird isoliert.

DNA wird isoliert.

DNA

Bakterium

menschliche Zelle

Menschliches Gen wird in Plasmid eingebaut.

Plasmid ohne Fremdgen

Plasmid mit Fremdgen (rekombinantes Plasmid)

Bakterium ohne Plasmid

Gentransfer in eine Bakterienkultur

rekombinantes Bakterium

Selektion und   Zellvermehrung

rekombinante Bakterien

Expression in anderen Lebewesen

Anwendungen

Sequenzierung

A C G T

Mais wird resistent gegen Maiszünsler.

Gene werden identifiziert.

Expression im Zellklon, isoliertes Genprodukt wirkt als:

Enzym

Hormon

Antikörper

Chymosin zur Käseherstellung

Insulin zur Senkung des Blutzuckerspiegels

Avastin zur Behandlung von Krebserkrankungen

1 Grundoperationen und Anwendungen der Gentechnik

3.2 Verfahrensschritte der klassischen Gentechnik

Welche Verfahren und Schritte sind in der klassischen Gentechnik zur Erzeugung transgener Lebewesen notwendig?

Unter dem Begriff **Gentechnik** werden alle Verfahren und Methoden der Biotechnologie zusammengefasst, die gezielte Eingriffe in das Genom von Lebewesen ermöglichen. Ein solcher Eingriff gelang zuerst 1973 den amerikanischen Wissenschaftlern COHEN und BOYEN. Sie kombinierten DNA-Fragmente unterschiedlicher Bakterien in vitro neu. Diese rekombinante DNA schleusten sie in *E. coli*-Bakterien ein. Die *E. coli*-Bakterien bildeten daraufhin das codierte Protein und hatten damit eine neue Eigenschaft, eine Antibiotika-resistenz, erhalten.

Folgende Grundoperationen sind für einen Gentransfer zwischen verschiedenen Zellen notwendig (→ **Abb. 1**):

- **Isolation** von DNA aus der Gen-Spender-zelle, zum Beispiel aus einer menschlichen Zelle;
- Gewinnung eines bakteriellen Plasmids, das als **Vektor** oder „Genfähre" dient;
- Einbau des menschlichen Gens in das Plasmid, **Rekombination** genannt;
- Übertragung des Plasmids mit dem eingebauten menschlichen „Fremdgen", **Gentransfer** genannt, in die Zielzelle, etwa ein Bakterium;
- **Selektion** der erfolgreich rekombinierten Bakterien;
- **Zellvermehrung.**

Durch die Vermehrung der rekombinanten Zellen gewinnt man viele Millionen Kopien des Fremdgens. So kann damit in verschiedener Weise weitergearbeitet werden. Das Fremdgen kann etwa in Bakterien zur Expression angeregt werden. Dies geschieht zum Beispiel bei der Produktion von Chymosin, Insulin oder Avastin (→ **Abb. 1**). Weiter lässt es sich sequenzieren, und darüber hinaus kann es auf Lebewesen einer anderen Art übertragen und in diesen zur Expression gebracht werden. Auf diese Weise wurde etwa **transgener Mais** erzeugt. Er kann herbizidresistent, schädlingsresistent oder trockentolerant sein. Weiter kann transgener Mais auch eine veränderte Maisstärke mit besserer Futterqualität beinhalten.

Für die Grundoperationen werden verschiedene molekulare Werkzeuge benötigt:

Restriktionsenzyme

Für die **Isolation** von DNA nutzt man bestimmte Enzyme, sogenannte **Restriktionsenzyme.** Wissenschaftler beobachteten, dass sich Phagen in bestimmten Bakterien nicht vermehren können. Diese Bakterien verfügen über einen Schutzmechanismus in Form von Enzymen, die wie „Scheren" die Phagen-DNA zerschneiden und sie dadurch unschädlich machen. Durch die Methylierung ihrer eigenen DNA verhindern die Bakterien, dass diese von ihren eigenen Restriktionsenzymen zerschnitten wird (→ **Abb. 2**).

Jedes dieser Restriktionsenzyme schneidet die DNA innerhalb einer spezifischen, zumeist vier bis sechs Basenpaare langen **Erkennungssequenz** (→ **Abb. 3**). Das Restriktionsenzym *EcoRI*, das aus *Escherichia coli* isoliert wurde, schneidet DNA nur dort, wo die Basensequenz 5'-GAATTC-3' auftritt. Die Sequenz liest sich in beiden Strängen in 5'→3'-Richtung gleich. Es handelt sich also um ein **Palindrom,** ähnlich dem Wort „Otto".

Der Schnitt erfolgt in beiden Strängen versetzt zwischen den Basen G und A, sodass an den Schnittstellen jeweils ein kurzes Stück Einzelstrang-DNA übersteht. Diese beiden Einzelstrang-Enden sind komplementär zueinander. Sie neigen daher dazu, sich über Wasserstoffbrücken wieder zusammenzulagern, weshalb sie auch als klebrige Enden oder **sticky ends** bezeichnet werden. Gibt man fremde DNA-Fragmente, die mit dem gleichen Restriktionsenzym geschnitten wurden, hinzu, lagern sich ebenfalls die komplementären überstehenden Enden zusammen. Mithilfe des Enzyms **DNA-Ligase** kann die Bindung zwischen den Nucleotiden wieder verknüpft werden (→ **Abb. 4**).

Nur wenige Restriktionsenzyme vollziehen einen glatten Schnitt durch die DNA, wie etwa das Enzym *Hae*III, welches aus *Haemophilus aegypticus* isoliert wurde. Die entstehenden Enden werden **blunt ends** (engl. *blunt:* glatt) genannt.

Mithilfe von Restriktionsenzymen und DNA-Ligasen können in der Gentechnik DNA-Moleküle in definierte Fragmente geschnitten und neu kombiniert werden.

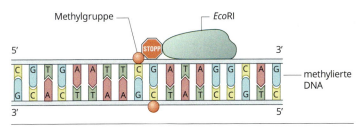

2 Kein Schneiden durch *Eco*RI bei methylierter DNA

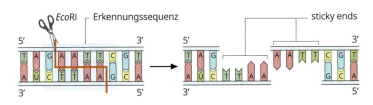

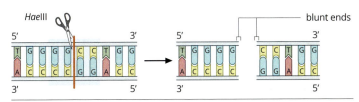

3 Erkennungssequenzen und Wirkung verschiedener Restriktionsenzyme

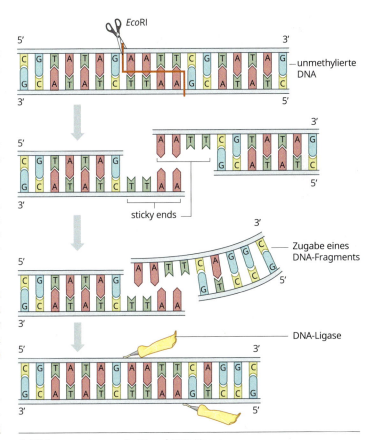

4 Wirkungsweise von *Eco*RI und DNA-Ligase

Plasmide

Ein weiteres Werkzeug der Gentechnik sind die **Plasmide** von Bakterien. Sie eignen sich besonders gut, da sie sich leicht isolieren und mit Fremdgenen ausstatten lassen. Sie besitzen einen Replikationsursprung, **ori** genannt, und können sich daher in Bakterien unabhängig vom Bakterienchromosom replizieren. Für den Einbau des Fremdgens in das Plasmid verwendet man ein Restriktionsenzym, dessen Erkennungssequenz nur einmal im Plasmid vorkommt, und das daher das Plasmid nur an einer Stelle gezielt öffnet. Für die Isolation des Fremdgens, etwa aus dem menschlichen Genom, wird das gleiche Restriktionsenzym verwendet. Bringt man schließlich das Fremdgen und das aufgeschnittene Plasmid in vitro zusammen, können sich deren klebrige Enden komplementär paaren. Nach Zugabe der DNA-Ligase entsteht ein **rekombinantes Plasmid,** welches das Fremdgen enthält. Der Einbau des Fremdgens in das Plasmid gelingt jedoch nicht immer. Vielmehr können sich die Plasmide auch ohne den Einbau des Fremdgens wieder schließen. Es entsteht also ein Gemisch aus Plasmiden mit Fremdgen und Plasmiden ohne Fremdgen (→ **Abb. 5**).

Für den **Gentransfer** wird dieses Gemisch in eine Bakterienkultur gegeben. Die Zellwände der Bakterien wurden zuvor durch eine spezielle Behandlung mit einer Calciumchlorid-Lösung durchlässig gemacht. Ausgelöst durch einen Hitzeschock können die Bakterien dann Plasmide aufnehmen. Rekombinante Plasmide sind „Genfähren", mithilfe derer man Fremdgene in andere Lebewesen überträgt. Sie werden als **Vektoren** (lat. *vector:* Träger; jemand, der zieht/befördert) bezeichnet.

Selektion

Um herauszufinden, welche Bakterienzellen das gewünschte rekombinante Plasmid aufgenommen haben, ist deren **Selektion** notwendig. Diese basiert darauf, dass das verwendete Plasmid zum Beispiel zwei Antibiotikaresistenzgene, etwa gegen die Antibiotika Tetracyclin und Ampicillin, enthält. Die entsprechenden Gene heißen tet^R und amp^R und werden auch als **Markergene** bezeichnet. Das Bakterium ohne Plasmide weist diese Resistenzgene nicht auf und kann auf einem Nährboden, der diese Antibiotika enthält, nicht überleben.

Im ersten Selektionsschritt prüft man, ob ein Plasmid aufgenommen wurde (→ **Abb. 5**). Dazu kultiviert man die Bakterien auf einem Nährboden, der das Antibiotikum Tetracyclin enthält. Dabei werden alle Bakterien, die kein Plasmid mit dem Tetracyclin-Resistenzgen aufgenommen haben, abgetötet. Hierbei gehen bereits über 99,9 Prozent aller Bakterien zugrunde. Schließlich überprüft man in einem zweiten Selektionsschritt, ob das Fremdgen in das Plasmid eingebaut worden war, indem man die Bakterien auf einen Nährboden mit Ampicillin überträgt. Die Selektion ist nur möglich, wenn sich im zweiten Markergen amp^R die Schnittstelle für das verwendete Restriktionsenzym zum Einbau des Fremdgens befindet. Durch dessen Einbau an dieser

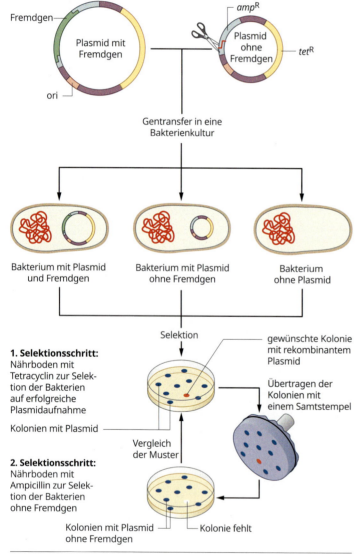

5 Prinzip der Selektion

Stelle wird das Gen *amp*ᴿ auseinandergerissen und kann daher nicht mehr exprimiert werden. Als Folge geht die Resistenz gegen Ampicillin verloren. Auf diesem Nährboden können also nur die Bakterien wachsen, die zwar das Plasmid, aber nicht das Fremdgen aufgenommen haben. Durch diese Geninaktivierung wurde die weitere Selektion möglich.

Mithilfe eines sterilen Samtstempels wird ein Teil der herangewachsenen Bakterien von jeder Kolonie vom tetracyclinhaltigen Nährboden auf den zweiten Nährboden, der Ampicillin enthält, übertragen. Dieses Verfahren wird **Replikaplattierung** genannt. Die Replikaplattierung erzeugt eine genaue Kopie der Ursprungsplatte. Durch den Vergleich der Koloniemuster der beiden Selektionsschritte ist es möglich, die Kolonien auszuwählen, die auf dem ampicillinhaltigen Nährboden nicht mehr wachsen. Diese enthalten das rekombinante Plasmid und werden vermehrt. Sie produzieren das Protein, das durch das Fremdgen codiert wird.

Heute benutzt man zur Selektion bevorzugt Markergene, die für fluoreszierende Proteine codieren. Das Gen *gfp* codiert das **g**rün **f**luoreszierende **P**rotein **GFP**. Es wird aus der Tiefseequalle *Aequorea victoria* isoliert und in Bakterien übertragen. Wird das Protein exprimiert, fluoresziert die Bakterienkolonie grün, sobald sie mit UV-Licht bestrahlt wird (→ **Abb. 6**).

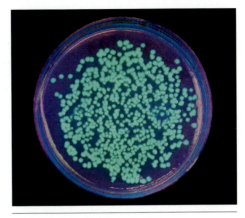

6 Transgene Bakterien mit GFP

Materialgebundene Aufgaben

❶ Restriktionsenzyme in der Gentechnik

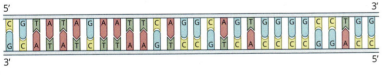

Der dargestellte DNA-Abschnitt besitzt eine Schnittstelle sowohl für das Restriktionsenzym *Eco*RI als auch *Hae*III. 5'-GGCC-3' ist die Erkennungssequenz von *Hae*III. Die Schnittstelle liegt zwischen G und C.

a) ☰ Übertragen Sie die Basensequenz des DNA-Abschnitts auf Ihr Arbeitsblatt und kennzeichnen Sie die Schnittstellen für *Eco*RI und *Hae*III.

b) ☰ Erklären Sie die Substrat- und Wirkungsspezifität der Restriktionsenzyme *Eco*RI und *Hae*III.

c) ☰ Vergleichen Sie die Erfolgsaussichten des Einbaus eines Fremdgens in ein Plasmid, wenn deren DNA jeweils mit dem Restriktionsenzym *Eco*RI beziehungsweise *Hae*III geschnitten wurde.

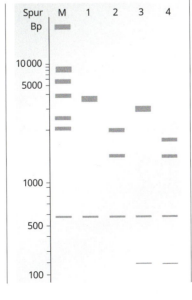

Ein Plasmid mit 4100 Basenpaaren (Bp) wurde mit mehreren Restriktionsenzymen geschnitten und die dabei resultierenden DNA-Fragmente mittels Gelelektrophorese aufgetrennt. Das Elektropherogramm nach dem Restriktionsabbau des Plasmids zeigt in Spur 1 bis 4 folgende Restriktionsfragmente:

Spur 1: Abbau mit *Hpa*I; 3500 Bp, 600 Bp

Spur 2: Abbau mit *Hpa*I und *Pst*I; 2000 Bp, 1500 Bp, 600 Bp

Spur 3: Abbau mit *Hpa*I und *Ssp*I; 3300 Bp, 600 Bp, 200 Bp

Spur 4: Abbau mit *Hpa*I, *Pst*I und *Ssp*I; 1800 Bp, 1500 Bp, 600 Bp, 200 Bp

M: DNA-Längenstandard

d) ☰ Skizzieren Sie ein Plasmid mit den relativen Schnittstellen von *Hpa*I, *Pst*I und *Ssp*I und geben Sie jeweils die Größen der Fragmente zwischen den einzelnen Restriktionsschnittstellen an.

3.3 Methoden des Gentransfers

Wie erfolgt die Übertragung rekombinanter DNA in die Zielzelle ?

Für den Gentransfer (→ Abb. 1) werden je nach Zielzelle verschiedene Methoden eingesetzt. Zum Beispiel nutzt man Bakterien oder Viren, die die rekombinante DNA übertragen.

Bei Pflanzen verwendet man vielfach das Bakterium *Agrobacterium tumefaciens* für den Gentransfer. Auch physikalische Methoden werden dafür eingesetzt, etwa die Elektroporation, die Partikelpistole, die Lipofektion, die Mikroinjektion oder die Calciumphosphat-Präzipitation. Ziel aller Methoden ist es, die Fremdgene in das Genom stabil einzubauen und ihre Expression zu erreichen.

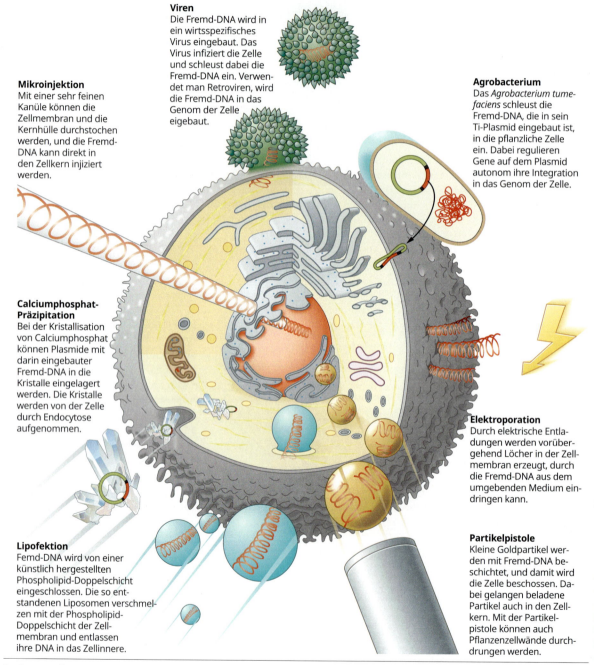

Viren
Die Fremd-DNA wird in ein wirtsspezifisches Virus eingebaut. Das Virus infiziert die Zelle und schleust dabei die Fremd-DNA ein. Verwendet man Retroviren, wird die Fremd-DNA in das Genom der Zelle eigebaut.

Mikroinjektion
Mit einer sehr feinen Kanüle können die Zellmembran und die Kernhülle durchstochen werden, und die Fremd-DNA kann direkt in den Zellkern injiziert werden.

Agrobacterium
Das *Agrobacterium tumefaciens* schleust die Fremd-DNA, die in sein Ti-Plasmid eingebaut ist, in die pflanzliche Zelle ein. Dabei regulieren Gene auf dem Plasmid autonom ihre Integration in das Genom der Zelle.

Calciumphosphat-Präzipitation
Bei der Kristallisation von Calciumphosphat können Plasmide mit darin eingebauter Fremd-DNA in die Kristalle eingelagert werden. Die Kristalle werden von der Zelle durch Endocytose aufgenommen.

Elektroporation
Durch elektrische Entladungen werden vorübergehend Löcher in der Zellmembran erzeugt, durch die Fremd-DNA aus dem umgebenden Medium eindringen kann.

Lipofektion
Femd-DNA wird von einer künstlich hergestellten Phospholipid-Doppelschicht eingeschlossen. Die so entstandenen Liposomen verschmelzen mit der Phospholipid-Doppelschicht der Zellmembran und entlassen ihre DNA in das Zellinnere.

Partikelpistole
Kleine Goldpartikel werden mit Fremd-DNA beschichtet, und damit wird die Zelle beschossen. Dabei gelangen beladene Partikel auch in den Zellkern. Mit der Partikelpistole können auch Pflanzenzellwände durchdrungen werden.

1 Gentransfer

3.4 Genom-Editierung mithilfe von CRISPR/Cas9

Mit welchen modernen Methoden wird heutzutage DNA gezielt geschnitten und verändert?

Bei den klassischen Verfahren der Gentechnik hängt es stark vom Zufall ab, an welcher Stelle des Genoms ein eingeschleustes Fremdgen integriert wird. Durch einen solchen ungezielten Einbau können andere Gene der Zelle in ihrer Funktion beeinträchtigt und infolgedessen die Eigenschaften des transgenen Lebewesens nachteilig verändert werden. Durch den Einsatz von **CRISPR/Cas9** in der Gentechnik ist dieses Risiko stark gesunken. Diese molekulare Genschere ermöglicht es, ein Genom sehr einfach und hochpräzise an jeder gewünschten Stelle zu schneiden.

CRISPR/Cas9 stammt aus Bakterien. Es dient ihnen als Abwehrmechanismus gegen Viren. Bei einer Erstinfektion mit einem bestimmten Virus können Bakterien manchmal die injizierte DNA des Virus zerschneiden und Fragmente davon in ihr Genom einbauen (→ **Abb. 1A**). Solche DNA-Abschnitte werden **Spacer** genannt. Sie liegen im Genom der Bakterien zwischen kurzen, sich wiederholenden Nucleotidsequenzen, den **Repeats.** Spacer und Repeats bilden die **CRISPR-DNA** (engl. *clustered regularly interspaced short palindromic repeats*). Bakterien besitzen damit eine Art Archiv über frühere eingedrungene Viren. Bei einer erneuten Infektion mit diesen Viren können die Bakterien sie wiedererkennen und sehr effizient vernichten. Zu der CRISPR-DNA des Bakteriengenoms gehören weitere Gene, sogenannte CRISPR-**as**soziierte Sequenzen, abgekürzt **Cas.** Diese codieren unter anderem ein Enzym, das DNA zerschneiden kann. Bei einer Zweitinfektion mit einem Virus, dessen DNA im Bakteriengenom archiviert ist, wird die CRISPR-DNA transkribiert. Aus der unreifen RNA der CRISPR-DNA, kurz **prä-crRNA** genannt, werden durch RNA-Prozessierung **reife crRNA-Moleküle** hergestellt. Diese unterscheiden sich jeweils in den Spacersequenzen (→ **Abb. 1B**). Auch die bakteriellen Cas-Gene werden exprimiert, sodass Cas-Enzyme in der Bakterienzelle vorliegen, mit denen sich reife crRNA-Moleküle zusammenlagern können. Besitzt ein crRNA-Molekül eine Spacersequenz, die komplementär zu einigen Basen-

sequenzen der injizierten Virus-DNA ist, bindet es daran und leitet so das Cas-Enzym gezielt an diese Stelle. Das Cas-Enzym durchtrennt daraufhin die virale DNA. Das heißt, es erzeugt Doppelstrangbrüche und macht damit die virale DNA und damit das Virus für das Bakterium unschädlich.

CRISPR/Cas9 – Werkzeug der Gentechnik

Nachdem Wissenschaftler erkannt hatten, dass CRISPR/Cas9 nicht nur in Bakterien, sondern auch in pflanzlichen und tierischen Zellen arbeitet, wurde daraus ein molekulargenetisches Werkzeug entwickelt, mit dem jede DNA sehr präzise geschnitten werden kann. Dazu wird in CRISPR/Cas9 lediglich die etwa 20 Nucleotid lange Spacersequenz durch eine künstlich hergestellte spezifische Sequenz ausgetauscht. Deshalb spricht man auch von **programmierten Genscheren.** Mit ihrer Hilfe kann man heutzutage in der Gentechnik fast jede Basensequenz in einem Genom gezielt ansteuern, Cas-Enzyme präzise an diese Stelle leiten und dort DNA-Doppelstrangbrüche erzeugen.

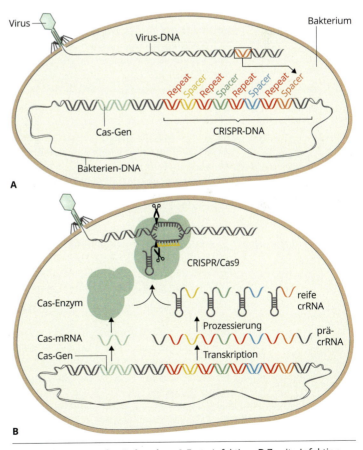

1 Abwehrsystem der Bakterien. A Erste Infektion; **B** Zweite Infektion

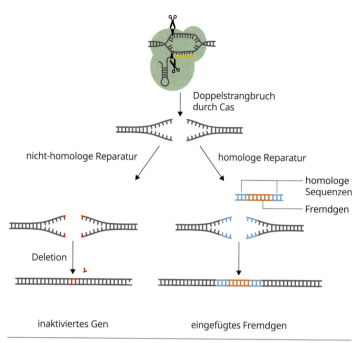

nicht-homologe Reparatur   homologe Reparatur

Doppelstrangbruch durch Cas

homologe Sequenzen

Fremdgen

Deletion

inaktiviertes Gen   eingefügtes Fremdgen

2 DNA-Veränderungen mithilfe von DNA-Reparaturmechanismen

Reparatur des DNA-Doppelstrangbruchs als Basis von DNA-Veränderungen

Bei DNA-Doppelstrangbrüchen werden zelleigene Reparaturmechanismen aktiviert, durch die die getrennten DNA-Enden wieder zusammengefügt werden. Dies geschieht bei Eukaryoten vor allem durch einen Mechanismus, bei dem die getrennten Stränge unabhängig von ihrer Sequenz wieder zusammengefügt werden. Man spricht von der nicht-homologen Reparatur. Im Gegensatz dazu dienen bei einer homologen Reparatur unbeschädigte Sequenzen von homologen Chromosomen als Vorlage für die Reparatur. Dazu müssen diese in der Nähe der Bruchstelle zur Verfügung stehen (→ **Abb. 2**). Beide Reparaturmechanismen werden in der Gentechnik gezielt genutzt, um die Zielsequenzen einer DNA nach dem mit CRISPR/Cas9 erzeugten Doppelstrangbruch zu verändern.

Mithilfe der **nicht-homologen Reparatur** können zum Beispiel Gene abgestellt werden, denn bei diesem Reparaturmechanismus gehen häufig einzelne DNA-Nucleotide verloren (→ **Abb. 2**). Infolge einer solchen Deletion wird das Leseraster in der Zielsequenz verschoben und damit das betreffende Gen ausgeschaltet. Da bei diesem Verfahren keine Fremd-DNA zurückbleibt und nur die natürlichen Reparatur-

enzyme der Zellen genutzt werden, sind die Veränderungen im Genom der Zelle nicht von spontanen Mutationen zu unterscheiden.

Bei der **homologen Reparatur** müssen homologe Sequenzen der Bruchstelle verfügbar sein. Soll in die DNA-Bruchstelle entsprechend der homologen Reparatur ein Fremdgen eingebaut werden, muss dieses an den Enden Sequenzen besitzen, die homolog zu den Enden der DNA an der Bruchstelle sind (→ **Abb. 2**). Dieses Verfahren zählt im Gegensatz zur nichthomologen Reparatur zu den gentechnischen Verfahren, da hierbei Zellen oder Lebewesen mit Fremd-DNA entstehen.

Mit CRISPR/Cas9 und den darauf aufbauenden zelleigenen Reparaturmechanismen können einzelne Gene umgeschrieben oder editiert werden. Deshalb bezeichnet man solche Verfahren als **Genom-Editierung.**

CRISPR/Cas9 gilt zurzeit als das meistgenutzte Gentechnik-Werkzeug in den Laboren der Welt. In der Pflanzenzüchtung hat der Einsatz von CRISPR/Cas9 eine Welle neuer Entwicklungen ausgelöst. So konnten mithilfe des Verfahrens mehltauresistente Tomaten und Weizenpflanzen hergestellt werden. Bei ihnen wurde gezielt ein Gen ausgeschaltet, das für ein Protein codiert, welches dem Pilz das Eindringen in die Pflanzenzellen ermöglicht. In der Medizin könnte man Erbkrankheiten wie Mukoviszidose und Sichelzellenanämie, aber auch Krebs oder HIV-Infektionen damit behandeln. In verschiedenen klinischen Studien sind dazu bereits Tests an Patienten durchgeführt worden. Das Verfahren der Genom-Editierung könnte auch genutzt werden, um in die menschliche Keimbahn einzugreifen. Die DNA-Veränderungen würden dann auch an die Nachkommen weitervererbt werden. In Europa verbietet allerdings die Rechtslage solche Eingriffe. Die ethischen und rechtlichen Fragen, die mit dem Eingriff von CRISPR/Cas9 in die menschliche Keimbahn in Verbindung stehen, müssen dringend geklärt werden.

❶ ☰ Beschreiben Sie anhand der Abbildung 1 den Abwehrmechanismus von Bakterien gegen Viren mithilfe von CRISPR/Cas9.

❷ ☰ Erstellen Sie ein Fließdiagramm, das die notwendigen Verfahrensschritte zeigt, um mit dem Verfahren der Genom-Editierung mehltauresistente Tomaten zu erzeugen.

3.5 Gensuche

Wie ermittelt man das Gen, das in die Zielzelle übertragen werden soll?

Genomische Bibliothek

Um aus der Vielzahl der Gene eines Lebewesens ein spezielles Gen, etwa das Insulingen, zu finden, isoliert man die gesamte DNA aus dessen Zellen und schneidet sie mit einem Restriktionsenzym (→ **Abb. 1**). Die entstandenen DNA-Fragmente werden jeweils in einen Vektor, etwa ein Plasmid, eingebaut, der zuvor mit demselben Restriktionsenzym geschnitten wurde. Diese Vektoren werden in *E. coli* eingeschleust. Jedes Bakterium trägt nun ein DNA-Fragment des fremden Genoms. Die durch die Bakterienvermehrung entstehenden Klone umfassen vollständig die DNA des Lebewesens. Ihre Gesamtheit bezeichnet man als **genomische Bibliothek.** Jeder Klon entspricht modellhaft einem Buch in dieser Bibliothek.

cDNA-Bibliothek

Bei einem anderen Verfahren zur Gensuche gewinnt man die rRNA aus einer Zelle, die das spezielle Gen exprimiert. Weiter nutzt man Reverse Transkriptase. Dieses Enzym schreibt die RNA in DNA um. Aus den so gewonnenen DNA-Einzelsträngen werden durch DNA-Polymerase DNA-Doppelstränge synthetisiert. Diese sogenannte **cDNA** wird ebenfalls in Vektoren eingebaut und in Bakterien vervielfältigt. Auf diese Weise erhält man eine **cDNA-Bibliothek.** Ihr Vorteil besteht darin, dass sie nur Gene enthält, die auch exprimiert werden. Introns und andere DNA-Bereiche, die nicht für Proteine codieren, fehlen zudem.

Gensonden

Um ein bestimmtes Gen in einer cDNA- oder genomischen Bibliothek zu finden, benötigt man **Gensonden.** Diese sind einzelsträngig und zum gesuchten Gen komplementär. Zur Sichtbarmachung sind Gensonden häufig mit einem Fluoreszenzfarbstoff markiert. Voraussetzung für die chemische Synthese einer Gensonde ist, dass ein Teil der Gensequenz des gesuchten Gens bekannt ist. Ist das nicht der Fall, analysiert man eine kurze Aminosäuresequenz des codierten Proteins. Daraus ermittelt man mit der Codesonne alle möglichen DNA-Nucleotidsequenzen und stellt sie chemisch her. Auf diese Weise erhält man dann verschiedene mögliche Gensonden.

Nach einer Replikaplattierung werden die Bakterienklone aufgebrochen und deren Plasmide in Einzelstränge getrennt. Bei Zugabe der Gensonden hybridisiert die passende Gensonde mit dem gesuchten Gen. Über die Fluoreszenz und dem Vergleich der Ursprungsplatte ermittelt man den Klon mit dem gesuchten Gen.

❶ ≡ Beschreiben Sie die Gensuche anhand der Abbildung 1.

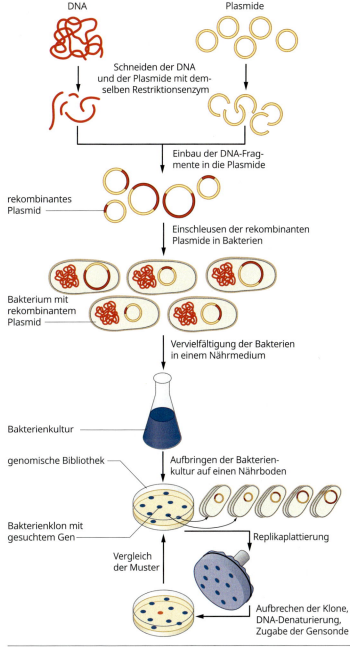

1 Herstellen und Absuchen einer genomischen Bibliothek

❷ Gensuche

1992 isolierten Forscher das Gen *gfp* aus der Qualle *Aequorea victoria*, welches GFP – grün fluoreszierendes Protein – codiert. Sie vervielfältigten dieses Gen und bestimmten die Basensequenz der so gewonnenen DNA. Dabei führten sie die folgenden experimentellen Arbeitsschritte durch:

- Isolieren der mRNA-Moleküle aus Zellen der Qualle
- Vervielfältigen des ermittelten DNA-Abschnittes mithilfe der Kopie der cDNA-Bibliothek
- Herstellen der cDNA-Bibliothek durch Einbauen der Vektoren in Bakterien und Übertragung auf einen Nährboden
- Ermitteln aller möglichen Basensequenzen für die sequenzierten Aminosäuren mithilfe des genetischen Codes
- Erstellen einer Kopie der cDNA-Bibliothek mittels Replikatechnik
- Sequenzieren der ersten neun Aminosäuren des Proteins GFP
- Einbauen der cDNAs in Vektoren
- chemische Synthese aller möglichen Gensonden
- Herstellen der cDNAs mithilfe der Reversen Transkriptase
- Aufbrechen der Bakterienzellen, Denaturierung der DNA und Absuchen der cDNA-Bibliothek auf den gesuchten Klon mithilfe von Gensonden
- Sequenzieren des ermittelten DNA-Abschnittes

a) ≡ Stellen Sie die Verfahrensschritte in einer sinnvollen Reihenfolge dar, um ausgehend vom isolierten GFP die cDNA vom *gfp*-Gen zu sequenzieren.

b) ≡ Die folgende Nucleotidsequenz stellt einen Teil des Beginns der reifen mRNA des *gfp*-Gens dar:

5'...UUUACAGGAUAACAAAG-AUGAGUAAAGGAGAACUU...3'

Ermitteln Sie die Sequenz der ersten fünf Aminosäuren des grün fluoreszierenden Proteins.

❸ Gentechnische Herstellung von Insulin

Humaninsulin kam 1982 als erstes gentechnisch hergestelltes Medikament auf den Markt. Es besteht aus zwei Polypeptidketten, der A- und B-Kette. Erst wenn diese durch zwei Sulfidbrücken miteinander verknüpft werden, entsteht aktives Insulin. Die Gene der A- und B- Ketten wurden jeweils in unterschiedliche Plasmide eingebaut. Diese enthielten zusätzlich zu einem Antibiotikaresistenzgen das Gen für Galactosidase. Die Gene für die A- und B-Kette wurden unmittelbar hinter einem Triplett eingebaut, das für die Aminosäure Methionin co-diert. So stehen die Gene für die A- und B-Kette sowie das Methionin-triplett unter der Kontrolle des Promotors des Galactosidasegens. Dieser wird durch Lactose aktiviert. Bakterien mit einem solchen rekombinanten Plasmid synthetisieren ein Fusions-protein, welches durch Bromcyan spezifisch hinter Methionin gespalten werden kann.

a) ≡ Erklären Sie anhand der Abbildung die Verfahrensschritte der gentechnischen Herstellung von Humaninsulin.

3.6 Der genetische Fingerabdruck

Wie identifiziert man mithilfe des genetischen Fingerabdrucks eine Person?

Im Jahr 1986 wurde erstmals in einem Mordfall in England ein genetischer Fingerabdruck als Beweismittel vor Gericht vorgelegt. Seitdem hat man in Tausenden von Kriminalfällen DNA-Profile zur Täteridentifizierung herangezogen. Das Verfahren beruht damals wie heute auf der Identifizierung eines für jeden Menschen einzigartigen Musters bestimmter DNA-Sequenzen.

Variabilität von short tandem repeats
Für den genetischen Fingerabdruck ist die Analyse von proteincodierenden DNA-Abschnitten ungeeignet, da die entsprechenden Basensequenzen bei allen Menschen weitestgehend übereinstimmen. Man analysiert daher sogenannte **STRs** oder **short tandem repeats.** Diese Sequenzen bestehen aus zwei bis fünf Nucleotiden, die hintereinander liegen und sich unterschiedlich häufig wiederholen. Beispielsweise wiederholt sich die Sequenz AATG an einem ganz bestimmten Ort auf Chromosom 2 je nach Person sechs- bis 13-mal. Die Zahl der Wiederholungen und damit die Länge der STRs ist spezifisch für eine Person. Sie kann sich auf den homologen Chromosomen unterscheiden, da diese vom Vater oder der Mutter der betreffenden Person stammen. Die Variabilität der STRs macht man sich beim **genetischen Fingerabdruck** zunutze. Dabei verwendet man international die gleichen STRs an den bestimmten Genorten der unterschiedlichen Chromosomen.

Durchführung
Zuerst vervielfältigt man die STRs mithilfe der PCR. Diese lässt sich mit geringen DNA-Mengen, etwa aus Haarwurzelzellen, Hautschuppen oder Blut, durchführen. Man verwendet dabei Primerpaare, die sich beiderseits der STRs an die DNA-Sequenzen anlagern. So werden gezielt nur diese STRs vervielfältigt. Danach bestimmt man die Länge der STRs mithilfe der Gelelektrophorese (→ **Abb. 1**).

Aus der Analyse eines einzigen STRs kann man nicht auf eine Person schließen. Heutzutage werden in den Labors mindestens neun verschiedene STRs untersucht. So erhält man bei der Gelelektrophorese ein Bandenmuster, das

für eine Person charakteristisch ist, wie ihr Fingerabdruck (→ **Abb. 1**). Die Wahrscheinlichkeit, dass zwei Menschen die gleiche STR-Kombination besitzen, liegt mit Ausnahme von eineiigen Zwillingen bei 1 : 20 Milliarden. Da beim genetischen Fingerabdruck keine codierende DNA untersucht wird, erhält man keine Informationen über Eigenschaften der Person.

Werden die Primer mit Fluoreszenzfarbstoffen markiert, kann die Vervielfältigung der verschiedenen STRs in einem einzigen PCR-Verfahren durchgeführt werden. Die amplifizierten Produkte und ihre Längen analysiert man dann mithilfe eines Detektors.

❶ ☰ Erklären Sie anhand der Abbildung 1 das Verfahren des genetischen Fingerabdrucks.

❷ ☰ Erklären Sie, warum für einen genetischen Fingerabdruck proteincodierende DNA-Bereiche ungeeignet sind.

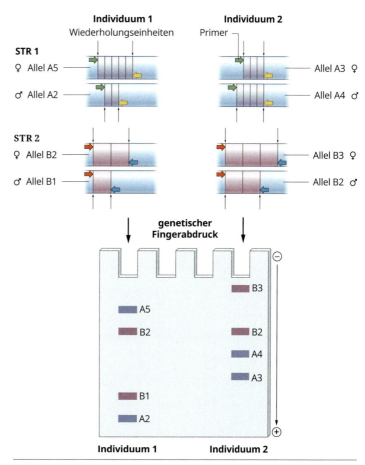

1 Genetischer Fingerabdruck von zwei STRs bei zwei Individuen

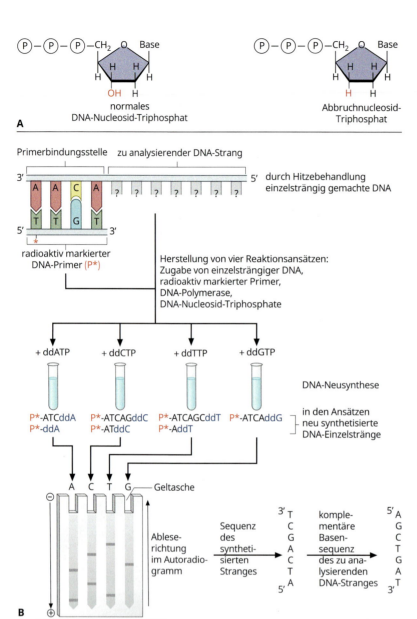

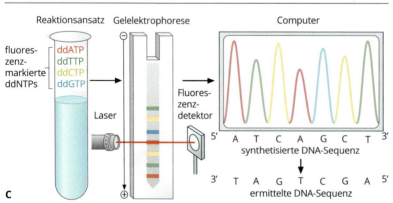

1 DNA-Sequenzierung. A normale und Abbruch-Nucleosid-Triphosphate;
B Kettenabbruch-Methode; **C** Fluoreszenz-Sequenzierungsmethode

3.7 Arbeitstechnik DNA-Sequenzierung

Wie und mit welchen Methoden lässt sich die Basensequenz einer DNA ermitteln?

Die Bestimmung der Basensequenz einer DNA wird **DNA-Sequenzierung** genannt.

Kettenabbruch-Methode
Zu den traditionellen Methoden zählt die 1977 von Frederick SANGER entwickelte **Kettenabbruch-Methode** (→ **Abb. 1B**). Der zu analysierende DNA-Strang wird hierbei zunächst durch Hitzebehandlung denaturiert, also einzelsträngig gemacht. Zur Sequenzierung wird die einzelsträngige DNA auf vier Reaktionsansätze verteilt. In jedem der Ansätze befinden sich neben Millionen identischer Kopiervorlagen des Einzelstranges eine DNA-Polymerase, vier DNA-Nucleosid-Triphosphate (dATP, dTTP, dGTP, dCTP) und ein radioaktiv markierter DNA-Primer. Außerdem befindet sich in jedem der vier Ansätze noch jeweils eine spezifische Nucleosidsorte in geringer Konzentration, bei dessen Einbau die DNA-Neusynthese stoppt. Diesen als Abbruchnucleosid-Triphosphat bezeichneten Bausteinen fehlt am dritten C-Atom der Desoxyribose die Hydroxygruppe, ohne die keine Bindung mit einem weiteren Nucleotid gebildet werden kann (→ **Abb. 1A**). Entsprechend den vier Basen gibt es die vier Abbruchnucleosid-Triphosphate ddATP, ddTTP, ddCTP und ddGTP.

Die Synthese der neuen Stränge durch die DNA-Polymerase startet am 3'-Ende der DNA-Primer und setzt sich solange fort, bis zufällig ein Abbruchnucleotid eingebaut wird. In einem Reaktionsansatz werden also alle möglichen DNA-Fragmente synthetisiert, die immer mit dem gleichen Abbruchnucleotid enden. Bis zum Abbruchnucleotid sind die DNA-Fragmente dann doppelsträngig. Nach einer erneuten Denaturierung werden die neu synthetisierten DNA-Einzelstränge der vier Ansätze parallel in vier Spuren eines Gels durch Elektrophorese der Länge nach aufgetrennt. Durch die radioaktive Markierung des DNA-Primers hinterlassen die DNA-Fragmente bei der **Autoradiografie** auf einer Fotoplatte ein Bandenmuster. Aus diesem **Autoradiogramm** kann die Sequenz des neu synthetisierten Stranges abgelesen werden. Das Ablesen beginnt mit der DNA-Bande, die am weitesten im Gel gewandert ist. Sie enthält den kürzesten, neu synthetisierten DNA-Strang, bestehend aus dem DNA-Primer und dem entsprechenden Abbruchnucleotid. Liest man die Banden im Gel nach zunehmender Länge des neu synthetisierten Stranges, also in Richtung der Geltaschen ab, so ist die abgelesene Basensequenz dem zu analysierenden DNA-Strang komplementär.

Sequenzierungsmethoden

Anstelle der radioaktiven Markierung benutzt man heute fluoreszenzmarkierte Abbruchnucleosid-Triphosphate mit einer bestimmten Farbe für jeden der vier Typen (→ **Abb. 1C**). DNA-Fragmente gleicher Länge passieren bei ihrer Wanderung durch das Gel einen Fluoreszenzdetektor, der die verschiedenen Farben registriert. Aus der Farbabfolge kann dann die Basenabfolge abgelesen werden, die zum analysierenden Strang komplementär ist. Diese **Fluoreszenz-Sequenzierungsmethode** erlaubt es, vier Ansätze in einem Gefäß durchzuführen.

Mit der zunehmenden Bedeutung der DNA-Sequenzierung wurden neue Methoden entwickelt, die eine schnellere und kostengünstigere DNA-Analyse erlauben. Mithilfe dieser **Hochdurchsatz-Sequenzierungsmethoden** ist es jetzt möglich, Millionen kurzer DNA-Fragmente innerhalb kürzester Zeit parallel zu sequenzieren. So wird etwa bei der Pyrosequenzierung jeweils eines dieser DNA-Fragmente spezifisch an eine kleine Kugel gebunden und dort mittels PCR vervielfältigt. Das Kügelchen trägt danach Milli-

onen einzelsträngiger DNA-Kopien. Anschließend wird das Kügelchen zusammen mit bestimmten Enzymen in die Vertiefungen eines DNA-Chips versenkt (→ **Abb. 2A**). Pro Vertiefung hat nur ein Kügelchen Platz.

Bei der sich anschließenden Sequenzierung nutzt man wie bei der SANGER-Methode einen Primer und eine DNA-Polymerase für die Synthese eines komplementären DNA-Stranges. Allerdings gibt man zunächst nur eine Sorte eines Nucleosid-Triphosphates über den Chip. Bei einem erfolgreichen Einbau in den DNA-Strang werden die beiden Phosphatgruppen des Nucleosid-Triphosphates freigesetzt. Ein bestimmtes Enzym wandelt diese zu ATP um. Dies wiederum treibt eine weitere enzymkatalysierte Reaktion an, die zu einem Lichtblitz führt, der von einem Detektor erfasst wird (→ **Abb. 2B**). Die Intensität der Lichtblitze ist proportional zur Zahl

der eingebauten Nucleotide einer Sorte. Wurde ein nicht komplementäres Nucleosid-Triphosphat zugegeben, bleibt der Lichtblitz aus. Anschließend wird eine andere Sorte von Nucleosid-Triphosphat zugesetzt und der Vorgang wiederholt. Auf diese Weise lässt sich die gesuchte Sequenz direkt ermitteln.

❶ ☰ Beschreiben Sie anhand der Abbildung 1 die Kettenabbruch-Methode zur DNA-Sequenzierung.
❷ ☰ Begründen Sie, warum man mit der Kettenabbruch-Methode keine RNA sequenzieren kann.
❸ ☰ Die Sequenzierung nach SANGER läuft bei Verwendung radioaktiv markierter Primer in vier Spuren, bei der Fluoreszenzmarkierung in nur einer. Erklären Sie den Unterschied.

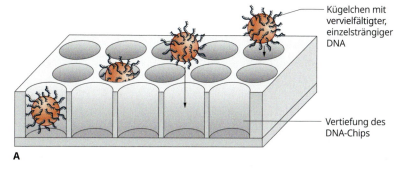

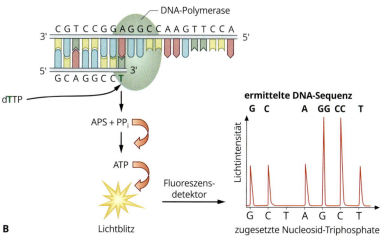

2 Pyrosequenzierung. A DNA-Chip (Übersicht); **B** Prinzip der Pyrosequenzierung

3.8 Anwendungen der Gentechnik

Welche transgenen Lebewesen gibt es und zu welchem Zweck wurden sie erzeugt?

Die erste Generation gentechnisch produzierter Medikamente, wie etwa das Insulin, wurde in Prokaryoten hergestellt. Für die Synthese eukaryotischer Proteine fehlen Prokaryoten die Enzyme zur mRNA-Prozessierung oder zur posttranslationalen Modifikation. Deshalb werden transgene eukaryotische Zellkulturen sowie transgene Tiere und Pflanzen für die Produktion pharmazeutisch relevanter Stoffe genutzt.

Transgene Tiere

Transgene Tiere werden erzeugt, indem man bei einer künstlichen Befruchtung ein Fremdgen in die befruchtete Eizelle eines Tieres injiziert, bevor noch der mütterliche und väterliche Zellkern miteinander verschmolzen sind (→ **Abb. 1**). Die **Mikroinjektion** erfolgt in einen der Vorkerne. Bei deren Verschmelzung kann das Fremdgen in das Genom der Zygote integriert werden. Der genaue Ort ist allerdings dem Zufall überlassen. Nach weiteren Zellteilungen überträgt man den Embryo dann in den Uterus einer Leihmutter. Dort kann sich ein **transgenes Tier** entwickeln.

Das erste Medikament, das in Europa 2008 zugelassen wurde und aus transgenen Tieren stammt, ist das Blutplasmaprotein Antithrombin. Es hemmt die Blutgerinnung und schützt Menschen mit einem erblich bedingten Antithrombinmangel vor Thrombosen. Das Fremdgen für Antithrombin wurde in das Genom von Ziegen eingeführt. Da das Fremdgen einen gewebespezifischen Promotor besitzt, das nur in der Milchdrüse der Ziege exprimiert wird, wird auch das Antithrombin nur in der Milchdrüse gebildet. Das Medikament wird aus der Milch des Tieres aufgereinigt. Eine transgene Ziege kann pro Jahr so viel Antithrombin produzieren, wie aus 90 000 Blutspenden gewonnen werden kann. Die Produktion von Medikamenten in transgenen Tieren wird **Gene Pharming** genannt.

Der Erfolg der Methode war zunächst sehr gering. Höchstens ein Prozent der Zygoten entwickelten sich nach der Mikroinjektion zu einem Tier mit dem gewünschten Merkmal. Mit der Genom-Editierung ist es jedoch möglich geworden, das Fremdgen sehr präzise in die DNA der befruchteten Eizelle einzufügen. Das Spektrum der Anwendungen bei Tieren hat sich dadurch enorm erweitert. So können transgene Tiere etwa auch für eine Verbesserung der Fleischqualität und höhere Milchleistungen erzeugt werden. Der Erfolg hängt jedoch stark von der Akzeptanz der Verbraucher für solche Produkte von gentechnisch veränderten Tieren ab.

1 Erzeugung transgener Ziegen mit der Methode der Mikroinjektion

Transgene Pflanzen

Im Bereich der Pflanzenzüchtung zielt die Gentechnik darauf ab, die Eigenschaften von Pflanzen zu optimieren. Dabei besteht ein großer Vorteil darin, dass man im Labor aus genetisch veränderten pflanzlichen Zellen oder Protoplasten vollständige Pflanzen regenerieren kann. So erhält man viel schneller Pflanzen mit den gewünschten Eigenschaften als bei der klassischen Züchtung.

Transgener Mais, sogenannter **Bt-Mais,** war eine der ersten transgenen Pflanzen, die im großen Stil als Nahrungspflanze angebaut wurde. Ihm hat man das Bt-Gen aus dem Bakterium *Bacillus thuringiensis* in das Genom eingeschleust. Das Bt-Gen codiert ein Toxin, das schon länger als umweltschonendes Insektizid eingesetzt wird. Bt-Mais produziert das Bt-Toxin in allen seinen Zellen, sodass Fraßschädlinge wie etwa die Raupen des Maiszünslers dadurch sterben. 2007 erfolgte der Bt-Maisanbau in den USA auf einer Fläche von 34 Millionen Hektar. In Europa ist der Anbau von Bt-Mais zugelassen. In Deutschland wurde der Anbau von transgenem Mais 2009 hingegen verboten. Weltweit fand der Anbau transgener Pflanzen wie etwa Mais, Baumwolle, Raps und Soja 2007 auf rund 190 Millionen Hektar statt.

Die zweite, in Europa im Jahr 2010 zugelassene transgene Nutzpflanze war die **Amflora®-Kartoffel**. Sie sollte Stärke als nachwachsenden Rohstoff für die chemische-technische Industrie liefern. In Europa stammt die Hälfte der industriell verarbeiteten Stärke aus Kartoffeln. In der Kartoffelstärke beträgt das Verhältnis von Amylose zu Amylopektin etwa 1 : 4. Hauptsächlich wird aber nur Amylopektin aufgrund seiner Kleb- und Bindeeigenschaften gebraucht. Mithilfe der Gentechnik konnte die amylosefreie Amflora®-Kartoffel gezüchtet werden. Dazu wurden die Pflanzen so verändert, dass sie das Enzym Stärkesynthetase, das für die Synthese der Amylose zuständig ist, nicht bilden (→ **Abb. 2**). Dies wurde durch das Einschleusen eines **Antisense-Fremdgens** (engl. Gegensinn) in das Genom der Kartoffel erreicht. Das Antisense-Fremdgen wurde verkehrt herum hinter demselben Promotor des Originalgens eingebaut. Wird das Originalgen transkribiert, entsteht auch eine zur Original-mRNA komplementäre Antisense-mRNA. Original-mRNA (= Sense-mRNA) und Antisense-mRNA lagern sich zusammen und können so nicht mehr translatiert werden. Sie werden vielmehr enzymatisch abgebaut. Die Synthese der Stärkesynthetase wird dadurch verhindert. Im Jahr 2013 hob der Europäische Gerichtshof die Anbau-Zulassung der Amflora®-Kartoffel aufgrund eines Verfahrensfehlers wieder auf.

Bei transgenen Pflanzen zielte man zuerst vor allem auf Schädlingskontrolle und Ertragssteigerung, später auf eine Verbesserung des Nährstoffgehalts der Pflanzen. Heutzutage erzeugt man transgene Pflanzen vielfach, um Biokraftstoffe oder Hormone, Impfstoffe und Antikörper herzustellen.

Die **Genom-Editierung** hat auch die Grüne Gentechnik revolutioniert. Gene können damit viel einfacher ausgeschaltet werden als mit einem Antisense-Fremdgen. Auch amylosefreier Mais kann mittlerweile mithilfe der Genom-Editierung erzeugt werden.

❶ ☰ Beschreiben Sie anhand der Abbildung 2 das Prinzip der Antisense-Technik.

❷ ☰ Recherchieren Sie weitere Beispiele von Pflanzen, deren Eigenschaften mithilfe von Genom-Editierung verändert wurden.

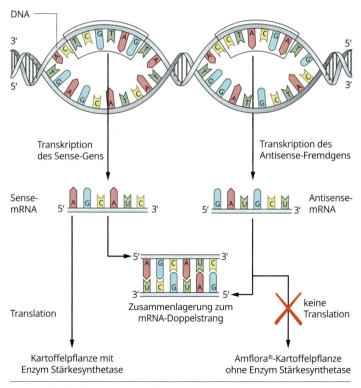

2 Das Prinzip der Antisense-Technik

Chancen und Risiken der Gentechnik sind ein kontrovers diskutiertes Thema in der Öffentlichkeit, Politik und Wissenschaft. Während die gentechnischen Verfahren zur Herstellung von Medikamenten wie Insulin oder Impfstoffen inzwischen kaum noch umstritten sind, entzünden sich Auseinandersetzungen an der **Grünen Gentechnik,** bei der Nutzpflanzen wie etwa Mais, Raps und Soja gentechnisch verändert werden.

Anwendungsbeispiele

Angesichts der wachsenden Weltbevölkerung, des Klimawandels und der knapper werdenden Anbauflächen versucht man mithilfe der Gentechnik Pflanzen zu züchten, die auch unter ungünstigen Bedingungen wachsen, neue Inhaltsstoffe produzieren oder einen verbesserten Nährwert besitzen. So hat man mithilfe der Gentechnik Reispflanzen erzeugt, die β-Carotin synthetisieren, Maniokpflanzen mit einem erhöhten Vitamin B6-Gehalt und Äpfel mit einer veränderten Zuckerzusammensetzung. Weiter hat man transgene Nutzpflanzen entwickelt, die gegen arttypische Krankheiten, Schädlingsbefall oder Herbizide resistent sind.

Sicherheitsmaßnahmen

Bei der Züchtung **transgener Pflanzen** kann man nicht ausschließen, dass Pflanzen mit unerwünschten und nicht erwarteten Eigenschaften entstehen. Deshalb durchlaufen sie eine strenge Sicherheitsprüfung, bei der nach einer genauen Vorschrift Risikofaktoren untersucht werden. Sicherheitsprüfungen müssen für jede neue transgene Pflanze durchgeführt werden, da verschiedene transgene Pflanzen sich etwa hinsichtlich der Wechselbeziehungen zu anderen Lebewesen unterscheiden. Während etwa Rapspflanzen häufig von Bienen aufgesucht werden, ist das bei Mais kaum zu beobachten. Zur Sicherheitsbewertung gehören zuerst Laborversuche, dann Versuche in geschlossenen Gewächshäusern und schließlich Freisetzungsversuche. Jeder Freisetzungsversuch ist genehmigungspflichtig und wird durch die staatlichen Behörden nur dann erteilt, wenn der Schutz von Mensch und Umwelt nach dem aktuellen Wissensstand nicht gefährdet ist. In allen EU-Mitgliedstaaten gelten die gleichen Vorschriften für den Umgang mit transgenen Pflanzen. Die einzelnen Staaten können aber ihren Anbau verbieten. Davon machen viele Länder, auch Deutschland, Gebrauch. 2018 wurde in der EU nur in Spanien und Portugal transgener Mais angebaut.

Risiken

Mögliche ökologische Risiken beim Anbau von transgenen Pflanzen bestehen zum Beispiel darin, dass diese auswildern und sich unkontrolliert ausbreiten. Auch wird befürchtet, dass transgene Pflanzen ihre Gene auf Wildpflanzen übertragen, etwa dadurch, dass diese mit den Blütenpollen auf eine verwandte Art übergehen (→ **Abb. 1**). Dadurch könnten Eigenschaften verbreitet werden, die nur bei den transgenen Pflanzen, nicht aber bei den Wildpflanzen erwünscht sind. Ein anderes mögliches Risiko der Grünen Gentechnik besteht darin, dass manche transgenen Pflanzen Markergene enthalten, welche gegen bestimmte Antibiotika Resistenzen verleihen. Bei einer unkontrollierten Ausbreitung solcher Antibiotika-Resistenzgene könnten diese etwa auf krankheitserregende Bakterien übergehen. Diese wären dann nicht mehr mit den betreffenden Antibiotika zu bekämpfen. Bringt man neue Inhaltsstoffe in Nutzpflanzen ein, besteht außerdem die Gefahr, dass sich ihr Allergiepotenzial erhöht.

❶ ☰ In Kanada wurde 1995 der Anbau von transgenem Raps mit einer Herbizidresistenz zugelassen. Seitdem haben sich dort die Ernteerträge erhöht. Da gezielt gegen bestimmte Unkräuter gespritzt werden konnte, wurden auch geringere Mengen an Herbiziden eingesetzt. „In Niedersachsen hat ein Landwirt eine Genehmigung für den Anbau von transgenem Raps zur Herstellung von Biodiesel beantragt." Bewerten Sie diesen Fall mit der Methode des ökologischen Bewertens auf Seite 246.

❷ ☰ Nehmen Sie Stellung zu dem Argument: „In Kanada ist der Anbau von transgenem Raps erlaubt, deshalb sollte er auch in Deutschland erlaubt sein."

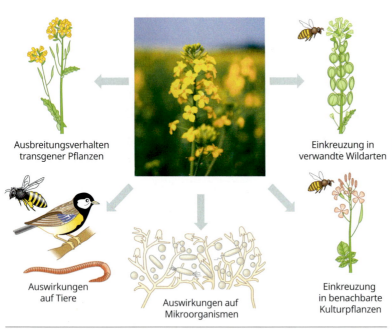

Ausbreitungsverhalten transgener Pflanzen

Einkreuzung in verwandte Wildarten

Auswirkungen auf Tiere

Auswirkungen auf Mikroorganismen

Einkreuzung in benachbarte Kulturpflanzen

1 Mögliche ökologische Wechselwirkungen transgener Pflanzen

❸ Ethische Bewertung

Stärke ist als nachwachsender und biologisch abbaubarer Rohstoff sehr umweltfreundlich. Deshalb hat in den letzten Jahren die Entwicklung von Produkten auf Stärkebasis enorm zugenommen. Stärke wird zum Beispiel für die Herstellung von Verpackungsmaterialien, Folien und Klebstoffen genutzt.

Da für die industrielle Verwendung insbesondere Amylopektin gefragt ist, trennt man die beiden Stärkeformen Amylose und Amylopektin durch verschiedene Verfahren voneinander. Allerdings verbraucht die Trennung viel Energie und führt zu einer hohen Abwasserbelastung. Die Versuche, mithilfe der klassischen Methoden Kartoffeln zu züchten, die bevorzugt Amylopektin bilden, hatten bislang keinen Erfolg. Mithilfe der Antisense-Technik konnte allerdings die amylosefreie Amflora®-Kartoffel gezüchtet werden. Sie enthält als Markergen ein Resistenzgen gegen Kanamycin. Das ist ein Antibiotikum, das in der Medizin zur Bekämpfung von Infektionskrankheiten eingesetzt wird.

Nach eingehenden Sicherheitsprüfungen hat die EU-Kommission 2010 den Anbau dieser gentechnisch veränderten Kartoffelsorte Amflora® zu industriellen Zwecken genehmigt und die Verwendung der bei der Stärkegewinnung anfallenden Nebenerzeugnisse als Futtermittel zugelassen. Wichtig für die Zulassung war unter anderem das Argument, dass Kulturkartoffeln keine wild wachsenden, verwandten Arten in Europa haben und sich nur über die Knollen und nicht über Samen vermehren. 2013 hob der Europäische Gerichtshof die Zulassung für den Anbau der transgenen Amflora®-Kartoffel wegen eines Verfahrensfehlers bei der Zulassung wieder auf.

a) ☰ Erklären Sie das Prinzip der Antisense-Technik, mit der die Amflora®-Kartoffel erzeugt wurde. Geben Sie dabei an, welche Bedeutung das Resistenzgen gegen Kanamycin in dem gentechnischen Verfahren hat.

b) ☰ Nennen Sie Pro- und Kontra-Argumente für den Anbau der Amflora®-Kartoffel. Geben Sie dabei jeweils die ethischen Werte an (Gesundheit, Umweltschutz, …), die hinter jedem Argument stehen.

c) ☰ Treffen Sie eine persönliche Entscheidung für oder gegen den Anbau der Amflora®-Kartoffel in Deutschland und diskutieren Sie diese mit Ihren Mitschülerinnen und Mitschülern.

d) ☰ Der Anbau von gentechnisch verändertem Bt-Mais wurde 2009 in Deutschland verboten, trotz der seit 1998 geltenden EU-Zulassung. Nennen Sie mögliche Gründe für dieses Verbot.

e) ☰ Der Anbau von nachwachsenden Rohstoffen auf Ackerflächen konkurriert mit dem Anbau von Nahrungsmitteln. Nennen Sie Folgen, die sich aus diesem Flächennutzungsdilemma ergeben könnten.

f) ☰ EU-Länder, die den Anbau von transgenen Pflanzen bei sich verbieten, die in der EU zugelassen sind, müssen dieses Verbot für jede Pflanze einzeln erteilen und begründen. Das EU-Land darf als Begründung nur sozioökonomische, landwirtschaftspolitische oder kulturelle Gründe heranziehen, jedoch die Umwelt- und Produktsicherheit nicht anzweifeln. Nehmen Sie Stellung dazu.

❹ Genom-Editierung

Bei der Genom-Editierung muss man grundsätzlich zwischen zwei Verfahrenstypen unterscheiden: Bei Typ I wird eine Punktmutation in der DNA der Pflanzen herbeigeführt, diese darüber hinaus aber nicht verändert. Bei Typ II wird Fremd-DNA in die Pflanzen-DNA integriert. Der Europäische Gerichtshof hat 2018 entschieden, dass auch Lebewesen als gentechnisch verändert gelten, die nach Typ I verändert wurden. Das bedeutet, dass jeder Freilandtest und Anbau solcher Pflanzen nach dem Gentechnikrecht genehmigt werden muss. Wäre die Einstufung anders erfolgt, hätten die Pflanzen ohne weitere Auflagen angebaut und vermarktet werden können. Die Entscheidung wurde mit folgenden Argumenten kritisiert:

- Der Forschungsstandort Deutschland wird im Vergleich zu den USA oder China stark zurückgeworfen.
- In anderen Ländern werden Pflanzen, die durch Genom-Editierung erzeugt wurden, längst angebaut.
- Man kann zwar eine bestimmte Mutation identifizieren, aber nicht feststellen, ob es sich dabei um eine zufällig entstandene Mutation handelt, ob sie auf konventionelle Züchtung zurückgeht oder ob sie durch Genom-Editierung erzeugt wurde. Daher ist es sehr wahrscheinlich, dass in der EU nicht zugelassene, gentechnisch veränderte Lebens- und Futtermittel, die durch Genom-Editierung gewonnen wurden, unerkannt auf den EU-Markt gelangen.

a) ☰ Nehmen Sie zu den Kritikpunkten Stellung.

b) ☰ Nennen Sie mögliche Argumente, mit denen die Gerichtsentscheidung 2018 begrüßt wurde.

c) ☰ Zeigen Sie räumliche, zeitliche und soziale Fallen auf, die mit der Frage verbunden sind: Sollen Pflanzen, die mithilfe der Genom-Editierung verändert wurden, ohne Auflagen angebaut und vermarktet werden können? Beachten Sie dabei die Seiten 246 und 247.

❺ Knock-out-Mäuse

Um menschliche Krankheiten wie zum Beispiel Krebs, ALZ-HEIMER oder PARKINSON zu erforschen und um neue Behandlungsmethoden zu erproben, nutzt man gentechnisch veränderte Versuchstiere. Bei ihnen wird gezielt ein Gen, das wahrscheinlich für die jeweilige Krankheit verantwortlich ist, ausgeschaltet. Aus den Folgen für das Tier kann man auf die Bedeutung dieses Gens und des entsprechenden Proteins für die Erkrankung schließen. Auf diese Weise können diese Tiere als Modell für menschliche Krankheiten dienen. Man nennt sie **Knock-out-Tiere.**

Für die Erzeugung eines Knock-out-Tieres, beispielsweise einer Knock-out-Maus, isoliert man zunächst das entsprechende Ziel-Gen aus embryonalen Stammzellen (ES-Zellen) der Maus. Diese Zellen wurden der Blastocyste einer Maus mit braunem Fell entnommen. In einem zweiten Schritt erzeugt man einen Vektor mit der Kopie dieses Gens. In dieses Gen fügt man einen kurzen DNA-Abschnitt ein und inaktiviert damit das Gen. Gibt man nun den Vektor zum Ziel-Gen, so lagern sich homologe DNA-Abschnitte zusammen. Durch homologe Rekombination wird in einigen Fällen das intakte Ziel-Gen durch das inaktivierte Gen des Vektors ersetzt. Wird dadurch ein funktionierendes Gen gezielt ausgeschaltet, spricht man von **Knock-out.**

Embryonale Stammzellen mit Knock-out-Gen werden dann in die Blastocyste einer schwarzen Maus eingebracht. Aus den veränderten Stammzellen der braunen Maus und den Stammzellen der schwarzen Maus entwickelt sich eine Maus, deren Körper mosaikartig aus beiden Zelltypen aufgebaut ist. Auch ihre Keimzellen tragen je eine der beiden Genvarianten. Aus diesen heterozygoten Mosaik-Mäusen können durch mehrere Kreuzungsschritte homozygote Knock-out-Mäuse gewonnen werden.

a) ☰ Beschreiben Sie die für den Knock-out des Ziel-Gens notwendigen Arbeitsschritte anhand der Abbildung.

b) ☰ Erklären Sie den Begriff Mosaik-Maus.

c) ☰ Begründen Sie, warum man Mosaik-Mäuse solange kreuzt, bis man homozygote Knock-out-Mäuse erhalten hat.

d) ☰ Nennen Sie Vorteile des Einsatzes von Knock-out-Mäusen gegenüber der klinischen Erprobung von Medikamenten am Menschen.

e) ☰ Recherchieren Sie Beispiele für Fälle, in denen Knock-out-Tiere zur Erforschung von Krankheiten eingesetzt werden.

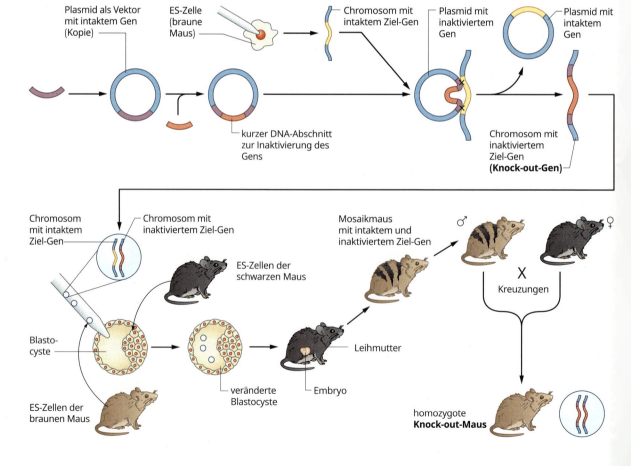

Gentechnik

Gentechnik: Verfahren, mit denen gezielt in das Genom von Lebewesen eingegriffen wird.

Anwendungsbereiche: Grüne Gentechnik (Landwirtschaft), Rote (Medizin und Pharmazie), Weiße (Industrielle Verfahren), Graue (Umwelttechnik)

Grundlegende Verfahrensschritte in der Gentechnik

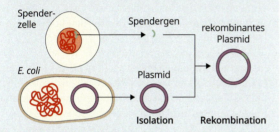

Restriktionsenzyme
– Erkennungssequenz: palidromische Basensequenz
– Schneiden von Fremd-DNA und Plasmid-DNA mit gleichem Restriktionsenzym
– komplementäre Zusammenlagerung der sticky ends von Fremd-DNA und Plasmid-DNA
– Produkt: rekombinantes Plasmid

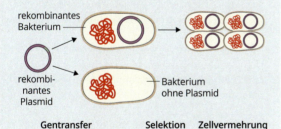

Methoden des Gentransfers: Mikroinjektion, Viren, Agrobakterien, Elektroporation, Partikelbeschuss, Lipofektion, Calciumphosphat Präzipitation

Selektion mithilfe von zwei Antibiotikaresistenzgenen: Erstes Resistenzgen selektiert Bakterien mit erfolgreicher Plasmidaufnahme, zweites Resistenzgen selektiert Bakterien mit Plasmide ohne Fremdgene.

Replikaplattierung (Stempeltechnik):
– erzeugt eine Kopie der Verteilung der Bakterienkolonien auf dem Nährboden der Ausgangsplatte.
– ermöglicht das Auffinden der rekombinanten Bakterien durch Vergleich der Kolonien auf den Nährböden nach den Selektionsschritten mit den Kolonien auf dem Ausgangsnährboden.

Genom-Editierung

CRISPR/Cas9: Viren-Abwehrsystem von Bakterien
Spacer: Virensequenzen; im Bakteriengenom zwischen kurzen, sich wiederholenden Sequenzen (CRISPR)
Cas: CRISPR-assoziierte Sequenzen; codieren unter anderem für Enzyme, die DNA-Doppelstrangbrüche erzeugen

CRISPR/Cas9 – Werkzeug der Gentechnik
– Austausch der Spacersequenz im CRISPR/Cas-System durch synthetisierte Sequenz, die komplementär zu einer Sequenz des zu verändernden Gens ist
– Künstlicher Spacer leitet Cas-Enzyme präzise an die Sequenz des zu verändernden Gens, dort werden DNA-Doppelstrangbrüche erzeugt.

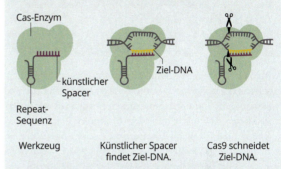

Reparatur des DNA-Doppelstrangbruchs durch zelleigene Reparaturmechanismen
– **Nicht-homologe Reparatur:** verursacht Mutationen, Folge: Inaktivierung von Genen
– **Homologe Reparatur:** Fremd-DNA mit homologen Sequenzbereichen wird in die DNA-Bruchstelle eingebaut.

Gensuche

Gensonde:
– kurzer einzelsträngiger DNA- oder RNA-Abschnitt, oft mit Fluoreszenzfarbstoffen markiert, komplementär zu einem DNA-Abschnitt des gesuchten Gens
– dient zur Gensuche in der genomischen oder cDNA-Bibliothek

genomische Bibliothek: Sammlung von Bakterienklonen, die das gesamte Genom eines Lebewesens als Fragmente in rekombinierten Plasmiden repräsentieren
cDNA-Bibliothek: Sammlung von Bakterienklonen mit cDNA, repräsentiert einen kleineren Teil des Genoms eines Lebewesens als Fragmente in rekombinierten Plasmiden

AUFGABENSTELLUNG

Epigenetische Regulation bei der Entwicklung von Bienen

Honigbienen leben in einem Volk zusammen, das durch Arbeiterinnen, Drohnen und eine Königin gebildet wird. Die Bienenkönigin und die Arbeiterinnen besitzen einen unterschiedlichen Phänotyp und zeigen andere Verhaltensweisen. Die Entwicklung zu Arbeiterinnen oder Königinnen ist abhängig von der Fütterung der Bienenlarven. Werden sie ausschließlich bis zu ihrer Verpuppung mit Gelée royale gefüttert, entwickeln sie sich zu Königinnen. Diese legen bis zu 2000 Eier am Tag, leben etwa drei Jahre und sind wesentlich größer als die Arbeiterinnen. Werden die Larven nur in den ersten drei Tagen mit Gelée royale und dann zusätzlich mit Honig und Blütenpollen gefüttert, entwickeln sich daraus Arbeiterinnen. Sie besitzen keine funktionsfähigen Eierstöcke, haben jedoch einen Stachel, Pollensäckchen, Wachsdrüsen und zangenartige Mundwerkzeuge, die unter anderem für den Bau von Waben eingesetzt werden.

Nachdem Genomanalysen zeigten, dass die Bieneneier, aus denen sich Arbeiterinnen oder Königinnen entwickeln, genetisch identisch sind, begannen Wissenschaftler nach epigenetischen Prozessen für die unterschiedliche Entwicklung der Bienenlarven zu suchen.

Im Folgenden sollen Sie sich mit verschiedenen molekulargenetischen Aspekten der Bienenentwicklung beschäftigen.

1. Epigenetische Versuche zur Entwicklung von Königin und Arbeiterinnen

Genanalysen von Königinnen und Arbeiterinnen zeigen, dass Königinnen im Bereich der Gene für Methyltransferasen eine geringere DNA-Methylierung aufweisen als Arbeiterinnen. Methyltransferasen sind Enzyme, die für die Methylierung der DNA und Histone verantwortlich sind.

1.1 Erklären Sie die Bedeutung der Methylierung von DNA und Histonen mithilfe der Abbildung in M1. (12 BE)

1.2 Bereits 2006 konnten australische Wissenschaftler durch Versuche nachweisen, dass epigenetische Prozesse für die Differenzierung der Bienenlarven in Arbeiterinnen oder Königinnen verantwortlich sind. In ihren Versuchen wurden Bienenlarven unterschiedlich lange mit Gelée royale gefüttert. Beschreiben und erklären Sie die in M2 dargestellten Beobachtungen der Fütterungsversuche. (24 BE)

1.3 In Bienenlarven, die über fünf Tage mit Gelée royale gefüttert wurden, wird das sogenannte Juvenilhormon in erhöhtem Maße produziert. Es stimuliert unter anderem die Bildung von funktionsfähigen Eierstöcken. Erklären Sie anhand des Schemas in M3, wie sich Bienenlarven zu Königinnen entwickeln. (10 BE)

1.4 Erklären Sie, unter Berücksichtigung des Schemas in M3, wie sich Bienenlarven zu Arbeiterinnen entwickeln und skizzieren Sie dafür ein entsprechendes Schema. (10 BE)

2. Hemmung der Expression von Methyltransferase 3 durch RNA-Interferenz

In weiteren Versuchen der australischen Wissenschaftler wurden Bienenlarven nur drei Tage lang mit Gelée royale gefüttert. Gleichzeitig blockierte man bei ihnen die Genexpression einer bestimmten Methyltransferase durch RNA-Interferenz.

2.1 Erklären Sie anhand der Abbildung in M4 die Blockierung der Expression des Methyltransferase-Gens durch RNA-Interferenz. (12 BE)

2.2 Mehr als zwei Drittel der Larven entwickelten sich in dem Versuch zu Königinnen, obwohl sie wie Arbeiterinnen gefüttert wurden. Erklären Sie diese Versuchsbeobachtungen. (10 BE)

3. Epigenetische Regulation des alternativen Spleißens

Neuere Versuchsergebnisse zeigen, dass sich bei Bienen die DNA-Methylierungen häufig an Stellen befinden, die für das alternative Spleißen der mRNA von Bedeutung sind.

3.1 Erklären Sie anhand von M5 den Aufbau eukaryotischer Gene und das alternative Speißen. (16 BE)

3.2 Begründen Sie, dass auch ein alternatives Spleißen der mRNA zu veränderten Merkmalen führen kann. (8 BE)

MATERIAL

M1 DNA-Methylierung und Chromatin-Umstrukturierung

DNA-Methylierung

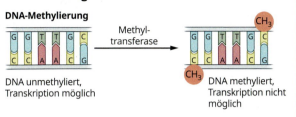

DNA unmethyliert,
Transkription möglich

DNA methyliert,
Transkription nicht möglich

Chromatin-Umstrukturierung

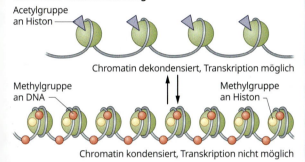

Acetylgruppe
an Histon

Chromatin dekondensiert, Transkription möglich

Methylgruppe
an DNA

Methylgruppe
an Histon

Chromatin kondensiert, Transkription nicht möglich

M2 Fütterungsversuche von Bienenlarven

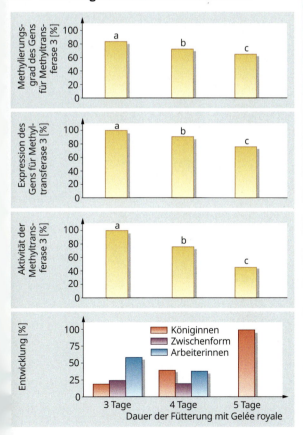

M3 Wirkung von Gelée royale auf die Entwicklung der Bienenlarven zu Königinnen

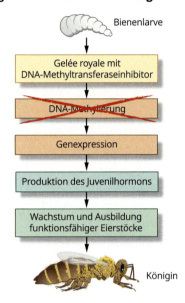

Bienenlarve

Gelée royale mit
DNA-Methyltransferaseinhibitor

DNA-Methylierung

Genexpression

Produktion des Juvenilhormons

Wachstum und Ausbildung
funktionsfähiger Eierstöcke

Königin

M4 RNA-Interferenz

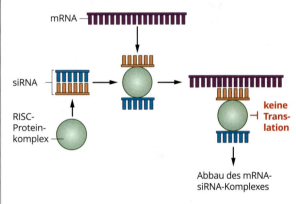

mRNA

siRNA

RISC-
Protein-
komplex

keine
Translation

Abbau des mRNA-
siRNA-Komplexes

M5 Alternatives Spleißen

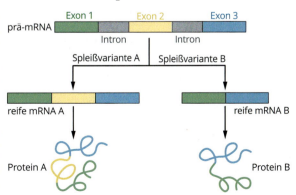

prä-mRNA

Exon 1   Exon 2   Exon 3

Intron   Intron

Spleißvariante A   Spleißvariante B

reife mRNA A   reife mRNA B

Protein A   Protein B

Leben wäre auf der Erde ohne die Fotosynthese nicht denkbar. Bei diesem biochemischen Prozess wandeln Pflanzen und bestimmte Bakterien Lichtenergie in chemische Energie um, bauen aus anorganischen Verbindungen organische Verbindungen auf und geben Sauerstoff ab.

Grüne Pflanzen als Produzenten

1 Stoffaufbau – Fotosynthese

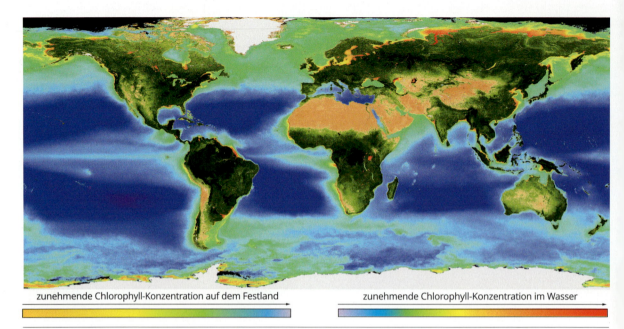

zunehmende Chlorophyll-Konzentration auf dem Festland   zunehmende Chlorophyll-Konzentration im Wasser

1 Globale Verteilung von Chlorophyll

1.1 Bedeutung der Fotosynthese

Warum wäre ohne die Fotosynthese das Leben auf der Erde in seiner heutigen Form nicht möglich?

Spezielle Satellitenbilder zeigen die globale Verteilung von Chlorophyll, dem Blattfarbstoff, der in der Fotosynthese eine zentrale Rolle spielt (→ **Abb. 1**). An den Bildern wird deutlich, wie hoch die Fotosyntheserate in den verschiedenen Regionen der Erde ist.

Lichtenergie wird für Lebewesen nutzbar
Chlorophyll kann Licht absorbieren und ermöglicht dadurch die Umwandlung von Lichtenergie in chemische Energie. Diese wird in Form von Glucose gebunden. Bei der Fotosynthese werden Kohlenstoffdioxid und Wasser verbraucht und zusätzlich wird Sauerstoff gebildet (→ **Abb. 2**).

Fotosynthese – Energiequelle der Lebewesen
Grüne Pflanzen, Algen und Cyanobakterien stellen mithilfe der **Fotosynthese** aus energiearmen anorganischen Stoffen energiereiche organische Stoffe her. Diese nutzen sie für ihren Betriebs- und Baustoffwechsel. Man bezeichnet diese Lebewesen als **autotroph** (gr. *autos*: selbst; *trophe*: Ernährung), weil sie ihre eigene Nahrung herstellen. Tiere, Menschen und Pilze, die darauf angewiesen sind, energiereiche organische Verbindungen mit der Nahrung aufzunehmen, werden als **heterotroph** (gr. *heteros*: fremd, anders) bezeichnet. Heterotrophen Lebewesen ernähren sich entweder direkt von pflanzlicher Biomasse oder von anderen heterotrophen Lebewesen. Beim Abbau der energiereichen Verbindungen in der **Zellatmung** speichern sie Energie in Form von ATP. Diese steht ihnen dann für energieverbrauchende Stoffwechselvorgänge zur Verfügung. Die Fotosynthese sichert somit die Energieversorgung fast aller Lebewesen. Zusätzlich liefert sie den Sauerstoff der Erde. Er wird von allen aeroben Lebewesen für die Zellatmung benötigt. Fast die gesamte Biomasse auf der Erde, einschließlich der Lager fossiler Brennstoffe wie Kohle, Erdöl und Erdgas wurde und wird durch Fotosynthese gebildet.

❶ Ξ Geben Sie mithilfe der Abbildung 1 an, in welchen Regionen der Erde die Fotosyntheserate besonders hoch ist und erklären Sie diese Beobachtung.

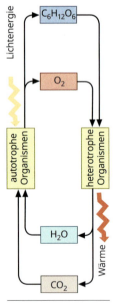

2 Kreislauf von Kohlenstoff und Sauerstoff

1.2 Aufbau von Laubblatt und Chloroplasten

Aus welchen Geweben ist ein Blatt aufgebaut und welche Funktionen übernehmen diese bei der Fotosynthese?

Aufbau des Laubblattes

Ein Blatt wird an der Ober- und Unterseite von einer Schicht lückenlos aneinandergrenzender Zellen, der **Epidermis** (→ **Abb. 1A**) begrenzt. Die Epidermiszellen enthalten keine Chloroplasten. Sie sind mit der **Cuticula**, einer wachsartigen Schicht überzogen, die das Blatt insbesondere vor dem Wasserverlust durch Verdunstung schützt. Zwischen der oberen und unteren Epidermis liegt das fotosynthetisch aktive Gewebe. Es besteht meistens aus zwei Gewebeschichten: Im **Palisadengewebe** sind zylinderartige Zellen dicht nebeneinander angeordnet. Sie enthalten zahlreiche Chloroplasten. In der Regel wird das Palisadengewebe von viel Licht durchstrahlt, sodass vor allem hier die Fotosynthese stattfindet. Das unter dem Palisadengewebe liegende **Schwammgewebe** enthält deutlich weniger Chloroplasten und besitzt große Zwischenräume. Diese **Interzellularen** stehen untereinander und über Spaltöffnungen an der Blattunterseite mit der Außenluft in Verbindung. Das Schwammgewebe dient vorwiegend dem Gasaustausch.

Dort wo Palisaden- und Schwammgewebe aufeinandertreffen, liegen **Leitbündel**. Sie transportieren Wasser und darin gelöste Mineralstoffe in das Blatt und leiten die Fotosyntheseprodukte vom Blatt aus in die Sprossachse. Die Leitbündel sind in der Regel von Zellen mit verdickten Zellwänden umgeben. Dieses Festigungsgewebe enthält keine Interzellularen und bildet die Leitbündelscheide. Die **Spaltöffnungen** auf der Blattunterseite werden jeweils von zwei bohnenförmigen Schließzellen gebildet. Sie regulieren die Aufnahme von Kohlenstoffdioxid sowie die Abgabe von Wasserdampf und Sauerstoff.

Bau der Chloroplasten

Im elektronenmikroskopischen Bild erkennt man, dass **Chloroplasten** von zwei Membranen umgeben sind (→ **Abb. 1B, C**). In ihrer Grundsubstanz, dem **Stroma**, liegen zahlreiche flache Membransäckchen, **Thylakoide** genannt. Liegen sie einzeln im Stroma, bezeichnet man sie als **Stromathylakoide**. Struktu-

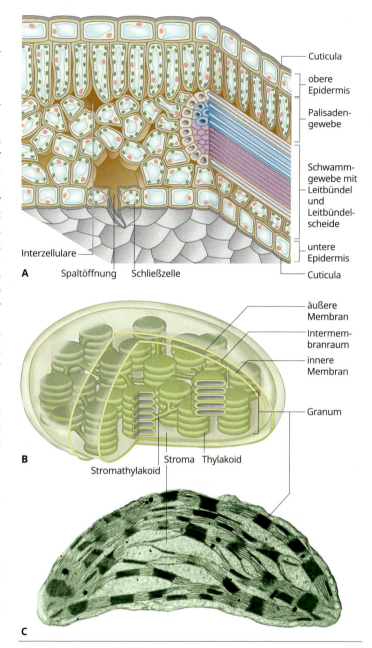

A   Spaltöffnung   Schließzelle

- Cuticula
- obere Epidermis
- Palisadengewebe
- Schwammgewebe mit Leitbündel und Leitbündelscheide
- untere Epidermis
- Cuticula

Interzellulare

- äußere Membran
- Intermembranraum
- innere Membran
- Granum

B
Stromathylakoid   Stroma   Thylakoid

C

1 Das Blatt als Ort der Fotosynthese. A Laubblatt-Querschnitt; **B** Chloroplast (Schema); **C** Chloroplast (EM-Bild)

ren, in denen Thylakoide geldrollenartig übereinander gestapelt sind, bezeichnet man als **Grana**, die entsprechenden Thylakoide Granathylakoide. Im Stroma von Chloroplasten findet man auch Ribosomen und DNA.

❶ Ξ Erklären Sie am Beispiel des Palisadengewebes den Zusammenhang zwischen Struktur und Funktion.

Experimente (lat. *experimentum*: Versuch, Prüfung) zählen zu den naturwissenschaftlichen Methoden der Erkenntnisgewinnung (→ **Abb. 1**). Sie gehen von einer **Naturbeobachtung** aus, die zunächst nicht erklärbar ist. Dazu formulieren Wissenschaftler eine konkrete **Frage** und dazu **Hypothesen**. Eine Hypothese ist eine begründete Annahme. Hypothesen müssen so formuliert werden, dass sie überprüfbar sind. Sie schließen eine Wenn-dann-Beziehung ein: Wenn die Hypothese zutrifft, dann kann eine bestimmte Beobachtung gemacht werden. Beispiel:

> *Beobachtung: Grünalgen kommen nur bis zu einer Gewässertiefe von etwa zehn Metern vor.*
> *Frage: Warum wachsen sie nur bis zu dieser Tiefe?*
> *Mögliche Hypothesen:*
> *a) Grünalgen können in größeren Tiefen aufgrund der Lichtverhältnisse nicht ausreichend Fotosynthese betreiben. (Wenn sie in größeren Tiefen genügend Licht bekämen, dann könnten sie dort auch wachsen.)*
> *b) Grünalgen können in größeren Tiefen aufgrund der zu geringen Temperaturen nicht ausreichend Fotosynthese betreiben.*

Hypothesen können durch Experimente überprüft werden. Dabei soll der kausale Zusammenhang – die Beziehung zwischen Ursache und Wirkung – aufgeklärt werden. Dazu wird der Vorgang, bei dem die Beobachtung gemacht wurde, zumeist im Labor durchgeführt. Alle Faktoren, die den Vorgang beeinflussen könnten, müssen kontrolliert werden. Einer der Faktoren wird dann systematisch variiert, während die anderen Faktoren konstant gehalten werden. So kann der alleinige Einfluss dieses Faktors auf den Vorgang und damit die Ursache-Wirkungsbeziehung erfasst werden.

> *Zur Überprüfung der Hypothese a) wird nur der Faktor Licht variiert, alle anderen Faktoren bleiben konstant. Zur Überprüfung der Hypothese b) variiert man nur die Temperatur.*

Die Ergebnisse des **Experimentalansatzes** müssen jeweils mit einem **Kontrollansatz** verglichen werden. In dem Kontrollansatz wird kein Faktor verändert.

> *Für die Untersuchung des Einflusses von Licht auf die Fotosynthese von Grünalgen wird die Grünalge Pediastrum duplex als Modellorganismus gewählt. Im Experimentalansatz werden die Lichtverhältnisse variiert, während die Temperatur dabei konstant im optimalen Bereich gehalten wird. Im Kontrollansatz werden die Algen nicht belichtet.*

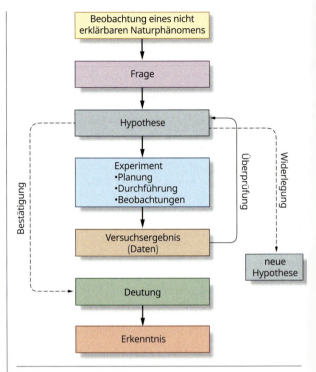

1 Naturwissenschaftlicher Erkenntnisgewinn durch Experimente

Ein wissenschaftliches Experiment muss nachvollziehbar, wiederholbar und objektiv sein. Seine Ergebnisse müssen reproduzierbar sein, das heißt, andere Personen an anderen Orten und/oder zu anderen Zeiten müssen bei dem Experiment dieselben Ergebnisse erzielen. Deshalb muss auch ein genaues Protokoll angefertigt werden.

Versuchsergebnis: Bei der Auswertung des Versuchs werden die Versuchsergebnisse mit den Hypothesen verglichen. Eine Hypothese kann durch die Ergebnisse bestätigt oder widerlegt werden. Eine widerlegte Hypothese muss verworfen oder verändert werden.

> *Deutung: Grünalgen kommen in zehn Metern Tiefe nicht vor, da dort der Faktor Licht die Fotosynthese begrenzt.*

Bestätigen die Versuchsergebnisse eine Hypothese, kann in der Deutung der kausale Zusammenhang formuliert werden. Die Deutung ist streng von den beobachteten Ergebnissen zu trennen. Sie gilt als vorläufig, da sie vom Stand des Wissens abhängt. Da Versuche oft nur an einem Lebewesen als Modellorganismus durchgeführt werden, enthalten Deutungen Verallgemeinerungen, die nicht direkt beweisbar sind. Eine Deutung umfasst auch immer eine Diskussion der Methode und möglicher Fehler. Durch das Experiment werden **Erkenntnisse** gewonnen.

❶ Praktikum selbstorganisiert: Wie wird eine Blattfarbstoff-Lösung hergestellt?

Material: grüne Blätter (zum Beispiel Brennnessel GHS 05, Spinat); rote Blätter (zum Beispiel Blutbuche, Bluthasel); Brennspiritus (GHS 02); Quarzsand; Becherglas (100 ml); Mörser mit Pistill; Trichter; Filtrierpapier; Schere

a) ≡ Entwickeln Sie mithilfe der angegebenen Materialien eine Versuchsanleitung zur Herstellung einer Blattfarbstoff-Lösung.

b) ≡ Stellen Sie nach Ihrer Anleitung aus verschiedenen Blättern Blattfarbstoff-Lösungen her.

❷ Welche Spektralfarben werden von den verschiedenen Blattfarbstoffen absorbiert?

Material: starke Lichtquelle; Sammellinse; Prisma; große weiße Fläche, zum Beispiel Whiteboard; Schlitzblende; flache Glasküvette; Karotten (100 g); 2 Bechergläser (200 ml); Glasstab; Glastrichter; Filtrierpapier; Messer; Küchenreibe; Waage; Benzin (GHS 02, 07, 08, 09); Blattfarbstoff-Lösungen aus Versuch 1

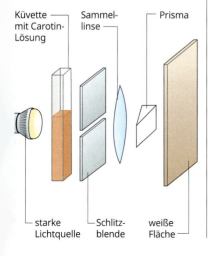

Küvette mit Carotin-Lösung — Sammellinse — Prisma

starke Lichtquelle — Schlitzblende — weiße Fläche

Durchführung: Zerkleinern Sie die Karotten mit der Küchenreibe und geben Sie 100 g Karottenbrei in ein Becherglas. Übergießen Sie den Brei mit 40 bis 60 ml Benzin und rühren Sie ihn mit dem Glasstab um. Lassen Sie den Ansatz für etwa 50 Minuten im Dunkeln stehen und filtrieren Sie den Extrakt anschließend in das zweite Becherglas. Füllen Sie die Küvette zur Hälfte mit der hergestellten Carotin-Lösung auf und bauen Sie die Versuchsanordnung entsprechend der Abbildung auf.

a) ≡ Erklären Sie die Versuchsbeobachtungen.

b) ≡ Wiederholen Sie den Versuch mit den Blattfarbstoff-Lösungen aus den roten und grünen Blättern des Versuchs 1. Erklären Sie die Versuchsbeobachtungen.

❸ Welche Blattfarbstoffe sind in Blattfarbstoff-Lösungen aus verschiedenen Blätten enthalten?

Material: Blattfarbstoff-Lösungen aus Versuch 1; mobile Phase: Benzin/Propan-2-ol-Gemisch (GHS 02, 07, 08, 09) im Volumenverhältnis 10:1 als Laufmittel; stationäre Phase: zwei DC-Platten (5 cm x 8 cm); Trennkammer; Glaskapillaren; Pipetten; Bleistift; Lineal; Fön; Wasser

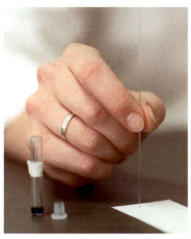

Durchführung: Ziehen Sie 1,5 cm vom Rand einer DC-Platte entfernt einen dünnen Bleistiftrand. Tragen Sie die Blattfarbstoff-Lösungen der grünen Blätter mit der Glaskapillare als schmalen Strich auf diese Startlinie auf. Wiederholen Sie den Vorgang nach dem Trocknen mehrmals, bis ein kräftig grüner Strich entstanden ist. Füllen Sie das mit einem Tropfen Wasser versehene Laufmittel circa 0,5 cm hoch in die Trennkammer. Stellen Sie danach die DC-Platte mit dem grünen Strich nach unten hinein und verschließen Sie das Gefäß. Entnehmen Sie die DC-Platte, wenn die Laufmittelfront beinahe ihren oberen Rand erreicht hat. Markieren Sie sofort diese Laufmittelfront. Messen Sie die Laufstrecke und notieren Sie die Farben der einzelnen Farbstoffbanden. Stellen Sie ebenso ein Dünnschichtchromatogramm einer Blattfarbstoff-Lösung aus roten Blättern her.

Das Verhältnis der Wanderungsstrecke der aufgetrennten Substanzen zu der Wanderungsstrecke des Laufmittels wird Retentionsfaktor (R_f) genannt. Er ist für jede Verbindung charakteristisch und lässt eine qualitative Auswertung des Chromatogramms zu. Der Retentionsfaktor wird nach folgender Formel berechnet:

$R_f = a/b$

a = vom Farbstoff zurückgelegte Strecke

b = vom Laufmittel zurückgelegte Strecke

a) ≡ Ermitteln Sie aus Ihren Versuchsergebnissen die R_f-Werte, und identifizieren Sie die einzelnen Blattfarbstoffe mithilfe der folgenden Tabelle.

Farbstoff	Farbe	R_f-Wert
Carotin	goldgelb	0,94
Chlorophyll a	blaugrün	0,25
Chlorophyll b	dunkelgrün	0,21
Lutein	gelb	0,18
Violaxanthin	gelb	0,14
Neoxanthin	gelb	0,09

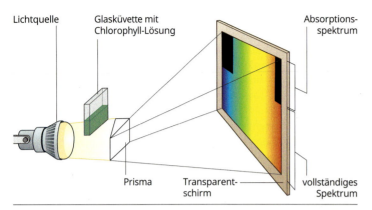

Lichtquelle   Glasküvette mit
              Chlorophyll-Lösung

Absorptions-
spektrum

Prisma   Transparent-
         schirm

vollständiges
Spektrum

1 Lichtabsorption durch eine Chlorophyll-Lösung

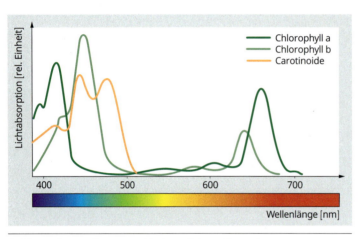

2 Absorptionsspektren verschiedener Fotosynthesepigmente

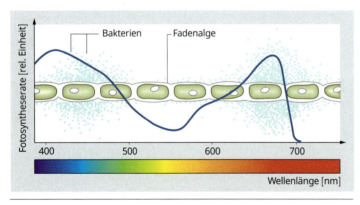

3 Bestimmung des Wirkungsspektrums einer Fadenalge

❶ ☰ Erklären Sie, welches Ergebnis man beim
ENGELMANN-Versuch erhält, wenn man
die Algen mit einfarbigem Licht von
550 nm bestrahlt.

❷ ☰ Erklären Sie die anahnd der Abbildungen
2 und 3 den Begriff „Grünlücke" bei der
Fotosynthese grüner Pflanzen.

1.3 Absorptions- und Wirkungsspektrum

Welche Wirkung haben die verschiedenen Spektralfarben auf die Fotosyntheseaktivität von Lebewesen?

Licht kann durch ein Glasprisma in seine Spektralfarben zerlegt werden (→ **Abb. 1**). Dabei entsprechen die unterschiedlichen Farben Licht der **Wellenlängen** von 400 bis 750 Nanometer (nm).

Absorptionsspektrum

Hält man eine Chlorophyll-Lösung in den Lichtstrahl zwischen Lichtquelle und Prisma, fehlen in dem enstehenden Spektrum die Farben Blau und Orangerot (→ **Abb. 1**). Das Licht dieser Wellenlängenbereiche wurde von der Chlorophyll-Lösung absorbiert (lat. *absorptio*: aufsaugen). Grünes Licht wird kaum absorbiert, sondern durchgelassen oder reflektiert. Ein typisches Laubblatt erscheint daher grün. Laubblätter und Grünalgen enthalten ein Gemisch verschiedener Fotosynthesepigmente. Diese lassen sich durch Chromatografie in die grünen **Chlorophylle a** und **b** sowie die orangegelben **Carotinoide** trennen. Misst man mithilfe eines Fotometers ihre Absorption in Abhängigkeit von der Wellenlänge, erhält man ein **Absorptionsspektrum** (→ **Abb. 2**).

Wirkungsspektrum

Ermittelt man dagegen die Fotosyntheserate bei verschiedenen Spektralfarben, erhält man ein **Wirkungsspektrum**. Es zeigt, bei welchen Wellenlängen des Lichts die Fotosynthese am besten abläuft. Ein solches Spektrum ermittelte Theodor Wilhelm ENGELMANN bereits 1882, indem er eine Fadenalge mit Licht bestimmter Wellenlängen beleuchtete. In dem Versuch sammelten sich hinzugegebene sauerstoffliebende Bakterien vor allem an den Stellen der Algen, die mit blauem beziehungsweise mit orangerotem Licht bestrahlt wurden (→ **Abb. 3**). Hier wurde aufgrund einer hohen Fotosyntheserate am meisten Sauerstoff freigesetzt. Exaktere Wirkungsspektren zeigen, dass die Fotosyntheserate bei etwa 450 und 680 nm maximal ist. In diesen Wellenlängenbereichen besitzen Chlorophyll a und b ihre Absorptionsmaxima. Daraus kann man schließen, dass hauptsächlich diese Pigmente das für die Fotosynthese benötigte Licht absorbieren.

❸ Lichtabsorption verschiedener Algenarten

A Rotalgen

B Veränderung der Lichtabsorption im Wasser

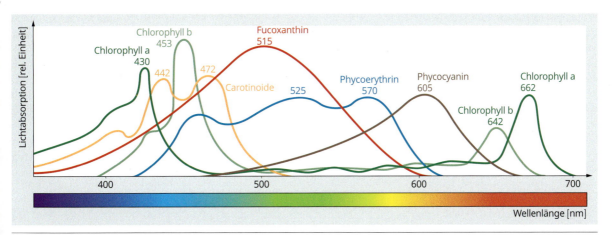

C Absorptionsspektrum verschiedener Fotosynthesepigmente

Verschiedenen Algenarten nutzen unterschiedliche Fotosynthesepigmente für die Lichtabsorption. Beispielsweise besitzen **Grünalgen** Chlorophyll a, Chlorophyll b und Carotinoide. **Rotalgen** nutzen Chlorophyll a, Carotinoide, Phycocyanin und Phycoerythrin. **Braunalgen** verfügen über Chlorophyll a, Carotinoide sowie Fucoxanthin. In Abbildung C ist dargestellt, in welchen Wellenlängenbereichen die verschiedenen Fotosynthesepigmente Licht absorbieren.

a) ☰ In einem ersten Versuch bestrahlt man fädige Rotalgen mit Licht unterschiedlicher Wellenlänge. In einem zweiten Versuch werden Braunalgen mit Licht unterschiedlicher Wellenlänge bestrahlt. Erklären Sie unter Berücksichtigung der Abbildung C, wo sich in den Versuchen aerobe Bakterien ansammeln würden.

b) ☰ Erklären Sie den Unterschied zwischen einem Absorptions- und Wirkungsspektrum.

c) ☰ Skizzieren Sie das zu erwartende Wirkungsspektrum von Rotalgen und vergleichen Sie es mit dem Wirkungsspektrum der Fadenalge im ENGELMANN-Versuch (S. 138 Abb. 3).

d) ☰ Erklären Sie mithilfe der Abbildung C, warum Braunalgen braun erscheinen.

e) ☰ In Gewässern wird das Licht bestimmter Wellenlängen durch Wassermoleküle, kleinste Partikel, gelöste Stoffe und Algen absorbiert. Dadurch verändert sich das Lichtspektrum mit zunehmender Wassertiefe. Beschreiben Sie anhand der Abbildung B, wie sich das Spektrum des Sonnenlichts im Wasser mit zunehmender Wassertiefe verändert.

f) ☰ Erklären Sie unter Berücksichtigung der Abbildungen B und C, in welchen Wassertiefen eines Gewässers Grünalgen, Braunalgen und Rotalgen hauptsächlich vorkommen.

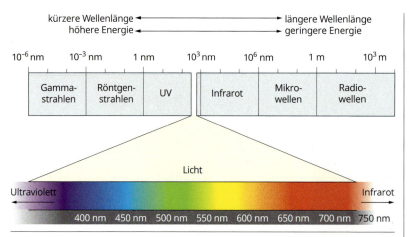

1 Spektrum elektromagnetischer Strahlung

Das Spektrum der elektromagnetischen Strahlung wird in verschiedene Wellenbereiche unterteilt. Als Licht bezeichnet man den Bereich, den der Mensch mit den Augen wahrnehmen kann. Er umfasst Wellenlängen von 400 bis 750 Nanometer. Jeder Farbe kann ein genauer Wellenlängenbereich zugeordnet werden (→ **Abb. 1**).

Einige Eigenschaften des Lichts werden verständlich, wenn man sich Licht als einen Strahl von Teilchen vorstellt. Man nennt diese Teilchen Lichtquanten oder **Photonen**. Die Energie eines Photons ist abhängig von der Wellenlänge des Lichts: Photonen des kurzwelligen Lichts sind energiereicher als Photonen des langwelligen Lichts. Blaues Licht enthält also mehr Energie als rotes Licht. Zwischen der Energie (E) eines Photons und der entsprechenden Wellenlänge (λ) besteht der Zusammenhang $E = \frac{1}{\lambda}$.

Bei der Lichtabsorption durch Farbstoff-Moleküle wird die Energie der Photonen von Elektronen aufgenommen, die zu **konjugierten Doppelbindungen** gehören. Das sind Doppelbindungen, die sich mit Einfachbindungen innerhalb eines Moleküls abwechseln. Im Chlorophyll-Molekül befinden sich konjugierte Doppelbindungen zwischen den Kohlenstoff-Atomen des ringförmigen Molekülabschnittes (→ **Abb. 2**).

2 Strukturformel von Chlorophyll a und b

Die Elektronen konjugierter Doppelbindungen werden durch die Lichtabsorption angeregt, das heißt, sie werden durch die Lichtenergie vom Grundzustand auf ein energiereicheres Niveau im Molekül angehoben.

In einem Chlorophyll-Molekül existieren unterschiedlich energiereiche Niveaus: Durch Photonen des roten Lichts werden Elektronen auf das erste Niveau gehoben. Photonen des blauen Lichts können die Elektronen auf das zweite Niveau heben. Ein Elektron verbleibt aber nur für sehr kurze Zeit auf dem energiereicheren Niveau. Dann fällt es in den Grundzustand zurück. Dabei wird die freiwerdende Energie als Wärme oder Fluoreszenzlicht abgegeben. Mit dieser Energie kann aber auch in einem benachbarten Molekül ein Elektron auf ein höheres Energieniveau gehoben werden (→ **Abb. 3**). Durch einen solchen **Energietransfer** kann die absorbierte Energie von Molekül zu Molekül übertragen werden und im Anschluss für die Fotosynthese genutzt werden.

❶ ≡ Erklären Sie mithilfe der Abbildung 3, warum blaues Licht im Vergleich zu rotem Licht für die pflanzliche Fotosynthese nicht von Vorteil ist, obwohl es deutlich energiereicher als rotes Licht ist.

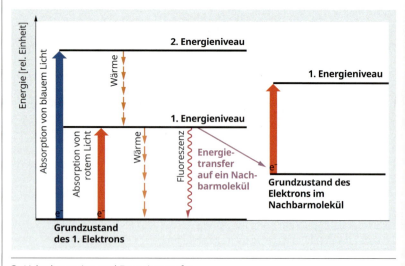

3 Lichtabsorption und Energietransfer

1.4 Fotosysteme

Wie und an welcher Stelle erfolgt bei der Fotosynthese die Umwandlung von Lichtenergie in chemische Energie?

Die verschiedenen Fotosynthesepigmente der Pflanzen sind an bestimmte Proteine in den Thylakoidmembranen der Chloroplasten gebunden. Mehrere Hundert dieser Pigmentproteine sind jeweils zu einer funktionellen Einheit, einem Fotosystem, zusammengeschlossen (→ **Abb. 1**). An der Fotosynthese sind zwei verschiedene Fotosysteme beteiligt, die sich in der Lage ihres Absorptionsmaximums unterscheiden. Sie arbeiten eng zusammen. In der Reihenfolge ihrer Entdeckung werden sie als **Fotosystem I** und **Fotosystem II** benannt.

Aufbau eines Fotosystems

Jedes Fotosystem enthält ein besonderes Chlorophyll-a-Molekül. Es bildet jeweils zusammen mit dem primären Elektronenakzeptor das **Reaktionszentrum**. Fotosystem I enthält eine Chlorophyll-a-Proteinverbindung mit einem Absorptionsmaximum bei 700 nm. Fotosystem II besitzt ein ähnliches Molekül, dessen Maximum bei 680 nm liegt. Man bezeichnet daher das jeweilige Chlorophyll-a-Molekül auch als P_{700} beziehungsweise P_{680} (→ **Abb. 1**). Der Buchstabe P steht dabei für die Abkürzung von Pigment.

Neben dem Reaktionszentrum enthält jedes Fotosystem noch zahlreiche Pigment-Moleküle, die an Proteine der Thylakoidmembranen gebunden sind. Sie bilden den sogenannten **Antennenkomplex**. Die verschiedenen Pigmente des Antennenkomplexes haben jeweils unterschiedliche Absorptionsmaxima. Daher kann ein Antennenkomplex Licht unterschiedlicher Wellenlängen absorbieren.

Energietransfer im Fotosystem

Durch die Lichtabsorption gelangen Fotosynthesepigmente in einen angeregten, energiereichen Zustand. Die Energie kann von einem Pigment-Molekül auf ein benachbartes Pigment-Molekül im Antennenkomplex übertragen werden, wenn dieses Licht in einem längerwelligen und damit ernergieärmeren Strahlungsbereich absorbiert. Es muss ein energetisches Gefälle zwischen den Fotosynthesepigmenten bestehen, da bei jeder Anregung eines Pigment-Moleküls etwas Energie in

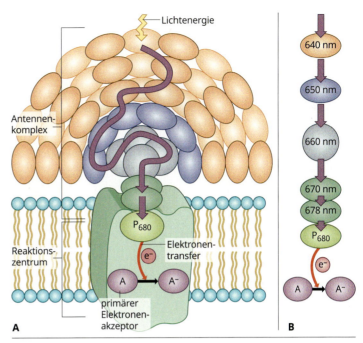

1 Fotosystems II. A Modell des Antennenkomplexes und Reaktionszentrums; **B** Energiefluss und Reduktion des Akzeptors

Wärme umgewandelt wird. Da im Antennenkomplex die Pigment-Moleküle von außen nach innen nach zunehmender Wellenlänge angeordnet sind (→ **Abb. 1**), wird die Energie zu den weiter innen liegenden Pigment-Molekülen geleitet. Am Ende wird sie auf das Chlorophyll-a-Molekül im Reaktionszentrum des Fotosystems übertragen.

Elektronenabgabe im Reaktionszentrum

Das Chlorophyll-a-Molekül im Reaktionszentrum kann im angeregten Zustand ein Elektron an den primären Elektronenakzeptor abgeben. Es wird dabei oxidiert, während der primäre Elektronenakzeptor reduziert wird. Lichtenergie wird damit in chemische Energie umgewandelt. Diese zentrale Reaktion der Fotosynthese findet also im Reaktionszentrum des jeweiligen Fotosystems statt.

❶ ≡ Begründen Sie, dass der Antennenkomplex eines Fotosystems auch als Lichtsammelfalle bezeichnet wird.

❷ ≡ Licht mit Wellenlängen zwischen 500 und 620 nm kann von Chlorophyll-Molekülen nicht absorbiert werden. Erklären Sie, warum die Fotosyntheserate einer Pflanze in diesem Bereich dennoch recht hoch sein kann.

1.5 Fotosynthese im Überblick

Welche Teilreaktionen laufen bei der Fotosynthese ab und wo finden diese statt?

Bereits im 19. Jahrhundert hatte man durch verschiedene Versuche nachgewiesen, dass Pflanzen für die Fotosynthese Licht, Wasser und Kohlenstoffdioxid benötigen und dabei Glucose bilden sowie Sauerstoff freisetzen.

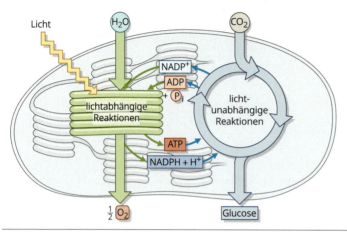

1 Lokalisation und Zusammenhang zwischen den lichtabhängigen und lichtunabhängigen Reaktionen

---

Materialgebundene Aufgaben

❷ Blackman-Versuche

Der Pflanzenphysiologe Frederick Blackman untersuchte die Fotosyntheserate von Pflanzen bei Starklicht und Schwachlicht in Abhängigkeit von der Temperatur. Die Fotosyntheserate bestimmte er über den Kohlenstoffdioxidverbrauch der Pflanzen. Er schlussfolgerte aus seinen Versuchsbeobachtungen, dass sich die Fotosynthese aus lichtabhängigen und lichtunabhängigen Reaktionen zusammensetzt.

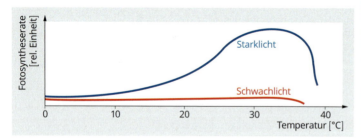

a) ≡ Beschreiben Sie die Versuchsbeobachtungen anhand der Abbildung.

b) ≡ Begründen Sie die Schlussfolgerungen Blackmans mithilfe der Versuchsbeobachtungen.

Unklar blieb lange, ob der freigesetzte Sauerstoff aus dem Wasser oder dem Kohlenstoffdioxid stammt. Die Frage wurde von Wissenschaftlern 1941 mithilfe der **Isotopenmarkierung** geklärt. Sie benutzten dafür das Sauerstoffisotop ^{18}O anstelle des normalen Isotops ^{16}O. Wurde $H_2^{18}O$ als Ausgangsstoff verwendet, bestand der freigesetzte Sauerstoff nur aus dem Isotop ^{18}O. Bei Einsatz von $C^{18}O_2$ fand sich dagegen dieses Isotop nicht im freigesetzten Sauerstoff. Daraus folgerten die Wissenschaftler, dass der bei der Fotosynthese freigesetzte Sauerstoff aus dem Wasser stammt. Deshalb wird die Fotosynthese durch folgende Reaktionsgleichung dargestellt:

$$6\,CO_2 + 12\,H_2O \xrightarrow[\text{Chlorophyll}]{\text{Lichtenergie}} C_6H_{12}O_6 + 6\,O_2 + 6\,H_2O$$

Lichtabhängige Reaktionen

Die Fotosynthese besteht aus vielen einzelnen Reaktionsschritten, die sich zwei großen Abschnitten zuordnen lassen (→ **Abb. 1**). Der erste Abschnitt umfasst die Vorgänge, bei denen die Lichtenergie in chemische Energie umgewandelt wird. Man bezeichnet sie als **lichtabhängige Reaktionen** oder **Primärreaktionen**. Mithilfe der Energie des Lichts werden Wasser-Moleküle in Protonen und Elektronen gespalten. Bei dieser **Fotolyse des Wassers** wird Sauerstoff freigesetzt. Die Protonen und Elektronen werden über eine Elektronentransportkette auf den Akzeptor $NADP^+$ übertragen, der dadurch zu $NADPH + H^+$ reduziert wird. Bei dem Elektronentransport wird Energie frei, die dazu genutzt wird, ATP zu bilden. Die lichtabhängigen Reaktionen sind wie alle fotochemischen Reaktionen nicht von der Temperatur abhängig. Sie finden in den Thylakoidmembranen des Chloroplasten statt.

Lichtunabhängige Reaktionen

Im zweiten Abschnitt werden die zuvor gebildeten Moleküle $NADPH + H^+$ und ATP genutzt, um Kohlenstoffdioxid zu reduzieren und mithilfe von Enzymen Glucose aufzubauen. Da diese Reaktionen nicht direkt von Licht abhängig sind, werden sie als **lichtunabhängige Reaktionen** oder auch **Sekundärreaktionen** bezeichnet. Sie finden im Stroma der Chloroplasten statt und sind wie alle enzymatischen Reaktionen temperaturabhängig.

❶ ≡ Geben Sie an, wo man das Isotop ^{18}O wiederfindet, wenn in der Fotosynthese $C^{18}O_2$ als Ausgangsstoff verwendet wird.

❸ Hɪʟʟ-Reaktion

Der rechts dargestellte Versuch wurde 1937 von Robert Hɪʟʟ durchgeführt und war der erste experimentelle Beweis dafür, dass der bei der Fotosynthese von Pflanzen freigesetzte Sauerstoff aus dem Wassers stammt. Der Versuch zeigt, dass in Chloroplasten bei Belichtung die folgende Reaktion stattfindet:

$$H_2O + A \xrightarrow[\text{Chlorophyll}]{\text{Lichtenergie}} AH_2 + \tfrac{1}{2} O_2$$

A = Akzeptor

Hɪʟʟ verwendete in seinen Versuchen Eisen-Ionen als künstlichen Elektronenakzeptor. In dem rechts dargestellten Versuch nutzte man dafür den Redox-Indikator DCPIP, bei dem die reduzierte und oxidierte Form eindeutig an der Farbe zu unterscheiden sind.

a) ☰ Beschreiben und deuten Sie die Versuchsbeobachtungen der dargestellten Hɪʟʟ-Reaktion.

b) ☰ Erklären Sie, warum durch den Versuch die Hypothese, „der bei der Fotosynthese freigesetzte Sauerstoff stammt zum Teil aus dem Wasser und zum anderen Teil aus dem Kohlenstoffdioxid", widerlegt wird.

c) ☰ Prüfen Sie, ob man in dem Versuch auch eine Entfärbung des DCPIPs beobachten könnte, wenn man anstelle der Chloroplasten eine Chlorophyll-Lösung verwenden würde.

d) ☰ Erklären Sie, warum bei dem Versuch Sauerstoff freigesetzt wird, obwohl Kohlenstoffdioxid als Ausgangsstoff der Fotosynthese fehlt.

e) ☰ Begründen Sie, dass aufgrund dieses Versuchsergebnisses die folgende vereinfachte Reaktionsgleichung der Fotosynthese fachlich nicht korrekt ist:

$$6\,CO_2 + 6\,H_2O \xrightarrow[\text{Chlorophyll}]{\text{Lichtenergie}} C_6H_{12}O_6 + 6\,O_2$$

f) ☰ Erklären Sie, warum bei dem Versuch auch Sauerstoff freigesetzt wird, wenn keine intakten Chloroplasten, sondern nur Thylakoidmembranen verwendet werden.

Frage	Aus welchen Ausgangsstoffen der Fotosynthese stammt der freigesetzte Sauerstoff? $$6\,CO_2 + 6\,H_2O \xrightarrow[\text{Chlorophyll}]{\text{Lichtenergie}} 6\,O_2 + C_6H_{12}O_6$$
Hypothesen	Der bei der Fotosynthese freigesetzte Sauerstoff stammt • aus dem Kohlenstoffdioxid, • aus dem Wasser, • zum Teil aus dem Wasser und zum anderen Teil aus dem Kohlenstoffdioxid.
Methode	Für den Versuch werden isolierte Chloroplasten in kohlenstoffdioxidfreiem Wasser aufgeschwemmt. Als Elektronenakzeptor wird DCPIP verwendet. DCPIP ist im oxidierten Zustand blau. Die blaue Farbe überdeckt die grüne Farbe des Chlorophylls. Im reduzierten Zustand ist es als DCPIPH$_2$ farblos. Folgende Versuche werden angesetzt:

Ansatz	isolierte Chloroplasten in CO$_2$-freiem Wasser	DCPIP	Licht
1	7 ml	0,2 ml	abgedunkelt*
2	7 ml	0,2 ml	belichtet
3	7 ml	—	belichtet

* (Reagenzglas mit Alufolie umwickelt)

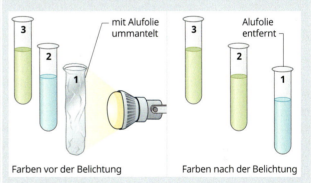

Farben vor der Belichtung   Farben nach der Belichtung

Ergebnis	Beschreibung: Versuchsbeobachtungen: Deutung:
Erkenntnis	Das Versuchsergebnis zeigt, dass Sauerstoff auch in Abwesenheit von Kohlenstoffdioxid freigesetzt werden kann und in isolierten Chloroplasten Teilschritte der Fotosynthese ablaufen können. Dadurch ist die Hypothese „der bei der Fotosynthese freigesetzte Sauerstoff stammt aus dem Kohlenstoffdioxid" widerlegt und die Hypothese „der freigesetzte Sauerstoff stammt aus dem Wasser" bestätigt.

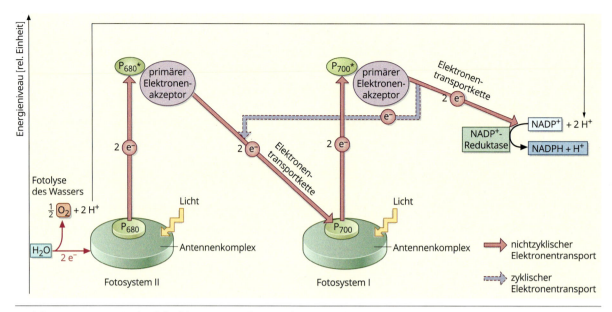

1 Elektronentransport in den lichtabhängigen Reaktionen der Fotosynthese

1.6 Chemiosmotisches Modell der lichtabhängigen Reaktionen

Wie stellt man sich nach dem chemiosmotischen Modell die ATP-Bildung in den lichtabhängigen Reaktionen vor?

Im Verlauf der lichtabhängigen Reaktionen der Fotosynthese werden Elektronen von Wasser-Molekülen über die Fotosysteme II und I zu $NADP^+$-Molekülen transportiert (→ **Abb. 1**).

Elektronentransport

Bei der Bestrahlung mit Licht wird im Fotosystem II das Chlorophyll-Moleküls P_{680} im Reaktionszentrum angeregt, indem ein Elektron auf ein höheres Energieniveau gehoben wird. Das angeregte P_{680}^*-Molekül gibt dann ein Elektron an den primären Elektronenakzeptor ab und wird zum positiv geladenen P_{680}^+-Molekül. Ein mit dem Fotosystem II verbunder Enzymkomplex spaltet Wasser-Moleküle in Protonen, Elektronen und Sauerstoff:

$$H_2O \rightarrow 2\,H^+ + 2\,e^- + \tfrac{1}{2}\,O_2$$

Diese lichtabhängige Spaltung wird als **Fotolyse des Wassers** bezeichnet. Eines der beiden aus dem Wasser stammenden Elektronen wird auf ein P_{680}^+-Molekül übertragen, wodurch dieses wieder zu einem ungeladenen P_{680}-Molekül wird. Der primäre Elektronenakzeptor des Fotosystems II gibt das Elektron an Plastochi-

non, ein Molekül der Elektronentransportkette, ab und wird dadurch sofort wieder zu einer neuen Elektronenaufnahme bereit (→ **Abb. 2**). Auch im Fotosystem I bewirkt Licht eine Elektronenabgabe des Chlorophyll-Moleküls P_{700} im Reaktionszentrum an seinen primären Elektronenakzeptor. Die entstandene Elektronenlücke am P_{700}^+-Molekül wird von Elektronen aufgefüllt, die über Plastochinon, den Cytochrom-b/f-Komplex und Plastocyanin vom Fotosystem II zum Fotosystem I geleitet werden. Auch der primäre Elektronenakzeptor des Fotosystems I gibt das aufgenommene Elektron sofort an weitere Moleküle der Elektronentransportkette weiter. Eines dieser Moleküle, Ferredoxin genannt, überträgt das Elektron auf ein $NADP^+$-Molekül. Nacheinander durchlaufen die beiden Elektronen aus einem Wasser-Molekül die Elektronentransportkette. Zusammen mit zwei Protonen werden sie auf ein $NADP^+$-Molekül übertragen. Dabei entsteht mithilfe des Enzyms $NADP^+$-Reduktase ein $NADPH + H^+$-Molekül:

$$NADP^+ + 2\,e^- + 2\,H^+ \rightarrow NADPH + H^+$$

Zusammengefasst fließen bei Belichtung Elektronen von Wasser-Molekülen zu $NADP^+$-Molekülen. Der Elektronentransport verläuft linear und wird deshalb als **nichtzyklischer Elektronentransport** bezeichnet. Die treibende Kraft dafür ist Licht, das von den beiden Fotosystemen absorbiert wird.

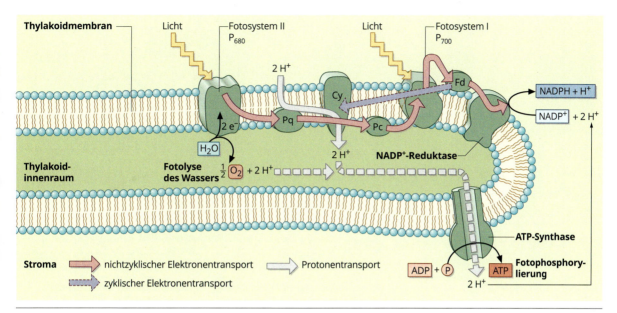

2 Lichtabhängige Reaktionen in der Thylakoidmembran. Pq = Plastochinon; Cy = Cytochrom-b/f-Komplex ; Pc = Plastocyanin; Fd = Ferredoxin

Bildung eines Protonengradienten

Gibt ein Protein der Elektronentransportkette ein Elektron an ein anderes ab, wird Energie frei. Diese wird vom Cytochrom-b/f-Komplex genutzt, um Protonen aus dem Stroma in den Innenraum der Thylakoide zu pumpen (→ **Abb. 2**). Gleichzeitig nimmt bei der Bildung von NADPH+H$^+$ die Protonenkonzentration im Stroma ab, während sich durch die Fotolyse des Wassers die Protonenkonzentration im Thylakoidinnenraum erhöht. So entsteht zwischen dem Thylakoidinnenraum und dem Stroma ein deutlicher **Protonengradient.**

ATP-Bildung

In der Thylakoidmembran sind ATP-Synthasen integriert (→ **Abb. 2**). Diffundieren Protonen aufgrund des Konzentrations- und Ladungsgradienten durch den Kanal einer ATP-Synthase, kann das Enzym die in dem Protonengradienten gespeicherte Energie nutzen und eine Phosphatgruppe an ADP binden. Dabei entsteht ATP. Da nach diesen Modellvorstellungen die ATP-Bildung durch eine Kombination von Redoxreaktionen und Osmose, also der Diffusion der Protonen durch die Thylakoidmembran verursacht wird, spricht man vom **chemiosmotischen Modell**. Treibende Kraft für die ATP-Bildung ist die Energie des Sonnenlichts, daher nennt man diese Form der ATP-Bildung auch **Fotophosphorylierung**.

Zyklischer Elektronentransport

Pflanzen können unter bestimmten Bedingungen den Elektronentransport umleiten. Die von den angeregten P$_{700}$*-Molekülen abgegebenen Elektronen werden dabei vom Ferredoxin aus auf den Cytochrom-b/f-Komplex übertragen und erneut über die Elektronentransportkette zum Fotosystem I transportiert. Dabei werden auch Protonen in den Thylakoidinnenraum gepumpt und ATP gebildet. Diesen Verlauf des Elektronentransports nennt man **zyklischen Elektronentransport**.

❶ ☰ Stellen Sie den Weg der Elektronen von einem Wasser-Molekül zu einem NADPH+H$^+$-Molekül im Fließdiagramm dar.

Materialgebundene Aufgaben

❷ Versuche zur ATP-Bildung

Überführt man in einem Versuch Chloroplasten von einer Pufferlösung mit pH-Wert 7 in eine Pufferlösung mit pH-Wert 4, stellt sich in ihrem Innenraum dieser pH-Wert ein. Überführt man die Chloroplasten dann in eine Pufferlösung mit pH-Wert 8, wird in den unbelichteten Chloroplasten ATP gebildet.

a) ☰ Erklären Sie die Versuchsbeobachtungen.

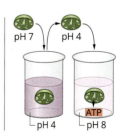

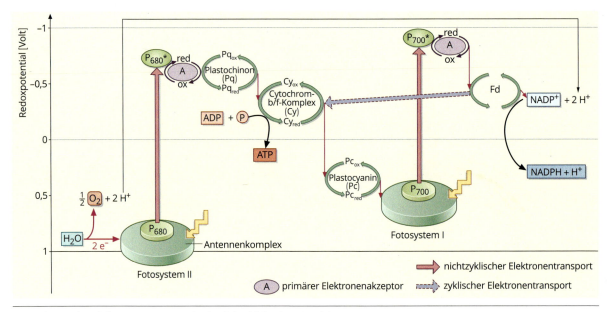

1 Z-Schema des Elektronentransports in den lichtabhängigen Reaktionen

1.7* Energetisches Modell der lichtabhängigen Reaktionen

Wie stellt man sich die ATP-Bildung nach dem energetischen Modell vor?

In den lichtabhängigen Reaktionen der Fotosynthese werden Elektronen über eine Elektronentransportkette von Wasser-Molekülen zu $NADP^+$-Molekülen transportiert. Berücksichtigt man die Redoxpotentiale der beteiligten Redoxsysteme, zeigt die grafische Darstellung des Elektronentransports eine Zickzack-Form (→ **Abb. 1**). Man spricht daher auch vom **Z-Schema**.

Redoxsysteme und Redoxpotential

Die Elektronentransportkette setzt sich aus mehreren Redoxsystemen zusammen, die sich in den Thylakoidmembranen befinden. Dazu gehören Plastochinon, Plastocyanin und der Cytochrom-b/f-Komplex (→ **Abb. 1**). Die Bereitschaft eines Redoxsystems, Elektronen aufzunehmen oder abzugeben, wird durch das Redoxpotential beschrieben. So haben Moleküle mit einem niedrigen Redoxpotential ein hohes Bestreben, Elektronen abzugeben. Solche mit einem hohen Potential neigen stärker zur Elektronenaufnahme. Elektronen können nur von einem Redoxsystem an ein anderes abgegeben werden, wenn das Redoxpotential des elektronenaufnehmenden Redoxsystems

positiver ist als das des elektronenabgebenden Redoxsystems (→ **Abb. 1**).

Durch die Absorption von Licht wird der Wert des Redoxpotentials der Chlorophyll-a-Moleküle in den Reaktionszentren der Fotosysteme I und II negativer. Es verändert sich zum Beispiel bei P_{680} von $+0,81$ V auf $-0,8$ V im angeregten Zustand $P_{680}*$. Dadurch wird die Bereitschaft des Chlorophyll-Moleküls, Elektronen abzugeben, stark erhöht. So kann ein Elektron an den primären Elektronenakzeptor mit seinem positiveren Redoxpotential weitergeleitet werden.

Durch die Elektronenabgabe wird das $P_{680}*$-Molekül zum P_{680}^+-Molekül. Dieses nun positiv geladene Molekül hat ein hohes Bestreben, Elektronen aufzunehmen. Sein Redoxpotential ist positiver als das von Wasser. So können Elektronen von Wasser-Molekülen auf P_{680}^+-Moleküle übertragen werden und dort die Elektronenlücken auffüllen.

Der Wert des Redoxpotentials des Chlorophyll-a-Moleküls P_{700} verändert sich durch die Lichtabsorption von $+0,45$ V auf $-0,90$ V. Das Redoxpotential von $NADP^+/$ $NADPH+H^+$ hat einen Wert von $-0,32$ V. Aufgrund dieses Gefälles können Elektronen über den primären Elektronenakzeptor und Ferredoxin zu $NADP^+$-Molekülen fließen und diese reduzieren.

Energiefreisetzung

Bei der Elektronenabgabe von einem Redox-system an ein anderes wird Energie freigesetzt. Je größer die Differenz zwischen den Redoxpotentialen der Redoxsysteme ist, um so mehr Energie wird frei. In der Elektronentransportkette wird zwischen dem Fotosystem I und II bei der Elektronenabgabe durch den Cytochrom-b/f-Komplex so viel Energie freigesetzt, dass ATP aus ADP + P gebildet werden kann.

❶ ☰ Erklären Sie anhand der Abbildung 1 den zyklischen Elektronentransport unter Berücksichtigung der Redoxpotentiale.

❷ ☰ Erstellen Sie aus folgenden Begriffen eine Concept-Map: Anregung von P_{680}, Fotolyse des Wassers, Elektronentransportkette, Anregung des Fotosystems P_{700}, Reduktion von NADP$^+$, nichtzyklischer Elektronentransport, zyklischer Elektronentransport, Synthese von ATP.

Materialgebundene Aufgaben

❸ Fotosynthese bei Schwefelpurpurbakterien

Schwefelpurpurbakterien leben vorwiegend in sauerstoffarmen, belichteten Zonen von Gewässern. Sie sind durch Schwefelablagerungen innerhalb oder außerhalb der Zellen gekennzeichnet. Schwefelpurpurbakterien betreiben Fotosynthese, ohne dass dabei Sauerstoff entsteht. In ihrem Fotosystem kommen spezielle Bakterienchlorophylle vor.

a) ☰ Erklären Sie anhand der Abbildung den Elektronentransport in den lichtabhängigen Reaktionen der Fotosynthese bei Schwefelpurpurbakterien unter Berücksichtigung der Redoxpotentiale.

b) ☰ Vergleichen Sie die lichtabhängigen Reaktionen der Fotosynthese bei Schwefelpurpurbakterien mit denen grüner Pflanzen.

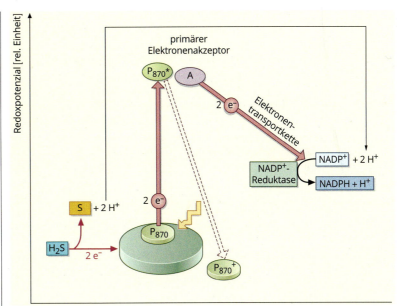

❹ Versuch: Reduktion von Methylrot durch Chlorophyll

In den vier Ansätzen des dargestellten Versuchs wurden die Petrischalen entsprechend der Angaben in der Tabelle befüllt. Die Ansätze 1, 2 und 3 wurden belichtet, in Ansatz 4 wurde die Petrischale mit Alufolie abgedeckt.

Methylrot ist ein Redoxsystem, das im oxidierten Zustand eine rote Farbe zeigt, im reduzierten Zustand ist es farblos. Ascorbinsäure wird in dem Versuch als Elektronendonator eingesetzt. Mischt man Methylrot im oxidierten Zustand mit einer Chorophyll-Lösung entsteht eine Lösung mit brauner Farbe.

	Ansatz 1	**Ansatz 2**	**Ansatz 3**	**Ansatz 4**
	– Methylrot Ascorbinsäure	Chlorophyll Methylrot –	Chlorophyll Methylrot Ascorbinsäure	Chlorophyll Methylrot Ascorbinsäure
Farbe	🔴	🟤	🟤	🟤
	Belichtung	Belichtung	Belichtung	Dunkelheit
Farbe nach 15 Minuten	🔴	🟤	🟢	🟤

a) ☰ Erklären Sie die Versuchsbeobachtungen.

b) ☰ Stellen Sie den Elektronentransport zwischen Methylrot, Chlorophyll und Ascorbinsäure unter Berücksichtigung der relativen Werte der Redoxpotentiale in einem Schema dar.

1.8 Lichtunabhängige Reaktionen der Fotosynthese

Wie wird im Verlauf der Fotosynthese aus Kohlenstoffdioxid Glucose gebildet?

In der Mitte des 20. Jahrhunderts untersuchte der Chemiker Melvin CALVIN mithilfe der Autoradiografie, wie Kohlenstoffdioxid bei der Fotosynthese zu Glucose umgesetzt wird.

Autoradiografie

Bei der **Autoradiografie** werden Stoffe in Zellen oder in einem Organismus durch radioaktive Isotope sichtbar gemacht. Auf diese Weise kann man zum Beispiel ermitteln, wo diese Stoffe sich befinden und in welchen Reaktionsketten sie verarbeitet werden. Dazu werden in den zu untersuchenden Stoffen beispielsweise Kohlenstoff- oder Sauerstoff-Atome durch radioaktive Isotope dieser Elemente ersetzt. Die so markierten Stoffe werden im Stoffwechsel einer Zelle oder eines Organismus wie nicht markierte Stoffe umgesetzt. Die beim Zerfall der Isotope frei werdende Strahlung kann erfasst werden. Dadurch läßt sich das markierte Molekül lokalisieren.

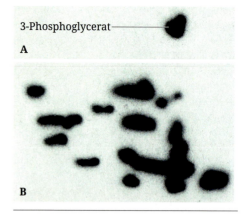

3-Phosphoglycerat

A

B

2 Isotopenmarkierung der Fotosynthese-produkte. A nach 3 Sekunden; **B** nach 30 Sekunden

Das CALVIN-Experiment

CALVIN stellte in seinen Versuchen Grünalgen radioaktiv markiertes Kohlenstoffdioxid in Form von $NaH^{14}CO_3$ zur Verfügung. Nach einer bestimmten Belichtungszeit unterbrach er die Fotosynthese der Algen, indem er sie mit siedendem Alkohol tötete (→ **Abb. 1**). Anschließend stellte er aus ihnen Extrakte her und trennte die darin enthaltenen Stoffe durch Chromatografie auf. Die Chromatogramme wurden jeweils auf einen fotografischen Film gelegt, der durch die radioaktive Strahlung des ^{14}C-Isotops schwarz gefärbt wurde. CALVIN identifizierte auf diese Weise zwölf verschiedene chemische Verbindungen mit dem Isotop ^{14}C, die bei der Umsetzung von Kohlenstoffdioxid zu Glucose auftreten.

Um zu ermitteln, in welcher zeitlichen Reihenfolge diese Verbindungen nach der Aufnahme von radioaktiv markiertem Kohlenstoffdioxid ($^{14}CO_2$) in den Algen auftreten, unterbrach CALVIN die Fotosynthese der Algen zu unterschiedlichen Zeitpunkten. Nach den ersten drei Sekunden konnte er ^{14}C-Isotope nur in der Verbindung 3-Phosphoglycerat nachweisen (→ **Abb. 2A**). Daraus schlussfolgerte er, dass dieser Stoff das erste Produkt der Kohlenstoffdioxid-Fixierung ist. Nach 30 Sekunden fand er ^{14}C-Isotope in zahlreichen anderen Molekülen (→ **Abb. 2B**). Diese mussten folglich später bei der Umsetzung von Kohlenstoffdioxid gebildet worden sein.

Auf diese Weise ermittelte CALVIN den Weg des Kohlenstoffs in den lichtunabhängigen Reak-

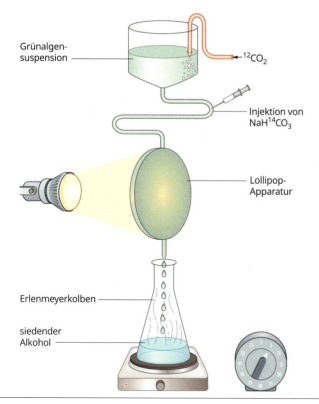

Grünalgen-suspension

$^{12}CO_2$

Injektion von $NaH^{14}CO_3$

Lollipop-Apparatur

Erlenmeyerkolben

siedender Alkohol

1 Versuchsaufbau von CALVIN

tionen der Fotosynthese, ausgehend vom Kohlenstoffdioxid bis hin zur Glucose. Er erkannte, dass dabei Reaktionen in einem Kreisprozess ablaufen. Dieser nach ihm benannte Zyklus lässt sich in drei Abschnitte gliedern (→ **Abb. 3**).

Fixierung von Kohlenstoffdioxid

Im ersten Abschnitt erfolgt der Einbau eines Kohlenstoffdioxid-Moleküls in ein organisches Molekül. Das Kohlenstoffdioxid-Molekül wird bei dieser **Fixierung** an Ribulose-1,5-bisphosphat, ein Zucker-Molekül mit fünf Kohlenstoff-Atomen gebunden. Das daraus entstandene Zwischenprodukt aus sechs Kohlenstoff-Atomen ist instabil und zerfällt sogleich in zwei Moleküle 3-Phosphoglycerat, die jeweils drei Kohlenstoff-Atome besitzen. Das Enzym, das die Fixierung des Kohlenstoffdioxids katalysiert, heißt Ribulose-1,5-bisphosphatcarboxylase, abgekürzt **Rubisco**.

Reduktion

Im zweiten Abschnitt erfolgt die **Reduktion** von 3-Phosphoglycerat zu Glycerinaldehyd-3-phosphat. Hierfür werden die Produkte der lichtabhängigen Reaktion benötigt: ATP liefert zusätzlich Energie und $NADPH+H^+$ liefert die Elektronen. Von zwölf im CALVIN-Zyklus gebildeten Molekülen Glycerinaldehyd-3-phosphat (C_3-Körper) werden zwei Moleküle zur Bildung eines Glucose-Moleküls (C_6-Körper) genutzt.

Regeneration des Akzeptormoleküls

Aus den restlichen zehn Molekülen Glycerinaldehyd-3-phosphat werden in mehreren Reaktionsschritten sechs Moleküle Ribulose-1,5-bisphosphat (C_5-Körper) gebildet. So erfolgt die **Regeneration** der CO_2-Akzeptormoleküle. Auch dabei wird ATP verbraucht.

3-Phosphoglycerat wird auch zum Aufbau verschiedener anderer Monosaccharide, beispielsweise Fructose, genutzt. Aus Glucose und Fructose wird Saccharose aufgebaut. Dieses Disaccharid ist die Transportform von Zucker in den Pflanzen. Es ist stabiler als Glucose und löst sich außerdem wesentlich besser in Wasser.

Die in den lichtunabhängigen Reaktionen der Fotosynthese gebundenen Kohlenstoffatome gelangen auf diesem Weg durch den Stoffwechsel in sämtliche organische Moleküle der Lebewesen.

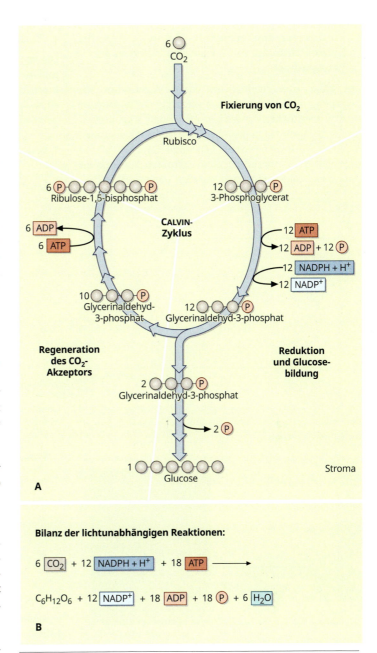

Bilanz der lichtunabhängigen Reaktionen:

$$6\ \boxed{CO_2}\ +\ 12\ \boxed{NADPH+H^+}\ +\ 18\ \boxed{ATP} \longrightarrow$$

$$C_6H_{12}O_6\ +\ 12\ \boxed{NADP^+}\ +\ 18\ \boxed{ADP}\ +\ 18\ \textcircled{P}\ +\ 6\ \boxed{H_2O}$$

B

3 CALVIN-Zyklus. A Ablauf; **B** Bilanz

❶ ≡ Stellen Sie den Ablauf des CALVIN-Zyklus als Fließdiagramm dar.

❷ ≡ Erklären Sie den Zusammenhang zwischen den lichtabhängigen und lichtunabhängigen Reaktionen der Fotosynthese.

❸ ≡ Die lichtunabhängigen Reaktionen der Fotosynthese werden manchmal auch „Dunkelreaktion" genannt. Begründen Sie, warum dieser Begriff vermieden werden sollte.

④ Einfluss von Kohlenstoffdioxid und Licht auf die Konzentrationen von Zwischenprodukten der Fotosynthese

Aus einer kontinuierlich belichteten Algenkultur, die beständig mit Kohlenstoffdioxid versorgt wurde, entnahm man in regelmäßigen zeitlichen Abständen Algenproben. Im Ansatz A wurden in den Algen jeweils die Konzentrationen von 3-Phosphoglycerat (PGS) und Ribulose-1,5-bis-phosphat (RubP) bestimmt. Zum Zeitpunkt X wurde die Zufuhr von Kohlenstoffdioxid unterbrochen:

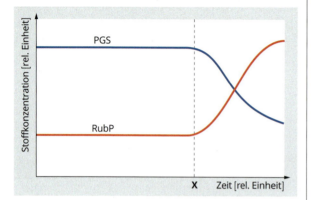

Im Ansatz B wurde zusätzlich die Glucosekonzentration in den Algen bestimmt. Zum Zeitpunkt Y wurde ihre Belichtung unterbrochen:

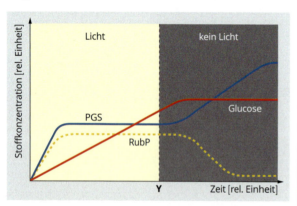

a) ☰ Geben Sie an, welche Funktion 3-Phosphoglycerat und Ribulose-1,5-bisphosphat bei der Fotosynthese haben.
b) ☰ Erklären Sie die Versuchsbeobachtungen im Ansatz A.
c) ☰ Entwickeln Sie eine Hypothese, wie sich die Konzentrationen der beiden Stoffe im Verlauf der Zeit im Ansatz A weiter entwickeln werden.
d) ☰ „Für die Weiterverarbeitung von 3-Phosphoglycerat zu Glucose werden ATP und NADPH+H⁺ benötigt." Begründen Sie diese Aussage anhand der Versuchsbeobachtungen des Ansatzes B.
e) ☰ Erklären Sie die Konzentrationsveränderungen von Ribulose-1,5-bisphosphat im Ansatz B.

⑤ Versuche von ARNON

Daniel Israel ARNON gelang es 1954 funktionsfähige Chloroplasten aus Pflanzenzellen zu isolieren. Nach dem Aufbrechen der Chloroplasten trennte er ihren Inhalt mithilfe einer Zentrifuge in Thylakoidmembranen und Stroma. Mit beiden Fraktionen führte er folgende Versuchsreihen durch:

1. Versuchsreihe

Versuch	zusammengegeben wurden	gebildet wurden
a	Thylakoide, Licht, CO_2, ADP, Phosphat, $NADP^+$, Wasser	ATP, O_2, $NADPH + H^+$
b	Thylakoide, Licht, ADP, Phosphat, $NADP^+$, Wasser	ATP, O_2, $NADPH + H^+$
c	Thylakoide, CO_2, ADP, $NADPH + H^+$, Wasser	
d	Thylakoide, CO_2, ADP, Phosphat, $NADP^+$, Wasser	

2. Versuchsreihe

Versuch	zusammengegeben wurden	gebildet wurden
a	Stroma, Licht, CO_2, ADP, Phosphat, $NADP^+$, Wasser	
b	Stroma, Licht, CO_2, ATP, $NADPH + H^+$, Wasser	
c	Stroma, CO_2, ATP, $NADPH + H^+$, Wasser	
d	Stroma, ATP, $NADPH + H^+$, Wasser	

a) ☰ Ermitteln Sie die Fragestellung, die den Versuchsreihen von ARNON zugrunde lag.
b) ☰ Erklären Sie die Beobachtungen der 1. Versuchsreihe.
c) ☰ Geben Sie begründet an, welche Stoffe in der 2. Versuchsreihe in Versuch a bis d gebildet wurden.
d) ☰ Erklären Sie, was man unter einem Kontrollversuch versteht und geben Sie an, welches die Kontrollversuche in den beiden Versuchsreihen sind.

Der steigende Lebensstandard der Menschen in vielen Regionen der Erde und die zunehmende Weltbevölkerung lassen den weltweiten Energiebedarf stetig anwachsen. Bislang wird der Bedarf vorwiegend durch **fossile Energieträger** wie Erdöl, Erdgas und Kohle gedeckt. Doch diese Ressourcen sind begrenzt. Zudem trägt das bei ihrer Verbrennung freigesetzte Kohlenstoffdioxid maßgeblich zum **globalen Klimawandel** bei.

Eine Alternative zu fossilen Energieträgern sind Pflanzen. Ihre energetische Nutzung hat den Vorteil, dass dabei nur die Menge an Kohlenstoffdioxid frei wird, die zuvor durch Fotosynthese gebunden wurde. Pflanzliche Biomasse gilt daher als klimaneutral. Sie kann zur Erzeugung von Wärme und Strom sowie zur Herstellung von Kraftstoffen eingesetzt werden. Damit stellt Biomasse die vielseitigste aller alternativen Energieformen dar. Sie kann auch unabhängig von den Windverhältnissen und der Sonneneinstrahlung genutzt werden.

Der bedeutendste pflanzliche Energieträger ist Holz. Es wird vor allem zur **Wärmegewinnung** in Heizungen eingesetzt, aber auch in Kraftwerken zur **Stromerzeugung**.

Pflanzen, die in der Landwirtschaft gezielt für die Energieerzeugung angebaut werden, bezeichnet man als **Energiepflanzen**. Sie werden nicht nur zur Strom- und Wärmeerzeugung genutzt, sondern auch um **Biokraftstoffe** wie Biodiesel und Bioethanol herzustellen.

Biokraftstoffe der ersten Generation werden aus Pflanzenteilen hergestellt, die man auch für die Ernährung nutzen könnte, zum Beispiel stärkehaltige Mais- und Roggenkörner oder Zuckerrohr und Zuckerrüben. Aus fetthaltigen Samen, etwa von Rapspflanzen oder Soja wird vor allem **Biodiesel** produziert. Auch Palmöl, ein Fett aus den Früchten der Ölpalme, kann nicht nur als Nahrungsmittel,

1 Mais – eine Energiepflanze

sondern auch für die Biodiesel-Produktion genutzt werden.

Der Anbau von Energiepflanzen ist mit einem hohen Flächenverbrauch und einem intensiven Einsatz von Pflanzenschutzmitteln und Dünger verbunden. Weitere Probleme sind die Boden- und Gewässerverunreinigung sowie ein Rückgang der Biodiversität. Außerdem hat der steigende Bedarf an Energiepflanzen dazu geführt, dass die entsprechenden Weltmarktpreise drastisch gestiegen sind. Da diese Pflanzen auch große Bedeutung als Nahrungs- oder Futtermittel haben, hat sich in der Folge auch die Ernährungslage, insbesondere in den Entwicklungsländern, weiter verschlechtert. Werden für den Anbau von Energiepflanzen Regenwälder abgeholzt, wie beispielsweise für den Anbau von Ölpalmen in Malaysia und Indonesien, kann die Energiegewinung aus Biomasse in der Summe auch klimaschädlich sein.

Biokraftstoffe der zweiten Generation werden aus Biomasse gewonnen, die nicht als Nahrungs- oder Futtermittel genutzt wird. Wurden früher nur Teile von Pflanzen verwendet, zielt die zweite Generation darauf ab, ganze Pflanzen oder Reste, die bei der Nahrungs- und Futtermittelproduktion anfallen, zu verwerten. Zu diesen

Biokraftstoffen gehören zum Beispiel **Btl-Kraftstoffe** (engl. *biomass to liquid*: Biomasseverflüssigung). Ihre Herstellung erfolgt durch ein Verfahren, bei dem Biomasse in flüssige Kohlenwasserstoffverbindungen umgewandelt wird. Diese werden zu Kraftstoffen verarbeitet.

Auch **Biogas** wird den Biokraftstoffen der zweiten Generation zugeordnet. Es kann zur Erzeugung von Strom und Wärme genutzt oder aufbereitet in das Gasnetz eingespeist werden. Biogas entsteht bei der Vergärung von organischen Stoffen. Früher wurden für die Erzeugung von Biogas hauptsächlich Gülle und Mist verwendet, später auch Biomüll sowie Abfälle aus Schlachtbetrieben und der Lebensmittelerzeugung. Mehr Biogas lässt sich aber aus Maispflanzen gewinnen. Infolgedessen hat der Anbau von Energiemais mit der Zunahme der Biogasanlagen in Deutschland stark zugenommen. Diese Monokultur ist problematisch für die Kulturlandschaft und ihre Artenvielfalt.

Die energetische Nutzung von Biomasse ist nicht automatisch sinnvoll, sondern braucht Regeln, um die Vorteile zu nutzen und die Nachteile zu minimieren. Nur dann kann sie ein Beitrag zum Klimaschutz und zu einer nachhaltigen Entwicklung sein.

2 Abhängigkeit der Fotosynthese von Außenfaktoren

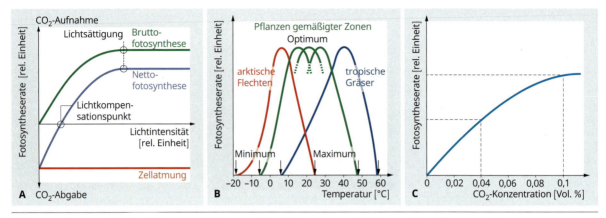

1 Fotosynthese und Außenfaktoren. A Lichtintensität; **B** Temperatur; **C** Kohlenstoffdioxidkonzentration

---

In welcher Weise beeinflussen Außenfaktoren die Fotosynthese?

Verschiedene äußere Faktoren beeinflussen die Fotosynthese. Um den Einfluss eines einzelnen Faktors erfassen zu können, führt man Experimente durch, bei denen man den zu untersuchenden Faktor variiert, alle anderen Faktoren aber konstant hält.

Außenfaktoren

Um die Fotosyntheserate von Pflanzen zu bestimmen, ermittelt man, wieviel Kohlenstoffdioxid die Pflanzen pro Zeiteinheit aufnehmen. Bei geringen Lichtintensitäten stellt man zunächst eine Kohlenstoffdioxidabgabe der Pflanzen fest (→ **Abb. 1A**). Diese ist darauf zurückzuführen, dass die Kohlenstoffdioxidabgabe durch die Zellatmung größer ist als die Kohlenstoffdioxidaufnahme durch die Fotosynthese. Wird die Lichtintensität gesteigert, nimmt auch die Fotosyntheserate zu. Bei einer bestimmten Lichtintensität ist die Abgabe von Kohlenstoffdioxid genau so groß wie die Aufnahme von Kohlenstoffdioxid. Diesen Punkt nennt man **Lichtkompensationspunkt**. Bei noch höherer Lichtintensität erfolgt eine messbare Kohlenstoffdioxidaufnahme der Pflanze pro Zeiteinheit. Sie kann in die Glucoseproduktion pro Zeiteinheit umgerechnet werden. Die so ermittelte Fotosyntheserate beschreibt die **Nettofotosyntheserate**. Ab dem Lichtkompensationspunkt steigt sie mit steigender Lichtintensität an und erreicht schließlich einen Maximalwert, die **Lichtsättigung**. Die **Bruttofotosyntheserate** ist höher als die Nettofotosyntheserate. Sie gibt die Fotosyntheserate ohne den Glucoseverlust durch die Zellatmung der Pflanze an. Bei hoher Lichtintensität wird die Nettofotosyntheserate maßgeblich von der **Temperatur** bestimmt (→ **Abb. 1B**). Dann zeigt sie eine für enzymatische Reaktionen typische Optimumkurve. Die Lage der Temperaturoptima verschiedener Pflanzen verdeutlichen deren Angepasstheit an verschiedene Klimazonen.

Der Gehalt an **Kohlenstoffdioxid** in der Luft liegt mit 0,04 Volumenprozent (Vol. %) deutlich unter dem Optimum der Fotosynthese von 0,1 Vol. % (→ **Abb. 1C**). Bei ausreichender Lichtintensität kann die Nettofotosyntheserate in Gewächshäusern durch künstliche Begasung mit Kohlenstoffdioxid gesteigert werden.

Limitierender Faktor

Sämtliche Faktoren wirken bei der Fotosynthese zusammen, wobei der am weitesten vom Optimum entfernte Faktor die Fotosyntheserate am meisten beeinflusst. Man spricht vom Prinzip des **limitierenden Faktors**. So bleibt die Fotosyntheserate trotz optimaler Licht- und Temperaturverhältnisse begrenzt, wenn zu wenig Kohlenstoffdioxid vorhanden ist.

❶ ☰ Erklären Sie die Abhängigkeit der Fotosyntheserate von der Kohlenstoffdioxidkonzentration der Luft anhand der Abbildung 1C.

❷ Brutto- und Nettofotosynthese

Bei Algen kann die Fotosyntheserate an der Veränderung der Sauerstoffkonzentration im Wasser bestimmt werden. Dazu misst man jeweils vor dem Versuch die Sauerstoffkonzentration im Wasser der Versuchsgefäße. Im ersten Ansatz wurde eine bestimmte Algenmenge über einen genauen Zeitraum konstant belichtet. In einem zweiten Ansatz wurden die Algen über den entsprechenden Zeitraum im Dunkeln gehalten. In den Versuchsansätzen waren die Kohlenstoffdioxidkonzentrationen sowie die Temperaturen im Wasser konstant.

Lichtmenge [%]	100	0
Sauerstoffkonzentration vor dem Versuch (mg/l)	5	5
Sauerstoffkonzentration nach dem Versuch (mg/l)	15	2
Sauerstoffverbrauch (Atmung)		
Sauerstoffproduktion (Bruttofotosynthese)		
Sauerstoffproduktion (Nettofotosynthese)		

a) ☰ Erklären Sie den Unterschied zwischen Netto- und Bruttofotosyntheserate.
b) ☰ Schreiben Sie die Tabelle ab und füllen Sie sie aus.
c) ☰ Erklären Sie, wie man auf diese Weise den Lichtkompensationspunkt der Algen ermitteln kann.

❸ Fotosynthese und Zellatmung

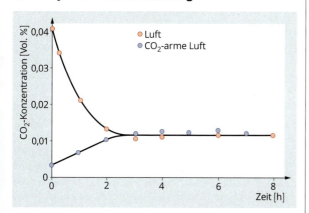

a) ☰ In einem Versuch wurde eine Pflanze in ein Glasgefäß eingeschlossen, das Luft enthielt. Anschließend wurde sie in ein Glasgefäß eingeschlossen, dessen Luft arm an Kohlenstoffdioxid war. Jedesmal wurde die Kohlenstoffdioxidkonzentration im Gefäß im Verlauf der Zeit gemessen. Erklären Sie die Versuchsbeobachtungen.

❹ Kohlenstoffdioxid und Licht

In einem Versuch wurde der Einfluss des Kohlenstoffdioxidgehaltes und der Lichtintensität auf die Fotosyntheserate untersucht. Die Temperatur wurde dabei konstant gehalten.

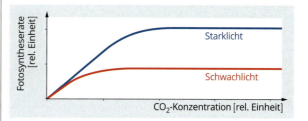

a) ☰ Beschreiben und deuten Sie die Versuchsbeobachtungen. Begründen Sie, warum die Versuche bei konstanter Temperatur durchgeführt wurden.
b) ☰ Die Fotosyntheserate wird im Wesentlichen von der Lichtintensität bestimmt. Nehmen Sie unter Berücksichtigung der Versuchsbeobachtungen Stellung zu dieser Aussage.

❺ Lichtintensität und Temperatur

In einem Versuch wurde die Abhängigkeit der Fotosyntheserate von der Lichtintensität für folgende Pflanzenarten bestimmt: Sonnenkräuter, Schattenmoose und Schattenkräuter. Die Temperatur wurde dabei konstant gehalten.

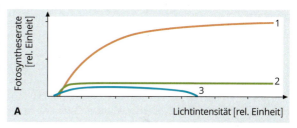

Anschließend wurde für eine der Pflanzenarten die Lichtsättigung bei unterschiedlichen Temperaturen ermittelt.

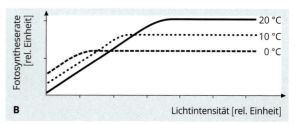

a) ☰ Ordnen Sie den Pflanzenarten die jeweils zutreffende Kurve aus dem Diagramm A zu und begründen Sie Ihre Entscheidung.
b) ☰ Erklären Sie unter Berücksichtigung der Abbildung B die Lichtsättigung der betreffenden Pflanzenart bei unterschiedlichen Temperaturen.

3 Regulation von Fotosynthese und Transpiration

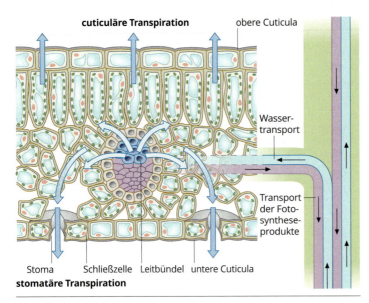

cuticuläre Transpiration

obere Cuticula

Wassertransport

Transport der Fotosyntheseprodukte

Stoma   Schließzelle   Leitbündel   untere Cuticula
stomatäre Transpiration

1 Cuticuläre und stomatäre Transpiration

Wie regulieren Pflanzen ihre Transpiration und ihre Kohlenstoffdioxidaufnahme?

Pflanzen benötigen Wasser für verschiedene Stoffwechselprozesse sowie als Lösungs- und Transportmittel. Es ist damit eine wachstumsbegrenzende Ressource. Der Wassergehalt des Blattgewebes ist in der Regel höher als der in der umgebenden Luft. Wasser verdunstet daher und diffundiert als Wasserdampf aus den Interzellularen in die umgebende Luft. Dieser Vorgang wird als **Transpiration** bezeichnet. Infolge der Wasserdampfabgabe fließt Wasser aus den umgebenden Zellen und dem Leitbündel nach. So entsteht in den Wasserleitungsbahnen ein Unterdruck, der sich bis in die Wurzeln fortsetzt. Durch diesen **Transpirationssog** werden Wasser und darin gelöste Mineralstoffe in die Blätter transportiert.

Bei der Transpiration unterscheidet man verschiedene Arten: Bei der **cuticulären Transpiration** verliert das Blatt Wasserdampf über die gesamte Blattoberfläche (→ **Abb. 1**). Ihr Ausmaß wird im Wesentlichen von der Dicke der Cuticula bestimmt. Der größere Teil der Transpiration erfolgt über die Spaltöffnungen, die **Stomata.** Diese **stomatäre Transpiration** kann im Gegensatz zur cuticulären Transpiration von der Pflanze reguliert werden.

Regulation der Transpiration

Jede Spaltöffnung wird von zwei bohnenförmigen Schließzellen, die Chloroplasten enthalten, umschlossen (→ **Abb. 2A**). Bei einer guten Wasserversorgung der Pflanzen werden mithilfe von Ionenpumpen Kalium-Ionen aus den benachbarten Epidermiszellen in die Schließzellen transportiert. Daraufhin strömt Wasser osmotisch nach, sodass sich das Volumen der Schließzellen erhöht. Die Wände der Schließzellen sind verdickt. Nur die Rückwand und der mittlere Bereich der Bauchwand sind unverdickt. Strömt Wasser in eine Schließzelle ein, wird ihre unverdickte Rückwand gedehnt. Infolgedessen wird die weniger elastische Bauchwand nach hinten gezogen, sodass sich die Spaltöffnung zwischen den Schließzellen vergrößert. Umgekehrt führt ein Wasserverlust zu einer Volumenabnahme der Schließzellen. Als Folge bewegen sich die Bauchwände aufeinander zu und die Spaltöffnung verkleinert sich (→ **Abb. 2B**).

Durch Licht und eine niedrige Kohlenstoffdioxidkonzentration in den Interzellularen werden die Kalium-Ionenpumpen aktiviert, sodass sich die Stomata öffnen und Kohlenstoffdioxid einströmt. Nun kann Fotosynthese stattfinden. Geöffnete Stomata haben allerdings eine erhöhte Transpirationsrate zur Folge. Bei hohem Wasserverlust der Schließzellen werden die Spaltöffnungen geschlossen und damit ein Austrocknen der Pflanze verhindert. Dadurch kommt jedoch die Fotosynthese zum Erliegen. Die Regulation der stomatären Transpiration macht einen Kompromiss zwischen Transpiration und Fotosynthese möglich.

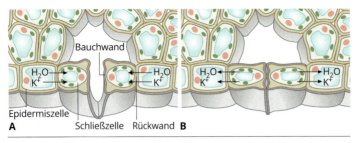

Bauchwand

H_2O K^+ H_2O K^+ H_2O K^+ H_2O K^+

Epidermiszelle
A   Schließzelle   Rückwand   **B**

2 **Stomata. A** offen; **B** geschlossen

❶ ☰ Erklären Sie die Regulation der Stomata anhand der Abbildung 2.

❷ Randeffekt

Die Fläche aller Spaltöffnungen macht nur ein bis zwei Prozent der gesamten Blattoberfläche aus. Viele Pflanzenarten geben aber bei voll geöffneten Stomata so viel Wasserdampf ab, als würde über 50 Prozent ihrer Blattfläche aus Stomata bestehen. Über jeder Spaltöffnung bildet sich eine Kuppel aus Wasserdampf. Man spricht vom Randeffekt.

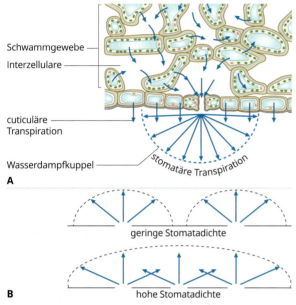

A

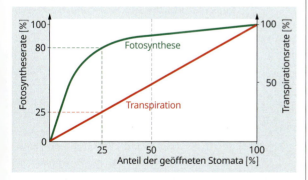

B

a) ☰ Erklären Sie anhand der Abbildung A den Randeffekt bei der stomatären Transpiration. Berücksichtigen Sie dabei das Prinzip der Oberflächenvergrößerung.

b) ☰ Begründen Sie mithilfe der Abbildung B, dass die Dichte der Stomata nicht zu hoch sein darf.

❸ Fotosynthese- und Transpirationsrate in Abhängigkeit vom Anteil der geöffneten Stomata

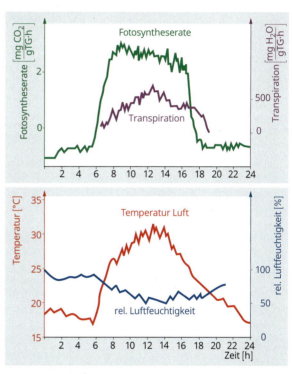

a) ☰ Geben Sie mithilfe der Abbildung an, wie hoch die Fotosyntheserate ist, wenn 25 beziehungsweise 50 Prozent der Stomata geöffnet sind.

b) ☰ Fassen Sie die Aussage der Abbildung mit eigenen Worten zusammen.

❹ Fotosynthese und Transpiration

In der Abbildung ist die Fotosyntheserate und die Intensität der Transpiration einer Pflanze bei ausreichender Wasserversorgung dargestellt. Die Fotosyntheserate wurde gemessen als Kohlenstoffdioxidaufnahme pro Gramm Trockengewicht (TG) und Stunde. Die Transpiration wurde als Wasserabgabe pro Gramm Trockengewicht und Stunde gemessen. In der zweiten Abbildung sind die jeweiligen Lufttemperaturen und relativen Luftfeuchtigkeiten im Tagesverlauf angegeben.

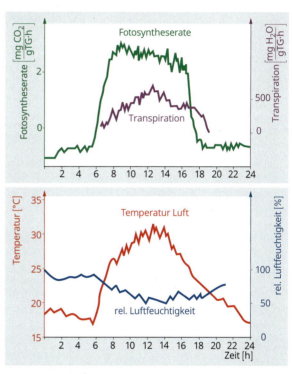

a) ☰ Beschreiben und erklären Sie die Veränderungen der Fotosyntheserate und der Transpiration im Tagesverlauf.

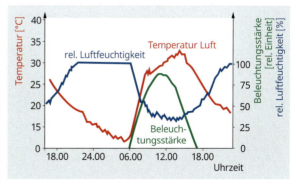

b) ☰ Leiten Sie aus dem Diagramm der Klimadaten die relative Fotosyntheserate einer Wüstenpflanze im Tagesverlauf ab.

4 Angepasstheiten von Pflanzen an unterschiedliche Standorte

Sonnenblatt	Schattenblatt

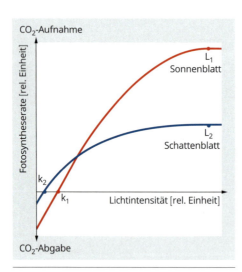

– 28,8 cm² Blattoberfläche	– 48,9 cm² Blattoberfläche
– 0,185 mm Blattdicke	– 0,093 mm Blattdicke
– 115,1 g Blattmasse pro m²	– 52,7 g Blattmasse pro m²
– hohe Konzentration an Fotosynthese-Enzymen	– niedrige Konzentration an Fotosynthese-Enzymen

1 Sonnenblatt und Schattenblatt einer Buche im Vergleich

2 Abhängigkeit der Fotosynthese von der Lichtintensität bei einem Sonnenblatt und einem Schattenblatt. k_1, k_2 = Lichtkompensationspunkte; L_1, L_2 = Lichtsättigung

4.1 Sonnen- und Schattenblätter

Wie sind Blätter an unterschiedliche Lichtintensitäten angepasst?

Blätter aus der Krone einer Buche sind dem vollen Sonnenlicht ausgesetzt. Diese Blätter sind wesentlich kleiner und dicker als solche aus dem inneren und unteren Bereich der Baumkrone. Die **Sonnen-** und **Schattenblätter** unterscheiden sich auch im inneren Aufbau und ihrer Stoffwechselaktivität. Die Differenzierung in den jeweiligen Blattyp wird durch die Lichtintensität bestimmt, die während der Blattentwicklung auf die Knospen trifft.

Anatomische Unterschiede
Sonnenblätter bilden zumeist ein mehrschichtiges Palisadengewebe mit vielen Chloroplasten aus, Schattenblätter haben dagegen ein reduziertes Palisadengewebe mit großen Zellen und wenigen Chloroplasten (→ **Abb. 1**).

Physiologische Unterschiede
Die beiden Blatttypen unterscheiden sich auch hinsichtlich ihrer Fotosyntheseleistung. Sonnenblätter erreichen ihre Lichtsättigung bei höheren Lichtintensitäten als Schattenblätter (→ **Abb. 2**). Sie sind also im Starklicht fotosynthetisch leistungsfähiger als Schattenblätter und erzielen eine höhere Nettofotosyntheserate als diese. Schattenblätter sind dagegen im Schwachlicht im Vorteil. Sie erreichen bereits bei sehr geringen Lichtintensitäten den **Lichtkompensationspunkt** und somit eine positive Nettofotosyntheserate.

Sonnen- und Schattenpflanzen
Die Gesamtfotosyntheseleistung einer Buche wird dadurch gesteigert, dass sie über verschiedene Blatttypen verfügt, die unterschiedliche Lichtintensitäten nutzen können. Vergleichbare Angepasstheiten wie bei den Blättern findet man auch bei **Sonnen-** und **Schattenpflanzen**. Dann ist der ganze Organismus an sonnige oder schattige Standorte angepasst.

❶ ☰ Erklären Sie die Unterschiede von Sonnenblättern und Schattenblättern, die in Abbildung 1 aufgelistet sind als Angepasstheiten.

❷ Vergleich der Fotosyntheserate bei Sonnen- und Schattenpflanzen

Sonnenpflanzen wie Heide oder Thymian kommen auf offenen Flächen, etwa auf Felsen, Trockenrasen oder in Heidelandschaften vor. Schattenpflanzen wie den Sauerklee findet man dagegen in der Krautschicht von Wäldern oder in Hecken.

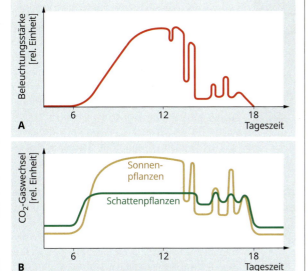

A

B

a) ≡ Beschreiben Sie vergleichend den CO_2-Gaswechsel einer Sonnen- und Schattenpflanze in Abhängigkeit der Beleuchtungsstärke anhand der Abbildungen.

b) ≡ Erklären Sie die Unterschiede.

❸ Angepasstheiten von Nadelblättern

Zur Untersuchung der Fotosyntheserate von Nadelblättern wurden an drei unterschiedlichen Regionen des Baumes bestimmte Blattmengen in lichtdurchlässige Messkammern am Baum eingeschlossen und mit einer definierten Kohlenstoffdioxidkonzentration begast.

CO_2-Konzen-tration in der Messkammer [µmol/mol Luft]	Lage der Blätter in der Baumkrone		
	äußerer Rand	mittlerer Bereich	innerer Bereich
0	− 0,5	− 0,3	− 0,3
100	+ 1,0	+ 0,9	+ 1,1
300	+ 3,8	+ 3,6	+ 3,7
600	+ 5,6	+ 5,4	+ 5,9
900	+ 6,5	+ 6,5	+ 6,7
1200	+ 7,4	+ 7,2	+ 7,1

A Sauerstoffaufnahme und -abgabe (in µmol/l/(m²/s)

Eine weitere Messung wurde zur gleichen Zeit an einem Laubbaum am gleichen Standort durchgeführt.

CO_2-Konzen-tration in der Messkammer [µmol/mol Luft]	Lage der Blätter in der Baumkrone		
	äußerer Rand	mittlerer Bereich	innerer Bereich
0	− 7,8	− 3,8	− 0,7
100	+ 8,2	+ 8,0	+ 3,4
300	+ 22,4	+ 16,2	+ 6,2
600	+ 27,6	+ 16,8	+ 7,8
900	+ 29,5	+ 17,4	+ 8,4
1200	+ 30,1	− 18,5	+ 9,2

B Sauerstoffaufnahme und -abgabe (in µmol/l/(m²/s)

a) ≡ Stellen Sie die Abhängigkeit der Fotosyntheserate der Laub- und Nadelblätter aus den unterschiedlichen Bereichen der Bäume von der Kohlenstoffdioxidkonzentration der Messkammern graphisch dar.

b) ≡ Vergleichen Sie die Werte bei Nadelbäumen und Laubbäumen und erklären Sie die Unterschiede.

Bei Bodenfrost können Pflanzen kein Wasser durch die Wurzeln aufnehmen. Während Laubbäume ihre Blätter im Herbst abwerfen und damit die Transpiration einstellen, behalten immergrüne Nadelbäume ihre Blätter. Diese weisen verschiedene Angepasstheiten an trockene Standorte auf, sodass sie den Trockenstress im Winter gut überstehen. Zum Beispiel sind die Blattflächen zu dünnen Nadeln reduziert und besitzen nur wenige Stomata.

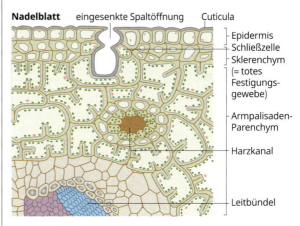

Nadelblatt   eingesenkte Spaltöffnung   Cuticula
— Epidermis
— Schließzelle
— Sklerenchym (= totes Festigungs-gewebe)
— Armpalisaden-Parenchym
— Harzkanal
— Leitbündel

c) ≡ Vergleichen Sie anhand der Abbildung den Aufbau eines Nadelblattes mit dem eines Buchenblattes.

d) ≡ Erklären Sie, wie die cuticuläre und stomatäre Transpiration bei Nadelblättern herabgesetzt wird.

e) ≡ Geben Sie an, welche Vorteile für immergrüne Nadelbäume dadurch bestehen, dass sie ihre Blätter im Winter nicht abwerfen.

1 Dickblattgewächs Butterbaum *(Tylecodon paniculatus)*, Südafrika

4.2* CAM-Pflanzen – Kohlenstoffdioxidfixierung im Dunkeln

Wie können Pflanzen an extrem trockenen Standorten überleben?

Pflanzen, die an extrem heißen und trockenen Standorten, wie etwa Wüsten oder Steppen wachsen, verlieren bei geöffneten Stomata viel Wasser durch die Transpiration. Schließen sie ihre Stomata, um sich vor dem Vertrocknen zu schützen, wird gleichzeitig die Aufnahme von Kohlenstoffdioxid unterbunden und die Fotosynthese stark eingeschränkt. Anatomische und physiologische Angepasstheiten ermöglichen es verschiedenen Pflanzenarten, trotz dieser Einschränkungen an extrem trockenen Standorten zu leben.

Anatomische Angepasstheiten

Trockenpflanzen oder **Xerophyten** finden mithilfe ihres tiefreichenden und weitverzweigten Wurzelsystem auch in trockenen Gebieten Zugang zu Wasser in tieferen Bodenschichten. Ihre Blätter sind klein und dick. Bei vielen Xerophytenarten, beispielsweise bei Kakteen, sind sie zudem noch stark reduziert. Dadurch ist die Oberfläche, über die die Pflanzen Wasser verdunsten, relativ klein. Eine dicke Cuticula, tief in das Blatt eingesenkte Stomata und verdickte Zellwände tragen außerdem dazu bei, die Transpiration einzuschränken und damit den Wasserverlust so gering wie möglich zu halten.

Zudem besitzen verschiedene Xerophytenarten Wasserspeichergewebe in der Sproßachse, den Blättern oder der Wurzel. Kakteengewächse speichern zum Beispiel Wasser in den Sprossachsen, während Dickblattgewächse, wie der Butterbaum zusätzlich die Blätter dafür nutzen (→ **Abb. 1**).

Physiologische Angepasstheiten

Einige Xerophytenarten besitzen neben anatomischen Angepasstheiten auch physiologische Angepasstheiten. Sie verfügen über einen besonderen Stoffwechselweg bei der Fotosynthese. Dieser wurde bei Dickblattgewächsen, den Crassulaceen, entdeckt. Man bezeichnet die betreffenden Pflanzen daher als **CAM-Pflanzen** (engl. *crassulacean acid metabolism*).

CAM-Pflanzen öffnen ihre Stomata vorwiegend nachts, um Kohlenstoffdioxid aufzunehmen. Sie verlieren dabei nur wenig Wasser über die Stomata, da in den Wüsten oder Steppen nachts die Temperaturen niedrig sind und die Luftfeuchtigkeit relativ hoch ist. Jedoch können nachts die lichtabhängigen Reaktionen der Fotosynthese nicht stattfinden, sodass deren Produkte NADPH + H$^+$ und ATP fehlen. Das aufgenommene Kohlenstoffdioxid kann somit nicht sofort im CALVIN-Zyklus verarbeitet werden. Es wird zunächst im Cytoplasma an den C$_3$-Körper Phosphoenolpyruvat, abgekürzt PEP, gebunden. Das für die Reaktion spezifische Enzym heißt PEP-Carboxylase. Als Produkt entsteht Oxalacetat, ein C$_4$-Körper. Solche Pflanzenarten, bei denen das erste Produkt der Kohlenstoffdioxidfixierung ein Molekül mit vier Kohlenstoff-Atomen ist, gehören zu den sogenannten **C$_4$-Pflanzen**. Bei den meisten anderen Pflanzen der mittleren Breiten ist das erste stabile Zwischenprodukt im CALVIN-Zyklus der C$_3$-Körper 3-Phosphoglycerat. Dementsprechend bezeichnet man sie als **C$_3$-Pflanzen**.

Bei den CAM-Pflanzen wird das nachts gebildete Oxalacetat sofort mithilfe von NADH + H$^+$ zu Malat, dem Salz der Äpfelsäure reduziert und in den Vakuolen der Blattzellen gespeichert (→ **Abb. 2**). Während des Tages wird Malat aus den Vakuolen ins Cytoplasma transportiert und dort zu Pyruvat und Kohlenstoffdioxid abgebaut. Die dann geschlossenen Stomata verhindern nicht nur Wasserverluste, sonder auch eine Kohlenstoffdioxidabgabe an die Umgebung.

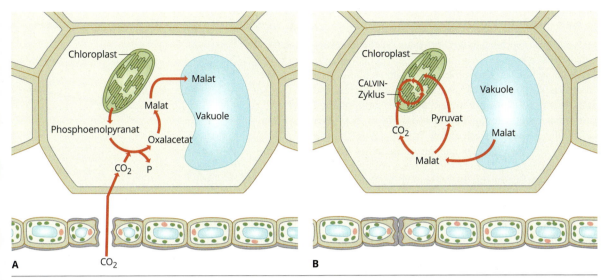

2 Kohlenstoffdioxidfixierung bei CAM-Pflanzen. A nachts; **B** tagsüber

Das im Chloroplasten freigesetzte Kohlenstoffdioxid wird vom Enzym Rubisco gebunden und in den CALVIN-Zyklus geschleust. Das entstandene Pyruvat wird in den Chloroplasten zur Regeneration von PEP oder zum Glucoseaufbau genutzt. Durch die Speicherung von Malat während der Nacht sinkt der pH-Wert in der Vakuolenflüssigkeit. Tagsüber wird Malat aus den Vakuolen freigesetzt, wodurch der pH-Wert in der Vakuolenflüssigkeit wieder steigt (→ Abb. 3). Da der pH-Wert der Vakuole im Tag-Nacht-Rhythmus schwankt, spricht man auch vom **diurnalen Säurerhythmus** (lat. *diurnus*: täglich).

Bedeutung des CAM-Stoffwechsels
Das Enzym PEP-Carboxylase der CAM-Pflanzen hat eine bis zu 60fach höhere Affinität zu Kohlenstoffdioxid als das Enzym Rubisco. Daher liegt in den Atemhöhlen der Blätter von CAM-Pflanzen eine sehr geringe Kohlenstoffdioxidkonzentration vor. Durch den großen Kohlenstoffdioxidgradient zwischen der Atemhöhle und der Außenluft strömt nachts viel Kohlenstoffdioxid in das Blatt hinein. Dadurch wird die relativ kurze Öffnungszeit der Stomata am Tag kompensiert. Trotz dieser Vorteile zeigen CAM-Pflanzen eine geringere Wachstumsrate als C_3-Pflanzen. Diese Beobachtung ist darauf zurückzuführen, dass in den Vakuolen der Blattzellen nur eine begrenzte Menge an Malat gespeichert werden kann. Oft ist diese Menge schon um die Mittagszeit abgebaut (→ **Abb. 3**).

Der größte Vorteil des CAM-Stoffwechselweges besteht darin, dass die Pflanzen nur fünf bis zehn Prozent der Wassermenge von C_3-Pflanzen benötigen. Bei besonders starker und langanhaltender Trockenheit können sie auch nachts die Stomata geschlossen halten. Dann fixieren sie das durch die Atmung freigesetzte Kohlenstoffdioxid und können so auch lange Perioden extremer Trockenheit überstehen.

❶ ☰ Erklären Sie anhand der Abbildung 1 die Kohlenstoffdioxidfixierung bei CAM-Pflanzen.

❷ ☰ Erklären Sie, warum der pH-Wert in der Vakuole von CAM-Pflanzen morgens am niedrigsten und abends am höchsten ist.

❸ ☰ Stellen Sie eine Hypothese zum pH-Wert einer CAM-Pflanze nach 24-stündiger Dunkelheit und 24-stündiger Belichtung auf.

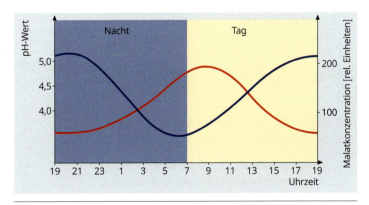

3 Diurnaler Säurerhythmus bei CAM-Pflanzen

❹ Mais – eine Hochleistungspflanze

Mais stammt ursprünglich aus Mittelamerika. Bei Trockenheit, hohen Temperaturen und starker Belichtung wächst er erheblich schneller und produziert mehr Biomasse als Grasarten mittlerer Breiten wie Weizen und Roggen. Bei Mais sowie bei anderen tropischen und subtropischen Grasarten findet die Kohlenstoff-Fixierung in speziellen Zellen, den **Mesophyllzellen** statt. Wie bei CAM-Pflanzen wird hier Kohlenstoffdioxid zunächst mithilfe des Enzyms PEP-Carboxylase an Phosphoenolpyruvat (PEP) gebunden. Dabei entsteht Oxalacetat. Dieses wird zu Malat umgewandelt und in die Chloroplasten der sogenannten **Leitbündelscheidenzellen** weitergeleitet. Diese sind kranzförmig um die Leitgefäße des Blattes angeordnet. In ihren Chloroplasten fixiert das Enzym Rubisco Kohlenstoffdioxid und schleust es in den CALVIN-Zyklus ein. Durch die hohe Affinität der PEP-Carboxylase zu Kohlenstoffdioxid wird dieses sehr effektiv gebunden. Selbst bei geschlossenen Stomata reicht die Kohlenstoffdioxidkonzentration im Blatt dieser C_4-Grasarten aus, um Fotosynthese zu betreiben. Wird Malat in den Chloroplasten der Leitbündelscheidenzellen decarboxyliert, steigt dort die Kohlenstoffdioxidkonzentration um etwa das zehnfache der Außenluft an, sodass Rubisco im Bereich der Substratsättigung arbeiten kann.

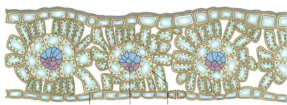

Mesophyll   Leitbündel   Leitbündelscheide

a) ☰ Die Abbildung zeigt schematisch den Querschnitt eines Maisblattes. Vergleichen Sie den Aufbau des Maisblattes mit dem Blattaufbau von C_3-Pflanzen.

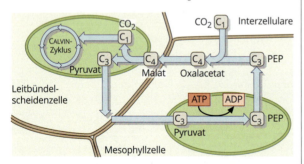

b) ☰ Erklären Sie anhand der Abbildung die Kohlenstoffdioxidfixierung bei Mais und begründen Sie, warum Mais zu den C_4-Pflanzen gehört.

c) ☰ Bei Mais liegt eine räumlich Trennung der Kohlenstoffdioxidfixierung und -verarbeitung vor, bei den CAM-Pflanzen dagegen ein zeitliche. Erklären Sie die Aussage.

❺ Vergleich der Fotosyntheserate von C_3- und C_4-Pflanzen

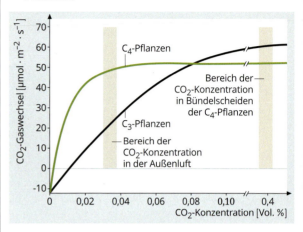

a) ☰ Geben Sie an, was man unter dem CO_2-Kompensationspunkt versteht. Erklären Sie die Unterschiede des CO_2-Kompensationspunktes bei C_3- und C_4-Pflanzen.

b) ☰ Erklären Sie anhand der Abbildung die Abhängigkeit der Fotosyntheserate von der Kohlenstoffdioxidkonzentration der Außenluft bei C_3- und C_4-Pflanzen.

c) ☰ Begründen Sie, warum Mais an trockenen und heißen Standorten mit hoher Lichtintensität mehr Biomasse produziert als etwa Weizen oder Roggen.

❻ C_3- und C_4-Pflanzen in Konkurrenz

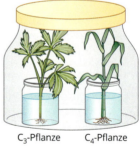

C_3-Pflanze C_4-Pflanze

In einem Experiment wurden eine C_3-Pflanze und eine C_4-Pflanze bei 33 °C und Lichtsättigung zusammen in einem Glasgefäß luftdicht eingeschlossen. Der CO_2-Kompensationspunkt liegt bei der C_3-Pflanze bei 100 µl Kohlenstoffdioxid pro Liter Luft, der der C_4-Pflanze bei 10 µl Kohlenstoffdioxid pro Liter Luft.

a) ☰ In dem Experiment sank die Kohlenstoffdioxidkonzentration innerhalb einer Stunde auf 100 µl Kohlenstoffdioxid pro Liter Luft. Erklären Sie die Beobachtung.

b) ☰ Stellen Sie eine Hypothese über den weiteren Verlauf der Kohlenstoffdioxidkonzentration in dem Glasgefäß auf.

c) ☰ Stellen sie eine weitere Hypothese über das Wachstum der beiden Pflanzen im Verlauf der Zeit auf.

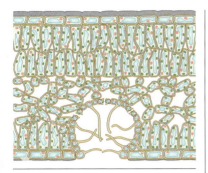

1 Xeromorphes Blatt

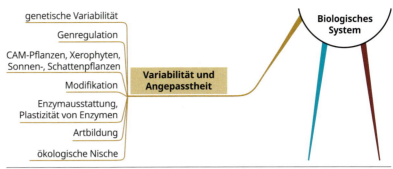

2 Aspekte des Basiskonzepts Variabilität und Angepasstheit

Alle Lebewesen sind durch ihren Bau und dessen Funktion an die jeweilige Umwelt angepasst. Grundlegend für die Entwicklung solcher Angepasstheiten ist die **Variabilität**. Darunter versteht man, dass bei den Individuen einer Art Merkmale mit geringen Unterschieden ausgeprägt sind. Variabilität ist die Folge von Mutation, Rekombination und Modifikation. Bei Änderung der Umweltbedingungen, können bestimmte Merkmalsausprägungen für die betreffenden Varianten vorteilhaft sein.

So könnten beispielsweise als Folge von Mutationen bei einzelnen Individuen einer Pflanzenart die Stomata unterschiedlich tief in das Blatt eingesenkt sein. Bei einer Dürre hätten die Varianten mit den tiefer eingesenkten Stomata einen Vorteil, da sie weniger Wasser verdunsten, als die anderen Varianten.

Die natürliche Selektion hat zur Folge, dass Varianten mit vorteilhaften Merkmalen mehr Nachkommen zeugen und ihre Merkmalsausprägung häufiger vererben können, als die Varianten ohne diese Merkmalsausprägung. So nimmt ihr Anteil in der Population zu, der Anteil der Varianten ohne die vorteilhaften Merkmale nimmt dagegen ab. Auf diese Weise haben sich im Laufe der Evolution Merkmalsausprägungen bei Individuen einer Population verändert, sodass sie nach vielen Generationen **Angepasstheiten** an die vorherrschenden Umweltbedingungen aufweisen. Die tief in das Blatt

eingesenkten Stomata der xeromorphen Blätter sowie weitere Strukturen, die die Transpiration einschränken (→ **Abb. 1**), haben sich im Verlauf der Evolution als Angepasstheiten an einen trockenen Standort entwickelt. Als Ergebnis dieses Anpassungsprozesses entwickelt sich im Laufe der Evolution ein wechselseitiges Beziehungsgefüge einer Art mit ihrer Umwelt, die **ökologische Nische** der Art.

Variabilität und **Angepasstheit** sind ein Basiskonzept der Biologie. Man findet sie auf allen biologischen Ebenen. CAM-Pflanzen zeigen etwa auf der stoffwechselphysiologischen Ebene Angepasstheiten. Bei ihnen werden starke Wasserverluste dadurch verhindert, dass sie ihre Stomata vorwiegend nachts öffnen. Während dieser Zeit wird Kohlenstoffdioxid fixiert und in Form von Malat in den Zellvakuolen gespeichert. Am Tag wird es wieder daraus freigesetzt und in den CALVIN-Zyklus eingeschleust (→ **Abb. 3**).

Auch auf der Ebene von Molekülen, etwa bei Myoglobin und Hämoglobin,

lassen sich Angepasstheiten erkennen. Diese sauerstoffbindenden Proteine sind sehr ähnlich aufgebaut. Hämoglobin ist aus vier Polypeptidketten aufgebaut, wobei jede der Ketten einen Eisenkomplex besitzt, an den ein Sauerstoff-Molekül binden kann (→ **Abb. 4**). Myoglobin besteht dagegen nur aus einer Polypeptidkette mit einem sauerstoffbindenden Eisenkomplex.

Diese Unterschiede im Aufbau sind Angepasstheiten an die Funktionen der beiden Proteine. Hämoglobin bindet Sauerstoff in der Lunge und transportiert ihn ins Muskelgewebe. Hier gibt es Sauerstoff an Myoglobin ab. Dieses Protein ist für den Sauerstofftransport in den Muskelzellen verantwortlich. Da Myoglobin eine wesentlich höhere Sauerstoffaffinität als Hämoglobin hat, kann es den Sauerstoff von Hämoglobin übernehmen.

❶ Ξ Nennen Sie Angepasstheiten von Rot- und Braunalgen und erklären Sie, wie sie sich in der Evolution entwickelt haben könnten.

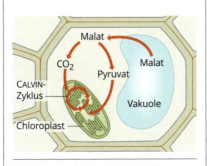

3 Angepasstheiten bei CAM-Pflanzen

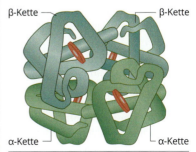

4 Hämoglobin-Molekül

Grüne Pflanzen als Produzenten

Bedeutung der Fotosynthese

- **Fotoautotrophe Organismen** (grüne Pflanzen, Algen und Cyanobakterien) stellen mithilfe der Fotosynthese aus energiearmen anorganischen Stoffen energiereiche organische Stoffe her.
- **Heterotrophe Organismen** nehmen energiereiche organische Stoffe mit der Nahrung auf.

Aufbau von Laubblatt und Chloroplasten

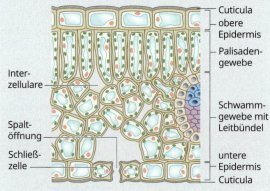

- **Cuticula:** wachsartige Schicht, die als Verdunstungsschutz dient
- **Palisadengewebe:** zylinderartige Zellen; eng aneinander grenzend; enthalten viele Chlorplasten; Hauptort der Fotosynthese
- **Schwammgewebe:** unregelmäßig geformte Zellen; große Interzellularen; Zellen enthalten weniger Chloroplasten; dient vor allem dem Gasaustausch
- **Spaltöffnungen (Stomata):** Gasaustausch
- **Leitbündel:** von Zellen mit verdickten Zellwänden umgeben; Transport von Wasser und gelösten Mineralstoffen ins Blatt sowie Fotosyntheseprodukten in die Sprossachse
- **Aufbau Chloroplast:** besitzt zwei Membranen; im **Stroma** liegen **Stroma-** und **Granathylakoide** sowie Ribosomen und ringförmige DNA

Absorptions- und Wirkungsspektrum
- **Absorptionsspektrum:** stellt die Absorption von Licht durch eine chemische Verbindung in Abhängigkeit von der Wellenlänge des eingestrahlten Lichts dar
- **Fotosynthesepigmente** wie Chlorophyll a und b und Carotinoide absorbieren blaues und orangerotes Licht, grünes Licht wird durchgelassen oder reflektiert (Grünlücke).
- **Wirkungsspektrum:** stellt die Fotosyntheserate in Abhängigkeit der Wellenlänge des eingestrahlten Lichts dar

Fotosysteme

- **Fotosystem I:** besitzt Chlorophyll-a-Molekül (P_{700}) mit Absorptionsmaximum bei 700 nm
- **Fotosystem II:** besitzt Chlorophyll-a-Molekül (P_{680}) mit Absorptionsmaximum bei 680 nm

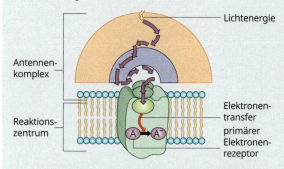

- Durch Lichtabsorption gelangen Fotosynthesepigmente in energiereiche, angeregte Zustände.
- Entsprechend dem **energetischen Gefälle** wird Energie auf das Chlorophyll-a-Molekül im Reaktionszentrum geleitet.

Fotosynthese im Überblick

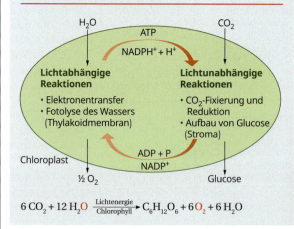

$$6\,CO_2 + 12\,H_2O \xrightarrow[\text{Chlorophyll}]{\text{Lichtenergie}} C_6H_{12}O_6 + 6\,O_2 + 6\,H_2O$$

Lichtabhängige Reaktionen

Chemiosmotisches Modell
- Beide Elektronen aus der Fotolyse des Wassers werden über eine Elektronentransportkette zusammen mit den Protonen auf $NADP^+$-Moleküle übertragen.
- Der Cytochrom-b/f-Komplex pumpt mithilfe der Energie aus dem Elektronentransport Protonen aus dem Stroma in den Thylakoidinnenraum.
- Die ATP-Bildung erfolgt durch Diffusion der Protonen entlang des Protonengradienten durch den Kanal der ATP-Synthetasen.

Elektronentransport

Nichtzyklischer Elektronentransport:

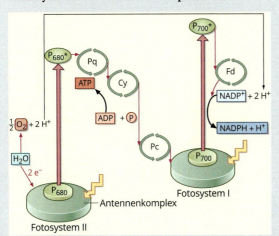

Zyklischer Elektronentransport:
- Elektronen werden von Ferredoxin zurück auf den Cytochrom-b/f-Komplex umgeleitet
- nur Fotosystem I beteiligt
- ATP-Bildung, aber keine NADPH + H$^+$-Bildung

Energetisches Modell
- Elektronentransport erfolgt über Redoxsysteme mit unterschiedlichen Redoxpotentialen
- grafische Darstellung: Zickzack-Form (Z-Schema)
- Elektronentransport durch die Redoxsysteme setzt Energie frei, die zur ATP-Synthese genutzt wird

Lichtunabhängige Reaktionen (CALVIN-Zyklus)

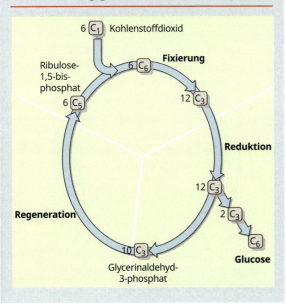

Abhängigkeit der Fotosynthese von Außenfaktoren

- **Licht:** Lichtkompensationspunkt entspricht der Lichtstärke, bei der die Kohlenstoffdioxidaufnahme der Kohlenstoffdioxidabgabe entspricht
- **Temperatur:** bestimmt bei hoher Lichtintensität die Fotosyntheserate
- **Kohlenstoffdioxidkonzentration:** Optimum bei 0,1 Vol. %
- **Limitierender Faktor:** Der am weitesten vom Optimum entfernte Faktor begrenzt die Fotosyntheserate.

Angepasstheit von Pflanzen an die unterschiedlichen Standorte

Transpiration
- **Cuticuläre Transpiration:** Abgabe von Wasserdampf über die gesamte Blattoberfläche; abhängig von der Cuticuladicke, kann nicht reguliert werden
- **Stomatäre Transpiration:** Abgabe von Wasserdampf über die Stomta, kann über die Schließzellen reguliert werden

Lichtnutzung
Pflanzen mit verschiedenen Blatttypen nutzen unterschiedliche Lichtintensitäten:
- **Sonnenblätter:** mehrschichtiges Palisadengewebe, viele Chloroplasten, Lichtsättigung bei höheren Lichtintensitäten, höhere Nettofotosynthese als bei Schattenblättern
- **Schattenblätter:** reduziertes Palisadengewebe mit großen Zellen, wenig Chloroplasten, erreichen bei geringer Lichtintensität den Lichtkompensationspunkt

Ganze Pflanzen sind an die Lichtverhältnisse des Standortes angepasst:
- **Sonnen- und Schattenpflanzen**
- **Xerophyten:** Pflanzen mit anatomischen und physiologischen Angepasstheiten an Trockenheit

CAM-Pflanzen
Zeitliche Trennung zwischen primärer Kohlenstoffdioxidfixierung und CALVIN-Zyklus bei Trockenpflanzen
- **nachts:** Stomata geöffnet, Kohlenstoffdioxid wird an Phosphoenolpyruvat (PEP) gebunden; Produkt Oxalacetat (C$_4$-Körper) wird zu Malat umgewandelt, Speicherung in der Vakuole
- **tags:** Abbau von Malat zu Kohlenstoffdioxid und Pyruvat, Fixierung von Kohlenstoffdioxid im CALVIN-Zyklus

AUFGABENSTELLUNG

Wirkungsweisen von Herbiziden

Unkrautvernichtungsmittel, Herbizide genannt, greifen auf unterschiedliche Weise in den Stoffwechsel von Pflanzen ein und verursachen dadurch de+ren Absterben. Etwa 50 Prozent aller verwendeten Herbizide beeinflussen direkt die Fotosynthese der Unkräuter. Andere Herbizide verhindern die Synthese von Pigmenten oder beeinflussen die Transpiration der Pflanzen.

Im Folgenden sollen Sie sich genauer mit der Wirkungsweise verschiedener Herbizide beschäftigen.

1. Hemmung der Elektronentransportkette

Die Herbizidwirkstoffe DCMU und Paraquat sind Elektronenakzeptoren. Sie ziehen Elektronen aus der Elektronentransportkette der Fotosynthese ab. Diese Elektronen geben sie sofort an Sauerstoff-Moleküle oder Sauerstoffverbindungen weiter. Dadurch entstehen sehr reaktive Sauerstoffverbindungen, die verschiedene Zellstrukturen, etwa Zellmembranen und Proteine der Unkräuter schädigen.

1.1 Erklären Sie, wie nach den Vorstellungen des chemiosmotischen Modells ATP im Verlauf der Fotosynthese gebildet wird. (12 BE)

1.2 Geben Sie unter Berücksichtigung von M1 an, wie sich die Konzentrationen von ATP und NADPH + H⁺ in Blattzellen verändern, wenn diese von DCMU beeinflusst werden. Begründen Sie Ihre Entscheidungen. (6 BE)

1.3 Geben Sie unter Berücksichtigung von M1 an, wie sich die Konzentrationen von ATP und NADPH + H⁺ in Blattzellen verändern, wenn diese von Paraquat beeinflusst werden. Begründen Sie Ihre Entscheidungen. (6 BE)

2. Hemmung der Carotinoidsynthese

Bestimmte Herbizide, sogenannte Bleichherbizide, hemmen die Synthese von Carotinoiden.

2.1 Erklären Sie die Bedeutung von Carotinoiden für die Fotosynthese mithilfe von M2 und M3. (16 BE)

2.2 Fassen Sie die Informationen aus M3 zu einer Erklärung zur Wirkungsweise von Bleichherbiziden zusammen. (12 BE)

3. Fusicoccin – ein Pilztoxin als Herbizid

Fusicoccin ist ein Toxin, das natürlicherweise von parasitisch lebenden Blattpilzen synthetisiert wird. Als Herbizid eingesetzt führt es zum Welken und Vertrocknen der damit behandelten Pflanzen.

3.1 Erstellen Sie auf der Basis von M4 a und M4 b ein Fließdiagramm zur Regulation der Stomataweite von Blättern bei Belichtung. Die Pflanzen sollten dabei ausreichend mit Wasser versorgt sein. (12 BE)

3.2 Werten Sie M5 und M6 im Hinblick auf die Frage aus, warum Fusicoccin zum Welken und Vertrocknen von Pflanzen führt. (16 BE)

MATERIAL

M1 a Angriffsorte und Wirkung der Herbizidwirkstoffe DCMU und Paraquat

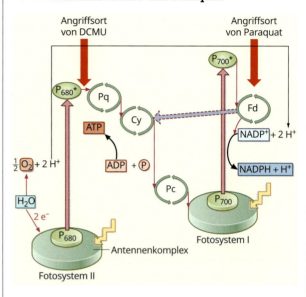

M1 b Wirkungsweise von DCMU und Paraquat

DCMU wird vor allem über die Wurzeln der behandelten Unkrautpflanzen aufgenommen und gelangt in die Blattzellen. In Anwesenheit von DCMU werden Elektronen auf diesen künstlichen Elektronenakzeptor übertragen. Damit wird der nichtzyklische Elektronentransport unterbrochen. Der zyklische Elektronentransport wird dabei jedoch nicht beeinflusst. In Anwesenheit von Paraquat werden Elektronen vom Fotosystem I auf Paraquat als künstlichen Elektronenakzeptor übertragen. Damit werden der nichtzyklische Elektronentransport und der zyklische Elektronentransport unterbrochen.

M2 Absorptionsspektren von Carotinoiden und Chlorophyllen

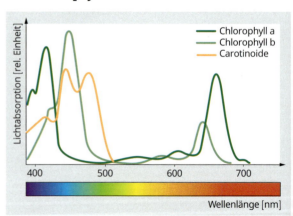

M3 Sonnenschutz durch Carotinoide

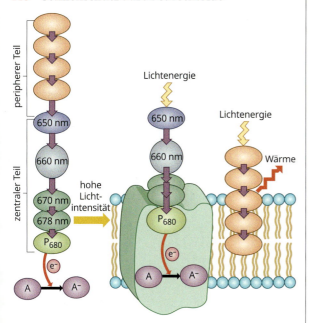

Bei hohen Lichtintensitäten tritt ein Elektronenrückstau in der Elektronentransportkette auf. Dann werden an verschiedenen Stellen Elektronen an Sauerstoff-Moleküle oder Sauerstoffverbindungen abgegeben. Dadurch entstehen sehr reaktive Sauerstoffverbindungen, die unter anderem Chlorophyll-Moleküle zerstören. Die so geschädigten Blätter bleichen aus und sterben ab. Carotinoide sind am Sonnenschutz der Blätter beteiligt. Bei hohen Lichtintensitäten spaltet sich der periphere Teil des Antennenkomplexes vom zentralen Teil des Fotosystems II ab und integriert sich in die Thylakoidmembran. Der periphere Teil enthält vorwiegend Carotinoide. Er wandelt die absorbierte Lichtenergie in Wärme um. Der zentrale Teil des Antennenkomplexes absorbiert nur noch Wellenlängen in einem engeren Spektralbereich. So fließen weniger Elektronen über die Elektronentransportkette und ein Rückstau wird verhindert.

M4 a Regulation der Spaltöffnungen

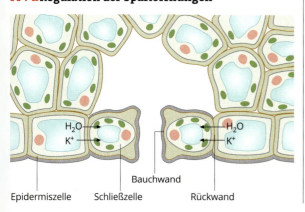

M4 b Vorgänge an der Schließzelle

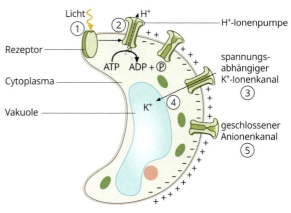

M5 Beeinflussung der Stomata durch Fusicoccin

	Ansatz I ohne Fusicoccin	Ansatz II mit Fusicoccin
	Spaltöffnung:	Spaltöffnung:
Licht und niedrige Kohlenstoffdioxidkonzentration	groß	sehr groß
Licht und hohe Kohlenstoffdioxidkonzentration	klein	sehr groß
Dunkelheit und niedrige Kohlenstoffdioxidkonzentration	sehr klein	sehr groß
Dunkelheit und hohe Kohlenstoffdioxidkonzentration	sehr klein	sehr groß

M6 Regulation der Aktivität der Protonenpumpe durch Phosphorylierung (A) und Wirkung von Fusicoccin (B)

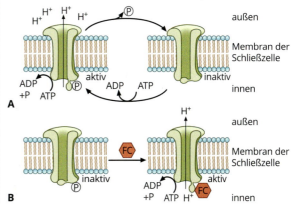

Der europäische Laubfrosch *(Hyla arborea)* gehört zu den bekanntesten Amphibienarten in Mitteleuropa. Die Entwässerung und Trockenlegung seiner angestammten Feuchtgebiete führten dazu, dass diese einst häufig und weit verbreitete Amphibienart mittlerweile in vielen Teilen Deutschlands stark gefährdet und vom Aussterben bedroht ist.

Ökologie

1 Aufbau eines Ökosystems

1 Zauneidechse auf Trockenmauer

Was versteht man unter einem Ökosystem und aus welchen Komponenten ist es aufgebaut?

Eine Trockenmauer besteht aus lose aufeinander geschichteten Natursteinen. Auf ihrer Sonnenseite wachsen in den Mauerritzen Pflanzen wie der Mauerpfeffer oder das Zimbelkraut (→ **Abb. 2**). Diese Pflanzen sind an die Wärme und Trockenheit der Mauer angepasst. Auch wärmeliebende Tierarten wie Schlingnatter und Zauneidechse (→ **Abb. 1**) findet man hier. Die der Sonne abgewandte Schattenseite ist hingegen kühl und feucht. Hier kommen beispielsweise Efeu und Farne sowie Schnecken und Molche vor.

Biotop und abiotische Umweltfaktoren
Die Lebewesen einer Trockenmauer stehen in vielfältigen Wechselbeziehungen zu ihrer Umwelt. Täglich wirken Faktoren der unbelebten Umwelt auf sie ein. Diese sind beispielsweise Licht, Wärme und Wind. Auch die Niederschläge und die Beschaffenheit des Mauerwerks zählen hierzu (→ **Abb. 2**). Sie werden zusammen als **abiotische Umweltfaktoren** bezeichnet. Diese prägen und begrenzen zugleich den Lebensraum, in dem der Mauerpfeffer oder die Zauneidechsen vorkommen können. Man spricht vom **Biotop** einer Art.

Biozönose und biotische Umweltfaktoren
Neben den abiotischen Umweltfaktoren wirken sich auch andere Lebewesen eines Biotops auf das Vorkommen einer Art aus. So müssen zum Beispiel Zauneidechsen ausreichend Beutetiere finden, gleichzeitig darf die Zahl ihrer Räuber oder Beutegreifer nicht überhand nehmen. Beutetiere und Räuber beeinflussen also das Vorkommen einer Art. Solche Einflüsse der belebten Umwelt nennt man **biotische Umweltfaktoren**. Gehen diese von Individuen der

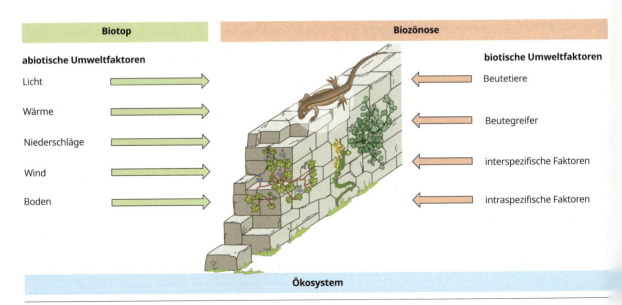

2 Bestandteile und Umweltfaktoren eines Ökosystems am Beispiel der Trockenmauer eigenen Art aus, spricht man von **intraspezifischen Faktoren**. Im Gegensatz hierzu wirken **interspezifische Faktoren** zwischen Individuen verschiedener Arten. Alle Lebewesen eines Biotops, die miteinander in Wechselbeziehungen stehen, bilden eine Lebensgemeinschaft, eine **Biozönose**.

Kommen Lebewesen wie beispielsweise Pflanzen an einem festen Ort im Biotop vor, so nennt man diesen den **Standort** der Art. Bewegen sich die Lebewesen einer Art dagegen in einem bestimmten Gebiet, so spricht man vom Aufenthaltsbereich oder **Habitat**. Alle Lebewesen einer Art, die im selben Habitat leben und eine Fortpflanzungsgemeinschaft bilden, nennt man **Population**. So bilden etwa die Zauneidechsen, die sich im Bereich einer größeren Trockenmauer aufhalten, eine Population.

Bei einer Trockenmauer stehen Biotop und Biozönose mit ihren abiotischen und biotischen Umweltfaktoren in Wechselbeziehungen. So beeinflusst beispielsweise das Licht ganz entscheidend, welche Tiere und Pflanzen auf der Sonnen- beziehungsweise Schattenseite der Trockenmauer vorkommen. Umgekehrt beeinflusst der Pflanzenbewuchs die Lichtverhältnisse an der Trockenmauer. Erst durch das Zusammenwirken von Biozönose und Biotop ergibt sich ein **Ökosystem** wie das der Trockenmauer.

Die vielfältigen Vernetzungen abiotischer und biotischer Umweltfaktoren in einem Ökosystem werden von der **Ökologie** untersucht. Sie ist die Wissenschaft von den Wechselbeziehungen zwischen den Lebewesen und der Umwelt. Diese Wechselbeziehungen bestimmen die Verbreitung und Häufigkeit der Lebewesen.

Vielfalt der Ökosysteme

Ökosysteme lassen sich in zwei Kategorien einteilen: Zu den **terrestrischen Ökosystemen** zählen sämtliche Systeme, die an festes Land gebunden sind, wie beispielsweise Wälder und Wiesen. Bei den **aquatischen Ökosystemen** unterscheidet man zwischen marinen Systemen wie dem Wattenmeer oder Ozeanen und limnischen Systemen. Letztere werden nochmals in stehende und fließende Gewässer gegliedert.

Ökosysteme sind unterschiedlich groß. Trockenmauer, Wiese, Wald, Wattenmeer, Wüste und See sind Beispiele für Ökosysteme unterschiedlicher Größenordnung. Die Gesamtheit aller Ökosysteme bildet die **Biosphäre**, den belebten Raum der Erde.

❶ ☰ Erklären Sie anhand von Abbildung 2 den wechselseitigen Einfluss abiotischer und biotischer Faktoren auf das Ökosystem Trockenmauer.

❷ ☰ Erklären Sie, warum Biotop und Habitat nicht deckungsgleich sind.

Materialgebundene Aufgaben

❸ Die Welt im Glas

Ein künstlich hergestelltes Ökosystem ist die EcoSphere®. In der geschlossenen Glaskugel mit einem Durchmesser von 10 cm befinden sich Luft, Meerwasser, drei bis vier Garnelen, Bakterien, Algen und ein abgestorbenes Korallenstück als Untergrund. Die Biozönose hat in dem Biotop bei ausreichender Beleuchtung und Temperatur ohne Fütterung und Wasseraustausch über lange Zeit Bestand.

a) ☰ Beschreiben Sie mögliche Wechselbeziehungen zwischen biotischen und abiotischen Umweltfaktoren in der EcoSphere®.

b) ☰ Erklären Sie, warum die EcoSphere® auch ohne Eingriffe von außen längere Zeit Bestand hat.

c) ☰ Nehmen Sie begründet Stellung, ob die EcoSphere® dem Anspruch einer „Welt im Glas" gerecht wird.

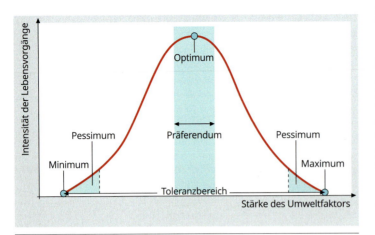

1 Toleranzkurve einer Art (physiologische Potenz)

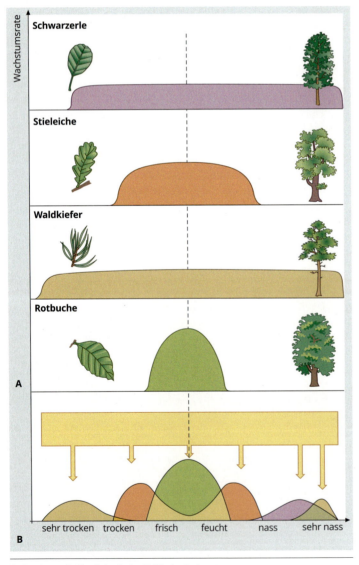

2 Potenz. A physiologisch; **B** ökologisch

2 Abiotische Umweltfaktoren

2.1 Ökologische Potenz

In welcher Weise beeinflussen abiotische Umweltfaktoren das Vorkommen von Lebewesen?

Die Schwarzerle ist ein in ganz Europa verbreiteter Laubbaum, auf den verschiedene abiotische Umweltfaktoren einwirken. Für jeden dieser Faktoren hat die Schwarzerle einen genetisch vorgegebenen **Toleranzbereich**. Den Bereich, in dem sie bevorzugt vorkommt, nennt man **Präferendum** (lat. *praeferre*: vorziehen). Ungünstige Bereiche, in denen sie noch überlebt, sich aber nicht mehr fortpflanzen kann, bezeichnet man als **Pessima.** Der optimale Wert eines Umweltfaktors für das Vorkommen einer Art ist das Optimum, die äußeren Grenzwerte heißen Minimum und Maximum. Die Ansprüche einer Art an bestimmte Umweltfaktoren lassen sich in Form von **Toleranzkurven** darstellen. Diese besitzen zumeist das Aussehen von Glockenkurven (→ **Abb. 1**).

Physiologische und ökologische Potenz
Die Schwarzerle findet man häufig auf nassen und zeitweise überfluteten Standorten. Kultiviert man sie auf unterschiedlichen Böden ohne Konkurrenz durch andere Arten, so gedeiht die Schwarzerle auch auf trockenen Böden. Sie hat eine große **physiologische Potenz** hinsichtlich des Umweltfaktors Bodenfeuchtigkeit (→ **Abb. 2A**). Im Vergleich dazu ist die entsprechende physiologische Potenz der Rotbuche wesentlich kleiner. Sie toleriert weder trockene noch nasse Standorte.

In einem Ökosystem steht jede Art in Konkurrenz zu anderen Arten. Die Schwarzerle wird an den meisten Standorten von anderen Baumarten verdrängt. Obwohl die Rotbuche eine kleinere physiologische Potenz aufweist, ist sie mit ihrer deutlich höheren Wachstumsrate im Optimum konkurrenzstärker und verdrängt die Schwarzerle an den frisch-feuchten Standorten. Wenn die physiologische Potenz durch Konkurrenz eingeschränkt wird, bezeichnet man dies als **ökologische Potenz** (→ **Abb. 2B**). Hat eine Art eine kleine ökologische Potenz, nennt man sie **stenök.** Hat sie eine große ökologische Potenz, ist sie **euryök.**

Bioindikatoren

Die Schwarzerle toleriert aufgrund spezieller Angepasstheiten Bodennässe. Ihr Vorkommen in einem bestimmten Biotop zeigt daher an, dass der Boden eine hohe Feuchtigkeit aufweist. Man spricht von einem **Bioindikator** (lat. *indicare*: anzeigen) oder einer **Zeigerart** (→ **Abb. 3, 4**). Im Gegensatz zur Schwarzerle weist beispielsweise das Vorkommen der Hundskamille auf trockene Böden hin. Auch andere Eigenschaften des Bodens, wie pH-Wert, Stickstoff- und Kalkgehalt, lassen sich durch Zeigerarten erschließen. Die Aussagen zu einem bestimmten Umweltfaktor werden umso genauer, je mehr Zeigerarten mit gleichen Ansprüchen an einem Standort vorkommen.

Auch bei Tieren gibt es Arten, die für bestimmte Umweltfaktoren stenök sind. So liegt das ökologische Optimum des Regenwurms bei hoher Bodenfeuchte, während der Hundertfüßer trockene Böden bevorzugt. Schnecken und Muscheln benötigen Kalk zum Aufbau ihres Gehäuses. Aus ihrem Vorkommen kann man auf einen erhöhten Kalkgehalt im Boden oder im Wasser schließen.

Bestimmte Zeigerarten reagieren sehr empfindlich auf Veränderungen ihrer Umwelt. So zeigen beispielsweise Flechten – Lebensgemeinschaften aus Pilzen und Grünalgen – nur eine geringe physiologische Potenz gegenüber Schwefeldioxid in der Luft. Sterben Flechten, so kann dies ein Hinweis auf eine hohe Schadstoffbelastung der Luft sein. Viele Stadtwerke setzen zur Überwachung der Trinkwasserqualität Fische, etwa Bachforellen, ein. Diese sind stenök für sauerstoffreiches, sauberes Wasser. Bereits geringste Veränderungen der Wasserqualität wirken sich auf ihre Lebensaktivitäten aus. Bachforellen stellen damit ein sensibles Frühwarnsystem für die Trinkwasserqualität dar.

❶ ☰ Erklären Sie anhand der Abbildung 2, wie sich Stieleiche und Waldkiefer in einem Biotop mit unterschiedlich feuchten Böden verbreiten.

❷ ☰ Geben Sie Definitionen der Begriffe physiologische Potenz und ökologische Potenz.

❸ ☰ Erklären Sie die Bedeutung der physiologischen Potenz für die Verwendung einer Art als Zeigerart.

3 Zeigerarten für Feuchtigkeitsgehalt. A Schwarzerle; **B** Regenwurm; **C** Hundskamille; **D** Hundertfüßer (A, B = Zeigerarten für Feuchte; C, D = Zeigerarten für Trockenheit)

4 Zeigerarten mit geringen Toleranzbereichen. A Flechte, nicht geschädigt; **B** Flechte, geschädigt; **C** Bachforelle (A, B = Zeigerart für Luftqualität; C = Zeigerart für Wasserqualität)

❹ Hohenheimer Grundwasserversuch

Frage	
Hypothesen	• Die Gräser haben unterschiedliche Toleranzbereiche hinsichtlich der Bodenfeuchte. • Ihr Wachstum wird von anderen Gräsern beeinflusst. • Ihr Wachstum wird nicht von anderen Gräsern beeinflusst. • Die *Aufrechte Trespe* bevorzugt trockene Böden. • Der *Wiesenfuchsschwanz* bevorzugt feuchte Böden.
Methode	
Ergebnis	
Erkenntnis	
Erweiterte Frage	Wie konkurrieren die Gräser miteinander?
Hypothesen	• Im Wurzelbereich um Wasser und Mineralstoffe. • Im Sprossbereich um Licht. • In beiden Bereichen.
Methode	
Ergebnis	
Erkenntnis	*Glatthafer* und *Wiesenfuchsschwanz* konkurrieren miteinander im Wurzelbereich.

Der Hohenheimer Grundwasserversuch wurde nach der Universität Hohenheim benannt, an der er 1952 erstmals durchgeführt wurde. In dem Versuch wurden verschiedene Grasarten, unter anderem *Aufrechte Trespe*, *Glatthafer* und *Wiesenfuchsschwanz* jeweils getrennt in Beeten ausgesät. Zusätzlich wurden sie in einem weiteren Beet gemischt ausgesät. In den Beeten nahm die Bodenfeuchte kontinuierlich ab.

In der Natur findet man die *Aufrechte Trespe* oft auf Trockenrasen. Der *Wiesenfuchsschwanz* ist auf feuchten Wiesen, der *Glatthafer* auf nährstoffreichen Wiesen verbreitet.

a) ≡ Geben Sie an, welche Frage mit dem Versuch geklärt werden sollte.

b) ≡ Ermitteln Sie, welche der Hypothesen durch das Versuchsergebnis bestätigt, welche nicht bestätigt wurden.

c) ≡ Formulieren Sie die wesentlichen Erkenntnisse, die man aus dem Versuch gewonnen hat.

d) ≡ Das Versuchsergebnis führte zu einer Erweiterung der Frage. Es wurde untersucht, wie die Gräser miteinander konkurrieren. Erklären Sie, wie man mit der dargestellten Methode ermittelt hat, ob zwischen dem *Glatthafer* und dem *Wiesenfuchsschwanz* eine Konkurrenz im Wurzel- oder im Sprossbereich vorliegt.

e) ≡ Am Ende der Wachstumsphase der Gräser bestimmte man ihre Trockenmasse und verglich sie. Erklären Sie, wie man die Trockenmasse von Pflanzen ermitteln kann.

f) ≡ Das Versuchsergebnis führte zu der Erkenntnis, dass bei den beiden Grasarten eine Wurzelkonkurrenz vorliegt. Erklären Sie, welches Ergebnis man in dem Versuch erhielt, sodass diese Erkenntnis gewonnen wurde.

2.2 Einfluss der Temperatur auf Lebewesen

Welchen Einfluss hat die Temperatur auf die Verbreitung von Pflanzen und Tieren?

Der *Gegenblättrige Steinbrech* ist eine ausdauernde, krautige Pflanze. Man findet sie in der arktischen Tundra, aber auch in der Nähe des Äquators in einer entsprechenden Höhe. So wie die Temperaturen sinken, wenn man sich vom Äquator aus in nördlicher oder südlicher Richtung entfernt, nehmen sie auch mit zunehmender Höhe ab. Die Durchschnittstemperatur Richtung Norden oder Süden sinkt je 1° geografischer Breite um 1 °C und alle hundert Höhenmeter um 0,6 °C. Daher findet man in den verschiedenen Klimazonen ähnliche Biozönosen wie in den entsprechenden Höhenstufen (→ **Abb. 1**).

Einfluss der Temperatur auf Pflanzen

Pflanzen müssen die am jeweiligen Standort herrschenden jahreszeitlichen und tageszeitlichen Temperaturschwankungen tolerieren können, da sie die Temperatur in ihrem Inneren kaum regulieren können. Deshalb hat jede Klimazone und Höhenstufe eine charakteristische Vegetation. Manche Pflanzen ertragen kurzzeitig, andere auch längerfristig niedrigere oder höhere Temperaturen aufgrund ihrer physiologischen und morphologischen Angepasstheiten. Zum Beispiel sind die Polsterpflanzen der Tundra, zu denen auch der *Gegenblättrige Steinbrech* gehört, eng am Boden angeschmiegt. Dadurch entsteht innerhalb des Polsters ein günstiges Mikroklima.

2 *Gegenblättriger Steinbrech*

Alle Stoffwechselreaktionen von Lebewesen werden durch Enzyme katalysiert und laufen in wässrigen Lösungen ab. Temperaturerhöhungen bewirken eine Erhöhung der Reaktionsgeschwindigkeit von Enzymen. Aber fast alle Enzyme denaturieren bei Temperaturen über 45 °C. Wasser gefriert unterhalb von 0 °C und steht dann nicht mehr als Löse- oder Transportmittel zur Verfügung. Deshalb ist die Aktivität vieler Lebewesen auf Temperaturen oberhalb von 0 °C und unterhalb von 45 °C begrenzt.

Die Fähigkeit, extreme Kälte zu ertragen, bezeichnet man als **Frostresistenz**. Bestimmte Pflanzen reichern im Jahresverlauf Stoffe wie Aminosäuren und Zucker in den Zellen an. Diese Stoffe erniedrigen den Gefrierpunkt von Wasser und wirken so als „Frostschutzmittel". Nadeln von immergrünen Bäumen enthalten solche Frostschutzmittel. Laubbäume dagegen wenden keine Energie für die Synthese und Anreicherung von Frostschutzmitteln auf. Sie werfen im Herbst die Blätter ab und verhindern so ihr Gefrieren.

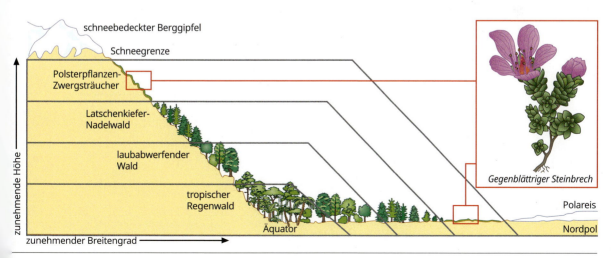

1 Vegetation verschiedener Höhenstufen und geografischer Breiten

3 Körpertemperatur
eines wechselwar-
men und eines
gleichwarmen Tie-
res in Abhängigkeit
von der Umge-
bungstemperatur

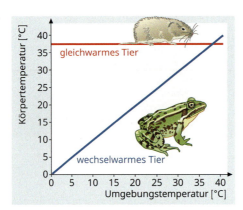

einen kritischen Wert, tritt eine reversible Käl-
testarre ein. Sinkt die Temperatur noch weiter,
so tritt der Kältetod ein. Wird der Temperatur-
toleranzbereich eines wechselwarmen Tieres
nach oben hin überschritten, so folgt auf eine
Wärmestarre der Hitzetod (→ **Abb. 4A**). Wechselwarme Tiere überleben also nur bei an-
gemessenen Umgebungstemperaturen. Da bei
ihnen die Körpertemperatur weitgehend mit
der Umgebungstemperatur übereinstimmt,
nennt man sie auch **Thermokonformer**.

Gleichwarme Tiere
Vögel und Säugetiere können ihre Körpertemperatur weitgehend konstant halten. Sie produzieren Wärme durch Stoffwechselreaktionen. Unterstützt werden sie dabei durch ein
wärmeisolierendes Haar- und Federkleid oder
eine Speckschicht. Überschüssige Wärme
kann durch Schwitzen, Hecheln oder über die
Haut abgegeben werden. Gleichwarme Tiere
können also ihre Körpertemperatur regulieren.
Sie werden daher **Thermoregulierer** genannt.
Reichen die Regulationsmechanismen nicht
aus, so tritt allerdings auch bei ihnen der Käl-
te- oder Wärmetod ein (→ **Abb. 4B**).

Einfluss der Temperatur auf Tiere
Die Körpertemperatur der meisten Tiere ist direkt von der Umgebungstemperatur abhängig.
Solche Tiere, zu denen Insekten, Amphibien,
Reptilien und Fische gehören, werden als
wechselwarm oder **poikilotherm** bezeichnet. Vögel und Säugetiere besitzen hingegen
eine konstante Körpertemperatur. Diese ist
weitgehend unabhängig von der Umgebungstemperatur. Solche Tiere nennt man **gleich-
warm** oder **homoiotherm** (→ **Abb. 3**).

Wechselwarme Tiere
Bei allen Lebewesen kann man beobachten,
dass ihre Stoffwechselaktivität mit steigender
Temperatur zunimmt. Dabei gilt, dass die Le-
bensprozesse bei einer Temperaturerhöhung
um 10 °C um das Zwei- bis Dreifache beschleunigt werden. Man spricht von der **Reaktionsgeschwindigkeits-Temperatur-Regel** (**RGT-
Regel**). Die RGT-Regel erklärt beispielsweise,
warum wechselwarme Tiere wie Frösche erst
in den warmen Mittagsstunden ihre volle Aktivität erreichen. Sinkt die Außentemperatur,
kühlt ihr Körper ab, und sie werden zunehmend träge. Fällt die Körpertemperatur unter

Für die Regulation der Körpertemperatur auf
einen konstanten Wert ist viel Energie erforderlich. Im Winter bei einem eingeschränkten
Nahrungsangebot halten deshalb kleinere
gleichwarme Tiere wie Murmeltiere oder Igel
einen **Winterschlaf**. Dabei sind sowohl ihre
Körpertemperatur als auch ihre Stoffwechselrate stark herabgesenkt, sodass sie weniger
Energie brauchen. Andere Säugetiere, etwa
Braunbären und Eichhörnchen, verfallen in
Winterruhe, einen tieferen und längeren
Schlaf. Ihre Körpertemperaturen sinken dabei
nur wenig.

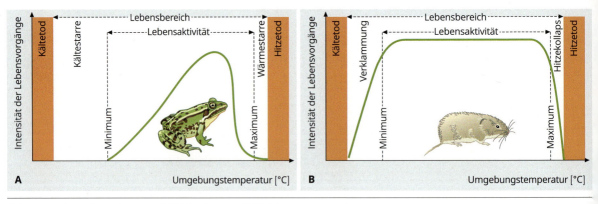

4 Temperaturtoleranzkurven. A Wechselwarme; **B** Gleichwarme

Klimaregeln

Der Zoologe Carl BERGMANN erkannte bei verschiedenen gleichwarmen Tieren, dass Individuen einer Art oder nahe verwandter Arten in kalten Regionen größer sind als in warmen Gebieten. Beispiele hierfür sind Pinguine und Tiger. So wiegt etwa ein Pinguin in der Antarktis 20 bis 40 und in Australien nur 1 bis 1,5 Kilogramm (→ **Abb. 5**). *Sibirische Tiger* haben ein Körpergewicht von 400, *Bengaltiger* von 300 und *Sumatratiger* von nur 200 Kilogramm. Diese sogenannte **BERGMANN-Regel** wird physikalisch damit erklärt, dass große Tiere im Verhältnis zu ihrem Volumen eine geringere Oberfläche haben als kleinere Tiere. Das Volumen eines Tieres umfasst die Anzahl der Zellen, die Stoffwechselwärme produzieren und speichern, die aber auch mit Energie versorgt werden müssen. Über die Oberfläche wird Wärme abgegeben. Ein großes Tier erzeugt viel Stoffwechselwärme und kann diese gut speichern. Über seine im Verhältnis zum Volumen relativ kleine Oberfläche verliert es wenig Wärme. Daher muss es weniger Nahrung pro Kilogramm Körpermasse aufnehmen als ein kleines Tier mit wenig Zellen und einer im Verhältnis zum Volumen großen Oberfläche.

Bei gleichwarmen Tieren kann nicht nur der Wärmeverlust, sondern auch die Abgabe überschüssiger Wärme zur Überlebensfrage werden. So nutzen bestimmte Tierarten unter anderem ihre Ohrmuscheln zur Wärmeabgabe. Bei *Afrikanischen Elefanten* ist das Blut, das von den Ohren zum Körper zurückströmt, um einige Grade kälter als das einströmende Blut.

Die natürliche Selektion hat bei gleichwarmen Tieren dazu geführt, dass diese in warmen Regionen normalerweise größere Körperanhänge besitzen als verwandte Arten in kalten Regionen. Die großen Körperanhänge ermöglichen eine bessere Wärmeabgabe. Beispielsweise besitzt der *Wüstenfuchs* sehr große Ohren, der *Rotfuchs* mittelgroße Ohren und der *Polarfuchs* sehr kleine Ohren (→ **Abb. 6**). Diese Klimaregel wird nach ihrem Entdecker **ALLEN-Regel** genannt.

Die BERGMANN- und die ALLEN-Regel sind allerdings nur als Regeln zu verstehen, von denen es viele Ausnahmen gibt. So leben beispielsweise Elefanten als größte Landsäugetiere in warmen Regionen. Dies steht im Gegensatz zur BERGMANN-Regel. Die Körpergröße eines Lebewesens hängt eben nicht nur von der Temperatur, sondern auch von anderen Faktoren wie dem Nahrungsangebot oder der Konkurrenz um Sexualpartner ab. Letztere kann dazu führen, dass sich immer größere und stärkere Männchen entwickeln.

❶ ☰ Erklären Sie die Begriffe Thermokonformer und Thermoregulierer.

❷ ☰ Vergleichen Sie die Temperaturtoleranzkurven wechselwarmer und gleichwarmer Tiere anhand von Abbildung 3.

❸ ☰ Begründen Sie, warum die Klimaregeln nur für gleichwarme, nicht aber für wechselwarme Tiere gelten.

❹ ☰ Diskutieren Sie die Vor- und Nachteile gleich- und wechselwarmer Tiere unter verschiedenen Klimabedingungen.

6 Köpfe von *Wüstenfuchs*, *Rotfuchs* und *Polarfuchs*

Name	Kaiserpinguin	Königspinguin	Eselpinguin	Gelbaugenpinguin	Felsenpinguin	Kleiner Pinguin
Vorkommen	Antarktis	Subantarktis	Falkland	Neuseeland	Kerguelen	Australien
Größe	125 cm	95 cm	75–90 cm	58–76 cm	55 cm	39 cm
Gewicht	20–40 kg	ca. 15 kg	4–8 kg	4–8 kg	2,5–4,5 kg	1–1,5 kg
Breitengrad	65°	60°	52°	40°	48°	35°

5 Vergleich des Vorkommens und der Körpergröße sowie des Gewichts bei verschiedenen Pinguin-Arten

❺ Das Zusammenwirken mehrerer Umweltfaktoren

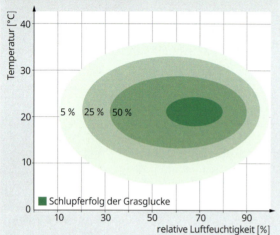

Die Grasglucke *Euthrix potatoria* ist ein in Mitteleuropa verbreiteter Nachtfalter. Der Schlupferfolg ihrer Raupen ist sowohl von der Temperatur als auch von der Luftfeuchtigkeit abhängig.

a) ≡ Skizzieren Sie auf der Basis der Abbildung zwei Toleranzkurven zum Schlupferfolg der Grasglucke. Stellen Sie in der ersten Kurve den Schlupferfolg in Abhängigkeit von der Temperatur bei 60 Prozent relativer Luftfeuchtigkeit dar, in der zweiten Kurve seine Abhängigkeit von der relativen Luftfeuchtigkeit bei einer von Ihnen gewählten Temperatur. Beschriften Sie Ihre Kurven mit den Fachbegriffen für Toleranzkurven.

b) ≡ Beim Zusammenwirken mehrerer Umweltfaktoren wirkt jeweils derjenige Faktor am stärksten begrenzend, dessen Ausprägung am weitesten vom optimalen Wert abweicht. Er ist der sogenannte limitierende Faktor. Verdeutlichen Sie diese Aussage am LIEBIG-Fass-Modell sowie am Beispiel des Schlupferfolges der Grasglucke.

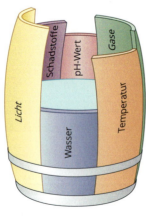

❻ Energieumsatz von Tieren

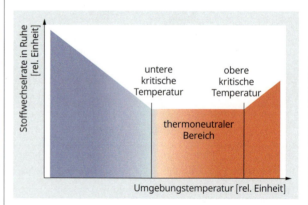

| Kantenlänge | 4 cm | 2 cm | 1 cm |
| Masse | 64 g | 8 g | 1 g |

a) ≡ Würfel können als Modelle für Tierkörper betrachtet werden. Berechnen Sie für die drei Würfel jeweils das Verhältnis von Oberfläche zu Volumen.

Energieumsatz von Tieren in Ruhe bei 22 °C				
	Masse in kg	$\dfrac{\text{kJ}}{\text{24 h}}$	$\dfrac{\text{kJ}}{\text{kg} \cdot \text{24 h}}$	$\dfrac{\text{kJ}}{\text{m}^2 \cdot \text{24 h}}$
Maus	0,02	15	662	2304
Kaninchen	2,5	490	196	2597
Hund	14	2032	145	3121
Schimpanse	65	6913	106	3854
Elefant	3670	205 310	56	8631

b) ≡ Erklären Sie unter Berücksichtigung der Ergebnisse aus Aufgabe a) den Energieumsatz der in der Tabelle genannten Lebewesen. Beachten Sie dabei die unterschiedlichen Einheiten.

c) ≡ Erklären Sie, welche Bedeutung das Verhältnis von Oberfläche zu Volumen für die Verbreitung von gleichwarmen Tieren in den verschiedenen Klimazonen hat.

d) ≡ Begründen Sie, warum die globale Verbreitung von größeren wechselwarmen Tieren wie Alligatoren, Krokodilen und Leguanen im Wesentlichen auf die Subtropen und Tropen beschränkt ist.

e) ≡ Beschreiben und erläutern Sie die Stoffwechselrate in Ruhe bei gleichwarmen Tieren bei variierenden Umgebungstemperaturen anhand der Abbildung.

❶ Bau einer Temperaturorgel

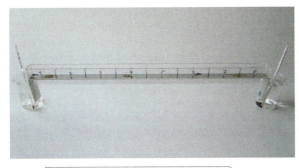

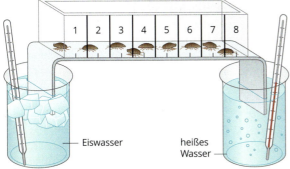

Eiswasser   heißes Wasser

Material: Blech (100 cm x 4 cm); Tesafilm; Plexiglas; wasserfester Stift; zwei Thermometer; zwei Bechergläser (500 ml); Eis; 50 °C heißes Wasser

Durchführung: Biegen Sie 10 cm der beiden Enden des Blechs im Winkel von 90° um. Schneiden Sie aus dem Plexiglas zwei Stücke der Größe 80 cm x 4 cm und zwei weitere 4 cm x 4 cm große Stücke. Kleben Sie diese mit Tesafilm zu dem rechteckigen Aufsatz zusammen. Stellen Sie ihn fugenlos auf das Blech. Teilen Sie die Temperaturorgel in acht Felder der Länge 10 cm ein, markieren und nummerieren Sie diese mithilfe des wasserfesten Stiftes an der Plexiglaswand. Stellen Sie beide Enden des Blechs in je ein Becherglas. Füllen Sie in ein Becherglas 50 °C heißes Wasser, in das andere Eiswasser. Stellen Sie in jedes Becherglas ein Thermometer. Nach etwa zehn Minuten hat sich ein relativ gleichmäßiger Temperaturgradient auf dem Blech eingestellt. Zur Ermittlung der Temperatur in den Feldern tragen Sie in einem Koordinatensystem auf der x-Achse die Länge der Temperaturorgel auf, auf den y-Achsen links und rechts die Temperaturen in den beiden Bechergläsern. Verbinden Sie diese durch eine Gerade. Sie können daran die ungefähre Temperatur für jedes Feld ablesen.

a) ☰ Bauen Sie nach der Anleitung eine Temperaturorgel, mit der man die Temperaturtoleranzkurven von relativ kleinen Lebewesen ermitteln kann.

❷ Welche Temperaturen tolerieren Mehlkäferlarven und Kellerasseln?

Sammeln Sie Kellerasseln unter Steinen oder der Rinde am Boden liegender Baumstämme. Halten Sie die Tiere in glattwandigen Plastikschalen mit Deckel. Füllen Sie etwa 5 cm hoch feuchten, humusreichen Boden hinein, und bedecken Sie ihn mit einer Schicht aus trockenem Laub. Stellen Sie das Assel-Terrarium an einen ruhigen, nicht zu hellen Ort. Halten Sie den Boden feucht. Setzen Sie die Asseln nach dem Versuch wieder am Fundort aus.

Material: Temperaturorgel (Lehrmittelhandel oder Eigenbau); 20 Kellerasseln; 20 Mehlkäferlarven (Zoohandel); Thermometer; Infrarotthermometer (falls vorhanden)

Durchführung: Planen Sie die Durchführung des Experiments zur Ermittlung der Temperaturtoleranzkurven beider Tierarten, und führen Sie das Experiment durch.

a) ☰ Stellen Sie Ihre Ergebnisse in Form von Temperaturtoleranzkurven grafisch dar.

b) ☰ Informieren Sie sich über die Lebensweise der beiden Arten, und erklären Sie vergleichend die Toleranzkurven.

c) ☰ Nehmen Sie Stellung zu möglichen Fehlerquellen in diesem Versuch.

❸ Wie lässt sich die Wärmeabgabe gleichwarmer Tiere im Modell verdeutlichen?

Material: vier Rundkolben unterschiedlicher Größe mit Untersetzringen (z. B. 100 ml, 250 ml, 500 ml und 1000 ml); vier Thermometer; heißes Wasser (etwa 70 °C); Uhr; Küchenrolle

Durchführung: Falten Sie vier Stücke der Küchenrolle zu einem etwa 3 cm breiten Streifen, und umwickeln Sie damit jeweils ein Thermometer. Füllen Sie die Rundkolben bis zum Halsansatz mit heißem Wasser, und klemmen Sie in jedem Hals ein Thermometer mithilfe des Streifens der Küchenrolle fest, sodass sich die Thermometerspitze in der Mitte des Rundkolbens befindet. Schreiben Sie jeweils die Anfangstemperaturen auf, und messen Sie die Wassertemperaturen in den vier Kolben im Verlauf von 15 Minuten.

a) ☰ Stellen Sie Ihre Versuchsbeobachtungen grafisch dar, und erklären Sie die Versuchsergebnisse. Berechnen Sie dazu das Verhältnis von Oberfläche zu Volumen für jeden Kolben.

b) ☰ Entwickeln Sie einen Modellversuch zur ALLEN-Regel. Ihnen stehen genügend Bechergläser jeder Größe, Teelöffel, Esslöffel, Thermometer und heißes Wasser zur Verfügung.

1 Wechselfeuchte Pflanze *Unechte Rose von Jericho*. A im trockenen Zustand; **B** im feuchten Zustand

2 Eigenfeuchte Pflanzen (links Foto, rechts Blattquerschnitt). **A** Oleander, eine Trockenpflanze; **B** Sumpfdotterblume, eine Feuchtpflanze; **C** Ähriges Tausendblatt, eine Wasserpflanze

2.3 Einfluss des Wassers auf Lebewesen

Wasser ist eine Voraussetzung für aktives Leben. Welche Angepasstheiten zeigen Lebewesen an die Verfügbarkeit von Wasser in ihrem Lebensraum?

Wechselfeuchte Pflanzen

Die *Unechte Rose von Jericho* kann monatelang ohne Wasser auskommen. Dabei rollt sie ihre Sprosse ein, und ihre Blätter werden braun, sodass sie wie tot aussieht (→ **Abb. 1**). In feuchter Umgebung entfaltet sie jedoch ihre Sprosse wieder, und die Blätter ergrünen. Die *Unechte Rose von Jericho* gehört wie Algen, Moose, Pilze und einige Farne zu den wechselfeuchten oder **poikilohydren Pflanzen**. Diese haben keine Möglichkeiten, die Wasseraufnahme und Wasserabgabe zu regulieren. Die Wasseraufnahme erfolgt bei ihnen über die gesamte Oberfläche durch Quellung. Bei Trockenheit findet eine Entquellung aller Zellen statt, sodass alle Stoffwechselprozesse zum Stillstand kommen. Bei erneuter Wasseraufnahme können die Stoffwechselprozesse wieder normal verlaufen.

Eigenfeuchte Pflanzen

Eigenfeuchte oder **homoiohydre Pflanzen** können ihren Wassergehalt innerhalb gewisser Grenzen konstant halten. Im Laufe der Evolution sind verschiedene eigenfeuchte Pflanzenarten sowohl an extrem trockene als auch nasse Standorte angepasst worden.

Trockenpflanzen, die **Xerophyten**, nutzen Gewebe oder ganze Organe, etwa den Spross, zur Wasserspeicherung. Häufig besitzen sie reduzierte Blattflächen und Strukturen, die den Wasserverlust senken, etwa eine verdickte Cuticula oder in die Blattfläche eingesenkte Stomata (→ **Abb. 2A**). An einem feuchten Standort haben Pflanzen Schwierigkeiten, Wasserdampf abzugeben, da die Umgebung mit Wasserdampf gesättigt ist. Feuchtpflanzen, sogenannte **Hygrophyten**, besitzen Strukturen, die insgesamt ihre Oberfläche vergrößern. Das sind etwa lebende Haare oder aus der Blattfläche herausgestülpte Stomata, durch die ihre Transpiration gefördert wird (→ **Abb. 2B**). Wasserpflanzen, **Hydrophyten** genannt, besitzen keine Spaltöffnungen (→ **Abb. 2C**). Nur bei Blättern, die an der Wasseroberfläche schwimmen, befinden sich Spaltöffnungen auf der Blattoberseite.

Feuchtlufttiere

Amphiben, Nacktschnecken und viele Bodenorganismen haben keinen besonderen Verdunstungsschutz. Man nennt diese Tiere **Feuchtlufttiere**. Sie sind auf eine hohe Feuchte der umgebenden Luft angewiesen und nehmen oft Wasser über die Körperoberfläche auf. Ein Beispiel ist das in Moospolstern lebende, mikroskopisch kleine *Bärtierchen* (→ **Abb. 3**). Bei Wassermangel fällt es in eine Trockenstarre. Bei Befeuchtung gewinnt es durch Wasseraufnahme seine volle Körpergröße und Aktivität zurück.

Trockenlufttiere

Die meisten Tiere halten den Wassergehalt ihres Körpers in bestimmten Grenzen konstant. So sind als Angepasstheiten an trockene Lebensräume bei verschiedenen Tierarten dicke Häute, Chitinpanzer oder Kalkgehäuse zum Verdunstungsschutz ausgebildet. Viele Wüstensäugetiere haben zudem keine oder stark reduzierte Schweißdrüsen, sodass sie wenig Wasser durch Schwitzen verlieren. Ihr Urin ist zumeist sehr konzentriert und der Kot fast wasserfrei.

Bestimmte Tierarten wie etwa Kamele ertragen bei Wassermangel einen Anstieg der Körpertemperatur um etwa 5 °C (→ **Abb. 4B**). So verbrauchen sie weniger Wasser für die Kühlung. Außerdem erwärmt sich ihr Körper weniger stark durch die Außentemperatur, da das Temperaturgefälle geringer ist. Kamele können etwa ein Viertel ihres Körpergewichts an Wasser verlieren, ohne dadurch geschädigt zu werden. Bei Menschen dagegen ist bereits ein Verlust von zehn Prozent des Körpergewichts durch Wasser tödlich. In den Höckern der Kamele ist Fett gespeichert. Da bei der Oxidation von 100 g Fett etwa 107 g Wasser frei werden, sind Höcker gleichzeitig auch Wasserspeicher. Wie viele andere Wüstentiere besitzen auch Kamele einen Naseninnenraum mit einer stark vergrößerten Oberfläche (→ **Abb. 4A**). Die feuchte Nasenschleimhaut kühlt beim Einströmen der Luft aufgrund der Verdunstung des Wassers stark ab. In der Lunge wird die Luft mit Wasserdampf angereichert. Mit dieser wassergesättigten Luft würde beim Ausatmen viel Wasser verloren gehen. Sie strömt jedoch an der abgekühlten Nasenschleimhaut vorbei, sodass der größte Teil des Wasserdampfes dort kondensiert und sie befeuchtet. So wird auch beim Atmen der Wasserverlust eingeschränkt.

A   B

3 *Bärtierchen* (Größe ca. 1 mm). **A** im aktiven Zustand; **B** in Trockenstarre

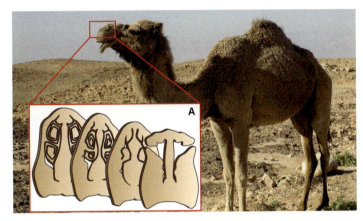

A

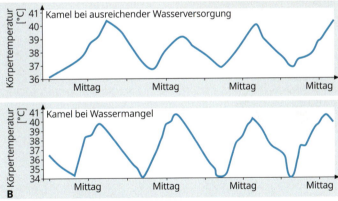

Körpertemperatur [°C]

Kamel bei ausreichender Wasserversorgung

Mittag   Mittag   Mittag   Mittag

Körpertemperatur [°C]

Kamel bei Wassermangel

B   Mittag   Mittag   Mittag   Mittag

4 Angepasstheiten des Kamels. A Oberflächenvergrößerung des Naseninnenraumes; **B** Verlauf der Körpertemperatur bei verschiedenen Bedingungen

❶ ☰ Erklären Sie anhand der Abbildung 2 die Angepasstheiten der Blätter an die verschiedenen Standorte.

❷ ☰ Erklären Sie anhand der Abbildung 4 die Angepasstheiten des Kamels an den Wassermangel.

❸ Wasserhaushalt bei der Känguru-Ratte

Känguru-Ratten leben in den Wüsten- und Halbwüsten-gebieten der südwestlichen USA und Mexikos. Ihren Namen verdanken sie ihrer Fortbewegungsweise. Sie bewegen sich ähnlich wie Kängurus auf ihren kräftigen Hinterbeinen in großen Sätzen fort. Während ihre Körper-behaarung dicht ist, sind die relativ großen Ohren dünn und unbehaart.

Tagsüber hält sich die Känguru-Ratte in selbstgegrabenen Höhlen auf, die bis zu einem Meter tief unter der heißen Oberfläche liegen. In der Nacht sinken die Temperaturen auf Werte um 25 °C ab. Erst dann kommt sie zur Nahrungs-suche an die Oberfläche.

Die Luftfeuchtigkeit ist tagsüber mit 10 bis 20 % sehr gering und steigt auch nachts nur selten über 40 % an.

Die Känguru-Ratte besitzt keine Schweißdrüsen und trans-piriert daher nicht. Sie trinkt nicht und ernährt sich von Samen, die sehr fettreich sind, aber nur wenig Wasser ent-halten. Der Wassergewinn durch Zellatmung beträgt pro 100 g Nährstoff bei Kohlenhydraten 60 g, bei Fetten 107 g und bei Proteinen 44 g.

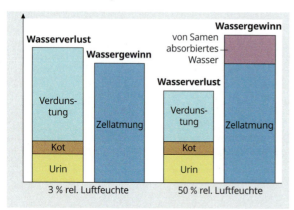

a) ≡ Beschreiben und erklären Sie die Angepasstheiten der Känguru-Ratte an ihren Lebensraum.

b) ≡ Erklären Sie, wie die Ratte überleben kann, ohne zu trinken.

c) ≡ Erklären Sie, warum größere Tiere in trockenen, hei-ßen Gebieten kleineren Tieren überlegen sind.

❹ Angepasstheiten von Eucalyptus-Arten an den Standort

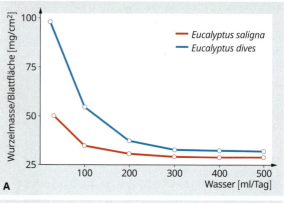

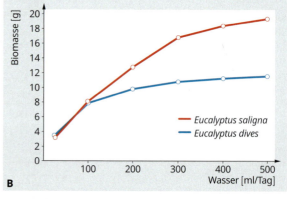

In mehreren Versuchen wurden die Eigenschaften von zwei Eucalyptus-Arten miteinander verglichen, die an unter-schiedlichen Standorten wachsen: Während *Eucalyptus saligna* vorwiegend in feuchten Wäldern gedeiht, findet sich *Eucalyptus dives* in trockenen Hartlaubwäldern. Im ersten Versuch (A) wurde die Ausbildung verschiedener Pflanzengewebetypen bei unterschiedlicher Wasserverfüg-barkeit untersucht. Im zweiten Versuch (B) wurde die Ver-änderung der Biomasse beider Arten in Abhängigkeit von der Wasserverfügbarkeit ermittelt.

a) ≡ Beschreiben Sie die Ergebnisse der Versuche A und B.

b) ≡ Erklären Sie die Ergebnisse vor dem Hintergrund des jeweiligen Standorts.

3 Biotische Umweltfaktoren

3.1 Überblick

In welcher Weise werden die Organismen eines Ökosystems von anderen Lebewesen beeinflusst?

Neben der Temperatur, dem Wasser und weiteren abiotischen Umweltfaktoren wirken auch andere Lebewesen auf die Organismen einer Population ein. Solche Umwelteinflüsse werden als **biotische Umweltfaktoren** zusammengefasst. Zu ihnen zählen etwa Räuber, Parasiten, Symbionten und Konkurrenten.

Wechselbeziehungen zwischen Lebewesen

Die Wechselbeziehungen zwischen Lebewesen können sich positiv oder negativ auf ihr Überleben und ihre Reproduktion auswirken. Als **Räuber** oder **Beutegreifer** werden in der Biologie Lebewesen bezeichnet, die sich von anderen lebenden Organismen ernähren. Betrachtet man die Beziehung zwischen Beutegreifern wie etwa Luchsen und deren Beutetieren, zum Beispiel Kaninchen, so wirkt sich das Vorkommen der Beutetiere positiv auf die Zahl der Beutegreifer aus. Umgekehrt hat das Vorkommen der Beutegreifer einen negativen Einfluss auf das Überleben der Beutetiere. Verein-

fachend kann man die Beziehung zwischen Beutegreifern und Beutetieren als ⊕/⊖-Beziehung charakterisieren (→ **Abb. 1**).

In ähnlicher Weise besteht zwischen **Parasiten** und ihren **Wirten** eine ⊕/⊖-Beziehung. Der Parasit, beispielsweise eine Zecke oder ein Floh, ernährt sich von seinem Wirt. Dadurch wird der Wirt geschädigt, aber nicht – wie bei einer Räuber-Beute-Beziehung – getötet.

Eine **Symbiose** kennzeichnet eine enge interspezifische Beziehung, von der beide beteiligten Arten profitieren. Es liegt demnach eine ⊕/⊕-Beziehung vor, wie sie zwischen Kaninchen und Bakterien in deren Darm besteht.

Konkurrenz entsteht stets dann, wenn Individuen sich im Wettbewerb um eine begrenzte Ressource befinden. Die Konkurrenz wirkt sich entweder auf die konkurrenzstärkere Art positiv und die -schwächere negativ aus (⊕/⊖-Beziehung) oder aber sie hat für beide Arten eine negative Wirkung (⊖/⊖-Beziehung).

❶ ≡ Erklären Sie anhand der Abbildung 1, warum eine Konkurrenz als ⊕/⊖- oder ⊖/⊖-Beziehung charakterisiert werden kann.

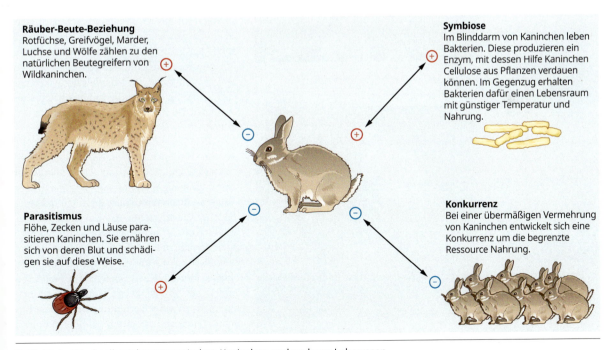

Räuber-Beute-Beziehung
Rotfüchse, Greifvögel, Marder, Luchse und Wölfe zählen zu den natürlichen Beutegreifern von Wildkaninchen.

Parasitismus
Flöhe, Zecken und Läuse parasitieren Kaninchen. Sie ernähren sich von deren Blut und schädigen sie auf diese Weise.

Symbiose
Im Blinddarm von Kaninchen leben Bakterien. Diese produzieren ein Enzym, mit dessen Hilfe Kaninchen Cellulose aus Pflanzen verdauen können. Im Gegenzug erhalten Bakterien dafür einen Lebensraum mit günstiger Temperatur und Nahrung.

Konkurrenz
Bei einer übermäßigen Vermehrung von Kaninchen entwickelt sich eine Konkurrenz um die begrenzte Ressource Nahrung.

1 Biotische Wechselbeziehungen zwischen Kaninchen und anderen Lebewesen

1 Konkurrenz um die Ressource Nahrung

2 Rangordnung in einem Wolfsrudel

3 Sexualdimorphismus bei Sperbern

3.2 Konkurrenz

Lebewesen beeinflussen sich wechselseitig, etwa wenn sie um begrenzte Ressourcen konkurrieren. Wie können sie eine solche Konkurrenz vermindern oder gar vermeiden?

Lebensnotwendige Grundlagen wie Nahrung, Wasser oder Mineralstoffe sind nicht unbegrenzt vorhanden. Lebewesen befinden sich daher in einer Art Wettbewerb um diese Ressourcen, sie stehen in **Konkurrenz** zueinander. Konkurrenz tritt immer dann auf, wenn Lebewesen die gleiche Ressource beanspruchen und diese begrenzt ist.

Intraspezifische Konkurrenz
Eichhörnchen ernähren sich von Samen, Nüssen und Früchten wie Bucheckern und Eicheln (→ **Abb. 1**). Besonders in Jahren mit wenigen Eicheln konkurrieren die Individuen einer Eichhörnchenpopulation um diese begrenzte Ressource Nahrung. Sie treten in innerartliche oder **intraspezifische Konkurrenz**.

Konkurrenz betrifft aber nicht nur die Nahrung, sondern auch die Ressource Raum wie etwa Nistplätze, Verstecke oder Jagdreviere. Das Gebiet, in welchem ein Tier normalerweise aktiv ist, bezeichnet man als seinen **Aktionsraum**. Einige Tiere verteidigen einen Kernbereich ihres Aktionsraumes, das **Revier**, gegen Artgenossen. Sie sichern sich so den alleinigen Zugang zu den dort vorhandenen Ressourcen. Durch die Bildung von Revieren und ebenso durch die Ausbildung von Rangordnungen bei Tieren, die in einem Rudel leben, wird die intraspezifische Konkurrenz gemindert (→ **Abb. 2**).

Bei verschiedenen Greifvogelarten unterscheiden sich Männchen und Weibchen deutlich in ihrem äußeren Erscheinungsbild. Durch diesen **Sexualdimorphismus** kann die intraspezifische Nahrungskonkurrenz verringert werden (→ **Abb. 3**). So bevorzugt etwa das größere Sperberweibchen größere und damit andere Beutetiere als das kleinere Sperbermännchen. Große Unterschiede im Erscheinungsbild von Jung- und Altersformen einer Art können ebenfalls zu einer verminderten intraspezifischen Nahrungskonkurrenz führen. So nutzen beispielsweise Kaulquappen und Frösche konkurrenzfrei völlig andere Nahrungsquellen.

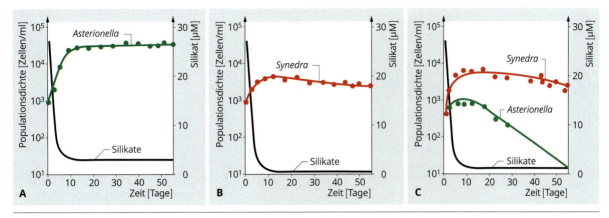

4 Versuche mit Kieselalgen. A *Asterionella* allein; **B** *Synedra* allein; **C** *Asterionella* und *Synedra* gemeinsam

Interspezifische Konkurrenz

Kieselalgen vermehren sich durch Zweiteilung und benötigen zum Aufbau ihrer Zellwände Silikate. In einem Experiment wurden Kieselalgen der Gattungen *Asterionella* und *Synedra* in Reinkultur gehalten (→ **Abb. 4**). Dazu wurden regelmäßig Silikate hinzugefügt. Beide Kulturen entwickelten unter diesen Bedingungen stabile Populationen. *Synedra* reduzierte dabei die Silikatkonzentration stärker als *Asterionella*. Wurden beide Arten gemeinsam in Kultur gehalten, so überlebte nur *Synedra*. Die Silikatkonzentration wurde durch sie auf einen so niedrigen Wert gesenkt, dass diese für *Asterionella* nicht mehr ausreichte. In der Kultur herrschte also eine zwischenartliche oder **interspezifische Konkurrenz** um die knappe Ressource Silikat. In dieser war *Synedra* konkurrenzstärker als *Asterionella*.

Das Experiment verdeutlicht ein grundlegendes Prinzip der Ökologie, das sogenannte **Konkurrenzausschlussprinzip**. Danach können verschiedene Arten in einem Lebensraum nicht langfristig nebeneinander koexistieren, wenn sie vergleichbare Ansprüche an eine begrenzte Ressource haben. Werden die Ressourcen hingegen unterschiedlich genutzt, so ist eine **Konkurrenzminderung** möglich, die die Koexistenz von Arten ermöglicht.

❶ ☰ Erklären Sie, warum viele Tierarten Reviere bilden.

❷ ☰ Erklären Sie die Veränderungen der jeweiligen Populationsdichte der Kieselalgen anhand der Abbildungen 4 A, B und C.

❸ ☰ Entwickeln Sie eine Hypothese, wie die Konkurrenz zwischen *Synedra* und *Asterionella* gemindert werden könnte.

Materialgebundene Aufgaben

❹ Konkurrenz bei Pantoffeltierchen

Das Wachstum verschiedener Pantoffeltierchen-Arten wurde in mehreren Laborexperimenten untersucht. Die *Paramecium*-Arten *P. aurelia* und *P. caudatum* ernähren sich von Hefezellen und Bakterien an der Wasseroberfläche, die Art *P. bursaria* von Bakterien, die zu Boden gesunken sind.

a) ☰ Beschreiben Sie die Versuchsergebnisse.

b) ☰ Erklären Sie die Versuchsergebnisse.

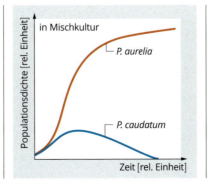

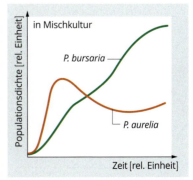

1 Spitzmaus mit Regenwurm

2 Venusfliegenfalle mit Fliege

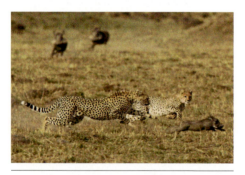

3 Geparden jagen Warzenschweine

4 Spinne mit Beute im Netz

3.3 Räuber-Beute-Beziehungen

Wie können Beutegreifer ihren Beuteerfolg steigern, und wie können sich Beutetiere vor Beutegreifern schützen?

Eine Spitzmaus wiegt etwa vier Gramm. Die gleiche Masse an Insekten, Spinnen und Würmern muss sie täglich als Nahrung aufnehmen, um so ihren Energieumsatz zu decken und eigene Biomasse aufzubauen (→ **Abb. 1**). So wie die Spitzmaus decken alle heterotrophen Lebewesen ihren Bedarf an energiereichen Stoffen und Baustoffen, indem sie andere Lebewesen fressen. Dadurch entstehen **Räuber-Beute-Beziehungen**, die entscheidend für die Stabilität und Vielfalt von Ökosystemen sind.

Angepasstheiten von Räubern

Als **Räuber** oder **Beutegreifer** bezeichnet man Lebewesen, die andere fangen und sie entweder sofort oder kurz danach töten. Sie reduzieren dadurch die Zahl der Individuen in der Population ihrer Beutetiere. Im Gegensatz dazu ernähren sich Weidegänger wie etwa Rinder oft nur von Pflanzenteilen, sodass die Pflanze zwar geschädigt wird, aber in der Regel überlebt.

Räuberisch leben auch fleischfressende Pflanzen. So besitzt die Venusfliegenfalle zu Klebfallen umgeformte Blätter, die blitzschnell zusammenklappen, wenn ein Insekt die Tastborsten darauf berührt (→ **Abb. 2**). Die Beute wird dann durch Verdauungsenzyme aufgelöst und von den Blattzellen aufgenommen. Die autotrophe Pflanze kann damit auch an mineralstoffarmen Standorten gedeihen.

Räuber müssen Energie für das Verfolgen, Überwältigen und Zerteilen der Beute aufwenden. Diesen energetischen Kosten steht ein Energiegewinn beim Fressen der Beute gegenüber. Räuber können dauerhaft nur dann überleben, wenn der erzielte Energiegewinn größer als der energetische Aufwand ist. Aus diesem Grund sind die meisten Räuber größer und schneller als ihre Beutetiere (→ **Abb. 3**). Durch ihre Kraft und ihre Schnelligkeit überwältigen sie rasch ihre Beute. Die wenigen Räuber, die kleiner als ihre Beutetiere sind, nutzen meist andere Strategien. So fangen Spinnen beispielsweise ihre Beute mit Netzen (→ **Abb. 4**) oder töten sie mithilfe von Giften.

Abwehrmechanismen der Beute

Beutearten verfügen über vielfältige Abwehr-mechanismen gegen Räuber. So entkommen viele ihren Feinden einfach durch schnelle **Flucht.** Andere besitzen einen **mechanischen Schutz** wie Stacheln, Dornen oder Hornpan-zer. Daneben nutzen Lebewesen **chemische Abwehrstoffe**, etwa Ameisensäure bei Amei-sen und Brennnesseln.

Andere Lebewesen sind in ihrer äußeren Ge-stalt und Farbe so an ihre Umgebung ange-passt, dass sie vom Räuber nicht bemerkt wer-den. Eine solche **Tarntracht** zeigt etwa der Birkenspanner, der auf einem Birkenstamm kaum zu erkennen ist (→ **Abb. 5**). Bei der **Nachahmungstracht** oder **Mimese** ähneln Lebewesen in Farbe, Gestalt und Haltung so einem Objekt, dass sie nicht von ihren Räu-bern entdeckt werden können. Ein Beispiel hierfür ist das „Wandelnde Blatt", das zu den Insekten zählt (→ **Abb. 6**). Häufig haben sich bei Tieren wie Wespen oder Hornissen auffälli-ge **Warntrachten** herausgebildet. Sie signali-sieren dem Räuber, dass sie wehrhaft oder gif-tig sind. Warntrachten werden von harmlosen Arten, etwa Schwebfliegen (→ **Abb. 7**), nach-geahmt. Man nennt dies **Scheinwarntracht** oder **Mimikry**.

❶ ☰ Begründen Sie, warum Räuber meist größer als ihre Beutetiere sind.

5 Tarntracht beim Birkenspanner

6 Mimese beim „Wandelnden Blatt"

7 Mimikry bei der Schwebfliege

Materialgebundene Aufgaben

❷ Räuber-Beute-Beziehungen bei Einzellern

In mehreren Experimenten wurde die Räuber-Beute-Bezie-hung zweier Arten von Einzellern untersucht. Räuberische Wimperntierchen der Gattung *Didinium* ernähren sich von Pantoffeltierchen der Gattung *Paramecium*. Dabei sucht *Didinium* seine Beute nicht aktiv auf, sondern saugt *Para-mecium* aus, wenn es zufällig auf *Paramecium* trifft. In einem Experiment wurden Individuen der Gattungen *Didinium* und *Paramecium* gemeinsam in einem ansons-ten leeren Kulturgefäß gehalten. Die Versuchsergebnisse zeigt die nebenstehende obere Abbildung. In einem zwei-ten Experiment wurden poröse Steine in das Kulturgefäß gelegt, dessen Hohlräume *Paramecium* als Versteck dien-ten. Die nebenstehende untere Abbildung gibt die entspre-chenden Ergebnisse wieder.

a) ☰ Beschreiben Sie die Versuchsergebnisse.
b) ☰ Erklären Sie die Versuchsergebnisse.

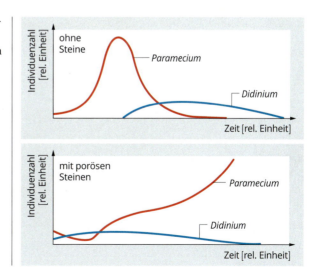

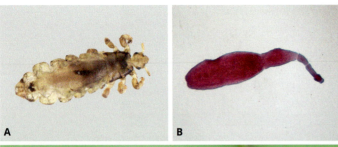

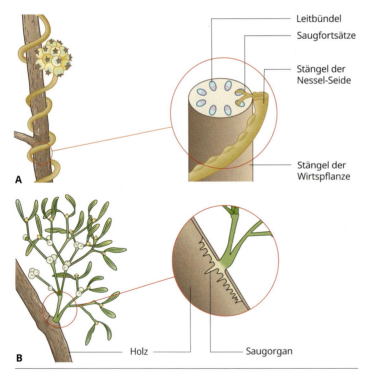

1 Tierische Parasiten. A Kopflaus des Menschen, ein Ektoparasit; **B** Bandwurm, ein Endoparasit; **C** Schlupfwespe, ein Parasitoid

Leitbündel

Saugfortsätze

Stängel der Nessel-Seide

Stängel der Wirtspflanze

A

Holz — Saugorgan

B

2 Pflanzliche Parasiten. A Nessel-Seide, ein Vollparasit; **B** Mistel, ein Halbparasit

3.4 Parasitismus

Welche Formen von Parasitismus unterscheidet man?

Kopfläuse von Menschen sind kleine flügellose Insekten, die sich auf der Kopfhaut ansiedeln und von dem Blut ernähren (→ **Abb. 1A**). Eine solche Wechselwirkung zwischen zwei Arten, bei der sich eine Art auf Kosten der anderen Art ernährt, nennt man **Parasitismus**. Im Gegensatz zu einem Räuber tötet der Parasit den Wirt nicht. Eine Übergangsform stellen **Parasitoide** dar. Sie entwickeln sich zunächst parasitisch in einem Wirt, den sie erst später töten. So legen etwa Schlupfwespen ihre Eier in Raupen ab (→ **Abb. 1C**). Aus den Eiern schlüpfen später Larven, die die Raupen dann fressen.

Formen des Parasitismus
Parasiten zeigen eine hohe Wirtsspezifität; sie befallen nur eine oder wenige Arten, für die sie spezielle Angepasstheiten aufweisen. So halten sich **Ektoparasiten** wie Kopfläuse, Flöhe oder Zecken ständig oder gelegentlich an der Körperoberfläche ihres Wirtes auf und ernähren sich von den Eiweißbestandteilen seiner Haare oder Federn oder von seinem Blut. Haft- und Klammerorgane, ein flacher Körper, fehlende Flügel und spezielle Mundwerkzeuge ermöglichen diese Lebensweise. Bei Parasiten, die im Inneren eines Wirtes leben, sogenannte **Endoparasiten**, sind oft viele Körperteile extrem reduziert. Bandwürmer beispielsweise besitzen weder einen Darm noch ein Blutgefäßsystem (→ **Abb. 1B**). Sie nehmen die im Darminhalt des Wirtes gelösten Nährstoffe direkt über ihre gesamte Körperoberfläche auf.

Während der Parasitismus im Tierreich weit verbreitet ist, gibt es nur wenige pflanzliche Parasiten. Ein Beispiel ist die Nessel-Seide (→ **Abb. 2A**). Die chlorophyllfreie Pflanze betreibt keine Fotosynthese. Über Saugfortsätze ihres Stängels, die bis in die Leitbündel der Wirtspflanzen vordringen, entzieht sie ihnen Wasser und Fotosyntheseprodukte. Im Gegensatz zu diesem **Vollparasiten** ist die immergrüne Mistel ein **Halbparasit** (→ **Abb. 2B**). Sie betreibt selbst Fotosynthese und nimmt über ein Saugorgan nur Wasser und darin gelöste Mineralstoffe von den Bäumen auf.

❶ ☰ Erklären Sie den Unterschied zwischen Halb- und Vollparasiten.

❷ Entwicklungszyklus einer Zecke

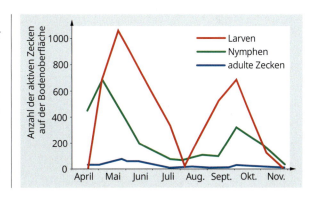

Zecken sind Ektoparasiten, die für jeden Entwicklungsschritt eine Blutmahlzeit benötigen. Die Lebensdauer einer Zecke beträgt zwei bis drei Jahre.

a) ≡ Beschreiben Sie den Entwicklungszyklus einer Zecke anhand der oberen Abbildung.

b) ≡ Erklären Sie auf dieser Basis und mithilfe der rechten Abbildung das Vorkommen von Zecken sowie von ihren Larven und Nymphen im Jahresverlauf.

c) ≡ Zecken sowie ihre Larven und Nymphen werden erst ab einer Temperatur von 7 °C aktiv. Erläutern Sie vor dem Hintergrund die Auswirkungen der zunehmenden Klimaerwärmung.

❸ Zecken übertragen Krankheiten

Zecken können beim Blutsaugen verschiedene Krankheitserreger übertragen. So kann die Infektion mit einem bestimmten einzelsträngigen RNA-Virus beim Menschen eine lebensbedrohliche Hirnhautentzündung auslösen, die **Frühsommer-Meningoenzephalitis (FSME).** Eine Infektion mit spiralförmigen Bakterien, den **Borrelien,** verursacht die **Borreliose.** Diese schleichend verlaufende Krankheit kann vielfältige klinische Symptome auslösen. Jedoch sind nicht alle Zecken auch Träger dieser Krankheitserreger, sodass ein Zeckenstich keineswegs automatisch eine Infektion nach sich zieht. Um nach einem Zeckenstich zu überprüfen, ob die Zecke infiziert war, kann man diese in spezielle Labors senden. Dort wird untersucht, ob sich in der Zecke das Erbgut von Borrelien oder

FSME-Viren befindet. Ein positives Testergebnis heißt aber keineswegs automatisch, dass beispielsweise Borrelien auch auf den Menschen übertragen wurden. Denn wenn eine infizierte Zecke weniger als 24 Stunden an einem Menschen Blut gesaugt hat, ist die Wahrscheinlichkeit einer Borrelienübertragung gering. Hinzukommt, dass nicht alle Borrelien auch Borreliose auslösen.

a) ≡ Begründen Sie, warum ein positiver Borreliosenachweis in der Zecke nicht geeignet ist, um mit einer Antibiotikatherapie zu beginnen.

b) ≡ Erklären Sie, warum zwar eine Borreliose, nicht aber FSME mit Antibiotika therapierbar ist.

c) ≡ Recherchieren Sie Informationen zum Krankheitsbild von FSME und Borreliose.

1 Clownfisch und Seeanemone, eine Symbiose

2 Büffel und Madenhacker, eine Putzer-
symbiose

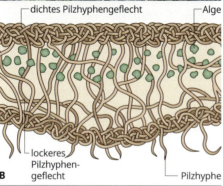

dichtes Pilzhyphengeflecht — Alge

lockeres
Pilzhyphen-
geflecht
B — Pilzhyphe

3 Flechten, eine obligate Symbiose zwischen Pilzen und Algen. **A** Foto; **B** Schema

3.5 Symbiose

**Welche Formen von Symbiose gibt es und
wie lassen sich diese unterscheiden?**

Clownfische leben zwischen den giftigen Ten-
takeln von Seeanemonen (→ **Abb. 1**). Hier finden sie Schutz vor ihren Feinden. Im Gegenzug
säubern sie die Anemonen und vertreiben deren Feinde. Eine derartige Beziehung zwischen
zwei Arten zum gegenseitigen Vorteil nennt
man **Symbiose**. Nach dem Grad der wechselseitigen Abhängigkeit unterscheidet man Allianz, Mutualismus und obligate Symbiose.

Allianz
Unter dem Begriff **Allianz** versteht man gele-
gentliche, lockere Beziehungen zwischen zwei
Arten, die mit beiderseitigem Vorteil verbunden sind. Ein Beispiel hierfür ist etwa die **Put-
zersymbiose**. Dabei befreit der eine Partner
den anderen von lästigen Parasiten, die dem
Putzer als Nahrung dienen. Solche Beziehungen findet man zwischen Putzerfischen und
Barschen sowie Vögeln und Büffeln (→ **Abb. 2**).

Mutualismus
Eine weitere Form der Symbiose besteht zwischen Blütenpflanzen und nektar- oder pol-
lenfressenden Insekten und Vögeln. Während
sich die Blütenpflanzen ohne ihre jeweiligen
Bestäuber nicht fortpflanzen und somit nicht
dauerhaft überleben können, sind die Bestäuber hierbei auch allein lebensfähig. Eine solche
Form einer engeren symbiontischen Beziehung, die zwar nicht lebensnotwendig, aber
mindestens für einen der Partner von hoher
Bedeutung ist, nennt man **Mutualismus**.

Obligate Symbiose
Als Flechte bezeichnet man die Symbiose
zwischen bestimmten Pilzen und Algen
(→ **Abb. 3**). Während die Pilze den Algen Kohlenstoffdioxid und Mineralstoffe liefern, nutzen sie die von den Algen gebildeten Fotosyntheseprodukte. Beide zusammen haben in der
Gemeinschaft besondere Fähigkeiten, die sie
alleine nicht besitzen. So können sie auch extrem ungünstige Lebensräume, etwa kahle Felsen, besiedeln. Auf dem felsigen Untergrund
würde für Pilze das organische Substrat fehlen,
während für Algen dort die Gefahr der Aus-
trocknung groß wäre. Eine solche Lebensgemeinschaft, die für beide Partner lebensnotwendig ist, nennt man **obligate Symbiose**.

Einen ähnlich engen Stoffaustausch wie bei der Flechte findet man auch bei der Symbiose zwischen Pilzen und Pflanzenwurzeln. Pilzhyphen umspinnen hierbei die Wurzeln. Sie vergrößern dadurch die Wurzeloberfläche und damit die Aufnahme von Wasser und Mineralstoffen. Im Gegenzug versorgt die Pflanze den Pilz mit Fotosyntheseprodukten. Diese Symbiose nennt man **Mykorrhiza** (→ **Abb. 4**).

Schmetterlingsblütler wie etwa Lupinen, Klee oder Erbsen können in Symbiose mit besonderen Bodenbakterien leben. Wenn die Bakterien die Wurzeln von Schmetterlingsblütlern infizieren, bilden diese **Wurzelknöllchen**, in denen sich die Bakterien vermehren können (→ **Abb. 5**). Die Bakterien sind in der Lage, den Stickstoff der Luft zu fixieren und für die Pflanzen verfügbar zu machen. Im Gegenzug erhalten sie Fotosyntheseprodukte der Pflanze. Durch diese Stickstofffixierung können Schmetterlingsblütler auch sehr stickstoffarme Böden besiedeln.

❶ ☰ Geben Sie die Art der Symbiose an, die zwischen Clownfisch und Seeanemone besteht.

❷ ☰ Recherchieren Sie weitere Beispiele für die verschiedenen Symbioseformen.

4 Mykorrhiza

5 Wurzelknöllchen

Materialgebundene Aufgaben

❸ Sind Ameisen und Akazienbäume Symbionten?

Ameisen der Gattung *Pseudomyrmex* werden als Akazienameisen bezeichnet, da sie ausschließlich in Gemeinschaft mit Akazien vorkommen. Die Ameisen bauen ihre Nester in große, von der Ameisenkönigin ausgehöhlte Dornen der Büffelhornakazie. Die Bäume produzieren Nektar sowie an den Blattspitzen öl- und proteinreiche Futterkörperchen, die den Ameisen als Nahrung dienen.

In mehreren Experimenten gingen Forscher der Frage nach, ob auch die Akazienbäume von der Beziehung zu den Ameisen profitieren. Dazu wurde eine Teilpopulation der Akazienbäume mit Insektiziden behandelt. Die andere Teilgruppe blieb unbehandelt. Über einen Zeitraum von zehn Monaten wurde die Überlebensrate und die Wachstumsrate beider Teilpopulationen ermittelt.

a) ☰ Beschreiben Sie die Versuchsergebnisse.

b) ☰ Erklären Sie die Versuchsergebnisse und beantworten Sie die Versuchsfrage.

c) ☰ Begründen Sie, warum man bei den Versuchen eine Teilpopulation unbehandelt ließ.

3.6 Ökologische Nische

Können verschiedene Arten mit gleichen Ansprüchen an ihre Umwelt nebeneinander existieren?

Im Jahr 1889 wurden in England 350 Grauhörnchen ausgesetzt. Diese ursprünglich aus Nordamerika stammende Nagetierart hat dort mittlerweile das heimische Eichhörnchen verdrängt und breitet sich zunehmend auch im Rest Europas aus. Beide Arten leben in Nadel- und Mischwäldern, fressen die gleiche Nahrung und ähneln sich auch sonst in ihren Ansprüchen. Die Gesamtheit der Ansprüche einer Art an die biotische und abiotische Umwelt bezeichnet man als ihre **ökologische Nische**. Ein Wald etwa bietet keine fertigen Nischen, sondern nur eine Reihe abiotischer und biotischer Umweltfaktoren. Erst wenn eine Art diese Faktoren nutzt, wird eine ökologische Nische realisiert.

Nischenraummodell

Die komplexen Zusammenhänge zwischen Art und Umweltbedingungen versucht das **Nischenraummodell** zu verdeutlichen. Berücksichtigt man nur die physiologischen Potenzen einer Art ohne interspezifische Konkurrenz, ergibt sich die **fundamentale Nische** einer Art. In der Konkurrenz mit anderen Arten kann diese aber auf die **reale Nische** eingeschränkt werden, die daher kleiner als die fundamentale Nische ist. Arten nehmen also nicht immer den Teil ihrer fundamentalen Nische wahr, der ihrem physiologischen Präferendum entspricht, sondern nur den Bereich, den ihre Konkurrenten zulassen, nämlich die reale Nische. So haben die beiden Hörnchen-Arten sehr ähnliche fundamentale Nischen. Da die Grauhörnchen aber bestimmte Umweltfaktoren wie etwa das Nahrungsangebot besser nutzen können als die Eichhörnchen, ist ihre realisierte Nische größer und sie verdrängen die einheimischen Eichhörnchen (→ **Abb. 1**).

Konkurrenz

Langfristig können zwei konkurrierende Arten wie das Grau- und Eichhörnchen nur koexistieren, wenn sie sich in ihrer realisierten ökologischen Nische unterscheiden. Besetzen zwei Arten in einem Ökosystem die gleiche ökologische Nische, führt die interspezifische Konkurrenz zum Aussterben der einen Art – Konkurrenzausschlussprinzip – oder dazu, dass sich die Nischen der konkurrierenden Arten im Verlauf der Evolution verändern. Das heißt, dass die Ansprüche der konkurrierenden Arten an die Umwelt durch Anpassungen jeweils spezifischer werden und sich somit stärker unterscheiden. Man spricht von einer **Nischendifferenzierung**.

Verschiedene Arten, die in unterschiedlichen geografischen Gebieten leben, können sehr ähnliche ökologische Nischen ausbilden. Oft zeigen sie in Aussehen und Lebensweise große Ähnlichkeiten, obwohl sie nicht eng miteinander verwandt sind. Ein Beispiel für diese sogenannte **Konvergenz** sind etwa die Nektarvögel aus Afrika und die Kolibris aus Amerika. Sie nehmen auf den unterschiedlichen Kontinenten vergleichbare ökologische Nischen ein. Man spricht von **Stellenäquivalenz**.

1 Nischenraummodell mit drei Variablen. A Eichhörnchen (Art A); **B** Grauhörnchen (Art B); **C** fundamentale Nische der Art A; **D** reale Nische der Art A mit Konkurrenz zu der Art B

❶ ≡ Erklären Sie die Unterschiede zwischen fundamentaler und realer Nische anhand von Abbildung 1.

❷ Konkurrenzausschlussprinzip

Frage	Wie entwickeln sich die Populationen von miteinander konkurrierenden Mehlkäferarten im gleichen Lebensraum bei jeweils unterschiedlichen abiotischen Umweltbedingungen?
Hypothesen	• Das Wachstum beider Populationen nimmt ab. • Das Wachstum einer der beiden Populationen nimmt ab. • Eine der beiden Populationen geht zugrunde. • Temperatur und Luftfeuchtigkeit wirken sich gleichermaßen auf die Populationsentwicklung der beiden Arten aus. • Temperatur und Luftfeuchtigkeit wirken sich unterschiedlich auf die Populationsentwicklung der beiden Arten aus.
Methode	Der Amerikanische Reismehlkäfer und der Rotbraune Reismehlkäfer wurden bei unterschiedlichen Kombinationen von Luftfeuchtigkeit und Temperatur gehalten: a) bei 34 °C und 70 % Luftfeuchtigkeit und b) bei 24 °C und 30 % Luftfeuchtigkeit. Die beiden Käferarten wurden bei jeder Kombination **A)** getrennt voneinander und **B)** gemeinsam gehalten. Ermittelt wurde die Entwicklung der Populationen im Verlauf der Zeit.

Ergebnis

A Käferarten getrennt gehalten

a) 34 °C / 70 % Luftfeuchtigkeit

b) 24 °C / 30 % Luftfeuchtigkeit

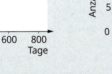

B Käferarten gemeinsam gehalten

a) 34 °C / 70 % Luftfeuchtigkeit

b) 24 °C / 30 % Luftfeuchtigkeit

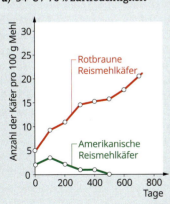

Erkenntnis

Die extremste Form der Konkurrenz zwischen zwei Arten müsste theoretisch zur vollständigen Verdrängung oder Auslöschung einer Art durch eine andere Art führen. Diese Überlegungen führten zum Konkurrenzausschlussprinzip. Es besagt, dass Arten, die dieselbe begrenzt vorhandene Ressource nutzen, nicht dauerhaft im gleichen Zeitraum an einem Ort vorkommen können.

Zur Überprüfung dieser Modellvorstellungen untersuchte man die Konkurrenz zwischen dem Amerikanischen Reismehlkäfer *Tribolium confusum* und dem Rotbraunen Reismehlkäfer *Tribolium castaneum*.

Die Versuchsergebnisse zeigen, dass die beiden Mehlkäferarten unter bestimmten Bedingungen nicht koexistieren können. Anders aber als unter Laborbedingungen, bei denen Umweltbedingungen über die Versuchsdauer konstant gehalten werden können, kommen in der Natur in der Regel witterungsbedingte Schwankungen vor. Mit der Zeit treten so unterschiedliche Umweltbedingungen auf, die jeweils für die eine oder die andere Art günstiger oder ungünstiger sind. Zum Beispiel würde sich in bestimmten Monaten bei warmfeuchten Bedingungen der Rotbraune Reismehlkäfer stärker vermehren, im kühltrockenen Klima dagegen der Amerikanische Reismehlkäfer. Deshalb kommt es in der Natur vermutlich auch längerfristig nicht zum Ausschluss einer der beiden Arten im selben Lebensraum.

a) ☰ Beschreiben und deuten Sie die Versuchsergebnisse.

b) ☰ Formulieren Sie die wesentlichen Erkenntnisse, die man aus den Versuchsergebnissen gewinnt.

4 Populationsökologie

4.1 Populationswachstum

1 Kaninchenplage in Australien Ende des 18. Jahrhunderts

Viele ökologische Vorgänge lassen sich nur auf der Ebene von Populationen verstehen. Was genau versteht man unter einer Population und wie entwickeln sich diese im Laufe der Zeit?

Ende des 18. Jahrhunderts wurden etwa 24 europäische Wildkaninchen in Australien zu Jagdzwecken ausgesetzt. Sie vermehrten sich und bildeten dort die erste Population. Unter einer **Population** fasst man Individuen einer Art zusammen, die zeitgleich im selben Verbreitungsgebiet vorkommen und eine Fortpflanzungsgemeinschaft bilden.

Modelle zum Populationswachstum

Kaninchen sind sehr vermehrungsfreudig. Unter den idealen Bedingungen der australischen Wildnis, in der es nur wenige natürliche Beutegreifer gab, entstanden aus den wenigen ausgesetzten Tieren innerhalb von 100 Jahren mehrere Milliarden Tiere. Sie riefen erhebliche Störungen des ökologischen Gleichgewichts in Australien hervor.

Wenn sich das Wachstum einer Population in einem bestimmten Zeitraum verdoppelt, kann man es mit dem mathematischen Modell des **exponentiellen Wachstums** (**E**) beschreiben. Diese Form des Wachstums ist durch eine hohe Geburten- und eine niedrige Sterberate bestimmt. Die Population nimmt dabei immer um den gleichen Faktor zu. In einem Diagramm, in dem man die Populationsgröße in Abhängigkeit von der Zeit aufträgt, führt dies zur einer J-förmigen Kurve (→ **Abb. 2**). Ein exponentielles Wachstum ist aber nur unter Idealbedingungen bei unbegrenzten Ressourcen, wie etwa bei der Neubesiedlung von Lebensräumen oder unter Laborbedingungen, gegeben.

Unter natürlichen Bedingungen führen verschiedene Faktoren schnell zu einer Abnahme des Populationswachstums. So führt etwa das begrenzte Ressourcenangebot zu einer Zunahme der Konkurrenz zwischen den Individuen einer Art. Dadurch erhöht sich die Sterberate und die Geburtenrate sinkt. Das exponentielle Wachstum geht in das **logistische Wachstum** (**L**) über. Die entsprechende Kurve zeigt einen S-förmigen Verlauf (→ **Abb. 2**).

Halten sich Geburten- und Sterberate die Waage, erreicht die Individuenzahl ihre **Kapazitätsgrenze** (**K**). Diese beschreibt die Aufnahmefähigkeit eines Lebensraums, also die maximale Zahl an Individuen einer Art, die in diesem Lebensraum überleben können, ohne ihn nachhaltig zu schädigen. Die Kapazitätsgrenze ist von der Verfügbarkeit der Ressourcen abhängig und daher variabel. Unter natürlichen Bedingungen wird sie nur selten direkt erreicht. Sehr oft wächst die Individuenzahl zunächst über die Kapazitätsgrenze hinaus. Die daraus folgende Ressourcenknappheit führt dann entweder zu Schwankungen um die Kapazitätsgrenze (L1) oder zu einem totalen Zusammenbruch der Population (L2) (→ **Abb. 2**).

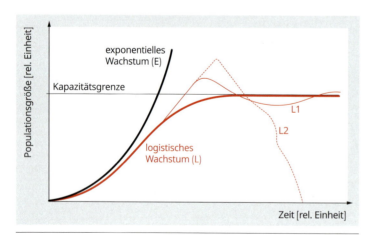

2 Wachstumskurven

Fortpflanzungsstrategien

In Abhängigkeit von den jeweiligen Umweltbedingungen haben sich im Verlauf der Evolution verschiedene Fortpflanzungsstrategien entwickelt: In nur schwach besiedelten Lebensräumen haben neue Arten gegenüber Konkurrenten einen Vorteil, wenn sich ihre Individuenzahl schnell und stark erhöht. Zwischen den Individuen derselben Art ist die Konkurrenz unter derartigen Bedingungen recht gering. Die Selektion begünstigt in diesem Fall Arten mit einer hohen Vermehrungsrate (r). Man spricht von **r-Strategen** (→ **Abb. 3**). Zu pflanzlichen r-Strategen zählen insbesondere die Arten, die Brachflächen besiedeln, wie das einjährige Rispengras. Tierische r-Strategen, wie der Grasfrosch, erzeugen sehr viele Nachkommen, investieren jedoch wenig Zeit und Energie in deren Aufzucht, sodass nur ein geringer Teil davon überlebt. Ist die Kapazitätsgrenze des Lebensraumes erreicht, kommt es zu intraspezifischer Konkurrenz und das Wachstum der Population geht zurück oder bricht zusammen.

Eine andere Fortpflanzungsstrategie haben **K-Strategen** entwickelt. Hierzu gehören Arten, deren Populationen die Kapazitätsgrenze (K) ihres Lebensraumes erreicht haben. In Lebensräumen, in denen sich die Lebensbedingungen nur langfristig ändern, besteht nicht nur zwischen den Arten, sondern auch innerhalb der Art eine starke Konkurrenz. Deshalb sind diejenigen Arten im Vorteil, bei denen die Nachkommen günstige Anfangsbedingungen haben. Eichen zum Beispiel besitzen nährstoffreiche Samen. Fuchs oder Dachs bringen pro Jahr nur wenige Jungtiere zur Welt und investieren viel Energie und Zeit in die Aufzucht der Jungtiere.

Kennzeichen	r-Stratege	K-Stratege
Zeit bis zur Geschlechtsreife	kurz	lang
Zeitpunkt der ersten Reproduktion	früh	spät
Anzahl der Nachkommen	viele	wenige
Größe der Nachkommen oder Eier	klein	groß
elterliche Fürsorge	keine	oft sehr ausgeprägt
Reproduktionsrate	hoch	niedrig
Lebenserwartung	gering	hoch
Sterblichkeitsrate	oft hoch	meist niedrig

3 Typische Merkmale von r- und K-Strategen

❶ ☰ Ordnen Sie die nachfolgenden Arten begründend einer der beiden Fortpflanzungsstrategien zu: Eisbären, Gänseblümchen, Grasfrosch, Erdnuss.

Materialgebundene Aufgaben

❷ Populationswachstum von Wasserflöhen

Wasserflöhe, Daphnien genannt, gehören zu den häufigsten Krebstieren in stehenden Gewässern wie Tümpeln, Teichen, Weihern und Seen. Sie ernähren sich von pflanzlichem Plankton und dienen selber den räuberisch lebenden Organismen der Gewässer als Nahrung. Wasserflöhe pflanzen sich in der Regel eingeschlechtlich fort, man spricht von Jungfernzeugung: Die Weibchen produzieren Eier ohne Befruchtung durch Männchen. Aus den Eiern entstehen dann wiederum Weibchen, die sich erneut über Jungfernzeugung vermehren. Da Wasserflöhe keine Larvenstadien besitzen, ist die Zeitspanne zwischen zwei aufeinanderfolgenden Generationen sehr kurz. Die Wachstumsraten der Populationen sind entsprechend hoch: Innerhalb weniger Wochen kann eine Population auf über Tausend Individuen anwachsen. In einem Experiment wurde das Wachstum einer kleinen Laborpopulation von Wasserflöhen untersucht.

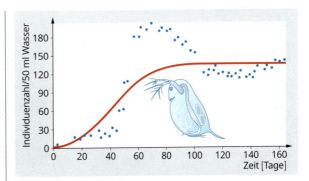

a) ☰ Begründen Sie, warum Wasserflöhe zu den r-Strategen gezählt werden.
b) ☰ Vergleichen Sie die dargestellte ideale Wachstumskurve mit den experimentell ermittelten Werten und erklären Sie die Unterschiede.

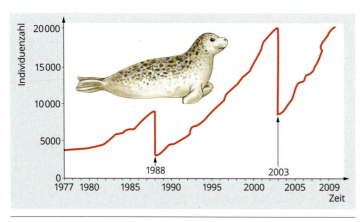

1 Entwicklung der Seehundpopulationen an der Nordseeküste

4.2 Regulation der Populationsdichte

Natürliche Populationen bleiben nicht konstant, sie verändern sich im Laufe der Zeit. Durch welche Faktoren werden solche Veränderungen verursacht?

Verfolgt man die Populationsentwicklung von Seehunden an der Nordseeküste von 1977 bis 2009 (→ **Abb. 1**), erkennt man, dass das Wachstum nicht kontinuierlich verlief. Auf exponentielle Wachstumsphasen folgte jeweils ein Zusammenbruch der Population. Die Individuenzahl der Seehunde pro Fläche, die sogenannte **Populationsdichte**, schwankte demnach deutlich. Solche **Fluktuationen** sind typisch für die meisten natürlichen Populationen. Verantwortlich hierfür sind verschiedene Faktoren. Sie können von der Populationsdichte abhängen oder auch davon unabhängig sein.

Dichteabhängige Faktoren

Der Zusammenbruch der Seehundpopulation in den Jahren 1988 und 2003 wurde durch eine Virusinfektion verursacht. Da Viren durch Körperkontakt übertragen werden, steigt die Infektionsgefahr mit zunehmender Populationsdichte. Solche Faktoren, die erst bei höheren Populationsdichten wirksam werden, nennt man **dichteabhängige Faktoren**. Neben ansteckenden Krankheiten gehören beispielsweise auch die verfügbare Nahrungsmenge, das Raum- oder Platzangebot und artspezifische Räuber und Parasiten hierzu (→ **Abb. 2**). Diese Faktoren stehen mit der Populationsdichte der Seehunde in Form einer negativen Rückkopplung in Wechselwirkung. Je größer die Populationsdichte ist, desto stärker wird ihr weiteres Wachstum etwa durch den entstehenden Mangel an Nahrung und Raum eingeschränkt. Demzufolge nehmen die Geburtenrate ab und die Sterberate zu.

Dichteunabhängige Faktoren

Die Entwicklung von Populationen wird auch von Faktoren beeinflusst, die nicht von der Dichte abhängig sind. Diese **dichteunabhängigen Faktoren** wirken zufällig auf Populationen ein und können die Populationsgröße damit jederzeit beeinflussen. Eine Rückkopplung zwischen dem jeweiligen Faktor und der Populationsdichte findet hierbei nicht statt. So reagieren Seehunde beispielsweise empfindlich auf Schadstoffe im Wasser oder Änderungen des Bodens, die die Qualität der Liegeplätze beeinflussen. Die Geburten- und Sterberate ist direkt von diesen Faktoren abhängig. Weitere dichteunabhängige Faktoren sind etwa die Temperatur, nicht ansteckende Krankheiten sowie Feinde, die nicht artspezifisch sind.

2 Regulation der Populationsdichte durch dichteabhängige und dichteunabhängige Faktoren

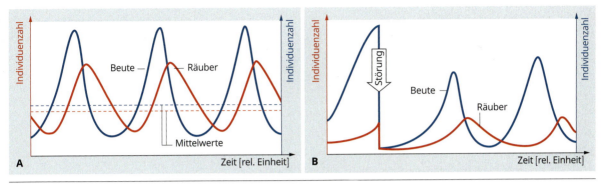

3 Gegenseitige Beeinflussung von Räuber- und Beutepopulationen. A nach der 1. und 2. Regel; **B** nach der 3. Regel

LOTKA-VOLTERRA-Modell

Mitte der 1920er Jahre untersuchten Alfred LOTKA und Vito VOLTERRA die Populationsdynamik einer einfachen Räuber-Beute-Beziehung. Dabei beeinflussen sich die Populationsdichten wechselseitig: Eine Zunahme der Beutedichte führt zeitversetzt zu einer Zunahme der Räuberdichte. Durch eine hohe Populationsdichte der Räuber erhöht sich aber die Sterberate der Beutetiere, ihre Dichte verringert sich infolgedessen wieder.

Auf der Basis ihrer Untersuchungen entwickelten LOTKA und VOLTERRA ein mathematisches Modell. Seine Aussagen lassen sich in drei Regeln zusammenfassen:

1. Regel der periodischen Schwankungen: Die Dichten von Räuber und Beute schwanken auch bei sonst konstanten Bedingungen periodisch, dabei sind die Maxima der Dichten phasenweise verschoben (→ **Abb. 3A**).
2. Regel von der Konstanz der Mittelwerte: Die Mittelwerte der Populationsdichten von Räuber und Beute bleiben langfristig konstant (→ **Abb. 3A**).
3. Regel von der Störung der Mittelwerte: Nach einer gleich starken Verminderung von Räuber und Beute nimmt die Dichte der Beute stets schneller wieder zu als die des Räubers (→ **Abb. 3B**).

Das LOTKA-VOLTERRA-Modell geht vereinfachend von folgenden Voraussetzungen aus:
• Der Räuber ernährt sich nur von einer Art Beutetieren. Diese werden nur von dieser einen Räuberart gefressen.
• Alle sonstigen biotischen und abiotischen Umweltfaktoren sind konstant oder zu vernachlässigen.

Grenzen des LOTKA-VOLTERRA-**Modells**

Das LOTKA-VOLTERRA-Modell ist aufgrund seiner Vereinfachungen nur bedingt auf die wesentlich komplexeren Beziehungen einer natürlichen Population übertragbar. Beispielsweise spielt auch die zahlenmäßige Relation von Beute und Räuber eine wichtige Rolle. So zeigt die Populationsentwicklung von Schneeschuhhase, Karibu und Luchs in Neufundland, dass die Dichteschwankungen der Hasen nur geringfügig vom Luchs beeinflusst werden. Die Dichte der Luchse hängt jedoch sehr wohl vom Bestand der Hasen ab (→ **Abb. 4**). Der Grund hierfür liegt in der hohen Populationsdichte der Hasen, deren Schwankungen nicht durch die wenigen Räuber, sondern durch das Nahrungsangebot und die intraspezifische Konkurrenz bestimmt wird. Die Dichte des Karibus dagegen wird durch den Räuber bestimmt.

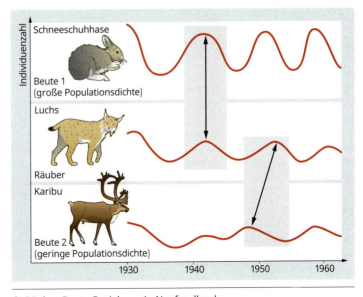

4 Räuber-Beute-Beziehung in Neufundland

❶ Versuchsreihen von Huffaker

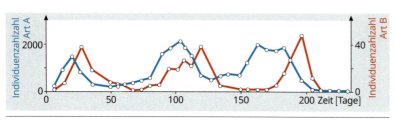

1 Erste Versuchsreihe, einfach strukturierte Umwelt. A Versuchsanordnung aus 36 Gummibällen und vier Orangen; **B** Art A allein; **C** Art A und Art B zusammen

2 Zweite Versuchsreihe, komplex strukturierte Umwelt. Art A und Art B zusammen

In einem klassischen Experiment untersuchte Huffaker 1958 die Stabilität eines Räuber-Beutesystems an zwei Milbenarten: die Spinnmilbe *Eotetranychus sexmaculatus*, die sich von Orangenschalen ernährt und ihr Fressfeind, die Raubmilbe *Typhlodromus occidentalis*. Spinnmilben können sich mithilfe von Spinnfäden durch die Luft zu anderen Standorten tragen lassen. Raubmilben dagegen können sich nur laufend vorwärts bewegen. Beide Milbenarten haben eine Lebensdauer von 15 Tagen und können nur drei Tage ohne Nahrung überleben. In der ersten Versuchsreihe wurde zunächst eine Art allein und dann beide Arten zusammen auf Orangen in einer einfach strukturierten Umwelt gesetzt (→ **Abb. 1A**). In der zweiten Versuchsreihe konstruierte Huffaker eine komplex strukturierte Umwelt mit größerer Ausdehnung, Barrieren aus Wachs sowie

Holzstäbchen zur Luftausbreitung der Spinnmilben. Die Orangen waren teilweise mit Papier umwickelt.

a) ☰ Erklären Sie die Populationsentwicklung in der Versuchsreihe 1 und ordnen Sie Art A und Art B in das Räuber-Beutesystem ein.

b) ☰ Erklären Sie die unterschiedliche Populationsentwicklung in Versuchsreihe 2.

c) ☰ Erklären Sie, wie die Entwicklung der beiden Milbenarten vermutlich verlaufen wäre, wenn man am 100. Tag ein Insektizid ausgebracht hätte, dass beide Milbenarten gleichermaßen um 80 Prozent reduziert hätte.

d) ☰ Erläutern Sie unter Berücksichtigung der Huffaker-Versuche, warum bei der Einrichtung von Naturschutzgebieten heute zunehmend auf eine Verbindung zwischen den einzelnen Schutzgebieten geachtet wird.

❷ Untersuchung der Sterbe- und Fortpflanzungsrate

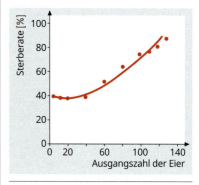

3 Sterberate einer Population von Reismehlkäfern in Abhängigkeit von der Ausgangszahl der Eier

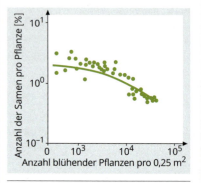

4 Anzahl der pro Pflanze produzierten Samen in Abhängigkeit von der Individuendichte einer Dünengraspopulation

a) ☰ Beschreiben Sie die Kurvenverläufe der beiden Abbildungen und fassen Sie ihre wesentlichen Aussagen zusammen.

b) ☰ Nennen Sie mögliche Ursachen für die Veränderungen der Sterberate von Reismehlkäfern und der Samenproduktion von Dünengras. Prüfen Sie, welche Umweltfaktoren und Ressourcen dafür verantwortlich sein könnten, und welche Phasen der Veränderungen von dichteabhängigen oder dichteunabhängigen Faktoren bestimmt werden.

c) ☰ Nennen Sie mögliche Ursachen für die Veränderung der Fortpflanzungsrate des Dünengrases und erklären Sie diese.

Die inneren und äußeren Bedingungen von Lebewesen und Lebensgemeinschaften verändern sich vielfach. Um unter diesen Umständen bestehen zu können, müssen bestimmte Zustandsgrößen, wie die Ionenkonzentration innerhalb der Zelle, die Körpertemperatur eines Lebewesens oder die Dichte einer Population, in einem engen funktionsgerechten Bereich gehalten werden. Dies geschieht durch **Regelung**. Dabei wird der aktuelle Istwert der Zustandsgröße immer wieder an einen vorgegebenen Sollwert angeglichen.

Liegt etwa die Körpertemperatur eines gleichwarmen Tieres über dem Sollwert von 37 °C, so wird diese beispielsweise durch Schwitzen solange erniedrigt, bis der Sollwert erreicht ist (→ **Abb. 2**). Es liegt also eine **negative Rückkopplung** vor. Diese ist typisch für die Regelung.

Tiere wie das Chamäleon können ihre Hautfarbe an die Umgebung anpassen. Der Farbwechsel dient dabei in erster Linie der Kommunikation mit Artgenossen. Sie zeigen hierdurch Fortpflanzungs- oder Kampfbereitschaft an. Bei Kontakt mit einem Artgenossen ändern sie rasch die Pigmentverteilung in ihrer Haut und passen sich so der Situation an (→ **Abb. 3**). Die Reizstärke allein steuert dabei die Reaktionsstärke. Es liegt also eine einseitige Beeinflussung eines Vorganges ohne Rückkopplung vor. Man bezeichnet diese als **Steuerung**.

Steuerung und Regelung findet man auf verschiedenen Systemebenen und bei vielen biologischen Sachverhalten. Sie sind ein **Basiskonzept** der Biologie. Auf molekularer Ebene wird beispielsweise die Genaktivität von Eukaryoten durch Transkriptionsfaktoren oder RNA-Prozessierung geregelt. Die Aktivität von allosterischen Enzymen kann durch positive und negative Effektoren gesteuert werden. Damit wird beispielsweise eine Regulation anaboler und kataboler Stoffwechselwege ermöglicht.

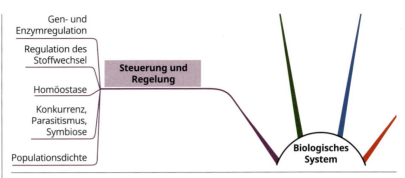

1 Aspekte des Basiskonzepts Steuerung und Regelung

Das Aufrechterhalten physiologischer Gleichgewichtszustände durch Regulation nennt man **Homöostase**. Beispiele sind die Osmoregulation, die Regulation des pH-Werts im Blut oder die Regulation des Blutzuckerspiegels mithilfe von Hormonen.

Auch auf Populationsebene finden sich Regulationsvorgänge. Beispielsweise schwankt die Populationsdichte in einer gegebenen Umwelt mit begrenzten Ressourcen um einen Mittelwert. Sind Ressourcen wie Nahrung oder auch Raum in ausreichendem Maße vorhanden, steigt die Geburtenrate. Die Populationsdichte nimmt zu (→ **Abb. 4**). In der Folge wächst der Konkurrenzdruck, die Zahl möglicher Feinde steigt, Krankheiten breiten sich aus. Dadurch steigt die Sterberate und die Populationsdichte nimmt wieder ab. Durch negative Rückkopplung werden also relativ stabile Populationsdichten erreicht, die sich jedoch bei neu eintretenden Umweltbedingungen schnell wieder ändern können. Einen festgelegten Sollwert gibt es bei ökologischen Regelmechanismen im Gegensatz zu physiologischen Regelungen jedoch nicht.

❶ ≣ Erklären Sie den Unterschied zwischen Steuerung und Regelung an dem Beispiel eines Rauchmelders und eines Heizkörperventils.

❷ ≣ Erläutern Sie Regulationsvorgänge, die den Regeln von LOTKA-VOLTERRA zugrundeliegen.

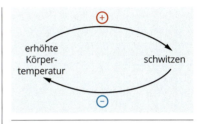

2 Regulation der Körpertemperatur

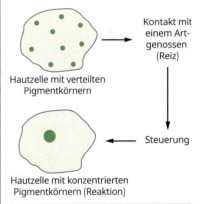

3 Steuerung der Pigmentierung

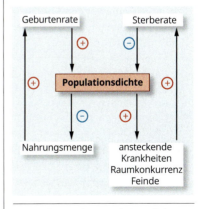

4 Regulation der Populationsdichte

Aufbau eines Ökosystems

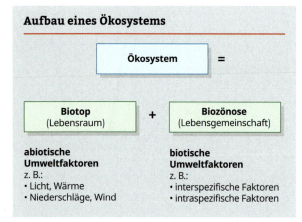

Abiotische Umweltfaktoren

Toleranzkurve

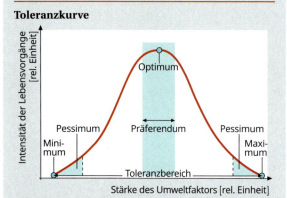

Physiologische Potenz
- Fähigkeit, Schwankungen eines Umweltfaktors ohne Konkurrenz zu tolerieren.

Ökologische Potenz
- Fähigkeit, Schwankungen eines Umweltfaktors unter Konkurrenzbedingungen zu tolerieren.
  - stenök = geringe ökologische Potenz
  - euryök = große ökologische Potenz

Temperatur

Wechselwarme oder poikilotherme Tiere
- Körpertemperatur gleicht der Umgebungstemperatur, Thermokonformer
- Tierstämme: beispielsweise Amphibien, Reptilien, Fische, Insekten

Gleichwarme oder homoiotherme Tiere
- Körpertemperatur unabhängig von der Umgebungstemperatur, Thermoregulierer
- Winterschlaf (Igel, Hamster): durch stark abgesenkte Körpertemperatur hohe Energieeinsparung
- Winterruhe (Eichhörnchen, Bär): nur wenig abgesenkte Körpertemperatur
- Tierstämme: beispielsweise Vögel, Säugetiere

Temperaturtoleranzkurven wechselwarmer und gleichwarmer Tiere

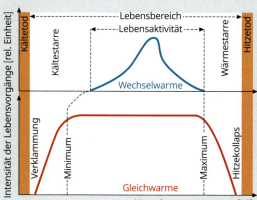

Klimaregeln
- BERGMANN-**Regel:** Individuen einer Art oder nahe verwandter Arten sind in kalten Regionen größer als in warmen Gebieten. Die Regel gilt nur für gleichwarme Tiere.
- ALLEN-**Regel:** Die Körperanhänge von Tieren verwandter Arten, etwa Ohren, Schwanz und Extremitäten, sind in warmen Regionen größer als in kalten. Die Regel gilt nur für gleichwarme Tiere.

Wasser

Wechselfeuchte Pflanzen
- keine Regulation der Aufnahme und Abgabe von Wasser; Beispiel Moose

Eigenfeuchte Pflanzen
- konstanter Wassergehalt durch Regulation

Feuchtlufttiere
- hohe Feuchte in der umgebenden Luft, daher kein Verdunstungsschutz nötig
- Wasseraufnahme häufig über die Haut
- Beispiel: Amphibien, Nacktschnecken

Trockenlufttiere
- geringe Feuchte in der umgebenden Luft
- Verdunstungsschutz durch Häute, Chitinpanzer oder Kalkgehäuse

Biotische Umweltfaktoren

Konkurrenz
- Wettbewerb um begrenzte Ressourcen, beispielsweise Fortpflanzungspartner
- Arten mit vergleichbaren Ansprüchen an eine begrenzte Ressource können nicht in einem Lebensraum koexistieren (Konkurrenzausschlussprinzip).

Räuber-Beute-Beziehungen

- Räuber oder Beutegreifer töten und fressen andere Lebewesen.
- Beutetiere schützen sich durch Tarntrachten, Warntrachten oder Scheinwarntrachen vor Räubern.

Parasitismus

- Wechselwirkung zwischen zwei Arten, bei der sich eine Art auf Kosten der anderen ernährt
- Ektoparasiten leben auf der Körperoberfläche ihres Wirtes, Endoparasiten im Inneren des Wirtes.
- Beispiele: Mistel (pflanzlicher Vollparasit), Nesselseide (pflanzlicher Halbparasit)

Symbiose

- Beziehung zwischen zwei Arten zu deren gegenseitigem Vorteil
- Allianz = lockere Form der Symbiose
- Mutualismus = Form der Symbiose, die für einen der beiden Partner von hoher Bedeutung ist
- Obligate Symbiose = Form der Symbiose, die für beide Partner lebensnotwendig ist; Beispiel: Flechten, Mykorrhiza und Wurzelknöllchen

Ökologische Nische

- Gesamtheit der Ansprüche einer Art an ihre abiotische und biotische Umwelt und ihre wechselseitigen Beziehungen zur Umwelt
- fundamentale Nische ohne Konkurrenz, reale Nische mit Konkurrenz
- Nischendifferenzierung verringert Konkurrenz

Populationsökologie

Population

- Gruppe von Individuen einer Art, die zeitgleich im selben Verbreitungsgebiet leben und eine Fortpflanzungsgemeinschaft bilden
- exponentielles Wachstum bei unbegrenzten Ressourcen; Verdopplung des Populationswachstums in einem bestimmten Zeitraum
- logistisches Wachstum bei begrenzten Ressourcen

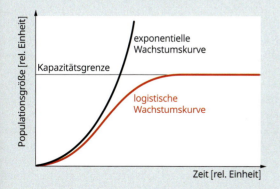

Fortpflanzungsstrategien

- **r-Strategen:** hohe Vermehrungsrate, Kurzlebigkeit, geringes elterliches Investment, Vorkommen: Lebensräume mit schwankenden Umweltbedingungen; Beispiele: Wasserflöhe, Blattläuse
- **K-Strategen:** geringe Vermehrungsrate, Langlebigkeit, hohes elterliches Investment; Vorkommen: Lebensräume mit relativ konstanten Umweltbindungen; Beispiele: Eichen, Füchse

Populationsdichte

- Individuenzahl einer Art in einem bestimmten Raum
- Dichteabhängige und dichteunabhängige Faktoren beeinflussen die Populationsgröße.

dichteabhängige Faktoren	dichteunabhängige Faktoren
intraspezifische Konkurrenz, z.B. Nahrungsmenge, Revierbildung	Klima, Licht, Temperatur, Wind, Boden, Nahrungsqualität
artspezifische Feinde: Räuber, Parasiten	nicht artspezifische Feinde
ansteckende Krankheiten	nicht ansteckende Krankheiten

Lotka-Volterra-Regeln

- 1. Regel: Die Dichten von Räuber und Beute schwanken periodisch, die Maxima der Dichten sind phasenverschoben.
- 2. Regel: Die Mittelwerte der Populationsdichte von Räuber und Beute bleiben langfristig konstant.
- 3. Regel: Nach einer Störung der Individuenzahlen nimmt die Dichte der Beutetiere schneller zu als die der Räuber.

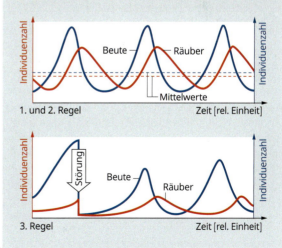

5 Ökosysteme

1 Baumstumpf – ein Ökosystem

5.1 Merkmale von Ökosystemen

Wattenmeer, See, Moor, Wiese und Wald sind Beispiele für unterschiedliche Ökosysteme. Welche gemeinsamen Merkmale besitzen sie?

Ökosysteme sind vielfältig und vielgestaltig. Sie unterscheiden sich beispielsweise in ihren abiotischen Faktoren und in der Zusammensetzung ihrer Biozönosen. Auch kann ihre Größe stark variieren. So kann ein sich zersetzender Baumstamm ebenso als Ökosystem verstanden werden wie der Wald, in dem der Baumstumpf steht. Trotz ihrer Vielfalt besitzen Ökosysteme eine Reihe gemeinsamer Merkmale.

Ökosysteme: offen, dynamisch, komplex
Alle Ökosysteme stehen mit benachbarten Ökosystemen in Verbindung. **Stoffe** werden dabei von diesen aufgenommen, verändert und auch wieder an diese abgegeben. Außerdem findet ein **Energiefluss** durch jedes Ökosystem statt. Energie tritt in die Ökosysteme in der Regel in Form von Sonnenenergie ein. Diese wird von fotoautotrophen Organismen in chemische Energie umgewandelt, an heterotrophe Organismen mit der Nahrung weitergegeben und in Form von Wärme wieder freigesetzt. In Ökosystemen findet also ein Stoff- und Energieaustausch statt, sie sind **offene Systeme**.

Bei sämtlichen Ökosystemen kann man räumliche und zeitliche Veränderungen beobachten. So ändert sich beispielsweise das Erscheinungsbild des Ökosystems Wald sowohl kurzfristig im Jahresverlauf als auch langfristig durch Alterung. Daneben gibt es Anpassungsvorgänge, die ein Ökosystem verändern können. Ökosysteme sind also **dynamisch**.

Ökosysteme sind durch ein komplexes Wechselspiel zwischen den Biotopen und ihren verschiedenen Biozönosen gekennzeichnet. Mit der Zahl der im System verwirklichten Wechselwirkungen steigt auch ihre **Komplexität** an.

❶ ☰ Erklären Sie an einem selbstgewählten Beispiel, warum dieses Ökosystem offen, dynamisch und komplex ist.

Materialgebundene Aufgaben

❷ Der menschliche Darm – ein Ökosystem?

Der menschliche Darm wird innerhalb der ersten Lebensjahre von einer Vielzahl von Bakterien besiedelt. Diese sogenannte Darmflora ist anfangs zahlenmäßig noch klein und steigt mit zunehmendem Lebensalter des Menschen stetig an. Die mehr als 1000 verschiedenen Bakterienarten, die die Darmflora eines Erwachsenen ausmachen, bilden einen eigenen Mikrokosmos. Zwischen dem Menschen und der Darmflora bestehen zahlreiche Wechselwirkungen. So dienen Nahrungsbestandteile und Verdauungsprodukte des Menschen den Bakterien als Nährstoffe. Im Gegenzug wirken die Bakterien in unterschiedlicher Weise auf den Menschen, etwa indem sie bei der Abwehr von Krankheitserregern und Toxinen mitwirken, den Körper mit bestimmten Stoffen versorgen und die Verdauung unterstützen. Die Darmflora zeigt eine enorme Anpassungsfähigkeit. So ändert sich ihre Zusammensetzung innerhalb von 24 Stunden, wenn beispielsweise von einer rein pflanzlichen Kost auf vorwiegend tierische Nahrung gewechselt wird. Auch Stress, Antibiotika und andere Umweltfaktoren beeinflussen die Zusammensetzung der Darmflora.

a) ☰ Prüfen Sie, ob auf den menschlichen Darm mit seiner Darmflora die allgemeinen Merkmale eines Ökosystems zutreffen.

b) ☰ Recherchieren Sie, was man unter Probiotika versteht und geben Sie an, welche Wirkung man sich von ihrer Aufnahme verspricht.

5.2 Nahrungsbeziehungen in Ökosystemen

Welche Nahrungsbeziehungen bestehen zwischen den verschiedenen Lebewesen einer Biozönose und wie lassen sich diese quantitativ erfassen?

Trophiestufen

Nach ihrer Hauptnahrungsquelle teilt man die Lebewesen einer Biozönose in verschiedene Ernährungs- oder **Trophiestufen** ein: Fotoautotrophe Organismen erzeugen in fast allen Ökosystemen mithilfe von Sonnenlicht energiereiche organische Stoffe aus Kohlenstoffdioxid und Wasser. Sie werden daher **Produzenten** genannt. In terrestrischen Ökosystemen bilden grüne Pflanzen die Produzenten. In aquatischen Systemen wird diese Funktion überwiegend von pflanzlichem Plankton, etwa von Kiesel- und Grünalgen, übernommen.

Organismen, die sich von Produzenten ernähren, bilden die zweite Trophiestufe. Hierzu zählen die Pflanzenfresser oder Herbivoren und das Zooplankton aquatischer Ökosysteme. Sie sind **Primärkonsumenten** oder auch Konsumenten 1. Ordnung. Die nächste Trophiestufe nehmen die **Sekundärkonsumenten** oder Konsumenten 2. Ordnung ein. Hierbei handelt es sich um Fleischfresser oder Carnivoren, die sich von Pflanzenfressern ernähren. Fleischfresser, die sich von anderen Fleischfressern ernähren, bilden die **Tertiärkonsumenten** oder Konsumenten 3. Ordnung. Den Weg der Nahrung durch die verschiedenen Trophiestufen einer Biozönose nennt man **Nahrungskette** (→ Abb. 2).

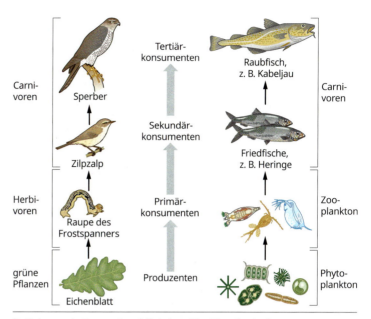

2 Nahrungsketten an Land (links) und im Meer (rechts)

Nahrungsnetze

Nicht alle Lebewesen lassen sich eindeutig einer Trophiestufe zuordnen. So fressen Allesfresser oder Omnivoren sowohl Produzenten als auch Konsumenten. Und nur sehr wenige Tiere ernähren sich zudem ausschließlich von einer bestimmten Pflanzen- oder Tierart. Sie können also mehreren Nahrungsketten angehören. In der Natur sind mehrere Nahrungsketten zu komplexen **Nahrungsnetzen** verknüpft (→ **Abb. 1**). Durch Tod und Ausscheidungen fällt in jedem Ökosystem tote Biomasse an. Diese wird von **Destruenten** wie Pilzen, Würmern oder Bakterien abgebaut und in Form von Mineralstoffen dem Ökosystem wieder zugeführt.

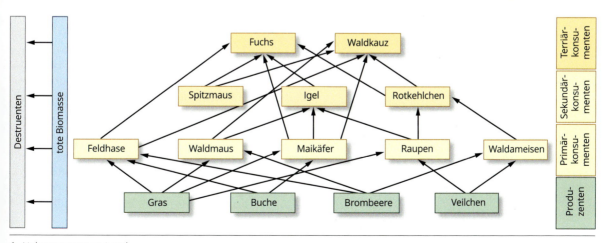

1 Nahrungsnetz an Land

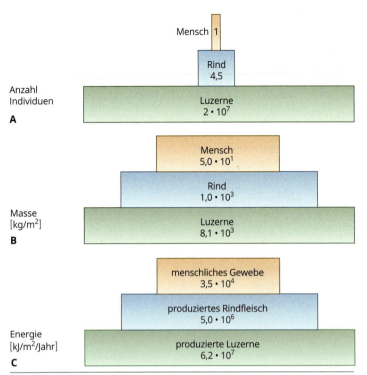

3 Ökologische Pyramiden am Beispiel der Luzerne-Rind-Mensch-Nahrungskette. A Zahlenpyramide; **B** Biomassepyramide; **C** Energiepyramide

---

Materialgebundene Aufgaben

❹ Biomasseproduktion im Vergleich

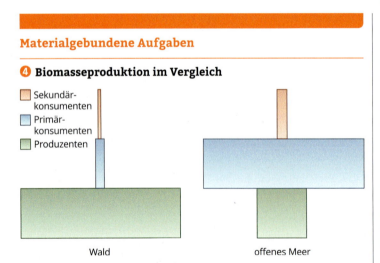

In aquatischen Ökosystemen wie dem offenen Meer besteht ein Großteil der Produzenten aus Phytoplankton. Dieses besitzt eine sehr hohe Teilungsrate und eine geringe Lebensdauer. Primärkonsumenten wie das Zooplankton vermehren sich im Gegensatz hierzu in diesem Ökosystem deutlich langsamer, leben aber länger.

a) ☰ Vergleichen Sie die beiden Biomassepyramiden miteinander und erklären Sie die Unterschiede.

b) ☰ Entwickeln Sie eine Hypothese zur Form der Energiepyramide eines offenen Meeres.

Ökologische Pyramiden

Quantitative Aussagen über den Stofffluss in Ökosystemen lassen sich grafisch als ökologische Pyramiden darstellen.

Eine **Zahlenpyramide** gibt dabei die Zahl der Einzelindividuen auf den unterschiedlichen Trophiestufen einer Nahrungskette wieder (→ **Abb. 3A**). In der Regel ergibt sich eine Pyramidenform. Auf einer Wiese dienen beispielsweise viele Gräser nur wenigen Weidegängern als Nahrung. Die Zahl der Produzenten ist also größer als die der Primärkonsumenten. Dies gilt aber nicht, wenn etwa Bäume die Produzenten sind. Dann ernährt ein Produzent mehrere Primärkonsumenten. In diesem Fall erhält man eine umgekehrte Zahlenpyramide.

Unter dem Begriff **Biomasse** fasst man die Gesamtmasse aller in einem Lebensraum vorkommenden Lebewesen einschließlich der toten Biomasse zusammen. Ordnet man die Biomasse pro Fläche für die einzelnen Trophiestufen einer Nahrungskette übereinander, so erhält man eine **Biomassepyramide** (→ **Abb. 3B**). Dabei werden die Verluste an Biomasse, die beim Übergang von einer Stufe zur nächsten auftreten, deutlich. Sie entstehen dadurch, dass Konsumenten nur einen Teil der aufgenommenen Biomasse zum Aufbau eigener Biomasse nutzen. Ein Teil der Nahrung ist unverdaulich und wird wieder ausgeschieden. Ein weiterer Teil wird für den eigenen Energiestoffwechsel benötigt. Dabei wird Biomasse im Verlauf der Zellatmung zu Kohlenstoffdioxid und Wasser umgewandelt und Energie letztlich in Form von Wärme abgegeben.

Trägt man den Energiegehalt in kJ pro Fläche und Jahr für die verschiedenen Trophiestufen einer Nahrungskette graphisch auf, so erhält man eine **Energie**- oder **Produktionspyramide** (→ **Abb. 3C**). Im Gegensatz zu Zahlen- und Biomassepyramiden, die nur den augenblicklichen Zustand von Ökosystemen zeigen, beziehen sich Energiepyramiden immer auf einen längeren Zeitraum.

❶ ☰ Beschreiben Sie die verschiedenen Nahrungsketten anhand der Abbildung 2.

❷ ☰ Erklären Sie, warum die Zahl der Trophiestufen einer Nahrungskette begrenzt ist.

❸ ☰ Vergleichen Sie die verschiedenen ökologischen Pyramiden in Abbildung 3.

5.3 Stoffkreisläufe in Ökosystemen

Die für den Aufbau von Biomasse notwendigen Stoffe sind in Ökosystemen nur in einem begrenzten Umfang vorhanden. Wie können Ökosysteme unter diesen Bedingungen trotzdem langfristig bestehen?

Fluss organischer Stoffe

In einem Ökosystem nehmen Produzenten anorganische Stoffe wie Kohlenstoffdioxid und Mineralstoffe auf und bauen diese mithilfe der Fotosynthese zu organischen Stoffen um. Die so erzeugte Biomasse ist Nahrungsgrundlage für sämtliche Konsumenten. Auch tote Biomasse wie abgestorbene Pflanzenteile, Tierkadaver und Ausscheidungen von Tieren dienen noch anderen Lebewesen, etwa den Destruenten, als Nahrung. Bodentiere wie Regenwürmer, Asseln und Springschwänze ernähren sich beispielsweise von der Laubstreu im Wald, Aaskäfer von Tierkadavern. Die von ihnen zerkleinerten Pflanzenteile und Tierkadaver werden von Pilzen und Bakterien weiter in ihre anorganischen Bestandteile zersetzt. Die entstandenen Mineralstoffe können von den grünen Pflanzen wieder aufgenommen werden.

Kreislauf anorganischer Stoffe

Durch die Destruenten ist gewährleistet, dass ein großer Teil der Stoffe eines Ökosystems in einem **Stoffkreislauf** fließt (→ **Abb. 1**). Zum Beispiel bewegen sich die anorganischen Stoffe Kohlenstoff und Sauerstoff in Ökosystemen in einem Kreislauf. Grüne Pflanzen setzen bei der Fotosynthese Sauerstoff frei. Dieser wird von Lebewesen für die Energiegewinnung bei der Zellatmung genutzt. Aus organisch gebundenem Kohlenstoff, etwa in Form von Glucose, entsteht bei der Zellatmung Kohlenstoffdioxid. Dieses wird wiederum von den grünen Pflanzen aufgenommen und dient zusammen mit Wasser als Ausgangsstoff für die Fotosynthese. Von jedem Ökosystem werden Stoffe, zum Beispiel Kohlenstoffdioxid und Stickstoff, aufgenommen und abgegeben. Die Stoffkreisläufe naturnaher Ökosysteme befinden sich in der Regel in einem **Gleichgewicht**. Gemittelt über viele Jahrzehnte, halten sich die Stoffaufnahme und die Stoffabgabe die Waage.

❶ ≡ Beschreiben Sie anhand der Abbildung 1 den Kreislauf organischer und anorganischer Stoffe in einem Ökosystem.

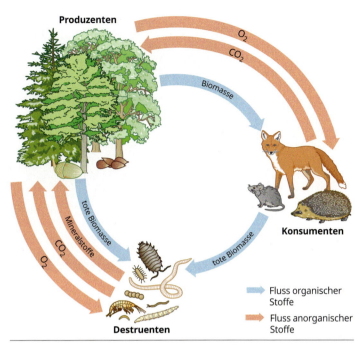

1 Kreislauf organischer und anorganischer Stoffe

Materialgebundene Aufgaben

❷ Stoffflüsse im antarktischen Ökosystem

Trotz der extrem lebensfeindlichen Umweltfaktoren in der Rosswüste am Rand der Arktis existiert hier an den Felsenoberflächen eine Biozönose aus freilebenden Algen-, Pilz- und Bakterienarten sowie aus Flechten, also einer Symbiose aus Pilz und Alge. Das Geflecht der Pilzfäden bietet den Algen Schutz und Halt. Der Pilz bezieht von den fotosyntheseaktiven Algen organisches Material und Sauerstoff für seine Zellatmung. Die Flechte nimmt nur Wasser und Sauerstoff von außen auf und gibt nur eine geringe Menge totes organisches Material nach außen ab. Dieses wird von den freilebenden Pilz- und Bakterienarten zersetzt. Hauptsächlich ernähren sich diese heterotrophen Lebewesen jedoch von dem organischen Material, das von den freilebenden Algen und fotosynthetisch aktiven Cyanobakterien während des arktischen Sommers gebildet wird und ihnen nach deren Tod zur Verfügung steht.

a) ≡ Stellen Sie die Flüsse von Kohlenstoffdioxid, Sauerstoff, organischem Material und Wasser zwischen den Lebewesen der Biozönose in einem Schema dar.

1 Tangwald

5.4 Energiefluss in Ökosystemen

Leben ist auf die Zufuhr von Energie angewiesen. Wie wird die aufgenommene Energie innerhalb einer Nahrungskette weiter verwertet?

In den Uferzonen von Meeren der gemäßigten Breiten findet man ein besonderes Ökosystem, den Tangwald. Namensgebend ist der aus verschiedenen Arten von Großalgen bestehende Seetang. Er ist Lebensraum für zahlreiche Tier- und Pflanzenarten. Wie alle Ökosysteme, sind auch Tangwälder auf eine Energiezufuhr von außen angewiesen. Die zentrale Energiequelle nahezu aller Ökosysteme ist die Sonne. Sie strahlt ständig Energie auf die Erde ab. Ein Teil dieser Energie wird von der Erdoberfläche reflektiert und geht damit für biologische Prozesse verloren. Zudem wird insbesondere durch Wasserverdunstung ein weiterer Teil dieser Strahlungsenergie als Wärme in das Weltall abgeführt. Es verbleiben etwa 10 000 kJ/m² Strahlungsenergie pro Tag. Davon kann nur etwa zwei Prozent, also 200 kJ/m² fotosynthetisch genutzt und von den Produzenten in Form von chemischer Energie als Biomasse gespeichert werden (→ **Abb. 2**).

Brutto- und Nettoprimärproduktion

Die gesamte Biomasse, die autotrophe Lebewesen pro Flächen- und Zeiteinheit produzieren, nennt man **Bruttoprimärproduktion (BPP)**. Um ihre Lebensfunktionen aufrechtzuerhalten, brauchen autotrophe Organismen Energie. Diese erhalten sie dadurch, dass sie einen Teil der von ihnen selbst produzierten organischen Stoffe bei der Zellatmung wieder abbauen. Dabei wird letztendlich die chemisch gebundene Energie in Wärme umgewandelt und an die Umgebung abgegeben.

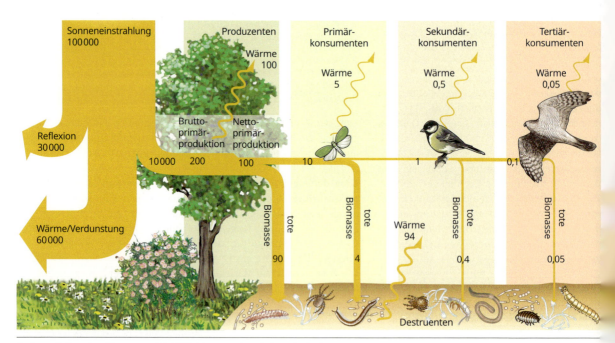

2 Energiefluss im Ökosystem Wald (Zahlenangaben in kJ/m² · Tag)

Um diesen Betrag vermindert sich die Brutto-primärproduktion. Der verbleibende Teil der Energie, der in pflanzlicher Biomasse gespeichert ist, wird **Nettoprimärproduktion** (**NPP**) genannt. In vielen Ökosystemen macht die Nettoprimärproduktion etwa 50 Prozent der Bruttoprimärproduktion aus.

Energietransfer zwischen Trophiestufen

Verfolgt man den Weg der Biomasse von den Produzenten zu den Primärkonsumenten, so fällt auf, dass diese nur etwa zehn Prozent der Energie aufnehmen, die die Produzenten in ihrer Biomasse gespeichert haben. Dies erklärt sich folgendermaßen: In den meisten Ökosystemen fressen Herbivore nur einen kleinen Teil der pflanzlichen Biomasse. Etwa 90 Prozent wird von den Produzenten in Form von toter Biomasse abgegeben und von Destruenten genutzt (→ **Abb. 2**). Auch Primärkonsumenten wie etwa Raupen können für ihr Wachstum nicht die gesamte Biomasse und die damit enthaltene Energie des gefressenen Pflanzenmaterials nutzen. Ein Teil wird als Wärme bei der Zellatmung abgegeben. Ein anderer Teil wird als Kot ausgeschieden (→ **Abb. 3**). Die im Kot enthaltene chemische Energie kann von Destruenten genutzt werden. Wegen dieser Verluste gelangt nur etwa ein Prozent der Nettoprimärproduktion über die Primärkonsumenten zu den Sekundärkonsumenten.

So fließt die Energie in einem Ökosystem auf zwei Wegen weiter: einerseits durch die Kette der Konsumenten und andererseits durch die Kette der Destruenten (→ **Abb. 2**). Auch hier werden nur etwa zehn Prozent der Energie in Form von Biomasse jeweils an die nächst höhere Trophiestufe weitergegeben. Der fortschreitende Energieverlust entlang der Nahrungskette führt dazu, dass nur etwa 0,1 Prozent derjenigen Energiemenge, die durch Fotosynthese fixiert wird, auch bei den Tertiärkonsumenten ankommt. Der überwiegende Anteil an Energie wird in nicht weiter verwertbare Wärme überführt und geht dem Ökosystem verloren. Aus diesem Grund spricht man von einem Energiefluss durch die Ökosysteme und nicht von einem Energiekreislauf.

❶ ☰ Erklären Sie anhand der Abbildung 2 den Energiefluss durch ein Ökosystem.

❷ ☰ Begründen Sie, warum der Energiefluss durch Ökosysteme als Einbahnstraße bezeichnet wird.

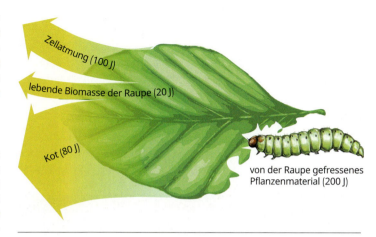

3 Energienutzung durch eine pflanzenfressende Raupe (J = Joule)

Materialgebundene Aufgaben

❸ **Vergleich der Energieflüsse in einem Wald und einem Bach**

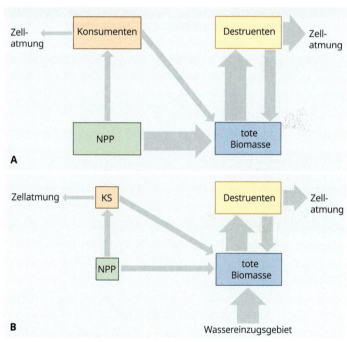

NPP = Nettoprimärproduktion   KS = Konsumenten

Die oben stehenden Diagramme zeigen den Energiefluss in einem Wald (A) und einem Bach (B) in vereinfachter Form. Die Größenverhältnisse der Flächen und Pfeile entsprechen den relativen Energiemengen.

a) ☰ Erklären Sie den Energiefluss in einem Wald anhand der Abbildung.

b) ☰ Vergleichen Sie den Energiefluss in einem Wald mit dem in einem Bach. Erklären Sie die Unterschiede.

5.5 Produktivität von Ökosystemen im Vergleich

Die verschiedenen Ökosysteme der Erde produzieren in unterschiedlichem Maße Biomasse. Wie lassen sich diese Unterschiede erklären?

Um die Produktivität verschiedener Ökosysteme global erfassen zu können, nutzt man Satellitenbilder. Sie liefern beispielsweise

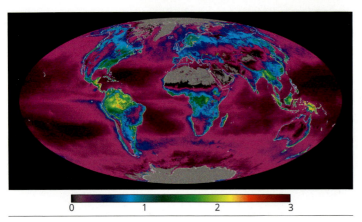

1 Globale Nettoprimärproduktion in kg Kohlenstoff/m² und Jahr

Ökosystem	Anteil an der Erdoberfläche (%)	Durchschnittliche Nettoprimärproduktion (g/m²/Jahr)
Offenes Meer	65	100
Extreme Wüsten (Fels-, Sand- und Eiswüsten)	4,7	20
Wüsten und Halbwüsten	3,5	80
tropischer Wald	3,3	2200
Savanne	2,9	900
Kulturland	2,7	650
Nadelwald nördlicher Breiten	2,4	850
sommergrüner Wald gemäßigter Zonen	1,3	1250
Grasland gemäßigter Zonen	1,8	680
Tundra	1,6	180
Seen und Flüsse	0,4	250
Flussmündungen	0,3	1300
Algenrasen und Korallenriffe	0,1	2500

2 Jährliche Nettoprimärproduktion in verschiedenen Ökosystemen (Auswahl)

Daten zur Chlorophyllaktivität in verschiedenen Regionen der Erde und ermöglichen so einen Vergleich der Nettoprimärproduktion verschiedener Ökosysteme (→ **Abb. 1**). Die geografische Verteilung der Nettoprimärproduktion spiegelt dabei die unterschiedliche Zufuhr an Sonnenenergie und die daraus folgenden Klimaverhältnisse wider. Die Verteilung der Landmassen, der Temperaturen und der Feuchtigkeit auf der Erde begründet die unterschiedliche Produktivität der Ökosysteme. Es zeigt sich, dass tropische Regenwälder zu den produktivsten terrestrischen Ökosystemen zählen. Sie tragen wesentlich zur Gesamtnettoprimärproduktion der Erde bei. Im Vergleich hierzu fällt die geringe Produktivität der Meere pro Flächeneinheit auf. Aufgrund ihrer gewaltigen Ausdehnung tragen die Meere aber dennoch relativ viel zur Gesamtnettoprimärproduktivität der Erde bei.

Faktoren, die die Produktivität aquatischer Ökosysteme bestimmen

Die Primärproduktion aquatischer Ökosysteme wird wesentlich durch die Menge an Licht und die Menge an verfügbaren Mineralstoffen sowie durch die Temperatur bestimmt. Zum Beispiel weisen Mündungsgebiete von Flüssen, aber auch Korallenriffe eine vergleichsweise hohe Nettoprimärproduktion auf, da hier Licht und Mineralstoffe in ausreichendem Maße vorhanden sind (→ **Abb. 2**). Der Beitrag zur globalen Gesamtproduktion ist aber aufgrund ihres kleinen prozentualen Anteils an der Erdoberfläche nur gering. Hoch ist auch die Primärproduktion in Regionen, in denen kaltes und besonders mineralstoff- und sauerstoffreiches Tiefenwasser an die Meeresoberfläche gelangt. Zu diesen Regionen zählen etwa das Südpolarmeer sowie die Küsten Kaliforniens und Perus.

Deutlich geringer fällt die Produktivität in den offenen Meeren aus. In den oberen lichtdurchfluteten Bereichen wird das Wachstum des Phytoplanktons vor allem durch einen Mangel an Stickstoff limitiert. In größerer Tiefe ist dann insbesondere der Mangel an Licht bedeutsam. Er begrenzt die Fotosynthese und damit die Produktionsleistung des Phytoplanktons. In Flüssen und Seen wird die Nettoprimärproduktion wesentlich von der Lichtintensität und der damit verbundenen Temperatur beeinflusst. Limitierender Stoff ist hier hauptsächlich Phosphor.

Faktoren, die die Produktivität terrestrischer Ökosysteme bestimmen

Die Primärproduktivität der terrestrischen Ökosysteme wird global im Wesentlichen von der Temperatur und der Verfügbarkeit von Wasser bestimmt (→ **Abb. 3**). Tropische Regenwälder mit ihrem feuchtwarmen Klima begünstigen besonders das Pflanzenwachstum und zählen daher zu den produktivsten Ökosystemen. Ökosysteme, in denen extreme Hitze und Trockenheit herrschen oder solche mit extremer Kälte und Trockenheit, weisen im Gegensatz dazu nur eine geringe Produktivität auf. Die Wälder der mittleren Breiten mit ihrem gemäßigten Klima besitzen im Vergleich zu diesen Extremen eine durchschnittliche Primärproduktion.

Anthropogene Einflüsse

Der Mensch beeinflusst mit seinen Aktivitäten die Ökosysteme und damit auch deren Nettoprimärproduktion. So wird diese etwa durch das Abholzen von Wäldern verringert und durch die Umwandlung von Prärien in Mais- oder Sojabohnenfelder erhöht. Schätzungen zufolge verbraucht der Mensch etwa ein Viertel der jährlichen Nettoprimärproduktion für die Nutzung als Ackerland oder Weideland. Die regionalen Unterschiede sind hierbei erheblich. So verbrauchen beispielsweise Menschen in städtischen Regionen sehr viel mehr Biomasse als sie selbst erzeugen. In schwach besiedelten Regionen der Erde, etwa am Amazonas, wird hingegen nur ein sehr geringer Teil der Nettoprimärproduktion von den dort lebenden Menschen genutzt.

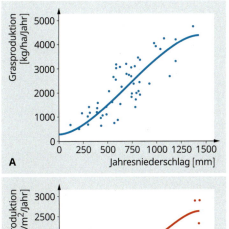

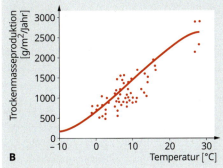

3 Nettoprimärproduktion. A in Savannengebieten in Abhängigkeit von den Jahresniederschlägen; **B** im Wald in Abhängigkeit von der Temperatur

❶ ☰ Berechnen Sie den prozentualen Beitrag der verschiedenen Ökosysteme aus Abbildung 2 zur globalen Nettoprimärproduktion.

❷ ☰ Begründen Sie, warum das Südpolarmeer und die Küsten Kaliforniens besonders fischreich sind.

Materialgebundene Aufgaben

❸ Veränderung der Produktivität eines Ökosystems

Ökosysteme sind dynamisch, sie entwickeln sich von einem Jugendstadium über verschiedene Folgestadien zum Endstadium. In dem nebenstehenden Diagramm sind die entsprechenden Veränderungen der Produktivität eines Ökosystems beispielhaft während dieser Stadien angegeben.

a) ☰ Erklären Sie die Veränderungen der NPP und BPP des Ökosystems im Verlauf der Zeit.

b) ☰ Geben Sie das Entwicklungsstadium eines Wirtschaftswaldes an, in dem am meisten Holz geschlagen werden kann und begründen Sie Ihre Entscheidung.

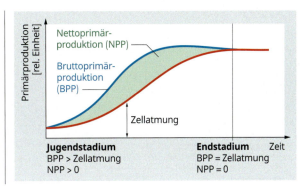

6 Die Vielfalt der Ökosysteme

6.1 Funktioneller Aufbau des Waldes

Welcher Waldtyp herrscht natürlicherweise in Deutschland vor und wie ist er strukturell gegliedert?

Wälder sind Ökosysteme, die im Wesentlichen aus Bäumen aufgebaut sind und dabei eine so große Fläche einnehmen, dass sich ein charakteristisches Waldklima entwickeln kann. Temperatur, relative Luftfeuchtigkeit und Windgeschwindigkeit schwanken in einem Wald deutlich weniger als im Freiland.

Waldtypen in Deutschland

Auf der Erde gibt es verschiedene Typen von Waldökosystemen, etwa den tropischen Regenwald oder den borealen Nadelwald. Ihr Vorkommen wird maßgeblich durch das jeweilige Klima bestimmt. Deutschland liegt in der kühlgemäßigten Klimazone. Ein Kennzeichen dieses Klimas ist eine vier- bis fünfmonatige mäßig warme Vegetationsperiode, die sich mit einer mäßig kalten Winterperiode abwechselt. Für dieses Klima ist der **sommergrüne Laubwald** typisch. In ihm finden sich Baumarten wie Rotbuche, Hainbuche, Stieleiche, Linde, Ahorn und Esche. Welche Baumart in einem Gebiet vorherrscht, hängt von weiteren abiotischen Umweltfaktoren ab, wie Feuchtigkeit und Säuregehalt des Bodens oder Struktur des Geländes. Auf einem sehr trockenen, nassen oder sehr sauren Waldboden können keine Rotbuchen wachsen, wohl aber Eichen und Hainbuchen. Auf solchen Waldböden entwickeln sich vorwiegend **Eichen-Hainbuchenwälder** (→ Abb. 1A). In den Höhenlagen der Mittelgebirge geht der Laubwald allmählich in einen Nadelwald über. So findet man hier zunächst einen **Buchen-Fichtenwald** (→ Abb. 1B) und dann auf felsigem Untergrund überwiegend **Fichtenwälder**.

Gliederung des Laubwaldes

Ein typischer Laubwald ist vertikal in unterschiedliche **Stockwerke** (→ Abb. 2) gegliedert. Das oberste Stockwerk bildet die **Baumschicht**. In etwa 40 Meter Höhe bilden die Kronen von Kiefer oder Eiche eine obere, darunter die Kronen der Hainbuchen in etwa 25 Meter Höhe eine untere Schicht. Die Baumschicht ist Lebensraum für viele Vogelarten, Säugetiere sowie Insekten. Die lockeren Kronen von Eiche und Hainbuche lassen noch viel Licht durch, sodass sich unter der Baumschicht bis in etwa fünf Meter Höhe eine **Strauchschicht** aus Jungbäumen und Sträuchern entwickeln kann. Sie bietet vielen Vogel- und Insektenarten, aber auch Säugetierarten wie Haselmaus und Zwergspitzmaus Unterschlupf und Nahrungsquelle.

1 Waldtypen. A Eichen-Hainbuchenwald im Frühling; **B** Buchen-Fichtenwald

2 Stockwerkbau eines Laubwaldes

Noch weiter unten befindet sich die **Kraut-schicht**, die sich bis in 50 Zentimeter Höhe er-streckt. Sie setzt sich vor allem aus Gräsern, Farnen und Blütenpflanzen wie Buschwind-röschen und Waldmeister zusammen. Die Mehrzahl dieser Pflanzen blüht im Frühjahr, wenn die Bäume noch unbelaubt sind. Man bezeichnet sie daher als **Frühblüher**. Dicht am Boden wachsen vorwiegend Moose, die noch mit einem Prozent der Lichtmenge des Kronendaches auskommen. Diese **Moos-schicht** ist auch ein Standort für lichtunab-hängige Pilze.

Anthropogene Einflüsse

Die Struktur der Wälder wird schon seit Jahr-hunderten durch menschliche Nutzung beein-flusst. So wurden Wälder vielfach abgeholzt, um Brenn- oder Bauholz zu gewinnen. Aus diesem Grund gibt es in Deutschland auch kei-ne ursprünglichen naturnahen Wälder mehr. Solche Wälder, die seit langem ohne menschli-chen Einfluss sind, nennt man **Primärwälder**. Aus ihnen entstanden auf natürlichem Weg oder durch Aufforstungen im Laufe der Zeit **Sekundärwälder**. Da man bei der Aufforstung lange Zeit auf schnell wachsende, ertragreiche Nadelbäume wie Fichten oder Kiefern setzte, besteht der heimische Sekundärwald heute vorwiegend aus Nadel- oder Mischwäldern. Der Anteil der Laubwälder beträgt hingegen nur noch etwa 30 Prozent.

❶ ☰ Recherchieren Sie Informationen zu borrealen Nadelwäldern und stellen Sie Zusammenhänge zwischen seinem Ver-breitungsgebiet und seinen typischen Baumarten her.

❷ ☰ Erklären Sie den Unterschied zwischen einem Primär- und einem Sekundärwald.

Materialgebundene Aufgaben

❸ **Laubwald und Nadelwald im Vergleich**

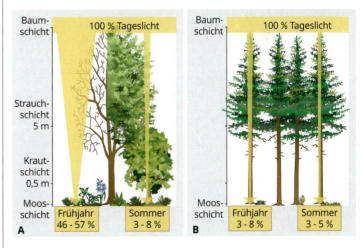

a) ☰ Vergleichen Sie den Aufbau eines Laubwaldes (A) mit dem eines Nadelwaldes (B) anhand der Abbildung.

b) ☰ Erklären Sie die Unterschiede.

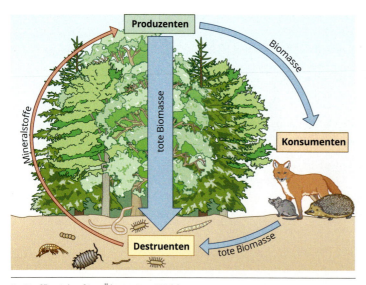

1 Stoffkreislauf im Ökosystem Wald

Materialgebundene Aufgaben

❷ Biologischer Abbau der Streuschicht

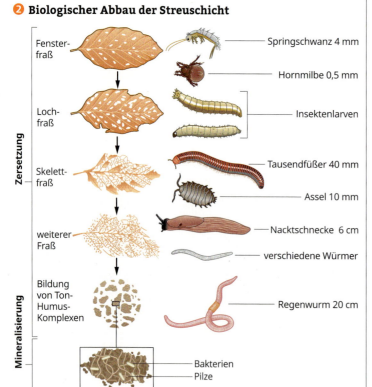

a) ☰ Beschreiben Sie den Abbau der Streuschicht anhand der Abbildung.

b) ☰ Erstellen Sie ein Poster oder Referat zur besonderen Bedeutung von Regenwürmern für die Bodenfruchtbarkeit.

6.2 Stoffkreisläufe im Wald

Welche besonderen Merkmale zeigt der Stoffkreislauf im Ökosystem Wald?

Im Ökosystem Wald bilden Bäume und andere grüne Pflanzen die Produzenten. Die von ihnen erzeugte Biomasse nutzen Konsumenten für ihren Bau- und Energiestoffwechsel. Im Wald spielen Konsumenten jedoch eine weniger bedeutsame Rolle als in anderen Ökosystemen. Der Stoff- und Energiefluss verläuft hier vorrangig über Destruenten. Sie bauen den größten Teil der von Produzenten gebildeten Biomasse direkt ab (→ **Abb. 1**). Schätzungen zufolge entstehen durch den jährlichen Blattabwurf in einem Laubwald pro Hektar und Jahr mindestens vier Tonnen Bestandsabfall. Er bildet auf dem Boden eine **Streuschicht** aus weitgehend unzersetzten Blättern. Würde diese nicht abgebaut werden, so verschwänden die Bäume allmählich in ihrer Streuschicht.

Stoffabbau durch Destruenten

Abgestorbene Pflanzenteile der Streuschicht, Tierkadaver und Ausscheidungen von Tieren sind tote Biomasse, die man als **Detritus** bezeichnet. Diese wird von verschiedenen **Detritusfressern,** zum Beispiel Regenwürmern, in einem abgestuften Prozess solange zersetzt, bis keine Gewebestrukturen mehr zu erkennen sind. Die entstandenen Reste aus zersetzter toter Biomasse bezeichnet man als **Humus.** Dieser hat die Fähigkeit, Bodenteilchen miteinander zu verbinden. Es können sogenannte **Ton-Humus-Komplexe** entstehen. Sie stabilisieren den Boden gegen Erosion und verbessern seine Durchlässigkeit für Wasser und Luft. Damit tragen sie wesentlich zur Bodenfruchtbarkeit bei.

Ein Teil des Humus wird von Bakterien und Pilzen, den **Mineralisieren,** weiter in anorganische Bestandteile wie Kohlenstoffdioxid, Sauerstoff und Mineralstoffe zersetzt. Durch die Wirkung der Destruenten ist gewährleistet, dass ein großer Teil der Stoffe eines Ökosystems in einem **Stoffkreislauf** fließt.

❶ ☰ Destruenten, zum Beispiel Würmer und Schnecken, werden vielfach von Konsumenten, wie etwa von Vögeln und Igeln, gefressen. Skizzieren Sie den Stoffkreislauf im Ökosystem Wald unter Berücksichtigung dieser Aspekte.

6.3 Stabilität und Veränderung des Waldes

Wie verläuft nach einem Waldbrand oder Kahlschlag die natürliche Besiedlung einer Waldfläche?

Kahlflächen eines Waldes werden im Laufe der Zeit wieder schrittweise von verschiedenen Kombinationen bestimmter Pflanzenarten, sogenannter **Pflanzengesellschaften,** besiedelt.

Sukzession

Auf einer Kahlfläche keimen zunächst Gräser, Kräuter und Farne, die viel Licht benötigen und vorher nicht unter der dicht geschlossenen Kronenschicht des Waldes gedeihen konnten. Diese Pflanzen der **Kraut-** und **Grasflurgesellschaften** sind typische Pionierarten mit r-Strategie. Sie zeigen hohe Wachstumsraten und geringe Wuchshöhen. Auch Straucharten entwickeln sich dort (→ **Abb. 1**). Sie überwachsen die Kraut- und Grasarten und bilden eine **Strauchgesellschaft**. Diese Arten sind eher langlebigere K-Strategen mit höherer Konkurrenzkraft und langsamerem Wachstum. Die ersten Baumarten, die dort etwa aus angewehten oder von Vögeln eingetragenen Samen keimen, bezeichnet man als **Pioniergehölze**.

Unter ihrer Kronenschicht können auch schattenvertragende Bäume, zum Beispiel Buchen, aufwachsen. Im Laufe etlicher Jahrzehnte überwachsen diese die Pioniergehölze und verdrängen sie schließlich durch Beschattung. Es entsteht ein typischer mitteleuropäischer Laubwald. Mit ihm ist das letzte Stadium der Besiedlung einer Kahlfläche erreicht. Man spricht vom **Klimaxwald**.

Im Klimaxwald herrscht ein Fließgleichgewicht zwischen der Bildung und der Zersetzung von Biomasse. Doch auch der Klimaxwald ist nicht völlig stabil. Störungen wie Sturm, Dürre oder strenger Frost können zum Absterben von Bäumen führen und Lichtungen im Wald schaffen. Dort beginnt die Vegetationsabfolge wieder von neuem. Eine solche zeitliche und dynamische Abfolge verschiedener Pflanzengesellschaften an demselben Ort nennt man **Sukzession**.

❶ ≡ Begründen Sie, warum Pflanzen der Kraut- und Grasflur typischerweise r-Strategen sind.

❷ ≡ Erklären Sie die Veränderungen der Nettoprimärproduktion und der Biomasse verschiedener Sukzessionsstadien anhand von Abbildung 1.

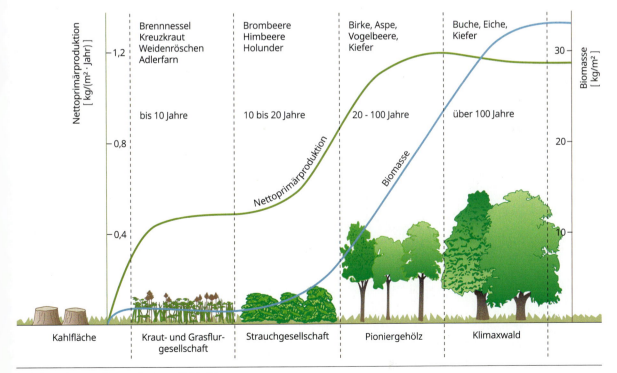

1 Sukzessionsstadien nach einem Kahlschlag

❸ Pollenanalysen

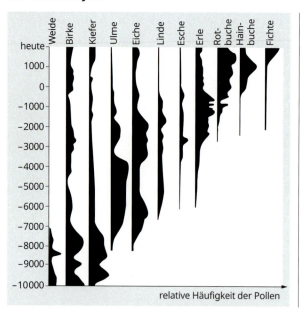

relative Häufigkeit der Pollen

Um die Zusammensetzung der Wälder in vorgeschichtlicher Zeit zu bestimmen, nutzt man die Methode der Pollenanalyse. Grundlegend für diese Analyse ist die Tatsache, dass jede Pflanzenart artspezifische Pollenkörner besitzt. So kann man anhand der Pollen die verschiedenen Baumarten identifizieren. Bei der Pollenanalyse untersucht man die unterschiedliche Pollenverteilung in den Sedimentschichten von Seen oder im Torf von Mooren. Der Anteil einer Pollenart an der Gesamtmenge der abgelagerten Pollen ist dabei ein Maß für die Häufigkeit der entsprechenden Baumart zu der Zeit, als das Sediment oder der Torf entstand.

a) ≡ Beschreiben Sie das nebenstehende Pollendiagramm.

b) ≡ Ermitteln Sie aus dem Pollendiagramm die Zusammensetzung der Wälder vor 10 000 Jahren, 5 000 Jahren sowie zur Zeit der Geburt Christi und vergleichen Sie diese mit der Zusammensetzung heutiger Wälder.

c) ≡ Nennen Sie mögliche Fehlerquellen der Pollenanalyse, die sich aus der Verbreitung von Pollen ergeben.

❹ Stockwerke des tropischen Regenwaldes

Übersteher

dichtes Kronendach

Einzelbäume

Strauch- und Krautschicht

Tropische Regenwälder gehören zu den produktivsten natürlichen Ökosystemen. In ihnen herrscht ein Klima, das durch eine Durchschnittstemperatur von 25 °C und hohe Niederschlagsmengen von 2000 bis 4000 mm gekennzeichnet ist. Manche der immergrünen Bäume in diesen Wäldern sind bis zu 60 Meter hoch. Ihre Stämme verzweigen sich erst in großer Höhe zu riesigen, häufig abgeflachten Kronen. Mit Stelz- oder Brettwurzeln verankern sie sich im flachen Erdreich. Unter diesen sogenannten Überstehern bilden die Kronen von 20 bis 40 Meter hohen Bäumen ein geschlossenes Blätterdach. Im Schatten darunter stehen einzelne Jungbäume und Sträucher. Die Krautschicht ist nur schwach ausgebildet, da nur etwa ein Prozent des Sonnenlichts den Boden erreicht. Dagegen sind im Kronenbereich Stämme, Äste und Zweige der Bäume über und über mit krautigen Pflanzen bewachsen.

Überraschend karg ist der Boden, auf dem die üppige Vegetation wächst. Es liegt dort kaum Laub oder Totholz. Unter der nur wenige Millimeter dicken Humusschicht befindet sich mineralischer Boden, der keine von Pflanzen verwertbaren Stoffe enthält. Alles, was an toter Biomasse zu Boden fällt, wird aufgrund der klimatischen Bedingungen rasch zersetzt und unmittelbar recycelt. Ein dichtes Geflecht von Baumwurzeln nimmt die Mineralstoffe auf, ehe sie im Boden versickern.

a) ≡ Vergleichen Sie die räumliche Gliederung des Regenwaldes mit der des sommergrünen Laubwaldes.

b) ≡ Erklären Sie, warum man im Regenwald von einem kurz geschlossenen Stoffkreislauf spricht.

❶ Welche abiotischen Faktoren herrschen im Wald?

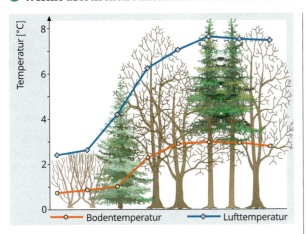

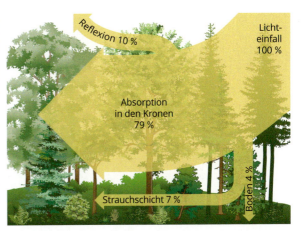

Material: Bandmaß; Thermometer; Hygrometer; Luxmeter; Schreibzeug; vier Stöcke

Durchführung:
Wählen Sie eine Stelle am Waldrand, von der aus man relativ gradlinig bis 100 m tief in den Wald gelangen kann. Bestimmen Sie 50 m außerhalb des Waldes den ersten Messpunkt. Den nächsten Messpunkt legen Sie am Waldrand fest, zwei weitere jeweils 50 m tiefer in den Wald hinein. Markieren Sie die Messpunkte mit jeweils einem Stock. Bestimmen Sie an sämtlichen Messpunkten etwa 1 m über dem Boden die Lufttemperatur, die Luftfeuchtigkeit und die Beleuchtungsstärke. Falls Sie in der Umgebung eines Messpunktes Bereiche unterschiedlicher Helligkeit feststellen, messen Sie an besonders hellen und dunklen Stellen

die Beleuchtungsstärke unmittelbar über dem Waldboden. Ermitteln Sie anschließend in etwa 10 cm Tiefe die Bodentemperatur. Protokollieren Sie Ihre gemessenen Werte.

a) ≡ Stellen Sie die gemessenen Temperaturen in einem Diagramm dar.

b) ≡ Erklären Sie den Zusammenhang zwischen den Messwerten und den Verhältnissen an den jeweiligen Messpunkten.

c) ≡ Vergleichen Sie Ihre gemessenen Werte mit denen aus der Temperaturmessung vom 10. Januar 2017 in der linken Abbildung. Erklären Sie mögliche Unterschiede.

d) ≡ Erklären Sie die im Wald gemessenen Beleuchtungsstärken unter Berücksichtigung der rechten Abbildung.

❷ Welche Tiere leben in der Laubstreu?

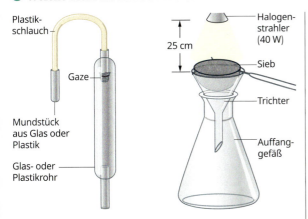

Material: verschließbare Transportbehälter; Alufolie; Schnappdeckelgläser; Federstahlpinzette; Exhaustor (links); Lupe; Berlese-Trichter (rechts); Tierbestimmungsbücher; Schreibzeug; Küchenpapier; Lampe

Durchführung: Heben Sie schichtweise die Laubstreu vom Waldboden und füllen Sie diese in entsprechend beschriftete Transportbehälter. Breiten Sie anschließend in

der Schule für jede Bodenschicht ein Stück Alufolie auf dem Tisch aus und schlagen Sie die Ränder hoch. Verteilen Sie etwas Laubstreu aus jeweils einer Schicht auf der Alufolie. Sammeln Sie dabei entdeckte Tiere mit Federstahlpinzette oder Exhaustor auf und geben Sie diese in Schnappdeckelgläser. Bestimmen Sie für jede Schicht die darin gefundenen Tiergruppen, notieren Sie jeweils ihre Anzahl und geben Sie sie dann wieder in den entsprechenden Transportbehälter zurück. Breiten Sie anschließend den Berlese-Trichter vor, indem Sie auf den Boden des Auffanggefäßes feuchtes Küchenpapier auslegen und das Gefäß mit Alufolie umhüllen. Nachdem Sie Laubstreu aus unterschiedlichen Schichten in das Sieb eingefüllt haben, schalten Sie das Licht ein und lassen es 24 Stunden brennen.

a) ≡ Legen Sie für jede Schicht ein Protokollblatt an. Notieren Sie die gefundenen Tiergruppen und die jeweilige Individuenzahl. Vergleichen Sie die Protokolle.

b) ≡ Bestimmen Sie am nächsten Tag die im Auffanggefäß gefundenen Tiergruppen, notieren Sie ihre Anzahl und ermitteln Sie, aus welcher Schicht sie stammen.

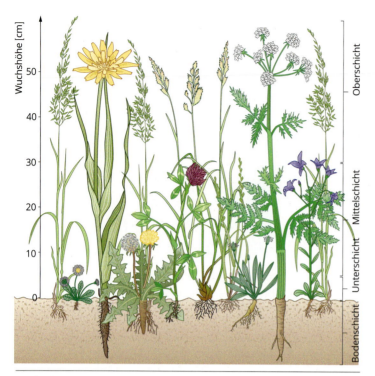

Wuchshöhe [cm]

50

40

30

20

10

0

Oberschicht

Mittelschicht

Unterschicht

Bodenschicht

1 Gliederung einer Wiese

6.4 Funktioneller Aufbau der Wiese

Wie ist das Ökosystem Wiese strukturell gegliedert und welche abiotischen und biotischen Faktoren herrschen hier vor?

Wiesen sind Teil einer von Menschen geschaffenen **Kulturlandschaft.** Man fasst sie mit Weiden unter dem Begriff **Grünland** zusammen. Dies sind Flächen, auf denen nur Gräser und andere krautige Pflanzen, aber keine Bäume und Sträucher wachsen. Das Grünland entstand, nachdem der Mensch sesshaft wurde und ehemals bewaldete Flächen landwirtschaftlich nutzte. **Wiesen** werden regelmäßg gemäht, um so Heu oder Gras als Tierfutter zu gewinnen. **Weiden** werden zum Grasen von Vieh genutzt. Heute bildet das Grünland mehr als ein Drittel der Landflächen Mitteleuropas. Ohne die landwirtschaftliche Nutzung würde es schnell von Sträuchern und Bäumen überwachsen werden.

Veränderung der Wiese im Jahresverlauf
Wiesen werden überwiegend durch ausdauernde Pflanzen geprägt, deren Überwinterungsknospen an der Erdoberfläche liegen.

Dazu gehören zum Beispiel Rosettenpflanzen und kriechende Pflanzen. Aus den Überwinterungsknospen treiben diese Pflanzen in den folgenden Vegetationsperioden immer wieder aus. *Fuchsschwanz* oder *Deutsches Weidelgras* gehören zu den charakteristischen Gräsern einer Wiese. Oft wachsen dazwischen viele krautige Pflanzen, die zu unterschiedlichen Zeiten zur Blüte kommen. Dadurch verändert sich das Aussehen einer Wiese vom Frühjahr bis in den Spätsommer. Als eines der ersten Kräuter blüht im Frühjahr das *Gänseblümchen.* Im April bildet das *Wiesen-Schaumkraut* seine weißvioletten Blüten aus. Anschließend prägen die gelben Blüten des *Löwenzahns* und etwas später die des *Scharfen Hahnenfußes* das Bild der Wiese. Die *Rote Lichtnelke,* der *Rotklee* und der *Sauerampfer* folgen ihnen und zum Schluss blühen die Doldenblütler wie *Wiesen-Kerbel, Wilde Möhre* und *Giersch.* Durch das Mähen der Wiese, **Mahd** genannt, ändert sich ihr Aussehen innerhalb kürzester Zeit.

Gliederung einer Wiese
In typischen Wiesen lässt sich in der Vegetationsphase eine vertikale Gliederung erkennen (→ Abb. 1). Die **Oberschicht** wird auch Blütenhorizont genannt, weil sich in ihr die meisten Blütenstände befinden. Typische Vertreter dieser Schicht sind *Glatthafer, Wiesen-Bocksbart* und *Wiesen-Kerbel.* In der **Mittelschicht,** die auch als Kraut- oder Blattschicht bezeichnet wird, wachsen kleine Gräser wie das *Deutsche Weidelgras* und Blütenpflanzen wie *Rotklee, Wiesen-Glockenblume* oder *Löwenzahn.* In der **Unterschicht** gedeihen Pflanzen wie das *Gänseblümchen* und der *Spitzwegerich.* Hier liegen auch die Blattrosetten und kriechenden Sprosse der mehrjährigen Wiesenpflanzen. Zur Unterschicht gehört auch die dem Boden direkt aufliegende **Streuschicht.** Sie besteht aus herabgefallenen Blütenresten, Samen und Blättern. Die **Bodenschicht** bildet die unterste Schicht einer Wiese. Sie enthält das dichte, oberflächennahe Wurzelwerk der Gräser sowie die tiefer hinabreichenden Wurzeln der Kräuter.

Abiotische Umweltfaktoren
In den verschiedenen Schichten einer Wiese herrschen spezielle abiotische Bedingungen vor, die ein eigenes **Mikroklima** bilden (→ Abb. 2). Die hoch wachsenden Wiesenkräuter der Oberschicht verändern die Lichteinstrahlung, Windbewegung und Verduns-

tung der unteren Schichten und beeinflussen so deren Mikroklima. Lichtintensität, Temperatur und Windbewegung nehmen nach unten hin ab, die Luftfeuchtigkeit nimmt zu. So herrschen in der Unterschicht meistens feuchte, schattige und mäßig warme Bedingungen. Die Bodenschicht wird im Wesentlichen durch die abiotischen Faktoren Humusgehalt, Feuchtigkeit, Kalkgehalt und pH-Wert beeinflusst. Diese bestimmen auch den jeweiligen Wiesentyp. So liegt in der Bodenschicht einer **Feuchtwiese** ein hoher Wasser- und Mineralstoffgehalt vor. Im Gegensatz dazu ist der Boden einer **Magerwiese** sehr trocken und mineralstoffarm.

Biozönosen

Die Vegetationsschichten der Wiese bieten Tieren vielfältige Lebensräume. Die auffallenden Blütenpflanzen in der Oberschicht locken vor allem Insekten wie Hummeln, Bienen und Schmetterlinge an, die sich vom Nektar und Pollen ernähren. Auch Pflanzensaftsauger wie Blattläuse und Zikaden finden hier ihre Nahrung, ebenso die von ihnen lebenden Räuber, etwa Raubfliegen und Spinnen.

Die Blätter und Halme der Mittelschicht sind der bevorzugte Lebensraum der typischen pflanzenfressenden Lebewesen. Zu ihnen gehören zum Beispiel Heuschrecken, Zikaden und Blattwanzen sowie die Larven und Raupen vieler Insektenarten. Auch Spinnen wie Kreuzspinne oder Wespenspinne bauen hier ihre Netze, um Beute zu fangen.

Die Unterschicht ist von Laufkäfern, Asseln, Tausendfüßlern und Ameisen besiedelt. Ebenso nutzen Schnecken, Frösche, Eidechsen, Mäuse oder Ringelnattern diesen Lebensraum. Auch einige bodenbrütende Vögel, etwa das Braunkehlchen, finden hier Nistmöglichkeiten.

Die Bodenschicht wird insbesondere durch die Wühltätigkeit von Maulwürfen und Wühlmäusen umgeschichtet und aufgelockert. Diese Schicht enthält unzählige Regenwürmer, Fadenwürmer, Milben, Ameisen, Käfer, Fliegen- und Mückenlarven. Zusammen mit Bakterien und Pilzen sind sie an der Zersetzung toter Biomasse und der Bildung von Humus beteiligt. **Humus** besteht aus einer Vielzahl komplexer Kohlenstoffverbindungen. Einige davon bleiben nur wenige Wochen im Boden, andere jedoch Jahrhunderte lang. Dieser Dauerhumus ist als Speicher des Treibhausgases Kohlenstoffdioxid von großer Bedeutung.

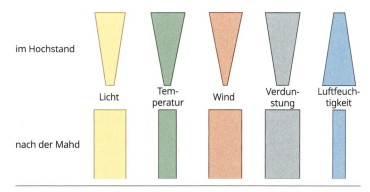

2 Mikroklima im Hochstand einer Wiese und nach der Mahd

❶ ≡ Beschreiben Sie die vertikale Gliederung einer Wiese anhand der Abbildung 1.

❷ ≡ Erklären Sie den Einfluss der Mahd auf das Mikroklima einer Wiese mithilfe von Abbildung 2.

Materialgebundene Aufgaben

❸ **Wiesen als Kohlenstoffspeicher**

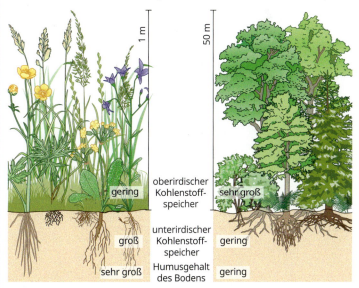

Wiesen sind wichtige Kohlenstoffspeicher. Sie nehmen Kohlenstoffdioxid aus der Atmosphäre auf und bauen daraus Biomasse auf. Allerdings wird einer Wiese durch die Mahd regelmäßig Biomasse und damit Kohlenstoff entzogen. Der Kohlenstoffspeicher einer Wiese befindet sich daher zum größten Teil in der Bodenschicht und zwar hier vorwiegend in Form von Humus.

a) ≡ Vergleichen Sie anhand der Abbildung den Kohlenstoffspeicher einer Wiese mit dem eines Waldes.

b) ≡ Erklären Sie die Unterschiede.

2 Artenreiche Wiese

3 Silage-Wiese

6.5 Veränderungen der Wiese

Auf welche Weise beeinflusst der Mensch das Ökosystem Wiese?

Durch die Mahd werden innerhalb kurzer Zeit fast alle oberirdischen Pflanzenteile entfernt und so der Lebensraum unzähliger Tiere zerstört. Jede Mahd stellt damit einen tiefen Eingriff in das Ökosystem Wiese dar. Hinzu kommt, dass mit jeder Mahd bis zu 400 Tierarten von einer Wiese verscheucht oder getötet werden.

Angepasstheiten von Wiesenpflanzen

Wiesenpflanzen zeigen Angepasstheiten an eine regelmäßige Mahd. So können Gräser aus ihren unteren Knoten oder aus unter- oder oberirdischen Ausläufern neu austreiben. Andere krautige Pflanzen bilden bereits vor dem ersten Schnitt Samen. Weitere Angepasstheiten sind Blattrosetten und Erdsprosse, die eng am Boden anliegend den Schnitt überstehen. Wiesenpflanzen zeichnen sich zudem durch eine hohe Regenerationsfähigkeit aus. Jedoch werden sie durch jede Mahd geschwächt. Schon beim zweiten Austreiben ist ihr Wachstum deutlich geringer. Je häufiger eine Wiese gemäht wird, umso stärker nimmt das Wachstum der Pflanzen ab (→ **Abb. 1**).

Folgen einer veränderten Bewirtschaftung

Die vielfältige und oft einzigartige Zusammensetzung von Pflanzen- und Tierarten einer Wiese ist Folge ihrer **extensiven Bewirtschaftung.** Diese herrschte etwa bis zur Mitte des 19. Jahrhunderts vor (→ **Abb. 2**). Dabei wurde je nach Wiesentyp maximal zweimal im Jahr gemäht.

Heutzutage werden Wiesen reichlich gedüngt. Infolgedessen kann die Mahd vorverlegt und ihre Zahl pro Jahr auf bis zu sechsmal erhöht werden. Durch diese **intensive Bewirtschaftung** erhält man einen wesentlich höheren Ertrag des nährstoffreichen Wiesenfutters pro Flächeneinheit. Dies entspricht den hohen Ansprüchen der modernen Tierhaltung und der steigenden Nachfrage nach Biomasse für Biogasanlagen. Immer häufiger wird der Wiesenschnitt nicht mehr getrocknet, sondern in Siloballen verpackt (→ **Abb. 3**). In diesen wird der Wiesenschnitt durch Milchsäuregärung in ein konserviertes Futtermittel für Nutztiere umgewandelt. Man spricht von **Silage** oder auch **Silofutter.**
Bei der Produktion der Grassilage werden die Wiesenkräuter vor der Samenbildung der Pflanzen gemäht. Es fehlt damit die Möglich-

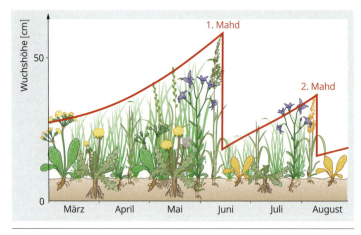

1 Wiese im Jahresverlauf

keit, dass sich die Wiesenpflanzen vermehren können. Durch die Aussaat von ertragreichen, gezüchteten Grasarten, die in relativ kurzer Zeit den Raum für sich beanspruchen, werden typische Wiesenpflanzen von ihrem natürlichen Standort verdrängt. Intensiv genutzte Wiesen zeigen daher keine vertikale Gliederung der Vegetation. Kleinwüchsige Rosettenpflanzen und kriechende Pflanzen fehlen, da schon am Ende des Frühjahrs durch die hochgewachsenen Gräser nicht mehr ausreichend Licht die Unterschicht erreicht – außer kurz nach einer Mahd. Die Vegetation besteht aus wenigen Gras- und Kleearten, die oft schon nach vier Wochen geschnitten werden können.

Umwandlung von Wiesen in Äcker

Viele Wiesen werden heute in Mais- oder Rapsfelder umgewandelt, um schnell Biomasse produzieren zu können. In solchen **Monokulturen** ist die Artenzahl noch geringer als auf intensiv bewirtschafteten Wiesen. Außerdem gelangt durch das Umpflügen von Wiesenboden Sauerstoff an den Humus. Dadurch werden die im Humus gespeicherten Kohlenstoffverbindungen zu Kohlenstoffdioxid umgesetzt und an die Atmosphäre abgegeben. So trägt die Umwandlung von Grünland in Ackerboden zum **Klimawandel** bei. Mit ihrer durchgängigen Pflanzendecke und der stark durchwurzelten Bodenschicht speichern Wiesenböden deutlich mehr Wasser als Ackerböden. Außerdem wird auf einer Wiese durchsickerndes Oberflächenwasser gut gefiltert, sodass hier im Vergleich zu Ackerland weniger Nitrate oder andere Mineralstoffe aus der Landwirtschaft in das Grundwasser gelangen. Durch den dichten Bewuchs einer Wiese wird zudem der Boden vor Erosion geschützt.

Schutz des artenreichen Grünlandes

Wiesen sind wertvolle Lebensräume für viele Arten, unter anderem für die bestäubenden Insekten, die für den Ertrag von Nutzpflanzen unentbehrlich sind. Im Rahmen der Naturschutz-Richtlinien der EU werden verschiedene Maßnahmen zum Erhalt von Grünland diskutiert und finanziell gefördert. Als wirksamste Schutzmaßnahme gilt eine geringe Zahl an Mahden und der Verzicht auf Dünger. Außerdem wird empfohlen, Wiesenränder stehenzulassen oder nur jedes zweite Mal zu mähen. In diese Randstreifen können sich Tiere und Pflanzen bei der Mahd zurückziehen und überleben. Durch solche Randstreifen könnte

ein Netz von miteinander verbundenen Biotopen entstehen. Zu einem solchen **Biotopverbund** könnten auch die Straßen- und Wegränder gehören, wenn sie nicht gemäht, gedüngt und mit Gift behandelt würden. Auch in Gärten kann viel für die Artenvielfalt getan werden, etwa indem Rasenflächen seltener gemäht oder an ihrer Stelle Blumenwiesen angelegt werden, die das Nahrungsangebot für die bestäubenden Insekten erhöhen.

❶ ☰ Beschreiben Sie anhand der Abbildung 1, welche Folgen ein veränderter Mahd-Rhythmus für die Wiesenvegetation hat.

❷ ☰ Bewerten Sie die Umwandlung der extensiven in die intensive Wiesenbewirtschaftung unter dem Aspekt der Nachhaltigkeit. Zeigen Sie hierbei die zeitlichen und räumlichen Fallen auf. Beachten Sie dabei die Seiten 246 und 247.

Materialgebundene Aufgaben

❸ Vergleich unterschiedlich bewirtschafteter Wiesen

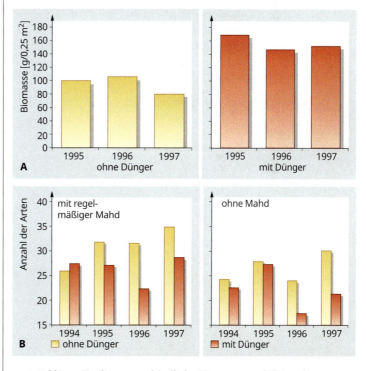

a) ☰ Erklären Sie die unterschiedliche Biomasseproduktion der verschieden bewirtschafteten Wiesen anhand der Abbildung A.

b) ☰ Beschreiben und erklären Sie die unterschiedliche Artenanzahl auf den verschieden bewirtschafteten Wiesen anhand der Abbildung B.

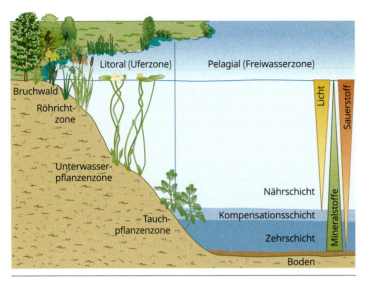

1 Horizontale und vertikale Gliederung eines Sees

6.6 Funktioneller Aufbau des Sees

Wie ist das Ökosystem See gegliedert und welche Nahrungsbeziehungen kommen hier vor?

In der Ökologie spricht man dann von einem See, wenn dieser eine Mindesttiefe von acht bis zehn Metern besitzt. Ein Pflanzenbewuchs ist unter diesen Bedingungen auf seinen Uferbereich beschränkt. Flachere natürliche Gewässer, in denen Pflanzen auch an den tiefsten Stellen vorkommen, nennt man **Weiher.**

Gliederung des Ökosystems See

Jeder See ist durch die Lichtverhältnisse horizontal und vertikal gegliedert. Horizontal unterscheidet man die Freiwasserzone **Pelagial** von der Uferzone **Litoral** (→ Abb. 1). Die Grenze zwischen beiden Zonen verläuft dort, wo das Licht noch bis zum Boden vordringt.

Im lichtdurchfluteten Litoral findet man je nach Wassertiefe jeweils eine charakteristische Kombination von Pflanzenarten, sogenannte **Pflanzengesellschaften.** Diese bilden typische Bereiche um den See. So wachsen in Wassertiefen von bis zu zwei Metern dichte Bestände von Schilfrohr und Rohrkolben. An diese Röhrichtzone schließt sich die Schwimmblattzone an. Hier findet man bis zu einer Tiefe von vier Metern Pflanzen wie See- und Teichrosen. Sie besitzen mit Luft gefüllte Schwimmblätter. Bei Wassertiefen von mehr als vier Metern gibt es nur noch Pflanzen, deren Blätter völlig im Wasser untergetaucht sind. Zu den Pflanzen dieser Tauchblattzone gehören beispielsweise das Horn- und das Tausendblatt. Durch Wurzeln sind sie im Boden verankert.

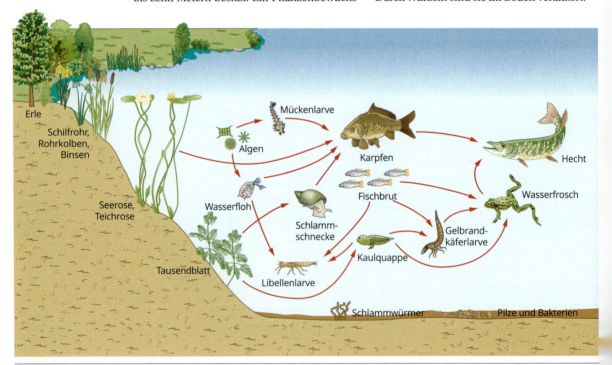

2 Nahrungsnetz im Ökosystem See

Das Pelagial wird vertikal je nach den Lichtverhältnissen und den dort vorherrschenden Prozessen in verschiedene Schichten eingeteilt. In der oberen Wasserschicht mit hoher Lichtintensität bilden die Produzenten bei der Fotosynthese mehr Biomasse und Sauerstoff, als insgesamt durch die Zellatmung verbraucht werden. Diese Schicht wird daher **Nährschicht** genannt. In der darunter liegenden **Kompensationsschicht** halten sich Fotosynthese und Zellatmung die Waage. Bei den Lichtverhältnissen in noch größerer Tiefe ist keine oder nur noch sehr wenig Fotosynthese möglich. Dort, in der sogenannten **Zehrschicht**, überwiegt der Abbau von Biomasse durch Zellatmung, bei dem Sauerstoff verbraucht wird.

Nahrungsbeziehungen im See

In den Lebensgemeinschaften des lichtdurchfluteten Pelagials spielt das **Plankton** eine zentrale Rolle. Zum Phytoplankton zählen alle Organismen, die Fotosynthese betreiben, etwa Grün- oder Kieselalgen. Sie bilden die Produzenten der Nahrungskette eines Sees. Das Phytoplankton wird vom Zooplankton gefressen. Zu diesen Primärkonsumenten gehören beispielsweise Kleinkrebse wie Wasserflöhe und Hüpferlinge. Die Nahrungskette setzt sich über Sekundärkonsumenten wie Insektenlarven oder Friedfischen wie Karpfen fort und endet bei den Tertiärkonsumenten. Hierzu zählen Raubfische wie Hechte. Wie in jedem Ökosystem sind auch im See die verschiedenen Nahrungsketten zu Nahrungsnetzen verknüpft (→ **Abb. 2**).

Die in der Bodenschicht eines Sees vorkommenden Lebensgemeinschaften bestehen hauptsächlich aus Bakterien, Pilzen und Würmern. Diese **Destruenten** zersetzen tote Biomasse, die sich auf dem Gewässerboden ansammelt. Dabei verbrauchen sie bei der Zellatmung Sauerstoff und setzen Kohlenstoffdioxid und Mineralstoffe wie etwa Phosphate und Nitrate frei. Die im Wasser gelösten Mineralstoffe stehen dem Phytoplankton wieder zur Verfügung. Diese brauchen sie zum Aufbau körpereigener Biomasse.

❶ ☰ Erklären Sie, wie durch den abiotischen Faktor Licht eine horizontale und vertikale Gliederung des Sees entsteht.

❷ ☰ Beschreiben Sie die Nahrungsbeziehungen in einem See anhand von Abbildung 2.

Materialgebundene Aufgaben

❸ Netto- und Bruttoprimärproduktion

In aquatischen Ökosystemen bestimmt man die Primärproduktion anhand der Konzentration des gelösten Sauerstoffs im Wasser. In einem Modellversuch wird dazu eine Wasserprobe mit Phytoplankton in zwei Flaschen aufgeteilt. Eine der Flaschen besteht aus lichtdurchlässigem, die andere aus lichtundurchlässigem Glas. Beide Flaschen werden während einer bestimmten Zeit mit Licht bestrahlt. Die Sauerstoffkonzentration in der Wasserprobe betrug vor der Bestrahlung mit Licht fünf Milligramm pro Liter.

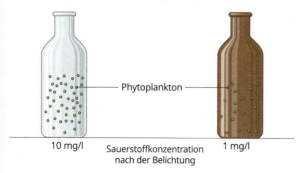

10 mg/l — Phytoplankton — 1 mg/l
Sauerstoffkonzentration nach der Belichtung

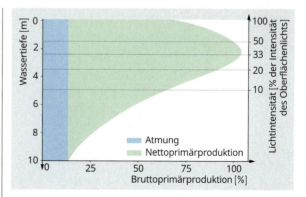

a) ☰ Erklären Sie, wie man mithilfe dieses Modellversuchs die Nettoprimärproduktion, Bruttoprimärproduktion und Atmung des Phytoplanktons in den Flaschen ermitteln kann.

b) ☰ Erklären Sie auf der Basis des Modellversuchs und der oberen Abbildung die Veränderung der Primärproduktion in einem See in Abhängigkeit von der Wassertiefe.

1 Leben unter dem Eis

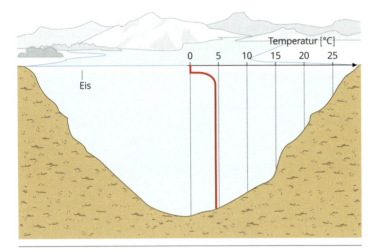

2 Winterstagnation

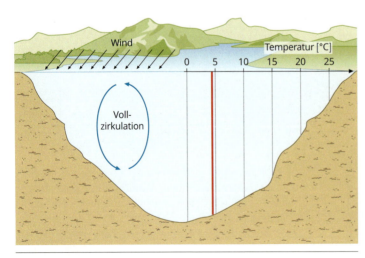

3 Frühjahrszirkulation

6.7 Veränderungen des Sees im Jahresverlauf

Warum friert ein See im Winter nicht bis zum Grund zu, sodass Fische darin überleben können?

Die Lebensbedingungen in einem See werden maßgeblich von der Temperatur und den besonderen Eigenschaften des Wassers bestimmt: Die Dichte des Wassers nimmt, ähnlich wie bei den meisten chemischen Verbindungen, zunächst mit sinkender Temperatur zu und erreicht bei 4 °C ihren höchsten Wert. Unterhalb dieser Temperatur nimmt die Dichte des Wassers jedoch wieder ab. Man spricht von der **Dichteanomalie des Wassers**. Wasser kann im Vergleich zu anderen Flüssigkeiten viel Wärme aufnehmen. Im Vergleich zu Metallen leitet es Wärme schlecht weiter. In Gewässern wird Wärme daher primär durch Wasserbewegungen transportiert.

Winter

Im Winter kühlt das Wasser eines Sees mit sinkenden Außentemperaturen allmählich ab. Es bildet sich schließlich eine Eisdecke. Eis schwimmt wegen seiner geringeren Dichte auf dem flüssigen Wasser. Es schützt die darunterliegenden Wasserschichten vor der weiteren Abkühlung. Außerdem verhindert es, dass Wind die Wasserschichten durchmischt. Direkt unter der Eisdecke ist das Wasser am kältesten. Seine Temperatur steigt bis zum Seegrund allmählich auf 4 °C an (→ **Abb. 2**). In diesem Tiefenwasser können Fische und andere Wasserlebewesen auch bei anhaltendem Frost überwintern. Die beschriebene Temperaturschichtung bleibt über den Winter hinweg stabil. Der See befindet sich in der **Winterstagnation**.

Frühjahr

Nach der Eisschmelze im Frühjahr erwärmt sich das Oberflächenwasser auf 4 °C und sinkt aufgrund seiner Dichte nach unten ab. Zusammen mit dem Wind kommt es zu einer Umwälzung des Wassers. Das Oberflächenwasser wird gegen Tiefenwasser ausgetauscht (→ **Abb. 3**). Man nennt diesen Zustand Vollzirkulation oder nach der Jahreszeit **Frühjahrszirkulation**. Dabei gelangt mineralstoffreiches, sauerstoffarmes Tiefenwasser in die Nährschicht zu den Produzenten und sauerstoffreiches, mineralstoffarmes Oberflächenwasser in die Zehrschicht zu den Destruenten.

Sommer

Im Sommer erwärmt sich die Seeoberfläche aufgrund der Sonneneinstrahlung und der gestiegenen Lufttemperatur. Wind durchmischt das Oberflächenwasser bis zu einer gewissen Tiefe. Es bildet sich eine warme Oberflächenschicht mit einer mehr oder weniger einheitlichen Temperatur, das **Epilimnion**. Am Grund des Sees findet sich eine kühlere Tiefenschicht mit höherer Dichte, das **Hypolimnion**. Es besitzt eine gleichbleibende Temperatur von 4 °C. Zwischen Epilimnion und Hypolimnion liegt das **Metalimnion**. In dieser Schicht kommt es zu einem starken, sprunghaften Temperaturabfall. Deshalb bezeichnet man das Metalimnion auch als **Sprungschicht** (→ **Abb. 4**). Diese relativ stabile Schichtung des Sees wird **Sommerstagnation** genannt. Sie verhindert den Austausch der im Wasser gelösten Gase und Mineralstoffe zwischen Oberflächen- und Tiefenwasser.

Herbst

Im Herbst kühlt das Oberflächenwasser ab und sinkt in Wasserschichten gleicher Temperatur und Dichte. Der Wind unterstützt die einsetzende Durchmischung der verschiedenen Wasserschichten (→ **Abb. 5**). Durch diese **Herbstzirkulation** werden wie bei der Frühjahrszirkulation Oberflächen- und Tiefenwasser ausgetauscht.

Im Jahresverlauf wechseln sich also Zirkulations- und Stagnationsphasen im See ab. Die Dauer der Phasen ist ebenso wie die Breite von Epi-, Meta- und Hypolimnion von der Tiefe des jeweiligen Sees und den lokalen klimatischen Bedingungen abhängig.

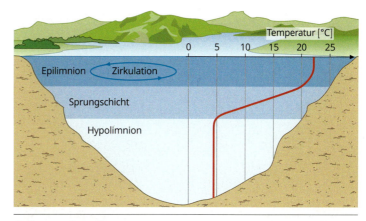

4 Sommerstagnation

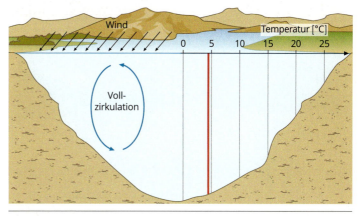

5 Herbstzirkulation

❶ ≡ Erklären Sie die Temperaturveränderungen eines Sees im Winter und im Sommer anhand der Abbildungen 2 und 4.

❷ ≡ Begründen Sie, warum in einem Weiher keine Sommerstagnation auftritt.

Materialgebundene Aufgaben

❸ Änderungen des Sauerstoffgehalts eines Sees im Jahresverlauf

Die Diagramme geben den Sauerstoffgehalt des Wassers in Abhängigkeit von der Tiefe eines Sees für verschiedene Jahreszeiten wieder.

a) ≡ Beschreiben Sie die Veränderungen des Sauerstoffgehalts.

b) ≡ Geben Sie die zugehörigen Jahreszeiten an und begründen Sie Ihre Entscheidung.

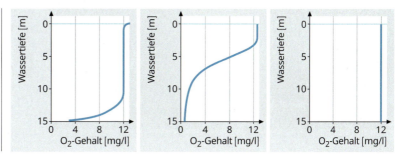

1 Oligotropher See

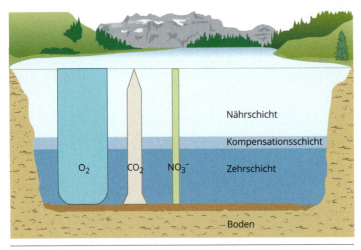

Nährschicht

Kompensationsschicht

O_2 CO_2 NO_3^- Zehrschicht

Boden

2 Stoffverteilung im oligotrophen See am Ende der Sommerstagnation

3 Eutropher See

6.8 Eutrophierung von Seen

Welchen Einfluss hat der Eintrag von zusätzlichen Mineralstoffen auf das Ökosystem See?

Mitteleuropäische Seen werden aufgrund ihres Mineralstoffgehalts und ihrer Biomasse grob in zwei Typen unterteilt, den oligotrophen und den eutrophen See.

Oligotropher See

Gebirgsseen besitzen in der Regel ein tiefes Becken und einen schmalen Uferbereich, der kaum bewachsen ist. Solche Seen enthalten nur sehr geringe Mengen an Mineralstoffen wie Nitrat (NO_3^-) oder Phosphat (PO_4^{3-}) und werden daher als **oligotroph** bezeichnet. Aufgrund des geringen Mineralstoffgehalts kann sich das Phytoplankton nur eingeschränkt vermehren. In der Nährschicht wird daher wenig Biomasse produziert, sodass das Wasser auch im Sommer klar und oft tiefblau ist. Aufgrund der geringen Primärproduktion ist auch die Zahl der Konsumenten niedrig. Sinken abgestorbene Lebewesen auf den Grund des Sees, kann die geringe Biomasse nahezu vollständig von Destruenten abgebaut werden. Dazu wird nur wenig Sauerstoff benötigt und gleichzeitig wird nur wenig Kohlenstoffdioxid freigesetzt. Die Konzentration an Sauerstoff bleibt daher auch im Tiefenbereich des Sees relativ hoch, während die des Kohlenstoffdioxids auch hier vergleichsweise niedrig ist (→ **Abb. 2**). In einem oligotrophen See herrschen also ganzjährig auch am Grund aerobe Bedingungen.

Eutropher See

Viele mitteleuropäische Gewässer besitzen ein flaches Becken und einen großen Bereich, aus dem Wasser in den See hinfließt. Deshalb werden viele Mineralstoffe in den See eingetragen. Einen solchen mineralstoffreichen See bezeichnet man als **eutroph.** Der hohe Mineralstoffgehalt ermöglicht eine hohe Produktion an Biomasse in der Nährschicht. Beim Abbau der toten Biomasse in der Zehrschicht wird der vorhandene Sauerstoff fast vollständig verbraucht. Es entstehen anaerobe Bedingungen am Grund des Sees. Nitrat-Ionen (NO_3^-) werden dann zu Ammonium-Ionen (NH_4^+) umgewandelt. Nicht zersetzte tote Biomasse lagert sich als Faulschlamm am Seeboden ab. Hier übernehmen anaerob lebende Destruenten den Abbau und setzen dabei giftige Verbindungen wie Schwefelwasserstoff (H_2S) und zusätzliche Ammonium-Ionen frei (→ **Abb. 4**). Diese werden während der Herbstzirkulation im gesamten Wasserkörper verteilt und können viele Lebewesen schädigen. Es besteht die Gefahr, dass der Sauerstoff auch in den anderen Schichten des Sees verbraucht wird und viele Lebewesen im Wasser sterben. Man spricht dann vom Umkippen des Sees.

Sukzession eines Sees

Alle Seen – auch große, tiefe Seen – verlanden im Verlauf der Zeit. Vom Ufer und über Wasserläufe werden ständig Sedimente aus der Umgebung in den See eingetragen. So wird das Seebecken flacher. Die im See vorkommenden Lebewesen sterben und sinken auf den Grund des Sees. Durch die Zersetzung der toten Biomasse und durch die eingetragenen Sedimente entsteht am Seegrund eine ausgedehnte Schicht aus Schlamm, auch **Mudde** genannt. Sie nimmt im Verlauf der Zeit immer mehr zu (→ **Abb. 5**). Vom Ufer wachsen Pflanzen der Röhricht- und der Schwimmblattzone zur Gewässermitte vor, sodass die freie Wasserfläche immer mehr abnimmt. Da in den Pflanzenzonen viel tote Biomasse entsteht und Sedimente sich bevorzugt hier ablagern, schreitet die **Verlandung des Sees** vom Uferbereich und anderen flachen Seebereichen zunehmend fort. Werden die abgestorbenen Pflanzen nicht vollständig abgebaut, entsteht **Torf.** So findet man im Uferbereich eines verlandeten Sees häufig über dem Muddentorf eine Schicht aus Schilf- und Seggentorf. Vom Ufer her wächst der Bruchwald auf die verlandete Seefläche ein. Der See wird mit zunehmender Verlandung allmählich zu einem Sumpf. Durch die zunehmende Staunässe des Bodens beginnt der Bruchwald abzusterben. So entsteht über dem Schilf- und Seggentorf der Bruchwaldtorf.

Die zeitliche und dynamische Abfolge der verschiedenen Pflanzengruppen, die im Verlauf der Zeit ein Biotop besiedeln, nennt man **Sukzession.** Im Zuge der Sukzession kann so aus einem See ein terrestrisches Ökosystem entstehen.

❶ ☰ Vergleichen Sie die beiden Seetypen anhand von Abbildung 2 und 4 hinsichtlich Farbe, Sichttiefe und Mineralstoffverteilung.

❷ ☰ Stellen Sie die Sukzession eines Sees in einem Fließdiagramm dar.

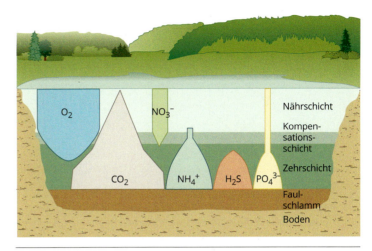

4 Stoffverteilung im eutrophen See am Ende der Sommerstagnation

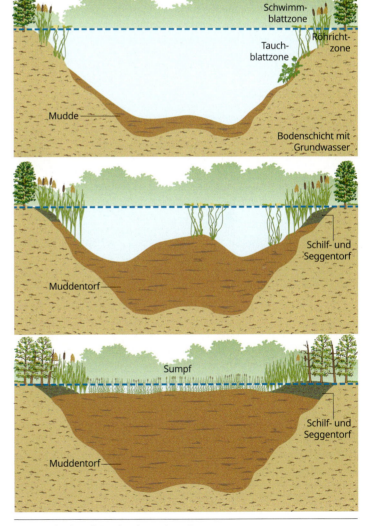

5 Fortschreitende Verlandung eines Sees

❸ Algenwachstum und abiotische Faktoren in der Nährschicht eines Sees im Jahresverlauf

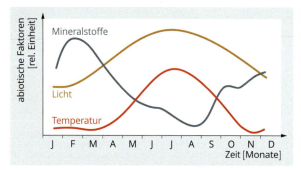

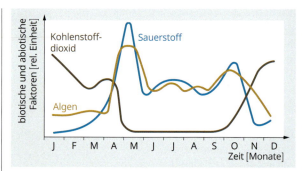

a) ☰ Werten Sie die Grafiken zusammenhängend aus und erklären Sie sowohl das Algenwachstum als auch die Veränderung der Mineralstoff-, Sauerstoff- und Kohlenstoffdioxid-Konzentrationen im See im Jahresverlauf.

b) ☰ Stellen Sie eine Hypothese zum Algenwachstum und zur Sauerstoff- und Kohlenstoffdioxid-Konzentration im See im Jahresverlauf auf, wenn während des Sommers durch Einfuhr von außen, etwa durch Düngemittel aus der Landwirtschaft, die Mineralstoff-Konzentration gleichbleibend hoch ist.

c) ☰ Auch die Zufuhr von ansonsten unbelastetem, aber warmem Wasser, etwa Kühlwasser aus einem Kraftwerk, beeinflusst das Algenwachstum. Stellen Sie eine Hypothese zum Algenwachstum und zur Sauerstoff- und Kohlenstoffdioxid-Konzentration im Jahresverlauf auf, wenn die Temperatur im See um etwa drei Grad Celsius erhöht ist.

d) ☰ Leiten Sie aus den biotischen und abiotischen Faktoren die jahreszeitliche Entwicklung des Zooplanktons in dem See ab, und erklären Sie Ihre Vermutungen.

❹ Phosphatkreislauf

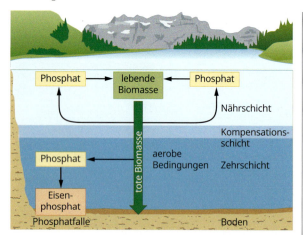

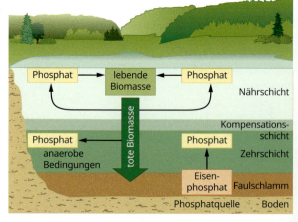

In einem oligotrophen See entstehen beim aeroben Abbau der toten Biomasse unter anderem Phosphat-Ionen (PO_4^{3-}). Diese können in den oberen Wasserschichten vom lebenden Phytoplankton wieder aufgenommen und in verschiedene organische Verbindungen eingebaut werden. So liegt ein Phosphatkreislauf vor. Phosphat-Ionen findet man daher in einem oligotrophen See allenfalls in Spuren. Wird tote Biomasse am Grund des Sees unter aeroben Bedingungen abgebaut, werden die beim Abbau freigesetzten Phosphat-Ionen an Eisen-Ionen gebunden. Das gebildete unlösliche Eisenphosphat lagert sich in der Bodenschicht des oligotrophen Sees ab. Damit wird das Phosphat dem Kreislauf entzogen. Man spricht in diesem Zusammenhang von

einer Phosphatfalle. Unter anaeroben Bedingungen lösen sich die Phosphate aus der Bodenschicht und gelangen in den Kreislauf zurück. Die Bodenschicht wird dann zu einer Phosphatquelle.

a) ☰ Beschreiben Sie den Phosphatkreislauf in einem oligotrophen See am Ende der Sommerstagnation anhand der linken Abbildung.

b) ☰ Vergleichen Sie den Phosphatkreislauf in einem oligotrophen und eutrophen See am Ende der Sommerstagnation anhand beider Abbildungen.

c) ☰ Erklären Sie, warum man beim Phosphatkreislauf im eutrophen See auch von einer internen Düngung des Sees spricht.

❺ Stickstoffkreislauf im See

Stickstoff liegt im Wasser vor allem in Form von Nitrat- (NO_3^-), Nitrit- (NO_2^-) und Ammonium-Ionen (NH_4^+) vor.

a) ☰ Beschreiben Sie anhand der rechten Abbildung den Stickstoffkreislauf in einem See.

b) ☰ Erklären Sie auf dieser Basis die Veränderungen des Sauerstoffgehalts sowie des Gehalts an Nitrat- und Ammonium-Ionen in den unterschiedlichen Schichten des Sees in der unteren Abbildung.

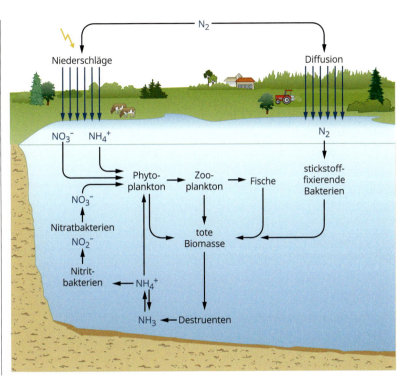

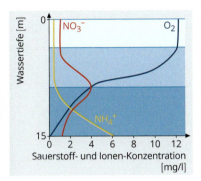

❻ Eutrophierung und Gegenmaßnahmen

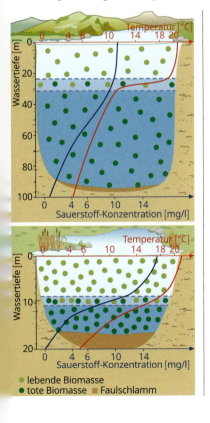

● lebende Biomasse
● tote Biomasse ■ Faulschlamm

a) ☰ Vergleichen Sie anhand der beiden Abbildungen links einen oligotrophen und eutrophen See während der Sommerstagnation.

b) In eutrophen Seen gibt es oft einen hohen Bestand an Friedfischen, dem ein zu geringer Bestand an Raubfischen gegenübersteht. Maßnahmen gegen die Gefahr des Umkippens eines Sees können sein:
  • Anlegen von fischfreien Zonen in abgegrenzten Bereichen des Sees mithilfe von Netzen,
  • Besatz mit Raubfischen,
  • Abfischen der Friedfische,
  • Zufuhr von Sauerstoff,
  • Ausbaggern des Faulschlamms.
  ☰ Begründen Sie die Maßnahmen zur Verhinderung des übermäßigen Algenwachstums in einem See unter Berücksichtigung der Abbildung rechts.

c) ☰ Erörtern Sie die Vor- und Nachteile der verschiedenen Maßnahmen.

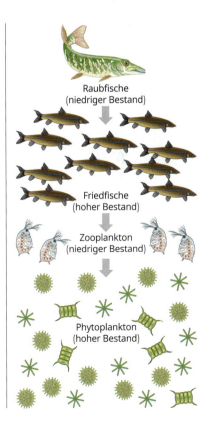

Zur Analyse eines Gewässers werden verschiedene physikalische und chemische Parameter erfasst und in einem Protokollbogen notiert:

Protokollbogen zur Gewässeranalyse						
Gewässername:	Gewässertyp:					
Messstelle:	Probennummer:					
Datum:	Uhrzeit:					
Lufttemperatur (°C)						
Wassertemperatur (°C)						
Leitfähigkeit (µS)						
Sichttiefe (cm)						
pH-Wert						
Ammonium-Ionen (mg/l)						
Nitrat-Ionen (mg/l)						
Phosphat-Ionen (mg/l)						
Sauerstoffgehalt (mg/l)						
Sauerstoffsättigungswert (mg/l)						
Sauerstoffüberschuss/ Sauerstoffdefizit (mg/l)						
Biochemischer Sauerstoffbedarf (BSB$_5$)						

❶ Wie ermittelt man die Sichttiefe eines Sees?

Material: Thermometer; Leitfähigkeitsmessgerät; SECCHI-Scheibe

Mit der SECCHI-Scheibe wird die Sichttiefe in einem Gewässer ermittelt. Dazu lässt man die Metallscheibe an einer Schnur mit Längenskalierung in das Wasser, bis ihr schwarz-weißer Kontrast nicht mehr wahrnehmbar ist. Anschließend wird die Eintauchtiefe der Scheibe gemessen.

Durchführung: Schreiben Sie den Protokollbogen ab und füllen Sie die ersten Zeilen aus. Erfassen Sie mithilfe der Messgeräte die Lufttemperatur am Gewässer sowie die Temperatur, Leitfähigkeit und Sichttiefe des Gewässers und tragen Sie die Messwerte in den Protokollbogen ein.

a) ☰ Erklären Sie die Bedeutung dieser Werte für die Beurteilung des Zustandes eines Sees.

❷ Wie bestimmt man die chemischen Eigenschaften des Seewassers?

Material: Marmeladengläser mit Deckel; Thermometer; RUTTNER-Schöpfer oder Schöpfflasche nach MEYER; Untersuchungskoffer zur chemischen Wasseruntersuchung mit Testkits (GHS 02, 05, 07) für folgende Parameter: pH-Wert, Sauerstoffgehalt, Ammonium-Ionen (ca. 0–10 mg/l), Nitrat-Ionen (ca. 0–50 mg/l) und Phosphat-Ionen (ca. 0–1 mg/l); Messzylinder (100 ml); destilliertes Wasser

Mit dem RUTTNER-Schöpfer (links) und der Schöpfflasche nach MEYER (rechts) lassen sich Wasserproben aus unterschiedlichen Tiefen entnehmen, ohne diese mit den darüberliegenden Wassermengen zu vermischen. Der RUTTNER-Schöpfer erlaubt genauere Analysen als die Schöpfflasche nach MEYER, bei der sich beim Öffnen die Luft aus der Flasche mit dem einströmenden Wasser mischt. Dafür lässt sie sich aber mit einfachen Mitteln selber bauen.

Die Löslichkeit des Sauerstoffs in Wasser wird vor allem durch die Temperatur bestimmt. Sie sinkt mit zunehmender Temperatur. Die entsprechenden **Sauerstoffsättigungswerte** können der Tabelle entnommen werden:

T (°C)	O_2 (mg/l)	T (°C)	O_2 (mg/l)	T (°C)	O_2 (mg/l)	T (°C)	O_2 (mg/l)
0,0	14,16	8,0	11,47	16,0	9,56	24,0	8,25
0,5	13,97	8,5	11,33	16,5	9,46	24,5	8,18
1,0	13,77	9,0	11,19	17,0	9,37	25,0	8,11
1,5	13,59	9,5	11,06	17,5	9,28	25,5	8,05
2,0	13,40	10,0	10,92	18,0	9,18	26,0	7,99
2,5	13,22	10,5	10,80	18,5	9,10	26,5	7,92
3,0	13,05	11,0	10,77	19,0	9,01	27,0	7,86
3,5	12,87	11,5	10,55	19,5	8,93	27,5	7,81
4,0	12,70	12,0	10,43	20,0	8,84	28,0	7,75
4,5	12,54	12,5	10,31	20,5	8,76	28,5	7,69
5,0	12,37	13,0	10,20	21,0	8,68	29,0	7,64
5,5	12,22	13,5	10,09	21,5	8,61	29,5	7,58
6,0	12,06	14,0	9,98	22,0	8,53	30,0	7,53
6,5	11,91	14,5	9,87	22,5	8,46	30,5	7,47
7,0	11,76	15,0	9,76	23,0	8,38		
7,5	11,61	15,5	9,66	23,5	8,32		

Der Sauerstoffgehalt kann durch aerobe Abbauvorgänge deutlich unter den Sättigungswert fallen. Man bezeichnet dies als **Sauerstoffdefizit**.

Sauerstoffüberschüsse können insbesondere an warmen Tagen bei hoher Lichtintensität in den oberen Wasserschichten entstehen.

Der **biochemische Sauerstoffbedarf** (BSB) gibt die Menge an Sauerstoff an, die in einer bestimmten Zeit zum biotischen Abbau organischer Stoffe in Gewässern benötigt wird. Üblicherweise wird der BSB_5 verwendet. Er gibt an, wie viel Sauerstoff in mg/l in einer Wasserprobe innerhalb von fünf Tagen bei einer Temperatur von 20 °C für den Abbau organischer Stoffe verbraucht wird. Je höher der Wert ist, desto höher ist der Gehalt des Wassers an organischen Stoffen.

Zur Bestimmung des BSB_5 wird eine Flasche vollständig mit einer Wasserprobe gefüllt und luftdicht verschlossen. Vorher wird der Sauerstoffgehalt der Wasserprobe geprüft. Liegt er unter 8 mg/l, wird er im Labor zunächst mit einer Aquarienpumpe und einem Sprudelstein auf einen Sauerstoffgehalt über 8 mg/l gebracht. Die Flasche wird für fünf Tage bei 20 °C in einem dunklen Raum aufbewahrt. Dann wird der Sauerstoffgehalt ein weiteres Mal bestimmt.

Durchführung:
Entnehmen Sie Proben aus verschiedenen Wassertiefen. Bestimmen Sie den pH-Wert, den Sauerstoffgehalt sowie die Konzentration der Ammonium-, Nitrat- und Phosphat-Ionen entsprechend den Anleitungen der verschiedenen Testkits. Der Sauerstoffgehalt muss immer direkt an der Probestelle bestimmt werden. Die übrigen Parameter können in einer gekühlten Probe auch sofort nach Rückkehr in der Schule gemessen werden.

a) ☰ Bestimmen Sie unter Verwendung der gemessenen Wassertemperaturen und der Tabelle die Sauerstoffsättigungswerte Ihrer Wasserproben.

b) ☰ Ermitteln Sie für Ihre Proben die Werte für Sauerstoffdefizite beziehungsweise Sauerstoffüberschüsse.

c) ☰ Bestimmen Sie den BSB_5 Ihrer Proben.

d) ☰ Erklären Sie, warum die Proben für die Bestimmung des BSB_5 im Dunkeln aufbewahrt werden müssen.

e) ☰ Übertragen Sie alle Werte in den Protokollbogen. Stellen Sie die Messwerte grafisch dar und erklären Sie diese unter Einbeziehung der physikalischen Daten.

❸ Welche Arten von Plankton leben im See?

Material: Planktonnetz; Schreibmaterial; Mikroskop; Objektträger; Deckgläser; Stereomikroskop; Pipette; Küchenrolle; Gläser; Bestimmungsbuch

Durchführung: Sammeln Sie mit einem sauberen Planktonnetz im Gewässer Plankton. Ziehen Sie hierzu das Netz einige Male unter der Wasseroberfläche durch das Wasser. Streifen Sie es dabei auch an Wasserpflanzen entlang. Den Inhalt des Fangbechers geben Sie jeweils in ein Glas und bewahren ihn bis zur Untersuchung, die möglichst noch am selben Tag erfolgen sollte, an einem kühlen Ort auf. Bestimmen Sie größere Organismen, wie etwa Wasserflöhe, unter dem Stereomikroskop. Übertragen Sie hierzu diese mit einer Pipette auf einen Objektträger. Klemmen Sie die Organismen bei Bedarf durch vorsichtiges Absaugen des Wassers zwischen Deckglas und Objektträger ein.

a) ☰ Bestimmen Sie die gefundenen Planktonarten mithilfe eines Bestimmungsschlüssels für Plankton. Ermitteln Sie anschließend deren Häufigkeit unter Verwendung folgender Angaben:
I = Einzelexemplar
II = wenige Exemplare
III = häufiges Vorkommen
IV = massenhaftes Vorkommen

b) ☰ Erklären Sie Ihre Beobachtungen.

1 Moorlandschaft in Niedersachsen

6.9 Funktioneller Aufbau des Moores

Wie sind Moore entstanden und welche abiotischen und biotischen Umweltfaktoren herrschen dort?

Moore bestimmten viele Jahrhunderte lang das Landschaftsbild in Norddeutschland. Sie sind durch einen wassergesättigten, schwammigen Boden gekennzeichnet, der mindestens 30 Prozent nicht zersetzte, tote Biomasse enthält. Nach ihrem Mineralstoffgehalt und ihrer Wasserversorgung unterscheidet man Flachmoore und Hochmoore.

Flachmoore und Hochmoore

Flachmoore, auch **Niedermoore** genannt, entstehen, wenn ein See verlandet (→ **Abb. 1**). Aus abgestorbener Biomasse, die bei Staunässe nicht vollständig zersetzt wird, bildet sich **Torf.** Bei der Verlandung besiedeln im Verlauf der Zeit verschiedene Pflanzengruppen in einer ganz bestimmten Abfolge das Biotop. Dementsprechend liegen verschiedene Torfschichten mit den Resten der entsprechenden Pflanzen übereinander (→ **Abb. 2A**). Aus dem Schlamm des Seebodens, **Mudde** genannt, entsteht der Muddentorf. Darüber befindet sich Schilf- und Seggentorf und darüber wiederum Bruchwaldtorf. Durch die Verbindung zum Grundwasser sind Niedermoore ausreichend mit Mineralstoffen versorgt. Der pH-Wert kann je nach Untergrund variieren. Pflanzen wie Wollgras, Groß- und Kleinseggen, aber auch Tiere wie Moorlibellen und Ringelnattern finden im Flachmoor einen Lebensraum.

Die Vegetationsfläche von **Hochmooren** wölbt sich wie ein Uhrglas über die Landschaft und kann eine Höhe von mehreren Metern einnehmen (→ **Abb. 2B**). Voraussetzung für ihre Entstehung ist die Ansiedlung von Torfmoosen der Gattung *Sphagnum*. Hochmoore bilden sich nur in Gebieten, in denen die Niederschlagsmenge höher als der Wasserverlust durch Verdunstung ist. Das ist in Europa in regenreichen Lagen der Gebirge und im küstennahen Flachland der Fall. Ein Hochmoor hat keinen Kontakt zum Grundwasser. Infolgedessen ist es ausgesprochen mineralstoffarm, also **oligotroph**.

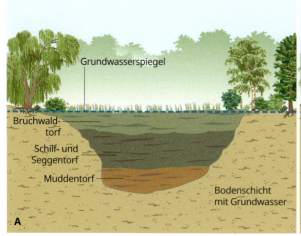
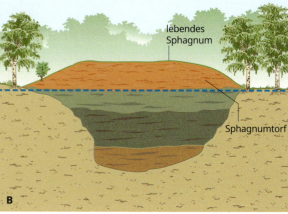

2 Profilschnitt durch ein Moor. A Flachmoor; **B** Hochmoor

Torfmoose

Torfmoose bestehen aus einem Stämmchen, Seitenästen und zarten Blättchen. Wurzeln fehlen ihnen (→ **Abb. 3A**). Die Wasser- und Mineralstoffaufnahme erfolgt über den gesamten Pflanzenkörper. Torfmoose wachsen ständig an der Spitze weiter. Die unteren Teile sterben wegen des fehlenden Lichts ab und werden aufgrund des Sauerstoffmangels nur unvollständig abgebaut. Dies führt zur Bildung von **Torf** und lässt das Hochmoor langsam über das Niveau des Grundwasserspiegels ansteigen.

Die Blättchen der Torfmoose verfügen über zwei unterschiedliche Zelltypen: Chlorocyten und Hyalocyten. **Chlorocyten** besitzen Chloroplasten und können daher Fotosynthese betreiben. Im Lichtmikroskop sind sie als grüne Streifen zwischen den viel größeren **Hyalocyten** zu erkennen (→ **Abb. 3B**). In den Hyalocyten kann Wasser ohne Energieaufwand der Pflanze weitergeleitet und gespeichert werden. Hyalocyten werden durch verdickte Zellwände stabilisiert und dienen nicht nur der Wasserspeicherung, sondern auch der Versorgung mit Mineralstoffen. Sie nehmen positiv geladene Mineralstoff-Ionen aus dem umgebenden Wasser auf und binden diese an negativ geladene Bereiche ihrer Zellwände. Dabei verdrängt jedes gebundene Kation Wasserstoff-Ionen von der Zellwand. Man bezeichnet diesen Vorgang als **Ionenaustausch.** Die freigesetzten Wasserstoff-Ionen werden an das umgebende Medium abgegeben. Dadurch sinkt der pH-Wert des Moorwassers.

Angepasstheiten der Hochmoorarten

In einem Hochmoor herrschen extreme abiotische Faktoren wie niedriger pH-Wert, Mineralstoffmangel und stark wechselnde Temperaturunterschiede zwischen Tag und Nacht vor. Unter diesen Bedingungen können nur wenige hochspezialisierte Tier- und Pflanzenarten existieren, die über verschiedene Angepasstheiten verfügen. Ein typisches Beispiel dafür ist der Sonnentau (→ **Abb. 4A**). Seine Blätter sind zu Fangorganen umgewandelt, mit deren Hilfe die Pflanze Insekten fängt und verdaut. Auf diese Weise gewinnt sie vor allem Stickstoffverbindungen. Insektenfressende Pflanzen wie der Sonnentau sind also eine Angepasstheit an den extremen Mineralstoffmangel des Hochmoores. Auch viele Insektenarten wie etwa der Hochmoorgelbling sind an die beson-

3 Torfmoos. A Pflanzenkörper; **B** zellulärer Aufbau eines Moosblättchens (LM-Aufnahme)

deren Bedingungen dieses Lebensraumes angepasst. So ernähren sich die Raupen dieses Tagfalters nur von den Blättern der Rauschbeere. Diese Beere wächst ausschließlich auf Torfböden; der Schmetterling ist daher an Moore gebunden.

Viele heute seltene Tiere und Pflanzen waren während der Eiszeiten in den gletscherfreien Tundren und Steppen weit verbreitet. Nach den Eiszeiten fanden sie in den vergleichsweise kühlen Hochmooren Überlebensmöglichkeiten. Zum Beispiel gehören die Zwergbirke und der Hochmoor-Perlmuttfalter (→ **Abb. 4B**) zu diesen Eiszeitrelikten.

4 Hochmoorarten. A Sonnentau; **B** Hochmoor-Perlmuttfalter

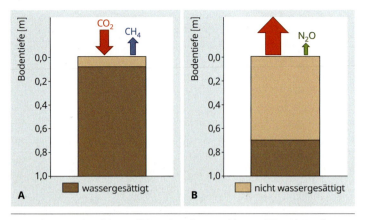

5 Hochmoor. A Kohlenstoffdioxid-Senke; **B** Kohlenstoffdioxid-Quelle

zu organischen Kohlenstoffverbindungen um. Ein Teil davon wird bei ihrer Zellatmung wieder freigesetzt. Der andere Teil bleibt in der Biomasse der Moose gespeichert. Sterben die unteren Bereiche der Moose ab, werden diese nur unvollständig zersetzt. So bleibt der Kohlenstoff unter naturnahen Bedingungen über lange Zeiträume im Torf gespeichert. Da ein intaktes Hochmoor mehr Kohlenstoffdioxid aufnimmt als es abgibt, wirkt es als **Kohlenstoffdioxidsenke** (→ **Abb. 5A**). Allerdings entsteht beim Abbau von Biomasse unter anaeroben Bedingungen auch Methan. Dieses Gas ist wesentlich klimaschädigender als Kohlenstoffdioxid. Weltweit betrachtet gleicht die Kohlenstoffdioxidaufnahme wachsender Moore die Methanfreisetzung jedoch aus. Deshalb ist die Klimabilanz von Hochmooren positiv.

In entwässerten Mooren verändert sich die Klimabilanz jedoch ins Negative. Durch das Absenken des Wasserstandes gelangt Luft in die Moorböden, und der Torf wird aerob abgebaut. Bei der Zellatmung der Destruenten wird jetzt Kohlenstoffdioxid freigesetzt. In den aeroben Bodenschichten wird zusätzlich Methan zu Kohlenstoffdioxid umgewandelt. Entwässerte Hochmoore werden so zu **Kohlenstoffdioxid-Quellen** (→ **Abb. 5B**). Aus trockenen und stickstoffreichen Mooren entweicht zusätzlich das Treibhausgas Distickstoffmonooxid (N_2O).

Hochmoore als Wasserspeicher

Ein intaktes Hochmoor speichert große Mengen an Wasser im Torf und in den Moosen. So wirken Hochmoore wie Schwämme, die Niederschläge aufnehmen und Wasser später langsam wieder abgeben können. Hochmoore leisten damit einen wesentlichen Beitrag zum Hochwasserschutz. Darüber hinaus beeinflussen sie das lokale Klima. Trockenwarme Luft wird durch die Verdunstung des Wassers abgekühlt und angefeuchtet, warmfeuchte Luft regnet über dem kühlen Hochmoor ab. So begünstigen intakte Hochmoore sogar ihr eigenes Wachstum.

Hochmoore als Kohlenstoffdioxid-Senken

Hochmoore stehen wie jedes Ökosystem in einem ständigen Gasaustausch mit der Atmosphäre. Die Torfmoose nehmen Kohlenstoffdioxid auf und bauen es bei der Fotosynthese

❶ ≡ Vergleichen Sie Flachmoor und Hochmoor in tabellarischer Form.

❷ ≡ Erklären Sie das Basiskonzept Struktur und Funktion am Beispiel des Torfmooses.

Materialgebundene Aufgaben

❸ Ionenaustausch beim Torfmoos

Die Chlorocyten der Torfmoose binden an ihren Zellwänden positiv geladene Ionen im Austausch gegen Wasserstoff-Ionen. Die Wasserstoff-Ionen diffundieren anschließend in das umgebende Wasser.

a) ≡ Beschreiben Sie den Ionenaustausch an den Chlorocyten anhand der nebenstehenden Abbildung.

b) ≡ Beschreiben Sie die Folgen dieses Ionenaustausches für das Ökosystem Moor.

c) ≡ Begründen Sie, warum der Ionenaustausch sowohl an lebenden als auch an toten Zellen funktioniert.

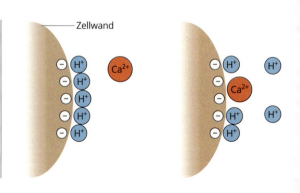

6.10   Veränderungen des Moores

Ein Großteil der ursprünglich in Europa vorhandenen Moore sind vernichtet. Wie ist dies zu erklären?

Natürliche Veränderungen

Wie alle Ökosysteme verändern sich auch Moore natürlicherweise im Laufe der Zeit. Als Folge sinkender Wasserspiegel entwickeln sich aus dem nassen Torfmoosstadium verschiedene trockene Stadien, in denen etwa Glockenheide oder Pfeifengras in der Vegetation dominieren. Dabei treten die verschiedenen Pflanzengesellschaften in einer charakteristischen zeitlichen Abfolge auf, die man als **Sukzession** bezeichnet.

Anthropogene Veränderungen

Bereits im 17. Jahrhundert begannen Menschen Moore zu kultivieren und nutzbar zu machen. Sie wurden besiedelt und in Ackerflächen und Grünland umgewandelt. Der Torf wurde gestochen, getrocknet und als Brennmaterial zum Heizen genutzt. Als Voraussetzung für die Nutzung der Moore wurde der Grundwasserstand in den Mooren abgesenkt, sie wurden entwässert. Insbesondere durch den effizienten Einsatz von Maschinen wurden im letzten Jahrhundert die meisten Hochmoore weitgehend zerstört (→ **Abb. 1**). Entwässerte Moore können ihre ökologischen Funktionen nicht mehr erfüllen und bieten den moortypischen Tier- und Pflanzenarten keinen Lebensraum mehr. Besonders drastisch ist es, dass sich entwässerte Moore von Kohlenstoffdioxid-Senken zu Kohlenstoffdioxid-Quellen entwickeln.

Regeneration der Hochmoore

Moore stehen auf der Roten Liste bedrohter Biotope und haben in der Klimadiskussion einen hohen Stellenwert bekommen. Infolgedessen wurden auf Länder- und Bundesebene verschiedene Gesetze zum Moorschutz erlassen. Als Folge ist seit den 1980er Jahren die intensive Moornutzung in Deutschland zurückgegangen. Der aerobe Abbau des Torfs setzt sich jedoch ungebremst fort, wenn die Moorflächen nicht wieder vernässt werden. Nur durch die erneute Vernässung und Ansiedlung der torfbildenden Moosarten können langfristig Moore wieder als Kohlenstoffdioxid-Senke wirken und Lebensraum für die moortypischen Pflanzen und Tiere bieten.

1 Torfabbau im Goldenstedter Moor in Niedersachsen

❶ ☰ Begründen Sie, warum der Schutz von Mooren immer auch Klimaschutz ist.

❷ ☰ Erstellen Sie ein Referat zur nassen Bewirtschaftung von Moorböden, Paludikultur genannt.

Materialgebundene Aufgaben

❸ **Regeneration von Hochmooren – ein Dilemma**

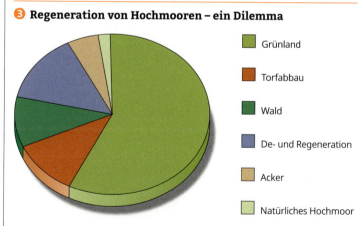

- Grünland
- Torfabbau
- Wald
- De- und Regeneration
- Acker
- Natürliches Hochmoor

a) ☰ Beschreiben Sie die heutige Hochmoornutzung in Niedersachsen anhand der Abbildung.

b) ☰ Im Rahmen der erneuten Vernässung von Mooren müssen oft bestehende Entwässerungssysteme abgebaut werden. Dies kann die Existenz von Landwirten bedrohen, die Flächen bewirtschaften, welche in den Bereichen der trockengelegten Moore liegen. Treffen Sie eine begründete Entscheidung in diesem ökologisch-sozialen Dilemma. Beachten Sie dabei die Methode des Bewertens auf den Seiten 246 und 247.

1 Vogelrast im Wattenmeer

6.11 Funktioneller Aufbau des Wattenmeeres

Millionen Vögel rasten, brüten oder überwintern im Wattenmeer. Wovon ernähren sie sich in einem Lebensraum, in dem es scheinbar nur Sand und Wasser gibt?

Wattenmeere sind Küstenbereiche eines Meeres, die unter dem starken Einfluss der Gezeiten stehen. Das mit etwa 8000 Quadratkilometern Wasserfläche größte und zugleich bedeutendste Wattenmeer der Welt befindet sich an der Nordseeküste.

Gliederung des Wattenmeeres
Das **Wattenmeer** besteht aus drei Zonen: Sublitoral, Eulitoral und Supralitoral (→ **Abb. 2**). Das **Sublitoral** liegt dauerhaft unter Wasser; es wird durch die Brandung und das einfallende Licht bestimmt. Hier sind die ausgedehnten Seegraswiesen angesiedelt. Das **Eulitoral,** auch **Watt** genannt, ist die eigentliche Gezeitenzone des Wattenmeeres. Sie wird im Wechsel von Ebbe und Flut täglich zweimal vom Meer überspült und fällt dann wieder trocken. Dabei fließt das Wasser zum Teil durch tiefe Ströme, die **Priele,** in das Meer ab. Je nach Bodentyp lassen sich Sand-, Schlick- und Mischwatt unterscheiden. Das dunkelgraue Schlickwatt entsteht in strömungsarmen Bereichen des Watts. Es enthält einen großen Anteil an Detritus und Plankton. Auf seiner Oberfläche befindet sich eine dicke Schicht Kieselalgen. Davon ernähren sich unzählige Schnecken, Würmer und Muscheln. So ist das Schlickwatt einer der am dichtesten besiedelten Lebensräume der Erde.

Landeinwärts folgt auf das Watt das **Supralitoral.** Diese Zone des Wattenmeeres wird auch Spritzwasserzone genannt, da sie vom Spritzwasser der Wellen durchnässt wird. Das Schlickwatt geht in diesem Bereich allmählich in festeren Boden über. Hier findet man als Erstbesiedler den Queller. Er verfestigt mit seinen Wurzeln den Boden und wirkt als Schlickfänger. So trägt er wesentlich zur Verlandung bei und ermöglicht, dass sich andere Pflanzen auf dem nun höher gelegenen Land ansiedeln. Dieser Bereich bildet den Rand der Salzwiesen mit ihren charakteristischen Tier- und Pflanzenarten. Die Salzwiesen erstrecken sich bis zu den von Menschen geschaffenen Deichen. Sie grenzen das Meer vom Festland ab, das nicht überflutet wird.

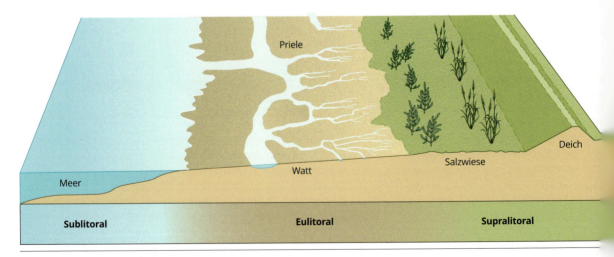

2 Wattenmeer im Querschnitt

Abiotische Faktoren

Das Wattenmeer wird neben dem Gezeiten-wechsel auch durch stark schwankende, abiotische Faktoren beeinflusst. So verringert sich beispielsweise der **Salzgehalt** des Meerwassers durch die Zufuhr von Süßwasser aus Flüssen von 3,5 auf etwa 2,5 Prozent. Bei Ebbe können Pfützen entstehen, in denen der Salzgehalt durch Verdunstung extrem ansteigen oder durch Regen stark fallen kann. Das Wattenmeer ist zusätzlich durch starke **Temperaturschwankungen** gekennzeichnet. Bei Ebbe kann sich etwa im Sommer der dunkle Boden auf 40 °C aufheizen, bei Flut liegt die Wassertemperatur dann häufig nur bei 10 °C. Auch der **Sauerstoffgehalt** im Boden variiert stark. Bei Flut wird der Boden durch die Wasserbewegungen mit Luft angereichert. Allerdings kann sich zwischen den feinen Partikeln des Schlicks nur wenig Luft einlagern. Wenige Millimeter bis Zentimeter unter der Oberfläche herrschen bereits anaerobe Bedingungen vor.

Biotische Faktoren

Die Lebewesen des Wattenmeers zeichnen sich durch besondere Angepasstheiten aus, die ihnen ein Überleben in diesem speziellen Ökosystem ermöglichen.

So haben beispielsweise im Boden lebende Muscheln und Würmer, die den Hauptteil der Wattbewohner ausmachen, das Problem des Sauerstoffmangels auf unterschiedliche Weise gelöst: Muschelarten wie die Sandklaffmuschel besitzen ein röhrenförmiges Organ, den Siphon (→ **Abb. 3**). Sie leben bis über 30 Zentimeter tief eingegraben im Sand. Mit dem Siphon, der aus dem Sand ragt, aber dessen Öffnung noch unter der Wasseroberfläche liegt, nehmen Sandklaffmuscheln sauerstoffreiches Wasser auf und geben kohlenstoffdioxidreiches Wasser ab. Manche Würmer, wie die Köcherwürmer, legen Wohnröhren aus Sandteilchen an, in die sie ständig sauerstoffreiches Frischwasser hineinpumpen. Andere Wurmarten, wie etwa der Wattwurm, können bei Ebbe auch gänzlich ohne Sauerstoff existieren. Ihren Energiebedarf decken sie dann durch Gärung.

Pflanzen der Salzwiesen zeigen unterschiedliche Angepasstheiten an den hohen Salzgehalt des Bodens. Einige Pflanzenarten, wie etwa das Schlickgras, besitzen spezielle Drüsen, mit denen sie das aufgenommene Salz wieder ausscheiden. Andere Arten, wie der Queller (→ **Abb. 4**), verdünnen das aufgenommene Salz und speichern es zusammen mit Wasser in großen Vakuolen. Dadurch quillt die Pflanze allmählich auf. Man spricht von Sukkulenz. Seepocken, die zur Gruppe der Krebse gehören, sind sessil, sie sitzen also fest auf einer Unterlage. Durch diese Angepasstheit sind sie gegen das Wegdriften durch den Wind und die Meeresströmungen geschützt.

Nahrungsbeziehungen im Wattenmeer

Im Wattenmeer sind Kieselalgen, die ein besonders festes Skelett aus Kieselsäure besitzen, die wichtigsten Produzenten von Biomasse. Sowohl das Zooplankton als auch die nachfolgenden Glieder der Nahrungskette wie Würmer, Schnecken, Muscheln, Krebse, aber auch Fische und Vögel finden aufgrund der hohen Biomasseproduktion der Kieselalgen ausreichend Nahrung im Ökosystem Wattenmeer. Eine zweite, wichtige Nahrungsquelle bildet Detritus. Er stellt die Nahrungsgrundlage für Bakterien und einige Planktonarten dar.

3 Sandklaffmuschel mit Siphon

4 Queller

Materialgebundene Aufgaben

❶ Die Strandmelde – eine Salzpflanze

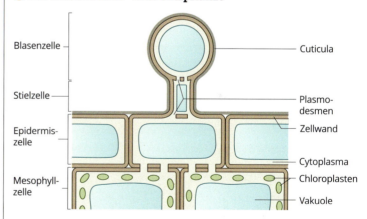

Die Strandmelde ist eine typische Pflanze der Salzwiesen. Sie besitzt sogenannte Blasenhaare, die aus einer Stiel- und einer Blasenzelle bestehen. Die Strandmelde speichert überschüssiges Salz in den Blasenzellen und wirft diese bei zu hoher Salzkonzentration ab.

a) ≡ Erklären Sie die physiologischen Vorgänge, die zur Salzanreicherung in der Blasenzelle führen, und begründen Sie, warum hierfür Energie notwendig ist.

b) ≡ Recherchieren Sie weitere morphologische Angepasstheiten von Salzpflanzen des Wattenmeeres.

1 Sandbank im Wattenmeer vor Spiekeroog

6.12 Veränderungen des Watten-meeres

Welche Faktoren beeinflussen das Watten-meer und wie lässt es sich schützen?

Natürliche Veränderungen

Wind, Sturmfluten, Strömungen und Gezeiten verändern das Wattenmeer kontinuierlich. Sandbänke und Strandabschnitte verschwinden und entstehen an anderer Stelle neu. Diese natürliche Dynamik ist ein charakteristisches Merkmal des Ökosystems Wattenmeer.

Anthropogene Veränderungen

Das Wattenmeer ist durch anthropogene Einflüsse stark gefährdet. Zum Beispiel wird es im hohen Maße durch die Schifffahrt beeinflusst.

Abwasser, Abfälle und insbesondere Schiffsunfälle, bei denen große Mengen an Öl und Schadstoffen in das Meer gelangen, haben gravierende Auswirkungen auf die Biozönosen des Wattenmeeres. Ebenso sind diese durch die Fischerei bedroht. Durch Überfischung sind bereits zahlreiche Fischarten gefährdet. Problematisch ist auch der Tourismus für das Wattenmeer. So können etwa Besucher, die geschützte Flächen betreten, sowie nicht angeleinte Hunde, Reiter und Sportler brütende und rastende Vögel erheblich stören. Außerdem werden niedrige Flechtzäune aus Holz, die sogenannte Lahnungen, angelegt, um auf diese Weise das Land zu sichern und neues zu gewinnen. Dadurch gehen Wattflächen verloren.

Auch der globale Klimawandel wirkt sich gravierend auf das Wattenmeer aus. So werden mit dem Anstieg des Meeresspiegels viele Lebensräume verloren gehen. Ob das Ökosystem Wattenmeer bei einem prognostizierten Anstieg um etwa 50 Zentimeter bis zum Jahr 2050 noch erhalten bleibt, ist daher fraglich.

Schutzmaßnahmen

Sowohl auf nationaler, EU- und internationaler Ebene gibt es zahlreiche Bestrebungen, das Wattenmeer zu schützen. So ist der gesamte niedersächsische und schleswig-holsteinische Wattenmeerraum als **Nationalpark** ausgewiesen und in mehrere Schutzzonen unterteilt. Durch die Nationalparkgesetze, die die Nutzungen innerhalb dieser Zonen genau regeln, hat der Schutz des Wattenmeeres eine sichere Rechtsgrundlage erhalten.

Materialgebundene Aufgaben

① Die Asiatische Krabbe – eine invasive Art

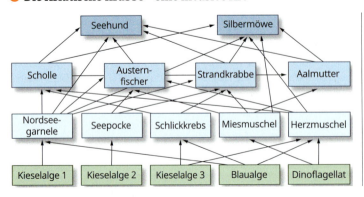

2007 tauchte die Asiatische Krabbe erstmals im Wattenmeer auf. Vermutlich ist sie als Larve im Ballastwasser von Schiffen eingeschleppt worden. Sie verzehrt vor allem junge Miesmuscheln.

a) ≡ Beschreiben Sie den Aufbau des Nahrungsnetzes im Wattenmeer.

b) ≡ Ordnen Sie die Asiatische Krabbe begründend in das Nahrungsnetz ein.

c) ≡ Stellen Sie eine Hypothese über die langfristigen Auswirkungen dieser Krabbenart auf die Biozönose des Wattenmeeres an.

Eva Reuter: „Ich habe gerade meinen Bachelorstudiengang Biologie abgeschlossen und spezialisiere mich nun im Masterstudiengang im Bereich der Meeresbiologie."

Was ist Meeresbiologie?

„Die Meeresbiologie ist ein Teilgebiet der Biologie und ein spezieller Bereich innerhalb der Ökologie. Sie beschäftigt sich mit den Lebewesen des Meeres – also Bakterien und Pilzen, Pflanzen und Tieren – sowie mit den pysikalischen und chemischen Eigenschaften von Ozeanen und Meeren. Meeresbiologinnen und Meeresbiologen untersuchen die Beziehungen der Lebewesen untereinander sowie die Wechselbeziehungen zu ihrer unbelebten Umwelt. Da aquatische Ökosysteme über 70 Prozent der Erdoberfläche ausmachen, bieten sie ein vielfältiges und umfangreiches Forschungs- und Betätigungsfeld."

Welche Inhalte umfasst das Studium?

„Die Allgemeine Hochschulreife ist grundsätzlich die Voraussetzung für ein Studium an einer Hochschule. Die Studieninhalte können sich von Universität zu Universität unterscheiden. Das Studium der Meeresbiologie beginnt mit dem Bachelorstudiengang Biologie, der sechs Semester umfasst. Hier werden Grundlagen in den verschiedenen Naturwissenschaften vermittelt. Neben Biologie sind Chemie, Physik, Mathematik und Statistik Inhalte des Studiums. In Biologie werden die großen Themen Zoologie, Botanik, Genetik, Cytologie, Mikrobiologie und Ökologie einführend behandelt. An diese Pflichtmodule schließen sich verschiedene Wahlmodule an, die je nach Interesse belegt werden können. Dazu gehören etwa die Neurobiologie und die Humanbiologie. Nach dem Bachelorstudiengang kann ein Masterstudiengang folgen, der in der Regel vier Semester dauert. Der Masterstudiengang Meeresbiologie wird überwiegend in den Küstenstädten im Norden Deutschlands angeboten. Er sieht eine Spezialisierung vor und vermittelt Pflichtmodule wie biologische Ozeanografie, Fischereiwissenschaften sowie Meeresmikrobiologie. Fächer wie Mathematik, Statistik, Physik, Chemie und Geologie werden speziell mit meeresbiologischem Schwerpunkt behandelt. In Wahlmodulen kann das Wissen vertieft werden. Zum Beispiel kann der Schwerpunkt auf marine Biotechnologie oder biochemische Ökologie gelegt werden. Oft bieten Universitäten auch die Behandlung internationaler Themen an. Diese Veranstaltungen finden auf Englisch statt."

Warum gefällt mir das Studium der Meeresbiologin/ des Meeresbiologen?

„In der Schulzeit haben mir die Fächer Biologie, Mathematik und Chemie besonders viel Spaß gemacht, was mir den Einstieg in das Studium erleichtert hat. Mich reizt das logische Denken ebenso wie das praktische Arbeiten. Beides deckt das Studium der Meeresbiologie ab. Das fachliche Wissen wird in Vorlesungen erworben und in Übungsgruppen und Tutorien gefestigt. In Praktika werden unterschiedliche Fähigkeiten und Forschungsmethoden vermittelt, die in Exkursionen direkt vor Ort angewendet werden können. Meistens werden auf Exkursionen Meeresproben und umfangreiches Datenmaterial gesammelt, das später im Labor analysiert und ausgewertet werden muss. Auf dieser Grundlage werden aktuelle Problemfelder der Meeresbiologie, wie Überfischung und Klimawandel, bearbeitet und genau das reizt mich an dem Beruf. Mir ist bewusst, dass die wenigsten Meeresbiologinnen und Meeresbiologen auf Forschungsschiffen arbeiten und Meeressäuger erforschen."

Wo arbeiten Meeresbiologinnen und Meeresbiologen?

„Nach erfolgreichem Abschluss des Studiums und je nach Schwerpunktsetzung stehen mir unterschiedliche Aufgabenfelder offen. Ich kann in Umweltorganisationen oder an verschiedenen Instituten und Behörden tätig werden. Auch der Einstieg bei Medieneinrichtungen, Wissenschaftsverlagen oder Fischereibetrieben ist möglich. Ebenso kann ich in den Fachgebieten marine Biotechnologie, Meeresenergiesysteme oder Windenergietechnik arbeiten. Viele Absolventen schließen auch eine Promotion an den Masterstudiengang an. Mit dieser kann man auch Führungsaufgaben an Universitäten und anderen Forschungsinstituten übernehmen."

❶ ☰ Recherchieren Sie, welche Hochschulen den Masterstudiengang Meeresbiologie anbieten und wie sich die Studieninhalte voneinander unterscheiden.

❷ ☰ Geben Sie auf einer Werteskala von null bis zehn an, ob das Studium der Meeresbiologin/des Meeresbiologen für Sie infrage käme und begründen Sie Ihre Entscheidung. Vergleichen Sie Ihre Angabe mit denen Ihrer Mitschülerinnen und Mitschüler.

6.13 Funktioneller Aufbau des Fließgewässers

Wie ist das Ökosystem Fließgewässer gegliedert und welche Lebensbedingungen herrschen dort in den unterschiedlichen Bereichen?

Aus Quellen entspringen Bäche, die sich zu immer größer werdenden Flüssen vereinigen und schließlich in breiten Strömen in das Meer münden. In diesem Verlauf verändern sich die abiotischen Umweltfaktoren wie Strömungsgeschwindigkeit, Temperatur und Sauerstoffgehalt des Wassers kontinuierlich. So kommen in den unterschiedlichen Abschnitten eines Fließgewässers unterschiedliche Biozönosen vor.

Abiotische Umweltfaktoren

Natürliche Fließgewässer werden in die Abschnitte **Oberlauf, Mittellauf** und **Unterlauf** gegliedert (→ **Abb. 1**). Im Oberlauf ist die **Strömungsgeschwindigkeit** aufgrund des starken Gefälles in der Regel am größten. Hier bilden Steine und grober Kies den Gewässergrund. Im weiteren Verlauf nehmen das Gefälle und damit die Stärke der Strömung kontinuierlich ab, sodass immer kleinere Partikel sedimentieren können. Daher besteht der Gewässergrund im Unterlauf vor allem aus Sand und Feinsediment. Mit der Strömung werden auch Mineralstoffe und organische Stoffe transportiert. Ihre Konzentrationen steigen daher in Richtung der Flussmündung. Gleichzeitig nimmt auch die Trübung des Wassers zu. Ebenso verändert sich die **Temperatur** des Wassers stromabwärts: Während das Quellwasser über das ganze Jahr hinweg nahezu konstante Temperaturen von 5 °C bis 10 °C aufweist, schwanken die Temperaturen im Unterlauf zwischen 0 °C im Winter und über 20 °C im Sommer.

Der **Sauerstoffgehalt** in den verschiedenen Abschnitten eines Fließgewässers wird durch die Temperatur des Wassers, seine Fließgeschwindigkeit, durch Turbulenzen und die dort vorkommenden Organismen bestimmt. Im Oberlauf liegt er aufgrund der Turbulenzen fast immer bei 100 Prozent. Im Mittellauf ist der Sauerstoffgehalt des Wassers geringer, da dort weniger Sauerstoff aus der Luft eingetragen wird und die Wassertemperatur höher liegt. Hier dominiert die Sauerstoffbildung durch Wasserpflanzen und Algen. Daher kommt es zu tageszeitlichen Schwankungen des Sauerstoffgehaltes, die zum Unterlauf hin immer größer werden. In algenreichen Gewässern kann der Sauerstoffgehalt mittags doppelt so hoch sein wie nachts.

	Quelle	Oberlauf	Mittellauf	Unterlauf	Mündung
Leitarten	Feuersalamander	Bachforelle, Äsche	Barbe	Brachse	Kaulbarsch, Flunder
Abiotische Faktoren Strömungsgeschwindigkeit, Gefälle	nimmt stetig ab				
Wassertrübung, Gehalt organischer Stoffe	nimmt stetig zu				
Gewässergrund	Fels, Steine	Steine, Kies	Kies, Sand, Feinsediment	Sand, Feinsediment	Sand, Feinsediment
max. Temperatur	< 10 °C	< 15 °C	> 15 °C	< 20 °C	> 20 °C
Sauerstoffgehalt	gering	hoch mit geringen Tages- und Jahresschwankungen	hoch mit ausgeprägten Tages- und Jahresschwankungen	geringer	geringer
Biotische Faktoren Hauptnahrungsquelle für Wirbellose	Falllaub	Falllaub, Aufwuchsalgen	zerkleinertes Falllaub (Feindetritus), Aufwuchsalgen	Phytoplankton	Phytoplankton

1 Gliederung eines Fließgewässers

Biotische Umweltfaktoren

In vielen Fließgewässern fällt im Oberlauf wenig Licht ein, da das Wasser durch überhängende Pflanzen bedeckt wird. So kommen hier nur wenige Pflanzen vor, Phytoplankton fehlt. Durch die überhängende Vegetation wird pflanzliches Material, etwa Blätter, in das Wasser eingetragen. Dieses bildet die Nahrungsgrundlage für die wirbellosen Konsumenten und Destruenten. Erst mit zunehmendem Lichteinfall bewachsen Algen den Untergrund. Im Mittellauf bilden Falllaub, Aufwuchsalgen und Feindetritus die Hauptnahrungsquelle für die Wirbellosen. Die von außen eingetragene Biomasse verliert in diesem Abschnitt an Bedeutung, die des Phyoplanktons nimmt zu. Im Unterlauf und Mündungsbereich fällt durch die Wassertrübung kaum Licht auf den Grund des Flusses. Infolgedessen gibt es dort kaum noch Algenwuchs. In diesen Abschnitten bildet das Phytoplankton die Hauptnahrungsquelle der Wirbellosen.

Leitarten

In den unterschiedlichen Abschnitten eines Fließgewässers finden sich Fischarten, die sich in ihren Ernährungsgewohnheiten und ihrem Anspruch an den Sauerstoffgehalt deutlich unterscheiden. Solche primär in dem jeweiligen Lebensraum vorkommenden Arten nennt man **Leitarten** (→ **Abb. 1**). Mit ihrer Hilfe kann man

ein Fließgewässer von der Quelle zur Mündung in Forellen- und Äschen-, Barben-, Brachsen- sowie Kaulbarsch- und Flunderregionen unterteilen.

Ernährungstypen

In den verschiedenen Längs- und Querschnittsbereichen von Fließgewässern haben sich entsprechend ihrer Ernährung verschiedene Wirbellose angesiedelt. Man unterscheidet folgende Ernährungstypen (→ **Abb. 2**): Die **Zerkleinerer** wie Köcherfliegenlarven beißen Teile aus Pflanzen und Falllaub heraus und zerkleinern diese. **Weidegänger** sind zum Beispiel viele Schneckenarten. Sie raspeln oder schaben den Algenaufwuchs von Steinen ab. **Sedimentfresser** wie die meisten Zuckmückenlarven ernähren sich von Detritus und Mikroorganismen. **Filtrierer,** etwa Flussmuscheln, filtrieren Feindetritus und Plankton aus dem fließenden Wasser. **Räuber,** beispielsweise Rollegel und Raubfische, fangen Tiere als Nahrung.

❶ ☰ Vergleichen Sie anhand der Abbildung 1 die abiotischen Umweltfaktoren im Oberlauf mit denen im Mündungsbereich und erklären Sie die Unterschiede.

❷ ☰ Begründen Sie die unterschiedliche Verteilung der verschiedenen Ernährungstypen anhand der Abbildung 2.

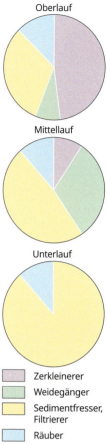

Oberlauf

Mittellauf

Unterlauf

	Zerkleinerer
	Weidegänger
	Sedimentfresser, Filtrierer
	Räuber

2 Ernährungstypen

Materialgebundene Aufgaben

❸ Habitatwechsel bei Leitfischarten

Viele Fischarten zeigen Angepasstheiten ihres Entwicklungszyklus an die besonderen Verhältnisse des jeweiligen Lebensraumes. So verbringen Äschen das Ei- und Larvenstadium im Kiesbett des Oberlaufs. In diesem sauerstoffreichen Untergrund aus Kies und Geröll sind sie vor starker Strömung geschützt. Brachsen benötigen zum Laichen strömungsarme Bereiche, die reich an Wasserpflanzen sind. Diese finden sie in Altarmen und Tümpeln naturnaher Auen. Über das Frühjahrshochwasser wandern die laichreifen Fische in diese Bereiche.

a) ☰ Beschreiben Sie den Habitatwechsel bei Äschen und Brachsen mithilfe der nebenstehenden Abbildung.

b) ☰ Begründen Sie, inwiefern der Habitatwechsel eine Angepasstheit an die kritische Phase der Embryonalentwicklung von Fischen darstellt.

c) ☰ Erläutern Sie mögliche Risiken, die mit dieser Form der Spezialisierung verbunden sind.

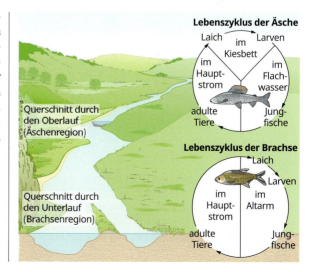

Querschnitt durch den Oberlauf (Äschenregion)

Querschnitt durch den Unterlauf (Brachsenregion)

Lebenszyklus der Äsche
Laich — im Kiesbett — Larven
im Hauptstrom — im Flachwasser
adulte Tiere — Jungfische

Lebenszyklus der Brachse
Laich
Larven
im Hauptstrom — im Altarm
adulte Tiere — Jungfische

6.14 Gewässergüte von Fließgewässern

Wie lässt sich der ökologische Zustand eines Fließgewässers beurteilen?

Im Jahr 2000 wurde von den EU-Mitgliedsstaaten die Europäische Wasserrahmenrichtlinie (EU-WRRL) verabschiedet. Die EU-Mitgliedsstaaten verpflichteten sich darin, alle Gewässer bis spätestens 2027 in einen guten ökologischen Zustand zu bringen. Um den ökologischen Zustand eines Fließgewässers beurteilen zu können, wurden fünf **ökologische Zustandsklassen** definiert (→ **Abb. 1**). Diese Klassen werden aus einer biologischen, einer chemisch-physikalischen und einer strukturellen Komponente ermittelt.

Biologische Gewässergüte

Um die biologische Wassergüte von Fließgewässern beurteilen zu können, nutzt man seit langem das sogenannte **Saprobiensystem**. Dabei bestimmt man das Vorkommen von Organismen, die organische Stoffe im Gewässer abbauen. Viele dieser **Saprobien** dienen als typische Leitorganismen oder **Bioindikatoren** für den Belastungsgrad eines Gewässers. Zum Saprobiensystem gehören beispielsweise bestimmte Arten von Schnecken, Muscheln, Würmer, Insekten und Krebstieren. Die verschiedenen Arten kommen aufgrund ihrer Ernährungsweise, ihres Sauerstoffbedarfs und ihrer Schadstofftoleranz unterschiedlich häufig in belasteten Gewässerabschnitten vor. Je nach dem Grad der Belastung ihres typischen Gewässerabschnittes wird den Saprobien ein bestimmter Saprobienwert zugewiesen. Flussperlmuscheln besitzen beispielsweise einen Saprobienwert von 1,0 und zeigen damit sehr reines Wasser an, während Schlammröhrenwürmer mit einem Saprobienwert von 3,6 in sehr verschmutztem Wasser zu finden sind.

Will man ein Fließgewässer in eine bestimmte ökologische Zustandsklasse einordnen, so erfasst man in einem ersten Schritt möglichst alle in ihm vorkommenden Saprobien und berechnet aus ihren Saprobienwerten und ihrer Häufigkeit einen durchschnittlichen **Saprobienindex**. Zusätzlich wird der jeweilige **Fließgewässertyp** ermittelt. Dieser wird unter

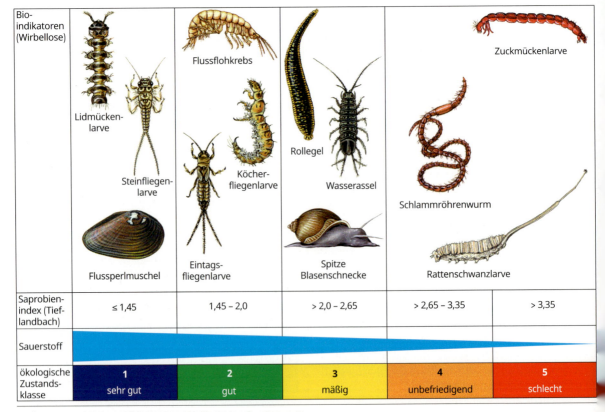

Bio-indikatoren (Wirbellose)	Lidmückenlarve, Steinfliegenlarve, Flussperlmuschel	Flussflohkrebs, Köcherfliegenlarve, Eintagsfliegenlarve	Rollegel, Wasserassel, Spitze Blasenschnecke	Schlammröhrenwurm, Rattenschwanzlarve	Zuckmückenlarve
Saprobien-index (Tieflandbach)	≤ 1,45	1,45 – 2,0	> 2,0 – 2,65	> 2,65 – 3,35	> 3,35
Sauerstoff					
ökologische Zustandsklasse	1 sehr gut	2 gut	3 mäßig	4 unbefriedigend	5 schlecht

1 Ökologische Zustandsklassen und biologische Gewässergüte anderem von der Höhenlage, der Gewässergröße und der Geologie des jeweiligen Fließgewässers beeinflusst. In Deutschland werden auf diese Weise 25 verschiedene Gewässertypen unterschieden. Je nach Gewässertyp und Saprobienindex kann sich eine unterschiedliche ökologische Zustandsklasse ergeben: So besitzt beispielsweise ein Tieflandbach mit einem Saprobienindex von 2 einen guten Zustand, wohingegen ein Quellbach mit gleichem Index einen schlechten Zustand anzeigt. Der Vorteil einer biologischen Gewässerbeurteilung mithilfe von Saprobien besteht darin, dass ihr Vorkommen nicht nur eine Momentaufnahme des aktuellen Zustands eines Fließgewässers darstellt. Je nach Länge des Lebenszyklus einer Art kann die Wasserqualität so über einen längeren Zeitraum dokumentiert werden. Der Nachteil dieser Methode ist der, dass Saprobien keine Information über die Art und Menge möglicher Schadstoffe liefern.

Chemisch-physikalische Gewässergüte

Um aus chemisch-physikalischen Parametern Rückschlüsse auf die Gewässergüte zu ziehen, muss man möglichst viele Parameter untersuchen. Der wichtigste Parameter ist dabei der **chemische Sauerstoffbedarf (CSB)** eines Fließgewässers. Er lässt sich durch den Zusatz bestimmter Chemikalien ermitteln, die die im Wasser vorhandenen organischen Substanzen oxidieren. Daneben kann man den **biochemischen Sauerstoffbedarf (BSB$_5$)** ermitteln. Er gibt an, wie viel Sauerstoff in einer Wasserprobe in fünf Tagen beim vollständigen Abbau von organischen Substanzen durch die im Wasser vorhandenen Bakterien verbraucht wird. Dabei gilt: Je höher der BSB$_5$-Wert, desto stärker ist das Gewässer belastet. Zur Bestimmung der chemisch-physikalischen Gewässergüte werden zudem auch die Konzentrationen an Phosphat-, Nitrat- und Ammonium-Ionen sowie der pH-Wert und die elektrische Leitfähigkeit des Gewässers bestimmt.

Gewässerstrukturgüte

Um einen möglichst vollständigen Überblick über den ökologischen Zustand eines Fließgewässers zu erhalten, ist eine zusammenhängende Betrachtung aller Komponenten notwendig. Dazu wird neben der biologischen und der chemisch-physikalischen Wassergüte auch die **Gewässerstrukturgüte** bestimmt. Letztere erfasst zum Beispiel die Beschaffenheit des Ufers, die Strömungs- und die Substratunterschiede des Gewässergrundes sowie den Verlauf des Gewässerbettes und die Gewässerumgebung.

Die Zuordnung zu einer bestimmten ökologischen Zustandsklasse wird durch die Komponente bestimmt, die am schlechtesten ausfällt. So wird vermieden, dass etwa ein artenarmer, begradigter Fluss positiv bewertet wird, nur weil er kaum organische Belastungen aufweist.

Materialgebundene Aufgaben

❶ Köcherfliegenlarven als Bioindikatoren

Tracheenkiemen

Köcherfliegenlarven dienen als Bioindikatoren zur Bestimmung der biologischen Gewässergüte. Sie bauen ihren Köcher aus Materialien der Umgebung. Die Köcher sind an beiden Enden offen. Durch Bewegungen erzeugen die Larven einen Wasserstrom durch den Köcher hindurch. Den im Wasser gelösten Sauerstoff nimmt die Larve mithilfe fädiger Tracheenkiemen auf.

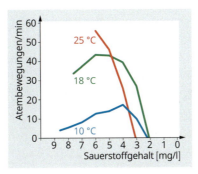

a) ☰ Erklären Sie den im nebenstehenden Diagramm dargestellten Zusammenhang zwischen der Anzahl der Atembewegungen und dem Sauerstoffgehalt des Wassers.

b) ☰ Köcherfliegenlarven besitzen einen Saprobienwert von 1,0. Erklären Sie, welche Schlussfolgerung man aus diesem Wert ziehen kann.

c) ☰ Begründen Sie, warum eine Bestimmung der Gewässergüte über Saprobien wie die Köcherfliegenlarve besser geeignet ist als eine Bestimmung über chemische Parameter.

6.15 Natürliche Selbstreinigung eines Fließgewässers

Welchen Einfluss hat die Einleitung organischer Haushaltsabwässer auf die Biozönosen eines Fließgewässers?

Selbstreinigung

Viele Bakterien finden im Abwasser optimale Lebensbedingungen. Sie ernähren sich von den organischen Stoffen und können sich gut vermehren. Beim Abbau der organischen Stoffe setzen sie Mineralstoffe frei und verbrauchen gleichzeitig Sauerstoff, sodass sich anaerobe Verhältnisse einstellen. Schwebstoffe des Wassers trüben das Wasser und behindern so die Fotosynthese der Algen. Weiter flussabwärts nimmt die Konzentration organischer Stoffe durch die bakterielle Aktivität ab. Damit sinkt auch die Bakteriendichte. Einzeller wie das Pantoffeltierchen, die sich von Bakterien ernähren, folgen in ihrer Populationsdichte der Dichte ihrer Beute (→ **Abb. 2**).

Mit zunehmendem Abbau und fortschreitender Verdünnung der organischen Stoffe verbessern sich die Lichtverhältnisse, sodass die Algendichte wieder ansteigt. Es stellen sich wieder aerobe Bedingungen ein. Durch natürliche Abbauprozesse und Verdünnungsvorgänge nähern sich so verschmutzte Gewässer der unbelasteten Ausgangssituation an. Man spricht von der natürlichen **Selbstreinigung** des Gewässers.

1 Abwassereinleitung in ein Fließgewässer

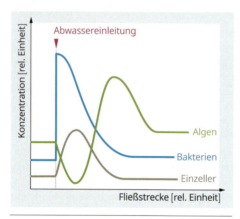

2 Veränderungen der Biozönosen nach einer Abwassereinleitung

Materialgebundene Aufgaben

❶ Veränderung der Stoffkonzentrationen nach Abwassereinleitung

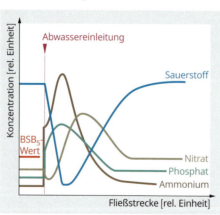

Durch die Einleitung von Abwasser in ein Fließgewässer ändern sich die Biozönosen und die Stoffkonzentration von Sauerstoff sowie von verschiedenen Ionen. So werden beim Abbau organischer Stoffe unter anderem Phosphat- und Nitrat-Ionen freigesetzt. Letztere werden unter anaeroben Bedingungen in Ammonium-Ionen umgewandelt.

a) ≡ Beschreiben und erklären Sie die dargestellten Veränderungen im Verlauf des Fließgewässers.

b) ≡ Erklären Sie, wie sich der BSB_5-Wert nach Abwassereinleitung im Verlauf der Fließstrecke verändert.

Niedersachsens größtes Klärwerk liegt in Seelze bei Hannover (→ **Abb. 2**). Täglich werden dort 160 Millionen Liter Abwasser gereinigt. Das entspricht einer Menge von etwa 1000 Liter pro Sekunde. Das Abwasser besteht aus Brauchwasser der Haushalte, Schmutz- und Regenwasser und Industrieabwässern, die oft mit sehr verschiedenen Stoffen belastet sind. Noch bis zur Mitte des vorigen Jahrhunderts bestand die Abwasserreinigung nur darin, mechanische Verunreinigungen zu entfernen.

Erste Reinigungsstufe

In einer heutigen modernen **Kläranlage** (→ **Abb. 1**) wird das Abwasser in einem mehrstufigen Prozess mit mechanischen, biologischen und chemischen Reinigungsstufen geklärt. Da die groben Bestandteile des Abwassers wie Papier und Sand zur Beschädigung der Pumpen und Maschinen führen würden, entfernt man diese in der **mechanischen Reinigung** durch Lochbleche und Rechen sowie einem Sandfang. Im anschließenden Absetzbecken setzen sich auch feinere Partikel ab, sodass danach 40 bis 60 Prozent aller Schwebstoffe aus dem Abwasser entfernt sind. Das so gereinigte Abwasser wird in das Belebtschlammbecken geleitet und der abgesetzte Schlamm nach einer Entwässerung in den Faulturm gepumpt.

Zweite Reinigungsstufe

In der zweiten Reinigungsstufe findet die **biologische Reinigung** statt. Diese erfolgt wie die Selbstreinigung von Gewässern. Im Belebtschlammbecken bauen Mikroorganismen unter ständiger Sauerstoffzufuhr organische Stoffe in Kohlenstoffdioxid, Wasser, Nitrate und Phosphate ab. Der zurückbleibende Schlamm, der neben den Abbauprodukten auch abgestorbene Mikroorganismen enthält, wird in den Nachklärbecken gesammelt und in den Faulturm verfrachtet. Bei vielen Kläranlagen endet die Reinigung nach dieser

2 Klärwerk in Seelze

Stufe, und das Wasser wird dem Vorfluter – einem Bach, Fluss oder See – zugeführt.

Dritte Reinigungsstufe

Das Abwasser aus industriellen Einzugsgebieten enthält oft noch Phosphate sowie andere lösliche Salze. Daher muss es in einer dritten Stufe, der **chemischen Reinigung,** weiter behandelt werden, bevor es in den Vorfluter geleitet werden kann. Dabei werden die gelösten Salze durch Fällungsmittel in schwerlösliche Verbindungen überführt, die sich am Boden absetzen. Im Faulturm wird der gesammelte Schlamm anaerob vergoren. Dabei entsteht neben brennbarem Biogas, einem Gemisch aus Methan und Kohlenstoffdioxid, ausgefaulter Schlamm. Dieser kann in der Landwirtschaft als Dünger genutzt werden, wenn er festgelegte Grenzwerte, etwa hinsichtlich der Schwermetalle, nicht überschreitet.

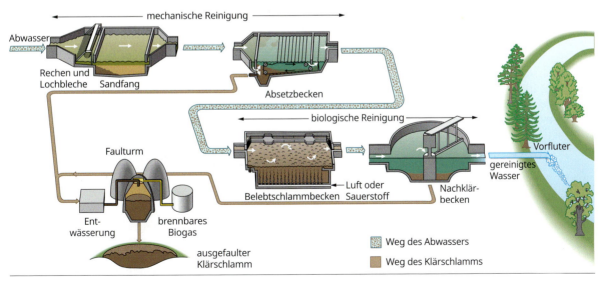

1 Moderne Kläranlage

❶ Ökologische Gewässergütebewertung

Hinweise: Durch die Europäische Wasserrahmenrichtlinie (EU-WRRL) sind im Jahr 2000 europaweit gültige Vorgaben zur Gewässergütebewertung festgelegt worden. Danach werden alle europäischen Gewässer von der Quelle bis zur Mündung nach einheitlichen Kriterien beschrieben und bewertet. Folgende Aspekte werden im Rahmen dieser Untersuchungen erfasst:

1. **Chemisch-physikalische Gewässergüte**
   (siehe Tabelle 1)
2. **Biologische Gewässergüte**
   (siehe Bestimmungsliteratur)
3. **Gewässerstrukturgüte**
   (siehe Tabelle 2)

Bei der Beurteilung wird dem Gewässer eine der folgenden ökologischen Zustandsklassen zugeordnet und durch festgelegte Farben in Gewässergütekarten dargestellt:

Zustandsklasse 1
(▮ sehr guter Zustand)
Zustandsklasse 2
(▮ guter Zustand)
Zustandsklasse 3
(▮ mäßiger Zustand)
Zustandsklasse 4
(▮ unbefriedigender Zustand)
Zustandsklasse 5
(▮ schlechter Zustand)

Material: Marmeladengläser mit Deckel; Meterstock; Uhr mit Sekundenzeiger; Thermometer; Leitfähigkeitsmessgerät; Untersuchungskoffer zur chemischen Wasseruntersuchung mit Testkits (GHS 02, 05, 07) für pH-Wert, Sauerstoffgehalt, Ammonium-Ionen (ca. 0 – 10 mg/l), Nitrat-Ionen (ca. 0 – 50 mg/l) und Phosphat-Ionen (ca. 0 – 1 mg/l); Sammelgefäß für Chemikalienreste; Fotometer (wenn vorhanden); Messzylinder (100 ml); destilliertes Wasser; Drahtsiebkäscher oder Küchensieb; Insektennetz; Exhaustor; weiße Kunststoffschale; feiner Pinsel; Federstahlpinzetten; Sammelgläser; kleine Petrischalen; Lupe; Stereolupe; Bestimmungsbücher; Protokollbögen; Klemmbrett; Fotoapparat; Schreibwerkzeug; topografische Karte

Durchführung: Suchen Sie unter Verwendung der Karte eine geeignete Probenstelle eines Fließgewässers auf und erfassen Sie die im Folgenden aufgeführten Merkmale.

Kalibrieren Sie die Messgeräte vor der Verwendung und lesen Sie die Werte erst ab, wenn sich ein relativ konstanter Wert eingestellt hat. Beurteilen Sie die Werte unter Verwendung der Tabellen 1 und 2. Erstellen Sie auch eine Fotodokumentation.

- **Strömungsgeschwindigkeit:** Ermitteln Sie die Strömungsgeschwindigkeit, indem Sie am Ufer eines geraden Gewässerabschnittes eine Strecke von 10 m abmessen, Anfang und Ende des Abschnittes markieren und am flussaufwärts gelegenen Ende der Strecke ein Holzstück auf das Wasser legen. Messen Sie die Zeit, bis das Holzstück das Ende der abgemessenen Strecke erreicht hat, und berechnen Sie die Geschwindigkeit in Zentimeter pro Sekunde.
- **Steine im Wasser:** Beschreiben Sie das Aussehen der im Wasser liegenden Steine sowohl auf der Ober- als auch auf der Unterseite.
- **Leitfähigkeit:** Messen Sie die elektrische Leitfähigkeit des Wassers.
- **Chemische Parameter:** Bestimmen Sie den pH-Wert, Sauerstoffgehalt sowie Ammonium-, Nitrat- und Phosphat-Ionengehalt entsprechend der Anleitungen zu den Geräten und Testkits. Der Sauerstoffgehalt muss immer an der Probenstelle bestimmt werden, die übrigen Parameter können in einer gekühlten Probe auch sofort nach Rückkehr im Labor gemessen werden.
- **Wassertemperatur:** Messen Sie die Wassertemperatur.

- **Färbung und Trübung:** Füllen Sie ein Marmeladenglas zur Hälfte mit Wasser aus dem Gewässer. Verschließen Sie es mit dem Deckel. Beschreiben Sie Farbe und Trübung des Wassers.
- **Geruchsbestimmung:** Schütteln Sie die Probe kräftig, halten Sie die Nase an das Glas und öffnen Sie gleichzeitig den Deckel. Beschreiben Sie den Geruch.
- **Tiere:** Fangen Sie wirbellose Wassertiere mit dem Käscher oder Küchensieb etwa 15 Minuten lang zwischen Wasserpflanzen, unter Steinen und im Bodensediment. Führen Sie dabei den Käscher gegen die Strömung. Überführen Sie die gefangenen Tiere mit dem Pinsel oder der Pinzette in eine mit sauberem Wasser gefüllte Schale. Einzelne Tiere werden für genauere Betrachtungen in Petrischalen überführt und mit der Stereolupe betrachtet. Bestimmen Sie den Namen der Tiere mithilfe des Bestimmungsbuches. Ermitteln Sie die Häufigkeit der verschiedenen Tiere. Sie wird durch Zahlenwerte angegeben: 1 Einzeltier, 2 wenige Tiere, 3 viele Tiere, 4 massenhaft Tiere. Setzen Sie alle Tiere sofort nach der Untersuchung wieder am Fundort aus. Fangen Sie am Gewässerufer mithilfe von Marmeladenglas, Insektenkäscher oder Exhaustor auch wirbellose Landtiere und bestimmen Sie diese. Häufig handelt es sich dabei um adulte Formen.
- **Pflanzen:** Sammeln und bestimmen Sie Pflanzen im und am Wasser und ermitteln Sie ihre Häufigkeiten.
- **Gewässerstrukturgüte:** Beurteilen Sie die Gewässerstrukturgüte anhand der in der Tabelle 2 aufgeführten Parameter mit einem Wert zwischen 1 und 5. Die Gewässerstrukturgütebewertung erfasst die Veränderungen des Gewässers durch den Menschen und beurteilt, inwieweit die ökologische Funktionstüchtigkeit dadurch beeinträchtigt wird.

Zustandsklasse	1	2	3	4	5
Steine im Wasser	glatt, rau oder mit Moos bewachsen	etwas glitschig, braun-grünlich	glitschig, weißgrau, mit grünen Fadenalgen, Unterseite schwarz-fleckig oder schwarz		
Leitfähigkeit in µS/cm (Maß für die Salzkonzentration)	< 300	301–500	501–700	701–900	> 900
Ammonium in mg/l (Fäkalienbelastung, Eutrophierung)	< 0,04 (in Moorbächen bis 1)	0,05–0,3	0,31–0,6	0,7–1,2	> 1,2
Nitrat in mg/l (Fäkalienbelastung, Eutrophierung)	< 4,4	4,5–11,1	11,2–22,2	22,3–44,3	> 44,3
Phosphat in mg/l (Belastung mit Abwasser, anorganischem Dünger)	≤ 0,06	0,07–0,31	0,32–0,61	0,62–1,21	> 1,21
Sauerstoff in mg/l	≥ 8	6–7	4–5	2–3	< 2
pH-Wert	6,5–8,0 (in Moorbächen auch unter 6,5)	6,0–6,4 (8,1–8,5)	5,5–5,9 (8,6–9,0)	5,0–5,4 (9,1–9,5)	< 5,0 (> 9,5)
Temperatur in °C	≤ 18	19–20	21–22	23–24	> 24
Farbe	farblos, klar	leicht trüb	deutlich trüb, grünlich durch Algen		
Geruch	geruchlos, frisch	riecht, nicht unangenehm	riecht muffig, süßlich, nach faulen Eiern oder Chlor		

1 Faktoren der chemisch-physikalischen Gewässergüte

Gewässerverlauf	überall mäandrierend (1)	vollständig begradigt (5)
Gewässerquerschnitt	sehr flach (1)	sehr tief (5)
Strömungsbild	sehr unterschiedliche Strömungsgeschwindigkeiten (1)	Strömung einheitlich (5)
Tiefenvarianz	tiefe und flache Bereiche wechseln mosaikartig (1)	keine (5)
Gewässergrund	mosaikartige Verteilung von Sand/Kies/Totholz u. a. (1)	einförmig (5)
Durchgängigkeit	keine Hindernisse (1)	Verrohrungen/Barrieren usw. (5)
Uferstruktur	keine künstlichen Strukturen (1)	gerade, verbaute, steil abfallende Ufer (5)
Uferbewuchs	natürlicher Gehölzsaum (1)	befestigter Uferrand ohne Vegetation (5)
Gewässerrandstreifen	> 20 m (1)	nicht vorhanden (5)
Gewässerumgebung	naturnaher Wald (1)	geschlossene Ortschaft oder Industriegebiet (5)

Mittelwert	1,0–1,6	1,7–2,4	2,5–3,4	3,5–4,4	4,5–5,0
Gewässerstrukturgüte	1 sehr gut	2 gut	3 mäßig	4 unbefriedigend	5 schlecht

2 Faktoren der Gewässerstrukturgüte

a) ☰ Beurteilen Sie die chemisch-physikalische Gewässergüte des von Ihnen untersuchten Fließgewässers anhand der erfassten Merkmale mithilfe der Tabelle 1.

b) ☰ Beurteilen Sie die biologische Gewässergüte anhand des Vorkommens und der Häufigkeit von Bioindikatoren. Verwenden Sie für die Bestimmung der Wirbellosen geeignete Bestimmungsbücher.

c) ☰ Berechnen Sie den Mittelwert der Beurteilungen für die zehn Gewässerstrukturgüteparameter aus Tabelle 2 und beurteilen Sie die Gewässerstrukturgüte insgesamt unter Verwendung der Tabelle 2.

d) ☰ Beurteilen Sie das Fließgewässer anhand der ermittelten Werte an der Probestelle.

1 Der Rhein und seine Anrainerländer

Sozialer Aspekt

Betroffene Parteien:
Anrainerländer,
Städte, Betriebe,
Fischer

Ökologischer Aspekt

Naturressource:
Fluss

Ökonomischer Asp

**Nachfrage
der Ressource:**
Abwasserklärung,
Trinkwasser-
gewinnung,
Verkehrswege,
Fischfang

2 Struktur eines ökologisch-sozialen Dilemmas

Flüsse halten sich nicht an Landesgrenzen. Der Rhein oder die Donau
fließen zum Beispiel durch mehrere
Länder Mitteleuropas. Verschmutzungen oder Begradigungen des Flussver-
laufs im Ober- und Mittellauf wirken
sich oft insbesondere im Unterlauf
aus, sodass die Anrainerländer dort
von den negativen Folgen besonders
betroffen sind (→ **Abb. 1**).

Natürliche Ressourcen, wie das Wasser oder der Fischbestand eines Flusses, sind oft die Grundlage eines sogenannten **ökologisch-sozialen
Dilemmas** (→ **Abb. 2**). Diese Konfliktsituation zeichnet sich dadurch aus,
dass
– verschiedene Parteien eine sich
  selbst regenerierende Ressource
  nutzen,
– die Ressource durch Übernutzung
  geschädigt und ausgelöscht werden kann,
– eine verstärkte Nutzung insbesondere aus ökonomischen Gründen
  erfolgt,
– keine der Parteien das Ausmaß der
  Nutzung bestimmen kann.
Zum Beispiel wird ein Fluss, der mehrere Länder durchfließt, von Parteien
mit unterschiedlichen, oft sogar gegensätzlichen Interessen genutzt.
Kommunen etwa, die aus dem Flusswasser Trinkwasser gewinnen, haben
ein hohes Interesse daran, dass der
Fluss nicht mit Schadstoffen belastet
wird. Andere Kommunen möchten
die natürliche Selbstreinigungskraft
des Flusses nutzen, um sich ihrer Abwässer kostensparend zu entledigen.

Sowohl die Wasserentnahme als auch
die Abwassereinleitung bedeuten
einen finanziellen Gewinn für die
Kommunen, könnten aber das ökologische Gleichgewicht des Flusses so
stören, dass seine natürliche Selbstreinigungskraft verloren geht. Keine
der Kommunen kann der anderen
vorschreiben, wie und in welchem
Maße sie den Fluss nutzen darf.

Das Dilemma besteht darin, dass eine
Entscheidung getroffen werden muss
zwischen Handlungsmöglichkeiten
mit jeweils gegensätzlichen Folgen.

Entweder entscheidet man sich für
eine Kooperation mit der anderen
Partei und nimmt dafür in Kauf, dass
nicht der maximal mögliche Gewinn
aus der Ressource gezogen werden
kann, die Ressource aber langfristig
erhalten bleibt. Oder man entscheidet
sich für den größtmöglichen Gewinn
mit der möglichen Folge, dass die
Ressource geschädigt wird (→ **Abb. 3**).

Ökologisch-soziale Dilemmata sind
durch drei Fallen gekennzeichnet:

Die **soziale Falle** besteht darin, dass
der Gewinn bei Nutzung der Ressource nur wenigen Beteiligten zugute
kommt. Der Schaden, der durch die
Übernutzung entsteht, betrifft jedoch
viele. Zum Beispiel würde das Einleiten von ungeklärten Abwässern in
einen Fluss einem Betrieb Kosten für

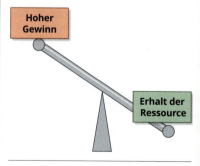

**Hoher
Gewinn**

**Erhalt der
Ressource**

3 Das Dilemma

eine betriebseigene Abwasserklärung ersparen. Dafür müssten aber die Kommunen mehr Geld für die Sanierung des Flusses oder für die Trinkwasseraufbereitung ausgeben.

Die **räumliche Falle** besteht darin, dass die Schäden nicht immer in den Regionen auftreten, in denen sie verursacht werden. Städte und Gemeinden am Mittellauf, die ungeklärte Abwässer einleiten, könnten die Kosten für eine Kläranlage einsparen. Der Schaden würde jedoch insbesondere die Kommunen im weiteren Verlauf des Flusses betreffen, da sie zum Beispiel das Flusswasser nicht mehr für die Trinkwassergewinnung nutzen könnten.

Unter der **zeitlichen Falle** versteht man, dass der Schaden nicht sofort, sondern erst zeitlich verzögert auftritt. Giftstoffe, mit denen ein Fluss belastet wird, könnten sich in der Nahrungskette anreichern und erst nach einiger Zeit ein Fischsterben bewirken.

Um eine begründete Entscheidung in einem ökologisch-sozialen Dilemma fällen zu können, müssen zunächst die verschiedenen Handlungsmöglichkeiten mit ihren Folgen betrachtet werden. Diese Sachebene bildet die Entscheidungsgrundlage. Bei Fragen nach dem richtigen Handeln muss man auf der Grundlage von Wertvorstellungen entscheiden. Werte sind

die Leitlinien, an denen ein Mensch sein Handeln und Urteilen ausrichten kann, zum Beispiel Menschenwürde, Gerechtigkeit, Frieden, Mitbestimmung, Chancengleichheit, Fairness.

Die folgenden Schritte und Fragen können hilfreich sein, um in einem ökologisch-sozialen Dilemma zu einer begründeten Entscheidung zu gelangen (→ **Abb. 4**):

1. **Sachwissen zum Dilemma**
Beschreiben Sie zunächst genau die Konfliktsituation. Ermitteln Sie das Sachwissen zu folgenden Fragen:
- Welche sozialen, ökologischen und ökonomischen Aspekte sind mit der Nutzung der Ressource verbunden?
- Welche räumlichen, zeitlichen und sozialen Fallen könnten bestehen?
- Welche verschiedenen Handlungsmöglichkeiten gibt es?
- Welche kurz- und langfristigen Folgen haben die unterschiedlichen Handlungsmöglichkeiten?

2. **Werte und Normen**
Klären Sie folgende Fragen:
- Welche eigenen Ziele und Wertvorstellungen (Gerechtigkeit, Frieden, Freiheit, Recht auf Arbeit, unberührte Natur u.a.) haben Sie?
- Welche Ziele und Wertvorstellungen haben die am Konflikt beteiligten Parteien?
- Welche bestehenden Normen und Gesetze werden berührt?

Beispiele: Richtlinien und Gesetze des Naturschutzes, Wasserrahmenrichtlinie, Flora-Fauna-Habitat-Richtlinie.
- Stehen die verschiedenen Handlungsmöglichkeiten mit dem Leitbild einer nachhaltigen Entwicklung im Einklang?

3. **Bewertung der Handlungsmöglichkeiten**
- Ordnen Sie zu, welche Werte und Normen jeweils von den verschiedenen Handlungsmöglichkeiten konkret berührt werden.

4. **Entscheidung und Begründung**
- Entscheiden Sie auf dieser Basis, welche Handlung durchgeführt werden soll. Begründen Sie Ihre Entscheidung.

Für die erfolgreiche Lösung eines ökologisch-sozialen Dilemmas ist die Sanierung des Rheins beispielhaft. Durch die wachsende Industrialisierung an seinen Ufern und den zunehmenden Schiffverkehr hatte sich sein ökologischer Zustand in der Mitte des zwanzigsten Jahrhunderts so verschlechtert, dass er als „Kloake Europas" verrufen war. Heute dagegen gilt der Rhein als einer der saubersten Flüsse Europas. Im Wesentlichen ist dies der Internationalen Kommission zum Schutz des Rheins (IKSR) zu verdanken. Initiiert von den Niederlanden arbeiten seit 1950 die europäischen Anrainerstaaten in dieser Kommission zusammen. Ein Schlüsselereignis für den Schutz des Rheins war ein Großbrand in einem Schweizer Chemieunternehmen 1986, bei dem mit dem Löschwasser rund 20 Tonnen Pflanzenschutzmittel in den Rhein flossen. Als Folge davon setzte ein Fisch- und Kleintiersterben im Rhein in einem bis dahin nie gekannten Ausmaß ein. Erst danach fand das von der IKSR erarbeitete Aktionsprogramm zur Sanierung des Ökosystems Rhein intensive Unterstützung. Das Schutzprogramm des Rheins wurde zum Modell für die Sanierung vieler anderer Flüsse.

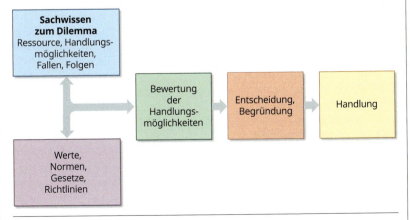

4 Verlaufsschema im Bewertungsprozess

7 Globale Stoffkreisläufe

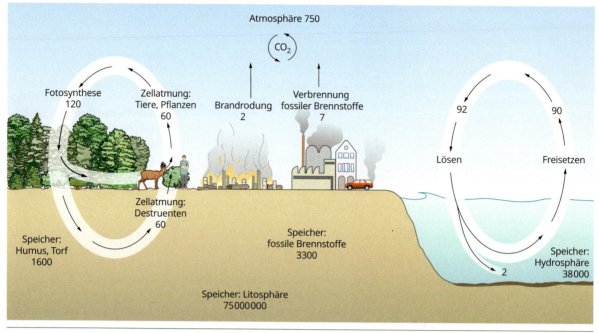

1 Globaler Kohlenstoffkreislauf (Angaben in 10^9 Tonnen Kohlenstoff pro Jahr)

7.1 Globaler Kohlenstoffkreislauf

Welche Stationen durchläuft der Kohlenstoff im globalen Kohlenstoffkreislauf und welche Folgen haben Störungen dieses Kreislaufs?

Kohlenstoffverbindungen kommen in verschiedenen Bereichen der Erde vor. Neben der **Biosphäre** – dem gesamten, mit Lebewesen besiedelten Raum der Erde – und der **Atmosphäre** – der Luftschicht – sind dies die **Lithosphäre** – die Gesteinshülle der Erde, und der mit Wasser bedeckte Teil der Erdoberfläche, die **Hydrosphäre.** Zwischen diesen Bereichen findet ein ständiger Austausch von Kohlenstoff statt. Man spricht vom **Kohlenstoffkreislauf** und unterscheidet dabei zwei Teilkreisläufe, den biosphärischen und den geochemischen Kohlenstoffkreislauf. Eine der wichtigsten Verbindungen ist dabei Kohlenstoffdioxid. Es ist an mehreren Reaktionen beteiligt und verknüpft dadurch verschiedene Kreisläufe miteinander.

Biosphärischer Kohlenstoffkreislauf
Landpflanzen nehmen Kohlenstoffdioxid aus der Atmosphäre auf, Wasserpflanzen und Phy-

toplankton entnehmen dem Wasser gelöstes Kohlenstoffdioxid und bauen daraus Biomasse auf. Heterotrophe Konsumenten und Destruenten nutzen die so erzeugte Biomasse und bauen daraus eigene Biomasse auf. Bei der Zellatmung von Tieren, Pflanzen und Destruenten wird Kohlenstoffdioxid wieder freigesetzt und gelangt zurück in die Atmosphäre. Diese freigesetzte Menge an Kohlenstoffdioxid liegt bei etwa 120×10^9 Tonnen Kohlenstoff und entspricht damit der Menge, die der Atmosphäre bei der Fotosynthese entnommen wurde (→ **Abb. 1**). Man sagt, die Kohlenstoffbilanz ist ausgeglichen. Ein Teil der toten Biomasse wird unter anaeroben Bedingungen zu Humus und Torf umgewandelt und so dem Kohlenstoffkreislauf entzogen. Schätzungen zufolge belaufen sich die auf diese Weise gespeicherten Kohlenstoffmengen auf 1600×10^9 Tonnen.

Geochemischer Kohlenstoffkreislauf
In der Atmosphäre befinden sich insgesamt 750×10^9 Tonnen Kohlenstoff in Form von Kohlenstoffdioxid. Jährlich werden 92×10^9 Tonnen davon in den Meeren gelöst und liegen hier als Carbonat vor. Gleichzeitig werden aber 90×10^9 Tonnen Kohlenstoff in Form von Kohlenstoffdioxid wieder aus dem Meer freigesetzt. Die

verbliebenen 2 x 10^9 Tonnen werden aus der oberen Austauschschicht in die Tiefenschicht des Meeres verlagert. In der Hydrosphäre ist so über lange Zeiträume ein Kohlenstoffspeicher von etwa 38 000 x 10^9 Tonnen Kohlenstoff entstanden (→ **Abb. 1**). Ein Teil des Carbonats aus diesem Speicher reagiert zu schwer löslichem Calciumcarbonat, das auf den Meeresboden sedimentiert. Auch die Skelette und Schalen von Fischen, Muscheln und Korallen, die ebenfalls aus Calciumcarbonat bestehen, lagern sich am Meeresboden ab. In sehr langen Zeiträumen bildeten sich auf diese Weise in der Lithosphäre mächtige Kalksteinschichten. Sie stellen die mit Abstand größten Kohlenstoffspeicher der Erde dar. Weitere Kohlenstoffspeicher bilden die Lagerstätten der fossilen Brennstoffe Kohle, Erdöl und Erdgas mit etwa 3300 x 10^9 Tonnen Kohlenstoff.

Der zu Kalkstein gewordene oder in fossilen Pflanzenresten festgelegte Kohlenstoff geht erst nach Jahrmillionen wieder aus der Lithosphäre in die Atmosphäre über, wenn die Gesteinsschichten durch geologische Prozesse zurück an die Erdoberfläche gelangen und dort der Verwitterung ausgesetzt sind. Der geochemische Kohlenstoffkreislauf wird daher – im Gegensatz zum biosphärischen Kohlenstoffkreislauf – als langfristiger Kohlenstoffkreislauf bezeichnet.

Anthropogene Einflüsse

Seit etwa zweihundert Jahren greift der Mensch in die annähernd ausgeglichene Kohlenstoffbilanz der Biosphäre ein: Er verbrennt mit den fossilen Brennstoffen Kohlenstoffvorräte, die sich vor Millionen von Jahren gebildet haben und seit dieser Zeit dem Kohlenstoffkreislauf entzogen waren. Bei dieser Verbrennung gelangt zusätzliches Kohlenstoffdioxid in den Kohlenstoffkreislauf. Daneben trägt die Entwaldung zum Anstieg der atmosphärischen Kohlenstoffdioxid-Konzentration bei. Durch Brandrodung etwa wird der im Holz gespeicherte Kohlenstoff in die Atmosphäre freigesetzt. Folglich hat sich der Volumenanteil von Kohlenstoffdioxid in der Luft seit 1950 von 0,03 auf heute über 0,04 Prozent erhöht (→ **Abb. 2**). Die zusätzliche Freisetzung von Kohlenstoffdioxid stellt einen erheblichen Eingriff in den natürlichen Kohlenstoffkreislauf dar. Als klimawirksames Gas beeinflusst Kohlenstoffdioxid zusammen mit Methan, Stickstoffoxiden und Ozon die Temperatur auf der Erde.

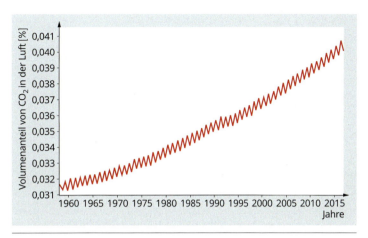

2 Entwicklung der Kohlenstoffdioxid-Konzentration in der Atmosphäre

❶ ☰ Erklären Sie anhand der Abbildung 1, warum die Kohlenstoffbilanz der Biosphäre annähernd ausgeglichen ist.

❷ ☰ Entwickeln Sie eine Hypothese, die die in Abbildung 2 erkennbaren jahreszeitlichen Schwankungen der Kohlenstoffdioxid-Konzentration erklärt.

Materialgebundene Aufgaben

❸ Kohlenstoffdioxid-Ausstoß

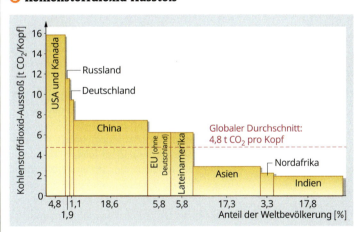

Das Diagramm zeigt den Pro-Kopf-Ausstoß an Kohlenstoffdioxid für verschiedene Länder und Weltregionen bezogen auf ihren Anteil an der Weltbevölkerung.

a) ☰ Beschreiben Sie die in der Abbildung dargestellten Zusammenhänge.

b) ☰ Erläutern Sie mögliche Ursachen für den unterschiedlichen Kohlenstoffdioxid-Ausstoß in den verschiedenen Ländern.

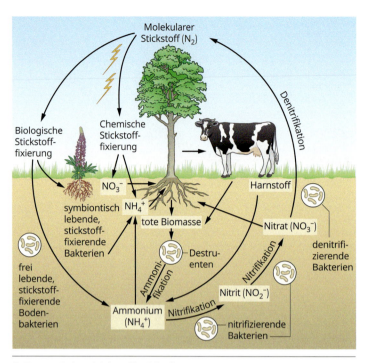

1 Terrestrischer Stickstoffkreislauf

7.2* Globaler Stickstoffkreislauf

Aus welchen Teilprozessen besteht der globale Stickstoffkreislauf und wie wird dieser durch Menschen beeinflusst?

Stickstoff ist ein für Lebewesen wichtiges chemisches Element. Es findet sich beispielsweise in den Aminosäuren von Proteinen und den Basen der Nucleinsäuren. Der **Stickstoffkreislauf** beschreibt den Weg des Stickstoffs von anorganischen zu organischen Stoffen bis zur Rückführung in anorganische Verbindungen.

Terrestrischer Stickstoffkreislauf
Die Atmosphäre besteht zu etwa 78 Volumenprozent aus molekularem Stickstoff (N_2). Allerdings können Pflanzen Stickstoff in dieser Form nicht verwerten. Der reaktionsträge molekulare Stickstoff der Atmosphäre muss zunächst gespalten und dann in reaktionsfreudigere chemische Verbindungen überführt werden. Man spricht von **Stickstofffixierung**. Dabei entstehen Stoffe wie Nitrat-Ionen (NO_3^-) oder Ammonium-Ionen (NH_4^+). Aus diesen können Pflanzen stickstoffhaltige organische Verbindungen aufbauen. Menschen und Tiere sind dazu nicht in der Lage. Sie müssen organische Stickstoffverbindungen mit der Nahrung aufnehmen, um diese für ihre Zwecke nutzbar zu machen. Bei der Stickstofffixierung kann man zwei verschiedene Wege unterscheiden. Der erste Weg, die **chemische Stickstofffixierung**, liefert nur einen kleinen Anteil verwertbarer Stickstoffverbindungen. Sie entstehen bei Gewittern, Vulkanausbrüchen und Verbrennungen, wenn Stickstoff und Sauerstoff der Atmosphäre miteinander reagieren. Mit den Niederschlägen gelangen sie dann als Nitrat- und Ammonium-Ionen in den Boden. Der zweite, weitaus bedeutendere Weg ist die **biologische Stickstofffixierung**. Hierbei wird Stickstoff von frei lebenden Bodenbakterien und symbiotisch lebenden Bakterien, etwa in den Wurzelknöllchen von Leguminosen, für Pflanzen verfügbar gemacht.

Das unmittelbare Produkt der biologischen Stickstofffixierung ist Ammoniak (NH_3). Da die meisten Böden leicht sauer sind, reagiert es mit den H^+-Ionen des Bodens zu Ammonium-Ionen (NH_4^+). Diese können von Pflanzen direkt zum Aufbau von Aminosäuren genutzt werden. Allerdings wird der größte Teil der in Böden vorhandenen Ammonium-Ionen von bestimmten aeroben Bakterien als Energiequelle genutzt. Sie wandeln Ammonium-Ionen zunächst in Nitrit-Ionen (NO_2^-) und dann in Nitrat-Ionen (NO_3^-) um. Diesen Vorgang bezeichnet man als **Nitrifikation**. Das von den Bakterien freigesetzte Nitrat kann von Pflanzen direkt aufgenommen und in organische Stickstoffverbindungen eingebaut werden.

Unter anaeroben Bedingungen, wie sie in Sümpfen oder Mooren vorkommen, nutzen bestimmte Bakterienarten den Nitrat- oder Nitritsauerstoff für ihren eigenen Stoffwechsel. Dabei entsteht molekularer Stickstoff, der in die Atmosphäre abgegeben wird. Diese sogenannte **Denitrifikation** ist somit die Umkehrung der Nitrifikation. Sie entzieht dem Boden Stickstoff.
Die organisch gebundenen Stickstoffverbindungen von Pflanzen und Tieren können von vielen Destruenten wieder zu Ammonium-Ionen abgebaut werden. Mit diesem als **Ammonifikation** bezeichneten Prozess gelangen große Mengen an Stickstoff zurück in den Boden. Diese werden entweder direkt von Pflanzen aufgenommen oder durch Nitrifikation in Nitrat-Ionen umgewandelt. Auf diese Weise schließt sich der terrestrische Stickstoff Kreislauf (→ **Abb. 1**).

Aquatischer Stickstoffkreislauf

Die zentralen Prozesse des terrestrischen Stickstoffkreislaufs lassen sich auch in aquatischen Ökosystemen beobachten. Über Flüsse und Niederschläge gelangen organische und anorganische Stickstoffverbindungen in Seen und Meere. Die biologische Stickstofffixierung erfolgt hier vor allem durch Cyanobakterien. Sie setzen dabei Ammoniak frei, das in Form von Ammonium-Ionen von Wasserpflanzen und Phytoplankton aufgenommen und in organische Verbindungen eingebaut werden kann. So gelangt der Stickstoff der Atmosphäre in die Nahrungsketten der Gewässer. Totes organisches Material sinkt in das Sediment ab und kann dort von Bakterien zersetzt und zum Beispiel durch Denitrifizierung in das Wasser und in die Atmosphäre gelangen.

Globaler Stickstoffkreislauf

Der terrestrische und der aquatische Stickstoffkreislauf sind Bestandteil eines globalen Stickstoffkreislaufs (→ **Abb. 2**). An diesem sind überwiegend die im Boden und Wasser enthaltenen Stickstoffverbindungen beteiligt und weniger der Stickstoff der Atmosphäre. Die Stickstofffixierung ist zwar für den Aufbau eines Vorrats an verwertbaren Stickstoffverbindungen wichtig. Sie liefert jedoch nur einen geringen Teil der jährlichen Gesamtmenge an Stickstoff, die im Boden und im Wasser umgesetzt werden. In den meisten Ökosystemen wird der überwiegende Teil des Stickstoffs lokal durch Zersetzung und erneute Aufnahme wiederverwertet.

Anthropogene Einflüsse

Neben natürlichen Quellen liefern die durch **industrielle Stickstofffixierung** erzeugten Mineraldünger Stickstoffverbindungen, die von Pflanzen verwertet werden können. Die technischen Möglichkeiten hierfür wurden erst Mitte des 19. Jahrhunderts entwickelt. Seitdem hat sich die Freisetzung von Nitrat und Ammoniak deutlich erhöht. Im Übermaß ausgebrachter Mineraldünger führt etwa zu einer Belastung des Grundwassers mit Nitrat-Ionen. In Flüssen, Seen und Meeren fördert das Überangebot an Nitrat-Ionen die Eutrophierung. Bei der Verbrennung fossiler Energieträger entstehen zudem große Mengen an Stickstoffoxiden. Diese sind für die Ozonbildung mitverantwortlich und tragen zur Feinstaubbelastung bei. Sie können zu gesundheitlichen Belastungen führen.

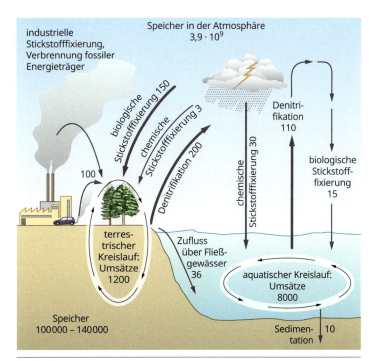

2 Globaler Stickstoffkreislauf (Angaben in 10^6 Tonnen Stickstoff pro Jahr)

Materialgebundene Aufgaben

❶ Vom Mangel zum Überschuss

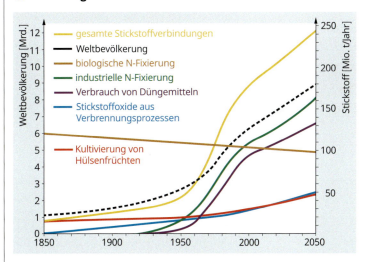

a) ☰ Erklären Sie anhand des Diagramms, welche Faktoren für die Veränderung bei den anthropogenen Stickstoffverbindungen verantwortlich sind.

b) ☰ Erklären Sie anhand des Diagramms den Zusammenhang zwischen der anthropogenen Stickstofffixierung und der Weltbevölkerung.

c) ☰ Beurteilen Sie die dargestellten Veränderungen.

8 Nachhaltige Entwicklungskonzepte

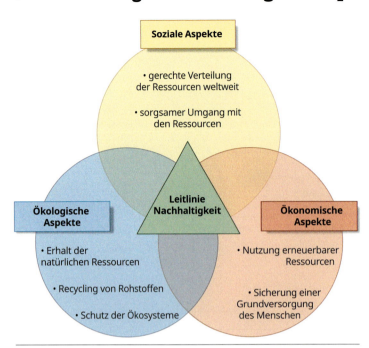

1 Aspekte einer nachhaltigen Entwicklung (Auszüge)

Was versteht man unter dem Begriff der Nachhaltigkeit?

Der Begriff **„Nachhaltigkeit"**, **„Nachhaltige Entwicklung"** oder auch **„sustainable development"** geht ursprünglich auf den Forstwirt Hans Carl VON CARLOWITZ zurück. Dieser schlug vor dem Hintergrund zunehmender Holzknappheit bereits im Jahr 1700 vor, immer nur so viel Holz in einem Wald zu schlagen, wie durch Wiederaufforstung nachwachsen kann. Mit diesem Ansatz war der Grundstein des nachhaltigen Denkens und Handelns gelegt.

Aspekte einer nachhaltigen Entwicklung

Nachhaltige Entwicklung wurde von der **UN-Konferenz über Umwelt und Entwicklung in Rio de Janeiro 1992** folgendermaßen definiert: „Entwicklung zukunftsfähig zu machen, heißt, dass die gegenwärtige Generation ihre Bedürfnisse befriedigt, ohne die Fähigkeit der zukünftigen Generation zu gefährden, ihre eigenen Bedürfnisse befriedigen zu können." Eine nachhaltige Entwicklung kann nur erreicht werden, wenn **ökologische, ökonomische** und **soziale Aspekte** gleichermaßen angestrebt werden (→ **Abb. 1**): Nach den Vorgaben der UN-Konferenz in Rio de Janeiro 1992

wurde mit der **Agenda 21** ein Aktionsplan für nachhaltige Entwicklung auf allen politischen und sozialen Entscheidungsebenen entwickelt. Sie ist damit vielerorts zur Leitlinie öffentlichen Handelns geworden. So wurde der Begriff „Nachhaltigkeit" zum Bestandteil vieler politischer Programme, Unternehmensphilosophien und gesellschaftlicher Diskurse. Aber auch jede einzelne Person kann mit ihrem Verhalten, etwa beim Einkaufen, einen Beitrag zur nachhaltigen Entwicklung leisten. Hilfestellung geben dabei verschiedene Siegel, die die Konsumenten darüber informieren, ob bei der Herstellung und dem Handel der Ware ökologische Aspekte sowie die ökonomischen Aspekte von Produzenten und Händler und damit die sozialen Aspekte berücksichtigt wurden.

Nachhaltigkeit und Klimawandel

Ein nachhaltiges Denken und Handeln beim Konsum und in der Produktion sind Teil einer nachhaltigen Lebensweise und spielen unter anderem eine zentrale Rolle bei der Bewältigung der Klimaänderungen. Auf der UN-Konferenz in Rio de Janeiro 1992 wurde der Klimawandel zum ersten Mal offiziell als Problem anerkannt. Ein Ergebnis des Treffens war die **Klimarahmenkonvention der UN.** In ihr einigten sich die Industrieländer auf Maßnahmen, die die Treibhausgas-Emissionen reduzieren sollten. Außerdem wurden dort die Grundlagen für die jährlich stattfindenden Klimakonferenzen festgelegt. Bei der **dritten Weltklimakonferenz im japanischen Kyoto** wurde ein völkerrechtlich verbindliches Klimaschutzabkommen für 37 Industrieländer und die EU durchgesetzt.

Die vorgesehenen Maßnahmen reichten jedoch nicht mehr aus. So wurde auf dem **21. Klimagipfel 2015 in Paris** bindend für alle teilnehmenden Staaten die Begrenzung der Erderwärmung auf unter zwei Grad Celsius festgelegt. Das Abkommen sieht vor, dass jeder Staat erklärt, wie er sich für den Klimaschutz engagieren wird. Zum Beispiel will Nepal gegen die Entwaldung vorgehen; Chile hat zugesagt, Solar- und Windenergie auszubauen. Die EU-Mitgliedsstaaten verpflichteten sich in diesem Rahmen, die Treibhausgas-Emissionen bis 2030 auf mindestens 40 Prozent zu reduzieren, verglichen mit den Werten von 1990.

❶ Flächennutzungskonkurrenz beim Baumwollanbau

Baumwolle ist eine weltweit gefragte Textilfaser. 60 Prozent stammen aus den Entwicklungs- und Schwellenländern, für die der Verkauf eine wichtige Einnahmequelle ist. Zum Gewinn von einem Kilogramm Baumwolle wird eine Anbaufläche von etwa 17 Quadratmeter benötigt. In vielen Ländern konkurriert der Anbau von Baumwolle und anderer Exportprodukte wie Tee, Kaffee und Tabak zunehmend mit der Produktion von Nahrungsmitteln für die Bevölkerung. Das Problem verschärft sich dadurch, dass die Bodenfruchtbarkeit durch den Intensivanbau der Kulturpflanzen stetig abnimmt. Infolgedessen muss mehr Geld für Pestizide und Düngemittel ausgegeben werden. Durch die Bodenbelastung mit den Giften ist zudem der anschließende Anbau von anderen Pflanzen stark eingeschränkt.

a) ☰ Erklären Sie an diesem Beispiel die Struktur und die Probleme eines ökologisch-sozialen Dilemmas.

b) ☰ Bewerten Sie die Flächenkonkurrenz unter dem Prinzip der Nachhaltigkeit.

c) ☰ Nennen Sie ein weiteres Beispiel, bei dem eine Flächenkonkurrenz die Grundlage für ein ökologisch-soziales Dilemma ist.

❷ Mode kontra Nachhaltigkeit?

Bekleidungstextilien in Deutschland haben heutzutage im Schnitt weniger als ein Drittel ihrer Haltbarkeit hinter sich, bis sie ausrangiert werden. Der jährliche Konsum von Kleidung beträgt hier pro Kopf über 12 Kilogramm und liegt zusammen mit dem in den USA an der Weltspitze.

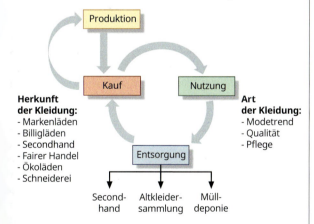

a) ☰ Erklären Sie an dem Schema den Kleidungskonsum.

b) ☰ Erstellen Sie einen Fragebogen, mit dem der Kleidungskonsum bei Jugendlichen ihres Alters ermittelt werden soll.

c) ☰ Erklären Sie unter Berücksichtigung des Schemas, wie man in jeder Phase des Kleidungskonsums das Prinzip der Nachhaltigkeit berücksichtigen könnte.

❸ Baumwolljeans

Bevor eine Jeans im Laden verkauft wird, hat sie mehr als 50 000 Kilometer hinter sich. Der Ladenpreis einer Jeans setzt sich folgendermaßen zusammen:

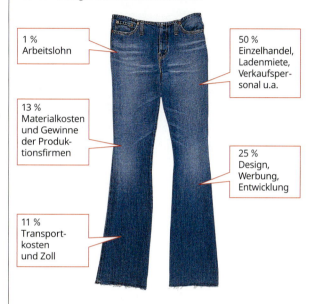

a) ☰ Nehmen Sie Stellung zur Zusammensetzung des Ladenpreises einer Jeans.

b) ☰ Erstellen Sie ein Poster, das die Transportwege einer Jeans vom Baumwollanbau bis zum Verkauf zeigt.

c) ☰ Erörtern Sie auf dieser Basis die Aussage: „Es gibt keine billige Kleidung. Irgendwer muss immer dafür bezahlen."

d) ☰ Erklären Sie, was unter einem fairen Handel bei Textilien zu verstehen ist.

e) ☰ Erstellen Sie ein Poster, das über verschiedene Gütesiegel für Textilien und ihre Bedeutung informiert.

❹ Altkleider in Afrika

Um das Prinzip der Nachhaltigkeit beim Textilkonsum zu berücksichtigen, geben viele Menschen Altkleider an Sammelorganisationen ab. Ein Drittel der in Deutschland gesammelten Altkleider gelangt auf den afrikanischen Markt. Dadurch gehen dort Zehntausende von Arbeitsplätzen in der Textilindustrie verloren. So waren 1997 in Nigeria 140 000 Menschen in der Textilbranche tätig, 2003 nur noch etwa die Hälfte davon.

a) ☰ Verdeutlichen Sie an diesem Beispiel die Struktur und die verschiedenen Probleme eines ökologisch-sozialen Dilemmas.

b) ☰ Entwickeln Sie dafür verschiedene Handlungsmöglichkeiten und treffen Sie eine Entscheidung, welche der Handlungsmöglichkeiten durchgeführt werden soll. Begründen Sie Ihre Entscheidung.

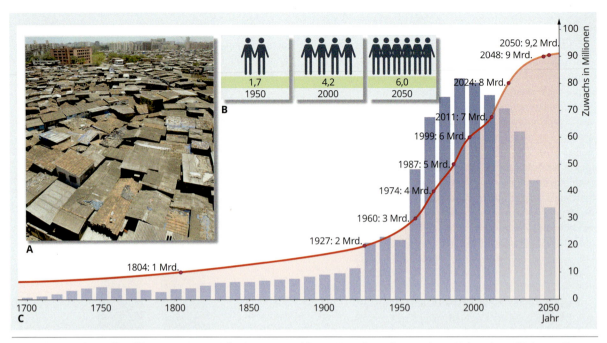

1 Wachstum der Erdbevölkerung. A Beispiel Indien; **B** Anzahl von Menschen, die von einem Hektar Agrarfläche ernährt werden müssen; **C** Entwicklung der Weltbevölkerung (▢ Weltbevölkerung in Milliarden ▢ durchschnittlicher jährlicher Zuwachs innerhalb von zehn Jahren in Millionen)

Wachstum der Bevölkerung

Noch vor 200 Jahren lebten nur etwa eine Milliarde Menschen auf der Welt, das entspricht der heutigen Bevölkerung Afrikas. Durch die Entwicklungen in Medizin, Naturwissenschaft und Technik verbesserte sich die Versorgungssituation der Menschen deutlich, Hungersnöte und Epidemien traten seltener auf. Die Sterberate sank und bei gleichbleibender Geburtenrate stieg die Vermehrungsrate immer stärker an. Es kam zu einem **exponentiellen Wachstum** (→ **Abb. 1**). Heute, nur etwa zehn Generationen später, leben etwa 6,8 Milliarden Menschen auf der Welt. Jedes Jahr kommen 80 Millionen Menschen hinzu. Dies entspricht ungefähr der Bevölkerung Deutschlands. Zwar führt die Abnahme der Geburtenrate weltweit zu einer Verringerung der Vermehrungsrate, aber Wissenschaftler erwarten den Rückgang der Bevölkerungszahlen erst in vierzig Jahren bei dann etwa neun bis zehn Milliarden Menschen.

Knappheit der Ressourcen

Bereits heute wird deutlich, dass in vielen Gebieten der Erde die natürlichen Ressourcen wie Nahrung und Wasser knapp werden. Jedes Jahr verhungern fast zehn Millionen Menschen, hauptsächlich Kinder. Der Versorgung der Menschen sind Grenzen gesetzt. Immer weniger Fläche muss eine immer größere Zahl an Menschen ernähren. 1950 wurden pro Hektar Ackerfläche zwei Menschen ernährt. 2050, bei 9,2 Milliarden Menschen, muss ein Hektar Ackerfläche Nahrung für sechs Menschen bereitstellen.

Maßnahmen zur Bewältigung

Zur Bewältigung der Bevölkerungsproblematik gibt es verschiedene Ansätze. Um zukünftige Generationen ausreichend zu ernähren, ist eine andere Landwirtschaft notwendig, die nicht den maximalen, sondern einen möglichst nachhaltigen Ertrag anstrebt. In seinem Welternährungsbericht 2008 entwickelte der Weltlandwirtschaftsrat Konzepte für eine Landwirtschaft der Zukunft; die Förderung der Kleinbauern, der Ausbau der ökologischen Landwirtschaft sowie eine verstärkte Forschung im Bereich der nachhaltigen Entwicklung gehören dazu. Der Schwerpunkt liegt dabei auf der Bodenfruchtbarkeit und der Züchtung ertragreicherer Nutzpflanzen.

Auch die Stärkung der Stellung der Frau in der Gesellschaft ist eine Maßnahme zur Bewältigung des Wachstums der Erdbevölkerung. Dieser Teilansatz basiert auf der Erkenntnis, dass mit der Zunahme der Selbstbestimmung und der Rechte von Frauen die Zahl ihrer Kinder zurückgeht.

Als eine der wichtigsten Gegenmaßnahmen gilt Bildung. Sie dient gleichzeitig zur Bewältigung von Armut und einer hohen Kinderzahl, denn das Fortpflanzungsverhalten ist eng mit dem Bildungsstatus der Eltern verbunden. Daneben sind Sexualaufklärung und die Schaffung neuer Familienleitbilder wie das der Kleinfamilie weitere Ansätze, die dem zunehmenden Wachstum der Erdbevölkerung entgegenwirken sollen.

9 Eingriffe des Menschen in Ökosysteme

9.1 Treibhauseffekt

Was versteht man unter dem Treibhauseffekt?

Unsere Atmosphäre wirkt ähnlich wie das Glas eines Treibhauses. Die kurzwellige Strahlung der Sonne durchdringt die Atmosphäre und wird von der Erdoberfläche absorbiert. Die dadurch erwärmte Erdoberfläche strahlt dann längerwellige Wärmestrahlung ab. Der größte Teil dieser Wärmestrahlung kann die Schicht aus Treibhausgasen in der Atmosphäre nicht durchdringen und wird zurückgehalten. So heizt sich die Atmosphäre wie in einem Treibhaus auf (→ **Abb. 1**). Ohne diesen **natürlichen Treibhauseffekt** wäre ein Leben auf der Erde nicht möglich, da dann die globale Durchschnittstemperatur bei etwa -18 °C läge.

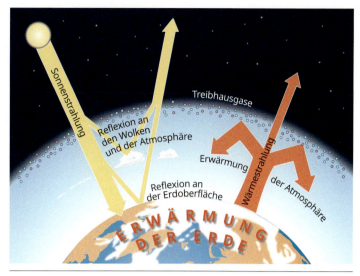

1 Schematische Darstellung des Treibhauseffekts

Treibhausgase

Zu den Treibhausgasen zählen neben Wasserdampf und Kohlenstoffdioxid Methan, Distickstoffmonooxid und Ozon. Sie tragen mit unterschiedlichen Anteilen zum Treibhauseffekt bei: Den größten Anteil hat Wasserdampf mit etwa 60 %, der hauptsächlich durch Verdunstung in die Atmosphäre gelangt. Kohlenstoffdioxid mit einem Anteil von etwa 22 % stammt im Wesentlichen aus Verbrennungsvorgängen oder Vulkanausbrüchen. Methan hat zwar eine höhere Wirksamkeit als Kohlenstoffdioxid, trägt aber aufgrund seiner geringen Konzentration nur mit rund 2 % zum Treibhauseffekt bei. Es entsteht insbesondere beim Abbau von organischem Material. Wichtigste Quelle für Distickstoffmonooxid sind mikrobielle Abbauprozesse von Stickstoffverbindungen in Böden. Sein Anteil am Treibhauseffekt liegt bei 8 %.

Anthropogener Treibhauseffekt

In den letzten hundert Jahren hat der Mensch durch die verstärkte Nutzung fossiler Brennstoffe die Kohlenstoffdioxid- und Methan-Konzentrationen deutlich erhöht. Die Intensivierung der Landwirtschaft, insbesondere in der Viehzucht und im Reisanbau, trägt außerdem zunehmend zu einem Anstieg der Konzentration an Methan- und Distickstoffmonooxid (N_2O) in der Atmosphäre bei. So beeinflusst der Mensch massiv den natürlichen Treibhauseffekt. Man spricht daher vom **anthropogenen Treibhauseffekt.**

Materialgebundene Aufgaben

① Ausstoß von Treibhausgasen in Deutschland

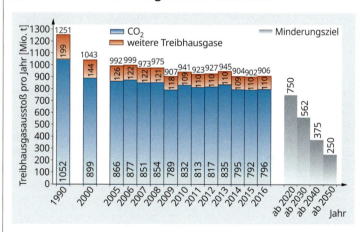

Mit dem Kyoto-Protokoll hatte sich Deutschland verpflichtet, seinen Treibhausgasausstoß im Durchschnitt der Jahre 2008 bis 2012 um 21 Prozent unter das Niveau von 1990 zu senken. Für die Zeit bis 2020 hat sich Deutschland das Ziel gesetzt, den Treibhausgasausstoß um 40 Prozent gegenüber 1990 zu senken, bis 2030 um 55 Prozent, bis 2040 um 70 Prozent und bis 2050 um 80 bis 95 Prozent.

a) ☰ Nennen Sie geeignete Maßnahmen zur Verringerung des Ausstoßes von Treibhausgasen.

b) ☰ Prüfen Sie, inwiefern das für 2012 gesetzte Ziel erreicht wurde.

c) ☰ Stellen Sie eine Hypothese auf, ob die für die Jahre 2020 bis 2050 anvisierten Ziele erreicht werden können.

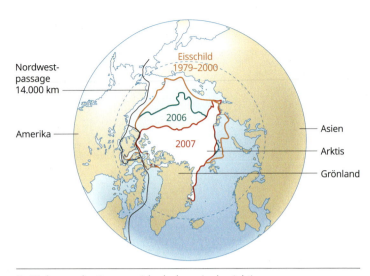

1 Rückgang der Sommereisbedeckung in der Arktis

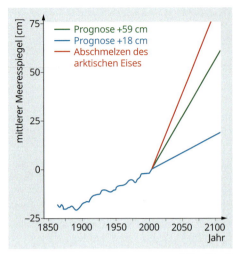

3 Veränderung des Meeresspiegels im Verlauf der Zeit

9.2 Klimawandel

Wodurch wird der Klimawandel verursacht und welche Folgen hat dieser für die Lebewesen auf der Erde?

Seit Beginn der Satellitenbeobachtung vor gut 60 Jahren war die Ausdehnung des arktischen Eises niemals so gering wie heute. Als Folge war 2008 erstmals die Nordwestpassage zwischen Atlantik und Pazifik eisfrei und damit für Schiffe passierbar (→ **Abb. 1**). Die Klimaerwärmung führt zum Schmelzen von Landeis, sodass zusätzliches Wasser in die Ozeane gelangt. Schätzungen gehen von einem Anstieg des Meeresspiegels bis zum Jahr 2100 um mehr als einen halben Meter aus (→ **Abb. 3**). Dies würde gravierende Auswirkungen auf die Lebensumstände küstennaher Gebiete haben.

Ursachen des Klimawandels

Die Hauptursache für den gegenwärtigen **Klimawandel** ist der Mensch und der von ihm verursachte Anstieg der Kohlenstoffdioxid-Konzentration in der Atmosphäre. Zwar wechselten sich in den letzten 800 000 Jahren auch ohne den Einfluss des Menschen Phasen mit hohen und niedrigen Kohlenstoffdioxid-Konzentrationen ab, und die Durchschnittstemperaturen schwankten. Doch die Untersuchungen von Klimaforschern ergaben, dass die Zunahme der Kohlenstoffdioxid-Konzentration in den letzten Jahren deutlich schneller erfolgte als in der Vergangenheit und damit von Menschen gemacht ist.

Auf Basis solcher Untersuchungen und weiterer Annahmen zum Ausstoß verschiedener **Treibhausgase** prognostizieren Klimaforscher

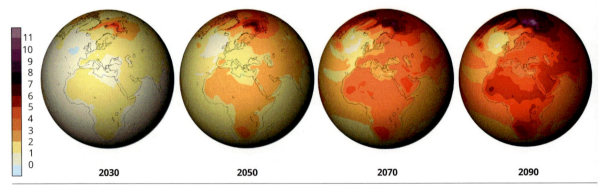

2 Simulation der globalen Temperaturänderung unter Annahme einer unveränderten Entwicklung

eine dramatische Erhöhung der Temperaturen (→ **Abb. 2**). Die alarmierenden Ergebnisse der Klimaforscher veranlassten die Vereinten Nationen, bereits 1988 einen **Weltklimarat** zu gründen. Diese internationale Kommission hat die Aufgabe, die weltweit gesammelten Klimadaten auszuwerten. Die Berichte des Weltklimarates sollen Politikern als fundierte Hilfe bei der Entscheidungsfindung dienen. Der erste Bericht von 1990 lieferte etwa einen wesentlichen Anstoß für die Verabschiedung der Klimarahmenkonvention in Rio de Janeiro, in der sich die Industrieländer auf eine Reduzierung der Treibhausgas-Emissionen einigten.

Folgen des Klimawandels

Eine weitere Zunahme der globalen Temperaturen hätte neben dem Anstieg des Meeresspiegels und dem damit verbundenen Verlust von Siedlungsflächen weitere dramatische Konsequenzen für den Menschen. Wissenschaftler rechnen mit stärkeren und häufigeren Wetterextremen wie Überschwemmungen, Stürme und Hitzewellen. Die globale Erwärmung begünstigt zudem die Verbreitung von tropischen Krankheitserregern durch Moskitos wie die Asiatische Tigermücke (→ **Abb. 4**). Klimaänderungen haben auch auf Tiere und Pflanzen gravierende Auswirkungen. Nach einer Schätzung, die auf wissenschaftlichen Untersuchungen an knapp 1600 Arten beruht, wird der Klimawandel in unterschiedlicher Weise knapp die Hälfte aller Arten beeinflussen. So verschieben sich beispielsweise die Verbreitungsgebiete bestimmter Insektenarten wie die der Feuerlibelle (→ **Abb. 5**) als Folge des Klimawandels nach Norden. Dies ist häufig mit einer Verkleinerung der Verbreitungsgebiete verbunden. Diese kann dazu führen, dass die betroffenen Arten aussterben. Der Klimawandel führt auch zu einer Veränderung der Vegetationsperiode von Pflanzen. Eine Folge der Temperaturerhöhung ist beispielsweise die früher einsetzende Blattentfaltung, die frühere Blüte und der spätere Blattabwurf bei Blütenpflanzen.

Maßnahmen gegen den Klimawandel

Bei den Maßnahmen gegen den Klimawandel werden Vermeidung und Anpassung als zentrale Strategien unterschieden. Zur Vermeidung gehören etwa präventive Maßnahmen wie die Verringerung der Kohlenstoffdioxid-Emissionen. Unter Anpassungsmaßnahmen fallen beispielsweise die Verbesserung des Küstenschutzes durch eine Erhöhung von Deichen oder die Umstellung der Forstwirtschaft auf Baumarten, die unter den veränderten klimatischen Bedingungen gedeihen.

❶ ≡ Erklären Sie den Zusammenhang zwischen der Kohlenstoffdioxid-Konzentration in der Atmosphäre und dem Anstieg des Meeresspiegels.

4 Asiatische Tigermücke

5 Feuerlibelle

Materialgebundene Aufgaben

❷ Der Einfluss des Klimawandels auf Nahrungsketten

In einem niederländischen Nationalpark kontrollieren Wissenschaftler seit vielen Jahren im Frühjahr Nistkästen mit brütenden Kohlmeisen. Dabei stellten sie fest, dass die Anzahl der gelegten Eier und die der geschlüpften Jungtiere seit 1980 fast gleich geblieben sind. Im Vergleich zu früher werden jedoch immer weniger Jungtiere flügge.

Die Kohlmeisen füttern ihre Jungen vorwiegend mit Raupen des Kleinen Frostspanners, die sich wiederum von jungen Eichenblättern ernähren. Ohne Blattfutter überleben die Raupen maximal drei Tage. Von 1980 bis heute stiegen die Frühjahrstemperaturen in dem Nationalpark um zwei Grad Celsius an. Dies hatte einen um zehn Tage früheren Eichenblattaustrieb zur Folge.

a) ≡ Erklären Sie den Rückgang der Kohlmeisenpopulation mithilfe des Diagramms.

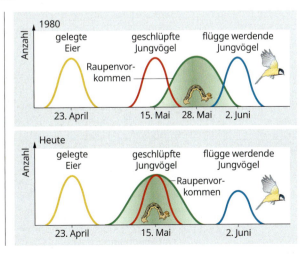

1 Gülledüngung

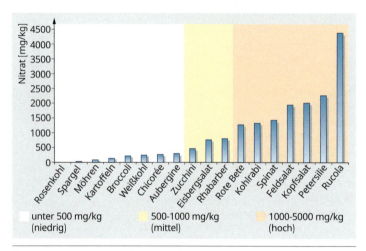

2 Nitratbelastung von Lebensmitteln

so berücksichtigt werden wie der tatsächliche Mineralstoffbedarf der Nutzpflanzen und der Zeitpunkt der Düngung. Geschieht dies nicht, so kann es zu einer Überdüngung des Bodens kommen. Dies hat gravierende Folgen für Mensch und Umwelt.

Nitrat im Boden

Anorganische und organische Dünger enthalten Stickstoff in Form von Nitrat-Ionen, Ammonium-Ionen und Harnstoff. Letztere werden von Bodenbakterien in Nitrat umgewandelt. Das Nitrat wird vom Wurzelsystem der Pflanze aufgenommen, in der Pflanze verstoffwechselt und teilweise auch gespeichert. Eine Überdüngung des Bodens kann zu einer Anreicherung von Nitrat in der Pflanze führen. Besonders betroffen davon sind Gemüsesorten wie Rucola, Kopf- oder Feldsalat und Spinat. Je nach Jahreszeit und Anbaugebiet zeigen sie auffallend hohe Konzentrationen an Nitrat (→ **Abb. 2**).

Nitrat an sich ist für den Menschen unbedenklich. Es kann aber durch Bakterien in der Mundhöhle teilweise zu **Nitrit** (NO_2^-) umgewandelt werden. Diese Reaktion kann auch beim Abkühlen und erneuten Aufwärmen von nitratreichem Gemüse erfolgen. Nitrit kann den roten Blutfarbstoff Hämoglobin in Methämoglobin umwandeln und so den Sauerstofftransport im Blut einschränken. Säuglinge sind dabei besonders gefährdet, da bei ihnen das Enzymsystem, das Methämoglobin wieder in Hämoglobin umwandeln kann, noch nicht ausgereift ist. Im sauren Milieu des Magens kann Nitrit mit Aminen, die man in fast jedem Lebensmittel findet, zu krebserregenden **Nitrosaminen** reagieren. Aus diesem Grund wurden in der EU für bestimmte pflanzliche Produkte **Nitratgrenzwerte** festgelegt. Für Säuglings- und Kleinkindernahrung liegt der Grenzwert besonders niedrig bei 200 Milligramm Nitrat pro Kilogramm Lebensmittel.

Bei einer Überdüngung wird ein Teil des Nitrats von den Pflanzen nicht aufgenommen und dann mit den Niederschlägen aus dem Boden ausgewaschen. In der Folge verringert sich der pH-Wert des Bodens, es kommt zu einer **Versauerung**. Dies wirkt sich negativ auf die Bodenstruktur und die Lebensbedingungen von Bodenlebewesen aus. In der Folge können die Bodenfruchtbarkeit und die Erträge der Nutzpflanzen drastisch sinken.

9.3 Nitratbelastung des Bodens und des Wassers

Wodurch wird die Nitratbelastung des Bodens und des Wassers verursacht und welche Folgen hat dies für die Umwelt?

Nitrat (NO_3^-) ist eine anorganische Stickstoffverbindung, die natürlicherweise im Boden vorkommt. Pflanzen benötigen den im Nitrat enthaltenen Stickstoff zum Aufbau von Aminosäuren und Nucleinsäuren. Ein Mangel an Nitrat führt zu Wachstumsstörungen und geringen Erträgen bei landwirtschaftlichen Nutzpflanzen. Landwirte düngen daher ihre Felder mit stickstoffhaltigem anorganischen Dünger oder organischem Düngemittel wie etwa Gülle aus Mastställen sowie Gärresten aus Biogasanlagen (→ **Abb. 1**). Dabei muss der bereits vorhandene Mineralstoffgehalt des Bodens eben-

Eine Überversorgung mit Nitrat führt in naturnahen Ökosystemen zu einer Änderung der Artenzusammensetzung. Pflanzen und Tiere, die an nährstoffarme Lebensbedingungen angepasst sind, werden durch stickstoffliebende Arten verdrängt. Das kann zur Vereinheitlichung der Vegetation und zu einem Rückgang der Artenvielfalt führen.

Nitrat im Grundwasser und Oberflächenwasser

Eine übermäßige Düngung führt nicht nur zu einer Versauerung des Bodens, sondern auch zu einer Anreicherung von Nitrat im Grundwasser und folglich auch im Trinkwasser. Der Grenzwert für Nitrat im Trinkwasser wurde deshalb europaweit auf 50 Milligramm pro Liter festgesetzt. Eine Untersuchung der Grundwasserqualität im Jahr 2015 ergab, dass über ein Viertel des Grundwasservorkommens in Deutschland eine zu hohe Nitratbelastung aufweist (→ **Abb. 3**). Dies gilt insbesondere für weite Teile Niedersachsens und Nordrhein-Westfalens, wo aufgrund der Massentierhaltung große Mengen an organischem Dünger anfallen. Hier wird der Grenzwert zum Teil deutlich überschritten. Viele Wasserwerke mussten daher schon Grundwasservorkommen aufgeben und tiefer liegende Vorkommen erschließen. Dieser Ausweichstrategie sind aber natürliche Grenzen gesetzt. Außerdem wird das Trinkwasser so verteuert.

Große Mengen an Nitrat und anderen Mineralstoffen aus der Landwirtschaft gelangen mit dem Grundwasser und aus Abschwemmungen von landwirtschaftlich genutzten Flächen in die Oberflächengewässer. In Flüssen, Seen und Meeren kommt es dadurch zu überhöhten Mineralstoffgehalten. Sie führen zu einer **Eutrophierung** der betroffenen Gewässer. Eine Überversorgung mit Nitrat führt in einem Gewässer zu einer Steigerung der pflanzlichen Primärproduktion, zum Beispiel von Algen. Das wiederum kann mit einem erheblichen Sauerstoffmangel in dem Gewässer und mit lebensfeindlichen Bedingungen für Tiere und Pflanzen einhergehen.

❶ ☰ Stellen Sie die Folgen einer Nitratanreicherung im Boden und im Wasser in Form einer Mindmap dar.

❷ ☰ Entwickeln Sie geeignete Maßnahmen, mit denen sich die Nitratbelastung des Bodens und Wassers begrenzen ließe.

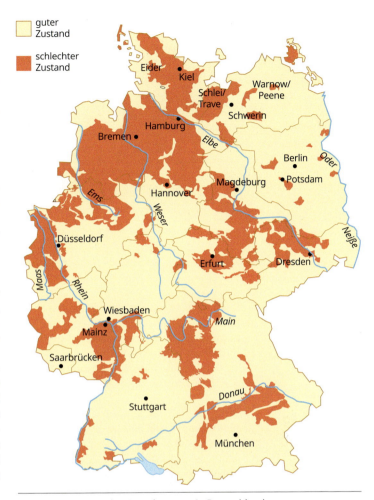

3 Nitratbelastung des Grundwassers in Deutschland

Materialgebundene Aufgaben

❸ Nitratbelastung des Grundwassers verschiedener Nutzungsflächen

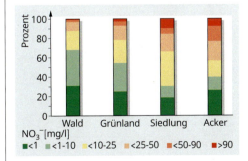

a) ☰ Erklären Sie die unterschiedlichen Nitratbelastungen des Grundwassers bei den jeweiligen Landnutzungen.

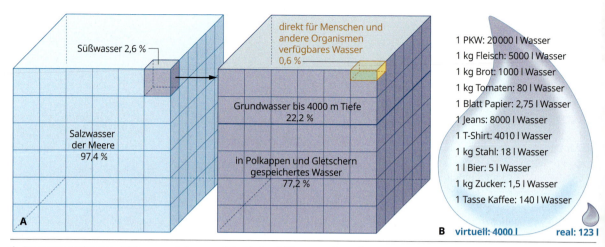

1 Ressource Wasser. A Wasserverteilung auf der Erde; **B** Wasserverbrauch

9.4 Wasser als knappe Ressource

Obwohl auf der Erde unermesslich große Mengen an Wasser vorkommen, ist nur ein Bruchteil davon für den Menschen nutzbar. Wie ist das möglich?

Der größte Teil des Süßwassers der Erde ist in den Polkappen und den Gletschern als Eis gebunden (→ **Abb. 1A**). Das Salzwasser der Meere kann nur mithilfe aufwendiger Techniken in Trinkwasser umgewandelt werden. Aus diesem Grund ist Wasser in vielen Regionen der Erde ein kostbares Gut. Man schätzt, dass heute mehr als 780 Millionen Menschen keinen Zugang zu sauberem Wasser haben.

Materialgebundene Aufgaben

❶ Wassernutzung einzelner Kontinente

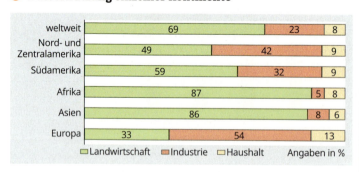

a) ≡ Vergleichen Sie anhand der Abbildung die Wassernutzung einzelner Kontinente.

Wasserverbrauch in Deutschland

Deutschland ist aufgrund hoher Niederschlagsmengen und zahlreicher Flüsse und Seen ein wasserreiches Land. Pro Jahr stehen etwa 188 Milliarden Kubikmeter Wasser zur Verfügung. Davon werden nur 19 Prozent genutzt und nach Gebrauch dem Wasserkreislauf wieder zugeführt. Vorher muss das Wasser allerdings kostenintensiv gereinigt werden. Der Pro-Kopf-Verbrauch von Wasser betrug 2017 in Deutschland 123 Liter pro Tag. Doch dieses sogenannte **reale Wasser** spiegelt nur einen geringen Teil des tatsächlichen Wasserverbrauchs wider. Berücksichtigt man zusätzlich die Wassermenge, die erforderlich ist, um Lebensmittel oder Waren zu produzieren, liegt dieser Wert bei knapp 4000 Litern pro Person und Tag. Für dieses in Produkten gewissermaßen versteckte Wasser wurde der Begriff **virtuelles Wasser** geprägt (→ **Abb. 1B**). Der hohe virtuelle Wasserverbrauch ist insofern problematisch, als dass dieses Wasser oft nicht aus den eigenen Ressourcen stammt, sondern zum großen Teil aus Regionen der Erde, in denen sowieso schon Wasserknappheit herrscht.

Prognose des Wasserverbrauchs

Der Wasserverbrauch wird mit wachsender Weltbevölkerung unweigerlich weiter ansteigen. Schätzungen zufolge könnte der Bedarf an Wasser bis 2050 um mehr als 50 Prozent zunehmen. Es drohten ökologische, wirtschaftliche und soziale Konflikte um die begrenzte Ressource Wasser. Fehlendes Wasser könnte beispielsweise zu Kriegen oder neuen Flüchtlingswellen führen.

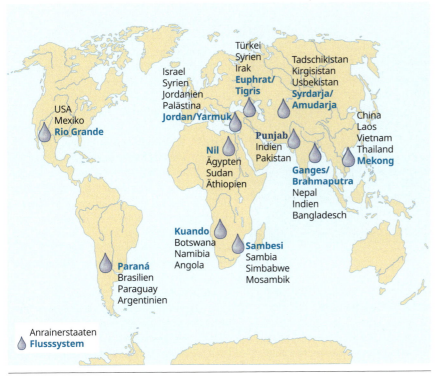

2 Gewächshäuser bei Almeria (Spanien)

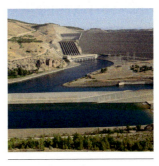

3 Atatürk-Staudamm (Südostanatolien)

1 Aktuelle globale Nutzungskonflikte um die Ressource Wasser

Die als Trinkwasser nutzbaren Wasservorräte auf der Erde sind mit 97 000 Kubikkilometer begrenzt und lassen sich auch nicht aus Salzwasser beliebig vermehren. Wasser wird weltweit immer mehr zu einem raren Gut. Bereits heute besteht in rund 30 Ländern der Erde, insbesondere im Nahen Osten und in Afrika, Wassermangel. Man befürchtet, dass sich die Zahl ohne drastische Sparmaßnahmen bis zum Jahr 2025 auf 80 Länder erhöht. Davon sind nicht nur die genannten Regionen bedroht, sondern auch bevölkerungsreiche Staaten wie Pakistan und Indien sowie europäische Staaten wie Spanien und Griechenland.

So kam es im Frühjahr 2008 in Spanien durch eine extreme Dürre zu einem landesweiten Wassermangel. Trinkwasser musste sogar per Schiff und Bahn von Nachbarstaaten importiert werden. Hauptsächlich betroffen waren die Regionen entlang der spanischen Südost-Küsten bei Almeria, wo Obst und Gemüse in Gewächshäusern angebaut werden. Im Sommer 2018 kam es auch im nördlichen und mittleren Teil Europas zu einer langanhaltenden Trockenheit mit gravierenden Folgen für die Landwirtschaft. Wie in Europa verbraucht die Landwirtschaft auch in vielen anderen Regionen der Erde am meisten Wasser. Man schätzt, dass rund 70 Prozent der verfügbaren Wassermengen für die Bewässerung landwirtschaftlicher Flächen verwendet werden. Vor dem Hintergrund der wachsenden Weltbevölkerung wird dieser Anteil noch steigen.

Fast zwei Milliarden Menschen leben an Flusssystemen oder Seen, deren Wasser von mehreren Staaten genutzt wird. Sie müssen daher bezüglich ihres Wasserverbrauchs miteinander kooperieren. In diesen Regionen besteht aber oft ein beträchtliches Konfliktpotenzial (→ **Abb. 1**). Wissenschaftler prognostizieren daher, dass künftige Kriege eher um Wasser als um Öl ausgetragen werden. Das in der **Agenda 21** in Rio de Janeiro formulierte **Leitprinzip der Nachhaltigkeit** beinhaltet auch völkerrechtlich verbindliche Regeln, um Konflikte um Trinkwasserressourcen zu vermeiden.

In den 1980er Jahren wurde mit dem Südostanatolienprojekt das größte regionale Entwicklungsprojekt der Türkei in Angriff genommen. Es umfasst insgesamt 22 Staudämme, 19 Wasserkraftwerke und Bewässerungsanlagen entlang der Flüsse Euphrat und Tigris. Durch dieses Projekt, das mittlerweile in weiten Teilen fertiggestellt wurde, soll eine Fläche von 1,7 Millionen Hektar zwischen den beiden Flüssen bewässert und so zur landwirtschaftlichen Nutzung erschlossen werden. Das Projekt wird von den Regierungen der Nachbarstaaten Syrien und Irak mit Argwohn und Sorge beobachtet. Man befürchtet, dass die Türkei eines Tages das Wasser als politisches Machtinstrument einsetzen und eine Verknappung der Wasservorräte hervorrufen könnte. Es sind daher noch zahlreiche Verhandlungen notwendig, um für alle beteiligten Staaten eine gerechte Aufteilung der Ressource Wasser zu erreichen.

1 Plastikmüll im Meer

9.5 Plastik in Gewässern

Riesige Mengen an Plastikmüll treiben in den Meeren. Wie gelangt dieser Müll dort hin und warum ist er für viele Lebewesen gefährlich?

Täglich werden gewaltige Mengen an Müll produziert, ein großer Teil davon besteht aus Plastik. Dieses langlebige Material landet vielfach in den Meeren und hat dort gravierende Folgen.

Makro- und Mikroplastik
Plastikmüll treibt in allen Größen und Formen in den Weltmeeren. Er wird von Meeresströmungen mitgerissen und zirkuliert in Äquatornähe, wo unterschiedliche Meeresströmungen von Norden und Süden aufeinandertreffen

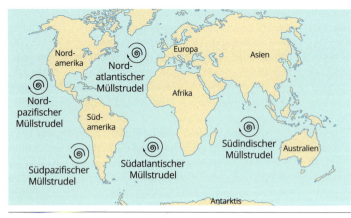

2 Müllstrudel in den Meeren

und dadurch riesige Müllstrudel gebildet werden (→ **Abb. 2**). Schätzungen zufolge treiben in jedem dieser Strudel ein bis 2,5 Kilogramm Plastikmüll pro Quadratkilometer. Darunter befinden sich Plastikflaschen, Plastiktüten, Joghurt- und Getränkebecher sowie Fischernetze. Solche großen Plastikteile bezeichnet man als **Makroplastik.** Daneben findet sich in allen Gewässern auch sogenanntes **Mikroplastik.** Hierunter versteht man Plastikteilchen mit einem Durchmesser unter fünf Millimeter. Sie werden entweder direkt in der entsprechenden Teilchengröße industriell hergestellt und dann als **primäres Mikroplastik** bezeichnet oder entstehen durch mechanisches Abschleifen und den Einfluss von Salzwasser und UV-Licht aus Makroplastik. Man spricht dann von **sekundärem Mikroplastik.**

Herkunft des Plastiks
Makroplastik gelangt hauptsächlich durch die nicht ordnungsgemäße Entsorgung von Plastikverpackungen und Plastikbeuteln über die Fließgewässer ins Meer. Oft entsorgen Schiffe ihren Müll illegal auf offener See. Aufgegebene Netze werden so zu „Geisternetzen", die im Meer treiben. Quellen für primäres Mikroplastik sind Kosmetik-, Wasch- und Reinigungsmittel wie etwa Zahnpasta, Gesichtscremes und Duschgel. Sekundäres Mikroplastik entsteht, wenn Chemiefasern aus Kleidung und sonstigen Textilien ausgewaschen werden. Ein Großteil des sekundären Mikroplastiks stammt zudem vom Reifenabrieb des Straßenverkehrs.

Folgen für die Umwelt
Die Folgen der Belastung durch Makro- und Mikroplastik für die Umwelt sind sehr verschieden. So verfangen sich beispielsweise Fische und andere Meerestiere in den „Geisternetzen" und verenden dort. Meeresvögel nutzen Plastikfäden zum Bau ihrer Nester und verheddern sich darin. Andere Meerestiere nehmen Makro- und Mikroplastik als vermeintliche Nahrung auf. Da dieses aber weder verdaut noch ausgeschieden werden kann, verhungern sie trotz gefüllter Mägen. Plastikteilchen können im Meer giftige Inhaltsstoffe wie etwa Bisphenol A, Weichmacher oder UV-Stabilisatoren freisetzen. **Bisphenol A** gilt beispielsweise als hormonähnlicher Schadstoff, da er eine östrogenähnliche Wirkung zeigt und so den Hormonhaushalt des Menschen negativ beeinflussen kann. Mikroplastik kann aufgrund seiner chemischen Eigenschaf-

ten auch im Meerwasser bereits gelöste Schadstoffe binden. Hierzu gehören auch solche, die wegen ihrer Giftigkeit und Langlebigkeit längst verboten oder im Gebrauch eingeschränkt sind, wie etwa Polychlorierte Biphenyle **(PCB)** oder Dichlordiphenyltrichlorethan **(DDT).** Je länger sich Mikroplastik im Wasser von Flüssen, Seen oder Meeren befindet, desto mehr Chemikalien bindet es.

Mikroplastik in Nahrungsketten

Mikroplastik im Meerwasser wird vom Zooplankton aufgenommen und gelangt dann über die verschiedenen Glieder der Nahrungskette bis zu den Endkonsumenten. Da es nicht verdaut werden kann, reichert es sich dabei an. Man spricht von **Bioakkumulation.** An Mikroplastik gebundene Schadstoffe wie PCB reichern sich auf diese Weise ebenfalls in den Konsumenten an (→ **Abb. 3**). Durch die Darmwand gelangen diese fettlöslichen Schadstoffe ins Blut und werden dann im Fettgewebe der Lebewesen gespeichert. Die akute Toxizität von PCB ist zwar gering, allerdings zeigt sich schon bei geringen Mengen eine chronische Giftigkeit. Typische Auswirkungen einer PCB-Vergiftung sind unter anderem Leberschädigungen und Störungen des Immunsystems. Zudem steht PCB in Verdacht, krebserregend zu sein.

Gegenmaßnahmen

Die wichtigste Maßnahme gegen Plastik in Gewässern ist die Vermeidung von Plastikmüll. So hat beispielsweise die EU zum Schutz der Meere beschlossen, bestimmte Plastikgegenstände wie Strohhalme, Besteck und Essensverpackungen ab 2021 zu verbieten. Daneben wird ein Verbot von Plastiktüten diskutiert. Verbraucherinnen und Verbraucher können beim Kauf von Kosmetikprodukten, Wasch- und Reinigungsmitteln darauf achten, dass diese kein Mikroplastik enthalten. Auch gilt es, Plastikmüll sachgerecht zu entsorgen und auf plastikfreie Verpackungen und Mehrwegflaschen aus Glas zu setzen. Auf politischer Ebene wurden globale und regionale Aktionspläne zur Bekämpfung von Meeresmüll verabschiedet. So fordert die neue **Meeresstrategie-Rahmenrichtlinie** von ihren EU-Mitgliedstaaten, nationale Strategien zu ergreifen, um die Meeresökosysteme zu schützen, zu erhalten oder wiederherzustellen. In naher Zukunft soll so ein guter Zustand der Meeresumwelt erreicht werden.

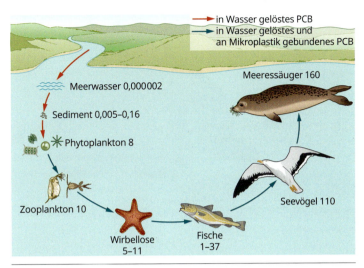

3 PCB in Nahrungsketten (Angaben in Milligramm pro Liter bzw. Kilogramm Fett)

❶ ☰ Erklären Sie den Begriff der Bioakkumulation anhand der Abbildung 3.

Materialgebundene Aufgaben

❷ **Herkunft von Mikroplastik in Deutschland**

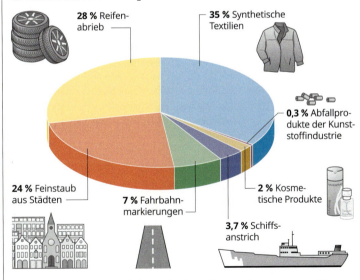

a) ☰ Geben Sie eine Definition der Begriffe primäres und sekundäres Mikroplastik an.

b) ☰ Werten Sie das Diagramm hinsichtlich der Bedeutung der verschiedenen Quellen des Mikroplastiks aus.

c) ☰ Nehmen Sie Stellung zu folgender Aussage: „Der Anteil des Mikroplastiks in kosmetischen Produkten ist derart gering, dass Verbraucher dies beim Kauf nicht berücksichtigen müssen."

1 Nordamerikanischer Ochsenfrosch und Teichfrosch im Größenvergleich

9.6 Biodiversität und Artenschutz

Welche Auswirkungen hat die Verbreitung einer neu eingeführten Tierart, wie die des nordamerikanischen Ochsenfrosches, auf die heimischen Ökosysteme?

Der Nordamerikanische Ochsenfrosch zählt zu den weltweit größten Froscharten (→ **Abb. 1**). Er wurde in Europa hauptsächlich für die Gastronomie eingeführt. Bis vor einigen Jahren konnten ihn auch Teich- und Aquarienfreunde im Zoohandel erwerben. Einige Exemplare wurden später ausgesetzt oder entwichen aus ihren Quartieren. Da sie sich von anderen Fröschen, Molchen, Fischen und sogar jungen Wasservögeln ernähren, stellen sie als Feind und Nahrungskonkurrent eine ernste Gefahr für die einheimische Fauna und damit für das ökologische Gleichgewicht dar. Untersuchungen ergaben, dass in den Laichgewässern von Ochsenfröschen keine einheimischen Kaul-

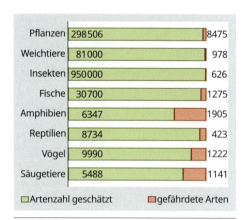

2 Weltweit vorhandene Artenzahl und Anteil der bedrohten Arten

	Artenzahl geschätzt	gefährdete Arten
Pflanzen	298 506	8475
Weichtiere	81 000	978
Insekten	950 000	626
Fische	30 700	1275
Amphibien	6347	1905
Reptilien	8734	423
Vögel	9990	1222
Säugetiere	5488	1141

quappen mehr vorkommen. Durch Einfangen der Ochsenfrösche und Abfischen des Laichs und der Kaulquappen versucht man heute, deren Verbreitung einzudämmen.

Gefährdung der Artenvielfalt

Neu eingeführte Arten wie den Nordamerikanischen Ochsenfrosch oder eingewanderte Arten bezeichnet man als **Neobiota**. Durch sie kann es zur Verdrängung oder sogar zum Aussterben heimischer Arten kommen. Auch die Zerstörung oder Zerstückelung von Lebensräumen, etwa durch die Gewinnung landwirtschaftlicher Nutzflächen oder durch den Straßenbau, sowie die globale Erwärmung beeinflussen die Artenzahl. Besonders gefährdet sind Amphibien, Säugetiere und Vögel (→ **Abb. 2**).

Um einen Überblick über die gefährdeten Arten zu erhalten, werden diese in **Roten Listen** erfasst. Wissenschaftler schätzen, dass weltweit alle 20 Minuten eine Tier- oder Pflanzenart ausstirbt. Fällt eine Art aus, kann dies weitreichende Folgen für andere Arten im Ökosystem haben. Das wird deutlich, wenn man bedenkt, dass zum Beispiel von jeder Blütenpflanzenart durchschnittlich 20 Insektenarten direkt abhängig sind.

Bedeutung der biologischen Vielfalt

Bereits 1992 wurde auf der Konferenz für Umwelt und Entwicklung in Rio de Janeiro die Biodiversitätskonvention verabschiedet. Ziel dieser Übereinkunft ist die **Biodiversität**, also der Erhalt der biologischen Vielfalt. Sie betrifft die **Vielfalt der Ökosysteme** auf der Erde, die **Vielfalt der Arten** innerhalb eines bestimmten Biotops und die **genetische Vielfalt** innerhalb einer Art.

Für den Erhalt stabiler Ökosysteme mit großer Artenvielfalt gibt es neben biologischen und bioethischen Argumenten auch zahlreiche praktische Gründe. Wissenschaftler gehen davon aus, dass etwa 75 000 Pflanzenarten als Nahrungsquelle für Menschen nutzbar sind. Es decken aber nur drei Pflanzenarten, nämlich Mais, Weizen und Reis, zurzeit 60 Prozent der Welternährung ab. Manche Arten, wie etwa der Schimmelpilz *Penicillium notatum*, produzieren Abwehrstoffe gegen Krankheitserreger, die in der Medizin eingesetzt werden. Bereits heute basiert fast die Hälfte der bei uns zugelassenen Medikamente auf Pflanzeninhaltsstoffen.

Bei der Züchtung von Kulturpflanzen und Nutztieren werden die wenigen hochspezialisierten Arten ständig an sich ändernde Bedürfnisse des Menschen angepasst. Durch diese künstliche Selektion wird ihre genetische Variabilität reduziert. Basis der Biodiversität ist aber die genetische Vielfalt. Die Sammlung und Sicherung von Genen ist daher eine wichtige Grundlage für zukünftige Züchtungserfolge. Deshalb müssen die ursprünglichen Wildformen als genetische Ressource unbedingt erhalten bleiben. In sogenannten **Gendatenbanken** werden neben Pflanzensamen auch tierische Zellen und Gewebe aufbewahrt.

Schutz der Biodiversität

Der Erhalt der Artenvielfalt ist eine notwendige Voraussetzung für die Sicherung der von Menschen genutzten natürlichen Ressourcen. Da es aber sinnlos wäre, Arten ohne ihren Lebensraum zu erhalten, bedeutet **Artenschutz** immer auch **Biotopschutz**.

In den letzten Jahrzehnten sind zahlreiche internationale und nationale Programme ins Leben gerufen worden, um bestimmte Ökosystemtypen auch über Landesgrenzen hinweg in **Biosphärenreservaten** zu schützen. Deutschland konzentriert sich dabei insbesondere auf den Erhalt des weltweit einmaligen Ökosystems Buchenwald. In diesem Zusammenhang werden die Schutzgebiete in Deutschland ständig erweitert. Heute gehören 17 Biosphärenreservate, 16 Nationalparks und 104 Naturparks dazu. Zusammen nehmen diese Gebiete fast 30 Prozent der Landesfläche ein. Strenge Vorschriften und Gesetze regeln die Nutzung dieser Flächen. Daneben gibt es in Deutschland zahlreiche **Natur- und Landschaftsschutzgebiete.**

Die Artenvielfalt wild lebender heimischer Tier- und Pflanzenarten wird aber nicht nur durch den Schutz ihrer Lebensräume gefördert, sondern auch durch einen ganzen Katalog verschiedener Maßnahmen wie etwa

- die strategische Umweltprüfung bei der Planung und beim Bau von Straßen,
- die Schaffung neuer Biotope als Ersatz für verloren gegangene Naturflächen,
- die Einrichtung von Amphibienleitsystemen und Grünbrücken für den Wildwechsel,
- der Erhalt und die Wiederansiedlung von Arten wie zum Beispiel den Eurasischen Luchs (→ **Abb. 3**).

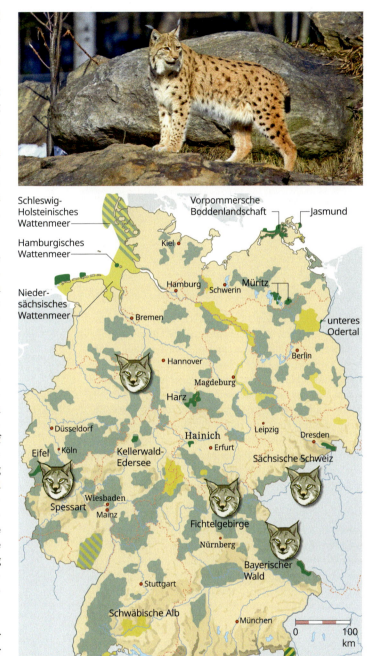

3 Schutzgebiete in Deutschland und Wiederansiedelungsgebiete des Eurasischen Luchses

❶ ☰ Geben Sie eine Definition des Begriffes Biodiversität und nennen Sie die dabei relevanten Teilbereiche.

❷ Der asiatische Marienkäfer – ein riskanter Nützling?

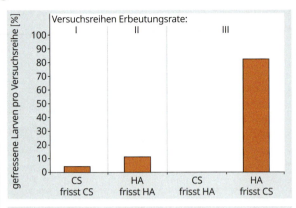

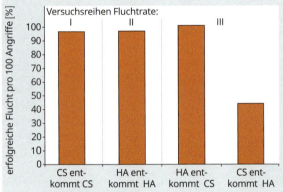

Der asiatische Marienkäfer (*Harmonia axyridis*, abgekürzt HA) ist in Japan und China heimisch. Die Larven und adulten Tiere fressen Blattläuse, aber auch viele andere Insektenarten sowie die Eier, Larven und Puppen der eigenen und anderer Marienkäferarten. Im Vergleich zum asiatischen Marienkäfer ernährt sich die in Europa heimische Marienkäferart (*Cocinella septempunctata*, abgekürzt CS) hauptsächlich von Blatt- und Schildläusen. Diese Art ist kleiner und ihre Vermehrungsrate geringer. Bei Gefahr sondern beide Arten bitter schmeckende, giftige Hämolymphe ab. Ende des 20. Jahrhunderts wurde der asiatische Marienkäfer in mehreren europäischen Ländern zur Schädlingsbekämpfung eingeführt.

In verschiedenen Laborexperimenten wurden die interspezifischen Beziehungen beider Marienkäferarten untersucht. Dabei wurde ermittelt, wie häufig sich die Larven beider Arten gegenseitig angriffen und wie häufig diese Angriffe mit der Erbeutung der anderen Larvenart endeten. Daneben wurde der prozentuale Anteil erfolgreicher Fluchtversuche bestimmt.

In einer weiteren Versuchsreihe wurde die Wirkung der Hämolymphe auf *E. coli*-Bakterien untersucht. An den mit Käfern markierten Positionen wurden identische Mengen an Hämolymphe der jeweiligen Art ausgebracht.

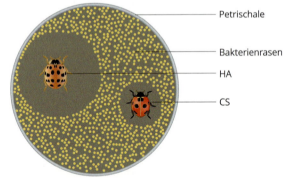

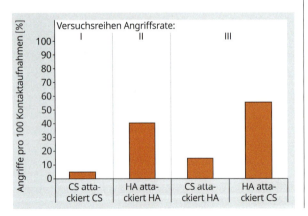

a) ≡ Entwickeln Sie eine Hypothese, wie sich der asiatische Marienkäfer unter Freilandbedingungen auf heimische Marienkäferpopulationen auswirken könnte. Berücksichtigen Sie dabei die Versuchsbeobachtungen der verschiedenen Laborexperimente.

b) ≡ Prüfen Sie Ihre Hypothese mithilfe einer Recherche zur Verbreitung des asiatischen Marienkäfers in Europa.

c) ≡ Nehmen Sie Stellung zu der in der Überschrift aufgeworfenen Frage.

❸ **Naturschutz und Geocaching – Konflikt oder Chance?**

Nationalpark Niedersächsisches Wattenmer
▮ Schutzzone I (Ruhezone)
▮ Schutzzone II (Zwischenzone)
▮ Schutzzone III (Erholungszone)
⚑ Geocach

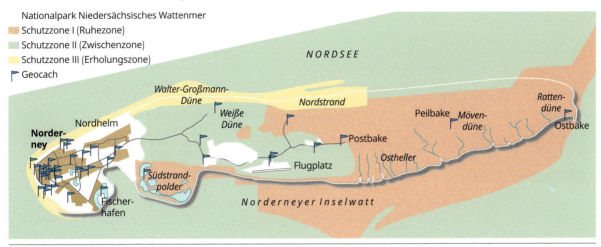

1 Verteilung und Dichte von Geocaches auf der Nordseeinsel Norderney

Geocaching (gr. *geo*: Erde; engl. *caching*: geheimes Lager) ist eine Art moderner Schatzsuche oder Schnitzeljagd, bei der ein Logbuch und ein Tauschgegenstand in kleinen, verschließbaren Boxen versteckt werden. Die Koordinaten des Verstecks sowie einige Suchhinweise werden von einer Person auf einer Internetplattform eingestellt. Geocacher machen sich anschließend mit diesen Koordinaten und einem GPS-Empfänger, etwa einem Handy, auf die Suche. Finden sie den Cache, so tragen sie sich in das Logbuch ein und ersetzen möglicherweise den Tauschgegenstand gegen ein Mitbringsel. Anschließend verstecken sie den Cache an der gleichen Stelle für den nächsten Cacher.

Geocaching gilt als Spaß für Einzelne, Familien und Gruppen und begeistert eine wachsende Zahl von Anhängern. An fast 300 000 Stellen in Deutschland

2 Geocache

sind mittlerweile Caches deponiert, nach denen man zu jeder Tages- und Nachtzeit suchen kann. Die Suche kann querfeldein an entlegene Orte führen, zum Teil auch in Schutzgebiete. Die Caches werden in Höhlen, Baumstümpfen oder Felsen versteckt, also an Orten, die von Tieren als Lebensraum, Brutplatz oder Rückzugsmöglichkeit genutzt werden. Geocacher ziehen daher immer öfter den Ärger von Naturschützern, Förstern und Jägern auf sich. Die Bewegung in der Natur bietet aber zugleich die Chance, Menschen für die Natur zu begeistern und für Themen des Natur-, Umwelt- und Klimaschutzes zu sensibilisieren. Einige Naturschutzverbände bieten deshalb Varianten des Geocachings an, bei denen die GPS-Suche mit interessanten Informationen, etwa zu Fledermäusen, Ameisen oder Baumhöhlen, verbunden sind.

a) ≡ Erklären Sie am Beispiel des Geocachings die Kennzeichen eines ökologisch-sozialen Dilemmas sowie die zeitlichen, räumlichen und sozialen Fallen. Nehmen Sie die Seiten 246 und 247 zuhilfe.

b) ≡ Nehmen Sie Stellung zu den folgenden Aussagen: „Ich glaube nicht, dass Geocacher die Störungen bewusst verursa-

chen. Es geschieht vor allem durch Unwissen. Denn wer kennt heute noch die in Deutschland vorkommenden Tier- und Pflanzenarten und weiß, welche davon unter Naturschutz stehen. Und wer weiß, wo die speziellen Arten vorkommen. Wie schnell werden selbst die schönsten Orchideen zertreten, weil sie sehr unauffällig sind, wenn sie nicht gerade blühen. Ein Geocacher genügt, um etwa das Brutgeschäft eines gefährdeten Vogels zu verhindern, ihn vom Nest zu vertreiben und damit die Eier oder Küken der Kälte und den Fressfeinden auszusetzen. Der Geocacher bemerkt dabei nicht einmal, was er angerichtet hat."

c) ≡ Entwickeln Sie Regeln für ein Geocaching, das im Einklang mit dem Naturschutz steht.

d) ≡ Geben Sie in der obigen Grafik an, wo sich Caches in Schutzgebieten befinden.

e) ≡ „In Schutzgebieten wie Nationalparks sollte grundsätzlich Geocaching verboten werden." Nennen Sie mögliche Alternativen zu einem Verbot von Geocaching in Schutzgebieten und treffen Sie eine begründete Entscheidung für eine der Alternativen. Gehen Sie dabei nach dem Verlaufsschema der Abbildung 4 auf Seite 247.

Ökosysteme

Merkmale:
– offene Systeme mit Stoff- und Energieaustausch
– dynamisch, ändern sich kurz- und langfristig
– komplex, da vielfältige Wechselwirkungen
– räumliche und zeitliche Dimension
– Unterteilung in aquatische (etwa See, Fließgewässer, Wattenmeer) und terrestrische Systeme (etwa Wald, Moor, Wiese)

Nahrungsbeziehungen

– **Nahrungskette:** Weg, auf dem Biomasse von Produzenten über verschiedene Konsumenten zu Destruenten weitergegeben wird
– **Nahrungsnetz:** Verknüpfung mehrerer Nahrungsketten eines Ökosystems
– **Ökologische Pyramide:** grafische Darstellung des quantitativen Stoffflusses in Ökosystemen
  • Zahlenpyramide: gibt die Zahl der Einzelindividuen der verschiedenen Trophiestufen wieder
  • Biomassepyramide: zeigt die Biomasse pro Fläche für die Trophiestufen an
  • Energiepyramide: gibt den Energiegehalt pro Fläche und Jahr für die Trophiestufen an

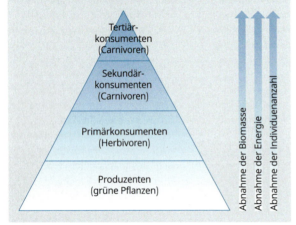

Stoffkreisläufe

– Auf-, Um- und Abbau von Stoffen in Ökosystemen; stets mit einem Energieumsatz verbunden

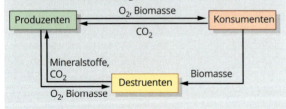

Energiefluss in Ökosystemen

– Umwandlung von Strahlungsenergie in chemische Energie durch Produzenten
– Weitergabe der chemischen Energie innerhalb von Nahrungsketten = Energiefluss
– Energieverluste durch Zellatmung und organischen Abfall innerhalb der Nahrungskette
– Energiefluss als „Einbahnstraße"

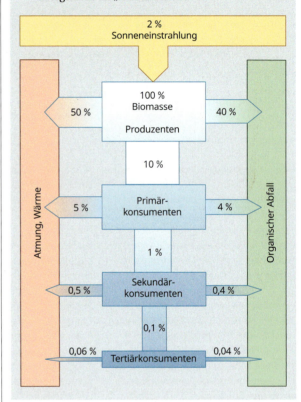

Globale Stoffkreisläufe

Kohlenstoffkreislauf
– **Biosphärischer Kohlenstoffkreislauf:** Aufnahme von Kohlenstoffdioxid aus der Atmosphäre durch Fotosynthese von Produzenten, Abgabe von Kohlenstoffdioxid bei der Zellatmung von Konsumenten und Destruenten
– **Geochemischer Kohlenstoffkreislauf:** Fixierung von atmosphärischem Kohlenstoffdioxid als Kalkstein in der Lithosphäre oder als fossile Pflanzenreste; allmähliche Freisetzung des gebundenen Kohlenstoffs in die Atmosphäre durch Verwitterung
– **Anthropogene Einflüsse:** Anstieg der Kohlenstoffdioxid-Konzentration in der Atmosphäre durch menschliche Aktivitäten wie Entwaldung, Brandrodung und Verbrennung fossiler Brennstoffe

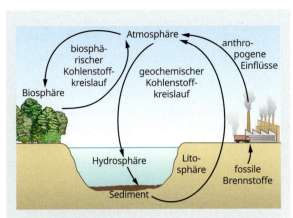

Stickstoffkreislauf

– Stickstofffixierung = Umwandlung von atmosphärischem Stickstoff in Nitrat- oder Ammonium-Ionen
  • Biologische Fixierung durch Bakterien
  • Chemische Fixierung bei Gewittern, Verbrennungen und Vulkanausbrüchen
  • Industrielle Fixierung zur Erzeugung anorganischer Düngemittel
– **Nitrifikation:** Umwandlung von Ammonium-Ionen in Nitrit-Ionen und dann in Nitrat-Ionen
– **Denitrifikation:** Umwandlung organisch gebundenen Stickstoffs in Ammonium-Ionen
– **Ammonifikation:** Abbau organischer Stoffe zu Ammoniak

Nachhaltige Entwicklungskonzepte

– Gegenwärtige Generationen befriedigen ihre Bedürfnisse, ohne dabei die Bedürfnisse künftiger Generationen zu gefährden.
– Ökologische, ökonomische und soziale Aspekte müssen berücksichtigt werden.

Eingriff des Menschen in Ökosysteme

Treibhauseffekt

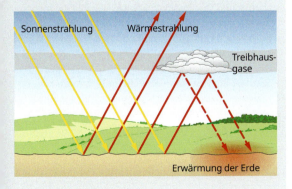

– **Natürlicher Treibhauseffekt:** führt zur Erderwärmung
– **Anthropogener Treibhauseffekt:** von Menschen verursachter, zusätzlicher Effekt; Folge der vermehrten Nutzung fossiler Brennstoffe und der Intensivierung der Landwirtschaft

Klimawandel
– anthropogen verursachter Anstieg der Kohlenstoffdioxid-Konzentration als Hauptursache
– Anstieg des Meeresspiegels, Wetterextreme und Verschiebung der Verbreitungsgebiete von Tieren und Pflanzen als Folge
– Vermeidung und Anpassung als Gegenstrategien

Nitrat
– Nitratanreicherung in Böden, Grundwasser und Oberflächengewässern als Folge der Überdüngung von Böden
– Umwandlung von Nitrat zu Nitrit und zu krebserregenden Nitrosaminen sowie Versauerung von Böden und Eutrophierung als mögliche Folgen

Wasser
– knappe Ressource in vielen Regionen der Erde
– steigender Wasserverbrauch kann Konflikte um die begrenzte Ressource Wasser zur Folge haben

Plastik
– Makroplastik = große Plastikteile
– Mikroplastik = Plastik mit einem Durchmesser unter 0,5 Millimeter
  • Primäres Mikroplastik direkt industriell produziert
  • Sekundäres Mikroplastik entsteht aus Makroplastik durch physikalisch-chemische Prozesse
– Gefahren: Freisetzung giftiger Inhaltsstoffe ins Wasser und Bindung bereits gelöster Schadstoffe möglich; Bioakkumulation über Nahrungsketten

Biodiversität und Artenschutz

Biodiversität = biologische Vielfalt, betrifft
– genetische Vielfalt
– Vielfalt der Arten
– Vielfalt der Ökosysteme

Artenschutz
– Biotopschutz, etwa Ausweisung von Biosphärenreservaten, Natur- und Landschaftsschutzgebieten
– Schaffung neuer Biotope
– Erhalt und Wiederansiedlung neuer Arten

AUFGABENSTELLUNG

Der Einfluss einer neu eingeführten Art auf das Nahrungsnetz eines Ökosystems

Im Norden des US-Bundesstaates Montana befindet sich das Flathead River-Lake-Ökosystem. Es besteht aus dem 482 Quadratkilometer großen Flathead Lake, einem oligotrophen See, sowie dem Flathead River und dem angrenzenden McDonald Creek. Der Flathead Lake beheimatet zahlreiche Fischarten wie den Seesaibling und den Kokanee-Lachs. Zum Laichen schwimmt der Kokanee-Lachs über den Flathead River den vier Kilometer langen McDonald Creek hinauf. Im angrenzenden Glacier National Park leben Grizzlybären und Weißkopfseeadler, die sich von laichenden Kokanee-Lachsen ernähren.

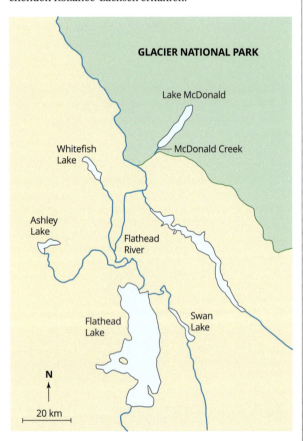

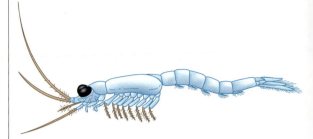

Schwebgarnelen sind räuberische Allesfresser, die auch größeres Zooplankton wie Blattfußkrebse und Ruderfußkrebse fangen. Sie sind an einen niedrigen Temperaturbereich gebunden und kommen vor allem in Gewässern mit hohem Sauerstoffgehalt vor. Deshalb findet man sie eher in tiefen, oligotrophen Seen.

Im Folgenden sollen Sie sich mit verschiedenen Aspekten des Einflusses eines Neobionten auf ein Ökosystem beschäftigen.

1. Nahrungsbeziehungen

1.1 Beschreiben Sie die Nahrungsbeziehungen im Flathead River-Lake-Ökosystem anhand von M1 unter Berücksichtigung der verschiedenen Trophiestufen. (10 BE)

1.2 Analysieren Sie die Beziehungen zwischen Kokanee-Lachs und Schwebgarnele auf der Basis von M1 und M2. (15 BE)

2. Populationsentwicklungen

2.1 Beschreiben und erklären Sie die Populationsentwicklungen von Blattfuß- und Ruderfußkrebsen vor und nach dem Aussetzen der Schwebgarnele *Mysis diluviana* anhand von M3. (15 BE)

2.2 Beschreiben und erklären Sie die Populationsentwicklungen von Kokanee-Lachs und Weißkopfseeadler vor und nach dem Aussetzen der Schwebgarnele mithilfe von M4. (15 BE)

2.3 Erklären Sie den Verlauf der Populationsdichte der Schwebgarnele in M4. (10 BE)

3. Einfluss des Neobionten

3.1 Beurteilen Sie die Auswirkungen, die das Aussetzen des Neobionten *Mysis diluviana* auf das Flathead River-Lake-Ökosystem hatte unter Berücksichtigung von M3 und M4. (20 BE)

3.2 Kurz nachdem die Populationsdichte der Schwebgarnele ihr Maximum erreicht hatte, konnte man im Flathead Lake eine Massenvermehrung von Algen erleben. Erklären Sie diese Beobachtung. (10 BE)

Der Flathead Lake ist beliebtes Ziel für Sportfischer. Zur Vermehrung des Lachsbestandes wurde zwischen 1968 und 1977 eine bislang nicht heimische Schwebgarnelenart *Mysis diluviana* in das Wassereinzugsgebiet des Flathead Lake eingeführt. Im Jahr 1981 erreichte sie den See.

MATERIAL

M1   Nahrungsbeziehungen im Flathead River-Lake-Ökosystem

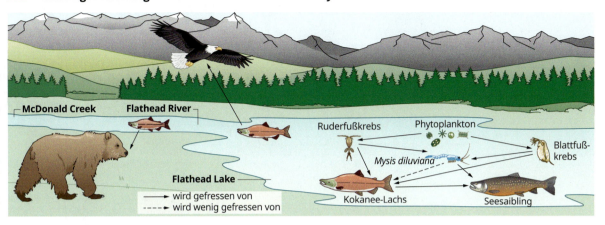

M2   Lebensbereiche von Kokanee-Lachs und Schwebgarnele *Mysis diluviana*

Kokanee-Lachs und Schwebgarnele *Mysis diluviana* unterscheiden sich in der Tagesaktivität: So findet sich der Kokanee-Lachs vorwiegend im oberflächennahen Bereich des Flathead Lake bis zu einer Tiefe von 30 Metern, wo er bei Tag seiner Beute nachstellt.

Die Schwebgarnele *Mysis diluviana* pendelt rhythmisch zwischen Gewässergrund und höheren Wasserschichten. Ursache hierfür ist das Licht, denn *Mysis diluviana* ist an dunkle Lebensräume angepasst. Bei zu hoher Lichtintensität kann es zur Schädigung der Augen kommen.

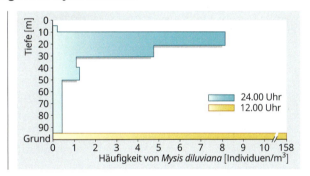

M3   Saisonale Populationsdynamik von Blattfuß- und Ruderfußkrebsen vor und nach der Einbringung von Schwebgarnelen am Flathead Lake

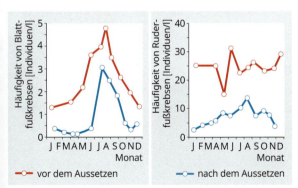

M4   Populationsentwicklungen von Schwebgarnelen, Kokanee-Lachs und Weißkopfseeadler im Flathead-River-Lake-Ökosystem

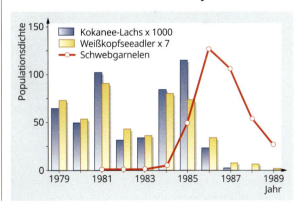

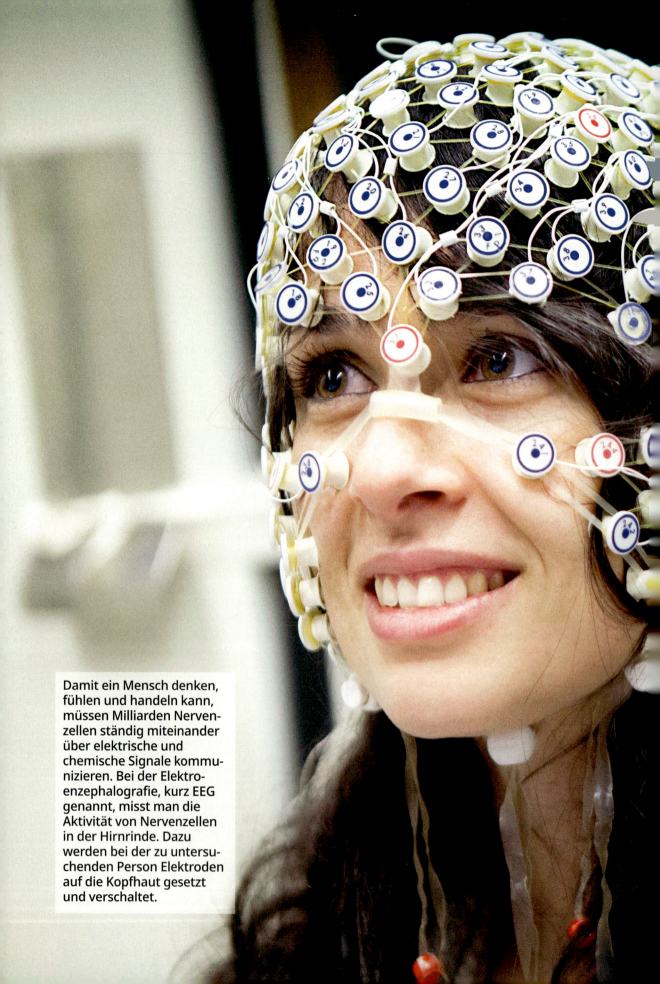

Damit ein Mensch denken, fühlen und handeln kann, müssen Milliarden Nervenzellen ständig miteinander über elektrische und chemische Signale kommunizieren. Bei der Elektroenzephalografie, kurz EEG genannt, misst man die Aktivität von Nervenzellen in der Hirnrinde. Dazu werden bei der zu untersuchenden Person Elektroden auf die Kopfhaut gesetzt und verschaltet.

Kommunikation in biologischen Systemen

1 Neuronale Kommunikation

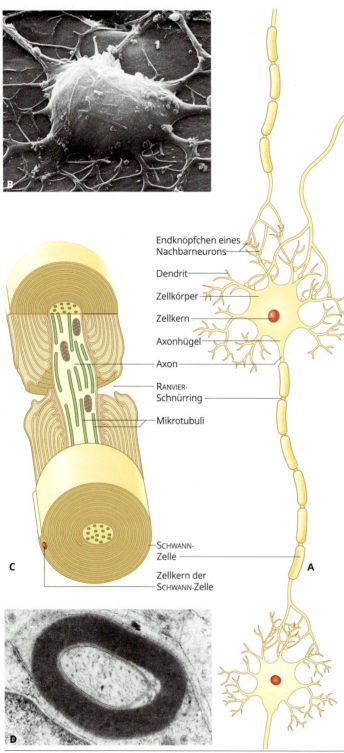

1.1 Bau und Funktion von Nervenzellen

Wie sind Nervenzellen aufgebaut, sodass sie Informationen im Nervensystem weiterleiten können?

Milliarden miteinander vernetzter Nervenzellen sorgen im menschlichen Körper für die Informationsweiterleitung. Sie erfolgt von den Sinnesorganen zum Gehirn und vom Gehirn zu den Organen und zur Körperperipherie. Dabei bilden Gehirn und Rückenmark das **Zentralnervensystem**, das über das **periphere Nervensystem** mit dem übrigen Körper kommuniziert. Das Nervensystem besteht aus Nervenzellen, den **Neuronen**, und aus **Gliazellen** (griech. *glia*: Leim). Nervenzellen sind hochspezialisierte Zellen. Sie empfangen Informationen, wandeln sie in elektrische Signale, sogenannte **Nervenimpulse**, um und übermitteln diese an andere Nervenzellen oder an Muskelzellen. Gliazellen unterstützen in vielfältiger Weise die Arbeit der Nervenzellen.

Grundbauplan eines Neurons

Nervenzellen sind in Größe und Form sehr unterschiedlich. Sie sind aber stets in Zellkörper und Zellfortsätze gegliedert. (→ **Abb. 1A, B**). Der deutlichste Unterschied zu anderen Zellen sind die Fortsätze, die dem Zellkörper entspringen. Zu ihnen gehören das lange, über weite Strecken unverzweigte **Axon** und die fein verästelten dünnen **Dendriten** (griech. *dendron*: Baum). Diese nehmen Nervenimpulse von anderen Nervenzellen auf und leiten sie in Form von Nervenimpulsen entlang ihrer Membran zum **Zellkörper** weiter. Dort werden die von den verschiedenen Dendriten kommenden elektrischen Signale verrechnet. Überschreitet das Ergebnis der Verrechnung am Übergang vom Zellkörper zum Axon, dem **Axonhügel**, einen bestimmten Schwellenwert, entstehen dort Nervenimpulse, die entlang des Axons weitergeleitet werden.

Das Axon verzweigt sich an seinem Ende vielfach. Das Ende jeder Verzweigung mündet in einem **Endknöpfchen**, das den Kontakt zu einer Zielzelle herstellt. Über diese Endverzweigungen des Axons kann ein Neuron gleichzeitig mehreren anderen Zellen Nervenimpulse übermitteln.

Endknöpfchen eines Nachbarneurons

Dendrit

Zellkörper

Zellkern

Axonhügel

Axon

RANVIER-Schnürring

Mikrotubuli

SCHWANN-Zelle

Zellkern der SCHWANN-Zelle

1 Nervenzelle. A Grundbauplan eines Neurons (Schema);
B Zellkörper (REM-Aufnahme); **C** Axon mit Markscheide (Schema);
D Querschnitt durch ein Axon mit Markscheide (TEM-Aufnahme)

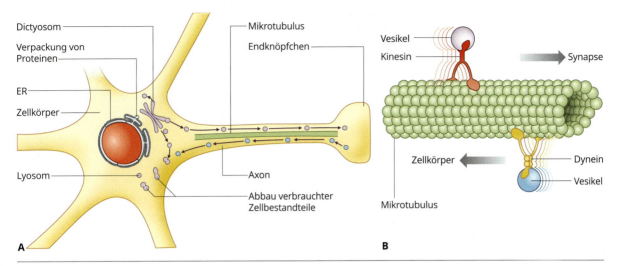

2 Transport von Vesikeln im Axon. A Übersicht; **B** Bewegung entlang des Mikrotubulus

Der Zellkörper enthält neben dem Zellkern den überwiegenden Teil der für den Stoffwechsel notwendigen Zellorganellen und Zellbestandteile. Dazu gehören zum Beispiel Ribosomen für die Proteinbiosynthese, das Endoplasmatische Retikulum und die Dictyosomen des GOLGI-Apparates für die Verpackung von Proteinen sowie Lysosomen für den Abbau verbrauchter Zellbestandteile.

Transport im Axon

Nervenzellen weisen ein ausgeprägtes Cytoskelett auf. Besonders viele regelmäßig angeordnete Mikrotubuli enthält das Axon (→ **Abb. 1C**). Die Länge eines Axons kann beim Menschen etwa in den Beinen bis zu einem Meter betragen. Viele Stoffe, die am Axonende benötigt werden, müssen aus dem Zellkörper herangeführt werden. Nur dort sind die für ihre Synthese notwendigen Zellorganellen vorhanden. Ebenso können verbrauchte Zellbestandteile aus den Axonendigungen nur im Zellkörper abgebaut werden. Ein Transport dieser Stoffe und Bestandteile durch freie Diffusion würde zu lange dauern. Mithilfe von **Motorproteinen** (Kinesin und Dynein) können Stoffe dagegen relativ schnell zwischen Zellkörper und Axonendigungen transportiert werden. Motorproteine bewegen sich entlang der Mikrotubuli des Cytoskeletts mit einer Geschwindigkeit von 200 bis 400 Millimeter pro Tag. Dabei verändern sie unter ATP-Verbrauch ihre räumliche Struktur. An Motorproteine sind Vesikel gebunden, in denen sich das Transportgut befindet (→ **Abb. 2**).

Funktion der Gliazellen

In der Umgebung von Nervenzellen befinden sich stets Gliazellen. Im peripheren Nervensystem von Wirbeltieren bilden spezielle Gliazellen, die SCHWANN-**Zellen** (→ **Abb. 1C**), eine für Wasser und Ionen undurchlässige **Myelinscheide** um viele Axone. Bei Wirbellosen kommt diese Myelinscheide dagegen nicht vor. Während der Entwicklung des Nervensystems wachsen die SCHWANN-Zellen um ein Axon herum, bis es schließlich von dicht gepackten Schichten lipidreicher Membranen umhüllt ist (→ **Abb. 1D**). Zwischen den SCHWANN-Zellen bleiben im Abstand von etwa ein bis zwei Millimetern schmale Bereiche, die RANVIER-**Schnürringe**, frei von einer Hülle. Ein Axon mit der umgebenden Myelinscheide wird auch als **Nervenfaser** bezeichnet. Sind mehrere Nervenfasern von einer Bindegewebshülle zu einem Bündel zusammengefasst, spricht man von einem **Nerv**.

Im Gehirn übertrifft die Anzahl von Gliazellen die Zahl der Nervenzellen um ein Vielfaches. Gliazellen haben Stützfunktion, versorgen die Nervenzellen mit Nährstoffen und regulieren die Konzentration bestimmter Ionen in der extrazellulären Flüssigkeit. So schaffen sie ein für Nervenzellen optimales Milieu.

❶ ☰ Nennen Sie die vier Abschnitte eines Neurons und beschreiben sie ihre Funktionen.

❷ ☰ Erklären Sie, warum die Myelinscheide der Axone eine isolierende Funktion hat.

275

„Ich sezierte einen Frosch und präparierte ihn [...] und legte ihn auf einen Tisch, auf dem eine Elektrisiermaschine stand. Wie nun der eine von den Leuten, die mir zur Hand gingen, mit der Spitze des Skalpellmessers die inneren Schenkelnerven des Frosches zufällig ganz leicht berührte, schienen sich alle Muskeln derart zusammenzuziehen, als wären sie von Krämpfen befallen. Der andere aber, welcher uns bei den Elektrizitätsversuchen behilflich war, glaubte bemerkt zu haben, dass sich das ereignet hätte, während dem Konduktor der Maschine ein Funken entlockt wurde. [...] Daraufhin wurde ich von einem unglaublichen Eifer und Begehren entflammt, dasselbe zu erproben und das, was darunter verborgen wäre, ans Licht zu ziehen."
Dies schrieb Luigi Gᴀʟᴠᴀɴɪ, Professor an der Universität von Bologna, am 6. November 1780 in sein Tagebuch.

Gᴀʟᴠᴀɴɪ begann mit gezielten Versuchen. Dabei variierte er die einzelnen Faktoren. Er stellte fest, dass bei einer Berührung der Schenkelnerven nur dann Muskelkontraktionen zu beobachten waren, wenn gleichzeitig an der „Elektrisiermaschine" ein Funke übersprang. Wesentlich war auch, dass der Experimentator die Klinge mit den Fingern berührte. Hielt er das Messer am aus Knochen gefertigten Griff, so blieben die Beinbewegungen aus. Somit stand für Gᴀʟᴠᴀɴɪ als klar erwiesen fest, *„dass nämlich die Berührung eines leitenden Körpers mit den Nerven erforderlich sei, damit die Erscheinung eintrete"*.

Wenige Jahre zuvor hatte Benjamin Fʀᴀɴᴋʟɪɴ den Nachweis erbracht, dass Blitze Phänomene atmosphärischer Elektrizität sind. Daher hielt es Gᴀʟᴠᴀɴɪ für möglich, Blitze anstelle des Funkens der „Elektrisiermaschine" einzusetzen. Wie erwartet zuckten die Beine eines Frosches, der an einem langen Draht auf einem Dach befestigt war, bei jedem in der Nähe niedergehenden Blitz. Dagegen war Gᴀʟᴠᴀɴɪ überrascht, dass die Schenkel eines Frosches, der mit einem Messing-

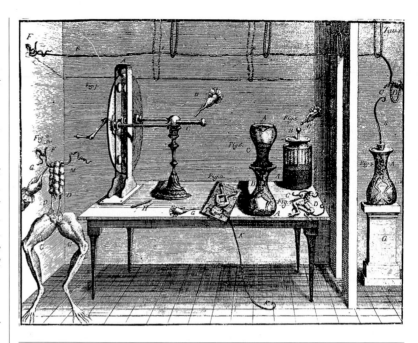

1 Gᴀʟᴠᴀɴɪs Laboratorium. Fig. 1 Elektrisiermaschine; **B** eiserner Zylinder, mit dem Funken gezogen werden; **C** Konduktor; **Fig. 2** zum Versuch vorbereiteter Frosch; **CC** Schenkel; **DD** innere Schenkelnerven; **F** Rückenmark, durch das ein eiserner Draht gestoßen ist; **G** eiserner Zylinder, mit dem der Eisendraht berührt wird, wenn ein Funke von dem Konduktor der Maschine gezogen wird

haken am eisernen Balkongitter hing, auch ohne dass es blitzte, gelegentlich zuckten. Dies geschah immer dann, wenn sie vom Wind gegen das Gitter gedrückt wurden. Gᴀʟᴠᴀɴɪ erkannte, dass der Einsatz zweier Metalle dabei wesentlich war: Die Froschschenkel zuckten schon dann, wenn er Nerven und Muskeln durch einen Bogen aus Kupfer und Zink verband.

Gᴀʟᴠᴀɴɪ war überzeugt, dass das Muskelzucken der Frösche auf eine vom Tier erzeugte spezielle „tierische Elektrizität" zurückzuführen sei. Als Quelle dieser Elektrizität vermutete er das Gehirn. Der Physiker Allessandro Vᴏʟᴛᴀ widersprach ihm. Für ihn war es die gleiche Elektrizität, die er entdeckt hatte, als er Kupfer- und Zinkplättchen in Salzwasser mit einem Draht verbunden hatte. Er erklärte Gᴀʟᴠᴀɴɪs Beobachtungen daraufhin damit, dass es in dem Frosch eine elektrisch leitende Flüssigkeit gibt, die dem Salzwasser in seinem Versuch

entsprach. Vᴏʟᴛᴀ hielt es für überflüssig, zwischen „tierischer" und „metallischer Elektrizität" zu unterscheiden.

Heute ist klar, dass Gᴀʟᴠᴀɴɪ in seinen Versuchen ohne Wissen einen Stromkreis hergestellt hatte. Dieser bestand aus zwei verschiedenen Metallen und einer elektrisch leitenden Flüssigkeit, dem Gewebswasser in den Froschschenkeln. Die Froschschenkel dienten als „Stromanzeiger". Sie zuckten beim Schließen des Stromkreises. Auch wenn Gᴀʟᴠᴀɴɪ die Beobachtungen nicht korrekt deutete, hatte er zum ersten Mal gezeigt, dass Nervenimpulse auf elektrischem Weg weitergeleitet werden.

In lebenden Fröschen ist das Zucken von Froschschenkeln auf die Kontraktion der Froschschenkelmuskeln zurückzuführen. Diese reagieren auf die elektrischen Impulse, die von Nerven ausgehen, die mit diesen Muskeln verbunden sind.

1.2 Das Membranpotential

Wodurch wird die elektrische Spannung an tierischen und pflanzlichen Membranen verursacht?

Die elektrische Spannung an der Membran von tierischen Zellen liegt im Bereich zwischen –50 mV und –100 mV, bei pflanzlichen Zellen ist sie oft noch höher. Ein Modellversuch verdeutlicht das Zustandekommen dieser Spannung an Membranen.

Modellversuch zum Membranpotential
Eine **Osmoseglocke,** deren Boden mit Haushaltsfolie verschlossen ist, wird mit einer Kaliumhydrogenoxalat-Lösung befüllt und in destilliertes Wasser getaucht (→ **Abb. 1**). In die Salzlösung wird eine **Messelektrode**, in das destillierte Wasser eine **Bezugselektrode** eingetaucht. Die Spannung dazwischen wird mit einem Messgerät erfasst und mit einem **Oszillografen** im zeitlichen Verlauf auf dem Bildschirm dargestellt. Vor dem Eintauchen der Osmoseglocke in das Wasser zeigt der Oszillograf null Volt an, nach dem Eintauchen dagegen eine Spannung von etwa –70 mV. Dieser Wert wird auch bei längerer Messdauer beibehalten.

Kaliumhydrogenoxalat zerfällt im Wasser in negativ geladene Hydrogenoxalat-Ionen und positiv geladene Kalium-Ionen. Kalium-Ionen sind im Gegensatz zu den Hydrogenoxalat-Ionen so klein, dass sie die Poren der Haushaltsfolie passieren können. Wird die Glocke in das destillierte Wasser getaucht, diffundieren Kalium-Ionen aufgrund des Konzentrationsgefälles, des **chemischen Gradienten**, in das destillierte Wasser. Da die Hydrogenoxalat-Ionen nicht folgen können, fehlen auf der Innenseite der Folie immer mehr positive Ladungen, während auf der Außenseite ein Überschuss an positiven Ladungen entsteht. Aufgrund der Ladungstrennung baut sich an der Membran eine Spannung, ein **elektrischer Gradient**, auf. Diese Spannung wird **Membranpotential** genannt. Je mehr Kalium-Ionen die Glocke verlassen, umso kleiner wird der chemische Gradient, der sie hinaustreibt, und umso größer der elektrische Gradient, der sie zurückhält. Schließlich ist die Summe der beiden Gradienten, der **elektrochemische Gradient**, gleich null. Ein **Fließgleichgewicht** ist entstanden: Pro Zeiteinheit bewegen sich

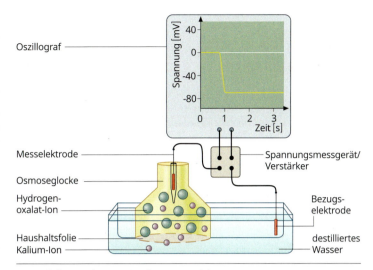

Oszillograf
Messelektrode
Osmoseglocke
Hydrogenoxalat-Ion
Haushaltsfolie
Kalium-Ion
Spannungsmessgerät/Verstärker
Bezugselektrode
destilliertes Wasser

1 Modellversuch zum Membranpotential

gleich viele Kalium-Ionen nach außen wie nach innen. Die gemessene Spannung bleibt konstant. Die elektrische Spannung an den Zellmembranen ist auf eine ungleiche Verteilung von Ionen an den selektiv permeablen Zellmembranen zurückzuführen.

❶ ≡ Beschreiben und erklären Sie, wie sich die Spannung verändert, wenn die Osmoseglocke mit destilliertem Wasser gefüllt und in eine Kaliumhydrogenoxalat-Lösung getaucht wird.

Materialgebundene Aufgaben

❷ Selektiv permeable Membran als Grundlage des Membranpotentials

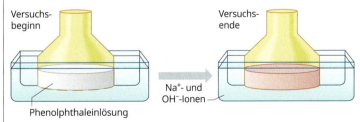

Versuchsbeginn
Versuchsende
Na$^+$- und OH$^-$-Ionen
Phenolphthaleinlösung

In dem Versuch wurde in die Osmoseglocke der Indikator Phenolphthalein gefüllt. Anschließend wurde die Glocke in eine verdünnte Natronlauge mit Na$^+$- und OH$^-$-Ionen getaucht.

a) ≡ Erklären Sie die Versuchsbeobachtungen.
b) ≡ Begründen Sie, dass selektiv permeable Membranen grundlegend für das Membranpotential sind.

1 **Loligo forbesi. A** Foto; **B** Schema

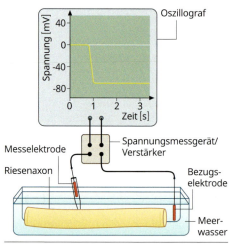

2 Membranpotential, intrazelluläre Ableitung am Riesenaxon

1.3 Das Ruhepotential

Wie entsteht das Membranpotential an einer Nervenzelle und wie wird es gemessen?

Im Jahr 1939 gelang es den Wissenschaftlern Alan L. HODGKIN und Andrew F. HUXLEY, eine elektrische Spannung zwischen dem Inneren einer Nervenzelle und ihrer Umgebung zu messen.

Versuchsdurchführung
Entscheidend für ihren Erfolg war die Wahl des Versuchsobjekts, das sogenannte Riesenaxon des Tintenfischs *Loligo forbesi* (→ **Abb. 1**). Dieses Axon ist 50 bis 100 mal dicker als eines von Säugetieren und kann somit wesentlich besser untersucht werden. Zur intrazellulären Ableitung des Membranpotentials verwendeten die Wissenschaftler als Messelektrode eine Mikroelektrode, die sie in das Innere des Axons einführten. Sie war über ein Spannungsmessgerät mit der Bezugselektrode verbunden, die sich,

Ion	innerhalb [mmol/l]	außerhalb [mmol/l]
Na$^+$	50	440
K$^+$	400	20
Cl$^-$	52	560
A$^-$ große Anionen	385	—

3 Ionenkonzentration am Riesenaxon

wie das Axon, in Meerwasser befand. Mithilfe eines Oszillografen wurden die Spannungsänderungen im zeitlichen Verlauf aufgezeichnet. Befand sich die Messelektrode im Meerwasser außerhalb des Axons, so zeigte das Messgerät null Volt an. Wurde sie jedoch in das Axon gestochen, so ließ sich eine Spannung von etwa –70 mV messen (→ **Abb. 2**). Da die Spannung am nicht aktiven Neuron gemessen wurde, bezeichnete man sie als **Ruhepotential** der Membran.

Entstehung des Ruhepotentials
Im Inneren des Axons ist die Konzentration von Kalium-Ionen um ein Vielfaches höher als außerhalb des Axons. Die Axonmembran ist für Kalium-Ionen permeabel aufgrund von spezifischen Kalium-Ionenkanälen. Im Inneren des Axons befinden sich große organische Anionen, beispielsweise Protein-Anionen. Für sie ist die Membran undurchlässig. Aufgrund des hohen Konzentrationsgefälles diffundieren Kalium-Ionen nach außen. Durch die Trennung der positiven und negativen Ladung baut sich an der Membran eine Spannung auf.

Außerhalb des Axons ist die Konzentration der Natrium- und Chlorid-Ionen wesentlich höher als im Axon (→ **Abb. 3**). Für diese beide Ionenarten ist die Membran nicht völlig undurchlässig. Weil aber im Ruhepotential aufgrund der negativen Ladung im Inneren des Axons der elektrochemische Gradient für die Chlorid-Ionen gering ist, diffundieren nur wenige dieser Ionen durch die Membran.

278

Natrium-Kalium-Ionenpumpen

Natrium-Ionen diffundieren im Gegensatz zu Chlorid-Ionen entlang des starken elektrochemischen Gradienten in das Axon hinein. Man spricht vom **Leckstrom**. Jedes eingedrungene Natrium-Ion transportiert auch eine positive Ladung in das Innere des Axons, sodass ein weiteres Kalium-Ion das Axon verlassen kann. So würden sich im Laufe der Zeit die Konzentrationen der Kalium-Ionen innen und außen angleichen und das Ruhepotential würde zusammenbrechen. Dies wird durch **Natrium-Kalium-Ionenpumpen** in der Axonmembran verhindert (→ **Abb. 4**). Sie transportieren jeweils drei Natrium-Ionen nach außen und im Gegenzug zwei Kalium-Ionen nach innen. Der Arbeitszyklus beginnt damit, dass ein ATP-Molekül an dem nach innen offenen Carrier bindet. In diesem Zustand sind drei Bindungsstellen für Natrium-Ionen frei. Sind diese besetzt, wird der Carrier durch Spaltung eines ATP-Moleküls phosphoryliert. Dadurch verändert sich seine räumliche Struktur und die Natrium-Ionen werden nach außen geschleust. Dabei werden zwei Bindungsstellen für Kalium-Ionen frei. Sobald sie besetzt sind, wird der Phosphatrest vom Carrier abgespalten, sodass er wieder die räumliche Struktur des Ausgangszustandes annimmt. Dabei werden die Kalium-Ionen nach innen abgegeben.

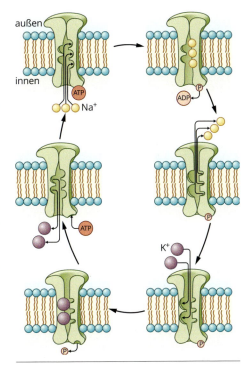

4 Arbeitszyklus der Natrium-Kalium-Ionenpumpe

❶ ≡ Stellen Sie den Arbeitszyklus der Natrium-Kalium-Ionenpumpe als Fließschema dar.

Materialgebundene Aufgaben

❷ Untersuchung der Funktion der Natrium-Kalium-Ionenpumpen

In einem Versuch injizierte man in ein Riesenaxon radioaktive Natrium-Ionen. Anschließend überführte man das Axon in Meerwasser. Radioaktive und nichtradioaktive Natrium-Ionen werden von Natrium-Kalium-Ionenpumpen in gleicher Weise transportiert.

Im Versuchsansatz A wurde das Axon nach 50 Minuten für 50 Minuten in Meerwasser überführt, das keine Kalium-Ionen enthielt. Im Ansatz B wurde es in Meerwasser überführt, das Dinitrophenol (DNP) enthielt. Dieses hemmt die ATP-Bildung in Mitochondrien.

a) ≡ Erklären Sie die Versuchsbeobachtungen.

b) ≡ Beschreiben Sie, wie man den Versuch durchführen müsste, um zu überprüfen, ob die Funktion der Natrium-Kalium-Ionenpumpen temperaturabhängig ist.

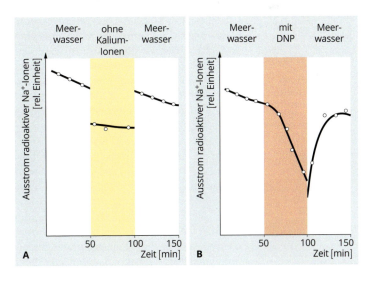

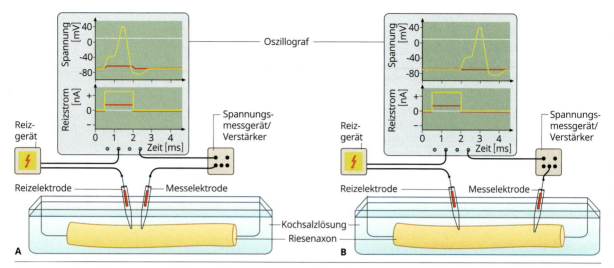

1 **Reizung eines Riesenaxons.** **A** Reiz und Membranpotential neben der Reizelektrode; **B** Reiz und Membranpotential einige Zentimeter von der Reizelektrode entfernt

1.4 Das Aktionspotential

Wie verändert sich das Membranpotential an einer Nervenzelle, wenn sie gereizt wird?

Ein Riesenaxon, das sich in einer Kochsalzlösung befindet, lässt sich durch schwache Stromstöße reizen. Dazu wird eine Reizelektrode in das Innere des Axons eingeführt. Eine Messelektrode in der Nähe der Reizelektrode registriert die Veränderungen des Membranpotentials während der Stromstöße (→ **Abb. 1**).

Phasen des Aktionspotentials
Bei einem leichten Stromstoß misst man für kurze Zeit eine Verringerung der Spannung an der Membran des Axons. Man spricht von einer **Depolarisierung**. Das Membranpotential erhöht sich für kurze Zeit von etwa –70 mV auf etwa –60 mV. Verstärkt man den Reiz schrittweise, reagiert das Axon darauf mit einer immer stärkeren Depolarisierung. Überschreitet das Membranpotential dabei einen Wert von etwa –40 mV, den **Schwellenwert**, kommt es zu einer Überreaktion: Im Bruchteil einer Millisekunde bricht das Membranpotential zusammen. Für einen Augenblick kehrt sich die Polarität der Membran sogar um. Das Membranpotential erreicht in dieser Phase etwa +30 mV. Der Strom, der bei dieser Depolarisierung fließt, ist stärker als der Reizstrom (→ **Abb. 1A**). Man spricht daher von einer aktiven Antwort der Membran. In der darauffolgenden Phase wird das ursprüngliche Membranpotential wieder aufgebaut. Bei dieser **Repolarisierung** erreicht das Membranpotential sogar für etwa eine Millisekunde einen Wert, der negativer ist als der des ursprünglichen Ruhepotentials: Die Membran ist in dieser Phase **hyperpolarisiert**.

Kennzeichen des Aktionspotentials
Die vorübergehende, charakteristisch verlaufende Änderung des Membranpotentials aufgrund eines überschwelligen Reizes nennt man **Aktionspotential**. Die Aktionspotentiale verlaufen am selben Axon immer gleich. Sie gehorchen einem Alles-oder-Nichts-Gesetz. Das bedeutet, entweder wird ein Aktionspotential ausgelöst, oder nicht. Alle Reize, bei denen der Schwellenwert überschritten wird, haben die gleiche Wirkung. Dies betrifft die Werte des Membranpotentials und die Dauer der einzelnen Phasen. Unterschiedliche Reizstärken können nur durch die **Frequenz**, also die Anzahl der Aktionspotentiale pro Zeiteinheit vermittelt werden.

Weiterleitung des Aktionspotentials
Misst man nach einer Reizung des Axons das Membranpotential einige Zentimeter von der Reizelektrode entfernt, stellt man auch dort ein Aktionspotential fest. Es tritt dort mit einer Verzögerung von einigen Millisekunden auf (→ **Abb. 1B**). Ein einmal ausgelöstes Aktionspotential „wandert" somit am Axon entlang. Auf diese Weise werden Nervenimpulse weitergeleitet.

Ionenströme beim Aktionspotential

Ursache für die beim Aktionspotential auftretenden abrupten Spannungsänderungen an der Axonmembran sind Ionenströme durch spezielle spannungsgesteuerte Ionenkanäle: Überschreitet das Membranpotential bei der Depolarisierung den Schwellenwert, öffnen sich die Aktivierungstore an den spannungsgesteuerten Natrium-Ionenkanälen (→ **Abb. 2C**). Dies führt zu einem Einstrom von Natrium-Ionen in das Axon. Dadurch wird die Depolarisierung verstärkt, sodass sich weitere Natrium-Ionenkanäle öffnen und noch mehr Natrium-Ionen einströmen. So entsteht ein Überschuss an positiven Ladungen im Inneren des Axons und eine Umpolung der Axonmembran (→ **Abb. 2A**). Weniger als eine Millisekunde nach der Öffnung der Natrium-Ionenkanäle verschließen sich diese automatisch durch ein Inaktivierungstor (→ **Abb. 2D**). Dadurch endet der Einstrom von Natrium-Ionen in das Axon.

Nach der Depolarisation des Membranpotentials über den Schwellenwert hinaus, öffnen sich verzögert auch spannungsgesteuerte Kalium-Ionenkanäle (→ **Abb. 2D**). Aufgrund des elektrochemischen Gradienten strömen dann Kalium-Ionen aus dem Axon hinaus. Dies führt zu einer raschen Repolarisierung der Membran. Da der Ausstrom von Kalium-Ionen noch anhält, wenn das Membranpotential den Wert des Ruhepotentials erreicht hat, ist die Axonmembran kurze Zeit hyperpolarisiert (→ **Abb. 2A**). Die spannungsgesteuerten Natrium-Ionenkanäle sind zunächst noch geschlossen, also noch inaktiviert (→ **Abb. 2E**). Der betreffende Bereich des Axons ist demzufolge unempfindlich gegenüber einem Reiz. Man spricht von der **Refraktärphase**.

Erst wenn das Ruhepotential erreicht ist, sind die Natrium-Ionenkanäle wieder aktiviert. Das Aktivierungstor hat sich geschlossen und das Inaktivierungstor ist wieder offen (→ **Abb. 2B**). Nun kann erneut ein Aktionspotential ausgelöst werden. Die Wiederherstellung der ursprünglichen Ionenverteilung erfolgt durch die nicht spannungsgesteuerten Natrium- und Kalium-Ionenkanäle sowie durch die Natrium-Kalium-Ionenpumpe.

❶ ≡ Erklären Sie den Verlauf eines Aktionspotentials mit den Zuständen der spannungsgesteuerten Ionenkanäle anhand der Abbildung 2.

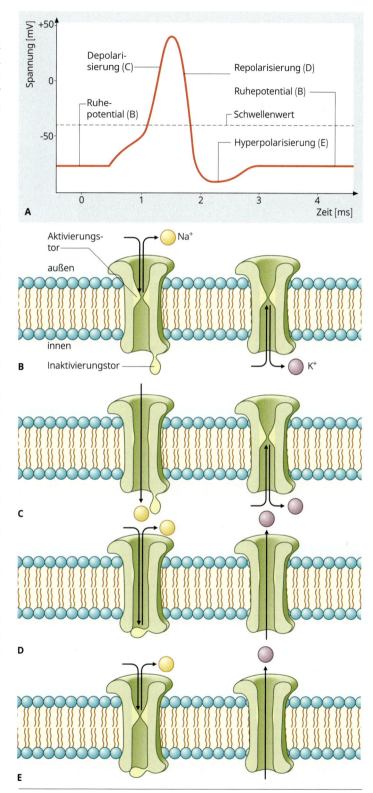

2 Aktionspotential. A Verlauf; **B – E** Zustände der spannungsgesteuerten Ionenkanäle während der Phasen des Aktionspotentials (Modellvorstellungen)

❷ Wirkung von Tiergiften

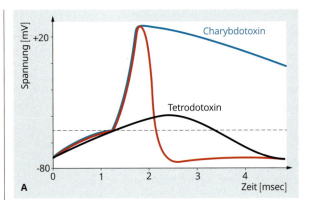

A

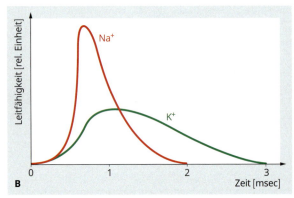

B

Verschiedene Tierarten setzen zur Abwehr von Fressfeinden oder zum Beutefang Gifte ein, die auf Nervenzellen wirken und dadurch Lähmungen oder Muskelkrämpfe auslösen. Der äußerst giftige Kugelfisch enthält zum Beispiel das Nervengift Tetrodotoxin und ist dadurch als Beutefisch unattraktiv. Bereits ein halbes Milligramm Tetrodotoxin kann beim Menschen tödlich wirken. Der gelbe Mittelmeerskorpion setzt das Nervengift Charybdotoxin zum Beutefang ein. Auch dieses Gift kann für Menschen, vor allem für Kinder, tödlich sein.

In Versuchen wurde die Veränderung des Membranpotentials eines Riesenaxons nach elektrischer Reizung in Anwesenheit von Tetrodotoxin oder Charybdotoxin untersucht.

a) ☰ Vergleichen Sie das Aktionspotential am Riesenaxon in Abbildung A in Anwesenheit von Tetrodotoxin beziehungsweise Charybdotoxin mit einem normalen Aktionspotential.

b) ☰ Beschreiben und erklären Sie die Ionenflüsse während der verschiedenen Phasen eines normalen Aktionspotentials anhand der Abbildung B.

c) ☰ Deuten Sie die Veränderungen des Aktionspotentials durch Tetrodotoxin beziehungsweise Charybdotoxin.

d) ☰ Skizzieren Sie entsprechend der Abbildung B die Ionenflüsse an der Membran des Riesenaxons in Anwesenheit von Tetrodotoxin sowie in Anwesenheit von Charybdotoxin.

❸ Erregung an der Membran von Pflanzenzellen

Mechanische Reize oder Lichtreize können bei Pflanzen Veränderungen des Membranpotentials auslösen. Es entstehen Aktionspotentiale, die durch De- und Repolarisation der Membran gekennzeichnet sind. Daran sind spannungsgesteuerte Ionenkanäle beteiligt. Das dargestellte Aktionspotential wurde zum Beispiel bei Armleuchteralgen gemessen.

a) ☰ Beschreiben und erklären Sie die Ionenströme und die Veränderung des Membranpotentials bei Armleuchteralgen nach der Reizung. Berücksichtigen Sie dabei die Ionenverteilung an der Membran.

	innen	außen
K^+-Ionen	100	10
Na^+-Ionen	20	1
Cl^--Ionen	200	1
Ca^{2+}-Ionen	0,001	2

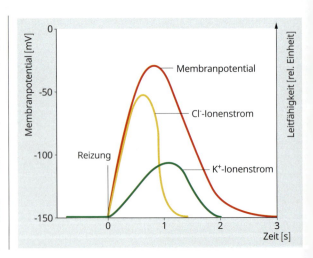

❹ Untersuchungen an isolierten Ionenkanälen

Frage	Unter welchen Bedingungen sind die Natrium-Ionenkanäle in der Membran eines Neurons geöffnet?
Hypothesen	Die Natrium-Ionenkanäle in der Membran eines Neurons sind: • immer offen. • nur solange offen, wie das Neuron über einen Schwellenwert hinaus depolarisiert ist. • für kurze Zeit offen, wenn das Neuron über einen Schwellenwert hinaus depolarisiert wurde.
Methode	Hat man mit der Patch-Clamp-Methode ein Membranstück mit einem einzelnen Natrium-Ionenkanal isoliert, so kann man es mit der Pipettenspitze in eine Lösung tauchen und durch Anlegen einer Reizspannung das Membranpotential verändern. Dabei auftretende Ionenströme durch die Membran können gemessen werden. 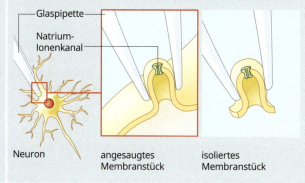 Neuron — angesaugtes Membranstück — isoliertes Membranstück
Ergebnis	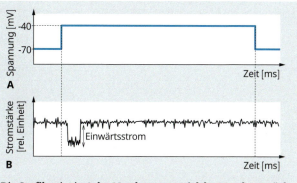 Die Grafik zeigt in A das Membranpotential des Membranstücks und in B Ionenströme durch das Membranstück. Bei einem Membranpotential von –70 mV, dem Ruhepotential, fließen keine Ionen durch das Membranstück. Verändert man durch Anlegen einer Reizspannung das Membranpotential auf –40 mV, so registriert man für etwa eine Millisekunde einen Einwärtsstrom von Ionen. Dieser setzt mit einer geringen Verzögerung ein, beginnt und endet abrupt.
Erkenntnis	

Mitte der 1970er Jahre entwickelten deutsche Neurowissenschaftler eine Technik, mit der es möglich ist, einzelne Ionenkanäle aus der Membran eines Neurons zu isolieren. 1991 wurden sie dafür mit dem Nobelpreis ausgezeichnet.

Bei dieser sogenannten **Patch-Clamp-Methode** (eng. *patch*: Flicken, Fleck; *to clamp*: festklemmen) wird eine Glaspipette, deren Durchmesser an der Spitze nur etwa einen Mikrometer beträgt, auf die Membran eines Neurons aufgesetzt. Ein leichter Unterdruck in der Pipette bewirkt, dass ein Membranstück an die Pipettenspitze gesogen wird und Pipettenrand und Membran fest aneinander haften. Zieht man dann die Pipette vom Neuron weg, so bleibt das Membranstück an der Pipettenspitze haften.

a) ☰ Prüfen Sie, welche der Hypothesen durch die Versuchsergebnisse bestätigt werden.

b) ☰ Deuten Sie die Versuchsergebnisse.

c) ☰ Planen Sie ein Experiment, mit dem überprüft werden kann, ob es sich bei dem isolierten Ionenkanal um einen Natrium-Ionenkanal handelt.

d) ☰ Entwickeln Sie eine Hypothese, welches Ergebnis zu erwarten wäre, wenn in dem dargestellten Experiment das Membranstück statt des Natrium-Ionenkanals einen spannungsgesteuerten Kalium-Ionenkanal enthält.

e) ☰ Fassen Sie die Erkenntnisse des Versuchs zusammen.

f) ☰ Planen Sie einen Versuch zu der Frage, bei welchem Schwellenwert sich die spannungsgesteuerten Natrium-Ionenkanäle öffnen.

1.5 Erregungsleitung

Wie wird ein Aktionspotential weitergeleitet?

Aktionspotentiale werden entlang des Axons weitergeleitet und transportieren dabei Informationen von einer Stelle des Nervensystems zu einer anderen. Eine Änderung des Membranpotentials aufgrund von Reizen wird als **Erregung** bezeichnet. Bei der Weiterleitung von Aktionspotentialen spricht man daher auch von einer **Erregungsleitung**.

Kontinuierliche Erregungsleitung

Der Einstrom von Natrium-Ionen in ein Axon während eines Aktionspotentials führt dazu, dass an der Innenseite der Membran ein positiv geladener Bereich entsteht, der von negativ geladenen Bereichen flankiert wird. An der Außenseite bildet sich ein negativ geladener Membranbereich, der beiderseits an positiv geladene Bereiche grenzt. Zum Ausgleich strömen sowohl entlang der Außenseite als auch der Innenseite der Membran Ionen in die entgegengesetzt geladenen Bereiche. Diese sogenannten Ausgleichsströme depolarisieren die Nachbarbereiche und führen dort zur Öffnung der spannungsgesteuerten Ionenkanäle und zur Entstehung eines Aktionspotentials. Da die Aktionspotentiale vom Axonhügel ausgehen, und sich der Membranbereich in Richtung Zellkörper nach einem Aktionspotential noch in der Refraktärphase befindet, breiten sich die Aktionspotentiale nur in Richtung der Endknöpfchen aus. Aktionspotentiale wandern demnach nicht entlang des Axons, sondern werden in jedem Abschnitt des Axons nach dem Alles-oder-Nichts-Gesetz neu gebildet. Daher schwächt die Erregung auch mit zunehmender Entfernung vom Axonhügel nicht ab. In Axonen ohne Myelinscheide, wie dem Riesenaxon, erfolgt so eine **kontinuierliche Erregungsleitung** (→ Abb. 1).

Die Weiterleitung der Erregung kann man modellhaft mit dem Fließen von Wasser in einem Schlauch, dessen Wände durchlöchert sind, vergleichen. Das Wasser fließt zum Teil im Schlauchinneren weiter und zum Teil durch die Löcher nach außen. Bei einem engen Schlauch fließt viel Wasser durch die Löcher nach außen. Im Gegensatz dazu fließt bei einem dicken Schlauch mit gleicher Anzahl Löcher pro Fläche viel Wasser im Inneren des Schlauches weiter. Ähnliches gilt für die positiven Natrium-Ionen, die bei einem Aktionspotential in das Axoninnere gelangt sind. Ist der Durchmesser des Axons groß, fließen viele Ionen im Inneren des Axons weiter, depolarisieren den Membranbereich vor dem Aktionspotential und führen dort so zur Ausbildung eines neuen Aktionspotentials. Deshalb erhöht sich bei Axonen ohne Myelinscheide die Erregungsleitung mit zunehmendem Durchmesser des Axons.

Saltatorische Erregungsleitung

Bei Wirbeltieren sind die Axone von einer Myelinscheide umgeben. Diese Isolierung lässt sich modellhaft mit einem Dichtungsband vergleichen, das stückweise um den durchlöcherten Wasserschlauch gewickelt ist. Das Wasser strömt dann vor allem im Innern des Schlauches weiter und fließt mit höherer Geschwindigkeit.

1 Kontinuierliche Erregungsleitung. Ladungsverhältnisse zu unterschiedlichen Zeitpunkten entlang des Axons. Rote Pfeile: Ausgleichsströme

Eine Myelinscheide ist an den RANVIER-Schnürringen unterbrochen. Nur in diesen Membranbereichen befinden sich spannungsgesteuerte Ionenkanäle. Bildet sich dort ein Aktionspotential, breitet sich die Erregung bis zum nächsten Schnürring durch Ausgleichsströme aus (→ **Abb. 2**). Wird der Schwellenwert überschritten, entsteht dort erneut ein Aktionspotential. Da die Erregung scheinbar von Schnürring zu Schnürring springt, spricht man von einer **saltatorischen Erregungsleitung**. Die Ausgleichsströme fließen sehr schnell. Die Bildung mehrerer Aktionspotentiale entlang des Axonabschnitts zwischen zwei Schnürringen würde viel länger dauern. Daher ist die Geschwindigkeit bei der saltatorischen Erregungsleitung um ein Vielfaches höher als bei einer kontinuierlichen Erregungsleitung. Sie beträgt häufig mehr als 100 m/s, in Axonen ohne Myelinscheide liegt sie oft nur bei 1 m/s.

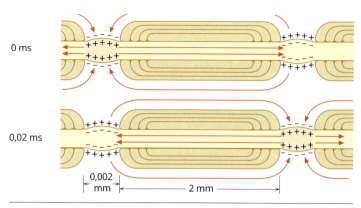

0 ms

0,02 ms

0,002 mm

2 mm

2 Saltatorische Erregungsleitung. Ladungsverhältnisse zu unterschiedlichen Zeitpunkten entlang des Axons. Rote Pfeile: Ausgleichsströme

❶ ☰ Prüfen Sie, ob die Erregungsleitung an Axonen modellhaft mit dem Abbrennen einer Zündschnur vergleichbar ist.

Materialgebundene Aufgaben

❷ Axonaler Transport von Viren

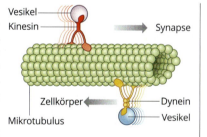

Vesikel
Kinesin
Synapse
Zellkörper
Dynein
Mikrotubulus
Vesikel

Das Motorprotein **Kinesin** bewegt sich an den Mikrotubuli der Axone entlang vom Zellkörper zum Axonende, **Dynein** in Gegenrichtung.

Manchmal befinden sich „blinde Passagiere" in ihren Vesikeln, beispielsweise Herpes-Viren. Diese dringen bei einer Infektion zunächst in Schleimhautzellen ein, in denen ihre Vermehrung erfolgt. Dabei wird umliegendes Gewebe zerstört, sodass Herpes-Viren in Axonendigungen eindringen und dann von Dynein in den Zellkörper des Neurons transportiert werden können. Dort bleiben sie oft lange unauffällig. Werden sie jedoch durch intensive Sonnenbestrahlung, Fieber oder Stress aktiviert, kehren einige der Viren mithilfe von Kinesin zum Axonende zurück und infizieren dort wieder Schleimhautzellen. Die Folge sind die bekannten „Herpesbläschen".

a) ☰ Erklären Sie die Feststellung: „Einmal Herpes – immer Herpes."
b) ☰ Begründen Sie, warum Herpes-Viren den relativ langsamen axonalen Transport nutzen, statt den schnellen Transport mit dem Blut.

❸ Geschwindigkeit der Erregungsleitung

Tierart	Axon-Typ	Axon-Durchmesser [µm]	mittlere Leitungsgeschwindigkeit [m/s]
Ohrenqualle	ohne Myelinscheide	6–12	0,5
Hummer		120	12
Tintenfisch (Kalmar)		400	20
Frosch	mit Myelinscheide	15	30
Karpfen		55–60	55–63
Katze		10–20	60–120

a) ☰ Erklären Sie die Leitungsgeschwindigkeit der Axone bei den verschiedenen Tierarten.
b) ☰ Erklären Sie, warum bei der saltatorischen Erregungsleitung der Abstand zwischen den Schnürringen nicht zu groß sein darf.
c) ☰ Begründen Sie, warum dicke Axone bei der saltatorischen Erregungsleitung größere Abstände zwischen den Schnürringen aufweisen können.

1.6 Erregungsübertragung durch Synapsen

Wie wird die Erregung eines Neurons auf andere Neuronen übertragen?

Manche Nervenzellen übermitteln Informationen, etwa über Reize aus der Umwelt, an Neurone des Zentralnervensystems. Andere, sogenannte **Motoneurone**, leiten Signale aus dem

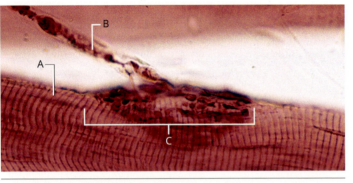

1 Motorische Endplatte (LM-Aufnahme). A Muskelfaser; **B** Axon des Motoneurons; **C** motorische Endplatte

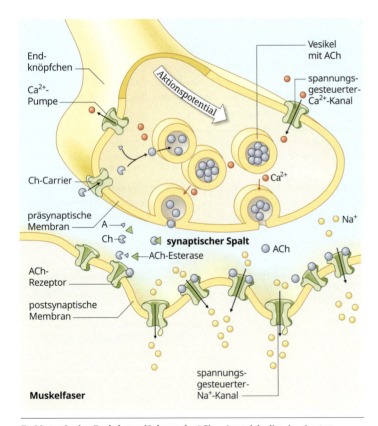

2 Motorische Endplatte (Schema). ACh = Acetylcholin; A = Acetat; Ch = Cholin

Zentralnervensystem an Muskeln weiter und bewirken so ihre Kontraktion. Diese Informationsübertragung von einem Neuron auf eine andere Zelle erfolgt an den Endknöpfchen der Axonverzweigung. Diese speziellen Kontaktstellen werden **Synapsen** genannt. Besonders gut erforscht sind die Synapsen zwischen Motoneuronen und Muskelfasern, die **motorischen Endplatten** (→ **Abb. 1**).

Die Axonverzweigungen eines Motoneurons enden an der von ihm kontrollierten Muskelfaser in abgeflachten Endknöpfchen. Es besteht jedoch kein direkter Kontakt zwischen der Membran eines Endknöpfchens, der **präsynaptischen Membran**, und der Membran der Muskelfaser, der **postsynaptischen Membran**. Zwischen ihnen liegt ein schmaler, etwa 100 nm breiter **synaptischer Spalt** (→ **Abb. 2**). Deshalb kann die Erregung nicht in Form von Ionenströmen von einer Zelle auf die andere übertragen werden. Der Spalt zwischen ihnen wird durch chemische Stoffe, **Neurotransmitter** (lat. *transmittere*: hinüberschicken), überbrückt. Man spricht daher von einer **chemischen Synapse**.

Freisetzung von Neurotransmittern

An der motorischen Endplatte dient Acetylcholin als Neurotransmitter. Wenn ein Aktionspotential ein Endknöpfchen erreicht, öffnen sich dort die spannungsgesteuerten Calcium-Ionenkanäle. Die in das Endknöpfchen einströmenden Calcium-Ionen bewirken, dass die mit Acetylcholin gefüllten Vesikel zur präsynaptischen Membran transportiert werden. Durch Exocytose wird Acetylcholin in den synaptischen Spalt ausgeschüttet. Die Acetylcholin-Moleküle diffundieren zur postsynaptischen Membran und binden dort an die spezifischen Rezeptor-Moleküle von **transmittergesteuerten Ionenkanälen**. Bei den Rezeptoren handelt es sich um Natrium-Ionenkanäle, die sich öffnen, sobald jeweils zwei Moleküle Acetylcholin gebunden wurden, man spricht vom **Acetylcholin-Rezeptor.** Daraufhin strömen Natrium-Ionen in die Muskelfaser ein und depolarisieren die postsynaptische Membran. Man spricht von einem **erregenden postsynaptischen Potential**, abgekürzt **EPSP**. Dieses breitet sich aus. Überschreitet die Depolarisierung in benachbarten Membranbereichen einen bestimmten Schwellenwert, öffnen sich dort schlagartig spannungsgesteuerte Natrium-Ionenkanäle. Es entsteht ein Aktionspotential, das sich über die Membran der Muskelfaser ausbreitet. Diese Muskelfaseraktionspotentiale führen zur Freisetzung von Calcium-Ionen aus dem sarkoplasmatischen Retikulum und letztlich zur Kontraktion der Muskelfaser.

An der motorischen Endplatte wird anschließend der ursprüngliche Zustand wiederhergestellt. Auf der präsynaptischen Seite entfernt eine spezifische Ionenpumpe Calcium-Ionen aus dem Endknöpfchen, sodass die Ausschüttung von Acetylcholin beendet wird. Das Enzym Acetylcholinesterase, das sich im synaptischen Spalt befindet, spaltet in Millisekunden Acetylcholin-Moleküle in unwirksame Acetat-Ionen und Cholin-Moleküle. Es ist eines der schnellsten Enzyme des menschlichen Organismus. Ein Molekül Acetylcholinesterase kann 10 000 Acetylcholin-Moleküle pro Sekunde spalten. Infolge der Spaltung schließen sich die Natrium-Ionenkanäle in der postsynaptischen Membran.

Nach der Inaktivierung der spannungsgesteuerten Natrium-Ionenkanäle gelangen keine weiteren Natrium-Ionen in die Muskelfaser. Der Ausstrom von Kalium-Ionen repolarisiert die postsynaptische Membran zum Ruhepotential. Natrium-Kalium-Ionenpumpen stellen die ursprüngliche Ionenverteilung wieder her. Schließlich wird das bei der Spaltung des Acetylcholins entstandene Cholin über einen Carrier in das Endknöpfchen transportiert und erneut zur Synthese von Acetylcholin genutzt.

Endet eine chemische Synapse nicht auf einer Muskelfaser, sondern auf den Dendriten eines anderen Neurons, breitet sich das EPSP über den Zellkörper der Nervenzelle bis zum Axonhügel aus. Wenn am Axonhügel der Schwellenwert überschritten wird, wird dort ein Aktionspotenzial ausgelöst. Ein EPSP nimmt mit zunehmender Entfernung vom Entstehungsort ab. Daher wird in der Regel erst durch die Verrechnung mehrerer EPSPs am Axonhügel ein Aktionspotential erzeugt (→ **Abb. 3**).

❶ ≡ Stellen Sie die Erregungsübertragung an der motorischen Endplatte als Fließdiagramm dar.
❷ ≡ Erklären Sie den Unterschied zwischen transmittergesteuerten Ionenkanälen, spannungsgesteuerten Ionenkanälen und einfachen Ionenkanälen.

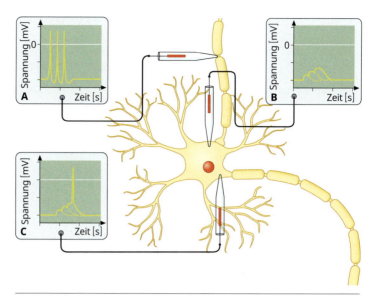

3 Erzeugung eines Aktionspotentials am Axonhügel durch Verrechnung mehrerer EPSPs. Ableitungen: **A** am präsynaptischen Axon; **B** im Bereich der Postsynapse; **C** am Axonhügel

Materialgebundene Aufgaben

❸ Myasthenia gravis – eine Muskelschwäche

Myasthenia gravis ist eine Muskelerkrankung, die mit einer Muskelschwäche verbunden ist. Unbehandelt kann sie lebensbedrohlich werden, wenn etwa die Rachen- und Atemmuskulatur betroffen sind. Die Muskelschwäche wird durch eine gestörte Erregungsübertragung an den motorischen Endplatten verursacht. Diese ist auf eine fehlgesteuerte Immunreaktion zurückzuführen. Als Therapie werden oft Acetylcholinesterase-Hemmer verabreicht.

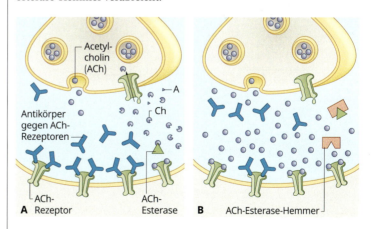

a) ≡ Erklären Sie anhand der Abbildung A die molekularen Ursachen und Auswirkungen der Muskelschwäche.
b) ≡ Erklären Sie anhand der Abbildung B die molekulare Wirkung von Acetylcholinesterase-Hemmern bei Myasthenia gravis.

287

1.7* Hemmende und erregende Synapsen

Ein Neuron im Gehirn kann über Synapsen Nervenimpulse von Tausenden anderen Nervenzellen empfangen. Wie werden diese von dem Neuron verarbeitet?

Postsynaptische Potentiale

Viele Synapsen bewirken an der postsynaptischen Membran eine vorübergehende Depolarisation. Andere Synapsen lösen eine vorübergehende Hyperpolarisation aus. Sie erzeugen ein inhibitorisches postsynaptisches Potential, ein **IPSP** (→ Abb. 1). Sowohl erregende als auch inhibitorische postsynaptische Potentiale breiten sich durch Ionenströme entlang der Membran bis zum Axonhügel aus. Dabei schwächen sie ab. Nur wenn am Axonhügel ein bestimmter Schwellenwert überschritten wird, entsteht dort ein Aktionspotential.

Erregende und hemmende Synapsen

Durch die Depolarisierung eines EPSPs wird das Membranpotential positiver als das Ruhepotential. Deshalb kann am Axonhügel der Schwellenwert eines Aktionspotentials eher erreicht werden. Synapsen, die ein EPSP erzeugen, bezeichnet man daher als **erregende Synapsen**. EPSPs werden oft durch das Öffnen transmittergesteuerter Kationenkanäle, etwa Natrium-Ionenkanäle, verursacht. Durch die Hyperpolarisierung eines IPSPs wird das Membranpotential negativer als das Ruhepotential. Deshalb kann der Schwellenwert nicht so schnell erreicht werden. Synapsen, die IPSP erzeugen, werden **hemmende Synapsen** genannt. IPSPs werden oft durch das Öffnen transmittergesteuerter Kalium- oder Chlorid-Ionenkanäle verursacht.

Summation der EPSPs und IPSPs

Treffen in kurzen Abständen mehrere Aktionspotentiale an derselben Synapse ein, ist das postsynaptische Potential zwischen den einzelnen Aktionspotentialen noch nicht abgebaut. Dann addiert sich das jeweils folgende Potential zu dem noch vorhandenen, sodass ein viel höheres EPSP oder ein viel niedrigeres IPSP entsteht als bei einem einzelnen Aktionspotential. Man spricht von einer **zeitlichen Summation** (→ Abb. 1). Erregende und inhibitorische Potentiale addieren sich auch, wenn sie gleichzeitig durch mehrere Synapsen an unterschiedlichen Stellen des Neurons entstehen. Dabei erfolgt eine **räumliche Summation**.

Auf ein einziges Neuron werden gleichzeitig von mehreren hemmenden und erregenden Synapsen Signale übertragen. Die Summe aller IPSPs und EPSPs, die zu einem bestimmten Zeitpunkt am Axonhügel des Neurons das Membranpotential bestimmen, ist entscheidend dafür, ob der Schwellenwert überschritten und ein Aktionspotential ausgelöst wird. Man spricht von einer Verrechnung oder Summation der EPSPs und IPSPs.

Ein Neuron verwendet an allen seinen synaptischen Endknöpfchen den gleichen Neurotransmitter. Welche Wirkung ein Transmitter an der Postsynapse hat, hängt davon ab, an welchen Rezeptortyp er dort bindet. So kann Acetylcholin an der neuromuskulären Endplatte an einen transmittergesteuerten Natrium-Ionenkanal binden und eine Depolarisation der postsynaptischen Membran auslösen. An Herzmuskelzellen dagegen bewirkt Acetylcholin eine langsame Hyperpolarisation, da es zur Öffnung eines Kalium-Ionenkanals führt.

G-Protein-gekoppelte Rezeptoren

Neben den transmittergesteuerten Ionenkanälen können Ionenkanäle auch durch kleine mobile Moleküle, **G-Proteine** genannt, aktiviert werden. So bindet zum Beispiel an Herz-

1 Zeitliche Summation von IPSPs. A Spannung am präsynaptischen Axon; **B** im Bereich der Postsynapse; **C** am Axonhügel

muskelzellen Acetylcholin an einen G-Protein-gekoppelten Rezeptor, der daraufhin einen bestimmten Ionenkanal öffnet (→ **Abb. 2**).

❶ ☰ Erklären Sie anhand der Abbildung 1 die zeitliche Summation.

❷ ☰ Beschreiben Sie anhand der Abbildung 2 die Öffnung eines Ionenkanals durch einen G-Protein gekoppelten Rezeptor.

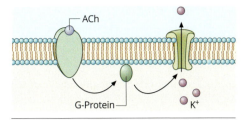

2 G-Protein-gekoppelter Rezeptor

Materialgebundene Aufgaben

❸ **Neuronale Verrechnung**

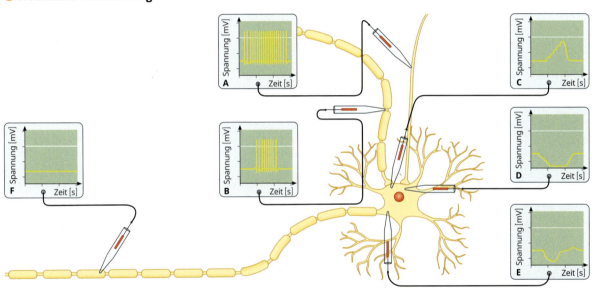

Die Grafik zeigt die Summation von Erregungen, die über Synapsen den Zellkörper eines Neurons erreichen und die Verrechnung der EPSPs und IPSPs.

a) ☰ Erklären Sie die Veränderungen des Membranpotentials an den fünf Messpunkten A bis E.

b) ☰ Prüfen Sie, ob sich das Membranpotential am Messpunkt F verändert, und begründen Sie Ihr Ergebnis.

❹ **Koffein – ein Wachmacher**

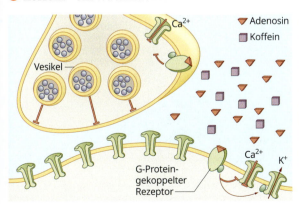

Nervenzellen im Gehirn brauchen viel ATP. Beim Abbau von ATP entsteht unter anderem Adenosin. Dieses wird bei hohen Konzentrationen aus den Nervenzellen hinaus transportiert und lagert sich an Rezeptoren für Neurotransmitter oder G-Protein gekoppelte Rezeptoren. Es hemmt dadurch die Erregungsleitung zwischen den Neuronen. So erklärt sich unter anderem, dass ein Mensch ermüdet. Müdigkeit schützt das Gehirn vor einer Überbelastung.

a) ☰ Erklären Sie anhand der Abbildung auf molekularer Ebene, wie Adenosin die Erregungsleitung hemmt.

b) ☰ Erklären Sie auf dieser Basis die wachhaltende Wirkung von Koffein.

1.8 Synapsengifte

Wie können Gifte die Erregungsübertragung an Synapsen beeinflussen?

In die Erregungsübertragung durch Synapsen können verschiedene Synapsengifte eingreifen. Viele wirken an der motorischen Endplatte (→ **Abb. 1**).

Angriffsort: Exocytose
Das Botulinum-Toxin ist eines der stärksten bekannten Gifte. Bereits 0,01 Milligramm dieser Substanz sind für einen Menschen tödlich. Das Gift wird von Bakterien der Art *Clostridium botulinum* produziert. Die Bakterien können sich beispielsweise in schlecht konservierten Fleisch- und Wurstkonserven vermehren. Die Aufnahme solcher verdorbener Lebensmittel verursacht schwere Lebensmittelvergiftungen. Das Botulinum-Toxin hemmt an den motorischen Endplatten die Exocytose von Acetylcholin irreversibel und lähmt damit die betroffenen Muskelfasern langfristig. Ist dadurch die Atemmuskulatur betroffen, befinden sich vergiftete Menschen in großer Lebensge-

fahr. Heute ist das Botulinum-Toxin vor allem als **Botox®** bekannt. Es wird niedrig dosiert zur Reduktion mimischer Falten verwendet.

Angriffsort: Acetylcholin-Rezeptoren
Einige indigene Bevölkerungsgruppen Südamerikas benutzen Pfeilgifte, die sie zum Beispiel aus der Rinde bestimmter Lianenarten herstellen. Die Pfeilgifte enthalten Curare. Dieses Gift bindet kompetitiv an die Acetycholin-Rezeptoren, ohne die Ionenkanäle zu öffnen. Solche Stoffe, die eine entgegengesetzte Wirkung wie der eigentliche Wirkstoff haben, nennt man **Antagonisten**. Curare verhindert, dass Acetylcholin an die Rezeptoren bindet und die Natrium-Ionenkanäle öffnet. So verursacht es Muskellähmungen. Die vergifteten Lebewesen sterben an einer sich entwickelnden Atemlähmung. Auch das Gift Atropin, das in verschiedenen Pflanzenarten, etwa der Tollkirsche, dem Stechapfel und dem Bilsenkraut vorkommt, ist ein kompetitiver Acetylcholin-Antagonist. **Nikotin** aus der Tabakpflanze bindet an Acetylcholin-Rezeptoren im Gehirn und beeinflusst so dessen Funktion. Es öffnet die Natrium-Ionenkanäle. Stoffe, die die gleiche

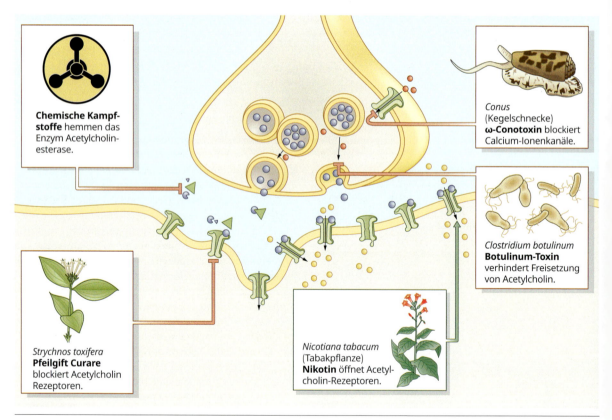

1 Gifte an einer motorischen Endplatte (Auswahl)

Wirkung wie die eigentlichen Wirkstoffe haben, nennt man **Agonisten**. Zu den Acetylcholin-Agonisten gehören auch Conin, das Gift des Schierlings und Cytisin, das Gift des Goldregens. Haben Menschen diese Gifte in hohen Konzentrationen aufgenommen, besteht für sie durch Krämpfe und starke Aktivierung der Herzmuskulatur Lebensgefahr.

Angriffspunkt: Acetycholinesterase
Chemische Kampfstoffe wie Sarin und Tabun oder das Insektizid E605 hemmen das Enzym Acetycholinesterase. Infolgedessen bleibt die Konzentration an Acetycholin im synaptischen Spalt hoch. Dadurch treten bei den vergifteten Lebewesen Krampfanfälle auf, die zu einer

Atemlähmung und zum Herzstillstand führen können.

Angriffspunkt: Calcium-Ionenkanäle
Conus-Kegelschnecken locken vorbeischwimmende Fische auf verschiedene Weise an und schießen ihnen einen Giftpfeil in das Maul. Ihr Gift enthält unter anderem ω-Conotoxin, das die Calcium-Ionenkanäle blockiert. Infolgedessen wird das Beutetier innerhalb weniger Sekunden bewegungsunfähig und kann von den Schnecken gefressen werden.

❶ ☰ Bei einer Vergiftung mit Sarin wird den Patienten möglichst schnell Atropin injiziert. Erklären sie die Therapiemaßnahme.

Materialgebundene Aufgaben

❷ An welcher Stelle der Erregungsleitung auf Muskeln wirkt Curare

Frage	Wie verhindert Curare die Kontraktion eines Muskels?
Hypothesen	Curare verhindert, • dass sich die Muskelfasern kontrahieren können. • dass der Nerv Erregungen weiterleitet. • dass die Erregung des Nervs auf den Muskel übertragen wird.
Methode	BERNARD führte Reiz-Versuche an Nerv-Muskel-Präparaten durch. Die Abbildung zeigt einige Experimente aus seiner Versuchsreihe.
Beobachtungen	Reizte BERNARD das Nerv-Muskel-Präparat in der dargestellten Weise, so zuckte im Versuch A der Muskel nicht, in den Versuchen B und C zuckte er.
Erkenntnis	

Claude BERNARD, ein Wissenschaftler des 19. Jahrhunderts, beschäftigte sich mit der Frage, wie durch Curare die Skelettmuskulatur gelähmt wird. Das Gift Curare wurde von einigen indigenen Bevölkerungsgruppen Südamerikas als Pfeilgift verwendet. Für die Untersuchung führte BERNARD die dargestellten Versuche durch.

a) ☰ Beschreiben Sie die Versuchsdurchführungen.
b) ☰ Erklären Sie, welche der Hypothesen durch die Versuchsbeobachtungen falsifiziert, welche verifiziert wurden.
c) ☰ Fassen Sie die Erkenntnisse der Versuche zusammen.
d) ☰ Eine Zeit lang wurde Curare bei Operationen zur Muskelentspannung eingesetzt. Erklären Sie, warum diese Verwendung von Curare erst möglich war, nachdem die Ärzte Patienten künstlich beatmen konnten.
e) ☰ Um Lähmungen der Atemmuskeln bei Operationen zu verhindern, wurde den Patienten Physostigmin verabreicht. Physostigmin hemmt die Acetylcholinesterase. Erklären Sie die Therapiemaßnahme.

Die PARKINSON-Krankheit ist eine der häufigsten Erkrankungen des Nervensystems. In Deutschland sind mehr als 200 000 vorwiegend ältere Menschen davon betroffen. Die Patienten leiden unter starken Bewegungsstörungen. Zu den ersten Symptomen zählen Störungen der feinmotorischen Bewegungen. Mit dem Fortschreiten der Erkrankung kommt ein typisches, relativ langsames Zittern vor allem der Hände in Ruhephasen hinzu. Die Krankheit wird daher auch als Schüttellähmung bezeichnet. Willkürliche Bewegungen werden langsamer und eine andauernde Muskelspannung führt zu einer zunehmenden Versteifung der Muskulatur. Da hauptsächlich die Beugemuskeln betroffen sind, kommt es zu einer vorgebeugten Haltung mit angewinkelten Armen. Das Ausbalancieren des Körpers im Stehen und vor allem bei einem Richtungswechseln ist erschwert. Auch die Gesichtsmuskulatur ist betroffen, die Mimik erstarrt und die Stimme wird leise und monoton.

Die PARKINSON-Krankheit beruht auf der fortschreitenden Zerstörung bestimmter Zellen im Mittelhirn, deren Axone in die sogenannten Basalganglien ziehen und dort den Neurotransmitter Dopamin ausschütten. Die Basalganglien sind Nervenzentren im Gehirn, deren Aufgabe unter anderem darin besteht, gewollte Bewegungen zu ermöglichen und ungewollte zu unterdrücken. Dazu sind die Neurone der Basalganglien über ein System von erregenden und hemmenden Synapsen untereinander und mit anderen Gehirnbereichen verschaltet. Dopamin wirkt je nach Rezeptortyp hemmend oder erregend auf die postsynaptischen Zellen. So kann es gleichzeitig gewollte Bewegungen fördern und ungewollte hemmen. Der durch die Zerstörung der Dopamin-Neurone verursachte Mangel an Dopamin stört die Balance zwischen Hemmung und Erregung und führt letztlich zu den Symptomen der PARKINSON-Krankheit.

Die Untersuchung der Basalganglien erfolgt mittels Positronen-Emissions-Tomographie (PET), ein bildgebendes Verfahren der Medizin. Dabei wird die Aktivität der Dopamin-Neurone mithilfe radioaktive markierte Tracer erfasst. Ein Computer berechnet aus der gemessenen Strahlung Bilder, auf denen die Aktivität der Dopamin-Neurone sichtbar ist. So ermöglicht die PET eine sichere Diagnose (→ Abb. 1).

Die PARKINSON-Krankheit ist bislang nicht heilbar. Man kann aber durch verschiedene Therapieformen die Symptome abschwächen. Dabei zielt die Behandlung darauf ab, die Dopamin-Menge in den Basalganglien zu erhöhen. Dabei wird vor allem L-Dopa, eine Vorstufe des Dopamins, verabreicht. L-Dopa wird im Gehirn von noch funktionstüchtigen Dopamin-Neuronen in Dopamin umgewandelt und somit wieder in den Basalganglien ausgeschüttet. Eine andere Möglichkeit bietet die Behandlung mit Dopamin-Agonisten. Dies sind Stoffe, die dem Dopamin so ähnlich sind, dass sie an Dopamin-Rezeptoren binden und die Wirkung von Dopamin hervorrufen. Zusätzlich kann durch Hemmung der dopaminabbauenden Enzyme durch entsprechende Medikamente die Wirkdauer der vorhandenen Dopaminmenge verlängert werden (→ Abb. 2).

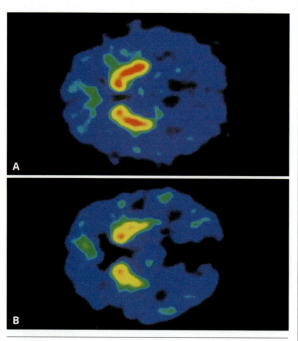

1 Basalganglien (PET-Bilder). **A** Gesunder Mensch;
B PARKINSON-Patient. Die Bilder zeigen die Aktivität von Dopamin-Neuronen. Rot bedeutet hohe Aktivitätsstufe.

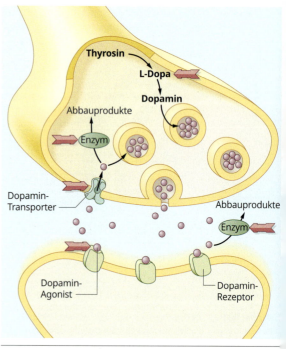

2 Synapse mit Dopamin als Transmitter. ⟩⟩ Angriffspunkte von PARKINSON-Medikamenten

Bau von Nervenzellen

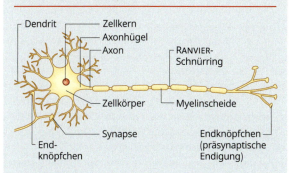

Ruhepotential

– Membranpotential einer nicht erregten Nervenzelle
– zwischen –60 mV und –80 mV
– Folge der Ungleichverteilung von Ionen, insbesondere Kalium- und Natrium-Ionen an der Membran
– Natrium-Kaliumpumpen und die selektive Permeabilität der Membran halten das Ruhepotentials aufrecht.

Aktionspotential

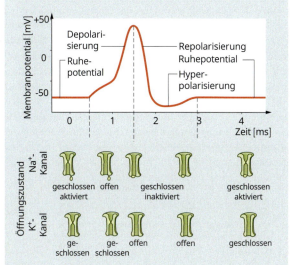

Erregungsleitung

	kontinuierlich	saltatorisch
Vorkommen	Wirbellose	Wirbeltiere
Axon-Isolierung	-	Myelinscheiden
Depolarisation der Membran durch Ausgleichsströme	von Stelle zu Stelle	nur an den RANVIER-Schnürringen
Aktionspotentiale	fortlaufend	springend
Geschwindigkeit	max. 30 m/S	max. 100 m/s

Erregungsübertragung an Synapsen

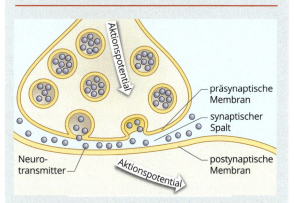

Signalumwandlung: elektrische Signale (Aktionspotentiale) → chemische Signale (Transmitter) → elektrische Signale (EPSP oder IPSP) → elektrische Signale (Aktionspotentiale am Axonhügel)

Neurotransmitter:
– Wirkung von der Synapse abhängig
– in unterschiedlichen Neuronen verschieden
– Eine Synapse verwendet immer nur denselben Transmitter.

Erregende Synapsen
– Depolarisation der Postsynapse (Einstrom von Kationen)
– Erregendes postsynaptisches Potential (EPSP)

Hemmende Synapsen
– Hyperpolarisation der Postsynapse (Ausstrom von Kationen oder Einstrom von Anionen)
– Inhibitorisches postsynaptisches Potential (IPSP)

Zeitliche und räumliche Summation
Nur am Axonhügel wird durch eine Depolarisation des Membranpotentials über den Schwellenwert hinaus ein Aktionspotential ausgelöst.

– **räumliche Summation:** EPSP und IPSP von mehreren verschiedenen Synapsen erreichen den Axonhügel.
– **zeitliche Summation:** Mehrere EPSP oder IPSP einer einzigen Synapse erreichen innerhalb einer sehr kurzen Zeit den Axonhügel.

Synapsengifte
– beeinflussen an verschiedenen Stellen die Erregungsübertragung an Synapsen
– **Agonisten:** Synapsengift mit gleicher Wirkung wie der Neurotransmitter
– **Antagonisten:** Synapsengift mit entgegengesetzter Wirkung wie der Neurotransmitter

2 Sinnesorgane

2.1 Bau und Funktion von Sinneszellen

Wie können Sinneszellen Reize aus der Umgebung aufnehmen und verarbeiten?

Luft, die durch die Nase eingeatmet wird, streicht in der oberen Nasenhöhle am **Riechepithel** vorbei. Diese Zellschicht ist von einer Schleimschicht bedeckt, in der sich Bestandteile der Luft, etwa **Duftstoffe**, lösen können. Im Riechepithel befinden sich spezialisierte Nervenzellen, die **Riechzellen**. Sie besitzen am Ende ihres Dendriten dünne Ausstülpungen. Diese sogenannten **Cilien** tauchen in die Schleimschicht ein (→ **Abb. 1**).

Reizwahrnehmung durch Sinneszellen

Kommen im Schleim gelöste Duftstoffe in Kontakt mit den Cilienausstülpungen, wird die betreffende Riechzelle gereizt und bildet bei ausreichender Reizstärke an ihrem Axonhügel Aktionspotentiale. Zellen, die wie Riechzellen auf bestimmte äußere Reize mit einer Änderung ihres Membranpotentials antworten, die zur Bildung von Aktionspotentialen führt, werden **Sinneszellen** genannt. Jede Sinneszelle wird durch eine bestimmte Reizart erregt, den **adäquaten Reiz**. Dabei reagieren Chemorezeptoren auf chemische Stoffe, Fotorezeptoren auf Licht, Mechanorezeptoren auf Verformungen, etwa durch Druck oder Schallwellen, und Thermorezeptoren auf Wärme oder Kälte.

Sinnesorgane

Manchmal sind Sinneszellen mit nicht-neuronalen Geweben zu einem komplexen Gebilde zusammengefasst. Man spricht von einem **Sinnesorgan**. Ein solches Sinnesorgan ist das Riechepithel. Es enthält außer den Riechzellen Stützzellen, zwischen denen die Riechzellen eingebettet sind (→ **Abb. 1**). Außerdem befinden sich dort Basalzellen, die sich ständig teilen, sodass verbrauchte Riechzellen ersetzt werden können.

Reizverarbeitung

Sinneszellen antworten auf einen Reiz mit einer Änderung ihres Membranpotentials. Zunächst entsteht ein **Rezeptorpotential**, dessen Amplitude proportional zur Reizstärke ist. Diese Umwandlung eines Reizes in ein Rezeptorpotential wird als **Transduktion** bezeichnet. Übersteigt die **Reizstärke** einen bestimmten Wert, die Reizschwelle, so ist das daraus resultierende Rezeptorpotential so hoch, dass Aktionspotentiale entstehen. Diese werden zum Gehirn geleitet. Dabei wird die Stärke des Reizes in die Frequenz der Aktionspotentiale übersetzt (→ **Abb. 2A**). Das Gehirn erhält von den verschiedenen Sinneszellen nur Informationen über die Reizstärke. Dennoch lösen die Aktionspotentiale unterschiedliche Sinneseindrücke aus, da sie das Gehirn über unterschiedliche Nervenbahnen erreichen und in unterschiedlichen Bereichen des Gehirns verarbeitet werden.

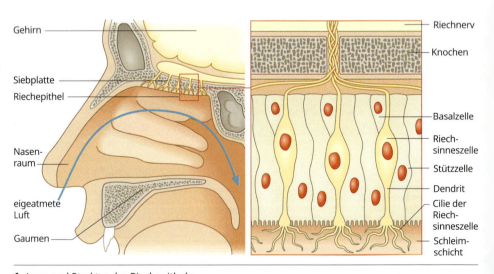

1 Lage und Struktur des Riechepithels

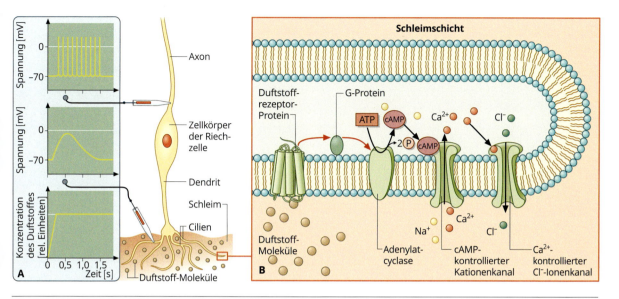

2 Transduktion in einer Riechzelle. **A** Rezeptorpotential und Aktionspotentiale; **B** Reaktionskaskade in der Cilienmembran

Sinneszellentypen

Sinneszellen, die wie Riechzellen selbst Aktionspotentiale bilden und die Erregung anschließend zum Gehirn leiten, werden als **primäre Sinneszellen** bezeichnet. Sie sind umgewandelte Neurone. Dagegen sind **sekundäre Sinneszellen** spezialisierte Epithelzellen. Bei ihnen führt das Rezeptorpotential zur Exocytose von Transmittern an einer Synapse, über die ein nachgeschaltetes Neuron erregt wird. Erst dieses Neuron kann Aktionspotentiale bilden (→ Abb. 3).

Transduktion bei der Riechsinneszelle

Die Transduktion verläuft in den verschiedenen Sinneszellen unterschiedlich, doch stets sind spezielle Ionenkanäle daran beteiligt. Diese werden entweder direkt durch den Reiz oder über eine Signalkette gesteuert. In einer Riechzelle löst die Bindung eines Duftstoff-Moleküls an ein dafür spezifisches Duftstoffrezeptor-Protein in der Cilienmembran eine solche Signalkette aus (→ Abb. 2B).

Im menschlichen Riechepithel kommen etwa 350 verschiedene Riechzelltypen vor. Jede Riechzelle hat nur eine Art von Duftstoffrezeptor-Protein. Nach der Bindung aktiviert das Rezeptor-Molekül ein kleines mobiles Membranprotein, G-Protein genannt. Dieses wiederum aktiviert die an die Zellmembran gebundene Adenylatcyclase. Dieses Enzym katalysiert die Synthese von zyklischem Adenosinmonophosphat (cAMP) aus ATP. Das cAMP leitet das äußere Signal innerhalb der Zelle weiter. Man spricht daher von einem sekundären Botenstoff oder **second messenger**. cAMP öffnet spezielle Kationenkanäle, sodass Natrium- und vor allem Calcium-Ionen in die Cilie hineinströmen. So entsteht ein Rezeptorpotential. Durch die erhöhte Konzentration an Calcium-Ionen in der Cilie öffnen sich zusätzlich Chlorid-Ionenkanäle. Die ausströmenden Chlorid-Ionen verstärken das Rezeptorpotential, sodass es am Axonhügel zur Bildung von Aktionspotentialen kommt. Diese werden dann über den Riechnerv in das Gehirn geleitet. Da die Bindung eines einzigen Duftstoff-Moleküls an den passenden Rezeptor die Bildung vieler cAMP-Moleküle und somit die Öffnung von mehreren Kationenkanälen zur Folge hat, wird das Signal erheblich verstärkt. Man spricht von einer **Reaktionskaskade**.

Reizadaptation

Bei andauernder Reizung durch den gleichen Duftstoff bilden Riechzellen nur etwa eine Sekunde lang Aktionspotentiale. Sie verändern ihre Empfindlichkeit gegenüber dem Reiz. Man spricht von Reizadaptation (lat. *adaptare*: anpassen). Sie wird durch die Calcium-Ionen verursacht. Diese verbinden sich mit einem Protein zu einem Komplex, der die Na^+/Ca^{2+}-Ionenkanäle unempfindlich für cAMP macht. Erst nach einiger Zeit können die Riechzellen wieder auf neu auftretende Reize reagieren.

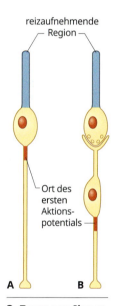

3 Typen von Sinneszellen. A primäre Sinneszelle; **B** sekundäre Sinneszelle

❶ Reizcodierung

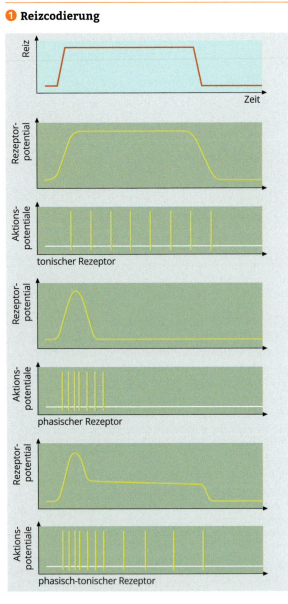

Sinneszellen werden auch als Rezeptoren bezeichnet. Die Grafik zeigt die Reaktionen von drei unterschiedlichen Rezeptortypen auf einen gleichbleibenden Reiz. Ein Typ reagiert wie eine Türklingel, die solange klingelt, wie der Klingelknopf gedrückt wird. Ein anderer Typ entspricht in seiner Reaktion einer Türklingel, die nur zu Beginn des Drückens mit „Ding-Dong" antwortet. Der dritte Rezeptortyp nimmt eine Zwischenstellung ein.

a) ≡ Beschreiben Sie den Verlauf des Rezeptor- und Aktionspotentials der drei Sinneszelltypen.

b) ≡ Begründen Sie, warum phasische Rezeptoren auch als schnell adaptierend, phasisch-tonische Rezeptoren als langsam adaptierend charakterisiert werden.

c) ≡ Geben Sie an, zu welchem Rezeptortyp Riechzellen gehören.

❷ Temperatursinneszellen

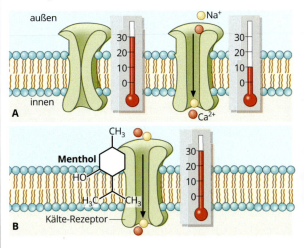

Menthol löst in Schleimhäuten und in der Haut ein Kältegefühl aus. Daher hat man nach einer Dusche mit einem mentholhaltigen Duschgel oder nach dem Zähneputzen ein angenehmes Frischegefühl.

a) ≡ Erklären Sie anhand der Abbildung A, wie in Kälterezeptoren ein Rezeptorpotential entstehen kann.

b) ≡ Beschreiben Sie mithilfe der Abbildung B, wie durch Menthol die Empfindung von Kühle ausgelöst wird, ohne dass die Temperatur der Haut tatsächlich sinkt.

c) ≡ Prüfen Sie, ob Menthol für den Kälterezeptor ein adäquater oder inadäquater Reiz ist.

❸ Riechsinneszelle und anhaltende Reizung

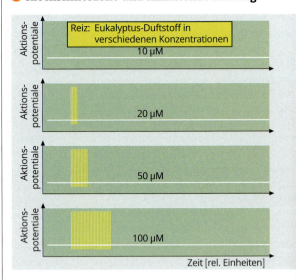

a) ≡ Erklären Sie die Reaktion der Riechsinneszelle auf die unterschiedlichen Konzentrationen des Eukalyptus-Duftstoffs.

b) ≡ Erklären Sie die Reaktion der Riechsinneszelle auf die anhaltende Reizung mit dem Eukalyptus-Duftstoff.

❹ Wahrnehmung von Duftstoffen

	Duftstoff				
Riechsinneszelle	**1**	**2**	**3**	**4**	**5**
A				⊥⊥	
B	⊥		⊥	⊥⊥⊥	⊥⊥
C		⊥		⊥	
D	⊥		⊥⊥	⊥⊥⊥	
E		⊥⊥		⊥	

Im Erbgut des Menschen befinden sich etwa 350 Gene für Rezeptor-Proteine von Duftstoffen. In jeder Riechsinneszelle ist nur eines dieser Gene aktiviert, so bildet jede Riechsinneszelle nur einen Typ von Duftstoffrezeptor-Proteinen. Folglich kommen im menschlichen Riechepithel etwa 350 verschiedene Typen von Riechsinneszellen vor. Trotzdem können Menschen etwa eine Billionen Düfte unterscheiden, denn Duftstoffrezeptor-Proteine binden die Duftstoffe nicht streng nach dem Schlüssel-Schloss-Prinzip. Die meisten von ihnen können mehrere verschiedene Duftstoffe binden. Dabei reagieren sie unterschiedlich empfindlich auf die verschiedenen Duftstoffe. Die Abbildung zeigt Aktionspotentiale, die am Axon von fünf verschiedenen Riechsinneszellen (A bis E) im Riechepithel gemessen wurden. Die Sinneszellen wurden mit fünf verschiedenen Duftstoffen (1 bis 5) gereizt.

a) ☰ Stellen Sie die Transduktion in einer Riechsinneszelle in Form eines Fließdiagramms dar.

b) ☰ Begründen Sie mithilfe der Tabelle die folgenden Aussagen:
   – Duftstoffrezeptor-Proteine arbeiten nicht streng nach dem Schlüssel-Schloss-Prinzip.
   – Duftstoffrezeptor-Proteine reagieren unterschiedlich empfindlich auf die verschiedenen Duftstoffe.
   – Das Gehirn kann aus der Aktivität einer Riechsinneszelle keine Information gewinnen.

c) ☰ Erklären Sie unter Berücksichtigung der Messergebnisse, wie das Gehirn Duftstoffe eindeutig identifizieren kann.

❺ Mechanismus der Geschmackstransduktion

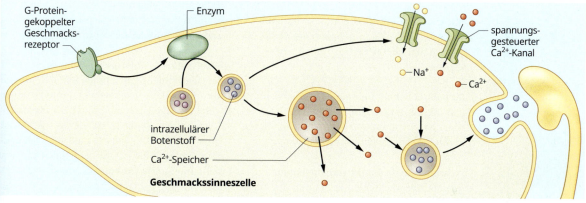

Eingesenkt in die Epidermis der Zunge liegen Geschmacksknospen. Sie enthalten bis zu fünfzig Geschmackssinneszellen für die unterschiedlichen Geschmacksqualitäten „süß", „sauer", „salzig", „bitter" und „umami". Das Rezeptorpotential entsteht in den verschiedenen Geschmackssinneszellen durch unterschiedliche Mechanismen. Zum Beispiel sind in den Geschmackssinneszellen für „salzig" Natrium-Ionenkanäle ständig geöffnet. Erhöht sich bei der Aufnahme von salziger Nahrung die Konzentration von Natrium-Ionen im Mundraum, diffundieren diese Ionen vermehrt in die Geschmackssinneszelle hinein.

Infolgedessen werden Neurotransmitter in den synaptischen Spalt zwischen der Geschmackssinneszelle und dem nachgeschalteten Neuron ausgeschüttet. Letzteres bildet daraufhin Aktionspotentiale und leitet diese zum Gehirn. Die Geschmackstransduktion für „süß", „bitter" und „umami" erfolgt über einen G-Protein-gekoppelten Mechanismus.

a) ☰ Beschreiben Sie den Mechanismus der Geschmackstransduktion für „süß" anhand der Abbildung.

b) ☰ Vergleichen Sie den Mechanismus der Transduktion bei Riechsinneszellen mit dem bei Geschmackssinneszellen für „süß".

c) ☰ Erklären Sie den Unterschied zwischen primären und sekundären Sinneszellen und geben Sie an, zu welchem Typ Geschmackssinneszellen gehören.

d) ☰ Alle Sinneszellen zeichnen sich durch folgende Funktionen aus: Sie sind hoch selektiv, wandeln Reize in elektrische Signale um und sind Verstärker. Zeigen Sie diese Funktionen an Geschmackssinneszellen auf.

e) ☰ Erläutern Sie an einem selbstgewählten Beispiel die biologische Bedeutung des Geschmackssinns.

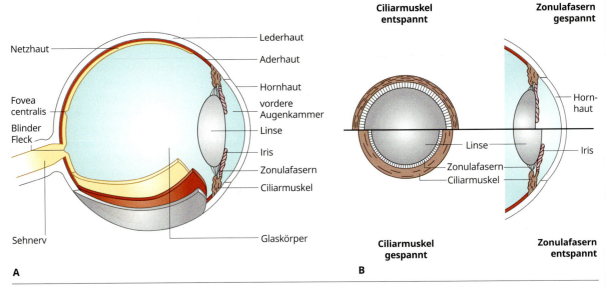

1 Das menschliche Auge. A Längsschnitt; **B** Akkommodation (links Aufsicht; rechts Längsschnitt)

2.2* Das Auge – ein Lichtsinnes-organ

Wie ist das menschliche Auge aufgebaut und welche Funktionen haben die nicht-neuronalen Bestandteile dieses Sinnes-organs?

Im menschlichen Auge sind Lichtsinneszellen und Nervenzellen gemeinsam mit lichtbrechenden Strukturen zu einem komplexen **Lichtsinnesorgan** zusammengefasst.

Lichtbrechende Strukturen des Auges

Zu den lichtbrechenden Strukturen des Auges gehören die Hornhaut, die mit Kammerwasser gefüllte vordere Augenkammer, die Pupille, die Linse und der Glaskörper (→ **Abb. 1A**). Zusammen bilden sie den **dioptrischen Apparat**. Er erzeugt auf der Netzhaut ein umgekehrtes, verkleinertes Bild der Umwelt. Die Form der Linse kann sich verändern. Dadurch ändert sich ihre Brechkraft, sodass Gegenstände, die sich in unterschiedlichen Entfernungen vom Auge befinden, scharf gesehen werden können. Beim Sehen in die Ferne ist die Linse abgeflacht, bei der Nahsicht stark gewölbt. Diese Formänderung der Linse beruht auf einem Zusammenspiel von Ciliarmuskel und Zonulafasern sowie der Eigenelastizität der Linse (→ **Abb. 1B**). Bei Fernsicht ist der Ciliarmuskel des Auges entspannt. Dadurch sind die Zonulafasern gespannt und die elastisch verform-bare Linse wird leicht abgeflacht. So ist ihre Brechkraft klein. Infolgedessen werden weit entfernte Objekte auf der Netzhaut scharf abgebildet, das Bild nahe gelegener Gegenstände ist dagegen unscharf (→ **Abb. 1B**).

Fixiert man ein Objekt in der Nähe, kontrahiert der ringförmige Ciliarmuskel. Dadurch werden die Zonulafasern entspannt. Infolgedessen wölbt sich die Linse aufgrund ihrer Eigenelastizität stärker. Dadurch ist die Brechkraft der Linse groß und es entsteht auf der Netzhaut ein scharfes Bild des nahe gelegenen Objektes. Der Hintergrund wird dagegen unscharf abgebildet. Diese Fähigkeit des Auges, sehr nahe oder auch weit entfernte Gegenstände scharf auf der Netzhaut abzubilden, wird als **Akkommodation** bezeichnet (→ **Abb. 1B**).

Auch die Pupillenweite ist veränderbar. Ring-förmig verlaufende Muskelfasern in der Iris können durch Kontraktion die Pupille verklei-nern, strahlenförmig angeordnete Muskelfa-sern sie vergrößern. Die Iris reagiert also wie eine Blende auf veränderte Lichtverhältnisse. Auch beim Wechsel von Fernsicht auf Nahsicht verändert sich die Pupillenweite, sie wird klei-ner. Dadurch vergrößert sich die Tiefenschärfe.

Nervenzellen des Auges

In der Netzhaut liegen Sinneszellen und Ner-venzellen, die das vom dioptrischen Apparat erzeugte Bild aufnehmen, in Aktionspotential

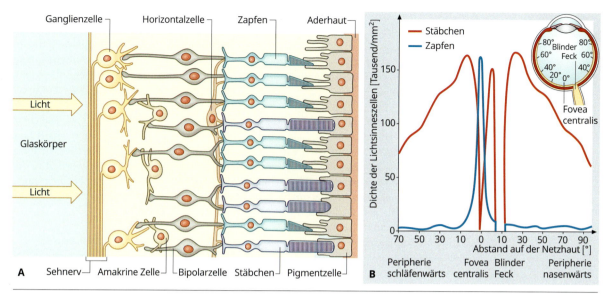

2 Bau der Netzhaut. A Zellschichten; **B** Verteilung von Zapfen und Stäbchen in der Netzhaut

umwandeln und über den Sehnerv dem Gehirn übermitteln. Die **Netzhaut** ist aus mehreren Zellschichten aufgebaut (→ **Abb. 2A**). Außen, zur Aderhaut hin, liegt das Pigmentepithel mit den Pigmentzellen. Die dort eingelagerten dunklen Farbpartikel absorbieren Streulicht und verhindern so störende Reflexe. Die nächste innenliegende Schicht wird von den **Lichtsinneszellen,** den sogenannten **Fotorezeptoren** gebildet. Hier unterscheidet man **Stäbchen** und **Zapfen**. Darauf folgt eine Schicht aus unterschiedlichen Nervenzellen. Die Lichtsinneszellen sind über Synapsen mit **Bipolarzellen** verbunden, die ihrerseits mit **Ganglienzellen** verschaltet sind, deren Axone den Sehnerv bilden. **Horizontalzellen** stellen Querverbindungen zwischen Lichtsinneszellen her. **Amakrine Zellen** verbinden **Bipolarzellen**. An der Austrittsstelle des Sehnervs ist die Netzhaut unterbrochen. Man spricht vom **Blinden Fleck** (→ **Abb. 1**). Der Ort des schärfsten Sehens ist der **Gelbe Fleck**. Hier sind die vor den Lichtsinneszellen liegenden Nervenzellen seitlich verlagert, sodass das Licht unmittelbar auf die Sinneszellen trifft. Durch diese Verschiebung der Nervenzellen weist die Netzhaut an dieser Stelle eine Vertiefung auf, die **Fovea centralis**.

Im Bereich des Gelben Flecks befinden sich ausschließlich Zapfen, zur Peripherie hin verschiebt sich das Verhältnis zunehmend zugunsten der Stäbchen (→ **Abb. 2B**). Auch das Verhältnis von Lichtsinneszellen und Ganglienzellen variiert: Während jedem Zapfen der Fovea centralis eine eigene Ganglienzelle zugeordnet ist, sind zur Peripherie hin immer mehrere Lichtsinneszellen mit ein und derselben Ganglienzelle verschaltet.

❶ ☰ Beschreiben Sie anhand der Abbildung 1 den Aufbau des Auges.

❷ ☰ Nennen Sie unter Berücksichtigung von Abbildung 1 und 2 ausgehend von der Hornhaut alle Strukturen, die das Licht durchdringen muss, bis es Lichtsinneszellen reizen kann.

Materialgebundene Aufgaben

❸ **Linsenaugen von Tintenfischen**

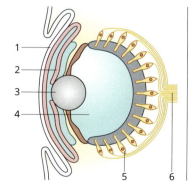

a) ☰ Benennen Sie die mit Ziffern markierten Strukturen.

b) ☰ Vergleichen Sie die Augen von Tintenfischen und Wirbeltieren.

c) ☰ Begründen Sie, warum man Tintenfischaugen als everse Augen (lat. *evertere*: nach außen drehen) bezeichnet. Wirbeltieraugen werden dagegen als inverse Augen (lat. *invertere*: umwenden) bezeichnet.

299

2.3* Bau und Funktion von Licht- sinneszellen

Wie sind Lichtsinneszellen aufgebaut und wie wird in ihnen ein Rezeptorpotential gebildet?

Lichtsinneszellen sind in ein Innen- und ein Außensegment gegliedert (→ **Abb. 1**). In ihrem Innensegment liegen Zellorganellen wie Zellkern, Mitochondrien und Endoplasmatisches Retikulum. Das Innensegment endet mit einer Präsynapse. Das Außensegment ist mit flachen Membranscheiben, den **Disks** angefüllt. Sie enthalten lichtempfindliche Farbstoffe, die sogenannten **Fotopigmente**.

Stäbchen und Zapfen unterscheiden sich in Form und Struktur ihrer Außensegmente: Ein **Stäbchen** hat ein langes, zylindrisches Außensegment mit vielen Disks. Das Außensegment eines **Zapfens** ist dagegen kürzer und verläuft zugespitzt. Es enthält weniger Disks und somit auch weniger Fotopigmente. Zapfen sind daher nicht so lichtempfindlich wie Stäbchen, liefern aber bei hinreichender Lichtstärke Informationen über die Farbe des betrachteten Gegenstandes. Dagegen sind Stäbchen in der Lage, auch in der Dämmerung noch ein mehr oder weniger scharfes Bild zu liefern, allerdings nur in Grautönen.

Membranpotentiale von Stäbchen und Bipolarzelle im Dunkeln und im Licht

In einem Neuron beträgt das Membranpotential im Ruhezustand etwa –70 mV. Stäbchen weisen dagegen in völliger Dunkelheit ein Ruhepotential von etwa –30 mV auf (→ **Abb. 2A**). Ursache dafür ist der ständige Einstrom von Natrium-Ionen durch spezielle Kanäle in der Membran des Außensegments. Diese werden durch den second messenger cyclisches Guanosin-Monophosphat, kurz cGMP genannt, offen gehalten. Bei einem Membranpotential von etwa –30 mV schüttet die Präsynapse zwischen einem Stäbchen und der nachgeschalteten Bipolarzelle den Neurotransmitter Glutamat aus. Dies hat zur Folge, dass die Natrium-Ionenkanäle in der postsynaptischen Membran geschlossen sind. Die Bipolarzelle ist nicht erregt. Ihr Membranpotential beträgt etwa –70 mV.

Bei Belichtung stoppt der Einstrom von Natrium-Ionen in das Außensegment der Stäbchen. Somit wird das Membranpotential negativer (→ **Abb. 2B**). Infolgedessen schüttet die Präsynapse kein Glutamat mehr aus, und die Natrium-Ionenkanäle in der postsynaptischen Membran öffnen sich. Das Membranpotential der Bipolarzelle wird von –70 mV auf –30 mV depolarisiert.

Biochemische Reaktionskette

In der Membran der Disks ist das lichtempfindliche Fotopigment **Rhodopsin** eingebettet. Rhodopsin-Moleküle bestehen aus dem Membranprotein **Opsin**, das mit einem Molekül **11-cis-Retinal** verbunden ist (→ **Abb. 3**). Bei Belichtung wird 11-cis-Retinal zu **all-trans-Retinal** umgelagert. Diese Strukturänderung des Retinals ist der erste Schritt der

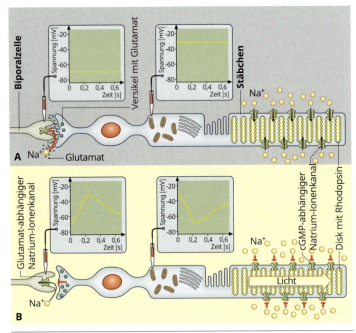

1 Bau der Lichtsinneszellen. A Stäbchen; **B** Zapfen

2 Ionenströme und Membranpotentiale eines Stäbchens.
A im Dunkeln; **B** bei Belichtung

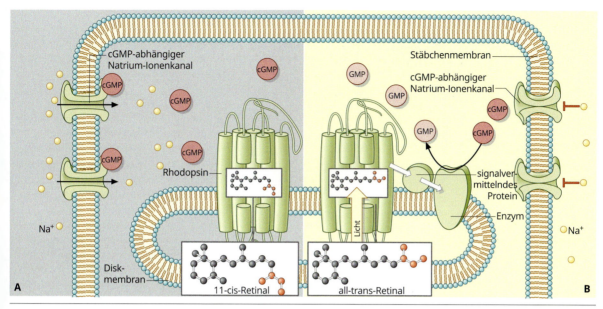

3 Fototransduktion in einem Stäbchen. A im Dunkeln; **B** bei Belichtung

Fototransduktion. Hierdurch geht Rhodopsin in den aktivierten Zustand über und setzt damit eine Reaktionskaskade in Gang: Ein einziges aktiviertes Rhodopsin-Molekül aktiviert mithilfe eines signalvermittelnden Proteins Hunderte Enzym-Moleküle, die pro Sekunde jeweils mehrere Tausend cGMP-Moleküle in GMP umwandeln. Dadurch sinkt im Außensegment des Stäbchens die Konzentration von cGMP sehr schnell. Infolgedessen schließen sich die cGMP-abhängigen Natrium-Ionenkanäle. Das Membranpotential wird negativer und an der Präsynapse des Stäbchens wird kein weiteres Glutamat ausgeschüttet. Unmittelbar nach der Aktivierung wird Rhodopsin in Opsin und Retinal gespalten.

Bevor die Reaktionskaskade erneut in Gang gesetzt werden kann, muss das Rhodopsin regeneriert werden. Die Fototransduktion verläuft in den Zapfen genauso wie in den Stäbchen. Der einzige Unterschied besteht darin, dass die Fotopigmente auf Licht unterschiedlicher Wellenlänge reagieren.

❶ ☰ Stellen Sie die Fototransduktion unter Berücksichtigung der Abbildungen 2 und 3 in einem Fließschema dar.

❷ ☰ Alle Sinneszellen sind hoch selektiv, wandeln Reize in elektrische Signale um und sind Verstärker. Zeigen Sie diese Funktionen an Lichtsinneszellen auf.

Materialgebundene Aufgaben

❸ **Ionenstrom an postsynaptischer Membran der Bipolarzelle**

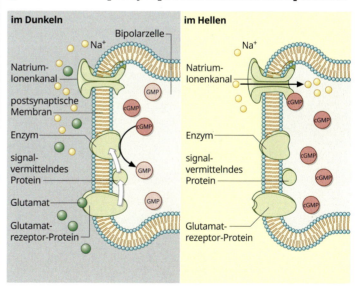

a) ☰ Erklären Sie anhand der Abbildungen, wie die Membran der Bipolarzelle im Licht depolarisiert wird.

b) ☰ Begründen Sie, dass es sich bei der Synapse zwischen Stäbchen und Bipolarzelle um eine hemmende Synapse handelt.

c) ☰ Vergleichen Sie die Vorgänge an der Membran einer Bipolarzelle im Licht mit der Reaktionskaskade bei der Fototransduktion im Hinblick auf: Reiz, Rezeptoraktivierung, Signalvermittlung, Enzymbeeinflussung, Konzentration von cGMP, Zustand des Na⁺-Ionenkanals.

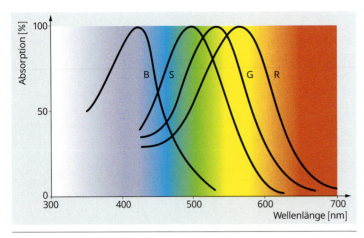

1 Absorptionsspektren der Fotopigmente. (B) Blau-Zapfen, (G) Grün-Zapfen, (R) Rot-Zapfen, (S) Stäbchen

2.4* Farbwahrnehmung

Wie können Menschen Farben wahrnehmen und unterscheiden?

In der menschlichen Netzhaut liegen rund sieben Millionen Zapfen, die für das Farbensehen bei Tage zuständig sind. In ihnen läuft die Fototransduktion in gleicher Weise wie in den Stäbchen ab.

Zapfentypen

Während in allen Stäbchen Rhodopsin als Fotopigment vorliegt, kommen in den Zapfen drei verschiedene Fotopigmente vor. Alle enthalten Retinal, unterscheiden sich aber in ihrem Membranprotein. Dieser Unterschied ist dafür verantwortlich, dass die drei Zapfentypen jeweils für unterschiedliche Wellenlängen des Lichts empfindlich sind. Sie werden vor allem durch blaues, grünes und gelb-rotes Licht erregt. Daher spricht man von **Blau-**, **Grün-** und **Rot-Zapfen**.

Absorption der Fotopigmente

Das Fotopigment der Blau-Zapfen absorbiert Licht im Wellenlängenbereich zwischen 350 und 500 nm. Das Absorptionsmaximum liegt bei 424 nm. Im Vergleich dazu absorbieren die Fotopigmente der Rot- und Grün-Zapfen Licht im Bereich zwischen 450 und 680 nm mit einem Absorptionsmaximum bei 530 beziehungsweise 560 nm (→ **Abb. 1**). Fällt beispielsweise Licht der Wellenlänge 550 nm auf die Netzhaut, werden Grün-Zapfen und Rot-Zapfen zu über 90 Prozent erregt, Blau-Zapfen dagegen gar nicht. Aus den Aktionspotentialen, die die drei Zapfentypen dann über den Sehnerv zum Gehirn schicken, ermittelt dieses durch Verrechnung die Wellenlänge des absorbierten Lichts. Subjektiv erfolgt so die Farbwahrnehmung gelb. Werden alle drei Zapfentypen im gleichen Maße gereizt, wird weiß wahrgenommen. Mit den drei Zapfentypen kann der Mensch Schätzungen zufolge etwa zehn Millionen Farben unterscheiden. Viele Säugetierarten besitzen nur zwei Zapfentypen, nachtaktive Säugetiere haben oft sogar nur einen Zapfentyp und sind daher farbenblind. Bei Vögeln, vielen Fischen und Reptilien liegen dagegen vier Zapfentypen vor. Sie können daher mehr Farben als wir Menschen unterscheiden.

Farbsinn-Störungen

Eine **Rot-Grün-Sehschwäche** umfasst sowohl die Rot-Sehschwäche als auch die Grün-Sehschwäche. Liegt eine Rot-Sehschwäche vor, ist das Absorptionsmaximum der Rot-Zapfen in Richtung des Absorptionsmaximums der Grün-Zapfen verschoben. Sie werden somit durch Licht der Wellenlängen angeregt, das auch die Grün-Zapfen anregt. So können die Betroffenen die Farben Rot und Grün schlecht unterscheiden. Außerdem deckt die Absorption der Rot-Zapfen nicht mehr das gesamte Rotspektrum ab. Bei der Grün-Sehschwäche ist es entsprechend umgekehrt. Die Ausprägung einer Rot-Grün-Sehschwäche kann mit Farbtafeln oder Testgeräten ermittelt werden (→ **Abb. 2**). Sind alle drei Zapfentypen funktionsunfähig, sind die Betroffenen farbenblind und können nur verschiedene Hell-Dunkel-Stufen unterscheiden.

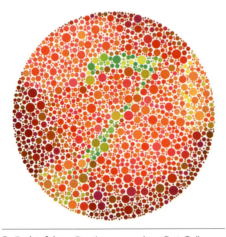

2 Farbtafel zur Bestimmung einer Rot-Grün-Sehschwäche

❶ ☰ Prüfen Sie anhand der Abbildung 1 die Aussage, dass das Gehirn von mindestens zwei verschiedenen Zapfentypen Aktionspotentiale erhalten muss, um eine Farbe wahrnehmen zu können.

❷ ☰ Geben Sie mithilfe der Abbildung 1 an, welche Zapfentypen zu wie viel Prozent erregt werden, wenn Licht der Wellenlänge 500 nm auf die Netzhaut fällt.

❸ ☰ Erklären Sie, warum Menschen, deren Rot- und Grün-Zapfen defekt sind, die aber intakte Blau-Zapfen besitzen, keine Farben unterscheiden können, sondern nur verschiedene Hell-Dunkel-Stufen wahrnehmen können.

❹ ☰ Erläutern Sie an einem selbstgewählten Beispiel die Bedeutung des Farbensehens für Menschen.

Materialgebundene Aufgaben

❺ Farbensehen bei Tieren

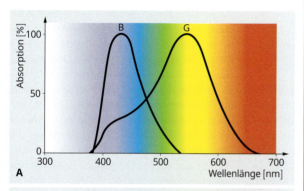

A

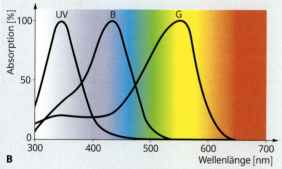

B

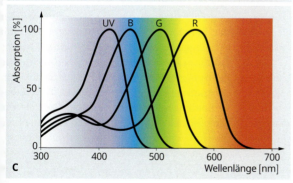

C

a) ☰ Vergleichen Sie die Absorptionsspektren der Fotopigmente von Pferd (A), Honigbiene (B) und Vogel (C).

b) ☰ Erklären Sie, welche Farben die Tiere wahrnehmen.

❻ Genetik der Farb-Sehschwächen

Für die verschiedenen Opsine der drei Zapfentypen gibt es drei verschiedene Gene auf der menschlichen DNA. Das Gen für das Blau-Opsin befindet sich auf dem Chromosom 7, während die Gene für das Rot- und das Grün-Opsin dicht nebeneinander auf dem X-Chromosom liegen. Während der Evolution sind die Rot-Zapfen des Menschen durch eine Genduplikation und anschließende Mutation des Gens entstanden, das bei anderen Säugetieren für das Opsin der Grün-Zapfen codiert. Bei den meisten Menschen liegt das Gen für das Grün-Opsin mehrfach vor.

Durch ein fehlerhaftes Crossing-over während der Meiose können in dem Bereich der Opsin-Gene weitere Mutationen auftreten. Dabei können verschiedene Varianten der X-Chromosomen entstehen, die sich phänotypisch in einer Rot- oder Grün-Blindheit oder einer Rot-Grün-Sehschwäche zeigen können.

Mutationsvarianten des X-Chromosoms:
– Verlust des Gens für das Grün-Opsin
– Verlust des Gens für das Rot-Opsin
– zwei Gene für Grün-Opsin
– drei Gene für Grün-Opsin
– Misch-Gene für das Grün- und Rot-Opsin.

a) ☰ Skizzieren Sie in Anlehnung an die Abbildung und auf der Basis des Textes, wie das Gen für das Rot-Opsin beim Menschen in der Evolution entstanden ist.

b) ☰ Erstellen Sie jeweils eine Skizze zu der möglichen Lage des Crossing-overs, durch welche die aufgeführten Chromosomenmutationen verursacht werden.

c) ☰ Geben Sie den möglichen Phänotyp hinsichtlich der Farbwahrnehmung von einem Mann sowie von einer Frau an, die jeweils von diesen Mutationen betroffen sind.

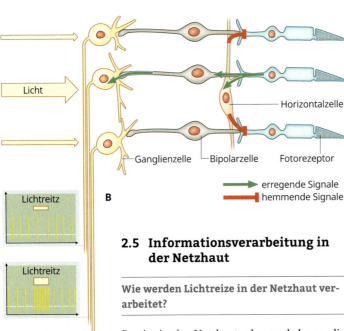

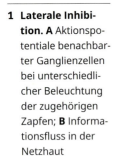

1 Laterale Inhibition. A Aktionspotentiale benachbarter Ganglienzellen bei unterschiedlicher Beleuchtung der zugehörigen Zapfen; **B** Informationsfluss in der Netzhaut

2 MACH-Bänder

2.5 Informationsverarbeitung in der Netzhaut

Wie werden Lichtreize in der Netzhaut verarbeitet?

Bereits in der Netzhaut, also noch bevor die Aktionspotentiale in das Gehirn gelangen, erfolgt eine Verarbeitung der auftreffenden Lichtreize. Bestimmte Reize werden vernachlässigt, andere dagegen verstärkt. Erst das Ergebnis dieser Verarbeitung wird dann in Form von Aktionspotentialen zum Gehirn geleitet, wo im Sehzentrum die weitere Verarbeitung erfolgt.

In der Netzhaut des menschlichen Auges steht jeder Fotorezeptor über Synapsen mit Bipolarzellen und mit Horizontalzellen in Kontakt (→ Abb. 1). Bipolarzellen verbinden die Fotorezeptoren mit den Ganglienzellen. Horizontalzellen verbinden benachbarte Fotorezeptoren miteinander. Diese Vernetzung ist die Basis für die Informationsverarbeitung in der Netzhaut. Nur die Ganglienzellen der Netzhaut besitzen Axone. An ihren Axonhügeln können Aktionspotentiale gebildet werden, die zum Gehirn geleitet werden.

Laterale Inhibition durch Horizontalzellen
Bei der Reizung von Stäbchen und Zapfen gelangt die Erregung einmal direkt von dem betroffenen Fotorezeptor über die Bipolarzelle zur Ganglienzelle. Gleichzeitig wird sie auch auf Horizontalzellen übertragen. Diese hemmen die mit ihnen zusätzlich verbundenen Fotorezeptoren, sodass deren Erregung geschwächt oder sogar unterdrückt wird. Dieses Verschaltungsprinzip wird als **laterale Inhibition** bezeichnet.

Wird beispielsweise ein Fotorezeptor von einem hellen Lichtpunkt getroffen und gereizt, während auf die benachbarten Fotorezeptoren nur wenig Licht fällt, überträgt er seine starke Erregung nicht nur auf die Bipolarzelle, sondern auch auf die mit ihm verbundene Horizontalzelle (→ Abb. 1). Diese hemmt infolgedessen die benachbarten Fotorezeptoren, die ja ohnehin nur schwach erregt wurden, sodass sich deren Erregung noch verringert. So wird nur die Ganglienzelle erregt, die zum stärker gereizten Zapfen gehört. Der Lichtpunkt kann somit deutlich vom dunklen Umfeld unterschieden werden.

An einer Hell-Dunkelgrenze werden auf diese Weise die dunklen Bereiche des Bildes noch dunkler und die hellen Bildbereiche noch heller weitergeleitet, als sie tatsächlich sind. Man bezeichnet dies als **Kontrastverstärkung.** Sie wird zum Beispiel beim Betrachten einer Grafik deutlich, in der graue Flächen von abgestufter Helligkeit aneinandergrenzen. Obwohl alle Flächen gleichmäßig getönt sind, erscheint der Grenzbereich zur helleren Nachbarfläche jeweils dunkler (→ Abb. 2). Durch die Kontrastverstärkung werden die Kanten eines Körpers besonders hervorgehoben. So können räumliche Strukturen und die Konturen eines Objektes vor einem Hintergrund mit ähnlicher Lichtintensität leichter erfasst werden. Die Kontrastverstärkung ist eine Angepasstheit, die sich in der Evolution unter anderem für Wirbeltiere als vorteilhaft entwickelt hat. So können sie Fressfeinde oder Beute im Dämmerlicht vor einem dunklen Hintergrund besser wahrnehmen.

Rezeptive Felder
In der Netzhaut erfolgt die Verrechnung in ringförmigen Bereichen, die als **rezeptive Felder** bezeichnet werden. Ein rezeptives Feld kann mehrere hundert Stäbchen oder Zapfen umfassen. Funktionell gliedert es sich in ein Zentrum und eine ringförmige Peripherie. Im Zentrum stehen die Fotorezeptoren in direkter Verbindung mit einer Bipolarzelle. Die Fotorezeptoren aus der Peripherie sind dagegen über die Horizontalzellen mit der Bipolarzelle verbunden (→ Abb. 3A).

Fällt Licht auf Fotorezeptoren im Zentrum eines bestimmten rezeptiven Feldes, werden diese hyperpolarisiert und schütten an den Synapsen weniger Glutmat aus. Infolgedessen wird die Bipolarzelle weniger gehemmt. Sie depolarisiert und erregt die nachgeschaltete Ganglienzelle (→ **Abb. 3B**).

Fotorezeptoren aus der Peripherie des rezeptiven Feldes werden bei Belichtung ebenfalls hyperpolarisiert (→ **Abb. 3C**). Auch sie schütten daraufhin weniger Glutamat an ihren Präsynapsen aus. Es sind jedoch viele periphere Fotorezeptoren mit einer Horizontalzelle verbunden. So wird die Transmitterkonzentration in der Horizontalzelle so hoch, dass sie hyperpolarisiert wird. Die Horizontalzelle schüttet daraufhin an ihren Präsynapsen einen Transmitter aus, durch den auch die Bipolarzelle hyperpolarisiert wird. Infolgedessen wird die Ganglienzelle nicht erregt (→ **Abb. 3C**). Zusätzlich werden durch die Transmitterfreisetzung der Horizontalzelle die zentralen Fotorezeptoren des rezeptiven Feldes depolarisiert.

Sehschärfe

Die entgegengesetzte Wirkung von Licht auf das Zentrum und die Peripherie der rezeptiven Felder in der Netzhaut ermöglicht, dass der Kontrast zwischen Bereichen unterschiedlicher Helligkeit besser wahrgenommen wird. Dadurch können Objekte besser erkannt werden und die **Sehschärfe** erhöht sich, das heißt, Konturen in der Außenwelt sind als solche besser wahrzunehmen.

Die Sehschärfe wird insbesondere durch die Größe eines rezeptiven Feldes bestimmt. Da die rezeptiven Felder aus Zapfen viel kleiner sind als die aus Stäbchen, ist die Sehschärfe beim Zapfensehen größer. Die Fovea centralis ist auch deshalb der Ort des schärfsten Sehens, da hier eine Eins-zu-Eins-Verschaltung zwischen Zapfen und Ganglienzellen vorliegt. Zur Peripherie des Auges hin sind die rezeptiven Felder der Ganglienzellen größer. Folglich ist die Sehschärfe dort geringer. Zwar nimmt zur Peripherie der Netzhaut hin die Sehschärfe ab, die Lichtempfindlichkeit nimmt aber zu. Schwache Lichtreize, die auf ein rezeptives Feld treffen, können durch die Zusammenschaltung vieler Fotorezeptoren auf eine Ganglienzelle verstärkt werden. Durch diese **räumliche Summation** ist daher die Lichtempfindlichkeit bei größeren rezeptiven Feldern stärker.

❶ ⇋ Erklären Sie anhand der Abbildung 3 die Funktion eines rezeptiven Feldes.

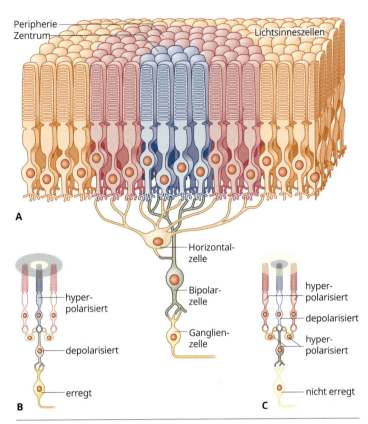

3 Rezeptives Feld. A Aufbau; **B** Änderungen des Membranpotentials in den Zellen eines rezeptiven Feldes bei Beleuchtung des Zentrums; **C** bei Beleuchtung der Peripherie

Materialgebundene Aufgaben

❷ Modellvorstellungen zur lateralen Inhibition

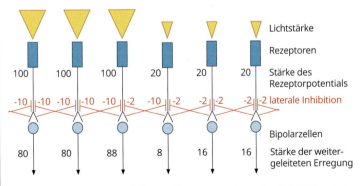

Die Abbildung zeigt Modellvorstellungen zur lateralen Inhibition. Die roten Linien symbolisieren die gegenseitige Hemmung. Die Hemmungswerte sind willkürlich, aber systematisch gewählt.

a) ⇋ Erklären Sie mithilfe des Modells die Kontrastverstärkung durch laterale Inhibition.

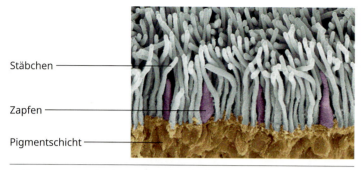

Stäbchen

Zapfen

Pigmentschicht

1 Fotorezeptoren in der Netzhaut (EM-Bild)

2.6* Hell-Dunkel-Adaptation des Auges

Wie stellt sich das Auge auf unterschiedliche Beleuchtungsstärken ein?

Augen werden durch verschiedene Vorgänge auf unterschiedliche Lichtverhältnisse eingestellt. Diese sogenannte **Adaptation** erfolgt zum Teil durch die Regulation der Pupillenweite durch die Iris. Bei geöffneter Pupille fällt bis zu 80mal mehr Licht in das Auge als bei stark verengter Pupille. Von größerer Bedeutung für die Adaptation sind jedoch die Vorgänge in der Netzhaut. Dort findet je nach Lichtverhältnissen ein Wechsel zwischen Stäbchen- und Zapfensehen statt, der von der Regeneration des Fotopigments Rhodopsin abhängig ist.

![orange bar]

Materialgebundene Aufgaben

❶ Zerfall und Regeneration von Rhodopsin

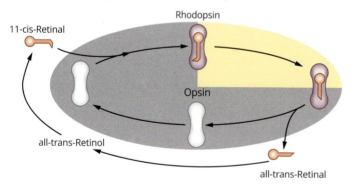

Rhodopsin

11-cis-Retinal

Opsin

all-trans-Retinol

all-trans-Retinal

a) ☰ Beschreiben Sie den Zerfall und die Regeneration des Rhodopsins.
b) ☰ Retinol gehört zu einer Stoffgruppe, die als Vitamin A bezeichnet wird. Es wird in den Pigmentzellen der Netzhaut gespeichert. Bei einem Vitamin A-Mangel treten Sehprobleme in der Dämmerung und bei Dunkelheit auf. Erklären Sie dieses Phänomen.

Regeneration des Fotopigments Rhodopsin

Nachdem 11-cis-Retinal durch Licht in all-trans-Retinal umgewandelt wurde, löst es sich vom Opsin. Dadurch verblasst die rotviolette Farbe des Rhodopsins., man spricht vom Ausbleichen des Rhodopsins. All-trans-Retinal wird danach in mehreren Reaktionsschritten wieder in 11-cis-Retinal umgewandelt. Dieses kann an Opsin binden, sodass wieder funktionsfähige Rhodopsin-Moleküle entstehen. Der Zerfall und die Regeneration der Rhodopsin-Moleküle finden kontinuierlich statt. So bleicht ein Teil der Rhodopsin-Moleküle aus, während der andere Teil regeneriert wird. In Stäbchen dauert es nach einem völligen Ausbleichen über 30 Minuten, bis alle Rhodopsin-Moleküle wieder regeneriert sind. Deshalb kann in ihnen bei Tageslicht die Rhodopsin-Regeneration nicht mit dem Rhodopsin-Zerfall Schritt halten. So ist am Tag immer nur ein sehr geringer Teil der Stäbchen funktionsfähig und das Sehen erfolgt fast ausschließlich mit den Zapfen. In ihnen werden die Rhodopsin-Moleküle innerhalb von Minuten regeneriert, sodass bei Tageslicht immer genügend funktionsfähige Rhodopsin-Moleküle vorhanden sind.

Dunkeladaptation

Da in den Stäbchen die Konzentration an Rhodopsin wesentlich höher ist als in den Zapfen, sind sie bis zu tausendmal lichtempfindlicher. Tritt man aus hellem Licht in einen dunklen Raum, wechselt das Zapfensehen auf das Stäbchensehen, da unterhalb einer bestimmten Beleuchtungsstärke die Zapfen nicht mehr erregt werden. Jedoch hat das Auge erst nach etwa einer halben Stunde die größtmögliche Lichtempfindlichkeit im Dunkeln erreicht. Diese **Dunkeladaptation** dauert so lange, weil fast alle Rhodopsin-Moleküle abgebaut wurden. Sie werden im Dunkeln allmählich regeneriert, sodass die Lichtempfindlichkeit der Augen innerhalb von 30 Minuten stetig zunimmt.

Helladaptation

Tritt man aus einem dunklen Raum in helles Sonnenlicht, kann eine vorübergehende Blendung eintreten, da in den Stäbchen viele Rhodopsin-Moleküle gleichzeitig zerfallen. Jedoch sieht man bereits nach wenigen Sekunden wieder deutlich, da auf das Zapfensehen umgeschaltet wurde. Bei dieser **Helladaptation** nimmt die Lichtempfindlichkeit ab. Dafür sieht man jetzt farbig und scharf.

2.7* Vom Reiz zur Wahrnehmung und zur Wahrnehmungstäuschung

Wie nehmen Menschen ihre Umwelt optisch wahr und warum lassen sie sich dabei täuschen?

Unter optischer **Wahrnehmung** versteht man den Prozess, bei dem man gesehene Objekte identifiziert und ihnen eine Bedeutung zuordnet. Wahrnehmungen sind immer subjektiv und von den Erfahrungen des Einzelnen abhängig.

Schritte des Wahrnehmungsprozesses

Bei der Betrachtung eines Fußballs werden die von dem Ball und dem Gras reflektierten Lichtstrahlen durch den dioptrischen Apparat des Auges auf die Netzhaut des Betrachters projiziert. Dieser **Reiz** führt zur Erregung der betroffenen Lichtsinneszellen. Diese Erregungen werden zum Teil schon in der Netzhaut verarbeitet und dann über die Axone der Ganglienzellen in das Areal des Gehirns geleitet, das für die Verarbeitung von optischen Reizen zuständig ist. Dort wird die räumliche und zeitliche Verteilung der Erregung, das sogenannte Erregungsmuster, ausgewertet. Die Auswertung führt zu dem Sinneseindruck „schwarz-weiß gemusterte, runde Fläche auf grüner, einheitlicher Fläche". In den verschiedenen Assoziationsregionen des Gehirns werden die erkannten Strukturen mit gespeicherten Bildern und Erfahrungen verglichen. Dies führt zu einer Deutung des Gesehenen. Aus dem Sinneseindruck wird die Wahrnehmung „Fußball".

Wahrnehmungstäuschungen

Bei der Deutung ordnet das Gehirn dem, was der Betrachter sieht, eine möglichst sinnvolle Bedeutung zu. Bei einer **optischen Täuschung**, wird dem Bild jedoch eine Bedeutung zugeschrieben, die objektiv nicht vom Auge gesehen wird. Optische Täuschungen sind also Wahrnehmungstäuschungen. Wie wenig objektiv die Wahrnehmung des Betrachters ist, zeigt sich deutlich am Bild „Junge oder alte Frau?" (→ Abb. 1). Der gleiche Sinnesreiz führt hier zu den unterschiedlichen Wahrnehmungen „junge Frau" oder „alte Frau". Dabei kann sich die Wahrnehmung beim Betrachter spontan verändern, obwohl der optische Reiz – und damit auch der Sinneseindruck – unverändert bleibt. Es zeigt sich dabei auch, dass die Wahr-

2 Junge oder alte Frau?

nehmung von Erfahrungen abhängt: Hat man erst einmal in dem Bild eine der beiden Frauen erkannt, sieht man die so erkannte Frau immer wieder in dem Bild.

Es gibt viele verschiedene optische Täuschungen, bei denen jeweils auf unterschiedliche Art und Weise die Wahrnehmung getäuscht wird. Optische Täuschungen sind interessant für Wissenschaftler, da sich daraus Rückschlüsse auf die Funktionsweise des Auges und die Verarbeitung von Lichtreizen ziehen lassen.

❶ ☰ Erklären Sie, warum Kinder sich weniger leicht optisch täuschen lassen als Erwachsene.

❷ ☰ Beurteilen Sie, ob die laterale Hemmung eine optische Täuschung ist.

Materialgebundene Aufgaben

❸ Gedachte Figuren

a) ☰ Beschreiben und erklären Sie die optischen Täuschungen in den Bildern.

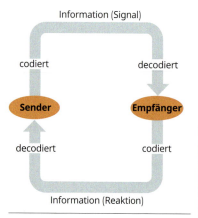

1 Sender-Empfänger-Modell

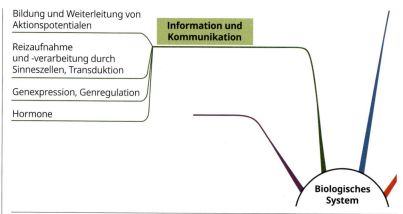

2 Aspekte des Basiskonzepts Information und Kommunikation

Lebewesen nehmen ständig **Informationen** aus der Umwelt auf und verarbeiten sie. Sie speichern sie und reagieren darauf, etwa indem sie selbst Informationen an andere Lebewesen weitergeben.

Das **Sender-Empfänger-Modell** verdeutlicht diesen Informationsfluss (→ **Abb. 1**). Der Informationssender verschlüsselt die Information, er codiert sie. So codiert ein Mensch seine Gedanken in Worte. In dieser Form wird die Information zum Empfänger gesendet. Worte können von ihm wahrgenommen werden und haben eine bestimmte Bedeutung, sie sind Signale. Erreicht das Signal den Empfänger, muss es von diesem entschlüsselt, also decodiert werden. Nur dann ist das Signal für den Empfänger nutzbar und kann bei ihm eine Reaktion auslösen. Zum Beispiel kann er selbst zum Sender werden.

Erfolgt der Austausch von Informationen wechselseitig, spricht man von **Kommunikation**. Informationsweitergabe und Kommunikation finden auf allen Systemebenen der Biologie statt.

Bei höheren Organismen erfolgt die Informationsaufnahme, -weiterleitung, -verarbeitung und -speicherung durch komplexe Organsysteme. Mithilfe von Sinnesorganen und Sinneszellen nehmen sie ständig Informationen aus der Umwelt auf. Zum Beispiel nehmen sie mithilfe des Geruchssinnes Moleküle aus der Luft auf. Diese Signale können vor tödlichen Gefahren wie Feuer oder verdorbene Speisen warnen oder die Nähe von Nahrung, Artgenossen oder Feinden anzeigen.

Nur wenn adäquate Reize auf die Geruchszellen treffen, können diese gereizt werden und das Signal entschlüsseln. Sie werden selbst zum Sender, indem sie die Reize in elektrische oder chemische Signale umwandeln und diese in Form von Aktionspotentialen oder Neurotransmittern abgeben.

Kommunikation findet in vielzelligen Lebewesen auch auf zellulärer Ebene statt. Über Aktionspotentiale, Neurotransmitter und Hormone wird die Zusammenarbeit von Zellen koordiniert. Nur so können Zellen, Organe und Organsysteme als Einheit funktionieren und das System Lebewesen bilden.

Zellen nehmen extrazelluläre Signale mithilfe von Rezeptoren auf, die sich auf ihren Zellmembranen befinden. Binden daran passende Moleküle, wie Neurotransmitter, Hormone oder bei der Riechsinneszelle Duftstoff-Moleküle, werden über Enzyme intrazelluläre Signalstoffe aktiviert. Diese second messenger leiten das äußere Signal innerhalb der Zelle weiter.

Informationsaufnahme und Kommunikation findet man auf vielen verschiedenen Ebenen und bei vielen biologischen Sachverhalten. Es ist ein Basiskonzept der Biologie.

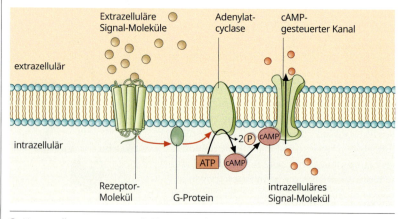

3 Umwandlung von extrazellulären Signalen in intrazelluläre Signale

Sina Heise: „Nach meinem Abitur habe ich eine Ausbildung zur Augenoptikerin begonnen. Ich habe mich in der Schule schon immer für mathematische, physikalische und biologische Zusammenhänge interessiert und arbeite gerne handwerklich. Zurzeit befinde ich mich im dritten Lehrjahr."

Was macht ein/e Augenoptiker/in?
„Das Tätigkeitsfeld eines/einer Augenoptikers/in umfasst verschiedene Bereiche: Wir ermitteln Sehstärken, beraten Kunden, verkaufen Brillen und auch Kontaktlinsen, stellen die Brillen her und passen sie dem Kunden individuell an, führen Reparaturen aus und wickeln kaufmännische Arbeiten ab."

Wie ist die Ausbildung strukturiert?
„Die Ausbildung zum/zur Augenoptiker/in ist dual angelegt, das heißt, die Auszubildenden lernen das benötigte theoretische Wissen in einer Berufsschule. Der Unterricht findet entweder an bestimmten Wochentagen oder in zusammenhängenden Zeiträumen von mehreren Wochen, also im Blockunterricht statt. Parallel dazu arbeiten wir in einem Augenoptikergeschäft. Das ist unser Ausbildungsbetrieb, in dem wir das Gelernte direkt praktisch anwenden können.

Welche Inhalte umfasst die Ausbildung?
In der Berufsschule werden wir hauptsächlich in den naturwissenschaftlichen Bereichen Biologie, Physik oder Mathe unterrichtet. Wir bekommen zum Beispiel die Grundsätze der Augenoptik sowie die unterschiedlichen Ursachen und Erscheinungsformen der Fehlsichtigkeiten vermittelt. Außerdem lernen wir kaufmännisches Wissen, Betriebswirtschaftslehre und Versicherungswesen. Im Ausbildungsbetrieb lernen wir die optischen Geräte zu bedienen. Wir bekommen vermittelt, wie man Sehhilfen korrekt einstellt und Brillengestelle individuell an die Gesichtsform der Kunden anpasst oder wie man verschiedene Zentrierdaten, etwa den Augenabstand und Hornhautscheitelabstand, ermittelt. Wir lernen dort natürlich auch, wie man Kunden bei der Auswahl der Brillengestelle typgerecht und nach modischen sowie optischen Gesichtspunkten berät. In der Werkstatt des Optikergeschäfts wird uns vermittelt, wie man Brillen bearbeitet oder repariert. Dort lernen wir zum Beispiel, wie man die verschiedenen Werkstoffe für die Brillenfassung und Bügel bearbeiten kann.

Warum gefällt mir die Arbeit als Augenoptikerin?
„Mir gefällt die Arbeit als Augenoptikerin, da sie aus meiner Sicht sehr abwechslungsreich ist. Ich habe eine besondere Verantwortung, wenn ich unsere Kunden unter gesundheitlichen und modischen Aspekten berate und sie mit den passenden Sehhilfen versorge. Dieser Umgang mit Kunden bereitet mir viel Freude. Auch beschäftige ich mich gern mit verschiedenen technischen Geräten zur Herstellung von Brillen und mit den neuesten Brillentrends. Aber auch der kaufmännische Aspekt, etwa das Sortiment kundenorientiert zu gestalten oder Büroarbeiten durchzuführen, reizen mich an der Tätigkeit."

Wo arbeiten Augenoptiker/innen?
„Die meisten Augenoptiker/innen arbeiten nach Abschluss der Ausbildung in Augenoptiker-Betrieben. Dort sind sie in den Verkaufsräumen, Büros oder Werkstätten tätig. Sie arbeiten zusammen mit ihren Kollegen im Team und haben direkten Kontakt zu den Kunden und Lieferanten. Einige Augenoptiker/innen arbeiten auch zusammen mit Augenärzten in deren Praxisräumen oder in der optischen und feinmechanischen Industrie."

Welche Möglichkeiten zur Weiterbildung gibt es?
„Wenn man seine Ausbildung erfolgreich abgeschlossen und erste Berufserfahrungen gesammelt hat, kann man in Vollzeit-, Teilzeit- oder Blockunterricht seinen Meister machen. Als Meister bekommt man ein höheres Gehalt und kann sich mit einem eigenen Optikergeschäft selbstständig machen. Als Meister ist man auch berechtigt, Lehrlinge auszubilden. Weiter ist es möglich, Augenoptik oder Optometrie zu studieren. Das Studium schließt man entweder mit dem Bachelor oder dem Master of Science Optometrie ab."

❶ ≣ Nennen Sie Kompetenzen, die einen Auszubildenden zum/zur Augenoptiker/in auszeichnen sollten, sodass er die Ausbildung erfolgreich absolvieren kann.

❷ ≣ Recherchieren Sie weitere Informationen zum Berufsbild des/der Augenoptikers/in wie Vergütung, Berufsaussichten und Aufstiegsmöglichkeiten.

❸ ≣ Geben Sie auf einer Werteskala von null bis zehn an, ob die Ausbildung zum/zur Augenoptiker/in für Sie infrage käme. Begründen Sie Ihre Entscheidung und vergleichen Sie diese mit Ihren Mitschülerinnen und Mitschülern.

❹ ≣ Recherchieren Sie, an welchen Universitäten oder Hochschulen man Augenoptik oder Optometrie studieren kann.

Bau und Funktion von Geruchssinneszellen

– **Sinneszellen:** wandeln adäquate Reize in Rezeptor-potentiale um
– **primäre Sinneszellen:** umgewandelte Neurone; bilden selbst Aktionspotentiale
– **sekundäre Sinneszellen:** spezialisierte Epithelzellen; Auslösung der Exocytose von Transmittern an ihren Synapsen durch Rezeptorpotential; erst nachgeschaltetes Neuron bildet die Aktionspotentiale
– **Sinnesorgane:** bestehen aus Sinneszellen mit nicht-neuronalen Geweben

Transduktion
erfolgt in verschiedenen Sinneszellen unterschiedlich, Ionenkanäle werden durch den Reiz:
– direkt geöffnet:

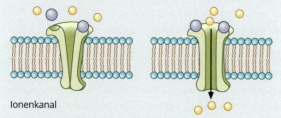

Ionenkanal

– durch G-Proteine und/oder intrazelluläre Botenstoffe geöffnet:

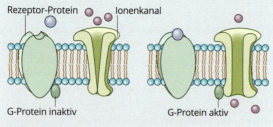

Rezeptor-Protein   Ionenkanal

G-Protein inaktiv   G-Protein aktiv

Reaktionskette in Riechsinneszellen:
Duftstoffmoleküle binden an Rezeptor auf der Membran der Sinneszelle → G-Protein-Aktivierung → Enzym-Aktivierung (Adenylatcyclase) → Bildung eines second messengers (cAMP) → Öffnung von Ionenkanälen → Membrandepolarisation über den Schwellenwert → Öffnung der spannungsgesteuerten Natrium-Ionenkanäle → Aktionspotential

Reizverstärkung durch eine Reaktionskaskade:
ein Signalmolekül → Aktivierung einiger G-Proteine → Aktivierung mehrerer Enzym-Moleküle → Bildung vieler cAMP-Moleküle → Öffnung sehr vieler Ionenkanäle

Adaptation: Abnahme der Empfindlichkeit einer Sinneszelle, etwa einer Riechsinneszelle, bei kontinuierlicher Reizung; verschiedene Sinneszellen adaptieren unterschiedlich schnell bis gar nicht

Das Auge – ein Lichtsinnesorgan

Dioptrischer Apparat (lichtbrechende Strukturen des Auges): Hornhaut, vordere Augenkammer, Pupille, Linse und Glaskörper;
erzeugt auf der Netzhaut ein umgekehrtes, verkleinertes Bild
Akkommodation: Fähigkeit des Auges, sehr nahe oder weit entfernte Gegenstände scharf auf der Netzhaut abzubilden
Fernsicht: Ciliarmuskel entspannt, Zonulafasern gespannt, elastische Linse wird flach gezogen, Brechkraft der Linse klein
Nahsicht: Ciliarmuskel gespannt, Zonulafasern entspannt, elastische Linse kugelt sich ab, Brechkraft der Linse groß

Bau der Netzhaut

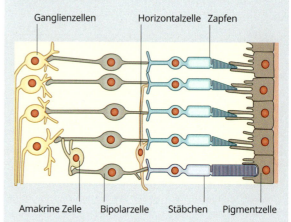

Ganglienzellen   Horizontalzelle   Zapfen

Amakrine Zelle   Bipolarzelle   Stäbchen   Pigmentzelle

Nebeneinander liegende Fotorezeptoren sind über Horizontalzellen und Amakrine Zellen miteinander gekoppelt, ihre Erregung wird bereits in der Netzhaut miteinander verrechnet.

Bau und Funktion von Lichtsinneszellen

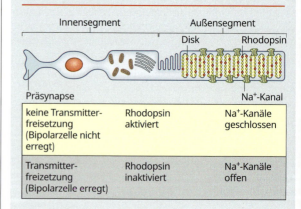

Innensegment		Außensegment	
		Disk	Rhodopsin
Präsynapse			Na⁺-Kanal
keine Transmitter-freisetzung (Bipolarzelle nicht erregt)	Rhodopsin aktiviert		Na⁺-Kanäle geschlossen
Transmitter-freisetzung (Bipolarzelle erregt)	Rhodopsin inaktiviert		Na⁺-Kanäle offen

Fototransduktion

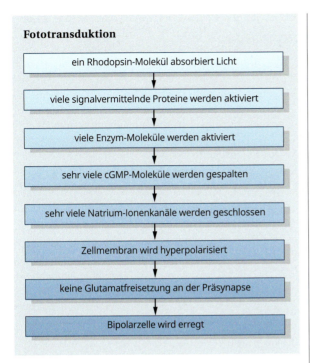

ein Rhodopsin-Molekül absorbiert Licht

↓

viele signalvermittelnde Proteine werden aktiviert

↓

viele Enzym-Moleküle werden aktiviert

↓

sehr viele cGMP-Moleküle werden gespalten

↓

sehr viele Natrium-Ionenkanäle werden geschlossen

↓

Zellmembran wird hyperpolarisiert

↓

keine Glutamatfreisetzung an der Präsynapse

↓

Bipolarzelle wird erregt

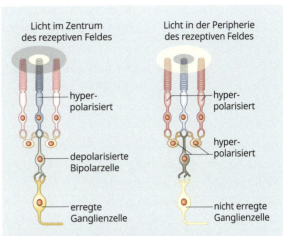

Licht im Zentrum des rezeptiven Feldes

- hyperpolarisiert
- depolarisierte Bipolarzelle
- erregte Ganglienzelle

Licht in der Peripherie des rezeptiven Feldes

- hyperpolarisiert
- hyperpolarisiert
- nicht erregte Ganglienzelle

Größe des rezeptiven Feldes bestimmt die Sehschärfe:

- Zapfen haben kleine rezeptive Felder
- Stäbchen haben große rezeptive Felder
- Peripherie der Netzhaut: große rezeptive Felder
- Fovea centralis: Eins-zu-Eins-Verschaltung zwischen Zapfen und Ganglienzellen

Farbensehen

- Drei Zapfentypen absorbieren Licht unterschiedlicher Wellenlängen:
  Blau-Zapfen: 350 bis 500 nm; Maximum: 424 nm
  Rot-Zapfen: 450 bis 680 nm; Maximum: 560 nm
  Grün-Zapfen: 450 bis 680 nm; Maximum: 530 nm
- Fototransduktion verläuft in den Zapfentypen wie in Stäbchen.
- Ausgehend von den Zapfentypen werden über den Sehnerv Aktionspotentiale ins Gehirn geleitet. Durch deren Verrechnung wird die Farbwahrnehmung erzeugt.

Informationsverarbeitung in der Netzhaut

Laterale Inhibition: Verschaltungsprinzip der Lichtsinneszellen zur Kontrastverstärkung

- Benachbarte Lichtsinneszellen werden über die Horizontalzellen gehemmt.
- Stark erregte Lichtsinneszellen hemmen ihre Nachbarzellen stark.

Rezeptive Felder

- Laterale Verrechnung erfogt in der Netzhaut in rezeptiven Feldern = alle über Horizontalzellen mit einer Bipolarzelle verbundenen Lichtsinneszellen.
- Lichteinfall im Zentrum des rezeptiven Feldes wirkt gegensätzlich zum Lichteinfall in der Peripherie.

Hell-Dunkeladaptation

- abhängig von der Regeneration des Rhodopsins
- kontinuierlicher Zerfall und Regeneration von Rhodopsin
- Umwandlung von cis-Retinal in all-trans-Retinal durch Licht; Zerfall von Rhodopsin: all-trans-Retinal löst sich vom Opsin, enzymatische Umwandlung zu cis-Retinal
- **Dunkeladaptation:** Anpassung des Auges an Dunkelheit; steigende Konzentration an regeneriertem Rhodopsin in Stäbchen; Umschalten des Auges von Zapfen- zum Stäbchensehen; Lichtempfindlichkeit nimmt zu; Sehschärfe und Farbsehen nehmen ab
- **Helladaptation:** Anpassung des Auges an Helligkeit; Zerfall und Regeneration des Rhodopsins in Stäbchen nicht zeitgleich; Umschalten des Auges vom Stäbchen- zum Zapfensehen; Lichtempfindlichkeit nimmt ab; Sehschärfe und Farbsehen nehmen zu

Vom Reiz zur Wahrnehmung

Wahrnehmung: Verarbeitung der Muster der im Gehirn eingehenden Erregungen von bestimmten Sinneszellen in bestimmten Hirnarealen mit subjektiver Bedeutungszuordnung
Optische Täuschung: Bild wird eine Bedeutung zugeordnet, die nicht vom Auge gesehen wird.

3 Auswahlkapitel: Informationsverarbeitung im zentralen Nervensystem

3.1 Der Bau des menschlichen Gehirns

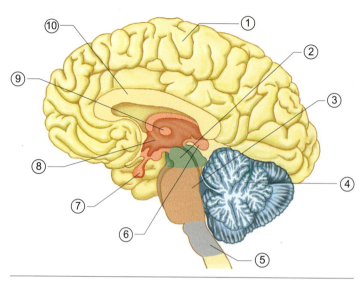

1 Bau des menschlichen Gehirns

Wie ist das Gehirn aufgebaut und welche Aufgaben übernehmen die verschiedenen Hirnbereiche?

Das Gehirn ist ein Teil des Zentralnervensystems und die Steuerungsstelle für alle im Körper ablaufenden Prozesse. Es ist in verschiedene Bereiche mit unterschiedlichen Funktionen gegliedert (→ **Abb. 1**).

Bereiche des Gehirns

Im **Großhirn** ① werden die von den Sinneszellen eintreffenden Informationen ausgewertet und zu bewussten Sinneswahrnehmungen. Hier werden Bewegungsabläufe geplant. Die vielfältigen Verknüpfungen der Nervenzellen untereinander ermöglichen die kognitiven Leistungen wie Denken und Gedächtnis. Das Großhirn ist in die beiden Großhirnhälften, die **Hemisphären,** unterteilt. Über den **Balken** ⑩ verbinden etwa 200 Millionen Axone die beiden Großhirnhälften und ermöglichen so deren Zusammenarbeit.

Damit sensorische Signale zu bewussten Sinneswahrnehmungen führen, müssen sie vom **Thalamus** ⑨ den jeweiligen Bereichen des Großhirns zugeführt werden. Daher wird der Thalamus auch als „Tor zum Bewusstsein" bezeichnet. Im Schlaf schaltet der Thalamus die gesamte Sinneswahrnehmung ab, indem er die Weiterleitung der sensorischen Impulse zum Großhirn blockiert.

Der **Hypothalamus** ⑧ kontrolliert das vegetative Nervensystem und – über die Hypophyse – Teile des Hormonsystems.

Die **Hypophyse** ⑦ gliedert sich in die Neurohypophyse und Adenohypophyse. Während die Neurohypophyse Hormone enthält, die von Neuronen des Hypothalamus gebildet werden, produziert die Adenohypophyse selbst Hormone. Sie steuern die Hormondrüsen des Körpers.

Das **Mittelhirn** ② vermittelt die Informationen zwischen Großhirn und Rückenmark. Auch Nevenimpulse, die von den Augen und Ohren ausgehen, gelangen über das Mittelhirn in das Großhirn. Es ist außerdem für die Steuerung aller Augenmuskeln zuständig und spielt eine Rolle bei der Schmerzwahrnehmung.

Die **Brücke** ③ ist die Schaltzentrale zwischen Großhirn und Kleinhirn. Sie ist auch für die Steuerung des Schlafes verantwortlich.

Das **Kleinhirn** ④ ist das Koordinationszentrum für Bewegungsabläufe, Gleichgewicht und Körperhaltung.

Das **Nachhirn** ⑤, auch verlängertes Mark genannt, steuert viele automatisch ablaufende Vorgänge wie Atmung und Herzschlag. In ihm liegen auch die Zentren des Schluck- und Hustenreflexes. Im Nachhirn findet eine Kreuzung von Nervenbahnen statt: Der größte Teil der motorischen Fasern wechselt hier die Seite, sodass die linke Gehirnhälfte Bewegungen der rechten Körperseite steuert und umgekehrt.

Die **Epiphyse** ⑥ produziert allnächtlich Melatonin und steuert so Prozesse, die den Tages- und Jahresrhythmus beeinflussen.

❶ ≡ Erklären Sie das Basiskonzept Kompartimentierung am Beispiel des Gehirns.

Durch moderne bildgebende Verfahren ist es möglich, sehr genaue Informationen über Gehirnstrukturen, den Stoffwechsel und die Durchblutung von Hirnbereichen zu erhalten, ohne den Schädel zu öffnen. Diese Verfahren werden beispielsweise eingesetzt, wenn der Verdacht besteht, dass Blutungen, Tumore, Gefäßverschlüsse oder Verletzungen im Gehirn oder am Schädelknochen vorliegen.

Computertomographie

Das älteste dieser Verfahren ist die **Computertomographie** (griech. *tome:* Schnitt; *graphein:* schreiben), kurz **CT** genannt. Sie verwendet Röntgenstrahlen, die das Gehirn Schicht für Schicht abtasten. Die unterschiedliche Absorption der Strahlen durch das Gehirngewebe wird gemessen. Aus diesen Daten errechnet ein Computer ein dreidimensionales Bild. Aufgrund dessen können für jede beliebige Schnittebene zweidimensionale Bilder dargestellt werden. Sie geben die unterschiedliche Gewebedichte in Graustufen wieder. Dadurch werden Strukturen des Gehirns gut erkennbar. So können Tumore entdeckt werden, wenn ihr Durchmesser größer als 0,5 Zentimeter ist.

Magnetresonanztomographie

Einen Fortschritt gegenüber der CT stellt die **Magnetresonanztomographie (MRT)** dar, da dabei keine gefährlichen Röntgenstrahlen verwendet werden, sondern ein starkes Magnetfeld und Radiowellen. Stark vereinfacht kann man sich jeden Atomkern als eine Art Kreisel vorstellen, der sich um die eigene Achse dreht. Gleichzeitig wirkt jeder dieser Kreisel wie ein sehr schwacher Magnet. Diese Eigenschaften von Atomkernen, insbesondere von Wasserstoffkernen in Wassermolekülen, nutzt die MRT. Normalerweise zeigen die Drehachsen der Kreisel ungeordnet in alle beliebigen Richtungen. Doch durch das Magnetfeld des Tomographen werden die Drehachsen gleich ausgerichtet. Dann stört man kurzzeitig durch Radiowellen die geordneten Wasserstoffkerne. Sobald die störende Radiowelle abgeschaltet wird, richten sich die Drehachsen der Wasserstoffkerne wieder im Magnetfeld aus. Hierbei senden sie Signale aus. Man spricht von Magnetresonanz. Diese Signale werden von einem Empfänger registriert und vom Computer, ähnlich wie beim CT, zu einem dreidimensionalen Bild verrechnet. In diesem Bild sind Details bis zu einer Größe von einem Millimeter auswertbar (→ **Abb. 1A**).

Besondere Bedeutung hat die **funktionelle Magnetresonanztomographie (fMRT).** Sie nutzt die Erkenntnis, dass Hämoglobin magnetische Eigenschaften aufweist und daher die Magnetresonanz von Wasserstoffatomen in seiner Nachbarschaft beeinflusst. Da die magnetischen Eigenschaften des Hämoglobins davon abhängen, ob es Sauerstoff gebunden hat oder nicht, können Bereiche des Gehirns erkannt werden, in denen viel Sauerstoff verbraucht wird. Diese Bereiche gelten dann als besonders aktiv im Gegensatz zu weniger aktiven Bereichen.

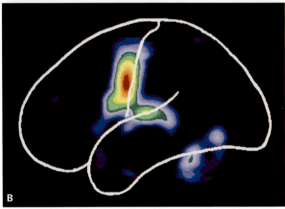

1 Bilder des Gehirns. A Längsschnitt (MRT); **B** aktive Sprachregionen (PET)

Positronen-Emissions-Tomographie

Ein weiteres Verfahren, das die Aktivität von Gehirnbereichen aufzeigt, ist die **Positronen-Emissions-Tomographie (PET).** Dafür wird Glucose durch das instabile Isotop ^{18}F markiert, das beim Zerfall γ-Strahlung abgibt. Die markierte Glucose wird in die Blutbahn eingebracht. Zellen des Gehirns, die gerade besonders aktiv sind und deshalb einen hohen Glucosebedarf haben, nehmen die Glucose vermehrt auf. Ein Empfänger ermittelt, wo die γ-Strahlung freigesetzt wird. Aus den Daten erzeugt der Computer ein dreidimensionales Bild, das diese Bereiche hervorhebt (→ **Abb. 1B**). Die PET hat eine geringe Strahlenbelastung, aber eine schlechtere Auflösung hinsichtlich Ort und Zeit.

❶ ☰ Nennen Sie Vor- und Nachteile der verschiedenen bildgebenden Verfahren.

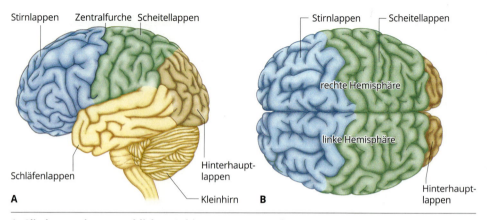

Stirnlappen Zentralfurche Scheitellappen

Stirnlappen   Scheitellappen

rechte Hemisphäre

linke Hemisphäre

Schläfenlappen

Hinterhaupt-
lappen

A   Kleinhirn   **B**

Hinterhaupt-
lappen

1 Gliederung des menschlichen Gehirns. A Seitenansicht; **B** Ansicht von oben

3.2 Funktionelle Hirnanatomie

Wie gliedert sich das Gehirn aufgrund der Funktionen?

In der Evolution des Menschen spielt die Entwicklung des Gehirns eine besondere Rolle. Sie betraf vor allem die **Großhirnrinde.** Diese nur wenige Millimeter dicke Schicht besteht aus den Zellkörpern von Neuronen. Deren Axone bilden die weiße Substanz im Großhirninneren. Die Anzahl der Neuronen nahm im Laufe der Evolution so stark zu, dass es zu einer Auffaltung der Großhirnrinde kam und sie so in dem begrenzten Schädelvolumen Platz fand. Die dabei entstandenen Windungen und Furchen gliedern die Großhirnrinde in Bereiche, die je nach ihrer Lage als **Stirnlappen, Scheitellappen** und **Hinterhauptlappen** bezeichnet werden (→ **Abb. 1**).

Funktionelle Gliederung der Großhirnrinde
Im 19. Jahrhundert kam die Vermutung auf, dass an den verschiedenen intellektuellen Leistungen des Menschen nicht das gesamte Großhirn beteiligt sei, sondern dass die einzelnen Areale spezielle Funktionen erfüllen. Einen ersten Hinweis entdeckte 1861 der französische Neurologe Paul BROCA. Einer seiner Patienten verstand zwar Sprache, konnte aber selbst nicht sprechen. Als BROCA nach dem Tod dieses Mannes dessen Gehirn untersuchte, fand er im linken Stirnlappen eine Schädigung. Er schloss daraus, dass die betreffende Region des Gehirns für das Sprechen zuständig ist. Ähnliche Untersuchungen – beispielsweise bei Soldaten mit Kopfverletzungen – führten zu einer ersten „Landkarte" der Großhirnrinde.

Heute können die Wissenschaftler mit modernen **bildgebenden Verfahren** dem Gehirn bei seiner Tätigkeit zuschauen und so erkennen, welche Areale des Gehirns etwa beim Lesen oder Sprechen in Aktion sind.

So zeigte sich, dass die **Hörzentren** in einem bestimmten Bereich der Schläfenlappen liegen und die **Sehzentren** in den Hinterhauptlappen (→ **Abb. 2A**). Die hintersten Windungen der Stirnlappen, die sogenannten **motorischen Rindenfelder,** erwiesen sich als die Bereiche, von denen aus Befehle an die motorischen Fasern im Rückenmark übermittelt werden (→ **Abb. 2B**). In den angrenzenden vordersten Windungen der Scheitellappen, den **somatosensorischen Rindenfeldern,** enden Axone, die Informationen über Berührung und Druck aus den verschiedenen Körperregionen liefern. Sowohl in den motorischen als auch in den somatosensorischen Rindenfeldern werden benachbarte Körperregionen in benachbarten Gehirnarealen repräsentiert. Dabei sind die Hemisphären jeweils für die andere Körperseite zuständig (→ **Abb. 2C**).

Große Bereiche der Großhirnrinde haben keine unmittelbaren motorischen oder sensorischen Aufgaben. Diese sogenannten **Assoziationsregionen** verknüpfen Informationen verschiedener Sinnesorgane untereinander und mit Informationen aus anderen Gehirnteilen. Auch gespeicherte Informationen werden einbezogen. Nur so können gesehene Objekte erkannt oder gehörte Worte verstanden werden. Ist beispielsweise die visuelle Assoziationsregion im Hinterhauptlappen geschädigt, so sind die betroffenen Personen faktisch blind, auch wenn der Sehapparat und selbst das Sehzentrum intakt sind. Manche dieser Patienten können Objekte beschreiben, sie aber nicht benennen.

Das limbische System

Tief im Inneren des Großhirns liegen um den Hypothalamus herum Strukturen, die in ihrer Gesamtheit als **limbisches System** bezeichnet werden. Sie steuern angeborene Verhaltensweisen, Motivation und Emotionen. Zentrale Schaltstellen sind die beiden sogenannten **Hippocampi** (Singular: Hippocampus). Sie haben große Bedeutung bei der Überführung von Inhalten aus dem Kurzzeit- in das Langzeitgedächtnis. Menschen, bei denen beide Hippocampi zerstört wurden, können keine neuen Informationen mehr speichern. Die Hippocampi bilden die Gedächtnisinhalte, die dann an anderen Stellen in der Großhirnrinde gespeichert werden. Die sogenannten **Mandelkerne** oder Amygdala sind Ansammlungen von Neuronen im Inneren der Schläfenlappen. Sie kontrollieren als „Alarmanlage" eingehende sensorische Informationen und sind wesentlich an der Entstehung von Angstgefühlen beteiligt.

Spezialisierung der Hemisphären

Die beiden Hemisphären sind in einigen ihrer Funktionen spezialisiert. So liegt das Sprachzentrum bei den meisten Menschen in der linken Hemisphäre, wobei allerdings die Erfassung einer Sprachmelodie von der rechten geleistet wird. Allgemein werden der linken Hemisphäre Funktionen wie logisches und analytisches Denken zugeschrieben, der rechten Musikalität, Kreativität und räumliches Vorstellungsvermögen. Über den Balken korrespondieren sie miteinander und ergänzen sich. Dies erkannte man an Menschen, bei denen man zur Linderung ihrer schweren Epilepsien die Balken durchtrennt hatte. Führt man bei einem solchen **Split-Brain-Patienten** dem rechten Nasenloch den Duft einer Rose zu, so behauptet er, nichts zu riechen. Er greift aber mit der linken Hand nach einer Rose.

① ☰ Erklären Sie die überraschende Beobachtung bei dem Split-Brain-Patienten.

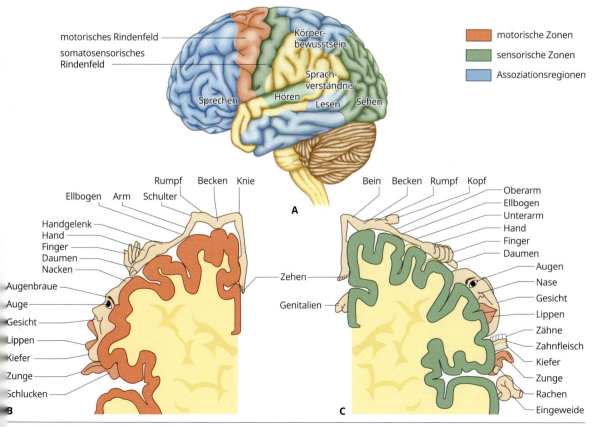

2 Funktionelle Karten der Großhirnrinde. A linke Hemisphäre; **B** motorisches Rindenfeld; **C** somatosensorisches Rindenfeld

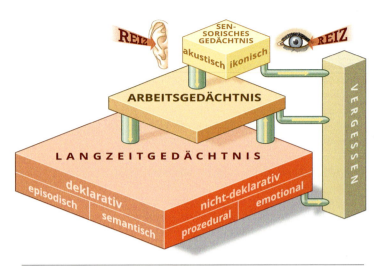

1 Mehrspeichermodell des Gedächtnisses

schenken, werden in das **Arbeitsgedächtnis** übernommen. Sie werden dort Sekunden oder wenige Minuten lang aktiv gehalten. Dabei steigert eine Wiederholung der Information die Verweildauer. Die Kapazität des Arbeitsgedächtnisses ist nur gering. Daher besteht ein wichtiges Verarbeitungsprinzip des Gehirns darin, Informationen zu größeren Einheiten zusammenzufassen. Dadurch verringert sich die Gesamtmenge der zu speichernden Informationen, und es können mehr Informationen gespeichert werden. So werden etwa vier Speicherplätze benötigt, um die vier Buchstaben W, I, N und D zu speichern. Werden dagegen die Buchstaben zum Wort „Wind" zusammengefasst, wird nur ein Speicherplatz benötigt.

Einige Informationen werden so gespeichert, dass sie oft lebenslang nicht mehr vergessen werden, zum Beispiel die Muttersprache oder Kindheitserinnerungen. Sie gelangen in das **Langzeitgedächtnis** (→ **Abb. 1**). Für diese Überführung von neuen Informationen in das Langzeitgedächtnis und das Behalten von Informationen ist ein mehrfaches Wiederholen, also Üben, unerlässlich. Die Verankerung im Gedächtnis steigt mit der Bedeutung der Informationen für den Lernenden und mit der Möglichkeit, sie mit bereits gespeicherten Informationen zu verknüpfen. Beim Übergang in das Langzeitgedächtnis ändert sich die Art der Speicherung. Während die Inhalte des Arbeitsgedächtnisses als Erregung von Neuronen, also als **Hirnaktivität** vorliegen, sind die Inhalte des Langzeitgedächtnisses in Form fest verschalteter Nervennetze, also als **Hirnstruktur** gespeichert. Der Übergang zwischen diesen Speicherformen erfordert Zeit und Ruhe. Daher findet er bevorzugt während des Schlafes statt. Stress erschwert die Speicherung von Informationen im Langzeitgedächtnis.

3.3 Das Gedächtnis

Wie bildet sich das menschliche Gedächtnis und wie ist es zeitlich und inhaltlich strukturiert?

Unter **Gedächtnis** versteht man die Fähigkeit, aufgenommene Informationen zu speichern und wieder abzurufen. Diese im Gedächtnis gespeicherten Informationen sind das Ergebnis von bewussten und unbewussten Lernprozessen.

Die Fülle von Informationen, die andauernd über Sinnesorgane aufgenommen, in Erregungen umgewandelt und über Neuronen dem Gehirn zugeleitet wird, kann nicht vollständig im Gedächtnis gespeichert werden. Manche Informationen sind nur sehr kurz im Gedächtnis. So ist etwa eine zugerufene Telefonnummer gerade nur so lange genug präsent, dass man sie in das Telefon eingeben kann. Andere Informationen, beispielsweise das eigene Geburtsdatum, sind jahrzehntelang abrufbar. Daher unterscheidet die Gedächtnisforschung im sogenannten **Mehrspeichermodell** unterschiedliche Gedächtnisspeicher.

Zeitliche Gedächtnisformen
Das **Sensorische Gedächtnis** kann von den Sinnesorganen eine sehr große Menge an Informationen aufnehmen, aber nur wenige Millisekunden lang speichern. Die meisten Informationen gehen fast sofort wieder verloren. Nur solche, denen wir mehr Aufmerksamkeit

Inhaltliche Gedächtnisformen
Aufgrund der unterschiedlichen Inhalte wird das Langzeitgedächtnis in Teilbereiche gegliedert (→ **Abb. 1**). Das **deklarative Gedächtnis** (lat: *declarare:* erklären, kundtun) oder auch **Wissensgedächtnis** enthält Inhalte, die bewusst abgerufen und in Worte gefasst werden können. Man unterscheidet dabei zwischen dem **episodischen Gedächtnis,** in dem individuelle Erinnerungen gespeichert werden, und dem **semantischen Gedächtnis,** das Faktenwissen enthält. Dagegen kann das Wissen, das im **nicht-deklarativen Gedächt-**

nis gespeichert ist, nur unbewusst genutzt werden. So ermöglichen Inhalte des **prozeduralen Gedächtnisses** zum Beispiel Radfahren oder Klavierspielen. Starke Gefühle eines Menschen, etwa große Angst in einer Krisensituation, werden im **emotionalen Gedächtnis** gespeichert. Die Gefühle können wieder aktiviert werden und sein Verhalten beeinflussen, ohne dass sich der Betroffene dessen bewusst ist. Daher nennt man das nicht-deklarative Gedächtnis auch **Verhaltensgedächtnis.**

Funktion des Hippocampus
Untersuchungen an Menschen, deren Gedächtnis eingeschränkt war, zeigten, dass ein Gedächtnisverlust immer nur partiell war und davon abhing, welcher Teil des Gehirns betroffen war. Als besonders bedeutsam für die Speicherung von Wissen erwies sich der **Hippocampus.** Bei einem Patienten, der an starken epileptischen Anfällen litt, hatte man beide Hippocampi entfernt. Nach der Operation traten bei ihm zwar keine epileptischen Anfälle mehr auf, und es zeigten sich auch keine Defizite in Intelligenztests. Jedoch war der Patient nicht mehr in der Lage, deklarative Informationen zu speichern. So konnte er beispielsweise der Aufforderung, sich eine dreistellige Zahl zu merken, nur nachkommen, indem er sie ständig aufsagte. Wurde er dabei gestört, so vergaß er nicht nur die Zahl, sondern auch die Aufgabe selbst. Dagegen konnte er wie jeder Andere auch manuelle Fertigkeiten durch Übungen verbessern. Das prozedurale Gedächtnis war also nicht betroffen. Die Bedeutung der Hippocampi für das deklarative Gedächtnis zeigt sich auch darin, dass sie mit den unterschiedlichen sensorischen Assoziationsregionen in beiden Richtungen über Nervenbahnen verknüpft sind (→ **Abb. 2**). Man nimmt heute an, dass deklarative Informationen im Wachzustand tagsüber im Hippocampus gespeichert und dann während des nächtlichen Schlafs in die verschiedenen Assoziationsregionen „überspielt" und dort endgültig gespeichert werden.

Für das prozedurale Gedächtnis sind das Kleinhirn und die Basalkerne von besonderer Bedeutung, für das emotionale Gedächtnis dagegen die Mandelkerne.

❶ ≡ „Knowing that" und „knowing how" charakterisiert zwei Bereiche des Gedächtnisses. Erklären Sie die Aussage.

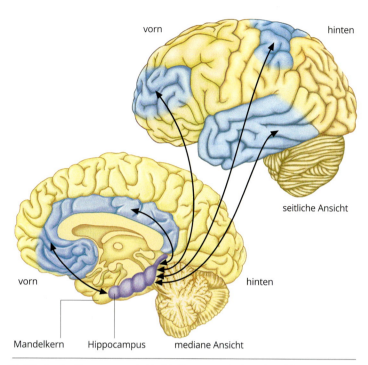

2 Wechselseitige neuronale Verbindungen zwischen dem Hippocampus und Assoziationsregionen der Großhirnrinde

Materialgebundene Aufgaben

❷ **Ortslernen bei Ratten**

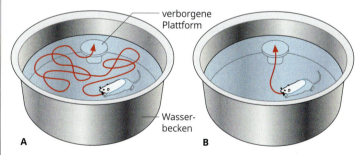

Zur Untersuchung des räumlichen Gedächtnisses von Ratten werden diese in ein rundes Becken gesetzt, welches mit trübem Wasser gefüllt ist. Somit unsichtbar unter der Wasseroberfläche befindet sich eine Plattform, die es der Ratte ermöglicht, aus dem Wasser zu springen. Setzt man eine Ratte in das Becken, so schwimmt sie so lange umher, bis sie zufällig die Plattform findet. Abbildung A zeigt den Weg, den die Ratte beim ersten Versuch zurückgelegt hat. Abbildung B zeigt den Weg nach mehreren Durchführungen dieses Experiments.
a) ≡ Erklären Sie diese Versuchsbeobachtungen.
b) ≡ Verwendet man im Wasserlabyrinth Ratten, bei denen beide Hippocampi beschädigt sind, so verkürzen sich die Wege auch nach vielen Versuchsdurchführungen nicht. Erklären Sie diese Versuchsbeobachtungen.

❸ Rolle des Hippocampus bei der Gedächtnisbildung

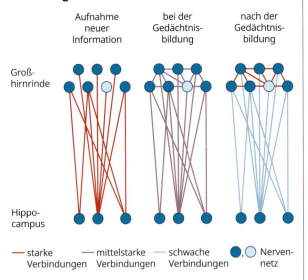

Großhirnrinde

Hippocampus

— starke Verbindungen — mittelstarke Verbindungen — schwache Verbindungen ● , ○ Nervennetz

Aufnahme neuer Information · bei der Gedächtnisbildung · nach der Gedächtnisbildung

Der Hippocampus verbindet in der Großhirnrinde isolierte Gedächtnisinhalte zu einem größeren Kontext. Gedächtnisinhalte sind in der Großhirnrinde in bestimmten, miteinander verbundenen Nervenzellen, sogenannten Nervennetzen, gespeichert. Bei der Aufnahme einer neuen Information wird ein neues Nervennetz in der Großhirnrinde angelegt und dieses über den Hippocampus mit einigen anderen Nervennetzen in der Großhirnrinde verknüpft. In letzteren sind Inhalte gespeichert, die mit der neuen Information im Zusammenhang stehen. In der Anfangsphase wird die neue Information als Verbindungsmuster zwischen dem Hippocampus und den Nervennetzen der Großhirnrinde gespeichert. Wiederholt man das neue Wissen mehrfach, entstehen in der Großhirnrinde selbst Verbindungen zwischen den Nervennetzen. Diese sind zunächst noch schwach, werden jedoch mit zunehmenden Wiederholungen immer stärker. Gleichzeitig schwächen sich die Verbindungen zwischen dem Hippocampus und den Nervennetzen in der Großhirnrinde ab. Nach abgeschlossener Einspeicherung der neuen Information werden diese Verbindungen schwach und überflüssig, und die Verbindungen zwischen den Nervennetzen in der Großhirnrinde reichen aus, um die neue Information wiederzugeben.

a) ≡ Erklären Sie anhand der Abbildung die Rolle des Hippocampus an der Gedächtnisbildung.
b) ≡ Erklären Sie, warum der Hippocampus auch als Vermittler zwischen Kurz- und Langzeitgedächtnis bezeichnet wird.
c) ≡ Ein Mensch, dessen Hippocampi zerstört sind, kann keine neuen Gedichte auswendig lernen. Oft kann er aber Gedichte, die er vor seiner Hirnschädigung auswendig gelernt hatte, wiedergeben. Erklären Sie dieses Phänomen.

❹ Alzheimer-Krankheit

Die Alzheimer-Krankheit ist eine fortschreitende Erkrankung des Gehirns, die irreversible Schäden in bestimmten Gehirnarealen verursacht. Betroffen sind besonders die Hippocampi und bestimmte Assoziationsregionen. Daher sind Gedächtnisschwund, vermindertes Lernvermögen, Desorientierung und Sprachstörungen auffällige Symptome. Die Alzheimer-Krankheit ist die häufigste Form von Altersdemenz. Ihre Ursache ist noch ungeklärt. Alzheimer-Patienten weisen eine Reihe typischer Veränderungen in ihrem Gehirngewebe auf. Außerhalb der Nervenzellen findet man verklumpte Proteine, sogenannte Plaques. Sie hemmen insbesondere die Energie- und Sauerstoffversorgung der Nervenzellen. In den Nervenzellen lagern sich ungewöhnliche faserige Bündel aus Proteinen ab. Diese sogenannten Tau-Proteine stabilisieren normalerweise in den Axonen Mikrotubuli. Die Mikrotubuli dienen als „Schienen" für Motorproteine, die Stoffe und Zellorganellen vom Zellkörper zum Endknöpfchen transportieren. Aufgrund von Stoffwechselstörungen in den Hirnzellen kommt es zu einer Überproduktion von Tau-Proteinen. Zusätzlich werden die Tau-Proteine verstärkt phosphoryliert. Dadurch ist ihre Bindung an die Mikrotubuli geschwächt.

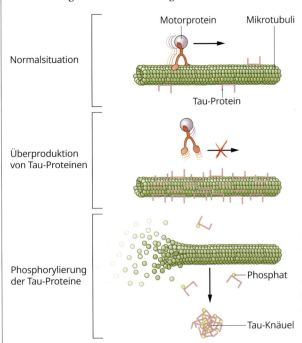

Motorprotein Mikrotubuli
Normalsituation
Tau-Protein

Überproduktion von Tau-Proteinen

Phosphorylierung der Tau-Proteine — Phosphat

Tau-Knäuel

a) ≡ Beschreiben Sie, wie die Veränderungen der Tau-Proteine den Transport im Axon stören.
b) ≡ Erklären Sie, warum man in Nervenzellen von Alzheimer-Patienten nur noch im Zellkörper intakte Mitochondrien findet, während sie im Normalfall in allen Teilen der Zelle vorkommen.
c) ≡ Erklären Sie die Bedeutung des axonalen Transports und die Folgen seiner Unterbrechung.

3.4 Zelluläre Mechanismen des Lernens

Information zu speichern und diese nach einiger Zeit wieder abrufen zu können, ist eine der wichtigsten Eigenschaften des Gehirns. Was passiert dabei auf zellulärer Ebene im Gehirn?

Aufbau neuronaler Netze

Eine einzige Nervenzelle im Gehirn kann mit tausenden anderen Nervenzellen über Synapsen verbunden sein. Solche neuronalen Netze werden beim Lernen aus gleichzeitig aktiven Nervenzellen in der Hirnrinde gebildet (→ **Abb. 1**). Dabei werden zuvor wenig benutzte Synapsen aktiviert und neue Synapsen gebildet. Gleichzeitig werden Synapsen unbeteiligter Neuronen „stillgelegt" oder sogar abgebaut.

Verstärkung der Erregungsübertragung

Neben diesen Aufbau- und Abbauvorgängen verändert sich beim Lernen auch die Effektivität, mit der die Erregungsübertragung an Synapsen erfolgt. Wird beispielsweise eine Synapse längere Zeit nicht genutzt, löst eine schwache Erregung ihres Neurons nur ein geringes EPSP im postsynaptischen Neuron aus. Am Axonhügel wird der Schwellenwert nicht überschritten und infolgedessen werden keine Aktionspotentiale gebildet. Nur eine starke Erregung des präsynaptischen Neurons löst im postsynaptischen Neuron ein so hohes EPSP aus, dass der Schwellenwert überschritten wird und Aktionspotentiale weitergeleitet werden. Erstaunlicherweise löst danach auch eine schwache Erregung des präsynaptischen Neurons ein überschwelliges EPSP aus, sodass Aktionspotentiale gebildet werden. Die Effektivität der Übertragung an einer Synapse wird also verstärkt, wenn diese erfolgreich an der Aktivierung des postsynaptischen Neurons beteiligt war. Dieses Phänomen bezeichnet man als **Langzeitpotenzierung.**

Synaptische Veränderungen

Die Langzeitpotenzierung erfolgt insbesondere an erregenden Synapsen, bei denen Glutamat als Neurotransmitter dient. Eine geringe Effektivität bei der Übertragung an einer solchen Synapse beruht in der Regel darauf, dass in der postsynaptischen Membran nur wenige Glutamat-Rezeptoren vorkommen. Ist eine Synapse erfolgreich an der Aktivierung des post-

synaptischen Neurons beteiligt, wird im nachgeschalteten Neuron eine Signalkaskade in Gang gesetzt, durch die zunächst zusätzliche Glutamat-Rezeptoren in die postsynaptische Membran eingebaut werden (→ **Abb. 2A**). Außerdem werden in der präsynaptischen Zelle die Synthese und Ausschüttung von Transmittern verstärkt (→ **Abb. 2B**) und zusätzliche Synapsen zwischen den betroffenen Neuronen gebildet (→ **Abb. 2C**). Diese vielfältigen Veränderungen bei einem Lernprozess führen zu jeweils speziellen **Nervennetzen** im Großhirn.

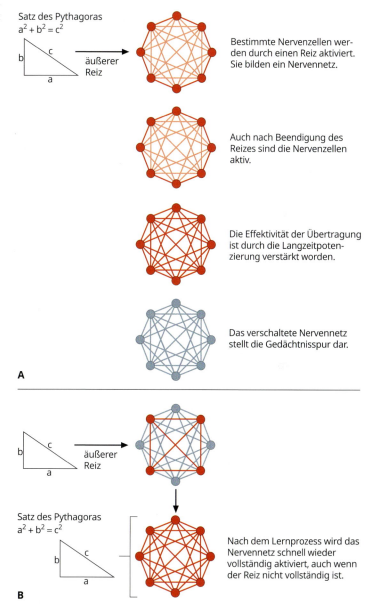

1 Neuronale Netze. A Bildung einer Gedächtnisspur; **B** Aktivierung

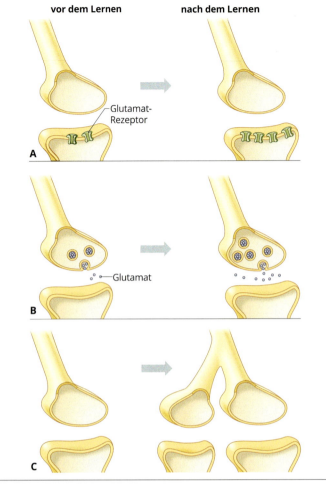

vor dem Lernen

nach dem Lernen

Glutamat-Rezeptor

A

Glutamat

B

C

2 Synaptische Veränderungen durch Lernprozesse. A Rezeptoranzahl; **B** Transmittermenge; **C** Synapsenzahl

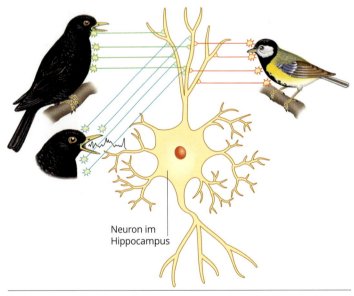

Neuron im Hippocampus

3 Assoziatives Lernen

Assoziationen

Eine Langzeitpotenzierung erfolgt auch, wenn mehrere Synapsen gleichzeitig und wiederholt Neurotransmitter auf ein Neuron im Hippocampus übertragen. Beispielsweise treten der Anblick und der Gesang einer Amsel in der Regel gleichzeitig auf. Daher werden die Erregungen, die von den verschiedenen Sinneszellen ausgehen, auf dasselbe Neuron im Hippocampus übertragen. Zu Beginn ist weder die Erregung, die vom Sehnerv ausgeht, noch die, welche vom Hörnerv ausgeht, stark genug, um im betreffenden Neuron des Hippocampus Aktionspotential auszulösen. Da aber die jeweils betroffenen Synapsen gleichzeitig ihre Neurotransmitter auf die Hippocampuszelle übertragen, summieren sich dort die erzeugten EPSPs. Nur aufgrund der räumlichen Summation werden Aktionspotentiale am Axonhügel der Hippocampuszelle gebildet. Da die Reize wiederholt gemeinsam eingehen, erhöht sich die Effektivität der gleichzeitig aktiven Synapsen. Danach führt nicht nur das Bild, sondern auch der Gesang – selbst wenn er alleine registriert wird – zur Wahrnehmung „Amsel" (→ **Abb. 3**). Beide Sinnesreize wurden durch die Langzeitpotenzierung verknüpft. Es wird vermutet, dass dies die molekulare Grundlage von **assoziativem Lernen** ist. Informationen vom Bild einer Meise und über den Gesang einer Amsel führen nicht zu einer solchen **Assoziation,** da sie nur gelegentlich gleichzeitig im Hippocampus eintreffen (→ **Abb. 3**).

Beim Lernen werden Nervennetze im Gehirn erweitert. Dabei wird das neu Gelernte umso leichter im Gehirn verankert, je mehr Assoziationen zu bereits Bekanntem geknüpft werden können, je mehr Synapsen also durch den Lernprozess aktiviert werden. Dies bedeutet, dass man umso leichter etwas dazulernt, je mehr man bereits weiß. Lernen ist also ein sich selbst verstärkender Prozess.

Neuronale Plastizität

Durch Übung des Gelernten, das heißt also durch „Gebrauch" der neu verschalteten Synapsen und Neuronen, wird die Effektivität der Erregungsübertragung in den betreffenden Nervennetzen weiter verstärkt. So wird der Zugriff auf die Wissensinhalte erleichtert und beschleunigt. Umgekehrt wird die Verstärkung einer Synapse rückgängig gemacht, wenn auf das Gelernte nicht zugegriffen wird, das betreffende Nervennetz also längere Zeit ungenutzt bleibt. Solche Synapsen können sogar zurückgebildet werden. Die Nervenzellen sind also nicht starr vernetzt wie etwa die Verschaltungen bei einem Computerchip. Die neuronalen Netze werden in Abhängigkeit von ihrer Nutzung ständig umgebaut. Dieser Umbau der Synapsen und Nervenzellen wird als **neuronale Plastizität** bezeichnet. Sie ist Grundlage der Hirnentwicklung und Basis aller Lernprozesse.

Auch bei der Reorganisation des Gehirns nach Verletzungen spielt die neuronale Plastizität eine zentrale Rolle. Sie ermöglicht dem Menschen lebenslang auf Veränderungen zu reagieren und sich diesen anzupassen. Nervenzellen von Menschen haben nur eine eingeschränkte Fähigkeit zur Regeneration. Im peripheren Nervensystem können Schäden an den Dendriten oder Axonen einer Nervenzelle nur repariert werden, wenn der Zellkörper unbeschädigt ist und die Gliazellen aktiv bleiben. Im Gegensatz dazu finden im zentralen Nervensystem kaum Reparaturen von Nervenzellen statt. Selbst wenn der Zellkörper nicht verletzt ist, kann dort ein abgetrenntes Axon nicht nachwachsen. Deshalb spielt die neuronale Plastizität eine große Rolle bei der Reorganisation des Gehirns nach einer Verletzung.

Verlagerung von Aktivitätsmustern
Nicht verletzte Nervenzellen können ihre Verknüpfungen im Gehirn in Regenerationsphasen verändern, sodass bestimmte Ausfälle kompensiert werden. Durch solche Verlagerungen von Verarbeitungswegen verändern sich die Aktivitätsmuster im Gehirn. Sie lassen sich mit der Positronen-Emissions-Tomographie (PET) oder der Magnetresonanztomographie (MRT) eindrucksvoll nachweisen. So wurde zum Beispiel bei Patienten mit Hirntumoren, bei denen einzelne Hirnregionen zerstört waren, eine Verlagerung bestimmter Aktivitätsmuster auf benachbarte Hirnregionen nachgewiesen. Ebenso kann sich durch ein bestimmtes Training das Aktivitätsmuster im Gehirn verändern. Zum Beispiel wird bei einem professionellen Geigenspieler die linke Hand durch ein größeres motorisches Rindenfeld repräsentiert als bei einem Menschen, der keine Geige spielt. Die neuronale Plastizität umfasst außerdem die Bildung neuer Nervenzellen. Zunehmend finden Wissenschaftler Hinweise darauf, dass selbst im Gehirn von Erwachsenen noch neue Nervenzellen entstehen. Dies wurde lange Zeit ausgeschlossen.

❶ ☰ Beschreiben Sie das Phänomen der Langzeitpotenzierung.

❷ ☰ Erklären Sie den Zusammenhang zwischen der Aktivierung der Proteinbiosynthese und der Langzeitpotenzierung.

❸ ☰ Erklären Sie anhand der Abbildung 2 die neurophysiologischen Grundlagen von Lernprozessen und erläutern Sie, wie diese zur Langzeitpotenzierung beitragen.

❹ ☰ Erklären Sie die Bildung von Assoziationen am Beispiel „Rose und Stacheln".

❺ ☰ Erklären Sie, wie man mithilfe der PET oder der MRT nachweisen kann, dass sich etwa durch tägliches Jonglieren Aktivitätsmuster im Gehirn verändern.

Materialgebundene Aufgaben

❻ Entwicklung der Großhirnrinde

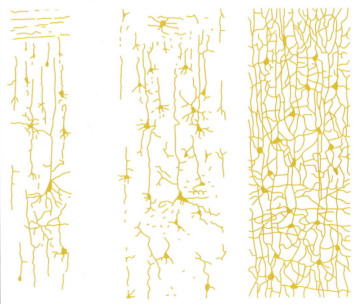

Entwicklung der Großhirnrinde:

bei der Geburt   nach 3 Monaten   nach 15 Monaten

a) ☰ Die Abbildung zeigt einen Ausschnitt der Großhirnrinde eines Menschen bei der Geburt, mit drei Monaten und mit 15 Monaten. Beschreiben Sie die Veränderungen.

b) ☰ Obwohl Menschen nach der Geburt kaum noch neue Neuronen bilden, verdoppelt sich das Gewicht ihres Gehirns in den ersten zwei Lebensjahren. Erklären Sie dieses Phänomen.

c) ☰ Die Neurone verbinden sich je nach vorhandener Umwelt anders. Erklären Sie diese Beobachtung.

1 Leistungsdruck im Beruf

3.5 Neuro-Enhancement

Manche gesunden Menschen versuchen durch die Einnahme von psychoaktiven Stoffen ihre geistige Leistungsfähigkeit zu verbessern. Wie wirken solche Stoffe?

Viele Menschen setzen sich heute unter hohen Leistungsdruck, der sie bis an ihre Grenzen fordert (→ **Abb. 1**). Gleichgültig, ob es sich dabei um die Vorbereitungen für Klausuren und Prüfungen handelt oder um den Termindruck am Arbeitsplatz – irgendwann kommt jeder an einen Punkt, an dem die Konzentration nachlässt und ein Weiterarbeiten sinnlos wird.

Häufig verwendete psychoaktive Stoffe
Sehr verlockend erscheint dann die Möglichkeit, durch psychoaktive Stoffe wieder wach und aufmerksam zu werden und dann stundenlang weiterarbeiten zu können. Bestimmte Medikamente mit dem Wirkstoff **Methylphenidat** leisten genau dies: Sie lassen keine Müdigkeit aufkommen und fördern die Fähigkeit, sich zu konzentrieren. Ursprünglich wurden diese Medikamente für die Behandlung von Kindern entwickelt, die an ADHS, der Aufmerksamkeits-Defizit-Hyperaktivitäts-Störung, leiden. Methylphenidat ist ein Abkömmling des **Amphetamins,** das umgangssprachlich auch als „**Speed**" bezeichnet wird. Es fällt unter das Betäubungsmittelgesetz und muss daher von Ärzten verschrieben werden. Dennoch gibt es eine wachsende Zahl von Schülerinnen und

Schülern sowie von Studierenden, die sich solche verharmlosend als „**Smart Drugs**" bezeichneten Präparate beschaffen. Eine Befragung von 8000 Studierenden ergab 2012, dass fünf Prozent der Studierenden verschreibungspflichtige Medikamente wie Psychostimulanzien, Aufputschmittel, Beruhigungsmittel oder Schmerzmittel bei Leistungsdruck einnehmen. Weitere fünf Prozent versuchen ihre Leistungen mit nichtverschreibungspflichtigen Mitteln zu verbessern.

Ein anderes Medikament mit extrem wach haltender und konzentrationsfördernder Wirkung ist **Modafinil.** Ähnlich wie Methylphenidat wurde es eigentlich für einen anderen Zweck entwickelt, nämlich zur Behandlung der Narkolepsie. Bei dieser Krankheit fallen Betroffenen unvermittelt in einen tiefen Schlaf. Der Umsatz von Modafinil ist in den letzten Jahren enorm gestiegen. Man vermutet, dass diese Umsatzsteigerung auf den Missbrauch dieses Medikaments als Aufputschmittel zurückgeht. So nutzen beispielsweise manche Soldaten Modafinil vor langen Einsätzen mit hoher Stressbelastung. Im Sportbereich gilt Modafinil als verbotene Dopingsubstanz.

Die Einnahme von psychoaktiven Substanzen mit dem Ziel, die geistige Leistung zu steigern, bezeichnet man allgemein als pharmakologisches **Neuro-Enhancement.** Zu den leistungssteigernden Substanzen zählen neben Methylphenidat und Modafinil auch bestimmte **Antidepressiva** und **ß-Blocker.** Letztere hemmen die Wirkung des Stresshormons Adrenalin und die des Neurotransmitters Noradrenalin. Neben solchen Stoffen zählen aber auch nicht verschreibungspflichtige Substanzen wie etwa Tabletten oder Energy drinks mit hohen Koffeinkonzentrationen oder mit Extrakten aus dem asiatischen Ginkobaum dazu. Während Koffein insbesondere die Wachheit fördert, sollen Ginkoextrakte die Gedächtnisleistung und Hirndurchblutung fördern.

Wirksamkeit von Neuro-Enhancern
Die Wirksamkeit verschreibungspflichtiger Neuro-Enhancer wurde in mehreren Studien untersucht. Dabei gab es zum Teil widersprüchliche Ergebnisse. So stellten Wissenschaftler des Kings College in London in einer Studie mit gesunden jungen Männern fest, dass sich durch Modafinil zwar deren Stim-

mung verbesserte, nicht aber die kognitiven Leistungen. In einer anderen Studie der Universität Cambridge schnitten dagegen diejenigen Personen in kognitiven Tests besser ab, die Modafinil eingenommen hatten. Eine Auswertung von 16 anderen Studien mit gesunden Versuchspersonen zeigte jedoch keine messbare Verbesserung der Gedächtnisleistung oder der Aufmerksamkeit.

Grundsätzlich zeigen alle Studien, dass die Einnahme von Neuro-Enhancern zum großen Teil nicht die erwarteten Wirkungen hervorruft. Nur wenn ein Mensch geschwächt oder müde ist, können Neuro-Enhancer nachweisbar die Wachheit, Aufmerksamkeit und Konzentration positiv beeinflussen.

Wirkung von Neuro-Enhancern

Der Neuro-Enhancer Methylphenidat greift wie Kokain in den Hirnstoffwechsel ein und blockiert die Carrier, die Dopamin in die Zellen zurücktransportieren (→ **Abb. 2**). In der Folge erhöht sich die Konzentration an Dopamin im synaptischen Spalt. Dadurch wird der Körper über Stunden in einen erhöhten Aktivitätszustand versetzt. Natürliche Signale der Erschöpfung oder Müdigkeit sowie Hunger und Durst werden so unterdrückt. Häufige Nebenwirkungen von Methylphenidat sind unter anderem verminderter Appetit, Nervosität, Schlafstörungen und Kopfschmerzen. Daneben können Bluthochdruck und Herzrhythmusstörungen auftreten.

Auch Modafinil greift in den Dopamin-Haushalt ein. Der genaue Wirkmechanismus ist zwar nicht bekannt. PET-Aufnahmen zeigen jedoch, dass Modafinil wie Kokain Dopamintransporter blockiert. Modafinil und Methylphenidat machen aufgrund der Dosierung und der Zusatzstoffe in den Medikamenten nicht „high". Da ihre Wirkungsweise jedoch mit der von Kokain vergleichbar ist, besteht die Gefahr, dass sie physisch abhängig machen. Auch die Entwicklung einer psychischen Abhängigkeit ist wahrscheinlich. Denn wer einmal eine Prüfung mithilfe von Methylphenidat glänzend gemeistert hat, wird beim nächsten Mal vermutlich nicht darauf verzichten wollen.

❶ ≡ Vergleichen Sie anhand der Abbildung 2 die Wirkungsweise von Amphetamin und Methylphenidat und erklären Sie ihre Wirkung.

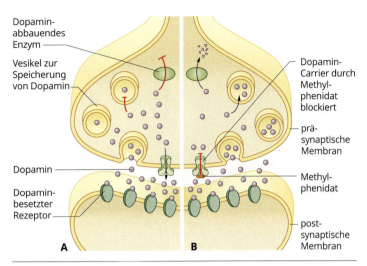

2 Wirkung von Neuro-Enhancern an Synapsen. A Amphetamin; **B** Methylphenidat

Materialgebundene Aufgaben

❷ Wirkung von Neuro-Enhancern

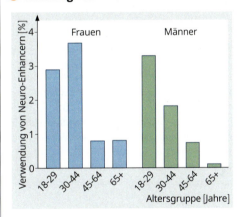

a) ≡ Vergleichen Sie die Verwendung von Medikamenten und Neuro-Enhancern in Abhängigkeit vom Alter und Geschlecht der Befragten.

b) ≡ Stellen Sie Vermutungen hinsichtlich der Gründe für diese Unterschiede an.

c) ≡ Nehmen Sie Stellung zu folgenden Fragen: Betrügt eine Schülerin oder ein Schüler die Lehrkraft beziehungsweise die Mitschülerinnen und Mitschüler mit der Einnahme verschreibungspflichtiger Neuro-Enhancer vor einer Klausur? Betrügt er oder sie mit der Einnahme von Koffein-Tabletten? Kann man Neuro-Enhancement mit Doping im Sport vergleichen?

323

1 Internetsucht

3.6 Veränderungen des Gehirns durch Sucht

Wie entwickelt sich eine Sucht und welche Veränderungen finden dabei im Gehirn statt?

Millionen Menschen in Deutschland – darunter auch viele junge Menschen – sind süchtig. Ihr Leben ist geprägt durch ein unwiderstehliches Verlangen nach einem bestimmten Erlebniszustand, den sie durch die Einnahme eines Stoffes – etwa Alkohol, Nikotin, Kokain oder Heroin – erreichen. Andere sind von einem Verhalten, wie dem Glücksspiel oder der Internetsucht, abhängig (→ **Abb. 1**). Süchtige Menschen können ihr Suchtmittel auf Dauer nicht mehr kontrolliert konsumieren oder ihr

Verhalten mit dem Verstand beherrschen. Ihr Leben dreht sich mehr und mehr um die Sucht. Dabei werden Anzeichen körperlicher und seelischer Zerstörung missachtet und soziale Bindungen vernachlässigt. Die Gründe, warum ein Mensch süchtig wird, sind vielfältig. So spielen beispielsweise die Persönlichkeit und Lerngewohnheiten eine Rolle, aber auch das soziale Umfeld und die Art der Droge.

Physische und psychische Abhängigkeit
Jeder Konsum von Suchtmitteln kann nach einer Phase der Gewöhnung in eine Sucht oder Abhängigkeit führen. Dabei unterscheidet man zwischen physischer und psychischer Abhängigkeit.

Bei **physischer Abhängigkeit** reagiert der Körper des Süchtigen auf die ständige Zufuhr des Suchtmittels und baut es in den Stoffwechsel ein. So stellen etwa Leberzellen bei einem steigenden Alkoholkonsum mehr Enzyme zum Alkoholabbau bereit. Im Verlauf der Sucht werden vom Körper des Süchtigen immer höhere Mengen des Suchtmittels toleriert, das heißt, er verträgt sie, ohne akute Vergiftungserscheinungen zu zeigen. Diese Toleranzbildung ist das Alarmzeichen für eine starke körperliche Abhängigkeit. Wird das Suchtmittel nicht mehr aufgenommen, reagiert der Körper eines Abhängigen mit Entzugserscheinungen, wie Zittern, Frieren, Übelkeit und Erbrechen.

Nicht alle Suchtmittel machen körperlich abhängig, eine **psychische Abhängigkeit** ist aber immer erkennbar. Sie ist darauf zurückzuführen, dass im Gehirn durch das Suchtmittel oder das Suchtverhalten irreversible Veränderungen entstehen. Diese können heutzutage mit bildgebenden Verfahren eindrucksvoll nachgewiesen werden (→ **Abb. 2**).

Das Belohnungssystem
Erklärungen für die psychische Abhängigkeit basieren darauf, dass das Gehirn den Umgang mit dem jeweiligen Suchtmittel lernt und sich ein **Suchtgedächtnis** entwickelt. Dabei spielt das **Belohnungssystem** des Gehirns eine entscheidende Rolle. Es ist ein Netzwerk von Nervenzellen aus verschiedenen Hirnstrukturen, die den Neurotransmitter Dopamin ausschütten. Zentrum des Nervennetzes ist der Nucleus accumbens im Vorderhirn. Diese Hirnstruktur gilt als Motivationszentrum für lebenswichtige Tätigkeiten. Von hier geht zum Beispiel bei

2 Aktivierung des Belohnungssystems bei der Internetnutzung (fMRT-Bilder). **A** Mensch mit Internetsucht; **B** gesunder Mensch

einer niedrigen Glucosekonzentration im Blut die Motivation zur Nahrungsaufnahme aus. Beim Essen wird dann im Nucleus accumbens Dopamin ausgeschüttet. Dadurch werden angenehme „Belohnungsgefühle" erzeugt. Sie werden mit dem Verhalten verknüpft, durch das sie ausgelöst wurden, also in dem genannten Beispiel mit der Nahrungsaufnahme. Die Verknüpfung entspricht einem Lernprozess, durch den die Motivation zu dem Verhalten verstärkt wird.

Rolle des Belohnungssystems bei der Entwicklung einer Abhängigkeit

Bei der Entstehung und Aufrechterhaltung einer Sucht wird dem Belohnungssystem eine zentrale Rolle zugeschrieben. Bei einer **Verhaltenssucht** sind die Reaktionen im Belohnungssystem mit dem süchtigen Verhalten verknüpft, bei der **Internetsucht** etwa mit dem Einloggen und der Nutzung bestimmter Dienste. **Drogen** beeinflussen das Belohnungssystem, indem sie direkt oder indirekt die Menge an freiem Dopamin zwischen den Nervenzellen des Nucleus accumbens erhöhen. Zum Beispiel hemmen Kokain und Amphetamine die Wiederaufnahme von Dopamin in die Präsynapse, sodass ausgeschüttetes Dopamin länger im synaptischen Spalt verbleibt (→ **Abb. 3**). Nikotin löst sogar selbst die Ausschüttung von Dopamin in den synaptischen Spalt aus. Heroin und andere Opiate binden an Rezeptoren von Nervenzellen, die normalerweise die Neurone hemmen, die im Nucleus accumbens Dopamin ausschütten. Sie verhindern diese Hemmung, sodass die Zellen des Nucleus accumbens verstärkt Dopamin ausschütten.

Die erhöhte Konzentration von Dopamin im Nucleus accumbens und das dadurch ausgelöste Belohnungsgefühl wird mit der Einnahme der Droge verknüpft. So entsteht das unwiderstehliche Verlangen nach dem Erlebniszustand, der durch die Drogeneinnahme erreicht wird. Im Suchtgedächtnis werden auch die charakteristischen Begleitumstände, etwa der Ort oder die Situation der Drogeneinnahme, gespeichert. Für alle Reize, die mit dem Suchtmittel im Zusammenhang stehen, besteht dann eine erhöhte Aufmerksamkeit. Ist das Belohnungssystem so umprogrammiert worden, reagiert der Betroffene auf diese Reize mit einem erhöhten Verlangen nach der Einnahme der Droge. Andere Reize, etwa das natürliche Hunger- und Durstgefühl oder das

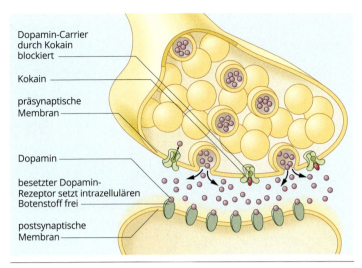

Dopamin-Carrier durch Kokain blockiert

Kokain

präsynaptische Membran

Dopamin

besetzter Dopamin-Rezeptor setzt intrazellulären Botenstoff frei

postsynaptische Membran

3 Wirkung von Kokain an Synapsen im Belohnungssystem

Bedürfnis nach Sexualität, werden nur noch schwach wahrgenommen. Noch Jahre nach einem erfolgreichen Entzug können Reize, die mit dem Suchtmittel vernetzt sind, das starke Verlangen danach wieder wachrufen. Schon der Aufenthalt an dem ehemaligen Ort des Drogenkonsums oder die Geräusche eines Spielautomaten können solche Reize sein und zum Auslöser eines Rückfalls werden.

Toleranzentwicklung

Bestimmte Aspekte der Abhängigkeit lassen sich auch auf Anpassungen der Nervenzellen an das Vorkommen des Suchtmittels zurückführen. Ist durch den Suchtmittelkonsum die Dopaminkonzentration im synaptischen Spalt über längere Zeit erhöht, so reagieren die postsynaptischen Nervenzellen darauf mit einer Reduzierung der Anzahl von Dopaminrezeptoren. Zusätzlich senken sie die Konzentration von Botenstoffen, die Ionenkanäle steuern, oder die Transkription bestimmter Gene, zum Beispiel für Rezeptoren. Durch solche Ausgleichsreaktionen wird die Wirkung des Suchtmittels abgeschwächt. Eine **Toleranz** entwickelt sich.

Doch während solche Veränderungen durch einen Entzug wieder rückgängig gemacht werden können, bleibt das Suchtgedächtnis oft lebenslang erhalten. Die irreversiblen Veränderungen im Gehirn bei einer Sucht entsprechen einer Krankheit, die bis heute nicht heilbar ist. Betroffene können aber in Therapien lernen, mit ihrer Sucht umzugehen.

❶ Unterschiedliche Wirkung von Drogen auf das Belohnungssystem

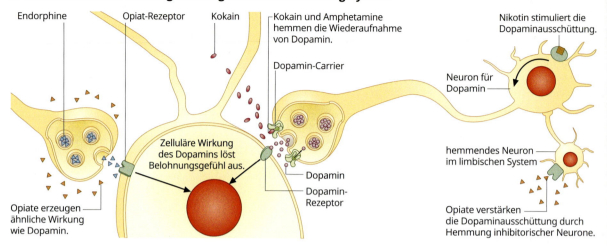

In extremen Schmerzsituationen kommt es im Gehirn zur Ausschüttung von Endorphinen. Diese binden an Rezeptoren, etwa im Belohnungssystem, und wirken dadurch schmerzdämpfend. Die Rezeptoren werden als Opiat-Rezeptoren bezeichnet, da auch Opiate daran binden.

a) ☰ Erklären Sie mithilfe der Abbildung die Wirkung verschiedener Drogen auf die Konzentration an Dopamin im Belohnungssystem.

b) ☰ Stellen Sie die Wirkung von Nikotin auf das Belohnungssystem in Form eines Fließdiagramms dar.

❷ Toleranzentwicklung und Dosissteigerung

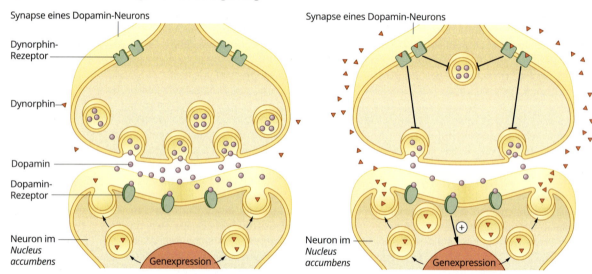

So verschieden Drogen auch wirken, sie tragen doch sämtlich dazu bei, dass das Belohnungssystem bei der ersten Einnahme einer bestimmten Droge mit Dopamin überflutet wird und dadurch eine Hochstimmung ausgelöst wird. Nimmt ein Mensch diese Droge wiederholt ein, kommt es zu Gegenreaktionen der Zellen. Dabei wird unter anderem mithilfe eines Transkriptionsfaktors die Genexpression für Dynorphin aktiviert. Dieses Molekül hemmt die Dopaminfreisetzung der Neuronen für Dopamin. Infolgedessen wird die Hochstimmung nicht mehr in dem Maße ausgelöst wie bei der ersten Drogeneinnahme.

a) ☰ Beschreiben Sie anhand der Abbildung die Veränderungen im Belohnungssystem bei wiederholtem Drogenkonsum.

b) ☰ Erklären Sie mithilfe des dargestellten Mechanismus die Toleranzentwicklung und Dosissteigerung bei einer Sucht sowie das Auftreten von Entzugserscheinungen, wenn die Droge plötzlich abgesetzt wird.

c) ☰ Erklären Sie den Unterschied zwischen einer physischen und psychischen Abhängigkeit und prüfen Sie, welche Form der Abhängigkeit dem dargestellten Mechanismus zugrunde liegt.

Bau des menschlichen Gehirns

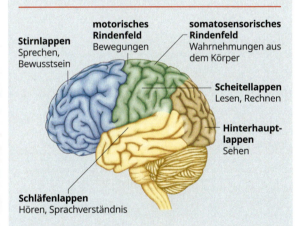

Balken verbindet **Großhirn**
Großhirnhälften   Gedächtnis,
                          Intelligenz
Thalamus   **Mittelhirn** Augen-
„Tor" zum   bewegung, Schmerz-
Bewusstsein   wahrnehmung

Brücke
Schlaf

Hypothalamus
vegetatives Nerven-
system, Steuerungs-   **Kleinhirn**
hormone

Nachhirn Atmung,
Herzschlag, Husten-,
Hypophyse   Schluckreflex
Steuerungs-
hormone   **Epiphyse** Tages-
             und Jahres-
             rhythmus

Funktionelle Hirnanatomie

motorisches   **somatosensorisches**
Rindenfeld   **Rindenfeld**
Stirnlappen   Bewegungen   Wahrnehmungen aus
Sprechen,   dem Körper
Bewusstsein

Scheitellappen
Lesen, Rechnen

Hinterhaupt-
lappen
Sehen

Schläfenlappen
Hören, Sprachverständnis

Assoziationszentren:

– Bereiche der Großhirnrinde
– verknüpfen Informationen verschiedener Sinnesorgane untereinander und mit gespeicherten Informationen

Limbisches System:

– Bereich, der ringförmig um den Thalamus liegt
– steuert angeborene Verhaltensweisen, Motivation,
  Emotionen
– Hippocampus: paarig angelegt, zentrale Schalt-
  stelle, überführt Informationen vom Kurzzeit- in
  das Langzeitgedächtnis
– Mandelkerne: paarig angelegt, kontrollieren und
  bewerten die eintreffenden Informationen, sind an
  der Entstehung von Angst beteiligt

Das Gedächtnis

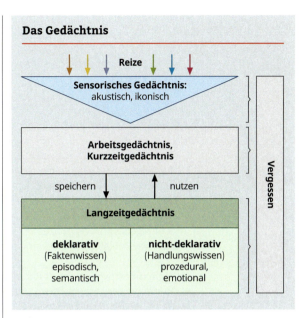

Reize

Sensorisches Gedächtnis:
akustisch, ikonisch

Arbeitsgedächtnis,
Kurzzeitgedächtnis

speichern   nutzen

Langzeitgedächtnis

deklarativ	**nicht-deklarativ**
(Faktenwissen)	(Handlungswissen)
episodisch,	prozedural,
semantisch	emotional

Vergessen

Zelluläre Mechanismen des Lernens

Lernen: Bildung neuronaler Netze
Langzeitpotenzierung:
– Verstärkung der synaptischen Übertragung eines
  Neurons als Folge einer bereits erfolgreichen Erre-
  gungsweiterleitung
– Synaptische Veränderungen betreffen Rezeptor-
  anzahl, Transmittermenge, Synapsenzahl
Neuronale Plastizität:
– Umbau von Synapsen und Nervenzellen
– Basis der Hirnentwicklung und aller Lernprozesse

Neuro-Enhancement

– Einnahme psychoaktiver Stoffe zur Steigerung der
  geistigen Leistungsfähigkeit
– verschreibungspflichtig: Methylphenidat, Modafinil, Antidepressiva und ß-Blocker
– nicht verschreibungspflichtig: etwa Tabletten mit
  hohem Koffeingehalt

Veränderungen des Gehirns durch Sucht

Sucht oder Abhängigkeit: unwiderstehliches Verlangen nach einem bestimmten Stoff oder Verhalten
physische Abhängigkeit: Integration des Suchtmittels in den Stoffwechsel
psychische Abhängigkeit: basiert auf irreversible
Veränderungen im Gehirn durch das Suchtmittel oder
Suchtverhalten

4* Hormonelle Kommunikation

4.1* Das menschliche Hormon-system

Wie vermitteln Hormone Informationen im Körper eines Menschen?

Die Informationsübertragung durch das Nervensystem wird durch das **Hormonsystem** ergänzt (→ **Abb. 1**). Es steuert und regelt vor allem die Zusammenarbeit der Organe im Körper. Die Informationen werden über chemische Signalstoffe, die Hormone, vermittelt, die schon in kleinsten Mengen wirksam sind.

Signalübertragung durch Hormone
Hormone werden von **Hormondrüsen** in das Blut abgegeben und mit dem Blut im Körper verteilt. Die Signalübertragung durch Hormone ist langsamer als die durch Nervenimpulse. Sie hängt vor allem von der Ausschüttung der Hormone und ihrer Zirkulation im Blutkreislauf ab. In der Regel wirkt ein Hormon länger als ein Nervenimpuls. Daher werden länger anhaltenden Prozesse, wie etwa das Wachstum, hormonell geregelt. Kurzfristige Prozesse dagegen, zum Beispiel Reaktionen auf Reize

aus der Umwelt, erfolgen über das Nervensystem. Die Dauer einer Hormonwirkung hängt davon ab, wie lange Hormone ausgeschüttet und wie schnell sie abgebaut werden. Die abbauenden Enzyme befinden sich vor allem in der Leber und den Nieren. Hormone können nur bestimmte Zellen beeinflussen. Nur diese Zielzellen besitzen auf ihren Zelloberflächen oder im Zellinneren passende Rezeptoren für die jeweiligen Hormone. Die Bindung von Hormonen an die spezifischen Rezeptoren stellt für die Zielzellen ein Signal dar, auf dass sie mit einer bestimmten Reaktion antworten.

Einteilung der Hormone
Die Hormone des Menschen lassen sich drei Stoffklassen zuordnen: **Peptidhormone** bestehen aus Ketten von bis zu 200 Aminosäuren. Zu ihnen gehören zum Beispiel Insulin und Glucagon. **Aminhormone** leiten sich von den Aminosäuren Tyrosin und Tryptophan ab. Wie Peptidhormone sind sie hydrophil. Zu dieser Stoffklasse gehören etwa Adrenalin und Noradrenalin. **Steroidhormone** hingegen sind lipophil. Beispiele für Steroidhormone sind Cortisol, Östrogen und Testosteron.

1 Hormone und ihre Wirkungen. Der Hypothalamus ist keine Hormondrüse, enthält aber hormonproduzierende Nervenzellen.

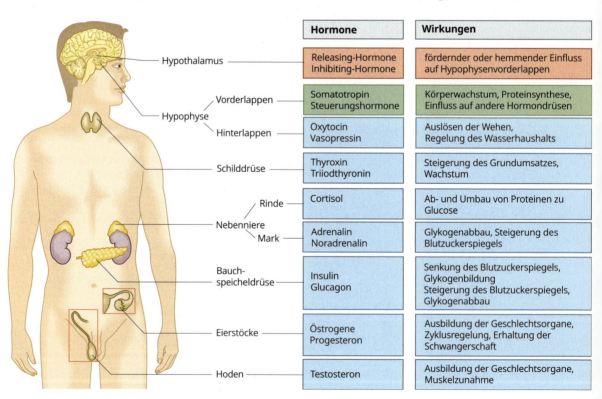

	Hormone	Wirkungen
Hypothalamus	Releasing-Hormone Inhibiting-Hormone	fördernder oder hemmender Einfluss auf Hypophysenvorderlappen
Hypophyse — Vorderlappen	Somatotropin Steuerungshormone	Körperwachstum, Proteinsynthese, Einfluss auf andere Hormondrüsen
Hypophyse — Hinterlappen	Oxytocin Vasopressin	Auslösen der Wehen, Regelung des Wasserhaushalts
Schilddrüse	Thyroxin Triiodthyronin	Steigerung des Grundumsatzes, Wachstum
Nebenniere — Rinde	Cortisol	Ab- und Umbau von Proteinen zu Glucose
Nebenniere — Mark	Adrenalin Noradrenalin	Glykogenabbau, Steigerung des Blutzuckerspiegels
Bauchspeicheldrüse	Insulin Glucagon	Senkung des Blutzuckerspiegels, Glykogenbildung Steigerung des Blutzuckerspiegels, Glykogenabbau
Eierstöcke	Östrogene Progesteron	Ausbildung der Geschlechtsorgane, Zyklusregelung, Erhaltung der Schwangerschaft
Hoden	Testosteron	Ausbildung der Geschlechtsorgane, Muskelzunahme

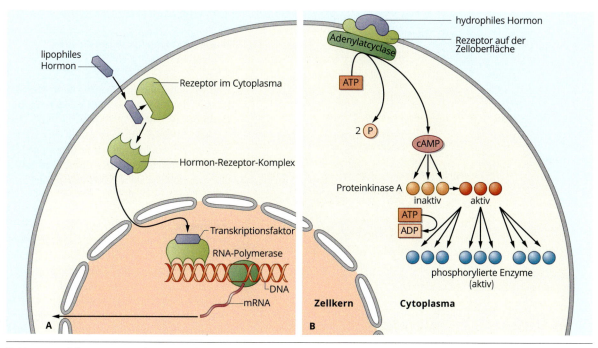

2 Hormonwirkung. A Genaktivierung durch lipophile Hormone; **B** Enzymaktivierung durch hydrophile Hormone

Hormonwirkung auf Zielzellen

Lipophile Hormone können die Zellmembran der Zielzelle direkt durchdringen. Sie lagern sich an Rezeptoren im Cytoplasma an. Diese so gebildeten Hormon-Rezeptor-Komplexe gelangen durch die Kernporen in den Zellkern und beeinflussen als Transkriptionsfaktoren direkt bestimmte Gene (→ **Abb. 2A**).

Hydrophile Hormone können die Zellmembran der Zielzellen nicht passieren. Sie binden an spezifische Rezeptoren auf der Zelloberfläche. Der so gebildete Hormon-Rezeptor-Komplex aktiviert das an der Innenseite der Membran befindliche Enzym Adenylatcyclase. Diese Enzymaktivierung bewirkt die Umwandlung von Adenosintriphosphat in **cyclisches Adenosinmonophosphat (cAMP)**. Dieses überträgt das Signal weiter ins Zellinnere. Es aktiviert das Enzym Proteinkinase A, das wiederum beeinflusst durch die Anlagerung von Phosphatgruppen gleichzeitig die Aktivität mehrerer anderer Enzyme. Zum Beispiel aktiviert es in Leberzellen sowohl Enzyme des Glykogenabbaus als auch des Lipidabbaus. Während ein hydrophiles Hormon sein spezifisches Signal nur bis an die Zelloberfläche transportieren kann, dient cAMP zur Signalübertragung innerhalb der Zelle. Deshalb bezeichnet man das Hormon als **first messenger** und

cAMP als **second messenger**. Jedes Hormon-Molekül löst die Bildung von vielen cAMP-Molekülen aus. Wiederum jedes cAMP-Molekül ist in der Lage, mehrere Proteinkinase-Moleküle zu aktivieren. Die Proteinkinase-Moleküle aktivieren ihrerseits jeweils wieder viele Enzym-Moleküle. Über diese Signalkaskade wird die Wirkung eines einzelnen Hormon-Moleküls vielfach verstärkt (→ **Abb. 2B**).

Materialgebundene Aufgaben

❶ **Signalübertragung durch Hormone**

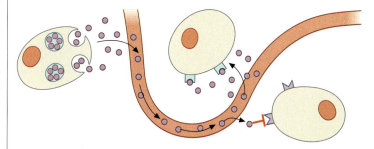

a) ☰ Erklären Sie anhand der Abbildung die Signalübertragung durch Peptidhormone.
b) ☰ Begründen Sie, warum man Peptidhormone, wie Insulin, nicht oral aufnehmen kann, sondern spritzen muss.

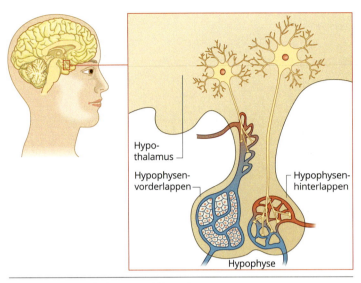

1 Lage von Hypothalamus und Hypophyse

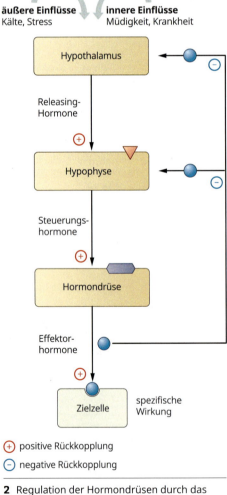

2 Regulation der Hormondrüsen durch das Hypothalamus/Hypophysen-System

4.2* Hierarchie der Hormondrüsen

Wie wird die Hormonausschüttung kontrolliert?

Oberste Schaltzentrale des hormonellen Systems ist der im Zwischenhirn gelegene **Hypothalamus** (→ **Abb. 1**). Er nimmt auch eine zentrale Funktion im vegetativen Nervensystem ein. Außerdem wandelt er neuronale Signale in hormonelle Signale um und ist somit eine Schnittstelle zwischen Hormon- und Nervensystem.

Hypophyse
Der Hypothalamus ist über eine stielartige Verlängerung und ein enges Blutgefäßnetz mit der etwa kirschkerngroßen **Hypophyse** verbunden. Diese wird in den Hypophysenvorderlappen und -hinterlappen unterteilt (→ **Abb. 1**). Der Hypophysenvorderlappen ist eine Hormondrüse und produziert verschiedene Hormone, die andere Hormondrüsen steuern. Der Hypophysenhinterlappen besteht aus Zellfortsätzen von spezialisierten Nervenzellen, die im Hypothalamus liegen. Im Hypophysenhinterlappen werden keine eigenen Hormone produziert, sondern nur Hormone des Hypothalamus gespeichert und bei Bedarf in das Blut freigesetzt. Zu den wichtigsten Hormonen, die aus dem Hypophysenhinterlappen freigesetzt werden, gehören Oxytocin und ADH. Oxytocin löst unter anderem am Ende der Schwangerschaft die Wehen aus. ADH wirkt auf die Niere und reguliert dort, wie viel Wasser mit dem Urin ausgeschieden wird.

Hypothalamus/Hypophysen-System
Der Hypothalamus und der Hypophysenvorderlappen bilden eine Funktionseinheit und steuern nahezu alle Stoffwechselvorgänge im Körper mithilfe verschiedener Hormone und Nervenimpulse. Der Hypothalamus erhält von Nervenzellen anderer Hirnregionen Informationen und übermittelt daraufhin Signale in Form von Hormonen an den Hypophysenvorderlappen. Je nachdem, ob die Hypothalamushormone stimulierend oder hemmend auf die Freisetzung bestimmter Hypophysenhormone wirken, unterscheidet man zwischen **Releasing-Hormonen (RH)** und **Inhibiting-Hormonen (IH)**. Die spezifischen Steuerungshormone der Hypophyse gelangen über den Blutkreislauf in den Körper und beeinflussen dort wiederum die Aktivitäten bestimmter

anderer Hormondrüsen, etwa der Schilddrüse. Diese setzen wiederum sogenannte Effektorhormone frei, die direkt auf die Zielzellen wirken (→ **Abb. 2**).

Rückkopplungsschleifen

Die Konzentration der Effektorhormone im Blut wirkt als Signal auf die Hypophyse und den Hypothalamus zurück. Dabei wirken sich hohe Hormonkonzentrationen oft hemmend auf den Hypothalamus und die Hypophyse aus. Sie bewirken dann, dass weniger Hypothalamus- und Hypophysenhormone ausgeschüttet werden. Es liegt eine **negative Rückkopplung** vor. Ist die Wirkung einer Rückkopplung gleichsinnig, wie bei der Wirkung von Releasing-Hormonen auf die Hypophyse, liegt eine **positive Rückkopplung** vor. Durch die positive und negative Rückkopplung werden die Konzentrationen der verschiedenen Hormone im Blut jeweils auf die unterschiedlichen Situationen und Anforderungsbereiche, wie Stress oder Müdigkeit, eingestellt und konstant gehalten (→ **Abb. 2**).

Regulation der Schilddrüsenhormone

Durch das Hypothalamus/Hypophysen-System wird zum Beispiel die Konzentration von **Schilddrüsenhormonen** im Blut reguliert. Das bedeutet, dass diese in einem Konzentrationsbereich gehalten werden, der für eine ausreichende Reaktion der Zielzellen erforderlich ist. Schilddrüsenhormone steuern insbesondere den Energiestoffwechsel eines Menschen, seinen Umsatz von Nährstoffen sowie seinen Wärmehaushalt. Bei Ungeborenen und Kindern sind Schilddrüsenhormone für die normale Entwicklung und das Wachstum von großer Bedeutung.

Der Hypothalamus setzt in Abhängigkeit vom Energiebedarf des Körpers, der Außentemperaturen sowie des Wachstums- und des Entwicklungszustandes das **Thyreotropin-Releasing-Hormon (TRH)** frei. Dieses regt den Hypophysenvorderlappen dazu an, das schilddrüsenstimulierende Hormon abzugeben, auch **Thyreoidea stimulierendes Hormon (TSH)** genannt. Dieses gelangt über den Blutkreislauf zur Schilddrüse und stimuliert sie zur Produktion von Schilddrüsenhormonen. Die **Schilddrüse**, auch **Thyroidea** genannt, befindet sich unterhalb des Kehlkopfes (→ **Abb. 3**). Sie besteht aus vielen Millionen Bläschen, die Follikel heißen. Diese bilden die zwei iodhal-

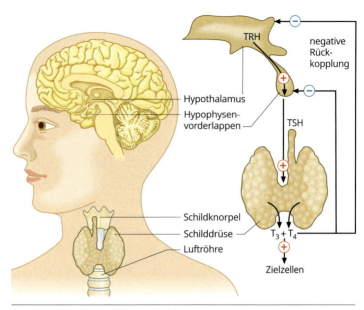

3 Steuerung der Schilddrüse durch das Hypothalamus/Hypophysen-System

tigen Hormone **Triiodthyronin (T_3)** mit drei Iod-Atomen und **Thyroxin (T_4)**, das vier Iod-Atome enthält. In den Zielzellen kann T_4 durch Abspaltung eines Iod-Atoms in das wirksamere T_3 umgewandelt werden. Hohe Thyroxinkonzentrationen im Blut hemmen den Hypothalamus und die Hypophyse. Durch diese negative Rückkopplung werden weniger Releasing-Hormone (TRH) und weniger Steuerungshormone (TSH) freigesetzt. Infolgedessen wird die Schilddrüse weniger stimuliert und gibt weniger Schilddrüsenhormone in das Blut ab.

Nicht alle Hormone unterliegen dieser Regulation durch das Hypothalamus/Hypophysen-System. Insulin und Glucagon, die Hormone der Bauchspeicheldrüse, werden beispielsweise unabhängig davon ausgeschüttet.

❶ ≡ Erklären Sie, warum sich bei einem Iodmangel in der Ernährung die Schilddrüse vergrößert und sich ein sogenannter Kropf bilden kann.

❷ ≡ In manchen Internetforen wird die Einnahme von Thyroxin als Wunderwaffe zum Abnehmen diskutiert. Erklären Sie mithilfe der Abbildung 2, warum diese Wirkung nicht eintreten kann und warum eine nicht vom Arzt verordnet Einnahme von Thyroxin gefährliche Nebenwirkungen haben kann.

❸ Die Wirkung von Thyroxin auf den Stoffwechsel

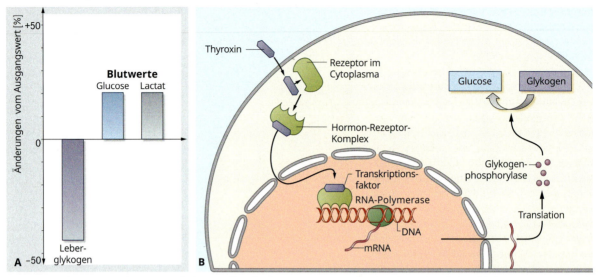

Um die Wirkung von Thyroxin auf den Stoffwechsel zu untersuchen, wurde bei Ratten die Thyroxinkonzentration im Blut durch eine Injektion um zehn Prozent vom Ausgangswert erhöht. Nach 48 Stunden wurde die Konzentration bestimmter Stoffe im Blut und in der Leber bestimmt und mit den Ausgangswerten verglichen.

a) ☰ Beschreiben Sie anhand der Abbildung B die intrazelluläre Wirkung von Thyroxin auf Leberzellen.

b) ☰ Erklären Sie die in Abbildung A dargestellten Stoffveränderungen im Blut und der Leber der Ratten.

❹ Schilddrüsenunterfunktion

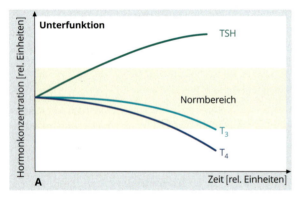

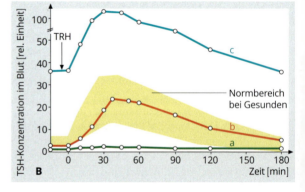

Bei einer primären Schilddrüsenunterfunktion kann die Schilddrüse selbst keine Hormone mehr bilden. Im Gegensatz dazu ist bei einer sekundären Schilddrüsenunterfunktion die Kontrolle der Hormonausschüttung durch den Hypothalamus oder die Hypophyse gestört. Zum Beispiel könnten die Rezeptoren der Schilddrüsenzellen infolge einer Mutation kein TSH mehr binden. In beiden Fällen ist die Konzentration von Thyroxin im Blut zu niedrig. Um die Ursachen einer Schilddrüsenunterfunktion zu ermitteln, kann ein TRH-Test durchgeführt werden. Dabei wird dem Patienten 200 Mikrogramm TRH in das Blut injiziert und anschließend die Konzentration an TSH im Blut des Patienten im Verlauf der Zeit ermittelt.

a) ☰ Erklären Sie anhand des Diagramms, wie sich die Konzentrationen von TSH, T_3 und T_4 im Verlauf der Entwicklung der vorliegenden Schilddrüsenunterfunktion ändern.

b) ☰ Erklären Sie, warum bei einer Schilddrüsenunterfunktion Müdigkeit, Erschöpfung und häufiges Frieren als Symptome bei den Betroffenen auftreten.

c) ☰ Leiten Sie aus den Ergebnissen des TRH-Tests die möglichen Ursachen für die Schilddrüsenunterfunktion bei den verschiedenen Patienten a, b und c ab. Geben Sie dabei an, ob diese an einer primären oder sekundären Schilddrüsenunterfunktion leiden.

4.3* Blutzuckerregulation

Wie wird die Glucosekonzentration im Blut reguliert und warum versagt die Regulation bei der Zuckerkrankheit ?

In Deutschland sind über 7,5 Millionen Menschen von der Zuckerkrankheit, **Diabetes mellitus** genannt, betroffen. Bei ihnen kann das Hormonsystem die Konzentration der Glucose im Blut nicht mehr regulieren. Regelmäßige Messungen der Blutglucosewerte gehören daher zum Alltag vieler Diabetiker (→ **Abb. 1**). Bei einem gesunden Erwachsenen wird die Glucosekonzentration auf etwa 80 bis 100 Milligramm pro 100 Milliliter Blut reguliert. Dadurch ist eine bedarfsgerechte Versorgung aller Zellen mit Glucose gewährleistet. Ist dieser Wert dauerhaft erhöht, kann ein Diabetes vorliegen.

Hormonelle Regulation

An der Blutzuckerregulation ist die Bauchspeicheldrüse maßgeblich beteiligt. Sie produziert in den β-Zellen der LANGERHANS-Inseln das Peptidhormon Insulin. Erhöhte Blutglucosewerte, etwa nach einer kohlenhydratreichen Nahrung, werden von den β-Zellen registriert. Sie setzen daraufhin **Insulin** frei, das über den Blutstrom zu den Zielzellen im Fettgewebe und in der Muskulatur gelangt. Dort bindet es an die spezifischen Rezeptoren der Zellen und aktiviert über einen second messenger Prote-

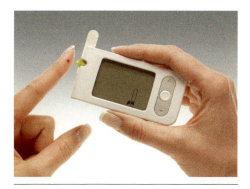

1 Messung der Blutzuckerwerte

inkinasen. Durch die ausgelöste Signalkaskade wird der Einbau von Glucosecarriern in die Zellmembranen gefördert, sodass verstärkt Glucose-Moleküle aus dem Blut in die Muskel- und Fettzellen transportiert werden. Dort werden Schlüsselenzyme aktiviert, die den Abbau von Glucose fördern. Bei einem Überschuss an Glucose werden zudem Enzyme aktiviert, die den Aufbau von Glykogen und Fett katalysieren. So werden die Reservespeicher der Muskel- und Fettzellen aufgefüllt (→ **Abb. 2**).

Sinkt der Blutglucosewert unter den Normalwert, etwa infolge körperlicher Arbeit, setzt die Bauchspeicheldrüse **Glukagon** frei. Dieser Gegenspieler des Insulins ist ein Peptidhormon, das in den α-Zellen der LANGERHANS-Inseln produziert wird. Es bindet an Rezeptoren der

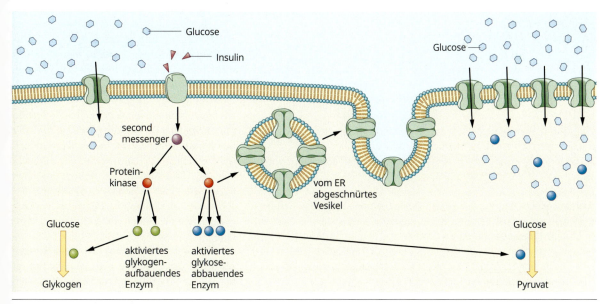

2 Wirkung von Insulin auf Muskelzellen

Leberzellen und aktiviert eine Signalkaskade, durch die glucoseerzeugende Reaktionen gefördert werden. Von zentraler Bedeutung ist dabei die Aktivierung der Enzyme, die den Abbau von Glykogen zu Glucose katalysieren. Durch die in das Blut freigesetzte Glucose steigt der Blutzuckerspiegel wieder. Die Bauchspeicheldrüsenzellen setzen ihre Hormone in Abhängigkeit von der Blutglucosekonzentration frei. Sie verrechnen dabei Signale, die sie aus dem zentralen Nervensystem oder dem Verdauungstrakt erhalten. Da die Hormonfreisetzung nicht durch übergeordnete Hormondrüsen reguliert wird, spricht man auch von einem **autonomen Regelkreis**.

Materialgebundene Aufgaben

❶ Diagnose der Diabetes-Typen

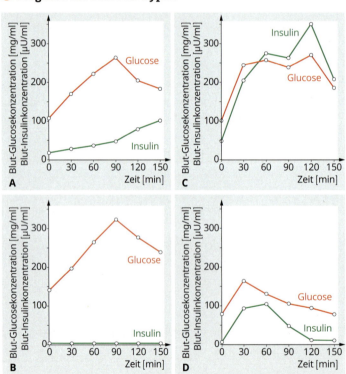

In einem Glucosebelastungstest wird Testpersonen eine genau definierte Menge an Glucose verabreicht. In regelmäßigen Abständen werden im Blut die Konzentrationen von Glucose und Insulin bestimmt.

a) ⇌ Beschreiben und erklären Sie die Veränderungen der Insulin- und Glucosekonzentrationen im Verlauf der Zeit.

b) ⇌ Ordnen Sie die Testergebnisse begründet einer gesunden Person, einem Typ-1-Diabetiker sowie einem Typ-2-Diabetiker zu.

Ursachen der verschiedenen Diabetes-Typen

Die beiden wichtigsten Formen der Diabetes sind der Typ 1 und Typ 2. Beim **Diabetes Typ 1** sind infolge einer Autoimmunerkrankung die β-Zellen zerstört und produzieren kein Insulin mehr. Als Therapie muss sich der Patient ein Leben lang Insulin bedarfsgerecht spritzen.

Über 90 Prozent der Diabetiker leiden an **Diabetes Typ 2**. Ungesunde Ernährung, Übergewicht, mangelnde Bewegung sowie genetische Veranlagung erhöhen das Risiko, daran zu erkranken. Beim Typ-2-Diabetes sprechen die Zielzellen nicht mehr auf Insulin an. Sie sind **insulinresistent**. Die Folge davon ist unter anderem eine anhaltend hohe Insulinkonzentration im Blut. Zu Beginn der Erkrankung führt dies zu einer gesteigerten Glucoseaufnahme in die Zielzellen. Werden diese jedoch länger übermäßig mit Glucose versorgt, bauen sie Insulinrezeptoren auf der Zelloberfläche ab. Man spricht von einer „**Rezeptor-down-Regulation**". Dadurch normalisiert sich die Glucoseaufnahme in die Zellen. Der Blutzuckerspiegel bleibt dabei jedoch erhöht, sodass die Bauchspeicheldrüse weiter Insulin in das Blut freisetzt. Durch die gesteigerte Ausschüttung werden die β-Zellen regelrecht „überfordert". Dies kann sogar bis zu einer irreparablen Funktionseinstellung der Zellen führen, sodass der Betroffene dann auch Insulin spritzen muss.

Wichtige Ansätze der Typ-2-Diabetes-Therapie sind die Normalisierung des Körpergewichts durch eine Ernährungsumstellung und körperliche Bewegung. Werden die Zielzellen nicht mehr übermäßig mit Glucose versorgt, bauen sie wieder mehr Insulinrezeptoren auf. Infolge dieser „**Rezeptor-up-Regulation**" wird die Empfindlichkeit der Zellen für Insulin erhöht, und der Blutzuckerspiegel kann wieder durch normale Insulinwerte gesenkt werden.

Erhöhte Glucosewerte im Blut verursachen lange Zeit keine äußerlich bemerkbaren Beschwerden. Schleichend schädigen sie jedoch Blutgefäße und Nervenzellen. Als Folgeerkrankungen können Nierenschäden, Netzhautschäden mit Erblindung, Nervenstörungen sowie Herzinfarkte und Schlaganfälle auftreten. Starker Harndrang, ständiger Durst und Müdigkeit können die Entwicklung einer Diabetes anzeigen.

4.4* Das autonome Nervensystem

Wie werden Vorgänge im Körper geregelt, die nicht mit dem Willen gesteuert werden können?

Das **zentrale Nervensystem (ZNS)** umfasst das Gehirn und Rückenmark. Zum peripheren **Nervensystem (PNS)** gehören alle anderen Nervenbahnen des Körpers. Das ZNS nimmt die Informationen über äußere Reize, die ihm von Sinneszellen über Nerven vermittelt werden, auf und verarbeitet sie (→ **Abb. 1**). Auch über innere Zustände, wie über Körpertemperatur oder Blutdruck erhält es Informationen. Diese werden dem ZNS sowohl über Nerven als auch über Hormone vermittelt. Nach der Verarbeitung der eingehenden Informationen kann das ZNS darauf reagieren, indem es über Nerven steuernde Befehle an Muskeln und Drüsen gibt und indem es über das Hypothalamus/Hypophysen-System Hormone freisetzt.

Der größte Teil der Informationsübermittlung durch das Nerven- und Hormonsystem verläuft ohne dass dies einem Menschen bewusst wird und ohne dass er sie mit seinem Willen beeinflussen kann. Der Herzschlag oder der Speichelfluß wird zum Beispiel unwillkürlich vom ZNS gesteuert, während die Skelettmuskulatur bewusst und willkürlich gesteuert wird. Der Teil des Nervensystems, der nicht der willkürlichen Kontrolle unterliegt, wird als **autonomes** oder **vegetatives Nervensystem** bezeichnet. Es steuert die Funktion aller inneren Organe, etwa die des Magens und Darms sowie die der Schweiß-, Speichel- und Verdauungsdrüsen.

Sympathikus und Parasympathikus

Entsprechend der Funktion unterteilt man das vegetative Nervensystem in **Sympathikus** und **Parasympathikus**. Der Sympathikus kann als das System charakterisiert werden, das den Körper auf hohe körperliche und geistige Leistungen vorbereitet und die Reaktionen bei Erregung, Aktivität und Stress steuert. Bei seiner Aktivierung nehmen Herzschlag- und Atemfrequenz zu, der Blutdruck steigt, die Leber schüttet vermehrt Glucose aus und die Verdauungstätigkeit wird weitgehend eingestellt.

Der Parasympathikus steuert die gegenteiligen Reaktionen: Er ist für die Entspannungs- und Ruhesituation verantwortlich. Die antagonis-

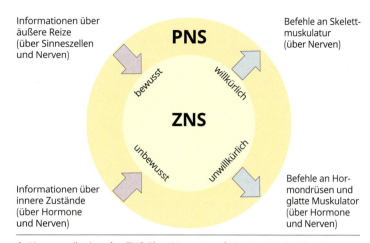

Informationen über äußere Reize (über Sinneszellen und Nerven)

PNS

bewusst

willkürlich

ZNS

Befehle an Skelettmuskulatur (über Nerven)

unbewusst

unwillkürlich

Informationen über innere Zustände (über Hormone und Nerven)

Befehle an Hormondrüsen und glatte Muskulator (über Hormone und Nerven)

1 Kommunikation des ZNS über Nerven und Hormone mit seinen Erfolgsorganen

tische Wirkung von Sympathikus und Parasympathikus beruht auf den unterschiedlichen Neurotransmittern, die an den freien Nervenendigungen abgegeben werden. Das von sympathischen Neuronen ausgeschüttete **Noradrenalin** wirkt anregend auf die Herzmuskulatur, hemmt jedoch die Darmaktivität. Dagegen verlangsamt **Acetylcholin**, der Neurotransmitter der parasympathischen Neurone, den Herzschlag und fördert die Darmtätigkeit.

Materialgebundene Aufgaben

❶ Schweißbildung bei Stress

An den **Schweißdrüsen** werden sympathische Nervenimpulse nicht durch Noradrenalin, sondern durch Acetylcholin übertragen.

a) ☰ Erklären Sie unter Berücksichtigung der Abbildung, warum die meisten Menschen schwitzen, wenn sie gestresst sind.
b) ☰ Erklären Sie, warum die Aktivität der Schweißdrüsen durch den Parasympathikus nicht gehemmt werden kann.

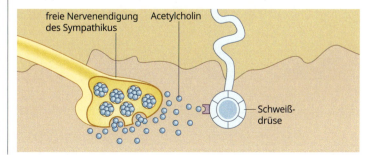

freie Nervenendigung des Sympathikus   Acetylcholin

Schweißdrüse

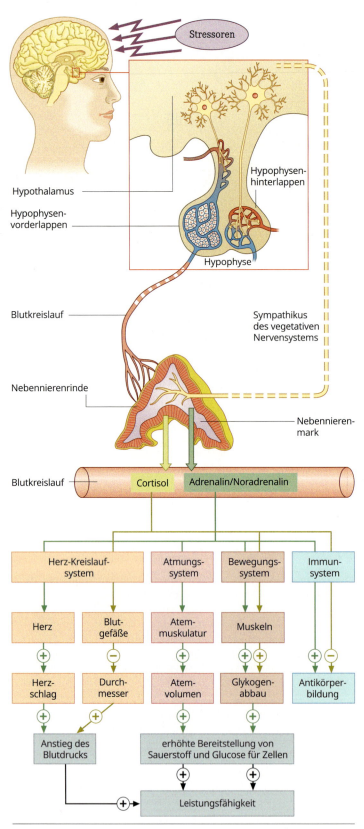

1 Die zwei Wege der Stressreaktion

4.5* Zusammenarbeit von Nerven- und Hormonsystem am Beispiel Stress

Wie wirken Hormonsystem und Nervensystem in einer Stresssituation zusammen?

Schriftliche Prüfungen oder das Vortragen eines Referats sind Situationen, die von vielen Personen als **Stress** empfunden werden. Sie führen bei ihnen zum Beispiel zu Herzklopfen, Zittern und Schwitzen. Andere Personen fühlen sich durch die gleiche Situation eher herausgefordert, ihr Wissen und Können zu zeigen. Ob eine Situation als Stress bewertet wird, ist also oft eine subjektive Einschätzung der betroffenen Person.

Allgemein versteht man unter Stress lebenswichtige Anpassungsreaktionen eines Lebewesens auf körperliche, emotionale oder soziale Belastungen. Die Anpassungsreaktionen werden als **Stressreaktion** zusammengefasst. Stressfaktoren oder **Stressoren** sind alle inneren und äußeren Reize, die bei einer betroffenen Person zu der Stressreaktion führen. Zu ihnen zählen beispielsweise Kälte, Hitze, Lärm oder Verletzungen. Auch Situationen, deren Bewältigung als schwierig oder unmöglich bewertet wird, zum Beispiel Überlastungen in der Schule, familiäre und private Probleme oder der Verlust eines geliebten Menschen gehören dazu. Die ausgelöste Stressreaktion verläuft unabhängig von dem Stressor nach einem relativ gleichen Muster.

Stress beginnt mit Angst
Eine sehr wichtige Hirnregion für das Erleben und Verarbeiten von Stress liegt in der Nähe des Hypothalmus (→ **Abb. 1**). Dieser sogenannte **Mandelkern** aktiviert und steuert im Wesentlichen die Reaktionen des Körpers in Stresssituationen. Durch die Sinnesorgane gelangen Informationen über die Stressoren in das Gehirn. Dort wird die Situation bewusst wahrgenommen und bewertet. Die daraus resultierenden Informationen werden in Form von Nervenimpulsen an den Mandelkern geleitet. Überschreiten sie dabei einen bestimmten Schwellenwert, entsteht das Gefühl der Angst, und der Mandelkern löst die Stressreaktion des Körpers aus. Diese verläuft über den schnellen Weg des Nervensystems und gleichzeitig über den langsameren Weg des Hormonsystems.

Stressweg – Nervensystem

Über die Nervenbahnen des Sympathikus im Rückenmark gelangen Nervenimpulse in das Nebennierenmark. Hier wird durch den Neurotransmitter Acetylcholin die Freisetzung der Hormone **Adrenalin** und **Noradrenalin** eingeleitet. Innerhalb von Sekunden werden im Körper unterschiedlichste Reaktionen ausgelöst (→ **Abb. 1**). Sie bewirken zum Beispiel, dass durch den Abbau von Glykogen Glucose bereitgestellt wird, das Atemvolumen ansteigt und das Herz-Kreislaufsystem aktiviert wird. Durch die Mobilisierung der Energiereserven und die vermehrte Aufnahme von Sauerstoff ist der Organismus in der Lage, in kürzester Zeit körperliche Höchstleistungen zu vollbringen.

2 Denkblockade bei Prüfungsstress

Der biologische Sinn dieser Reaktionen wird verständlich, wenn man bedenkt, dass in der evolutionären Vergangenheit Stress oft darin bestand, dass der Mensch von einem Raubtier angegriffen wurde. Sein Körper wurde so innerhalb von Sekunden kampf- und fluchtbereit. Daher spricht man auch von einer **Kampf- oder Fluchtreaktion** des Körpers bei Stress.

Stressweg – Hormonsystem

Parallel zum Sympathikus aktiviert der Mandelkern den Hypothalamus. Dieser setzt das **Corticotropin-Releasing-Hormon (CRH)** frei. CRH gelangt über das Blut zum Hypophysenvorderlappen. Dort regt es die Freisetzung des **Adrenocorticotropen Hormons (ACTH)** an. Dieses erreicht über den Blutkreislauf die Nebennierenrinde und veranlasst dort die Freisetzung von Glucocorticoiden. Der wichtigste Vertreter dieser Steroidhormone ist das **Cortisol**. Innerhalb weniger Minuten bewirkt Cortisol vergleichbare Reaktionen wie Adrenalin, zum Beispiel den Abbau von Glykogen in Skelettmuskeln. Cortisol verstärkt daher die Kampf- oder Fluchtreaktion.

Cortisol aktiviert aber nicht nur Stoffwechselvorgänge, sondern auch Bereiche im Gehirn und Nervensystem, die für die Kampf- oder Fluchtreaktion wichtig sind. Hirnaktivitäten, die dafür nicht erforderlich sind, werden unterdrückt. Zum Beispiel wird das komplexe Denkvermögen gehemmt. Aus diesem Grunde blockiert Prüfungsangst, die zu einer starken Cortisolfreisetzung führt, das Denkvermögen bis hin zum „Blackout".

Eine weitere wichtige Wirkung des Cortisols ist seine Beeinflussung des Immunsystems. Das Hormon wirkt sich hemmend auf verschiedene Abwehrreaktionen aus, etwa auf die Antikörperbildung und Entzündungsreaktionen. Daher nutzt man in der Medizin Cortisol, um zum Beispiel Hautentzündungen, Asthma, Allergien oder Rheuma zu therapieren. Bei dauerhaft erhöhtem Cortisolspiegel im Rahmen von chronischem Stress ist neben einer Vergrößerung der Nebennieren vor allem ein Bluthochdruck zu beobachten. Dadurch steigt das das Risiko für einen Herzinfarkt, Schlaganfall oder Nierenschäden.

Beendigung der Stressreaktion

Cortisol lässt auch die Stressreaktion wieder abklingen. Über eine negative Rückkopplung hemmt es die Freisetzung von CRH und ACTH. Infolgedessen stoppt die Nebennierenrinde die Produktion von weiterem Cortisol. Gleichzeitig wird das parasympathische Nervensystem durch den Hypothalamus aktiviert. Dieser Teil des Nervensystems sorgt dafür, dass die Herzfrequenz und der Blutdruck sinken, und die Verdauungsaktivität steigt. Der Körper kommt zur Ruhe.

❶ ☰ Erklären Sie anhand der Abbildung 1 die beiden Wege, durch die die Stressreaktion reguliert wird.

❷ ☰ Beta-Blocker sind Medikamente, die β-Rezeptoren für Adrenalin und Noradrenalin kompetitiv hemmen. Beurteilen Sie, ob es sinnvoll ist, Beta-Blocker in Stresssituationen, etwa bei einer Klausur, einzunehmen.

❸ Cortisolkonzentration bei Stress

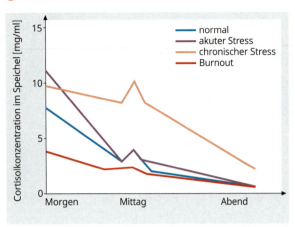

Der Cortisolspiegel im Körper eines Menschen zeigt typische Schwankungen im Tagesverlauf auf.

a) ≡ Beschreiben Sie das Cortisol-Tagesprofil eines gesunden Menschen.
b) ≡ Vergleichen Sie das Cortisol-Tagesprofil eines gesunden Menschen mit den Tagesprofilen von Menschen im akuten sowie im chronischen Stress und erklären Sie die Unterschiede.
c) ≡ Am Ende einer chronischen Stressphase kann sich ein Burnout-Syndrom entwickeln. Seine Hauptsymptome sind Erschöpfung und verminderte Leistungsfähigkeit. Die Betroffenen fühlen sich schwach, kraftlos, müde und matt. Vergleichen Sie das Cortisol-Tagesprofil eines Menschen mit einem Burnout-Syndrom mit dem eines gesunden Menschen und erklären Sie die Symptome eines Burnout-Syndroms.

❺ Stressbewältigung

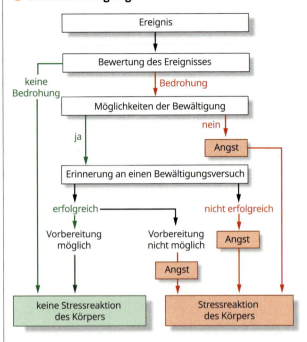

a) ≡ Erklären Sie, wie im Gehirn das Gefühl der Angst entsteht und wie dadurch die Stressreaktion ausgelöst wird.
b) ≡ Erklären Sie anhand des Schemas die Auslösung der Stressreaktion bei einer wichtigen Klausur.
c) ≡ Erklären Sie an dem Schema, dass eine Situation erst dann die Stressreaktion auslösen kann, wenn man sie entsprechend bewertet.
d) ≡ Erklären Sie anhand des Schemas, dass die Stressreaktion bei einer Klausur durch eine gute Vorbereitung vermieden werden kann.

❹ Über- und Unterfunktionen der Nebennieren

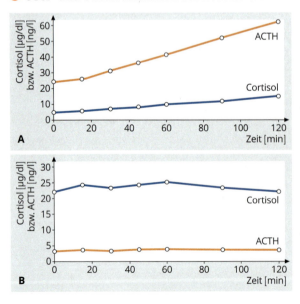

Störungen der Nebennierenfunktion werden unter anderem durch einen CRH-Test untersucht. Dabei wird den Patienten CRH in das Blut injiziert und in den folgenden zwei Stunden die Konzentration von Cortisol und ACTH im Blut gemessen. Abbildung A zeigt das Ergebnis eines CRH-Tests bei einem gesunden Menschen, Abbildung B bei einem erkrankten.

a) ≡ Skizzieren Sie ein Schema zur Regulation der Stressreaktion über den Weg des Hormonsystems. Berücksichtigen Sie dabei die negative Rückkopplung.
b) ≡ Erklären Sie anhand der Abbildung A die Konzentrationsveränderungen von ACTH und Cortisol im CRH-Test bei einem gesunden Menschen.
c) ≡ Erklären Sie anhand der Abbildung B die Konzentrationsveränderungen von ACTH und Cortisol im CRH-Test bei einem Patienten mit einer Nebennierenfunktionsstörung.

Das menschliche Hormonsystem

Hormone:
– chemische Signalstoffe, werden in Hormondrüsen
  gebildet und ins Blut freigesetzt
– regeln langanhaltende Prozesse, wie das Wachstum
– in kleinsten Mengen an Zielzellen wirksam
– **hydrophile Peptidhormone**: bestehen aus bis zu
  200 Aminosäuren; Beispiele: Insulin und Glucagon
– **hydrophile Aminhormone:** leiten sich von Aminosäuren ab; Beispiele: Adrenalin und Noradrenalin
– **lipophile Steroidhormone:** leiten sich von Choles-
  terin ab; Beispiele: Cortisol, Östrogen, Testosteron

Hormonwirkung auf Zielzellen
– Hydrophile Hormone: binden an Zelloberflächen-
  Rezeptoren, das Signal wird in Form einer Signal-
  kaskade ins Zellinnere geleitet und verstärkt:

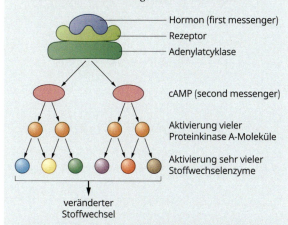

Hormon (first messenger)
Rezeptor
Adenylatcyklase

cAMP (second messenger)

Aktivierung vieler
Proteinkinase A-Moleküle

Aktivierung sehr vieler
Stoffwechselenzyme

veränderter
Stoffwechsel

– Lipophile Hormone: durchdringen die Zellmembran, bilden intrazelluläre Hormon-Rezeptor-Komplexe, wirken als Transkriptionsfaktoren

Hierarchie der Hormondrüsen

Hypothalamus:
– oberste Schaltzentrale des Hormonsystems
– Schnittstelle zwischen Hormon- und Nervensystem
– Funktionseinheit mit der Hypophyse
– Steuerung der Hypophyse über Releasing-Hormone
  (RH) und Inhibiting-Hormone (IH)

Hypophyse:
– Hypophysenhinterlappen: speichert Hormone aus
  dem Hypothalamus und setzt sie in das Blut frei.
– Hypophysenvorderlappen: synthetisiert verschiedene Steuerungshormone, die andere Hormondrüsen
  im Körper steuern.

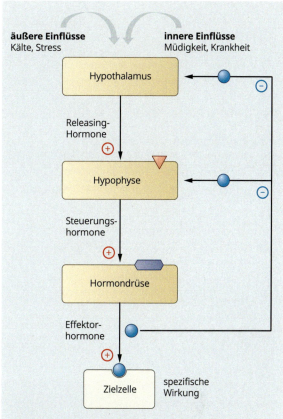

äußere Einflüsse
Kälte, Stress

innere Einflüsse
Müdigkeit, Krankheit

Hypothalamus

Releasing-
Hormone
(+)

Hypophyse

Steuerungs-
hormone
(+)

Hormondrüse

Effektor-
hormone
(+)

Zielzelle   spezifische
Wirkung

(–)

(–)

Rückkopplungsschleifen: Die Konzentration von
Effektorhormonen im Blut wird über positive (gleich-
sinnige) oder negative (gegensinnige) Rückwirkungen
geregelt.

Das autonome Nervensystem

Im autonomen Nervensystem wirken Hormonsystem
und Nervensystem eng zusammen.

Gliederung des Nervensystems (NS)
– **anatomisch:** ZNS = zentrales Nervensystem (Gehirn und Rückenmark) und PNS = peripheres Nervensystem (alle Neurone außerhalb des ZNS)
– **funktionell:** willkürliches NS (steuert willkürlich
  die Skelettmuskulatur) und autonomes NS (steuert
  unwillkürlich die Organfunktionen)

Sympathikus und Parasympathikus wirken im
autonomen NS antagonistisch über verschiedene
Neurotransmitter.
– bei Leistungsanforderungen: Sympathikus aktiv /
  Parasympathikus inaktiv
– bei Entspannung und Ruhe: Sympathikus inaktiv /
  Parasympathikus aktiv

AUFGABENSTELLUNG

Nozizeptoren

Schmerz ist eine lebenswichtige Sinneswahrnehmung, die den Körper vor Gefahren und Verletzungen warnt. Für die Schmerzwahrnehmung verantwortlich sind freie Nervenendigungen von Neuronen des Rückenmarks. Man bezeichnet sie als **Nozizeptoren** (lat. *nocere*: schädigen). Die Membranen der freien Nervenendigungen enthalten verschiedene Ionenkanäle, die durch unterschiedliche Reizarten aktiviert werden. Die Aktionspotentiale werden schon an den freien Nervenendigungen gebildet und über die Dendriten zum Zellkörper des Nozizeptoren geleitet. Diese liegen in den Nervenknoten, links und rechts der Wirbelsäule. Über die Axone der Nozizeptoren gelangen die eingehenden Aktionspotentiale in das Rückenmark. Dort wird die Erregung durch den Transmitter Glutamat an eine nachgeschaltete Nervenzelle übertragen und zum Gehirn geleitet. Erst dort entsteht dann die Schmerzempfindung.

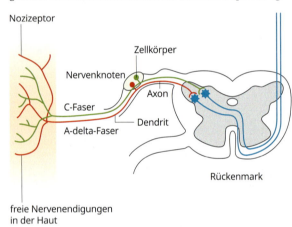

Nozizeptor
Zellkörper
Nervenknoten
Axon
C-Faser
A-delta-Faser
Dendrit
Rückenmark
freie Nervenendigungen in der Haut

1. Transduktion

1.1 ☰ Fassen Sie die Informationen aus M1 und M2 zu einem Vergleich der verschiedenen Nozizeptoren zusammen. (12 BE)

1.2 ☰ Stellen Sie in einem Fließdiagramm dar, wie in einem polymodalen Nozizeptor durch die Anbindung eines Signalmoleküls Aktionspotentiale gebildet werden. (8 BE)

1.3 ☰ Vergleichen Sie Nozizeptoren mit Riechsinneszellen hinsichtlich des Aufbaus und der spezifischen Reizwahrnehmung, der Transduktion und Adaptation. Berücksichtigen Sie dabei den einleitenden Text und M3. (24 BE)

2. Erregungsweiterleitung von Nozizeptoren

Bei der Erregungsweiterleitung von Nozizeptoren unterscheidet man nichtmyelinisierte C-Fasern (Leitungsgeschwindigkeit etwa ein Meter pro Sekunde) und myelinisierte A-delta-Fasern (Leitungsgeschwindigkeit etwa zwei bis 30 Meter pro Sekunde).

2.1 ☰ Erklären Sie anhand von M4 A die Veränderung des Membranpotentials in Abhängigkeit von der Entfernung zum Reizort an A-delta-Fasern. (16 BE)

2.2 ☰ Beschreiben und erklären Sie anhand von M4 B den zeitlichen Verlauf der Erregungsweiterleitung. (8 BE)

2.3 ☰ Erklären Sie unter Berücksichtigung von M4 und M5 die unterschiedlichen Schmerzarten. (16 BE)

3. Schmerzlinderung durch Betäubungsmittel

3.1 ☰ Erklären Sie unter Berücksichtigung des Textes in M6, warum durch die Injektion von Lidocain keine Schmerzen bei dem chirurgischen Eingriff wahrgenommen werden, nach der OP jedoch wohl. (BE 8)

3.2 Erklären Sie anhand M6 die schmerzlindernde Wirkung von Morphium.

MATERIAL

M1 Kanäle der unterschiedlichen Nozizeptor-Typen

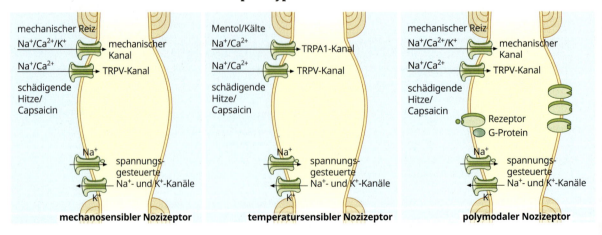

mechanischer Reiz
$Na^+/Ca^{2+}/K^+$ → mechanischer Kanal
Na^+/Ca^{2+} → TRPV-Kanal
schädigende Hitze/ Capsaicin
Na^+ → spannungsgesteuerte Na^+- und K^+-Kanäle
K^+
mechanosensibler Nozizeptor

Mentol/Kälte
Na^+/Ca^{2+} → TRPA1-Kanal
Na^+/Ca^{2+} → TRPV-Kanal
schädigende Hitze/ Capsaicin
Na^+ → spannungsgesteuerte Na^+- und K^+-Kanäle
K^+
temperatursensibler Nozizeptor

mechanischer Reiz
$Na^+/Ca^{2+}/K^+$ → mechanischer Kanal
Na^+/Ca^{2+} → TRPV-Kanal
schädigende Hitze/ Capsaicin
Rezeptor
G-Protein
Na^+ → spannungsgesteuerte Na^+- und K^+-Kanäle
K^+
polymodaler Nozizeptor

M2 Kanaltypen und Rezeptoren der verschiedenen Nozizeptoren

Kanal-Typ	Aktivierung des Kanals	Folgen
TRPV	Temperaturen über 45 °C, Capsaicin, Chili	Na$^+$- und Ca^{2+}-Ioneneinstrom
TRPA 1	schädigende Kälte	Na$^+$- und Ca^{2+}-Ioneneinstrom
mechanischer Kanal	mechanische Reize: Druck, Dehnung	Na$^+$- und Ca^{2+}-Ioneneinstrom
Rezeptoren	**Aktivierung**	**Folgen**
	Bindung spezifischer Signalmoleküle, die bei Verletzungen oder Entzündungen von Zellen freigesetzt werden	Aktivierung von G-Proteinen und intrazellulären Botenstoffen, die Ionenkanäle öffnen

M3 Antwort eines mechanosensiblen Nozizeptors auf Reize

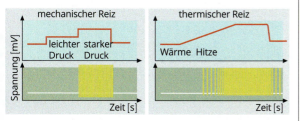

M4 Veränderung des Membranpotentials an Nozizeptoren in Abhängigkeit von der Entfernung zum Reizort (A) und Erregungsweiterleitung an A-delta-Fasern (B)

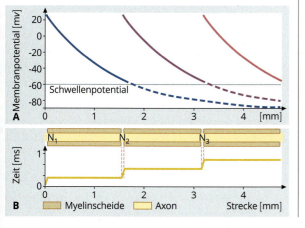

M5 Schmerzarten

Man unterscheidet zwei unterschiedliche Schmerzempfindungen: einen ersten schnellen, stechenden Schmerz und einen darauf folgenden dumpfen, länger andauernden Schmerz.

M6 Betäubungsmittel

Bei kleineren chirurgischen Eingriffen, etwa Zahnbehandlungen, werden häufig lokale Betäubungsmittel verwendet. Dabei wird das Betäubungsmittel in die Nähe der Nozizeptoren des zu betäubenden Gebietes injiziert. Das Lokalanästhetikum Lidocain blockiert die spannungsgesteuerten Natrium-Ionenkanäle reversibel. Es wird innerhalb von etwa fünf Minuten durch Enzyme gespalten.

Die Schmerzwahrnehmung starker chronischer Schmerzen kann durch Morphin beeinflusst werden. Dieses gelangt nach der Aufnahme mit dem Blut in das Rückenmark.

Die Präsynapse der Nozizeptoren besitzt Rezeptoren für körpereigene Endorphine. Sie gehören zum körpereigenen System der Schmerzunterdrückung, das bei starkem Stress die Schmerzwahrnehmung unterdrücken kann. Die Endorphinrezeptoren sind über G-Proteine mit den Calcium-Ionenkanälen der Synapse verbunden.

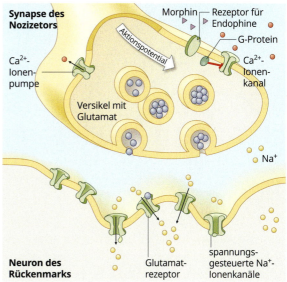

Die Meerechse *Amblyrhynchus cristatus* ist eine endemische, nur auf den Galapagos-Inseln vorkommende Leguanart. Im Laufe der Evolution entwickelte sie eine Reihe einzigartiger Angepasstheiten an diesen nahrungsarmen Standort. So können Meerechsen bis zu 15 Minuten unter Wasser tauchen, um dabei Meeresalgen abzuweiden. Mit der Nahrung aufgenommenes Salz scheiden sie über spezielle Drüsen an der Nasenwand wieder aus.

Evolution

1 Entwicklung des Evolutionsgedankens

1 Artenvielfalt bei Käfern

1.1 Historischer Kontext

Die Evolution der Lebewesen, also ihre stammesgeschichtliche Veränderung, ist eine heute allgemein anerkannte Tatsache. Wie hat sich diese Vorstellung im Laufe der Zeit entwickelt?

Weltweit gibt es mehr als 350 000 verschiedene Käferarten. Sie unterscheiden sich beispielsweise in ihrer Körpergröße und ihrer Farbe (→ **Abb. 1**). Wie konnten so viele unterschiedliche Käferarten entstehen, und worauf sind ihre Gemeinsamkeiten und Unterschiede zurückzuführen? Solche Fragen nach den Ursachen für die Vielfalt der Lebensformen beschäftigen die Menschen seit langem. Zu ihrer Beantwortung wurden verschiedene Erklärungsansätze und Theorien entwickelt.

Lehre von der Konstanz der Arten

Die Vorstellungen der westlichen Kultur wurden lange Zeit maßgeblich von dem griechischen Philosophen ARISTOTELES (384 – 322 v. Chr.) beeinflusst: Er ging von der Unveränderlichkeit der Arten und ihrer Formen aus. ARISTOTELES hatte bei seinen Naturbeobachtungen Gemeinsamkeiten bei unterschiedlichen Lebewesen festgestellt und diese dahin-

gehend gedeutet, dass sich alle Lebensformen auf einer Leiter mit zunehmender Komplexität anordnen lassen. Im 17. Jahrhundert wurde diese Vorstellung aufgegriffen und zur „Stufenleiter der Natur" ausgebaut. Nach dieser können alle Lebewesen in einer lückenlosen Reihe, vom niedersten bis zum höchsten, angeordnet werden. Die Lebewesen gelten demnach als vollkommen und nicht wandelbar.

Die Idee einer unveränderlichen Stufenleiter der Natur passte gut zum Schöpfungsbericht des Alten Testaments. Nach diesem sind alle Arten von Lebewesen in einem einmaligen Schöpfungsakt entstanden. Jedes heute bekannte Lebewesen hat demnach Vorfahren, die in gleicher Gestalt seit Anbeginn der Welt vorhanden sind. Man nennt diese Vorstellung heute die Lehre von der **Konstanz der Arten**.

Klassifikation der Arten

Im 18. Jahrhundert sahen viele Naturforscher die oft bemerkenswerte Anpassung der Lebewesen an ihre Umwelt als Beleg dafür an, dass der Schöpfer jede Art zu einem bestimmten Zweck erschaffen hat. Einer dieser Forscher war der schwedische Arzt und Biologe Carl von LINNÉ (1707 – 1778). Er führte die bis heute gültige **binäre Nomenklatur** für die Benennung von Lebewesen ein. Nach dieser erhält jedes Lebewesen aufgrund bestimmter Merkmale einen Gattungsnamen und einen Artnamen, ähnlich einem Familiennamen und einem Vornamen. So heißt etwa der Löwe *Panthera leo* (Gattung: Panthera, Art: leo) und der nahe verwandte Panther *Panthera pardus*. Das von LINNÉ entwickelte System zur Klassifikation der Lebewesen war – im Gegensatz zum linearen System von ARISTOTELES – ein ineinander geschachteltes System. Bei diesem werden ähnliche Lebewesen in immer allgemeinere Kategorien eingeordnet. So werden beispielsweise ähnliche Arten in dieselbe Gattung gestellt und ähnliche Gattungen in dieselbe Familie (→ Abb. 2).

Frühe Evolutionstheorien

Die Entdeckungen zahlreicher neuer, aber auch ausgestorbener Tier- und Pflanzenarten sowie die Erkenntnis, dass sich die Erde langsam und stetig verändert hat, waren Anlass für die Entwicklung der **Evolutionstheorien** (lat. *evolvere:* entwickeln) gegen Ende des 18. Jahrhunderts. Die Vielfalt der Lebensformen und ihre Angepasstheiten an die Umwelt sind demnach nicht das Ergebnis eines einmaligen Schöpfungsaktes, sondern durch einen langen, natürlichen Entwicklungsprozess entstanden. Erste Theorien, um diesen Prozess zu erklären, entwickelten die Naturforscher Jean Baptiste de LAMARCK und Charles DARWIN.

❶ ☰ Erklären Sie das von LINNÉ entwickelte System zur Klassifikation von Lebewesen anhand von Abbildung 2.

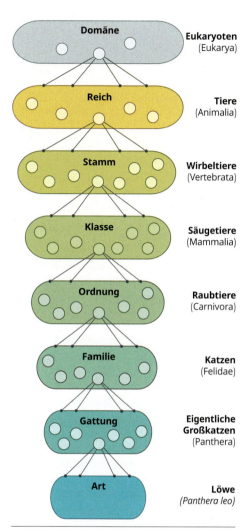

2 Hierarchische Klassifikation am Beispiel des Löwens

Domäne	Eukaryoten (Eukarya)
Reich	Tiere (Animalia)
Stamm	Wirbeltiere (Vertebrata)
Klasse	Säugetiere (Mammalia)
Ordnung	Raubtiere (Carnivora)
Familie	Katzen (Felidae)
Gattung	Eigentliche Großkatzen (Panthera)
Art	Löwe (Panthera leo)

Materialgebundene Aufgaben

❷ Die Stufenleiter der Natur

Die nebenstehende Abbildung aus dem Ende des 18. Jahrhunderts spiegelt die damalige Vorstellung einer Stufenleiter der Natur wider.

a) ☰ Erklären Sie anhand der Abbildung die Idee von der Stufenleiter der Natur.

b) ☰ Diskutieren Sie, ob es sich bei der Stufenleiter der Natur um eine erste Evolutionstheorie handelt.

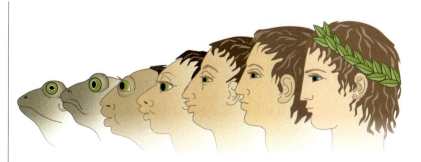

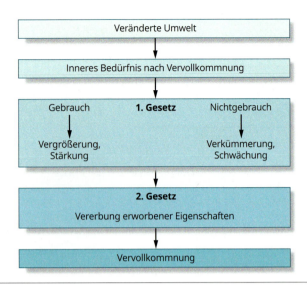

1 Jean Baptiste de LAMARCK. A Zeichnung; **B** Theorie

1.2 Erste Evolutionstheorien

Welche Beobachtungen führten zur Formulierung erster Evolutionstheorien und welche Aussagen beinhalten diese?

Die Evolutionstheorie LAMARCKS

Der französische Naturforscher **Jean Baptiste de LAMARCK** (1744 – 1829) war einer der ersten, der die Lehre von der Artkonstanz in Zweifel zog. Er kam aufgrund von Beobachtungen an Fossilien zu der Überzeugung, dass sich Arten im Laufe der Zeit wandeln. 1809 veröffentlichte er seine Evolutionstheorie. Er nahm an, dass sich die ersten Urlebewesen aus unbelebter Materie gebildet hatten. Aus ihnen hätten sich dann über lange Zeiträume hinweg die heute existierenden Lebewesen entwickelt. Diese „Urzeugung" erschien ihm ebenso offensichtlich wie die Tatsache, dass sich Lebewesen in einer Stufenleiter anordnen ließen, die von niederen zu höheren Lebewesen führte. Eine solche schrittweise Zunahme an Komplexität hatte LAMARCK bei seinen Untersuchungen an fossilen Muscheln in einem Sedimentbecken im Nordosten Frankreichs beobachtet. In der Natur, so folgerte er, war also Fortschritt erkennbar.

Die Ursache für den Fortschritt in der Natur war nach LAMARCKs Meinung ein jedem Lebewesen innewohnendes Bedürfnis nach Vervollkommnung. Darüber hinaus nahm er an, dass sich Umweltveränderungen direkt auf die Le-

bewesen auswirkten und zu veränderten Bedürfnissen führten. Die Lebewesen würden auf diese veränderten Bedürfnisse durch veränderte Tätigkeiten reagieren, was zu einer Anpassung führen würde. Diese vollzog sich LAMARCK zufolge nach zwei Gesetzen, die er aus Beobachtungen ableitete: Das erste Gesetz war das vom **Gebrauch** beziehungsweise **Nichtgebrauch der Organe**. Nach dieser Vorstellung werden intensiv gebrauchte Organe und Körperteile größer und stärker, während andere, die nicht gebraucht werden, verkümmern. Das zweite Gesetz ist das von der **Vererbung erworbener Eigenschaften**. Demnach werden die durch den konstanten Gebrauch oder Nichtgebrauch erworbenen Eigenschaften eines Lebewesens an seine Nachkommen vererbt (→ Abb. 1B). Aus seinen Beobachtungen zog LAMARCK die Schlussfolgerung, Lebewesen müssten sich von Generation zu Generation verändern und aufgrund ihres Drangs nach Vervollkommnung immer perfekter werden.

Die Evolutionstheorie DARWINS

50 Jahre nach LAMARCK veröffentlichte der Engländer **Charles DARWIN** (1809 – 1882) seine Evolutionstheorie. Als junger Mann hatte er an einer fünfjährigen Weltumsegelung teilgenommen. Die Reise, auf der er Tiere, Pflanzen und anderes Material sammelte, führte ihn unter anderem nach Südamerika und auf die Galapagos-Inseln. Deren Tier- und Pflanzenwelt weckten in ihm erste Zweifel, dass die Arten unabhängig voneinander erschaffen worden

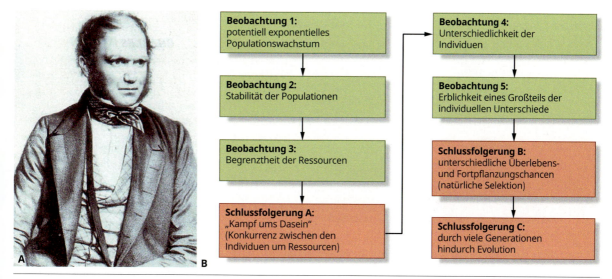

2 Charles DARWIN. A Zeichnung; **B** Theorie

sind. DARWINS Evolutionstheorie beruhte auf einer Reihe von Beobachtungen, aus denen er Schlussfolgerungen zog (→ **Abb. 2B**). Er hatte beobachtet, dass Lebewesen prinzipiell die Fähigkeit haben, sich exponentiell zu vermehren. Dennoch sind Populationsgrößen oft über längere Zeiträume stabil. Außerdem sind lebensnotwendige Ressourcen nicht unbegrenzt verfügbar. Daraus folgerte er, dass Lebewesen miteinander um knappe Ressourcen konkurrieren. Diesen Konkurrenzkampf nannte DARWIN „struggle for life", also „Kampf ums Dasein". Weitere Beobachtungen waren, dass die Individuen einer Art unterschiedlich sind, und ein Großteil dieser individuellen Unterschiede erblich ist. Daraus folgerte er, dass manche Individuen an die jeweils herrschenden Umweltbedingungen besser angepasst sind als andere und darum bessere Fortpflanzungsmöglichkeiten und mehr Nachkommen haben. DARWIN sprach von „survival of the fittest", also dem Überleben der am besten angepassten Individuen. Dieser Prozess der **natürlichen Selektion** hat nach DARWIN im Verlauf von Generationen zur Veränderung von Arten, also zur **Evolution** geführt.

Vergleich der beiden Theorien

In den Theorien LAMARCKS und DARWINS spielt die Umwelt eine entscheidende Rolle für den Artenwandel: Bei LAMARCK lösen Umweltveränderungen Bedürfnisse nach veränderten oder neuen Organen aus. Die Bedürfnisse führen dann zu abgewandelten oder neuen Organen, die vererbt werden. Die Lebewesen passen sich also der Umwelt aktiv an. Bei DARWIN bewirkt die Umwelt dagegen die Selektion. Die spontan auftretenden Veränderungen von Eigenschaften werden von der Umwelt auf ihre Eignung hin getestet. Im Kampf ums Dasein gelangen nur die Geeignetsten zur Fortpflanzung. Die Lebewesen werden bei DARWIN also an ihre Umwelt angepasst, sie spielen eine passive Rolle.

Die von DARWIN begründete und seitdem ständig weiterentwickelte Evolutionstheorie bildet heute die Grundlage der modernen Biologie. Sie lieferte grundsätzliche Erklärungen für drei zentrale Phänomene des Lebens: die Verwandtschaft, die Vielfalt und die Angepasstheit der Arten.

LAMARCKS Vorstellung eines inneren Drangs nach Vervollkommnung und die Annahme einer Vererbung erworbener Eigenschaften gelten heute als widerlegt. Dennoch gebührt auch ihm Anerkennung, war er doch einer der ersten, der die Anpassung von Lebewesen an ihre Umwelt durch allmähliche evolutionäre Veränderungen postulierte und eine Erklärung für diese Veränderungen lieferte.

❶ ≡ Erklären Sie die Theorie DARWINS mithilfe der Abbildung 2.

❷ ≡ Stellen Sie dar, wie LAMARCK und DARWIN die Entwicklung der großen Ohren bei Elefanten erklärt hätten.

347

❸ **Alfred Russel** Wallace **– Mitbegründer der Selektionstheorie**

Auszug aus der Evolutionstheorie von Wallace:

- Eine einfache Rechnung zeigt, dass nach 15 Jahren jedes Vogelpaar nahezu zehn Millionen Nachkommen haben müsste.
- Die Zahlen derer, die jährlich sterben, müssen daher immens sein […], jene, die überdauern, können nur diejenigen mit der perfekten Gesundheit und Kräftigkeit sein.
- Varietäten kommen häufig vor.
- Eine neue Varietät wäre in jeder Beziehung besser angepasst, um seine individuelle Existenz sowie jene seiner „Rasse" fortzuführen.
- Neue Arten entstehen allmählich, sie gehen unmittelbar aus vorangegangenen hervor.

Als einer der bedeutendsten Naturforscher des 19. Jahrhunderts sammelte der Brite Alfred Russel Wallace eine Vielzahl bis dahin unbekannter Tier- und Pflanzenarten in den Regenwäldern Südamerikas und Ostasiens. Außerdem machte er sorgfältige Beobachtungen zur Verbreitung und zur Variabilität der Arten. Aufgrund dieser Beobachtungen entwickelte Wallace eine Evolutionstheorie, die 1858 zeitgleich mit der Selektionstheorie von Darwin in London veröffentlicht wurde.

a) ☰ Vergleichen Sie die Aussagen der Evolutionstheorien von Wallace und Darwin miteinander.

b) ☰ Wallace steht bis heute im Schatten von Darwin. Recherchieren Sie die Umstände der Veröffentlichung beider Evolutionstheorien sowie die gesellschaftlichen und wissenschaftshistorischen Rahmenbedingungen. Stellen Sie Ihre Ergebnisse in einer geeigneten Präsentation vor.

❹ Lamarck **und** Darwin **im Vergleich**

Charles Darwin – Über die Entstehung der Giraffe (aus: On the origin of species by means of natural selection, erschienen 1859, zitiert nach der deutschen Übersetzung von C. W. Neumann von 1872)

„Die Giraffe ist durch ihre hohe Gestalt, ihren langen Hals, ihre Vorderbeine sowie durch die Form von Kopf und Zunge prachtvoll zum Abweiden hoch wachsender Baumzweige geeignet. Sie kann ihre Nahrung aus einer Höhe herabholen, die die anderen, dieselbe Gegend bewohnenden Huftiere nicht erreichen, und das muss für sie in Zeiten der Hungersnot vorteilhaft sein. […]
Der Mensch hat einige seiner Haustiere verändert (ohne notwendig besondere Einzelheiten zu beachten), indem er entweder die schnellsten (wie Rennpferde und Windhund) einfach behielt und zur Zucht benutzte oder indem er die siegreichsten (zum Beispiel den Kampfhahn) züchtete. So werden auch im Naturzustand, als die Giraffe entstanden war, diejenigen Individuen, die am höchsten wachsenden Zweige abweiden und in Zeiten der Dürre auch nur einen oder zwei Zoll höher reichen konnten als die anderen, häufig erhalten geblieben sein, denn sie werden auf der Nahrungssuche das ganze Gebiet durchstreift haben. Dass die Individuen einer Art oft ein wenig in der relativen Länge all ihrer Teile differieren, kann man aus zahlreichen naturgeschichtlichen Werken ersehen, die sorgfältig die Maße angeben. Diese geringen Unterschiede, Folge der Gesetze des Wachstums und der Variation, sind für die meisten Arten ohne Wert. Anders wird es während der Entstehung bei der Giraffe (wegen ihrer wahrscheinlichen Lebensgewohnheiten) gewesen sein, denn diejenigen Tiere, bei denen einzelne Körperteile ihre gewöhnliche Lage etwas überschritten, werden im Allgemeinen länger am Leben geblieben sein. Sie werden sich gekreuzt und Nachkommen hinterlassen haben, die entweder dieselben körperlichen Eigentümlichkeiten oder doch die Neigung erbten, in derselben Weise zu variieren, während in dieser Beziehung weniger begünstigte Individuen am ehesten ausstarben."

Jean Baptiste de Lamarck – Die Entwicklung der Giraffe (aus: Philosophie zoologique, erschienen 1809, zitiert nach der deutschen Übersetzung von H. Schmidt von 1909)

„Was die Gewohnheiten betrifft, so ist es interessant die Wirkung derselben an der besonderen Gestalt und am Wuchs der Giraffe zu beobachten. Es ist bekannt, dass dieses Tier in Gegenden lebt, wo der beinahe immer trockene und kräuterlose Boden es zwingt, das Laub der Bäume abzufressen und sich beständig anzustrengen, dasselbe zu erreichen. Infolge dieser seit langer Zeit angenommenen Gewohnheit sind bei Individuen ihrer Rasse die Vorderbeine länger als die Hinterbeine geworden, und ihr Hals hat sich dermaßen verlängert, dass die Giraffe, wenn sie ihren Kopf aufrichtet, ohne sich auf die Hinterbeine zu stellen, eine Höhe von sechs Metern erreicht."

a) ☰ Vergleichen Sie in Form einer Tabelle die unterschiedlichen Aussagen Darwins und Lamarcks zur Evolution der Giraffe.

b) ☰ Erklären Sie die besondere Bedeutung, die dem Lebewesen beziehungsweise der Umwelt in der jeweiligen Evolutionstheorie zukommt.

1.3 Die Synthetische Theorie der Evolution

Wie hat sich die Evolutionstheorie nach Darwin weiterentwickelt?

Die Evolutionstheorie Darwins mit ihrer erblichen Variabilität der Individuen, der Überproduktion von Nachkommen und der natürlichen Selektion hat bis heute Bestand. Allerdings konnte Darwin weder die Variabilität, noch die Vererbung von Merkmalen erklären. Erst nachdem die Mendel-Regeln um 1900 wiederentdeckt und wenig später Mutationen beobachtet und untersucht worden waren, rückten die Erkenntnisse der Genetik in das Blickfeld der Überlegungen. Erst jetzt verstand man, wie neue Merkmale durch Mutationen entstehen können und wie neue Merkmalskombinationen durch Rekombination im Verlauf der Meiose möglich werden. Damit waren Anfang des 20. Jahrhunderts die zentralen Ursachen der biologischen Variabilität bekannt.

Synthetische Theorie

Aus Darwins Selektionstheorie und den Erkenntnissen der Genetik entstand die **Synthetische Theorie der Evolution.** In ihrem Zentrum steht die **Population** als Gruppe von Individuen einer Art, die in einem bestimmten Gebiet lebt. Die Gesamtheit der Gene einer Population nennt man **Genpool**. Evolution wird als Änderung der Allelhäufigkeiten im Genpool einer Population verstanden. Faktoren, die diese Allelhäufigkeit des Genpools ändern, führen zu einer Artumwandlung.

Zu den grundlegenden **Evolutionsfaktoren** zählen die Zufallsprozesse **Mutation** und **Rekombination**. Sie liefern gleichsam das „Rohmaterial", an dem die **natürliche Selektion** ansetzt (→ **Abb. 1**). Ein weiterer Evolutionsfaktor ist die **Isolation**. Werden Populationen durch geografische Barrieren aufgetrennt, kann kein Genaustausch mehr zwischen ihnen stattfinden. In den isolierten Teilpopulationen wirken unabhängig voneinander Mutationen, Rekombinationen und verschiedene Selektionsfaktoren, die zu einer Änderung der Allelhäufigkeit im jeweiligen Genpool führen. Auf diese Weise kann eine Ursprungsart in zwei Arten aufspalten. Vor allem in kleinen Populationen spielt ein weiterer Evolutionsfaktor eine wichtige Rolle. Beispielsweise kann es vorkommen, dass zufällig der einzige Träger eines be-

stimmten Allels ohne Nachkommen stirbt. Eine drastische Änderung der Allelhäufigkeiten innerhalb der kleinen Population ist die Folge. Eine derartige Veränderung des Genpools durch Zufallsereignisse nennt man **Gendrift**.

Die Synthetische Theorie der Evolution ist die bis heute vorherrschende Evolutionstheorie. Sie ist durch weitere Erkenntnisse aus den verschiedensten Teilbereichen der Biologie, etwa der Molekulargenetik, Populationsgenetik, Cytologie, Geografie oder Informatik weiterentwickelt worden. Man spricht daher heute von der **erweiterten synthetischen Evolutionstheorie.**

❶ ☰ Beschreiben Sie das Zusammenwirken der Evolutionsfaktoren Mutation, Rekombination und Selektion anhand der Abbildung 1.

❷ ☰ Erklären Sie, warum man die Synthetische Theorie der Evolution auch als Neodarwinismus bezeichnet.

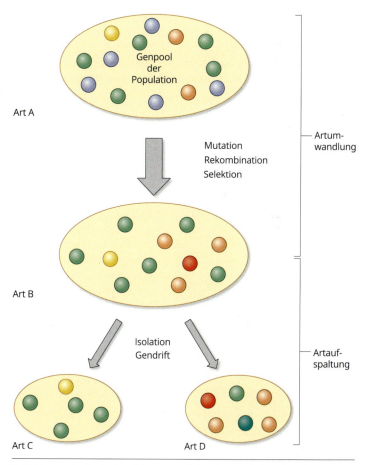

1 Wirkung der Evolutionsfaktoren auf den Genpool einer Population

❸ **WEISMANN, BOVERI und MORGAN – Mitbegründer der Synthetischen Evolutionstheorie**

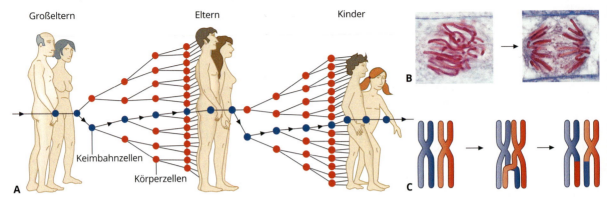

Großeltern   Eltern   Kinder

Keimbahnzellen

Körperzellen

A

B

C

Der deutsche Biologe August WEISMANN (1834 bis 1914) lieferte durch verschiedene Experimente wesentliche Beiträge, die die genetischen Ursachen der biologischen Variabilität erklären.

Kernaussagen der Erkenntnisse WEISMANNS sind:

- Erworbene Körpereigenschaften werden nicht vererbt.
- Bereits früh in der Entwicklung trennen sich Körperzellen und Keimbahnzellen voneinander. Während die Körperzellen sterben, sind die Keimbahnzellen die Grundlage für die Bildung von Keimzellen. Die in ihnen enthaltene Erbinformation kann an die nächste Generation weitergegeben werden.
- Bei der sexuellen Fortpflanzung entstehen unterschiedliche Nachkommen, die der natürlichen Selektion ausgesetzt sind.

Theodor BOVERI (1862 bis 1915) wies nach, dass die Erbinformation auf den Chromosomen im Zellkern lokalisiert ist. Thomas Hunt MORGAN (1866 bis 1945) stellte fest, dass die Gene linear auf den Chromosomen aufgereiht sind. Er entwarf erste Genkarten und erkannte das Crossing-over als eine Ursache der Rekombination.

Die Abbildung zeigt schematisch die Grundlagen der Keimbahntheorie (A) sowie zellbiologische Grundlagen der Vererbung (B) und Rekombination (C).

a) ☰ Nennen Sie die Grundaussage der Keimbahntheorie und erklären Sie ihre Bedeutung für die Vererbung von Mutationen.

b) ☰ Begründen Sie, warum WEISMANN, BOVERI und MORGAN zu den Mitbegründern der Synthetischen Evolutionstheorie gezählt werden.

---

❹ **Giraffe und Okapi**

Im Jahr 1901 wurde das Okapi in den Regenwäldern des oberen Kongobeckens entdeckt. Lange Zeit hielt man es für einen im Regenwald erhalten gebliebenen Vorfahren der heutigen Langhalsgiraffen. Genauere Untersuchungen zeigten dann, dass das Tier, dessen Körperbau erstaunlich viele Merkmale seiner Steppenverwandten aufweist, erst vor 4,5 Millionen Jahren zum Waldbewohner wurde. Zu dieser Zeit begann sich der Regenwald in Afrika enorm auszudehnen. Heutige Stammbaumdarstellungen zeigen für Okapi und Langhalsgiraffen einen letzten gemeinsamen Vorfahren.

a) ☰ Erklären Sie die mögliche Entwicklung des letzten gemeinsamen Vorfahrens zum Okapi beziehungsweise zur Langhalsgiraffe durch das Zusammenwirken verschiedener Evolutionsfaktoren.

❺ **Blinde Tiere**

Bei Höhlentieren wie dem abgebildeten Fisch sind regelmäßig die Augen und die Körperpigmente zurückgebildet. Sie sind daher oft blind und besitzen einen durchscheinenden Körper. Der Tastsinn ist hingegen häufig besonders gut ausgeprägt. Die Nachkommen dieser blinden, Höhlen bewohnenden Tiere bilden auch im Licht keine funktionstüchtigen Augen aus.

a) ☰ Erklären Sie, wie LAMARCK und DARWIN die Entstehung blinder Höhlenfische erklärt hätten.

Die von DARWIN begründete und zur Synthetischen Theorie der Evolution erweiterte Lehre wurde bis heute durch viele Ergebnisse aus verschiedenen Teilgebieten der Biologie bestätigt. Auch die Erkenntnisse aus verschiedenen anderen Wissenschaften wie der Geologie, Geophysik und Astrophysik stehen mit ihr im Einklang. Mit ihrer erklärenden und vorhersagenden Kraft erlangte sie schon früh den Rang einer Theorie. Sie wurde nicht nur zum zentralen organisierenden Prinzip der Biologie, sondern gehört heutzutage zu den Bestandteilen des naturwissenschaftlichen Weltbildes. Im Rahmen dessen geht man davon aus, dass alles, was auf der Erde geschieht, den allgemeingültigen Naturgesetzen gehorcht.

Die Evolution, insbesondere die Abstammungslehre, wird jedoch nicht von allen Menschen akzeptiert. Die **Kreationisten** (lat. *creation*: Schöpfung) etwa sind davon überzeugt, dass ein Schöpfer alle Lebewesen unabhängig voneinander erschaffen hat. **Kurzzeit-Kreationisten** glauben an eine Erschaffung der Welt und Lebewesen innerhalb kürzester Zeit – gemäß der Bibel innerhalb von sechs Tagen vor etwa 6 000 Jahren. Das Aussterben von Arten wie das der Dinosaurier wird von ihnen durch die Sintflut erklärt. Demnach hätten Menschen und Dinosaurier zur gleichen Zeit gelebt. Für **Langzeit-Kreationisten** ist die Schöpfung in längeren Zeiträumen erfolgt. Sie stimmen zwar zum Teil Erkenntnissen der Evolutionstheorie zu, aber Mutationen und Selektion, die natürlichen Evolutionsmechanismen, können ihrer Meinung nach nur Variationen innerhalb einer Art erzeugen, nicht aber neue Arten. Ausgestorbene Lebewesen hat der Schöpfer ihrer Auffassung nach immer wieder durch Neuschöpfungen ersetzt. Sie versuchen die wissenschaftlichen Erkenntnisse aus der Paläontologie und der archäologischen Altersbestimmung in ihre Erklärungen mit einzubeziehen. Die Erde ist im Rahmen dieser Vorstellung also

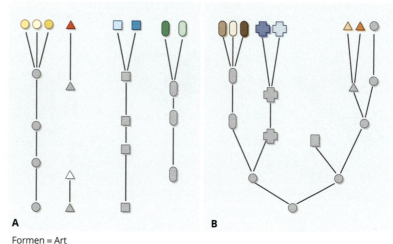

A

B

Formen = Art
Farbnuancen = Variabilität innerhalb der Art

1 Stark vereinfachte Stammbäume zur Entstehung heute lebender Arten.
A Vorstellungen der Kreationisten; **B** Evolutionstheorie

durchaus mehrere Millionen Jahre alt. Sie wurde bereits als geologisch so alte Erde geschaffen. Wie dann das Leben durch einen Schöpfer entstanden ist, wird auf verschiedene Weise erklärt.

Eine moderne Version des Kreationismus stellt die Lehre vom **„Intelligent Design"** dar. Sie versteht sich als naturwissenschaftliche Alternative zur Evolutionstheorie. Ihre Vertreter sind der Ansicht, dass Lebewesen und ihre Organe viel zu komplex sind und nicht durch zufällige Mutationen und Selektion entstanden sein können. Sie folgern daraus, dass nur ein intelligenter Designer Lebewesen konzipieren und erschaffen konnte. Von ihm wurden pflanzliche und tierische Grundtypen geschaffen, die innerhalb bestimmter Grenzen, aber nicht über Artgrenzen hinweg variieren können. Innerhalb und zwischen diesen Hauptströmungen des Kreationismus gibt es zahlreiche Varianten und Kombinationen.

Die Ansichten der Kreationisten gehen auf eine fast wörtliche Auffassung der biblischen Schöpfungsgeschichten zurück. Die beiden Darstellungen Genesis 1 und Genesis 2, Vers 4 ff. der Bibel haben aber nicht die Absicht, die Entstehung der Erde und der Lebewe-

sen zu erklären. Sie sind Glaubensbezeugungen. Deshalb kann man die Aussagen nicht wörtlich nehmen und als naturwissenschaftliche Hypothesen oder Theorien auffassen. Naturwissenschaftliches Arbeiten geht von der Grundannahme aus, dass alle Vorgänge in der Natur nach den immer und überall gleichen einfachen und erkennbaren Regeln, den Naturgesetzen, ablaufen. Auf der Basis dieser Regeln werden zu nicht erklärbaren Beobachtungen und Phänomenen Hypothesen gebildet und systematische Experimente durchgeführt, um diese Hypothesen zu überprüfen. Glaubensaussagen lassen sich nicht mit naturwissenschaftlichen Methoden überprüfen. Die Annahme, „ein Schöpfer hat alle Lebewesen erschaffen", kann weder durch Experimente bewiesen noch widerlegt werden. Somit überschreitet der Kreationismus mit Glaubensaussagen die Grenzen der Naturwissenschaft und kann daher nicht als naturwissenschaftliche Hypothese oder Theorie gelten.

❶ = Erklären Sie anhand der Stammbäume in Abbildung 1 die unterschiedlichen Auffassungen zur Entstehung der heute lebenden Arten.

2 Evolutionäre Verwandtschaft

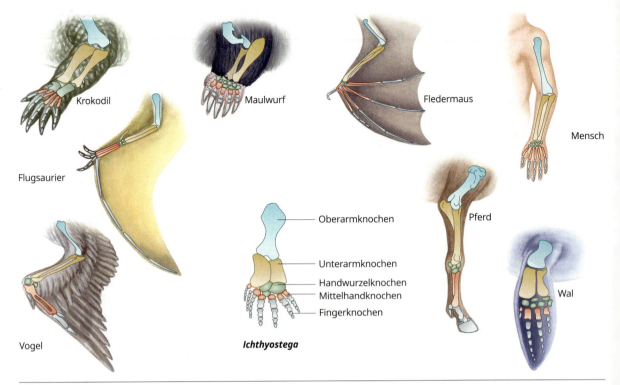

Krokodil

Maulwurf

Fledermaus

Mensch

Flugsaurier

Oberarmknochen

Unterarmknochen

Handwurzelknochen

Mittelhandknochen

Fingerknochen

Pferd

Wal

Vogel

Ichthyostega

1 Homologie bei Wirbeltierextremitäten

2.1 Homologie und Analogie

Welche Rückschlüsse über den Verlauf der Evolution gewinnt man aus anatomisch-morphologischen Vergleichen heute vorkommender Lebewesen?

Die Evolution der Lebewesen und ihre Verwandtschaft werden durch eine Vielzahl von Belegen aus unterschiedlichen Teilbereichen der Biologie gestützt. Sie beruhen im Wesentlichen auf dem Vergleich von Ähnlichkeiten, die man bei verschiedenen Lebewesen beobachtet. Solche Ähnlichkeiten können die Morphologie und Anatomie der Lebewesen ebenso wie deren zelluläre und molekulare Strukturen betreffen. Von besonderer Bedeutung sind dabei zwei Formen von Ähnlichkeiten, die Homologie und die Analogie.

Homologie

Die Extremitäten von Landwirbeltieren zeigen grundlegende Ähnlichkeiten in ihrem Knochenbau: Die kurze, breite Vorderextremität eines Maulwurfs besteht etwa aus den glei-chen Skelettelementen wie der filigrane Flügel einer Fledermaus oder das Vorderbein eines Pferdes: Auf einen Oberarmknochen folgen zwei Unterarmknochen, an die sich mehrere Handwurzel-, Mittelhand- und Fingerknochen anschließen (→ **Abb. 1**). Die ersten Tiere, die Extremitäten mit einem solchen Bauplan besaßen, waren vor 365 Millionen Jahren Urlurche wie *Ichthyostega*. Eine solche Ähnlichkeit von Merkmalen, die auf einem gemeinsamen Bauplan und damit auf einem gemeinsamen Vorfahren beruht, nennt man **Homologie**. Durch Spezialisierung oder einen Funktionswechsel können sich homologe Merkmale im Laufe der Evolution über Jahrmillionen stark verändern. So entwickelten sich beispielsweise aus den Vorderextremitäten von landlebenden Säugetieren die Flossen der Wale.

Analogie

Haie, Delfine und Pinguine ähneln sich stark in ihrer äußeren Gestalt, gehören jedoch ganz unterschiedlichen Tiergruppen an (→ **Abb. 2**). Beispielsweise zählen Haie zu den Knorpelfischen, während Delfine Säugetiere sind. Die

Ähnlichkeit dieser Wirbeltiere beruht nicht auf einem gemeinsamen Bauplan und einer gemeinsamen Verwandtschaft, sondern auf einer Anpassung an ähnliche Lebensbedingungen und einen ähnlichen Lebensraum. Durch ihren stromlinienförmigen Körper sind Haie, Delfine und Pinguine an ihre Lebensweise als marine Räuber angepasst. Solche Merkmale, die zwar die gleiche Funktion erfüllen, aber nicht auf einer gemeinsamen Abstammung beruhen, nennt man **Analogien**. Sie haben sich unabhängig voneinander in der Evolution entwickelt.

Homologiekriterien

Im Verlauf der Evolution haben sich viele Merkmale durch einen Funktionswechsel stark verändert. Dadurch ist es nicht immer leicht eine Homologie und damit eine Verwandtschaft zu erkennen. Für die Beurteilung von Ähnlichkeiten und um Homologien von Analogien unterscheiden zu können, wurden drei Homologiekriterien definiert:

- **Kriterium der Lage.** Strukturen sind dann homolog, wenn sie im Bauplan der verschiedenen Organismen die gleiche Lage einnehmen. Dies trifft beispielsweise auf die Skelettelemente der Wirbeltierextremitäten zu (→ **Abb. 1**). Bei einfach gebauten Organen ohne Teilstrukturen oder bei Fossilien, bei denen nur Teile von Organen vorhanden sind, ist dieses Kriterium allerdings nicht anwendbar. In diesen Fällen wird eines der folgenden Kriterien untersucht.
- **Kriterium der spezifischen Qualität.** Strukturen können auch ohne Berücksichtigung ihrer Lage homolog sein, wenn sie in vielen Einzelmerkmalen übereinstimmen. Nach diesem Kriterium sind beispielsweise die Hautschuppen der Haie und die Zähne der Säuger homolog, da sie aus den gleichen Bestandteilen aufgebaut sind (→ **Abb. 3**).
- **Kriterium der Stetigkeit.** Strukturen sind homolog, wenn sie sich durch Zwischenformen verknüpfen lassen. Nach diesem Kriterium sind beispielsweise die Blutkreisläufe von Fischen und Säugetieren homolog, obwohl sie sich kaum ähneln. Betrachtet man aber zusätzlich den Blutkreislauf der Reptilien, so stellt diese Zwischenform eine Entwicklung von einfachen zu immer komplexeren Strukturen dar (→ **Abb. 4**).

Werden mehrere Homologiekriterien bestätigt, so kann mit Sicherheit von einem gemeinsamen Vorfahren ausgegangen werden.

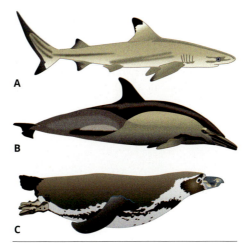

2 Analoge Körperformen. A Hai; **B** Delfin; **C** Pinguin

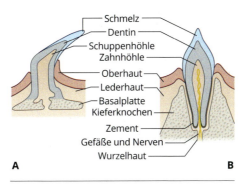

3 Homologe Organe. A Hautschuppe vom Hai; **B** Schneidezahn vom Menschen

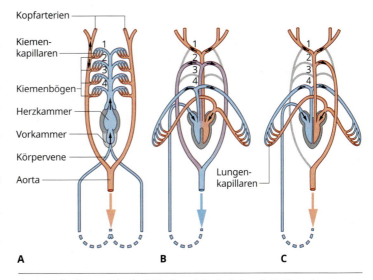

4 Homologie von Blutkreisläufen. A Fisch; **B** Reptil; **C** Säugetier
(Die grau dargestellten Gefäße werden bei der Keimesentwicklung angelegt und dann zurückgebildet.)

353

Divergenz und Konvergenz
Im Verlauf der Evolution können sich homologe Merkmale aufgrund unterschiedlicher Lebensbedingungen verändern und andere Funktionen einnehmen. Eine solche Auseinanderentwicklung von Merkmalen nennt man

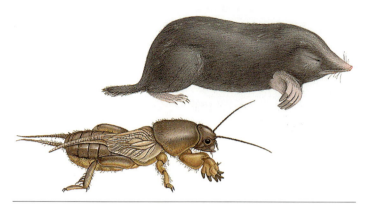

5 Maulwurfsgrille und Maulwurf

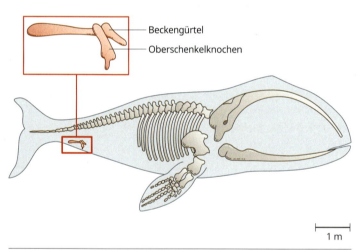
Beckengürtel
Oberschenkelknochen

1 m

6 Grönlandwal mit Rudimenten

Divergenz. Eine andere Situation liegt bei analogen Merkmalen wie den Vorderextremitäten von Maulwurf und Maulwurfsgrille vor (→ **Abb. 5**). Sie sehen sich sehr ähnlich, ihr anatomischer Aufbau ist aber verschieden. Die Entwicklung dieser Strukturen ging demnach von unterschiedlichen Ausgangsformen aus und lief aufeinander zu in Richtung größerer Ähnlichkeit. Man spricht von **Konvergenz** oder konvergenter Entwicklung.

Rudimente
Neben Homologien und Analogien gibt es noch weitere Belege für die Evolution aus der vergleichenden Morphologie. Fossilfunde von Walvorfahren zeigen noch charakteristische Merkmale von Landsäugetieren. Wale besitzen als wasserlebende Säugetiere keine Hinterextremitäten mehr. Dennoch finden sich bei heute vorkommenden, rezenten Bartenwalen wie dem Grönlandwal noch Reste des Beckengürtels und des Oberschenkelknochens. Solche Reste von Organen und Strukturen, die im Laufe der Evolution zurückgebildet wurden, nennt man **Rudimente**. Die Extremitätenreste der Wale belegen, dass sie von vierfüßigen Landsäugetieren abstammen. Mit der Entwicklung vom Land- zum Wasserleben wurden die Hintergliedmaßen funktionslos. Die Rückbildung der nicht mehr benötigten Strukturen war vorteilhaft, da sie mit einer Material- und Energieersparnis einherging.

❶ ☰ Nennen Sie eine Definition der Begriffe Homologie und Analogie und begründen Sie, warum beide die Evolution belegen.
❷ ☰ Prüfen Sie, wie man das Vorkommen der menschlichen Weisheitszähne evolutionsbiologisch deuten kann.

Materialgebundene Aufgaben

❸ **Divergenz, Konvergenz, Parallelismus**

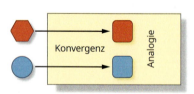

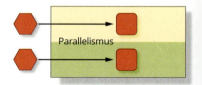

a) ☰ Erklären Sie die Begriffe Konvergenz, Divergenz und Parallelismus anhand der Abbildung. Berücksichtigen Sie dabei die unterschiedlichen Hintergrundfarben sowie die Farben und Formen der Symbole.

Nach der Evolutionstheorie stammen alle heute existierenden Lebewesen von gemeinsamen Vorfahren ab, sie sind stammesgeschichtlich miteinander verwandt. Die Ähnlichkeit und die Vielfalt der heute lebenden Arten sind also das Ergebnis einer gemeinsamen **Evolution**. Als Belege für die stammesgeschichtliche Verwandtschaft werden anatomisch-morphologische Befunde ebenso wie molekularbiologische Untersuchungen herangezogen.

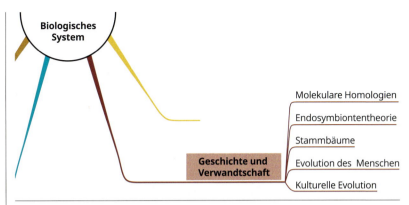

1 Aspekte des Basiskonzepts Geschichte und Verwandtschaft

Position	1	2	3	4	5	6	7	8	9	10	...
Mensch	A	G	G	C	A	T	A	A	A	C	...
Schimpanse	A	G	G	C	C	C	C	T	T	C	...
Gorilla	A	G	G	C	C	C	C	T	T	C	...

2 Basensequenzen des Hämoglobin-Gens (Ausschnitt)

Auf molekularer Ebene wird die Theorie, dass alle Lebewesen aus einer gemeinsamen Urform entstanden sind, etwa dadurch bestätigt, dass fast alle Lebewesen die Erbinformation in Form von DNA oder RNA speichern. Auch der genetische Code ist universell und fast alle Lebewesen verwenden die gleichen 20 Aminosäuren bei der Proteinbiosynthese. Vergleicht man die Aminosäuresequenzen beziehungsweise DNA-Sequenzen verschiedener Lebewesen, so zeigen diese Übereinstimmungen, die Ausdruck einer gemeinsamen Abstammung sind (→ **Abb. 2**). Solche molekulargenetischen Merkmale, die sich im Verlauf der Evolution aus einem gemeinsamen Ursprung entwickelt haben, werden als homolog bezeichnet.

Auf zellulärer Ebene belegen die übereinstimmenden Merkmale von Mitochondrien und Chloroplasten mit denen von Bakterien die Endosymbiontentheorie. Diese besagt, dass in der frühen Evolution freilebende Bakterien von einer Wirtszelle aufgenommen wurden und sich aus ihnen über eine Symbiose Mitochondrien und Chloroplasten entwickelt haben.

Auf der Ebene von Organen zeigt sich die stammesgeschichtliche Verwandtschaft verschiedener Arten in der Ähnlichkeit bestimmter anatomisch-morphologischer Merkmale. Zum Beispiel sind die Extremitäten von Insekten homolog. Trotz unterschiedlicher Funktion lassen sie sich auf einen ge-

meinsamen Grundbauplan zurückführen (→ **Abb. 3**). Vergleicht man Homologien bei Arten, die gemeinsame abgeleitete Merkmale aufweisen, so lässt sich die stammesgeschichtliche Verwandtschaft der untersuchten Arten in Form phylogenetischer Stammbäume darstellen.

Auch der Mensch ist Teil eines evolutionären Entwicklungsprozesses. Übereinstimmungen bei zahlreichen anatomisch-morphologischen und molekularen Merkmalen belegen beispielsweise, dass der Mensch mit Menschenaffen verwandt ist und beide gemeinsame Vorfahren haben.

Bei der biologischen Evolution werden die Informationen in Form von DNA gespeichert und an die nächste Generation durch Fortpflanzung vererbt. Die kulturelle Evolution beruht hingegen auf der Weitergabe von Informationen und deren Aufnahme durch Lernen und Gedächtnis, wobei das Gehirn als Informationsspeicher dient.

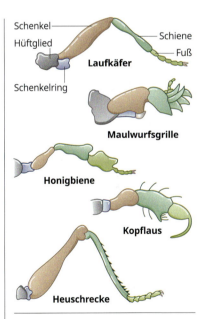

3 Homologie bei Insekten

❶ ☰ Erklären Sie die in Abbildung 2 erkennbaren Übereinstimmungen in den Basensequenzen.

❷ ☰ Erklären Sie am Beispiel von Abbildung 3 den Begriff Homologie.

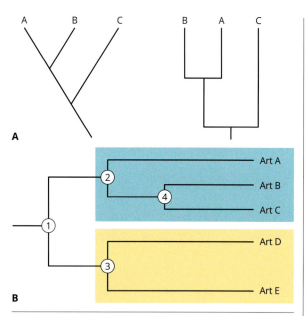

1 Dendrogramme. A mit vertikaler Achse; **B** mit horizontaler Achse

Seit Darwin versuchen Wissenschaftler die Evolution der Lebewesen und ihre stammesgeschichtliche Verwandtschaft mithilfe von Stammbäumen anschaulich darzustellen. Solche phylogenetischen Stammbäume werden auch **Dendrogramme** genannt. Ihre Rekonstruktion erfolgte früher vor allem auf Basis morphologischer Merkmale. Heute werden Stammbäume in der Regel auf der Basis von DNA-Sequenzanalysen erstellt. Dabei wird das Ziel verfolgt, die Lebewesen nach ihrer stammesgeschichtlichen Verwandtschaft zu systematisieren.

Stammbäume verstehen

Neue Arten entstehen im Verlauf der Evolution stets so, dass sich eine ursprüngliche Art in zwei neue Arten aufspaltet. Diese Artaufspaltung wird in Stammbäumen durch die Gabelung eines Hauptastes in zwei Nebenäste dargestellt. Der Verzweigungspunkt wird Knoten genannt. Er steht für den letzten gemeinsamen Vorfahren oder die Stammart. Bei jedem Stammbaum darf um den Knoten beliebig gedreht werden. Die Endpunkte der Verzweigungen stehen für heute lebende Arten. Stammbäume mit einer vertikalen Achse werden stets von unten nach oben gelesen (→ **Abb. 1A**). Daneben gibt es Stammbaumdarstellungen, bei denen die Achse horizontal verläuft. Sie werden von links nach rechts gelesen (→ **Abb. 1B**). Die Reihenfolge der Verzweigungen entlang der Achse gibt die relative Abfolge der Artaufspaltung wieder. So stellt beispielsweise Verzweigungspunkt 2 den letzten gemeinsamen Vorfahren der Arten A, B und C dar (→ **Abb. 1B**). Die Arten B und C haben sich erst entwickelt, nachdem sich ihre gemeinsame Stammeslinie von der der Art A getrennt hat. Die Verzweigung am Punkt 4 gibt an, dass die Arten B und C näher miteinander verwandt sind als die Arten A und B. Der Verzweigungspunkt 1 liegt vor den Punkten 2, 3 und 4 und markiert damit den letzten gemeinsamen Vorfahren aller hier aufgeführten Arten.

Jede Gruppe von Lebewesen, die aufgrund gemeinsamer Merkmale eine Einheit bildet, bezeichnet man als **Taxon**. Bekannte Taxa sind beispielsweise Säugetiere, Wirbeltiere und Menschen. Ein Taxon, das sämtliche stammesgeschichtlichen Abkömmlinge eines Vorfahren umfasst, nennt man **monophyletische Gruppe** (→ **Abb. 1B**). Zwei Arten, die am nächsten miteinander verwandt sind, nennt man **Schwesterarten**. Die entsprechenden monophyletischen Gruppen werden als **Schwestergruppen** bezeichnet. So gehören die Arten A, B und C einer monophyletischen Gruppe an. Art B und C sind Schwesterarten und bilden eine Schwestergruppe.

Allgemein unterscheidet man drei Typen von Stammbäumen: Bei einem **Kladogramm** zählen nur die relativen Verwandtschaftsverhältnisse, die Länge der Äste ist ohne Bedeutung. Eine Achse fehlt daher. Bei einem **Phylogramm** ist die Länge der Äste hingegen ein Maß für die Merkmalsunterschiede. Bei diesen kann es sich beispielsweise um die Anzahl ausgetauschter Aminosäuren in einem Protein oder die Anzahl unterschiedlicher Basen in einem Genabschnitt handeln. Entsprechen die Astlängen Zeitabschnitten, spricht man vom **Chronogramm** (→ **Abb. 2**).

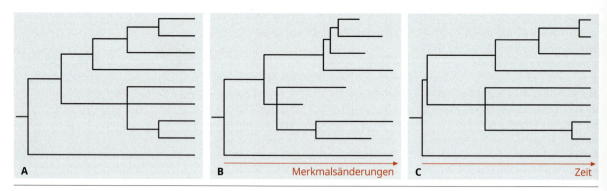

2 Dendrogramme. A Kladogramm; **B** Phylogramm; **C** Chronogramm

A Taxon	Abgeleitetes Merkmal							
	Kiefer	Lunge	Krallen oder Nägel	Kropf	Federn	Fell	Milchdrüsen	Schuppen aus β-Keratin
Schleimaal (Außengruppe)	–	–	–	–	–	–	–	–
Barsch	+	–	–	–	–	–	–	–
Salamander	+	+	–	–	–	–	–	–
Eidechse	+	+	+	–	–	–	–	+
Krokodil	+	+	+	+	–	–	–	+
Taube	+	+	+	+	+	–	–	+
Maus	+	+	+	–	–	+	+	–
Schimpanse	+	+	+	–	–	+	+	–

3 Wirbeltiere. A Abgeleitete Merkmale bei Wirbeltieren (+ = Merkmal vorhanden; – = Merkmal fehlt); **B** Stammbaum

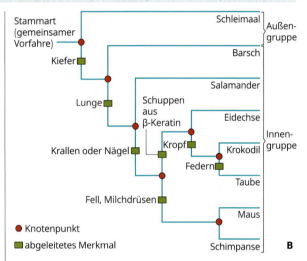

Stammbäume erstellen

Kladogramme werden auf Basis monophyletischer Gruppen erstellt. Man ermittelt hierzu die Verwandtschaftsbeziehungen durch Homologievergleiche an heute lebenden Arten. Dabei ist es wichtig, zwischen ursprünglichen und abgeleiteten Merkmalen zu unterscheiden: Ursprüngliche, **plesiomorphe Merkmale** sind bereits bei einer sehr frühen Stammart aufgetreten und daher bei allen nachfolgenden Arten vorhanden. So ist etwa das Vorhandensein einer Wirbelsäule bei Säugetieren ein plesiomorphes Merkmal, denn es kommt nicht nur bei diesen, sondern auch bei Reptilien, Amphibien, Fischen und Vögeln vor. Für die genauere Untersuchung der Wirbeltiere ist dieses Merkmal daher nicht geeignet. Für die Einordnung in eine monophyletische Gruppe sind nur abgeleitete, **apomorphe Merkmale** von Bedeutung. Darunter versteht man Merkmale, die erstmals bei der gemeinsamen Stammart auftraten und nur bei deren Nachkommen in jeweils abgewandelter Form vorhanden sind. So ist etwa der Besitz von Fell ein apomorphes Merkmal der Säugetiere. Es kommt nur bei diesen vor und kennzeichnet sie zugleich (→ **Abb. 3**).

Bei der Erstellung eines Kladogramms geht man folgendermaßen vor:
1. Auswahl der Innengruppe. Bei phylogenetischen Untersuchungen bezeichnet man die Gruppe von Lebewesen, der das eigentliche Interesse gilt, als Innengruppe. Beispielhaft sollen verschiedene Wirbeltierarten phylogenetisch analysiert werden (→ **Abb. 3**).
2. Festlegung der Außengruppe. Im nächsten Schritt wird eine Außengruppe bestimmt. Hierbei handelt es sich um eine Gruppe oder Art, die sich früher von der Entwicklungslinie abgespalten hat als die Innengruppe. Als Vergleichsgruppe ermöglicht sie die Unterscheidung von plesiomorphen und apomorphen Merkmalen für die Innengruppe. Eine solche Außengruppe bilden die Schleimaale.

3. Erstellung einer Merkmalstabelle. In einer Tabelle werden abgeleitete Merkmale für die zu untersuchenden Arten aufgelistet. Bei einem Pluszeichen ist das Merkmal bei der betreffenden Art vorhanden, bei einem Minuszeichen fehlt es (→ **Abb. 3**).
4. Auswertung der Merkmalstabelle. Auf der Basis der Tabelle werden zunächst die Merkmale bestimmt, die einzigartig für jedes einzelne Taxon sind. In der Übersicht oben ist dies das Merkmal „Federn" bei der Taube. Danach identifiziert man Schwestergruppen, indem man nach Merkmalen sucht, die lediglich bei zwei der zu vergleichenden Taxa vorkommen. Dies trifft beispielsweise auf das Merkmal Kropf bei Taube und Krokodil zu. Danach bestimmt man über den Merkmalsvergleich das nächste Schwestergruppenverhältnis. Dies führt man solange fort, bis der Stammbaum vollständig erstellt ist. Der auf diese Weise erstellte Stammbaum stellt zunächst eine Hypothese dar. Andere Stammbäume sind theoretisch denkbar. Um den Stammbaum zu ermitteln, der die Realität am besten abbildet, wendet man das **Prinzip der sparsamen Erklärung** an. Dabei sieht man denjenigen Stammbaum als wahrscheinlich an, der die geringste Anzahl an evolutionären Ereignissen benötigt, um die Merkmalsausprägung zu erklären.

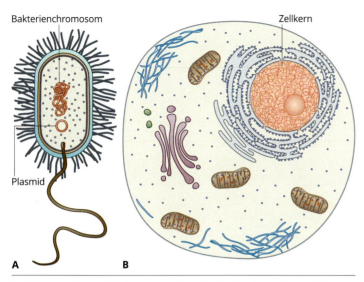

1 Zellen im Vergleich. A prokaryotische Zelle; **B** eukaryotische Zelle

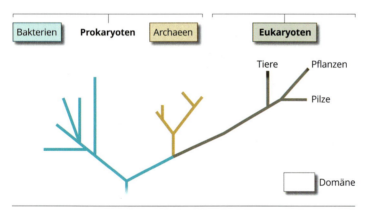

2 Evolutionäre Entwicklungslinien

2.2* Evolution der Zelle

Welche Belege für die Evolution liefert die Cytologie und wie verlief die Evolution der eukaryotischen Zelle?

Alle Lebewesen bestehen aus Zellen. Grundlegende Lebensvorgänge wie die Umsetzung der in der DNA gespeicherten Erbinformation zu Proteinen sowie Transportvorgänge und Stoffwechselreaktionen laufen in jeder Zelle vergleichbar ab. Neue Zellen können nur durch Teilung oder Verschmelzung bereits vorhandener Zellen entstehen. Diese grundsätzlichen Gemeinsamkeiten sind ein Beleg dafür, dass alle heutigen Lebensformen einen gemeinsamen Ursprung haben. Jedoch gibt es verschiedene Organisationsformen von Zellen, die jeweils spezifische Besonderheiten aufweisen.

Prokaryoten und Eukaryoten

Prokaryoten sind einzellige Lebewesen ohne Zellkern. Ihr Erbmaterial liegt frei im Cytoplasma in Form eines ringförmigen Bakterienchromosoms vor. Daneben besitzen manche Prokaryoten noch kleine ringförmige Erbinformation, die Plasmide (→ **Abb. 1A**). Wie alle Zellen so sind auch Prokaryoten von einer Zellmembran umgeben. Allerdings fehlen ihnen zum Beispiel Mitochondrien, Chloroplasten und ein Endoplasmatisches Retikulum.

Prokaryoten stellen keine einheitliche Gruppe dar. Sie werden in **Bakterien** und **Archaeen** unterteilt. Archaeen kommen vorwiegend in extremen Lebensräumen wie schwefelsauren Quellen vor und stellen eine sehr ursprüngliche Gruppe von Lebewesen dar. Bakterien besitzen eine Zellwand aus Murein, die Archaeen fehlt. Weitere Unterschiede bestehen im Aufbau ihrer Ribosomen und ihrer Zellmembran.

Tiere, Pflanzen und Pilze zählen zu den **Eukaryoten**. Sie weisen eine starke innere Gliederung in verschiedene Zellkompartimente auf. So liegt die DNA bei Eukaryoten in einem Zellkern mit Kernhülle (→ **Abb. 1B**). Bei Wachstums- und Vermehrungsprozessen teilen sich die Zellkerne der Eukaryoten in gleicher Weise. Mitose und Meiose gleichen einander. Sämtliche Eukaryoten besitzen ein Endoplasmatisches Retikulum und Mitochondrien. Pflanzenzellen enthalten zusätzlich Chloroplasten und eine Zellwand mit Cellulose als Gerüstsubstanz. Bei Pilzen gibt es ebenfalls eine Zellwand, die jedoch aus Chitin besteht.

Endosymbiontentheorie

Die großen Unterschiede zwischen Bakterien, Archaeen und Eukaryoten weisen auf eine frühe Auffächerung der Lebewesen in drei zentrale Hauptevolutionslinien, die **Domänen** (→ **Abb. 2**). Eine dieser Linien führte von frühen prokaryotischen Zellen zu eukaryotischen Zellen. Nach der **Endokaryon-Hypothese** entwickelte sich dabei zunächst ein Zellkern durch Verschmelzung eines Urprokaryots mit einer Archaee. Der so entstandene Ureukaryot nahm später Bakterien durch Phagozytose auf. Diese wurden aber nicht verdaut, sondern lebten im Cytoplasma der Wirtszelle weiter. Zwischen beiden entwickelte sich eine Form des Zusammenlebens, die für beide Partner von Vorteil war. Es entstand eine **Endosymbiose** (→ **Abb. 3**).

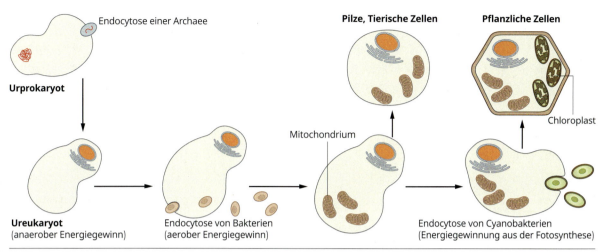

3 Entstehung der eukaryotischen Zelle nach der Endosymbiontentheorie

Nach der **Endosymbiontentheorie** haben sich Mitochondrien aus Bakterien entwickelt, die durch den aeroben Abbau von Nährstoffen Energie gewannen. Die Wirtszellen gewannen ihre Energie zunächst nur anaerob durch Gärungen. Der Energiegewinn fällt hierbei jedoch deutlich niedriger aus. Indem die Endosymbionten den Wirtszellen Energie zur Verfügung stellten, wurden sie zu **Mitochondrien**, den zentralen Energielieferanten der eukaryotischen Zelle. Nach neueren Untersuchungen entstanden die ersten Eukaryoten zu einem Zeitpunkt, als sich die Atmosphäre mit Sauerstoff anreicherte. Unter diesen Bedingungen war die aerobe Energiegewinnung über Mitochondrien für diese Zellen von Vorteil. Eukaryotische Zellen, die bereits Mitochondrien besaßen, nahmen im Verlauf der Evolution fotosynthetisch aktive Cyanobakterien auf, aus denen sich dann die **Chloroplasten** der Pflanzenzelle entwickelten.

Belege für die Endosymbiontentheorie

Die Endosymbiontentheorie findet heute breite wissenschaftliche Zustimmung. Sie wird durch zahlreiche Beobachtungen bestätigt:

- Die Größe von Mitochondrien und Chloroplasten entspricht der von kleinen Bakterien.
- Mitochondrien und Chloroplasten besitzen wie Bakterien eine ringförmige DNA und vermehren sich durch Zweiteilung.
- Mitochondrien und Chloroplasten besitzen bakterienähnliche Ribosomen.
- Mitochondrien und Chloroplasten sind von zwei Membranen umgeben. Die innere Membran ähnelt in ihrem Aufbau der Membran bestimmter Bakterien.

❶ ≡ Stellen Sie die evolutionäre Entwicklung der eukaryotischen Zelle aus einem Urprokaryoten in Form eines Fließdiagramms dar.

Materialgebundene Aufgaben

❷ Hatena – ein rätselhafter Einzeller

Das Geißeltierchen *Hatena arenicola* wechselt zwischen einer räuberischen Phase und einer Wirtsphase mit Endosymbiont. In der räuberischen Phase ist es farblos und besitzt einen besonderen Fressapparat. Mit diesem kann Hatena Grünalgen der Gattung Nephroselmis aufnehmen. Die Alge wird allerdings nicht verdaut, sondern wächst in dem Geißeltierchen so lange heran, bis ihr Chloroplast fast die ganze Hatena ausfüllt. Hatena betreibt nun Fotosynthese.

Außerdem verschwindet der Fressapparat. Bei der Zellteilung enthält nur eine der beiden Tochterzellen die Grünalge, während die andere leer ausgeht. Diese entwickelt dann wieder einen Fressapparat.

a) ≡ Erklären Sie, warum Hatena als temporärer Endosymbiont bezeichnet wird.

b) ≡ Begründen Sie , warum Hatena einen indirekten Einblick in die Entstehungsgeschichte der Pflanzen erlaubt.

										10										20										30				
Mensch	G	D	V	E	K	G	K	K	I	F	I	M	K	C	S	Q	C	H	T	V	E	K	G	G	K	H	K	T	G	P	N	L	H	G	...
Schimpanse	G	D	V	E	K	G	K	K	I	F	I	M	K	C	S	Q	C	H	T	V	E	K	G	G	K	H	K	T	G	P	N	L	H	G	...
Kaninchen	G	D	V	E	K	G	K	K	I	F	V	Q	K	C	A	Q	C	H	T	V	E	K	G	G	K	H	K	T	G	P	N	L	H	G	...
Taube	G	D	I	E	K	G	K	K	I	F	V	Q	K	C	S	Q	C	H	T	V	E	K	G	G	K	H	K	T	G	P	N	L	H	G	...
Krallenfrosch	G	D	V	E	K	G	K	K	I	F	V	Q	K	C	A	Q	C	H	T	C	E	K	G	G	K	H	K	V	G	P	N	L	Y	G	...
Drosophila	G	D	V	E	K	G	K	K	L	F	V	Q	R	C	A	Q	C	H	T	V	E	A	G	G	K	H	K	V	G	P	N	L	H	G	...
Weizen	G	N	P	D	A	G	A	K	I	F	K	T	K	C	A	Q	C	H	T	V	D	A	G	A	G	H	K	Q	G	P	N	L	H	G	...
Bäckerhefe	G	S	A	K	K	G	A	T	L	F	K	T	R	C	E	L	C	H	T	V	E	K	G	G	P	H	K	V	G	P	N	L	H	G	...

1 Aminosäuresequenz von Cytochrom c verschiedener Arten. Vom menschlichen Cytochrom c abweichende Aminosäuren sind gelb hervorgehoben.

2.3 Vergleich von Aminosäuresequenzen

Welche Aussagen zu Verwandtschaftsbeziehungen ermöglicht der Vergleich von Aminosäuresequenzen?

Alle Lebewesen bestehen aus den gleichen chemischen Stoffklassen, beispielsweise aus Proteinen und Nucleinsäuren. Auch viele biochemische Grundprozesse, wie die Zellatmung oder die Proteinbiosynthese, sind bei verschiedenen Organismengruppen nahezu identisch. Man spricht daher von **molekularer Homolo**gie. Sie belegt die Verwandtschaft aller heute bekannten Lebewesen.

Cytochrom c-Stammbaum

Die Erkenntnis DARWINS, dass sich Arten je nach Verwandtschaftsnähe durch abgestufte Ähnlichkeit auszeichnen, wurde auf Ebene der Proteine bereits vor Jahrzehnten bestätigt. Als besonders wertvoll für Verwandtschaftsanalysen erwies sich dabei das Protein Cytochrom c. Es kommt bei allen aeroben Organismen vor und spielt eine wichtige Rolle bei der Fotosynthese und in der Atmungskette. Beim Menschen umfasst die Primärstruktur von Cytochrom c 105 Aminosäuren. Diese Sequenz ist mit der des Schimpansen zu 100 Prozent identisch. Mit der aller anderen Wirbeltiere stimmt diese Sequenz im Durchschnitt zu 75 Prozent überein. Bei der Bäckerhefe sind es immerhin noch 44 Prozent (→ **Abb. 1**). 20 Prozent der Aminosäuren des Cytochroms c sind bei allen Lebewesen gleich. Diese sind für die Funktion des Proteins von zentraler Bedeutung.

Der Vergleich von Aminosäuresequenzen verschiedener Lebewesen lässt sich zur Erstellung von **phylogenetischen Stammbäumen** nutzen. Sind die Aminosäuresequenzen eines Proteins bei zwei Arten nur geringfügig verschieden, haben sich diese erst spät in der Evolution voneinander getrennt. Große Sequenzunterschiede weisen dagegen auf eine Trennung der Entwicklungslinien bereits vor langer Zeit hin. Bei diesen Überlegungen geht man von der Annahme aus, dass sich die Aminosäuresequenzen mit gleichbleibender Geschwindigkeit verändern (→ **Abb. 2**).

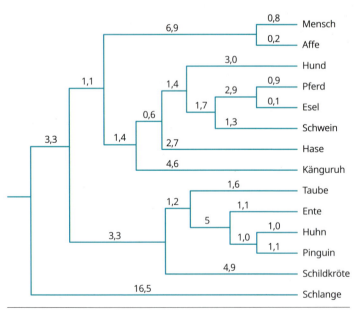

2 Cytochrom c-Stammbaum. Die Länge der Äste in dem Stammbaum ist proportional zur Zahl der Aminosäureaustausche.

Molekulare Uhr

In manchen Fällen lässt sich die Zahl der Aminosäureaustausche auch als **molekulare Uhr** verwenden. So unterscheidet sich beispielsweise die Aminosäuresequenz des Cytochroms c bei verschiedenen Vögeln und Säugern in elf bis zwölf Positionen. Da man aus Fossilfunden weiß, dass der älteste gemeinsame Vorfahr von Vögeln und Säugern vor etwa 280 Millionen Jahren gelebt hat, kann man daraus errechnen, dass eine Aminosäure durchschnittlich alle 21 Millionen Jahre ausgetauscht wurde. Aus dem Cytochrom c-Vergleich bei Amphibien und Fischen lässt sich auf diese Weise auch der Zeitraum bestimmen, wann sich deren Entwicklungslinien getrennt haben. Die so ermittelten Werte stimmen gut mit denen überein, die man aus der Altersbestimmung entsprechender Fossilfunde ermittelt hat. In vergleichbarer Weise hat man die Evolutionsgeschwindigkeit verschiedener anderer Proteine ermittelt (→ **Abb. 3**).

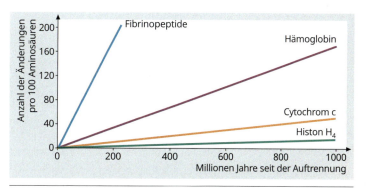

3 Evolutionsgeschwindigkeit verschiedener Proteine

❶ Ξ Erklären Sie, wie die Übereinstimmungen und Unterschiede der Aminosäuresequenzen bei Cytochrom c entstanden sind.

❷ Ξ Entwickeln Sie eine Hypothese, welche die unterschiedlichen Evolutionsgeschwindigkeiten der Proteine in Abbildung 3 erklärt.

Materialgebundene Aufgaben

❸ Homologie bei Neurohormonen

Bei Wirbeltieren findet man bestimmte Hormone, die von Nervenzellen produziert und in die Blutbahn abgegeben werden. Sie wirken später in einem weiter entfernten Organ. Die Sequenz solcher aus neun Aminosäuren bestehenden Neurohormone ist in der folgenden Tabelle angegeben:

AS-Position	Vasotocin	Mesotocin	Oxytocin	Argininvaso-pressin
1	Cys	Cys	Cys	Cys
2	Tyr	Tyr	Tyr	Tyr
3	Ile	Ile	Ile	Phe
4	Gln	Gln	Gln	Gln
5	Asn	Asn	Asn	Asn
6	Cys	Cys	Cys	Cys
7	Pro	Pro	Pro	Pro
8	Arg	Ile	Leu	Arg
9	Gly	Gly	Gly	Gly

Bei verschiedenen Wirbeltiergruppen kommen unterschiedliche Neurohormone vor. Rundmäuler sind eine sehr ursprüngliche, fischähnliche Gruppe von Wirbeltieren.

	Vasotocin	andere Neurohormone
Lungenfische	+	Mesotocin
Reptilien	+	Mesotocin oder Oxytocin
Rundmäuler	+	–
Vögel	+	Oxytocin
Amphibien	+	Mesotocin
Säugetiere	–	Oxytocin oder Argininvasopressin

Auf Basis des Aminosäuresequenzvergleichs und des Vorkommens der Neurohormone bei den verschiedenen Wirbeltiergruppen wurde folgender Stammbaum aufgestellt:

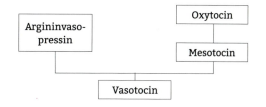

a) Ξ Werten Sie die Tabellen aus und begründen Sie den dargestellten Stammbaum.

2.4 Vergleich von DNA-Sequenzen

Warum analysiert man heutzutage vorwiegend DNA, um Aussagen zur Verwandtschaft von Lebewesen zu gewinnen und mit welchen Methoden geschieht dies?

Homologien beruhen auf Übereinstimmungen in der Erbinformation. Der Vergleich von DNA-Sequenzen unterschiedlicher Lebewesen ist daher die sicherste Methode, um deren Verwandtschaftsverhältnisse zu bestimmen. Die Analyse von Aminosäuresequenzen ist dagegen weniger aussagekräftig, da aufgrund der Degeneration des genetischen Codes nicht immer eindeutig von der Aminosäuresequenz auf die Basensequenz geschlossen werden kann. Seitdem Ende 1960 entsprechende Methoden zur Verfügung stehen, konzentriert sich die Forschung daher auf die Untersuchung der DNA und den Vergleich von DNA-Sequenzen.

DNA-DNA-Hybridisierung
Um die Ähnlichkeit von DNA-Sequenzen quantitativ zu bestimmen, nutzte man früher das Verfahren der **DNA-DNA-Hybridisierung.** Dieses Verfahren basiert darauf, dass DNA-Einzelstränge umso stabilere Hybrid-Doppelstränge (lat. *hybrida:* Mischling) bilden, je mehr Wasserstoffbrücken zwischen ihnen gebildet werden können, also je mehr übereinstimmende Sequenzen in den DNA-Einzelsträngen vorkommen.

Das Verfahren der DNA-DNA-Hybridisierung lässt sich in mehrere Arbeitsschritte untergliedern: Zunächst werden die zu untersuchenden DNA-Doppelstränge aus den Zellen der entsprechenden Lebewesen extrahiert und in kleinere, gleich lange DNA-Abschnitte zerschnitten (→ **Abb. 1**). Anschließend werden diese DNA-Moleküle erhitzt. Dadurch werden die Wasserstoffbrücken-Bindungen zwischen den komplementären Basen der DNA-Doppelstränge gelöst. Auf diese Weise erhält man einzelsträngige DNA-Abschnitte. Diese werden zum Hybridisieren abgekühlt und mit gleichen einzelsträngigen DNA-Abschnitten, die von anderen Lebewesen gewonnen wurden, vermischt. Je nachdem, wie hoch die Übereinstimmung komplementärer Basen zwischen den verschiedenen Einzelsträngen ist, lagern sie sich abschnittsweise zu DNA-Doppelsträngen zusammen.

Im nächsten Schritt werden die hybridisierten Doppelstränge erhitzt, sodass erneut Einzelstränge vorliegen. Hierbei wird die sogenannte „Schmelztemperatur" der freigesetzten DNA ermittelt. Dabei gilt: Je mehr komplementäre Basenpaarungen zwischen den DNA-Doppelsträngen vorliegen, desto mehr Wasserstoffbrücken-Bindungen müssen gelöst werden und umso höher ist der Schmelzpunkt. Die so ermittelte Schmelztemperatur dient als Maß für die genetische Ähnlichkeit der untersuchten Arten und damit für deren verwandtschaftliche Nähe.

Vergleich von DNA-Sequenzen
Heutzutage ist die DNA-Sequenzierung das Standardverfahren, um Gene oder ganze Genome miteinander zu vergleichen. Das Ergebnis einer solchen **DNA-Sequenzanalyse** ist wesentlich genauer als das einer DNA-DNA-Hybridisierung, da man hierbei die Basensequenzen verwandter Arten direkt miteinander vergleicht. Die DNA-Sequenzanalyse ermöglicht Aussagen zum Verwandtschaftsgrad von Lebewesen und kann in manchen Fällen auch als molekulare Uhr dienen.

1. Extrahieren und Zerschneiden der DNA

2. Erhitzen der DNA zum Auftrennen in Einzelstränge

3. Vermischen und Abkühlen der DNA zum Hybridisieren der Stränge

  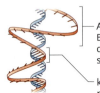

Abschnitt, in dem keine Basenpaarung möglich ist, da verschiedene Basensequenzen

komplementäre Basenpaarung möglich

4. Erneutes Erhitzen zum Ermitteln des Hybridisierungsgrades

5. Ergebnis: Schmelztemperatur der drei Arten

 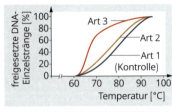

1 Verfahren der DNA-DNA-Hybridisierung

Die vollständige Sequenzierung des gesamten Genoms ist bislang erst bei einigen Arten erfolgt. Man vergleicht daher vielfach nur die Sequenz einiger weniger Gene, die bei verschiedenen Lebewesen für das gleiche Protein codieren. Dabei verwendet man häufig nicht die Gene der Kern-DNA (ncDNA), sondern die der **mitochondrialen DNA (mtDNA).**

Ein Vorteil der mtDNA liegt darin, dass sie mit relativ hoher und konstanter Geschwindigkeit mutiert. Da eine Zelle viele Mitochondrien enthält und in jeder mehrere Kopien der mtDNA vorliegen, lässt sich außerdem aus Fossilien eher mtDNA als ncDNA in ausreichender Menge gewinnen. Weiter erfolgt bei der Fortpflanzung keine Rekombination der mtDNA. Daher lassen sich Aussagen über die Verwandtschaft viel einfacher aus dem Vergleich der mtDNA ableiten, als dies aus dem Vergleich der ncDNA möglich wäre. Nachteilig ist allerdings, dass man nur die rein mütterliche Erblinie verfolgen kann.

Beim Verfahren der DNA-Sequenzanalyse fallen immense Datenmengen an. Diese lassen sich nur noch mithilfe von Computern und speziellen Programmen bewältigen. Sie übernehmen die Sequenzvergleiche und erstellen auf dieser Basis Stammbäume. In sogenannten **Gendatenbanken** werden die Informationen weltweit gespeichert und sind dann für alle Interessenten zugänglich. Inzwischen konnten auf diesem Wege bestimmte Verwandtschaftsbeziehungen endgültig geklärt werden. Es sind Ergebnisse erzielt worden, die mit den klassischen Verfahren nicht zu erreichen waren. Allerdings lassen auch DNA-Sequenzvergleiche in manchen Fällen verschiedene Deutungen zu, sodass sich auch mit dieser Methode nicht alle Abläufe eindeutig erklären lassen.

❶ ☰ Stellen Sie den Ablauf der DNA-DNA-Hybridisierung in Form eines Fließschemas dar.

❷ ☰ Erklären Sie die Verwandtschaftsverhältnisse der in Abbildung 1 dargestellten Arten.

Materialgebundene Aufgaben

❸ **DNA-Sequenzvergleiche bei Süßwasseregeln**

Zweiäugiger Plattegel	TTA	TAA	AGT	TTA	ATG	ACC	CTA	GAA	TTG	ATG	AAG	CTC	CAG
Amerik. Plattegel	...	...	...	...	...	..T	...	..A	...	...	..T	..C	...
Europ. Plattegel	...	...	...	...	...	..T	...	...	...	...	..A	...	..T
Kaulquappenegel	.A.	...	...	...	A.T	...	..A	G..	A..	.G.	.T.	.A.	.T.
Kleiner Schneckenegel	.G.	...	..A	...	A..	A..	...	A..	...	...	.T.	...	..T
Großer Schneckenegel	.A.	...	..A	...	...	..A	...	A..	A..	A..	...	..A	..T
Entenegel	.A.	...	..A	...	...	..C	...	A..	A..	A..	.T.	...	..T
Regenwurm	.G.	...	..A	A.T	..C	...	G..	G..	A..	A..	.T.	..C	..C

Zweiäugiger Plattegel
Amerikanischer Plattegel
Europäischer Plattegel
Kaulquappenegel
Kleiner Schneckenegel
Großer Schneckenegel
Entenegel
Regenwurm

Süßwasseregel sind Verwandte der Regenwürmer. Da sie keinerlei Hartteile besitzen, gibt es kaum fossile Funde von ihnen. Daher ist man zur Klärung stammesgeschichtlicher Beziehungen auf molekularbiologische Vergleiche angewiesen. Die Abbildung zeigt den Stammbaum verschiedener Arten von Süßwasseregeln, der sich aus dem Vergleich mitochondrialer DNA-Abschnitte ergibt.

a) ☰ Erklären Sie das Prinzip des DNA-Sequenzvergleichs.

b) ☰ Geben Sie an, welche Vorteile die Analyse der mtDNA im Vergleich zur Analyse von nc-DNA hat.

c) ☰ Prüfen Sie, ob der Sequenzvergleich der mtDNA-Abschnitte dem dargestellten Stammbaum entspricht.

d) ☰ Erklären Sie an dem Stammbaum die Begriffe monophyletisch, Schwester- und Außengruppen.

2.5 Evolution der Genome

Wie konnten sich Genome im Laufe der Evolution verändern und welche Konsequenzen hatte dies für die betroffenen Lebewesen?

Komplexe Organismen besitzen mehr DNA, mehr Gene und damit auch ein größeres Genom als einfache Lebensformen. So umfasst zum Beispiel das Genom von *E. coli* 4288 Gene, während das des Menschen mit etwa 20000 Genen deutlich darüber liegt (→ **Abb. 1**). Ver-

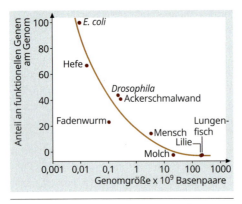

1 Genomgrößen unterschiedlicher Lebewesen

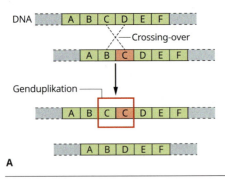

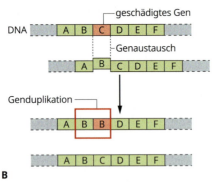

B

2 Mechanismen zur Entstehung von Genduplikationen. A ungleiches Crossing-over; **B** einseitige Genkonversion

gleicht man jedoch die Genomgröße eines Lungenfisches mit der eines Menschen, überrascht das Ergebnis: Die weniger komplexen Lungenfische besitzen etwa 40-mal mehr DNA als der Mensch. Dieser Unterschied relativiert sich jedoch schnell, wenn man nicht nur die Quantität, sondern auch die Qualität der Erbinformation berücksichtigt. Vergleicht man nämlich die DNA-Bereiche, die RNA oder Proteine codieren, liegt deren Anteil beim Menschen deutlich höher als beim Lungenfisch.

Genduplikationen

Wie konnten sich unterschiedliche Genomgrößen im Verlauf der Evolution entwickeln? Als Ursache spielen verschiedene Formen von **Genduplikationen** eine wichtige Rolle. Von solchen Verdoppelungen können nicht nur einzelne Gene und Genabschnitte, sondern auch Chromosomen und Chromosomenabschnitte sowie ganze Genome betroffen sein. So kann beispielsweise ein **ungleiches Crossing-over** zwischen nicht homologen Chromosomenabschnitten in der Prophase der ersten meiotischen Teilung zu einem Chromosom mit einer Deletion führen, während das homologe Chromosom eine Duplikation aufweist (→ **Abb. 2A**).

Ein weiterer Mechanismus ist der **einseitige** Genaustausch, auch **Genkonversion** genannt. Liegt beispielsweise auf einem Chromosom eine Schädigung eines Gens vor, so kann ein anderes Gen des homologen Chromosoms als Matrize für den Austausch des geschädigten Gens dienen. Dabei wird das geschädigte Originalgen durch ein intaktes, aber nicht homologes Gen ersetzt. In der Folge liegt dieses Gen auf dem Chromosom doppelt vor (→ **Abb. 2B**).

Werden nicht nur Gene, sondern ganze Genome dupliziert, so kommt es zur Vervielfachung ganzer Chromosomensätze, der **Polyploidisierung**. Beispielsweise kann der Ausfall oder die Störung der Meiose bei einer diploiden Pflanze zu diploiden Keimzellen führen. Bei der anschließenden Selbstbefruchtung entstehen dann tetraploide Nachkommen. Die so entstandenen duplizierten Gene können durch nachfolgende Mutationen für veränderte Proteine codieren. Diese können neue Funktionen übernehmen. Durch Genduplikationen kann sich also nicht nur die Größe eines Genoms erhöhen, sondern auch dessen genetische Variabilität.

Genfamilien

Wiederholen sich Genduplikationen mit anschließenden Mutationen mehrfach, können sogenannte **Genfamilien** entstehen. Hierunter versteht man Gruppen homologer Gene mit verwandten Funktionen beziehungsweise ähnlichen Genprodukten. Ein Beispiel bildet die Globin-Genfamilie mit den Untergruppen der α- und β-Globine (→ **Abb. 3**). Die entstandenen Gene liegen auf dem Chromosom 16 beziehungsweise 11. Man geht heute davon aus, dass alle Mitglieder dieser Genfamilie aus einem ursprünglichen Globingen entstanden sind, welches mehrfach dupliziert wurde. Jedes der so entstandenen Gene hat sich dann im Verlauf von etwa 450 bis 500 Millionen Jahren durch Mutationen verändert. Dabei blieb die zentrale Funktion, nämlich Sauerstoff zu binden, grundsätzlich erhalten.

❶ Ξ Beschreiben Sie den in Abbildung 1 deutlich werdenden Zusammenhang zwischen der Genomgröße und der Organisationshöhe der jeweiligen Art.

❷ Ξ Erklären Sie, warum die Genduplikation als wesentlicher Mechanismus der Evolution gilt.

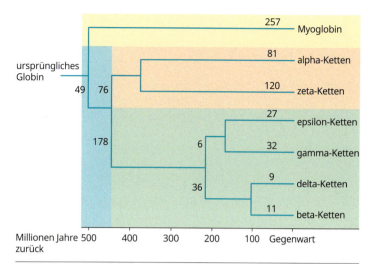

3 Genfamilie der Globine. Die Ziffern geben die geschätzte Zahl an Änderungen der DNA-Sequenz entlang des betreffenden Zweiges im Stammbau an.

❸ Ξ Ermitteln Sie anhand von Abbildung 3 die Zahl der Genduplikationen, die zum Hämoglobin führte. Dieses besteht aus vier Polypeptidketten, zwei identischen alpha-Ketten und zwei identischen beta-Ketten.

Materialgebundene Aufgaben

❹ Die Evolution der Lysozym-Genfamilie

Lysozym	1	KVFERCELAR	TLKRLGMDGY	RGISLANWMC	LAKWESGYNT	RATNYNAGDR
α-Lactalbumin	1	KQFTKCELSQ	LLKV-DIDGY	GGIALPELIC	TMFHTSGYDT	QAIVENN--E

Lysozym	51	STDYGIFQIN	SRYWCNDGKT	PGAVNACHLS	CSALLQDNIA	DAVACAKRVV
α-Lactalbumin	51	STEYGLFQIS	NKLWCKSSQV	PQSRNICDIS	CDKFLDDDIT	DDIMCAKKIL

Lysozym	101	RDPQGIRAWV	AWRNRCQNRD	VRQYVQGCGV		
α-Lactalbumin	101	D-IKGIDYWL	AHKALCT-EK	LEQWLCEKL-		

Lysozym ist ein Enzym, das bei der Abwehrreaktion von Infektionen die Zellwand von Bakterien auflöst. Alpha-Lactalbumin ist ein Protein ohne enzymatische Aktivität. Es ist bei Säugetieren an der Milchproduktion beteiligt. Vögel besitzen lediglich Lysozym-Gene, während man bei Säugetieren Gene für Lysozym und für alpha-Lactalbumin findet. Die beiden Proteine ähneln sich in ihrer dreidimensionalen Struktur. Die in der Tabelle aufgeführten Aminosäuresequenzen beider Proteine sind als Einbuchstaben-Code angegeben. Identische Aminosäuren sind farbig hervorgehoben. Bindestriche markieren Lücken in einer der Sequenzen.

a) Ξ Begründen Sie mithilfe der Tabelle, warum es sich bei Lysozym und alpha-Lactalbumin um Produkte homologer Gene handelt.

b) Ξ Entwickeln Sie auf Basis der Textinformation und der Tabelle eine Hypothese zur Evolution der dargestellten Genfamilie.

c) Ξ Beschreiben Sie die Unterschiede zwischen dieser Genfamilie und der Globin-Genfamilie.

Entwicklung des Evolutionsgedankens

Lehre von der Konstanz der Arten:
Alle Lebewesen sind in einem einmaligen Schöpfungsakt entstanden, sie sind vollkommen und nicht wandelbar. Sie lassen sich lückenlos auf einer Stufenleiter mit zunehmender Komplexität anordnen.

Binäre Nomenklatur von LINNÉ (bis heute gültig):
Jedes Lebewesen erhält aufgrund bestimmter Merkmale einen Gattungs- und einen Artnamen, zum Beispiel *Panthera leo* für Löwe.

Erste Evolutionstheorien

LAMARCK: Lebewesen haben ein Bedürfnis nach Vervollkommnung; Umweltänderungen rufen veränderte Bedürfnisse hervor; Gebrauch stärkt Organe, Nichtgebrauch schwächt sie; so erworbene Eigenschaften sind erblich

DARWIN: Individuen konkurrieren um Ressourcen; am besten angepasste Lebewesen überleben, natürliche Selektion führt im Laufe der Zeit zu Veränderungen von Arten und damit zur Evolution

Synthetische Theorie der Evolution

Weiterentwicklung von DARWINS Selektionstheorie durch Erkenntnisse der modernen Biologie, insbesondere der Populationsgenetik

Evolution: Veränderung der Allelhäufigkeit eines Genpools einer Population durch Evolutionsfaktoren

Evolutionsfaktoren: Mutation, Rekombination, Selektion, Isolation, Gendrift

Variabilität des Genpools

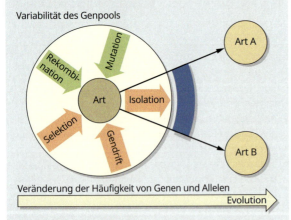

Veränderung der Häufigkeit von Genen und Allelen
Evolution

Evolutionäre Verwandtschaft

Homologie: Ähnlichkeit, die auf gemeinsamer Erbinformation und damit gemeinsamer Abstammung beruht; unterschiedliche Umwelt kann zu unterschiedlichen Funktionen bei gleichem Grundbauplan führen
Analogie: Ähnlichkeit als Folge der Anpassung an ähnliche Umweltbedingungen bei verschiedenem Grundbauplan
Konvergenz: Entwicklung analoger Organe

Homologiekriterien:
– Kriterium der Lage
– Kriterium der spezifischen Qualität
– Kriterium der Stetigkeit

Stammbäume

Systematische Darstellung stammesgeschichtlicher Verwandtschaft aufgrund morphologischer oder molekulargenetischer Merkmale
– **Kladogramm:** Länge der Äste ist ohne Bedeutung.
– **Phylogramm:** Länge der Äste ist ein Maß für die Merkmalsunterschiede.
– **Chronogramm:** Länge der Äste entspricht Zeitabschnitten.

Evolution der Zelle

– **Endokaryon-Hypothese:** Die Verschmelzung von Urprokaryot mit Archaee führt zur Entwicklung eines Zellkerns und damit zum Ureukaryoten.
– **Endosymbiontentheorie:** Mitochondrien und Chloroplasten stammen von ehemals freilebenden Bakterien ab, die als Endosymbionten in eukaryotische Zellen aufgenommen wurden.

Sequenzvergleiche

Aminosäuresequenzvergleich
– Vergleich der Aminosäuresequenzen von universell vorkommenden Proteinen bei verschiedenen Arten
– Anzahl der Sequenzunterschiede spiegelt den Zeitraum der Trennung von Entwicklungslinien wider (molekulare Uhr).
DNA-Sequenzvergleich
– Vergleich der DNA-Sequenzen ist genauer als der Aminosäuresequenzvergleich, da die Degeneration des genetischen Codes ohne Bedeutung ist.
– DNA-DNA-Hybridisierung durch DNA-Sequenzierung als Verfahren abgelöst.

3 Evolutionsmechanismen

3.1 Genetische Variabilität ermöglicht Evolution

Wie entsteht die Variabilität von Lebewesen und welche Rolle spielt diese für die Evolution?

In einer Mäusepopulation sieht keine Maus genauso aus wie eine andere (→ **Abb. 1**). Sie unterscheiden sich in einer Vielzahl von Merkmalen, etwa Fellfarbe, Felldichte, Länge der Haare, Körpermasse, Anfälligkeit gegenüber Krankheiten, Nahrungsvorlieben oder Fluchtgeschwindigkeit. Die Mäusepopulation zeigt also eine große **phänotypische Variabilität**.

Ursachen der phänotypischen Variabilität

Der Phänotyp eines Lebewesens ist stets das Ergebnis der Wechselbeziehungen zwischen Umweltfaktoren und Genen. Die Körpermasse einer Maus ist beispielsweise davon abhängig, wie viel sie frisst. Solche Varianten im Erscheinungsbild, die durch Umwelteinflüsse zustande kommen und nicht erblich sind, nennt man **Modifikationen**. Sie stellen eine Ursache der phänotypischen Variabilität von Populationen dar. Die Körpermasse einer Maus ist aber – ebenso wie andere Merkmale – nicht nur von der Ernährung abhängig, sondern auch davon, wie gut die Nahrung im Stoffwechsel abgebaut wird. Der Stoffwechsel ist insbesondere davon abhängig, über welche Enzyme der Organismus verfügt. Die Enzymausstattung wird wiederum durch seine genetische Ausstattung, den Genotyp, festgelegt. Eine wesentliche Grundlage der phänotypischen Variabilität ist also die **genetische Variabilität**. Sie ist die Basis für die Anpassung einer Art an Veränderungen der Umweltbedingungen und damit Grundvoraussetzung für Evolution.

Entstehung der genetischen Variabilität

Merkmale wie die Fellfarbe oder Fellzeichnung werden von Genen bestimmt. Ein Gen kann in verschiedenen Varianten vorliegen, die zu unterschiedlichen Merkmalskombinationen führen können. Eine solche Genvariante nennt man **Allel**. Unterschiedliche Allele entstehen durch Mutationen. Bei der sexuellen Fortpflanzung werden Allele neu kombiniert, sodass neue Merkmalskombinationen entstehen. Genetische Variabilität wird also durch

1 Phänotypische Variabilität in einer Population von Mäusen

Mutationen und Rekombinationen erzeugt. Zusätzlich nehmen auch epigenetische Faktoren Einfluss auf den Phänotyp der Lebewesen.

Mutationen

Mutationen sind zufällige und ungerichtete Veränderungen des Erbmaterials. Sie können etwa durch Fehler bei der DNA-Replikation entstehen und so auch für genetische Variabilität bei asexueller Fortpflanzung sorgen. Bei Lebewesen, die sich sexuell fortpflanzen, unterscheidet man zwischen somatischen Mutationen und Keimbahnmutationen. Die in Körperzellen auftretenden somatischen Mutationen werden nicht vererbt und sind daher für die Evolution ohne Bedeutung. Im Gegensatz hierzu werden Mutationen, die Ei- und Spermienzellen betreffen, vererbt. Sie sind daher von großer Relevanz für die Evolution.

Da Mutationen in der Regel ein funktionierendes System verändern, sind sie für das betroffene Individuum meist nachteilig. Es gibt jedoch auch Mutationen, die neutral sind oder sogar positive Wirkungen haben. Eine etwa durch Mutation veränderte Fellfarbe muss sich auf die betroffene Maus nicht zwangsläufig auswirken. Sie kann aber positive oder negative Folgen haben, zum Beispiel wenn die Maus dadurch für ihren Fressfeind besser oder schlechter erkennbar ist.

Ob eine Mutation positiv oder negativ ist, hängt also von den jeweiligen Umweltbedingungen ab. Eine Mutation, die eine dunklere Fellfarbe verursacht, ist für Mäuse, die auf dunklen Waldböden leben, positiv, für Mäuse, die auf einem hellen Sandboden leben, aber negativ.

Insbesondere die Verdopplung von Genen, Chromosomen oder Genomen bietet die Möglichkeit zur Veränderung und Entwicklung. Das zusätzliche genetische Material, das nicht zum Überleben gebraucht wird, kann durch weitere Mutationen, etwa Punktmutationen, zu Genen führen, die zu veränderten Proteinen mit anderen Eigenschaften führen.

Rekombinationen

Sexuelle Fortpflanzung ermöglicht die Neukombination von Allelen. So werden im Verlauf der Meiose die Zwei-Chromatiden-Chromosomen väterlicher und mütterlicher Herkunft nach dem Zufallsprinzip auf die Keimzellen verteilt. Durch diese **interchromosomale Rekombination** können etwa bei der Hausmaus, deren haploider Chromosomensatz n = 20 beträgt, über eine Million (2^{20}) unterschiedliche Keimzellen entstehen (→ **Abb. 2A**). Damit liegt die Wahrscheinlichkeit, dass bei der folgenden

Befruchtung zwei genetisch identische Keimzellen aufeinandertreffen, bei eins zu einer Billion. Durch die zusätzlich stattfindende **intrachromosomale Rekombination** in Form von Crossing-over wird die Anzahl möglicher genetischer Varianten in das Unermessliche gesteigert (→ **Abb. 2B**). Verglichen mit den sehr seltenen Mutationen in Keimzellen trägt die Rekombination daher in sehr viel größerem Umfang zur genetischen Variabilität bei.

Epigenetische Faktoren

Umwelteinflüsse können die genetische Variabilität erhöhen, indem sie zu einer Modifizierung der DNA führen. Diese kann als DNA-Methylierung oder als Acetylierung von Histonen erfolgen. Solche **epigenetischen Mechanismen** beeinflussen die Genregulation und führen dazu, dass die Transkription ermöglicht oder verhindert wird. Die entsprechenden Methylierungsmuster oder Histonmodifizierungen können bei der Replikation an die Tochterzellen weitergegeben werden. Über die Keimzellen können sie unter Umständen auch in die nächste Generation gelangen.

❶ ☰ Erklären Sie den Unterschied zwischen phänotypischer und genetischer Variabilität.

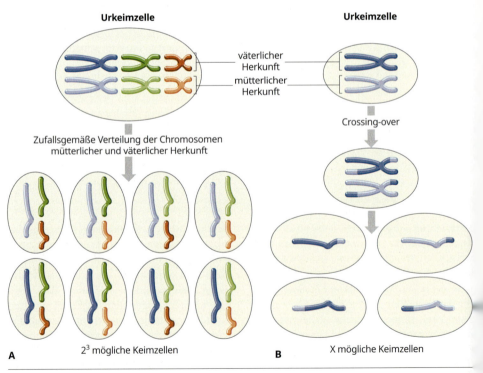

2 Rekombination. A interchromosomal; **B** intrachromosomal

❷ **Variabilität bei Populationen der Schafgarbe**
   Achillea lanulosa

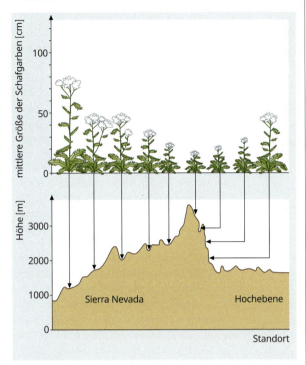

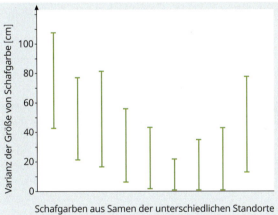

Die mittlere Wuchshöhe der Schafgarbe *Achillea lanulosa* variiert mit der Lage ihres Standortes: An den Hängen der Sierra Nevada nimmt sie mit zunehmender Höhe nach und nach ab. Wissenschaftler sammelten Samen der Pflanzen an den verschiedenen Standorten. Sie zogen daraus im Flachland jeweils auf getrennten Feldern bei gleichen Umweltbedingungen Pflanzen und bestimmten ihre mittlere Wuchshöhe.

a) ≡ Ermitteln Sie die Fragestellung, die dem Versuch zugrunde lag.

b) ≡ Werten Sie die Versuchsergebnisse im Hinblick auf diese Fragestellung aus.

❸ **Mutationen – Folge einer gerichteten Anpassung?**

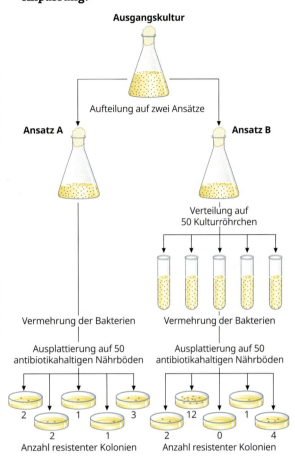

Antibiotika haben sich in der Medizin zur Bekämpfung bakterieller Infektionen bewährt. Nach kurzer Zeit erweisen sich jedoch manche dieser Medikamente als wirkungslos, da die jeweiligen Bakterienstämme Resistenzen gegen sie entwickeln. Noch bis in die Mitte des letzten Jahrhunderts wurde diese Beobachtung als Anpassung im Sinne LAMARCKS gedeutet. Salvator LURIA und Max DELBRÜCK untersuchten in dem sogenannten Fluktuationstest (lat. *fluctuare*: schwanken) die Frage, ob Mutationen, die zur Antibiotikaresistenz führen, zufällig oder Folge einer gerichteten Anpassung an die Umweltbedingungen sind.

a) ≡ Beschreiben Sie die Versuchsdurchführung und Versuchsbeobachtungen.

b) ≡ Deuten Sie die Versuchsergebnisse im Hinblick auf die oben angesprochene Frage.

c) ≡ Erklären Sie, in welcher Phase des Versuchs die Mutation erfolgt sein muss, die die Resistenzbildung der Bakterien verursacht.

d) ≡ Begründen Sie, warum das Ergebnis des Fluktuationstests einer Anpassung im Sinne LAMARCKS widerspricht.

3.2 Die genetische Struktur von Populationen

Wie lässt sich die genetische Struktur einer Population analysieren und wie ändert sich diese im Verlauf der Evolution?

Birkenspanner sind Nachtfalter. Einige Individuen sind dunkel gefärbt, andere Individuen besitzen helle Flügel mit einer dunklen Sprenkelung. Helle und dunkle Birkenspanner pflanzen sich miteinander fort, sie gehören zu einer **Population**. Darunter versteht man eine Gruppe von artgleichen Individuen, die in einem bestimmten Gebiet vorkommt und eine Fortpflanzungsgemeinschaft bildet. Die Gesamtheit der Gene einer Population nennt man **Genpool**.

Allelfrequenzen und genetische Struktur

Im Genpool einer Birkenspanner-Population sind verschiedene Allele für die Flügelfärbung vorhanden: das dominante Allel A für dunkle Flügel und das rezessive Allel a für helle Flügel. Die Individuen können also die Allelkombination AA, Aa oder aa aufweisen. Dunkle Birkenspanner besitzen demnach den Genotyp AA oder Aa, helle Birkenspanner den Genotyp aa (→ **Abb. 1**).

Eine fiktive Population von Birkenspannern soll aus 800 dunklen und 200 hellen Individuen bestehen. Wenn von den 800 dunklen Birkenspannern jeweils 400 homozygot (AA) und 400 heterozygot (Aa) sind, dann ist das dominante Allel A in der Population 1200-mal vertreten. Das rezessive Allel a findet sich bei 400 heterozygoten und 200 homozygoten Individuen. Das rezessive Allel ist also 800-mal vorhanden. Diese Zahlen kennzeichnen die **absoluten Allelhäufigkeiten** in der Population.

Die **relative Allelhäufigkeit** einer Population bezeichnet man als **Allelfrequenz**. Für diese gilt, dass die Summe aller Allelfrequenzen eines Gens stets 1 oder 100 Prozent beträgt. Bezeichnet man dabei die Häufigkeit des dominanten Allels mit p und die des rezessiven Alles mit q, gilt: $p + q = 1$. Für die Birkenspannerpopulation liegt die Frequenz des Allels A bei $p = 1200/2000 = 0,6$ und die des Allels a bei $q = 800/2000 = 0,4$ (→ **Abb. 1**). Die absoluten und relativen Genotyp- und Allelhäufigkeiten einer Population kennzeichnen ihre **genetische Struktur**.

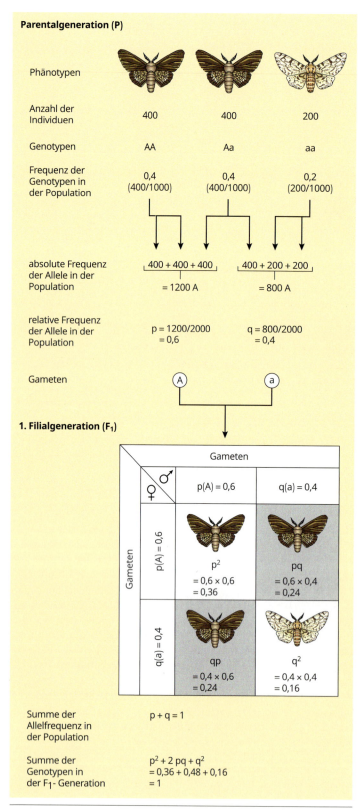

Parentalgeneration (P)

Phänotypen			
Anzahl der Individuen	400	400	200
Genotypen	AA	Aa	aa
Frequenz der Genotypen in der Population	0,4 (400/1000)	0,4 (400/1000)	0,2 (200/1000)

absolute Frequenz der Allele in der Population

$\underbrace{400 + 400 + 400}$
$= 1200\ A$

$\underbrace{400 + 200 + 200}$
$= 800\ A$

relative Frequenz der Allele in der Population

$p = 1200/2000$
$= 0,6$

$q = 800/2000$
$= 0,4$

Gameten   Ⓐ   ⓐ

1. Filialgeneration (F₁)

Gameten		p(A) = 0,6	q(a) = 0,4
Gameten	p(A) = 0,6	p^2 $= 0,6 \times 0,6$ $= 0,36$	pq $= 0,6 \times 0,4$ $= 0,24$
	q(a) = 0,4	qp $= 0,4 \times 0,6$ $= 0,24$	q^2 $= 0,4 \times 0,4$ $= 0,16$

Summe der Allelfrequenz in der Population	$p + q = 1$
Summe der Genotypen in der F₁- Generation	$p^2 + 2\,pq + q^2$ $= 0,36 + 0,48 + 0,16$ $= 1$

1 HARDY-WEINBERG-Regel am Beispiel einer fiktiven Birkenspannerpopulation

HARDY-WEINBERG-Regel

Wie ändert sich die genetische Struktur der betrachteten Birkenspanner-Population in der folgenden Generation? Bei einer Allelfrequenz von p = 0,6 beträgt die Wahrscheinlichkeit, dass ein Spermium mit dem Allel A auf eine Eizelle mit dem gleichen Allel trifft, $p \cdot p = p^2 = 0,6 \cdot 0,6 = 0,36$. Mit anderen Worten: 36 Prozent der Birkenspanner der F_1-Generation werden den Genotyp AA besitzen. Für die heterozygoten Genotypen Aa und aA ergibt sich jeweils eine Wahrscheinlichkeit von pq = 0,24 oder 24 Prozent. 48 Prozent der Individuen werden also heterozygot sein. Der Genotyp aa wird mit einer Wahrscheinlichkeit von $q \cdot q = q^2 = 0,16$ oder 16 Prozent vertreten sein. Die Frequenz des Allels A liegt also in der F_1-Generation ebenso wie in der P-Generation bei 0,6 (0,36 + 0,24) und die des Allels a bei q = 0,4 (0,16 + 0,24). Die genetische Struktur der Population hat sich demnach nicht verändert. Dieser Zusammenhang wird nach seinen Entdeckern als HARDY-WEINBERG-**Regel** bezeichnet.

Modellhaft kann man den Genpool einer Population als Gefäß betrachten, die Allele als bunte Kugeln (→ **Abb. 2**). Durch Schütteln des Gefäßes können die Kugeln im Gefäß zwar neu kombiniert werden, aber ihre Anzahl, die Allelfrequenz, bleibt gleich.

Ideale und reale Populationen

Die HARDY-WEINBERG-Regel gilt nur für eine **ideale Population**. In dieser gelten folgende Bedingungen:
- Die Population ist so groß, dass Zufallsereignisse keine Bedeutung haben.
- Alle Individuen paaren sich gleich häufig miteinander. Man spricht von **Panmixie**.
- Es finden weder Mutation noch Selektion statt.
- Es gibt keine Zu- oder Abwanderung.

Unter diesen Bedingungen einer idealen Population besteht zwischen den Allel- und Genotypenfrequenzen ein stabiles Gleichgewicht, das die HARDY-WEINBERG-Regel beschreibt:
$$p^2 + 2pq + q^2 = 1$$

In **realen Populationen** sind diese Bedingungen nicht gegeben. Allelfrequenzen verändern sich zum Beispiel durch Mutationen, Zuwanderung und Selektion. Damit ändert sich der Genpool der Population, und es kommt zur Evolution. Man kann also daraus folgern, dass Evolution stets dann stattfindet, wenn die Voraussetzungen einer idealen Population nicht gelten.

❶ ≡ Begründen Sie, warum die HARDY-WEINBERG-Regel nur für ideale Populationen gilt.

Genpool der Ausgangspopulation

Mutation

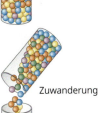
Zuwanderung

Selektion

2 Veränderung der genetischen Struktur einer Population

Materialgebundene Aufgaben

❷ Anwendung der HARDY-WEINBERG-**Regel**

In einer Idealpopulation von Blaufußtölpeln sind verschiedene Allele für Schwimmhäute vorhanden: Tiere mit Schwimmhäuten besitzen das rezessive Allel w, solche ohne Schwimmhäute das dominante Allel W. Unter 500 Blaufußtölpeln gibt es 20 mit Schwimmhäuten (Genotyp ww) und 480 ohne Schwimmhäute, von denen 320 den Genotyp WW und 160 den Genotyp Ww aufweisen.

a) ≡ Ermitteln Sie die absolute und relative Frequenz der dominanten und rezessiven Allele der Population.
b) ≡ Die Ausgangspopulation soll in der folgenden Generation auf insgesamt 700 Tiere anwachsen. Ermitteln Sie für diesen Fall die Anzahl der Blaufußtölpel mit Schwimmhäuten.

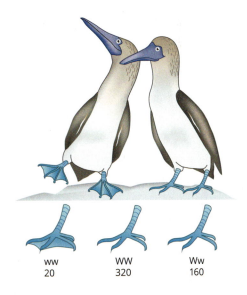

| ww | WW | Ww |
| 20 | 320 | 160 |

1 Nördliche See-Elefanten am Strand

3.3* Gendrift

Welche Folgen haben zufällige Ereignisse wie Erdbeben, Stürme oder Überschwemmungen für die Allelhäufigkeit von Populationen?

See-Elefanten sind die größten Robben der Welt (→ **Abb. 1**). Es gibt zwei einander sehr ähnliche Arten: den entlang der Westküste Nordamerikas beheimateten Nördlichen See-Elefanten und den Südlichen See-Elefanten der Antarktis. Molekulargenetische Untersuchungen zeigten, dass sich beide Arten deutlich im Hinblick auf ihre genetische Variabilität unterscheiden. Diese ist beim Nördlichen See-Elefanten im Vergleich zu der Variabilität bei Südlichen See-Elefanten erheblich verringert. Welche Ursachen sind hierfür verantwortlich?

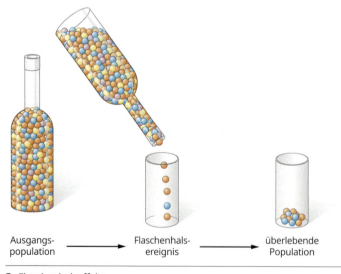

Ausgangs-population → Flaschenhals-ereignis → überlebende Population

2 Flaschenhalseffekt

Flaschenhalseffekt

Nördliche und Südliche See-Elefanten wurden lange Zeit von Menschen bejagt. Allerdings wurde die Populationsgröße des Nördlichen See-Elefanten dabei stärker dezimiert als die der Südlichen See-Elefanten. Im 19. Jahrhundert standen die Nördlichen See-Elefanten daher kurz vor ihrer Ausrottung. Zeitweise sollen nur noch 20 Individuen dieser Art gelebt haben. Nachdem sie 1922 unter Schutz gestellt worden waren, vermehrten sich die Überlebenden. Die Population nahm zahlenmäßig zwar rasch zu. Aber durch die Ausrottung des größten Teils der ursprünglichen Population waren viele Allele verloren gegangen und infolgedessen war die genetische Variabilität der neuen Population nur sehr gering. Eine solche genetische Verarmung als Folge einer plötzlichen Veränderung der Umweltsituation wird **Flaschenhalseffekt** genannt (→ **Abb. 2**).

Ein Flaschenhalseffekt kann durch Katastrophen, Klimaänderungen oder durch großflächige Vernichtung von Lebensräumen ausgelöst werden. Dadurch können Populationen drastisch dezimiert werden. Die wenigen Individuen, die der Katastrophe zufällig entgehen, repräsentieren oft nur einen kleinen Teil der ursprünglichen genetischen Vielfalt.

Die genetische Verarmung als Folge des Flaschenhalseffekts kann für die verbleibende Restpopulation schwerwiegende Folgen haben: Wie bei einer Monokultur ist die Anfälligkeit gegenüber Infektionskrankheiten größer und durch Inzucht können ursprünglich seltene schädliche rezessive Gene homozygot auftreten. Eine Population, die durch einen Flaschenhals gegangen ist, kann auf diese Weise schnell weiterschrumpfen und endgültig aussterben.

Etliche Wildtierarten wie Gepard, Wisent oder Przewalski-Pferd sind in ihrer Geschichte durch genetische Flaschenhälse „gegangen". Die heute lebenden Vertreter dieser Arten gehen häufig auf weniger als hundert Individuen zurück. Auch viele Haustiere haben einen genetischen Flaschenhals passiert. In der Folge treten insbesondere bei Rassehunden und Rassekatzen bestimmte, sonst seltene Erbkrankheiten gehäuft auf. In der früheren Menschheitsgeschichte verursachte beispielsweise die Beulenpest in Europa im 14. Jahrhundert einen Flaschenhalseffekt.

Gründereffekt

Wenn zufällig einzelne Individuen aus einer größeren Population getrennt werden, können sie möglicherweise an einem anderen Ort eine neue Population bilden. Die wenigen Gründerindividuen der neuen Population repräsentieren jedoch nicht den Genpool der Stammpopulation. Dieser sogenannte **Gründereffekt** führt ähnlich wie der Flaschenhalseffekt zu einer genetischen Verarmung der neuen Population – nur wird hierbei die Ursprungspopulation nicht vernichtet (→ **Abb. 3**). Der Gründereffekt hat bei der Besiedlung neuer Lebensräume, die wie die Galapagos-Inseln im östlichen Pazifischen Ozean nur schwer zu erreichen sind, eine wichtige Rolle gespielt. Auch in der Geschichte der Menschen war er von Bedeutung.

Gründer- und Flaschenhalseffekt haben gemeinsam, dass sie innerhalb kurzer Zeit zu einer deutlichen Verschiebung der Allelfrequenzen im Genpool einer Population führen. Solche zufallsbedingten Änderungen bezeichnet man allgemein als **Gendrift.**

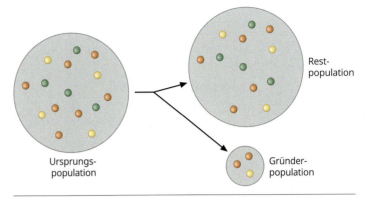

3 Gründereffekt

❶ ☰ Erklären Sie die Unterschiede zwischen dem Flaschenhalseffekt und dem Gründereffekt.

❷ ☰ Begründen Sie, warum Gendrift in kleinen Populationen eine große Rolle spielt und warum sie dazu führen kann, dass die Häufigkeit nachteiliger Allele im Genpool einer Population zunehmen kann.

Materialgebundene Aufgaben

❸ Einfluss der Gendrift auf das Präriehuhn

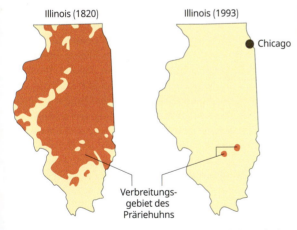

In den Prärien des US-Bundesstaates Illinois lebten früher großflächig Millionen von Präriehühnern. Im 19. und 20. Jahrhundert wurden die Prärien dann in landwirtschaftlich intensiv genutzte Flächen umgewandelt. In der Folge nahm die Anzahl der Präriehühner stark ab. Im Jahr 1994 gab es nur noch weniger als 50 Exemplare. Wissenschaftler untersuchten den Einfluss, den diese Verringerung der Populationsgröße auf die genetische Variabilität der Restpopulation hatte. Dazu überprüften sie sechs Genorte der Präriehuhn-

Population in Illinois und verglichen diese mit größeren Populationen in Kansas und Nebraska. In der Tabelle sind die entsprechenden Werte gemittelt über die sechs Genorte dargestellt. Zusätzlich wurde der Prozentsatz geschlüpfter Jungtiere für sämtliche Populationen untersucht.

Vor-kommen	Populations-größe	Anzahl der Allele pro Genort	Prozentsatz geschlüpfter Jungtiere
Illinois 1930 – 1960 1993	1000 – 25 000 < 50	5,2 3,7	93 < 50
Kansas 1998	750 000	5,8	99
Nebraska 1998	75 000 – 200 000	5,8	96

a) ☰ Nennen Sie die hier vorliegende Form der Gendrift.

b) ☰ Erklären Sie die Untersuchungsergebnisse der Wissenschaftler.

c) ☰ Diskutieren Sie, wie man die genetische Variabilität in den Populationen des Prärie-Huhnes in Illinois wieder erhöhen könnte.

1 Birkenspanner. A Helle und dunkle Form auf einem Birkenstamm; **B** Rückgang der dunklen Form mit sinkendem Schadstoffgehalt

3.4 Natürliche Selektion

Welchen Einfluss hat die natürliche Selektion auf die Allelhäufigkeit einer Population und welche verschiedenen Selektionsformen unterscheidet man?

Birkenspanner sind Nachtfalter, die am Tag bewegungslos an Baumstämmen sitzen. Sie treten in zwei Varianten auf, einer hellen und einer dunklen Form. Bis zum Beginn der Industrialisierung um 1850 gab es fast ausschließlich helle Formen, die auf den hellen, flechtenbewachsenen Baumstämmen sehr unauffällig waren (→ **Abb. 1A**).

Mit zunehmender Industrialisierung wurden die Baumstämme und Äste vom Ruß geschwärzt. Aufgrund der Schwefeldioxid-Emissionen gingen die Flechten zugrunde. Unter diesen Bedingungen war die helle Form des Birkenspanners schlecht getarnt und wurde nun häufiger von Vögeln erbeutet. Die dunkle Form des Birkenspanners wurde dagegen nicht mehr so schnell entdeckt. In der Folge wuchs der Anteil dunkler Falter in der Population deutlich an (→ **Abb. 1B**). Die Zunahme dunkel gefärbter Insekten in Industriegebieten nennt man **Industriemelanismus**, da die dunkle Färbung durch den Farbstoff Melanin hervorgerufen wird.

Selektion und Angepasstheit

Am Beispiel des Birkenspanners wird ein zentraler Mechanismus der Evolution deutlich: das Prinzip der **natürlichen Auslese** oder **Selektion**. Aufgrund veränderter Umweltbedingungen waren dunkle Birkenspanner innerhalb der Falterpopulation besser getarnt als helle. Sie hatten höhere Überlebens- und Fortpflanzungschancen und brachten mehr Allele in den Genpool der Folgegeneration ein. Dunkle Falter besaßen einen größeren Fortpflanzungserfolg, **reproduktive Fitness** genannt. Im Gegensatz zur Mutation und Rekombination, die zufällige Ereignisse sind und die genetische Variabilität einer Population erhöhen, ist Selektion ein gerichteter Prozess, der die genetische Variabilität verringert. Er führt im Verlauf der Evolution zur besseren Anpassung der Lebewesen an ihre Umwelt. Das Ergebnis dieses Prozesses nennt man **Angepasstheit**.

Ändern sich die Umweltbedingungen erneut, können Merkmale, die durch Anpassung an frühere Umweltbedingungen entstanden sind, allerdings auch Nachteile bringen. Auch dafür liefern die Birkenspanner ein Beispiel: Als ab der Mitte des 20. Jahrhunderts die Schadstoffbelastung der Luft verringert wurde, wuchsen wieder mehr Flechten und nun wurden die dunklen Birkenspanner wieder häufiger von Vögeln erbeutet.

Selektionsformen

Bei der natürlichen Selektion unterschiedet man drei verschiedene Formen: die gerichtete, stabilisierende und disruptive Selektion. Ein Beispiel für eine **gerichtete Selektion** ist die Veränderung der Schnabelhöhe von Finken auf einer Galapagos-Insel. Im Jahr 1977 führte eine Dürre auf der Insel dazu, dass die samenfressenden Finken nur noch wenig Nahrung fanden. Vor allem Pflanzen mit kleinen Samen waren kaum vorhanden. Als es nach 18 Monaten wieder zu regnen begann, war nicht nur die Finkenpopulation deutlich dezimiert, auch der Phänotyp der Finken hatte sich verändert: Sie besaßen nun im Durchschnitt höhere, kräftigere Schnäbel, mit denen sich auch größere Samen knacken ließen (→ **Abb. 2**). Innerhalb einer Generation war es zu einer Verschiebung der Merkmalshäufigkeit innerhalb der Population gekommen. Eine solche gerichtete Selektion tritt häufig auf, wenn sich die Umwelt ändert oder wenn Teilpopulationen in neue Lebensräume mit anderen Umweltbedingungen abwandern (→ **Abb. 3A**).

In einer gut an die gegebenen Umweltbedingungen angepassten Population richtet sich die Selektion gegen Individuen mit extremen, vom Durchschnitt abweichenden Merkmalen. Sie verringert damit die genetische Variabilität der Population, ohne die Häufigkeit des durchschnittlichen Merkmals zu ändern. Ein Beispiel für diese **stabilisierende Selektion** ist das menschliche Geburtsgewicht. Dies liegt bei durchschnittlich drei bis vier Kilogramm. Neugeborene mit einem viel höheren oder deutlich niedrigeren Geburtsgewicht weisen eine höhere Sterblichkeit auf. Der Durchschnittswert wird also hierbei stabilisiert (→ **Abb. 3B**).

Eine weitere Form der Selektion ist die aufspaltende oder **disruptive Selektion**. In diesem Fall richtet sich die Selektion gegen Individuen mit dem durchschnittlichen Merkmal. Die Phänotypen mit extremen Merkmalsausprägungen besitzen hier einen Selektionsvorteil. Ein Beispiel liefern afrikanische Finken, bei denen zwei verschiedene Schnabelgrößen auftreten. Die großschnäbeligen Finken fressen bevorzugt harte Samen, die kleinschnäbeligen Finken weiche Samen. Die Selektion richtet sich gegen mittelgroße Schnäbel, mit denen sich weder harte noch weiche Samen gut öffnen lassen (→ **Abb. 3C**).

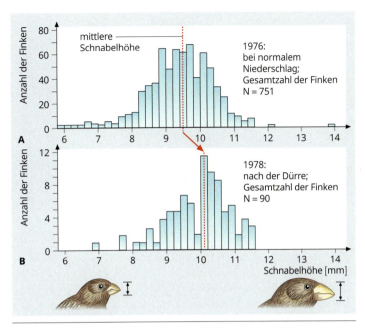

2 Schnabelhöhe bei Finken. A im Jahr 1976; **B** im Jahr 1978

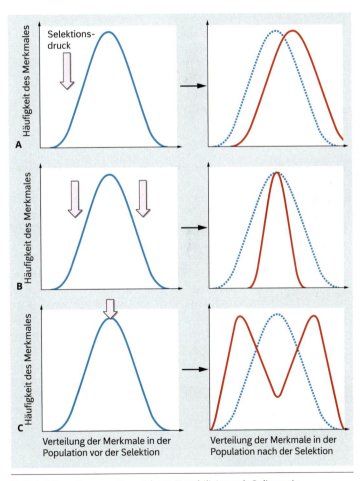

3 Selektionsformen. A gerichtet; **B** stabilisierend; **C** disruptiv

➊ Natürliche Selektion bei Stichlingen

Der Lake Washington nahe Seattle war bis vor 60 Jahren ein trübes Gewässer. Phosphathaltige Abwässer, die in den See entsorgt wurden, ließen Algen massenhaft wachsen. Durch verschiedene Maßnahmen, die in den 1960er Jahren eingeleitet wurden, hat sich seitdem der ökologische Zustand und damit die Sichttiefe des Sees deutlich verbessert. Die Stichlinge des Lake Washington sind durch eine Art Panzer aus einander überlappenden Knochenplatten vor Fressfeinden geschützt.

a) ≡ Werten Sie die Untersuchungsergebnisse unter evolutionsbiologischen Gesichtspunkten aus.

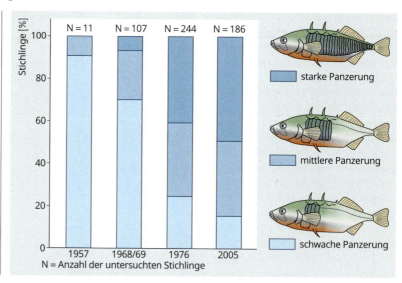

➋ Frequenzabhängige Selektion bei Korallenschlangen

Korallenschlange

Mexikanische Milchschlange

Graugebänderte Königsnatter

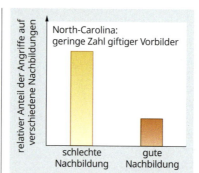

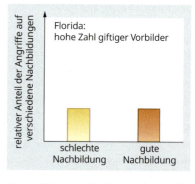

Korallenschlangen in Nordamerika produzieren zum Schutz vor Fressfeinden Gifte und zeigen eine auffällig grelle Querbänderung. Im gleichen Verbreitungsgebiet leben auch ungiftige Dreiecksnattern wie etwa die Mexikanische Milchschlange und die Graugebänderte Königsnatter. Sie schützen sich dadurch, dass sie die Warntracht der giftigen Korallenschlangen imitieren. Die Nachahmung eines wehrhaften oder ungenießbaren Tieres durch harmlose Tiere zur Täuschung von Feinden wird als **Mimikry** bezeichnet. Voraussetzung dafür ist, dass Vorbild und Nachahmer durch gleiche Fressfeinde bedroht werden, und es einen Lerneffekt beim Fressfeind geben kann. Das Gift des Vorbilds darf also den Fressfeind nicht

töten. Die verschiedenen Arten der Dreiecksnattern ähneln ihren giftigen Vorbildern, aber nicht alle in gleicher Weise: Einige Arten imitieren das Vorbild sehr gut, andere nur schlecht und ein Teil gar nicht. Durch ein Experiment versuchte man dieses Phänomen zu erklären. Man stellte Gipsmodelle von unterschiedlich gut nachgebildeten Dreiecksnattern im Freiland in verschiedenen Gebieten auf, in denen die giftigen Vorbilder in unterschiedlicher Häufigkeit auftraten. Die Schlangen aus den drei Gruppen werden unter anderem von Greifvögeln gejagt. Dieses Verhalten ist nicht angeboren.

a) ≡ Erklären Sie die Versuchsergebnisse.

3.5 Verhalten als Angepasstheit

Welchen Einfluss hat die natürliche Selektion auf das Verhalten von Tieren?

Eine Honigbiene fliegt von Blüte zu Blüte und sammelt dabei Nektar, eine wässrige Lösung verschiedener Zucker. Sie leckt den Nektar mit ihrer Zunge auf, speichert ihn in der Honigblase am Ende der Speiseröhre und trägt ihn in den Bienenstock ein. Dort wird er zu Honig umgewandelt. Dieser dient dem Bienenvolk insbesondere im Winter zur Ernährung.

Kosten-Nutzen-Analyse

Je mehr Nektar eine Biene in ihre Honigblase füllt, umso schwerer wird sie und umso höher wird der Energiebedarf für den Heimflug. Diesen Energiebedarf deckt sie, indem sie den zuvor gesammelten Nektar teilweise verbraucht. Die Menge des gesammelten Nektars nimmt proportional zur Dauer der Sammeltätigkeit zu. Der Verbrauch an Nektar für den Rückflug steigt dabei jedoch überproportional an. Das bedeutet, dass mit zunehmender Dauer der Sammeltätigkeit die Nektarmenge, die von der Biene in den Stock eingetragen werden kann, immer langsamer ansteigt. Ab einer bestimmten Dauer ist ein weiteres Sammeln deshalb nicht mehr ökonomisch: Die **Kosten** für das weitere Sammeln wären höher als der **Nutzen** des zusätzlich eingebrachten Nektars. Sobald dieser Zeitpunkt erreicht ist, bricht die Biene ihre Sammeltätigkeit ab und fliegt zurück in den Stock (→ **Abb. 1**).

Im Rahmen solcher **Kosten-Nutzen-Analysen** betrachtet man in der Biologie, wie sich ein Verhalten oder ein Merkmal auf die reproduktive Fitness eines Lebewesens auswirkt. Im Laufe der Evolution haben sich letztlich nur diejenigen Verhaltensweisen und Merkmale durchgesetzt, deren Kosten-Nutzen-Bilanz positiv ist.

Auch das Verhalten des Austernfischers beim Nahrungserwerb kann man mithilfe einer Kosten-Nutzen-Analyse erklären. Diese Watvögel suchen in flachen Küstengewässern nach Herzmuscheln, von denen sie sich ernähren. Dabei gehen sie gezielt vor: Kleine Muscheln verschmähen sie, da hier der Aufwand beim Öffnen der harten Schale den Ertrag nicht lohnt. Große Muscheln werden gemieden, da sich diese nur mit größeren Kraftanstrengun-

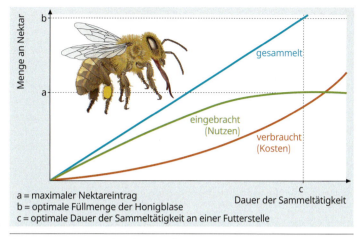

a = maximaler Nektareintrag
b = optimale Füllmenge der Honigblase
c = optimale Dauer der Sammeltätigkeit an einer Futterstelle

1 Kosten-Nutzen-Analyse beim Nektarsammeln

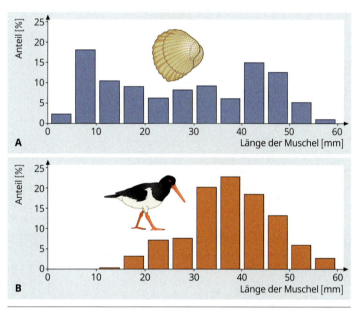

2 Nahrungswahl bei Austernfischern. A vorhandene Muscheln; **B** geöffnete Muscheln

gen öffnen lassen. Sie fressen daher vorrangig mittelgroße Muscheln (→ **Abb. 2**). Dabei ist die Kosten-Nutzen-Bilanz positiv. Austernfischer mit diesem Verhalten werden folglich schneller wachsen, länger leben und mehr Nachkommen hinterlassen, als Austernfischer, die wahllos versuchen sämtliche Muscheln zu öffnen.

Dieses ökonomische Verhalten der Austernfischer ist durch die natürliche Selektion begünstigt worden. Wie jedes Verhalten ist es eine Angepasstheit an die Umwelt, die dazu dient, das Überleben der Art zu sichern.

Materialgebundene Aufgaben

❷ Kosten-Nutzen-Analyse bei der Revierverteidigung

Wissenschaftler untersuchten die Kosten, die die Verteidigung eines Territoriums für männliche Leguane verursacht. Männliche Leguane verteidigen ihre Territorien, in denen mehrere Weibchen leben, vor allem im September und Oktober gegen männliche Artgenossen. In dieser Zeit ist der Testosteronspiegel der Männchen besonders hoch, und die Weibchen sind paarungsbereit.

In einem Experiment setzten Wissenschaftler einigen Männchen Testosteronimplantate ein. Dies geschah im Sommer, also zu einer Zeit, wenn Leguan-Männchen normalerweise keine ausgeprägte Territoriumsverteidigung zeigen. Anschließend wurde die Aktivität der so behandelten Männchen erfasst und mit einer Kontrollgruppe ohne Implantat verglichen. In vergleichbarer Weise wurde die Überlebensrate der behandelten Leguane und die der Kontrollgruppe erfasst.

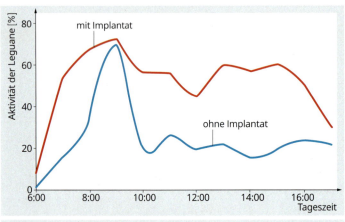

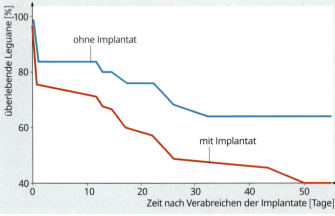

a) ≡ Werten Sie die Versuchsergebnisse im Hinblick auf die Kosten-Nutzen-Bilanz der Territoriumsverteidigung männlicher Leguane aus.

b) ≡ Begründen Sie, warum die natürliche Selektion eine saisonale Veränderung des Hormonspiegels bei männlichen Leguanen begünstigt.

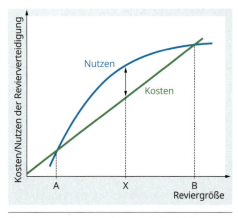

3 Kosten-Nutzen-Analyse am Beispiel der Territoriumsverteidigung

Investment

Der Nutzen eines Verhaltens lässt sich allgemein daran messen, wie stark die reproduktive Fitness durch dieses Verhalten gesteigert wird. Die Kosten, die ein Individuum beim Nahrungserwerb oder bei der Verteidigung seines Territoriums gegenüber Artgenossen aufwenden muss, werden auch als **Investment** bezeichnet. Dieses besteht für gewöhnlich aus drei Komponenten:

- **Energiekosten.** Verhaltensweisen wie etwa die Verteidigung von Revieren – die Nistgelegenheiten, Nahrungsquellen und Geschlechtspartner bieten – sind stets mit einem beträchtlichen Energieaufwand verbunden (→ **Abb. 3**). Um die Energiekosten eines solchen Verhaltens abschätzen zu können, vergleicht man es mit der Energie, die ein Lebewesen aufwendet, wenn es dieses Verhalten nicht zeigt.
- **Risikokosten.** Bestimmte Verhaltensweisen sind häufig mit einem erhöhten Verletzungsrisiko oder der Gefahr, getötet zu werden, verbunden. So können beispielsweise aggressiv geführte Revierkämpfe bei vielen Tieren zu erheblichen Verletzungen führen.
- **Opportunitätskosten.** Zeigt ein Tier ein bestimmtes Verhalten, so kann es zur gleichen Zeit nicht ein anderes Verhalten realisieren. So hat etwa ein Männchen, das sein Revier gegenüber Artgenossen verteidigt, weniger Zeit für die Nahrungsaufnahme und damit Opportunitätskosten.

❶ ≡ Erklären Sie anhand von Abbildung 3, bei welcher Reviergröße eine Revierverteidigung biologisch sinnvoll ist.

3.6* Elterliches Investment

Was versteht man unter elterlichem Investment und wovon ist dieses abhängig?

Brutfürsorge und Brutpflege sind Verhaltensweisen, bei denen Elterntiere viel Zeit und Energie in ihre Nachkommen investieren. Eine solche Investition eines Elternteils in einen einzelnen Nachkommen, die dessen Überlebens- und Fortpflanzungschancen steigert, aber gleichzeitig die Investitionen in andere Nachkommen reduziert, nennt man **elterliches Investment**.

Väterliches und mütterliches Investment

Beim elterlichen Investment sind häufig nicht beide Elternteile gleich aktiv. So beteiligen sich die Männchen bei den meisten Säugetierarten nicht an der Brutfürsorge oder Brutpflege. Sie suchen stattdessen nach weiteren Paarungsmöglichkeiten und steigern so ihre reproduktive Fitness. Der Schutz, die Ernährung und Pflege der Nachkommen sind dann alleinige Aufgaben der Weibchen. Stillt ein Weibchen seine Nachkommen, verursacht dies nicht nur Kosten in Form von Zeit und Energie. Durch das Saugen an der Zitze wird in der Hypophyse die Produktion des Hormons Prolaktin gefördert, das für die Milchsekretion in der Stillzeit verantwortlich ist. Darüber hinaus unterdrückt Prolaktin den Eisprung und verhindert so eine erneute Schwangerschaft. Wenn also ein Weibchen einen Nachkommen intensiv und lange stillt, fördert es dessen Entwicklung, verringert aber dadurch die eigene reproduktive Fitness.

Direkte und indirekte Fitness

Wie lässt sich erklären, dass sich im Laufe der Evolution ein Verhalten wie das des elterlichen Investments entwickelt hat, das scheinbar die eigene reproduktive Fitness verringert? Eltern und ihre Nachkommen besitzen aufgrund gemeinsamer Abstammung gemeinsame Gene. Indem etwa das Weibchen das Überleben des Nachwuchses und so dessen Fortpflanzung sichert, steigert es auf indirektem Wege damit auch die eigene Fitness. Die Fitness eines Individuums setzt sich demnach aus zwei Anteilen zusammen: der **direkten Fitness** durch die eigene Fortpflanzung und der **indirekten Fitness** durch Förderung der Fortpflanzung des eigenen Nachwuchses. Beide zusammen ergeben die **Gesamtfitness** eines Individuums.

Einflussfaktoren

Die Höhe des elterlichen Investments ist von verschiedenen Faktoren abhängig, beispielsweise vom Alter der Eltern. So hat man bei Rothirschen beobachtet, dass ältere Hirschkühe mehr Energie für die Ernährung ihrer Kälber aufwenden als jüngere Kühe. Aus evolutiver Sicht kann man das gesteigerte Elterninvestment älterer Tiere damit erklären, dass deren eigene Lebenserwartung mit steigendem Alter sinkt und damit auch die Wahrscheinlichkeit für weiteren Nachwuchs.

❶ ≣ Begründen Sie, warum viele Greifvögel häufig zwei Eier legen, aber nur ein Junges aufziehen.

❷ ≣ Findet bei Fischen Brutpflege statt, erfolgt sie oft durch die Männchen. Erklären Sie dieses Verhalten aus evolutionsbiologischer Sicht.

Materialgebundene Aufgaben

❸ **Abhängigkeit des elterlichen Investments vom Geschlecht der Nachkommen**

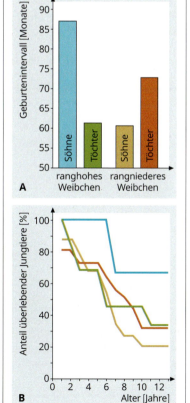

A Geburtenintervall [Monate] — ranghohes Weibchen (Söhne, Töchter), rangniederes Weibchen (Söhne, Töchter)

B Anteil überlebender Jungtiere [%] — Alter [Jahre]

Wissenschaftler untersuchten, inwieweit das Geschlecht der Nachkommen das elterliche Investment bei Schimpansen beeinflusst. Dabei diente der Abstand zwischen zwei Geburten, das Geburtenintervall, als Maß für das zeitliche Investment in die Nachkommen. Bei Weibchen, die ihren Nachwuchs lange tragen und stillen, sind das Geburtenintervall und das elterliche Investment entsprechend groß. Diagramm A gibt die entsprechenden Ergebnisse getrennt für ranghohe und rangniedere Weibchen wider. Diagramm B zeigt den Anteil überlebender weiblicher und männlicher Nachkommen von ranghohen und rangniederen Weibchen in Abhängigkeit vom Alter der Nachkommen.

a) ≣ Werten Sie die Versuchsergebnisse im Hinblick auf die Kosten-Nutzen-Bilanz aus.

b) ≣ Erklären Sie die Ergebnisse aus evolutionsbiologischer Sicht.

1 Löwenrudel

3.7 Proximate und ultimate Erklärungen

Wie lassen sich bestimmte Verhaltensweisen bei Tier und Mensch erklären und welche Ebenen unterscheidet man dabei?

Wenn ein Löwenrudel (→ **Abb. 1**) von einem neuen Männchen oder von einer Gruppe von Männchen übernommen wird, töten die Männchen oft alle noch von ihren Müttern abhängigen Jungen. Man bezeichnet dieses Verhalten als **Infantizid.** Es tritt nicht nur bei Raubtieren wie Löwen auf, sondern auch bei verschiedenen anderen Tierarten, etwa bei vielen Vögeln, Nagetieren und auch bei manchen Affen. Daher wird es als ein natürliches, nicht krankhaftes Verhalten angesehen. Dieses Verhalten lässt sich auf zwei unterschiedlichen Ebenen erklären, einer proximaten und einer ultimaten Ebene.

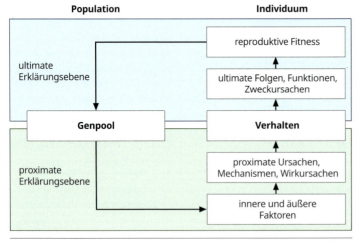

2 Zusammenhang zwischen proximaten Ursachen und ultimaten Folgen

Proximate Erklärungen

Die Frage, warum Löwenmännchen Jungtiere bei der Übernahme des Rudels töten, kann man mit Blick auf die unmittelbaren **Mechanismen** erklären, die dieses Verhalten auslösen und steuern (→ **Abb. 2**). Dazu analysiert man die entsprechenden äußeren und inneren Faktoren. Zum Beispiel könnte das Verhalten der Löwenmännchen durch den äußeren Faktor „Geruch der Jungtiere" ausgelöst werden, denn Löwenmännchen können eigene Jungen an deren Geruch erkennen. Daneben spielt auch das Alter der Jungen eine Rolle. Fast entwöhnte Junge werden seltener von den Löwenmännchen getötet. Ein innerer verhaltenssteuernder Faktor könnte die hohe Konzentration an Stresshormonen im Blut des Löwenmännchens nach dem Konkurrenzkampf um das Rudel sein. Ein solcher Erklärungsansatz, der sich auf die unmittelbaren Gründe und die aktuellen Ursachen eines Verhaltens bezieht, nennt man **proximate Erklärung** (lat. *proximus:* der nächste, naheliegende). Die entsprechenden proximaten Ursachen eines Verhaltens werden häufig auch **Wirkursachen** genannt. Dazu gehören auch Angepasstheiten der Lebewesen hinsichtlich ihres Stoffwechsels und ihres Körperbaus, die ein bestimmtes Verhalten ermöglichen. Neben der Steuerung des Verhaltens durch Hormone zählt auch die Steuerung durch das Nervensystem oder durch Gene dazu.

Ultimate Erklärungen

Ein anderer Erklärungsansatz für das Verhalten der männlichen Löwen hat die evolutionsbiologischen Zusammenhänge im Blick: Nach dem Tod der Jungtiere werden die Weibchen schnell wieder fortpflanzungsbereit. Hätten sie ihre Jungen erfolgreich aufziehen können, wären sie erst in etwa ein bis zwei Jahren wieder brünstig geworden. Die neuen Rudelführer erhalten durch die Tötung der Jungen die Möglichkeit, schnell eigene Nachkommen zu zeugen. Sie steigern so ihre reproduktive Fitness und können somit eigene Gene in den Genpool der Folgegenerationen einbringen. Analysiert man ein Verhalten mit dem Blick auf die **Funktion** beziehungsweise auf seinen Selektionsvorteil, so bezeichnet man dies als **ultimate Erklärung** (lat. *ultimus:* der entfernteste). Die ermittelten indirekten Ursachen eines Verhaltens werden ultimate Ursachen oder besser ultimate Folgen beziehungsweise **Zweckursachen** genannt.

Verhalten lässt sich immer mithilfe beider Erklärungsformen verständlich machen und in vielen Fällen können mehrere proximate Ursachen und häufig auch mehrere ultimate Ursachen dafür gefunden werden.

❶ ≡ Beschreiben Sie den Zusammenhang zwischen proximaten Ursachen und ultimaten Folgen eines Verhaltens anhand von Abbildung 2.

❷ ≡ Erklären Sie folgende Beobachtungen aus proximater und ultimater Sicht:
– Die Arbeiterinnen eines Bienenstaates können sich nicht fortpflanzen.
– Die Eisbären besitzen ein weißes Fell.

❸ ≡ Geben Sie proximate und ultimate Erklärungen für die folgenden Verhaltensbeobachtungen an:
– Der Geruch des neuen Rudelführers führt oftmals zu Fehlgeburten bei den trächtigen Löwenweibchen.
– Fast entwöhnte Jungtiere werden durch den neuen Rudelführer seltener getötet.
– Die Löwenweibchen verteidigen ihre Jungtiere nur in geringem Maße gegen das Töten durch den neuen Rudelführer.
– Die neu gezeugten Jungtiere werden von dem Rudelführer beschützt und gefüttert.
– Die Weibchen eines Rudels werden etwa zur gleichen Zeit brünstig.

Materialgebundene Aufgaben

❹ Das Jagdverhalten Afrikanischer Wildhunde

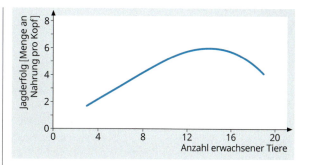

Afrikanische Wildhunde leben in den Savannen und Halbwüsten südlich der Sahara bis Südafrika. Durch das Fleckenmuster ihres Fells, die langen Beine und großen Ohren sind sie unverwechselbar. Die Wildhunde leben in Rudeln von bis zu 15 Tieren. Jedes Rudel wird von einem Alpha-Paar angeführt. Nur dieses pflanzt sich innerhalb des Rudels fort. Die Jungtiere werden allerdings gemeinschaftlich vom Rudel aufgezogen.

Afrikanische Wildhunde verfügen über außerordentlich gut entwickelte Sinne. Die nach vorne gerichteten Augen ermöglichen ihnen eine gute räumliche Orientierung und Wahrnehmung von Beutetieren. Durch verschiedenartige Laute verständigen sie sich untereinander auch über große Entfernungen.

Afrikanische Wildhunde jagen zweimal am Tag jeweils in den Morgen- und Abendstunden. Sie jagen im Rudel, das dabei in der Regel von dem Alpha-Männchen angeführt wird. An der Jagd beteiligen sich alle Mitglieder des Rudels. Nur ganz junge oder kranke Tiere bilden dabei eine Ausnahme. Bei der Hetzjagd verfolgen die Wildhunde ihre Beute über viele Kilometer und erreichen dabei Geschwindigkeiten von 65 Kilometern pro Stunde. Ihr Körper kühlt danach innerhalb weniger Minuten wieder ab, da sie über einen besonderen Stoffwechselweg verfügen. Bevorzugt jagen die Wildhunde Gazellen, Antilopen und Warzenschweine, aber auch kleineres Wild. Ihre Jagd ist selten erfolglos. Das Fleisch der erlegten Beute wird gerecht geteilt. Die Jungtiere und kranken Tiere dürfen zuerst fressen.

a) ≡ Nennen Sie proximate Ursachen und ultimate Folgen für die Rudeljagd des Afrikanischen Wildhundes. Berücksichtigen Sie dafür die oben stehende Abbildung.

b) ≡ Geben Sie eine ultimate Erklärung zu der Beobachtung, dass kranke Mitglieder vom Rudel mit Nahrung versorgt werden.

c) ≡ Ordnen Sie folgende Aussagen einer ultimaten oder proximaten Erklärung zu und begründen Sie Ihre Zuordnung:
– Die großen Ohren des Afrikanischen Wildhundes dienen der Temperaturregulation.
– Am Fleckenmuster des Fells erkennen sich die Tiere im Rudel.
– Der Afrikanische Wildhund verfügt über außerordentlich gut entwickelte Sinne.

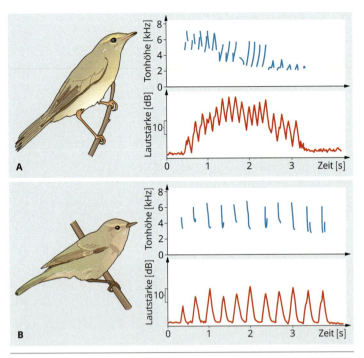

1 Äußeres Erscheinungsbild und Gesangsmuster. A Zilpzalp; **B** Fitis

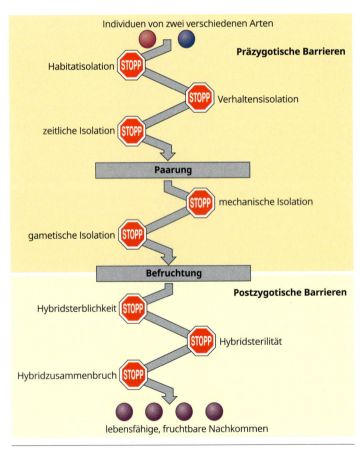

2 Mechanismen der reproduktiven Isolation

4 Artbildung

4.1 Artbegriff

Welche Artbegriffe nutzt man in der Biologie und wie unterscheiden sich diese?

Weltweit sind bisher knapp zwei Millionen Tier- und Pflanzenarten beschrieben worden. Auf welcher Basis und nach welchen Kriterien erfolgt eine solche wissenschaftliche Beschreibung biologischer Arten?

Artdefinitionen

Die Identifizierung und Beschreibung neuer Arten erfolgt in der Regel auf der Basis äußerer Merkmale. Man verwendet also den sogenannten **morphologischen Artbegriff**: „Eine Art ist eine Lebensform, die sich äußerlich von anderen Lebewesen unterscheidet." Diese Abgrenzung von Arten aufgrund ihres Aussehens führt aber in bestimmten Fällen zu Fehlschlüssen: Die zu den Laubsängern zählenden Singvögel Zilpzalp und Fitis sehen sich zum Verwechseln ähnlich, werden aber als verschiedene Arten betrachtet (→ **Abb. 1**). Umgekehrt sehen Schäferhund und Dackel grundverschieden aus, gehören aber zu einer Art. Dieser Einteilung liegt der von Ernst MAYR 1942 entwickelte **biologische Artbegriff** zugrunde: „Arten sind Gruppen natürlicher Populationen, deren Individuen sich tatsächlich oder potenziell untereinander kreuzen können und die von anderen solchen Gruppen reproduktiv isoliert sind." Zilpzalp und Fitis können sich nicht miteinander fortpflanzen, sie sind reproduktiv isoliert. Schäferhund und Dackel können dagegen fruchtbare Nachkommen zeugen und gehören daher zu einer Art.

Präzygotische Barrieren

Der zentrale Aspekt des biologischen Artbegriffs ist die **reproduktive Isolation**: Arten werden durch Fortpflanzungsbarrieren von anderen Arten abgegrenzt, sodass sich ihre Genpools auch dann nicht vermischen, wenn sich ihre Verbreitungsgebiete überlappen.

Derartige Barrieren können vor der Bildung der Zygote wirksam werden und werden dann **präzygotische Barrieren** genannt. Eine solche Barriere liegt etwa bei der **Habitatisolation** vor (→ **Abb. 2**). Potenzielle Sexualpartner nahe verwandter Arten leben hierbei im selben Biotop, besiedeln aber unterschiedliche Habitate. Dies gilt etwa für Parasiten, die auf verschiedene Wirte spezialisiert sind. Sie kommen nicht miteinander in Kontakt und sind folglich reproduktiv isoliert.

Wenn Sexualpartner artspezifische Paarungssignale aussenden, also zum Beispiel bestimmte Sexuallockstoffe oder Balzgesänge, so führt dies wie im Fall von Fitis und Zilpzalp zur **Verhaltensisolation**. Paaren sich Individuen verschiedener Arten wie etwa Gras- und Wasserfrosch zu jeweils unterschiedlichen Jahreszeiten, liegt eine **zeitliche Isolation** vor. Von **mechanischer Isolation** spricht man, wenn die Paarung zwischen Individuen nahe verwandter Arten nicht vollzogen werden kann, weil deren Begattungsorgane anatomisch nicht zueinanderpassen. Dies ist bei vielen Insekten und Spinnen der Fall. Aber selbst nach der Paarung kann durch **gametische Isolation** die Bildung einer Zygote verhindert werden. So passen manchmal die molekularen Erkennungsmuster artfremder Keimzellen nicht zueinander.

Postzygotische Barrieren

Wenn Individuen verschiedener Arten sich paaren und die präzygotischen Barrieren überwinden, kann dennoch durch **postzygotische Barrieren** eine Kombination artfremder Allele verhindert werden. Eine solche Barriere liegt etwa vor, wenn die entstandene Zygote sich nicht weiterentwickelt, der Embryo abstirbt oder die Hybriden kurz nach der Geburt sterben. Diese **Hybridsterblichkeit** findet man beispielsweise, wenn Gelb- und Rotbauchunken gemeinsame Nachkommen haben. Doch selbst wenn Individuen verschiedener Arten lebensfähige Mischlinge zeugen, kann eine reproduktive Isolation vorliegen, da diese Mischlinge unfruchtbar sind. Beispiele für diese **Hybridsterilität** sind Liger, die aus einer Kreuzung von Löwe und Tiger entstehen sowie Maulesel, bei denen es sich um Pferd-Esel-Hybriden handelt (→ **Abb. 3**).

Bei der Paarung von Individuen unterschiedlicher Arten entstehen manchmal Hybriden, die noch zum Teil fruchtbare, aber im Durchschnitt deutlich weniger F_2-Nachkommen erzeugen können. Eine Erklärung für diesen **Hybridzusammenbruch** könnte darin liegen, dass die Hybriden in ihrem Verhalten zwischen dem ihrer Eltern liegen und so geringere oder keine Chance bei der Partnerfindung haben.

3 Hybridsterilität. A Maulesel; **B** Liger

❶ ≡ Beschreiben Sie anhand der Abbildung 2 die Mechanismen der reproduktiven Isolation.

Materialgebundene Aufgaben

❷ **Reproduktive Isolation bei verschiedenen Baumarten**

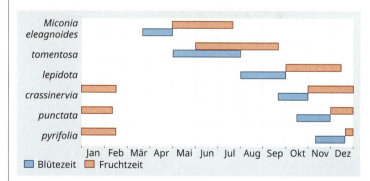

In Brasilien wurden in einem Gebiet des tropischen Regenwalds die Blüte- und Fruchtzeit der dort vorkommenden Baumarten der Gattung Miconia erfasst. Die Arten werden alle von den gleichen Bestäubern besucht.

a) ≡ Beschreiben und erklären Sie die Untersuchungsergebnisse.

1 Allopatrische Artbildung bei Erdhörnchen am Grand Canyon

4.2 Formen der Artbildung

Welche unterschiedliche Formen der Artbildung kennt man und wie unterscheiden sich diese?

An den Rändern des bis zu 1,8 Kilometer tiefen Grand Canyons leben zwei verschiedene Erdhörnchenarten. Am Südrand findet man die Art *A. harrisi*. Nur wenige Kilometer davon lebt die nahe verwandte Art *A. leucurus* (→ **Abb. 1**). Wie konnten sich in so großer räumlicher Nähe verschiedene Erdhörnchenarten bilden?

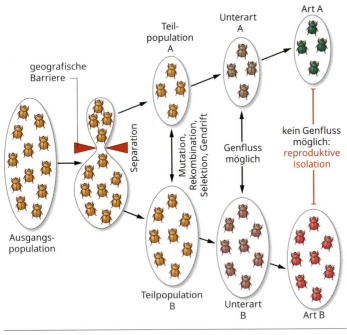

2 Schema zur allopatrischen Artbildung

Allopatrische Artbildung

Voraussetzung für die Artbildung der Erdhörnchen war die Aufspaltung einer Ausgangspopulation durch eine geografische Barriere. Man bezeichnet den Vorgang als **Separation**. Dadurch wird der Austausch von Allelen zwischen den neu entstandenen Teilpopulationen verhindert. In den separierten Populationen finden unabhängig voneinander Mutationen und Rekombinationen statt. Gendrift und natürliche Selektion in den Teilpopulationen können die Allelfrequenzen weiter verändern. So entstehen **Unterarten**. Vertreter verschiedener Unterarten unterscheiden sich geno- und phänotypisch, können aber noch fertile Nachkommen miteinander zeugen. Erst wenn sich die Unterschiede im Genpool der Teilpopulationen weiter anhäufen und reproduktive Isolation eingetreten ist, liegen unterschiedliche Arten vor (→ **Abb. 2**). Man nennt diese Form der Artbildung, bei der die Ausgangspopulation durch eine geografische Barriere aufgespalten wird, **allopatrische Artbildung** (gr. *allos*: anders; lat. *patria*: Heimat).

Die Aufspaltung einer Ausgangspopulation in Teilpopulationen kann auf unterschiedliche Art und Weise erfolgen: Bei den Erdhörnchen geschah sie durch die tiefe Schlucht, die der Colorado-River in den Grand Canyon grub. Daneben können Änderungen des Meeresspiegels oder der Kontinentaldrift unüberwindliche Barrieren schaffen. Auch klimatische Veränderungen wie Vereisungen und Versteppungen, die sich keilförmig als Barrieren in das Verbreitungsgebiet einer Population vorschieben, können separierend wirken.

Sympatrische Artbildung

Bei einer anderen Form der Artbildung entstehen neue Arten innerhalb eines Verbreitungsgebietes ohne vorherige Separation (→ **Abb. 3**). Die Fortpflanzungsbarrieren entstehen dabei innerhalb der Population. Sie verhindern den Austausch von Allelen zwischen den Individuen und führen so zur reproduktiven Isolation. Man nennt diese Form der Artbildung **sympatrische Artbildung** (gr. *sym*: zusammen).

Eine sympatrische Artbildung findet man relativ häufig bei Pflanzen. So kann es beispielsweise vorkommen, dass bei ihnen die homologen Chromosomen im Verlauf der Meiose nicht getrennt werden. Als Folge dieser Mutation können bei einer diploiden Pflanze (2n) diploide Keimzellen entstehen. Eine anschließende Selbstbefruchtung führt zu tetraploiden (4n) fertilen Individuen. Diese sind von den diploiden Pflanzen der Ausgangspopulation reproduktiv isoliert, da ihre triploiden (3n) Nachkommen steril sind. In nur einer Generation kann also eine postzygotische Barriere zur Bildung einer neuen Art führen.

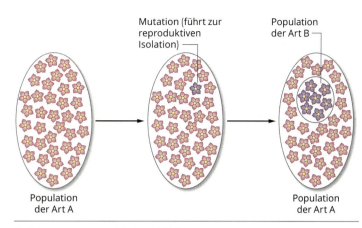

3 Schema zur sympatrischen Artbildung

Eine sympatrische Artbildung bei Tieren beruht meist auf präzygotischen Barrieren. So wählen etwa Weibchen ihre Partner meist nach bestimmten äußeren Merkmalen aus. Ändert sich diese genetisch fixierte Präferenz bei einigen Weibchen, entstehen Teilpopulationen, die nur untereinander Nachkommen zeugen. Eine veränderte Partnerwahl kann so zu reproduktiver Isolation und zu neuen Arten führen.

Materialgebundene Aufgaben

❶ Artbildung bei Salamandern

In Oregon und Kalifornien findet man verschiedene Salamander-Populationen, die sich in ihrer Färbung unterscheiden. In Kalifornien leben sie in den Küstenregionen und im Binnenland. Getrennt werden beide durch das Sacramento Valley und das San Joaquin Valley. Nahezu sämtliche Populationen sind durch Mischformen verbunden. Die genetischen Unterschiede zwischen Küsten- und Binnenlandform verstärken sich in südlicher Richtung. Dort, wo sich das Areal der Küstenform des Monterey-Salamanders mit dem Areal der Binnenform des großfleckten Salamanders überlappt, erfolgt keine Hybridisierung.

a) ≡ Beschreiben Sie die evolutionäre Entwicklung der verschiedenen Salamander-Populationen.

b) ≡ Prüfen Sie, welche Form der Artbildung dabei vorliegt.

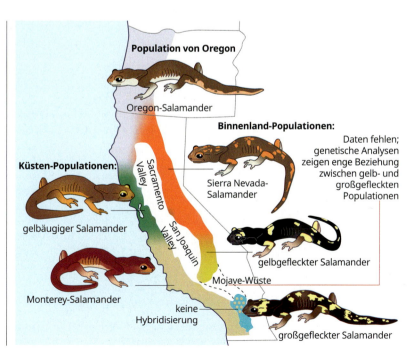

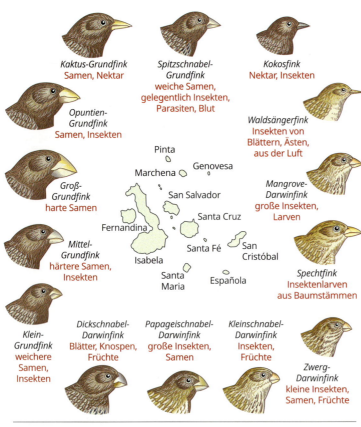

1 Adaptive Radiation der Darwinfinken

(Labels within figure 1:)

Kaktus-Grundfink
Samen, Nektar

Spitzschnabel-Grundfink
weiche Samen, gelegentlich Insekten, Parasiten, Blut

Kokosfink
Nektar, Insekten

Opuntien-Grundfink
Samen, Insekten

Waldsängerfink
Insekten von Blättern, Ästen, aus der Luft

Pinta
Marchena   Genovesa

Groß-Grundfink
harte Samen

San Salvador

Santa Cruz

Mangrove-Darwinfink
große Insekten, Larven

Fernandina

Mittel-Grundfink
härtere Samen, Insekten

Isabela

Santa Fé   San Cristóbal

Santa Maria   Española

Spechtfink
Insektenlarven aus Baumstämmen

Klein-Grundfink
weichere Samen, Insekten

Dickschnabel-Darwinfink
Blätter, Knospen, Früchte

Papageischnabel-Darwinfink
große Insekten, Samen

Kleinschnabel-Darwinfink
Insekten, Früchte

Zwerg-Darwinfink
kleine Insekten, Samen, Früchte

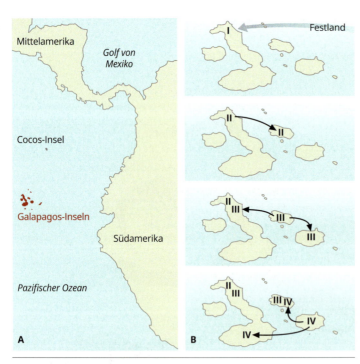

2 Modell der adaptiven Radiation. A Lage des Galapagos-Archipels; **B** Ausbreitung, Isolation und Rückkehr von Populationen

(Labels within figure 2:)
Mittelamerika · Golf von Mexiko · Cocos-Insel · Galapagos-Inseln · Südamerika · Pazifischer Ozean · Festland · A · B

4.3* Adaptive Radiation

Wie erklärt man die Tatsache, dass sich manche Arten innerhalb kurzer Zeit in zahlreiche neue Arten aufspalten?

Vor etwa ein bis fünf Millionen Jahren entstand durch unterseeische Vulkanausbrüche der Galapagos-Archipel. Diese gut 1000 km vom südamerikanischen Festland entfernt liegende Inselgruppe beherbergt zahlreiche Tierarten, die nur hier vorkommen. Zu diesen **Endemiten** (gr. *endemos*: einheimisch) zählen auch die 14 Finkenarten, die zu Ehren ihres Entdeckers Darwinfinken genannt werden.

Einnischung

Darwinfinken haben auf dem Archipel nahezu jede verfügbare Nahrungsquelle erschlossen und zeigen über ihre Schnabelform deutliche Angepasstheiten an die unterschiedlichen Ernährungsweisen. Grundfinken suchen beispielsweise auf dem Boden nach Samen, die sie mit kurzen, dicken Schnäbeln öffnen, während Waldsängerfinken mit ihren kurzen, dünnen Schnäbeln auf Blättern nach Insekten picken. Jede der verschiedenen Finkenarten realisiert auf Galapagos ihre eigene **ökologische Nische** (→ **Abb. 1**). Trotz dieser Vielfalt sind sämtliche Finkenarten miteinander verwandt. Dies belegen molekulargenetische Untersuchungen mitochondrialer DNA. Wie lässt sich die Entstehung dieser Artenvielfalt erklären?

Adaptive Radiation

Man geht heute davon aus, dass sämtliche, heute existierende Finkenarten von wenig spezialisierten Gründerindividuen abstammen, die vor etwa einer Million Jahren von Südamerika auf eine Insel des Archipels verschlagen wurden. Inzwischen weiß man aus molekulargenetischen Untersuchungen, dass die insektenfressenden Waldsängerfinken dieser Ursprungsart am nächsten standen. Da die Gründerindividuen keine Konkurrenten und keine Feinde vorfanden, konnten sie sich rasch vermehren. Der entstehende innerartliche Konkurrenzdruck um Nahrung führte zur Erweiterung ihrer ökologischen Nische. Durch Mutationen, Rekombinationen und Selektion entwickelten sich Angepasstheiten an bestimmte Nahrungsquellen. Geografisch vom Festland und den anderen Inseln separiert bildete sich so, angepasst an die neuen Umweltbedingungen, eine neue Finkenart (→ **Abb. 2**).

Gelangten einzelne Finken auf Nachbarinseln mit unterschiedlichen ökologischen Bedingungen, so folgten Einnischungen und die Entwicklung einer reproduktiven Isolation. Kehrten Vertreter der neuen Art zur Ursprungsinsel zurück, so konnten diese mit der Ausgangsart koexistieren, da sie nicht mit ihr um Nahrung konkurrierten. Der Wechsel zwischen Ausbreitung, Isolation und Rückkehr hat sich vermutlich mehrfach wiederholt (→ **Abb. 2**). Heute ermöglichen die unterschiedlichen ökologischen Nischen und eine Verhaltensisolation durch verschiedene Balzgesänge die Koexistenz von bis zu zehn Arten auf einer Insel. Eine solche Aufspaltung einer Art in zahlreiche neue Arten unter Anpassung an verschiedene ökologische Bedingungen nennt man allgemein **adaptive Radiation**.

Vorkommen einer adaptiven Radiation

Eine adaptive Radiation erfolgt insbesondere, wenn klimatische oder geologische Veränderungen neue Lebensräume mit freien ökologischen Nischen schaffen, die dann von nicht spezialisierten Gründerindividuen besiedelt werden. So war beispielsweise der Victoria-See in Ostafrika vor etwa 12 000 Jahren vollkommen ausgetrocknet. Nachdem er später erneut mit Wasser gefüllt war, wurde der See von wenigen Pionieren aus benachbarten Seen besiedelt. In der Folge kam es zu einer geradezu explosionsartigen Aufspaltung in mehr als 300 verschiedene Buntbarsch-Arten.

❶ ☰ Begründen Sie, warum auf der 1000 km vom Galapagos-Archipel entfernten Cocos-Insel nur eine Finkenart existiert.

Materialgebundene Aufgaben

❷ Adaptive Radiation der Lemuren Madagaskars

Madagaskar ist eine Insel im Indischen Ozean, die durch die 400 km breite Straße von Mosambik von Ostafrika getrennt ist. Die Insel bietet dicht beieinander zahlreiche Lebensräume – von immergrünem Regenwald bis zu Halbwüsten. Madagaskar beheimatet viele endemische Tierarten. Zu ihnen zählen die Lemuren, eine vielfältige Gruppe von Affen. Als deren Vorfahren die Insel erreichten, gab es hier keine konkurrierenden Säugetiere. Bis heute fehlen auf Madagaskar die typischen Raubkatzen des afrikanischen Festlands. Die mehr als 80 bekannten Lemurenarten sind fast ausnahmslos blatt- und fruchtfressende Baumbewohner. Die verschieden großen Arten erreichen wegen der unterschiedlichen Tragfähigkeit von Ästen jeweils andere Bereiche ihrer Nahrungsbäume.

a) ☰ Erklären Sie die Entstehung der Artenvielfalt der Lemuren aus evolutionsbiologischer Sicht und begründen Sie, warum Lemuren nur auf Madagaskar vorkommen.

b) ☰ Begründen Sie, warum die aufgeführten Lemurenarten im selben Lebensraum koexistieren können.

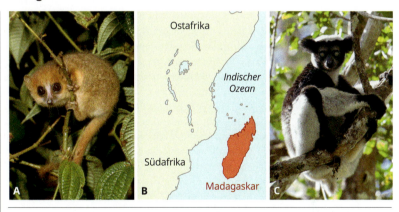

3 Lemuren. A Roter Mausmaki; **B** Lage Madagaskars; **C** Indri

Art	Körpermasse (g)	Aktivität	Nahrung
Roter Mausmaki	60	nachtaktiv	Früchte, Insekten
Großer Katzenmaki	440	nachtaktiv	Früchte, Blätter
Kleiner Halbmaki	850	tagaktiv	Früchte, Blätter ohne Alkaloide
Gewöhnlicher Wieselmaki	1000	nachtaktiv	Früchte, Blätter mit Alkaloiden
Wollmaki	1000	nachtaktiv	Blätter ohne Alkaloide
Indri	10 000	tagaktiv	Früchte, Blätter

4 Daten zu sechs Lemurenarten, die gemeinsam in einem Gebiet vorkommen.
Alkaloide = Pflanzeninhaltsstoffe, werden nur von wenigen Lemuren vertragen

1 Jungkuckuck mit seinem Wirtsvogel, einem Rohrsänger

3 Lupinen, von Blattläusen befallen

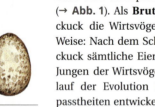

2 Ei-Mimikry.
links: Eier von Drosselrohrsänger, Wiesenpieper, Trauerbachstelze; rechts: die jeweiligen Kuckuckseier

4.4 Coevolution

In welcher Weise beeinflussen sich die Individuen zweier Arten in ihrer evolutionären Entwicklung?

Der Kuckuck ist nicht nur für seinen namensgebenden Balzruf bekannt, sondern auch für seine Fortpflanzungsstrategie: Er legt einzelne Eier in die Nester anderer Singvogelarten, die diese dann ausbrüten und den Jungkuckuck nach dem Schlüpfen mit Nahrung versorgen (→ **Abb. 1**). Als **Brutparasit** schädigt der Kuckuck die Wirtsvögel aber noch auf andere Weise: Nach dem Schlüpfen wirft der Jungkuckuck sämtliche Eier oder bereits geschlüpfte Jungen der Wirtsvögel aus dem Nest. Im Verlauf der Evolution haben Wirtsvögel Angepasstheiten entwickelt, die dem Brutparasitismus durch den Kuckuck entgegenwirken.

Wechselseitige Anpassungen zwischen Wirt und Parasit

Die Wirtsvögel erleiden durch das Verhalten des Kuckucks einen erheblichen Fitnessverlust, da sie so weniger eigene Nachkommen haben und damit weniger eigene Gene in den Genpool der nächsten Generation einbringen. Der Kuckuck übt dadurch auf die Wirtsvögel einen Selektionsdruck aus, ein Kuckucksei von den eigenen Eiern unterscheiden zu können. Wirtsvogelarten, die seit längerem vom Kuckuck parasitiert werden, zeigen eine wirksame Gegenanpassung: Sie entfernen Eier in ihrem Nest, wenn sie diese als artfremd erkennen. Auf diese Weise steigern sie die eigene

Fitness und schädigen die des Brutparasiten. Damit üben sie ihrerseits einen Selektionsdruck auf den Kuckuck im Hinblick auf die Form und Farbe der Eier aus.

Kuckucksweibchen haben eine größere Fitness, wenn sie Eier legen, die in Form und Farbe den Eiern ihrer Wirtsvögel sehr ähnlich sind (→ **Abb. 2**). Diese **Mimikry** (engl. *to mimic*: nachahmen, mimen) funktioniert aber nur mit jeweils einer Art. Jedes Kuckucksweibchen ist auf die Vogelart spezialisiert, in deren Nest es aufgewachsen ist. Den evolutionären Prozess, bei dem sich zwei Arten in wechselseitiger Anpassung aufeinander spezialisieren, nennt man **reziproke Anpassung** oder **Coevolution**. Entscheidend dabei ist, dass beide Arten einen starken evolutionären Selektionsdruck aufeinander ausüben.

Wechselseitige Anpassung von Pflanzen und Herbivoren

Ein anderes Beispiel für eine wechselseitige Anpassung, bei dem ein Selektionsvorteil für eine Art einen Selektionsdruck auf die andere erzeugt, ist die Coevolution zwischen Räubern und ihrer Beute beziehungsweise die zwischen Herbivoren und Pflanzen. So üben Herbivore einen starken Selektionsdruck auf die Pflanzen aus. Viele Pflanzen schützen sich vor Tierfraß mechanisch mithilfe von Stacheln oder Dornen oder auch chemisch: Sie erzeugen und speichern ungenießbare oder giftige Inhaltsstoffe wie Alkaloide. Die sehr alkaloidreichen Lupinen etwa werden von den meisten Herbivoren gemieden, obwohl ihre Samen sehr proteinreich sind. Manchen Blattlausarten jedoch macht der hohe Alkaloidgehalt in den Pflanzensäften nichts aus (→ **Abb. 3**). Sie können sogar das Gift dafür verwenden, um sich ihrerseits vor Fressfeinden wie Marienkäfern zu schützen. Bei ausreichend großem Selektionsdruck kann sich also ein Pflanzenfresser entwickeln, der die chemische Substanz selbst als Abwehr gegen seine eigene Fressfeine nutzt.

Wechselseitige Anpassungen zwischen Pflanzen und ihren Bestäubern

Andere wechselseitige Angepasstheiten nützen beiden Arten. Eine solche **mutualistische Beziehung** besteht zwischen vielen Pflanzen und ihren Bestäubern. Ein besonders eindrucksvolles Beispiel hierfür liefern die in Madagaskar beheimatete Sternorchidee und der sie bestäubende nachtaktive Schwärmer (→ **Abb. 4**). Die Orchidee besitzt einen bis zu 30 Zentimeter langen Blütensporn, in dessen unteren Teil sich Nektar befindet. Der Schwärmer verfügt über einen entsprechend langen Saugrüssel, mit dem er den Nektar aus den Blüten saugen kann. Durch den langen Saugrüssel hat der Schwärmer einen Selektionsvorteil: Er kann tief in den Blütensporn eindringen und so sehr viel Nektar aufnehmen. Zudem ist er konkurrenzlos, solange es keine weiteren Arten mit ähnlich langem Rüssel gibt. Davon profitiert auch die Orchidee, deren Pollen während des Nektarsaugens am Rüssel des Schwärmers hängen bleibt. Für ihre Fortpflanzung sind Pflanzen darauf angewiesen, dass arteigener Pollen auf ihre Narbe gelangt. Dies kann durch Selbst- oder Fremdbestäubung erfolgen, wobei die genetische Variabilität der Pflanze nur durch Fremdbestäubung erhöht wird. Wird eine Pflanze nur von einer bestimmten Art bestäubt, so steigert dies ihre Fortpflanzungschancen. Denn dadurch steigt die Wahrscheinlichkeit, dass sie durch Pollen der gleichen Pflanzenart fremdbestäubt wird.

❶ ☰ Stellen Sie den möglichen Verlauf der Coevolution zwischen Schwärmer und Orchidee in Form eines Fließdiagramms dar.

❷ ☰ Erklären Sie, warum man die Coevolution zwischen Räuber und Beute auch als evolutionäres Wettrüsten bezeichnet.

❸ ☰ Erklären Sie den Brutparasitismus des Kuckucks in proximater und ultimater Form.

4 Schwärmer

Materialgebundene Aufgaben

❹ **Coevolution bei Webervögeln**

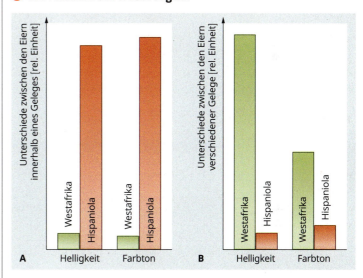

Die in Kolonien lebenden Dorfwebervögel Afrikas werden vom Goldkuckuck und gelegentlich auch von eigenen Artgenossen parasitiert. Im Laufe der Evolution wurden die Vögel an diesen Parasitismus angepasst. Ihre Eier weisen innerhalb eines Geleges fast keine Unterschiede im Hinblick auf Helligkeit und Farbton auf, die Eier verschiedener Gelege einer Population differieren im Gegensatz dazu erheblich. Dorfwebervögel gelangten vor etwa 200 Jahren auch von Westafrika auf die Karibik-Insel Hispaniola. Hier kommen weder der Goldkuckuck noch andere Brutparasiten vor.

a) ☰ Erklären Sie die evolutionäre Anpassung der Dorfwebervögel an den Parasitismus durch den Goldkuckuck und den durch eigene Artgenossen in Afrika.

b) ☰ Erklären Sie die in der Abbildung dargestellten Befunde.

Genetische Variabilität

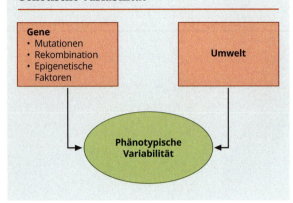

Genetische Struktur von Populationen

Genpool: Gesamtheit der Gene einer Population

Ideale Population
Sehr große Population, Panmixie (alle Individuen können sich beliebig paaren), keine Mutationen, keine Selektion, keine Migration

HARDY-WEINBERG-Regel: In einer idealen Population bleiben die Allelhäufigkeiten und die Frequenzen der Genotypen eines Genpools konstant: $p^2 + 2pq + q^2 = 1$.

Reale Population
HARDY-WEINBERG-Regel gilt nicht.
Eine Änderung der Allelfrequenz im Genpool führt zur Evolution.

Gendrift

Zufallsbedingte Änderungen von Allelfrequenzen im Genpool einer Population

Flaschenhalseffekt
– Katastrophen, Klimaänderungen oder Ähnliches verringern die Populationsgröße.
– Genetische Verarmung
– Schädliche rezessive Gene können homozygot auftreten.

Gründereffekt
– Zufälliges Abwandern einzelner Individuen, die an einem anderen Ort eine neue Population gründen
– Genetische Verarmung der neuen Population
– Ohne Vernichtung der Ursprungspopulation
– Spielt bei der Besiedlung neuer Lebensräume eine Rolle

Natürliche Selektion

– gerichteter Prozess, der die genetische Variabilität verringert
– führt zur besseren Angepasstheit der Lebewesen an die Umwelt

Selektionsformen:
Gerichtete Selektion: Verschiebung der Merkmalshäufigkeit einer Population in Richtung auf stärker oder schwächer ausgeprägte Merkmale

Stabilisierende Selektion: keine Änderung der durchschnittlichen Merkmalshäufigkeit; führt zur Verringerung der genetischen Variabilität

Disruptive Selektion: richtet sich gegen Individuen mit durchschnittlichen Merkmalen

Natürliche Selektion – Verhalten als Angepasstheit

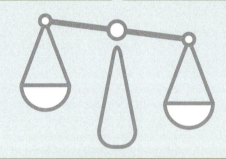

Elterliches Investment

Investition eines Elternteils in einzelne Nachkommen zur Steigerung der Überlebens- und Fortpflanzungschancen bei gleichzeitiger Benachteiligung anderer Nachkommen

Direkte Fitness: Fitnessgewinn durch eigene Fortpflanzung
Indirekte Fitness: Fitnessgewinn durch Förderung der Fortpflanzung des eigenen Nachwuchses
Gesamtfitness = direkte Fitness + indirekte Fitness

Proximate und ultimate Erklärungen

Proximate Ursachen des Verhaltens:
– unmittelbare Mechanismen, die Verhalten auslösen und steuern
– Wirkursache

Ultimate Ursachen des Verhaltens:
– Funktion des Verhaltens in der Evolution; unmittelbar
– Zweckursache

Artbegriff

Morphologischer Artbegriff: Eine Art ist eine Lebensform, die sich äußerlich von anderen Lebewesen unterscheidet.

Biologischer Artbegriff: Arten sind Gruppen natürlicher Populationen, deren Individuen sich tatsächlich oder potenziell untereinander kreuzen können und die von anderen solchen Gruppen reproduktiv isoliert sind.

Isolationsmechanismen

Reproduktive Isolation:
Unterbrechung des Genflusses zwischen Populationen derselben Art durch Fortpflanzungsbarrieren

Präzygotische Barrieren
– Habitatisolation: Potentielle Sexualpartner können sich aufgrund der Besiedlung unterschiedlicher Habitate nicht miteinander fortpflanzen.
– Verhaltensisolation: Geänderte artspezifische Verhaltensweisen führen zu reproduktiver Isolation.
– Zeitliche Isolation: Unterschiedliche Fortpflanzungszeiten bewirken eine reproduktive Isolation.
– Mechanische Isolation: Unterschiede in Form und Größe der Geschlechtsorgane führen zur Isolation.
– Gametische Isolation: Nicht kompatible molekulare Erkennungsmuster bei artfremden Keimzellen führen zur reproduktiven Isolation.

Postzygotische Barrieren:
– Hybridsterblichkeit: Hybriden sterben kurz nach der Geburt.
– Hybridsterilität: Lebensfähige Hybriden sind unfruchtbar.
– Hybridzusammenbruch: Fertile Nachkommen zeugen weniger Nachkommen als die Ausgangsarten.

Formen der Artbildung

Allopatrische Artbildung: Ausgangspopulation wird durch eine geografische Barriere separiert. Isolationsmechanismen verhindern dann die Fortpflanzung.

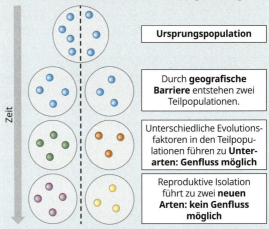

Zeit

| Ursprungspopulation |

Durch **geografische Barriere** entstehen zwei Teilpopulationen.

Unterschiedliche Evolutionsfaktoren in den Teilpopulationen führen zu **Unterarten: Genfluss möglich**

Reproduktive Isolation führt zu zwei **neuen Arten: kein Genfluss möglich**

Sympatrische Artbildung: Neue Arten entstehen innerhalb eines Verbreitungsgebietes durch Fortpflanzungsbarrieren.

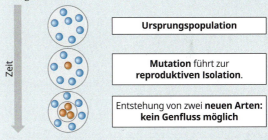

Zeit

| Ursprungspopulation |

Mutation führt zur **reproduktiven Isolation**.

Entstehung von zwei **neuen Arten: kein Genfluss möglich**

Adaptive Radiation

– Aufspaltung einer wenig spezialisierten Art in viele neue Arten durch Anpassung an verschiedene ökologische Bedingungen
– Voraussetzung: freie ökologische Nischen
– Beispiele: Darwinfinken, Lemuren auf Madagaskar

Coevolution

– Evolutionärer Prozess, bei dem sich zwei Arten in wechselseitiger Anpassung aufeinander spezialisieren
– Wechselseitige Anpassung bei
  • Wirt und Parasit
  • Räuber und Beute
  • Carnivore und Herbivore
  • Pflanzen und Bestäuber

5* Evolution des Menschen

5.1* Der Mensch und seine nächsten Verwandten

Welche Stellung nimmt der Mensch in der modernen Systematik ein?

Menschen und Menschenaffen besitzen gemeinsame Vorfahren und gehören deshalb in dieselbe Verwandtschaftsgruppe. Seit LINNÉ wird der Mensch in die Säugetierordnung der **Primaten** eingeordnet. Das Gehirn der Primaten ist größer als das der meisten anderen Säugetiere. Sie besitzen zumeist nach vorne gerichtete Augen mit einem gut entwickelten Sehvermögen. Die Extremitäten weisen in der Regel fünf Finger oder Zehen mit oppornierbarem Daumen und Großzehe auf. Primaten bekommen nach einer längeren Schwangerschaft wenige Junge, die relativ spät geschlechtsreif werden. Meist leben sie in Gruppen mit einem komplexen Sozialverhalten.

Systematik der Primaten

In der Vergangenheit beruhte die Systematik der Primaten insbesondere auf dem Vergleich von morphologischen Merkmalen. Heutzutage werden dafür zusätzlich molekularbiologische Untersuchungen, wie die Sequenzanalyse der DNA herangezogen. Durch solche molekularbiologischen Untersuchungen konnte man beweisen, dass Menschenaffen wie Schimpanse und Gorilla die nächsten Verwandten des Menschen sind. Das Erbgut des Schimpansen stimmt sogar zu etwa 98,5 Prozent mit dem des Menschen überein. Die moderne Systematik fasst daher den Mensch und die Menschenaffen Schimpanse, Gorilla und Orang-Utan zu der Familie der **Hominidae** zusammen. Menschen und Menschenaffen einschließlich der Gibbons bilden die Überfamilie der **Hominoidea**. Zusammen mit geschwänzten Altweltaffen, zu denen etwa Paviane zählen, bilden sie die Teilordnung der **Altweltaffen** (→ Abb. 1).

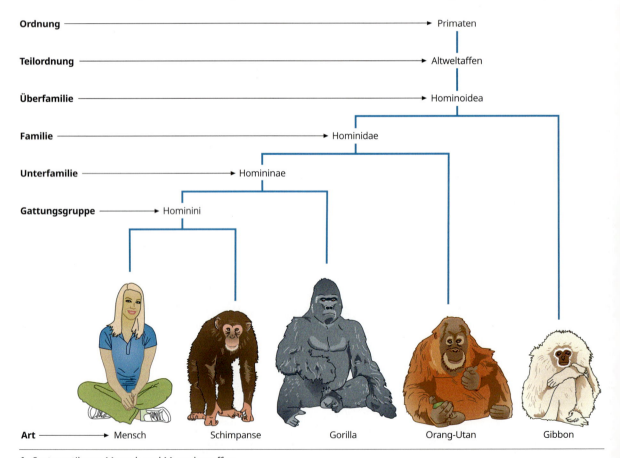

1 Systematik von Mensch und Menschenaffen

Vergleich Menschenaffe – Mensch

Paläoanthropologen (gr. *palaios*: alt; *anthropos*: Mensch) versuchen, die stammesgeschichtliche Entwicklung des Menschen, also seine **Phylogenese**, durch fossile Funde zu rekonstruieren. Funde von menschlichen Fossilien sind relativ selten und bestehen meist nur aus Bruchstücken von Knochen und Zähnen. Die Zuordnung dieser Fossilien zur Linie der Menschenaffen oder Menschen ist oft sehr schwierig. Das liegt unter anderem daran, dass anatomische Merkmale wie die Körper- oder Schädelgröße variieren, und die Variationsbreiten für ursprüngliche Menschenformen nicht bekannt sind. Um zu entscheiden, ob ein Fund einem Menschen oder Menschenaffen zugeordnet werden kann, zieht man den Schimpansen für äffische und den heutigen Menschen für menschliche Merkmale heran.

Ein wichtiges Entscheidungskriterium für die Zuordnung eines fossilen Fundes zur Entwicklungslinie des Menschen ist der **aufrechte Gang**, der eine Reihe von Veränderungen des Skeletts zur Folge hatte. Er kann unter anderem aus der Lage des Hinterhauptsloches, der Verbindung von Schädel und Wirbelsäule, abgeleitet werden. Bei einem aufrecht gehenden Individuum liegt es zentral, bei einer vierfüßigen Fortbewegungsweise dagegen peripher an der Schädelbasis. Auch die Form des Beckens gibt Aufschlüsse über den aufrechten Gang. Es ist beim Menschen schüsselförmig ausgebildet, um den Eingeweiden Halt zu geben. Zudem ist es kürzer und breiter als das Becken eines Schimpansen. Dadurch wird die Hebelwirkung der Muskeln, die den aufrechten Gang stabilisieren, verstärkt.

Ein weiteres wichtiges Unterscheidungsmerkmal ist die Schädelgröße und Schädelform. In der Entwicklungslinie des Menschen hat sich das Verhältnis von Gehirn- zu Gesichtsschädel zugunsten des Gehirns verschoben. Außerdem haben sich die Schnauzbildung sowie die Überaugenwülste zurückgebildet. Ein Gebiss mit reduzierten Eckzähnen und fehlender „Affenlücke" im Oberkiefer, also dem Freiraum für die gegenüberliegenden langen Eckzähne des Unterkiefers beim Affen, sprechen ebenfalls für die Zuordnung zur Entwicklungslinie des Menschen.

❶ ☰ Nennen Sie Merkmale, die alle Primaten besitzen und solche, die man nur beim Menschen findet.

Materialgebundene Aufgaben

❷ **Vergleich von Schimpanse und Mensch**

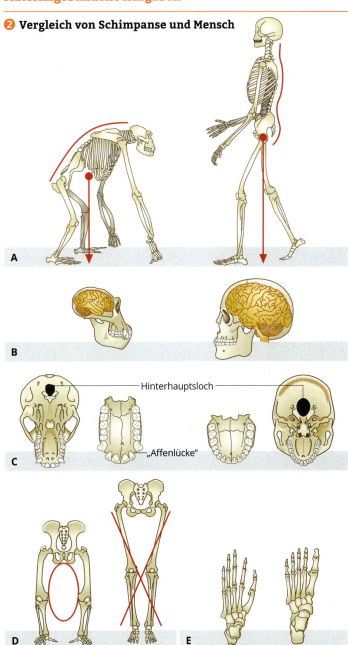

2 Skelett und Skelettteile von Schimpanse und Mensch. A Skelette; **B** Schädel; **C** Lage des Hinterhauptsloches und Oberkiefer; **D** Becken mit unteren Extremitäten; **E** Fußskelett

a) ☰ Vergleichen Sie in tabellarischer Form das Skelett und die Skelettteile von Mensch und Schimpanse.

b) ☰ Erklären Sie, wieweit die anatomischen Unterschiede von Mensch und Schimpanse im Zusammenhang mit dem aufrechten Gang stehen.

5.2* Stammesgeschichte des Menschen

Wie entwickelte sich der moderne Mensch aus frühen Vorfahren und welche wesentlichen Vertreter dieser Entwicklung kennt man heute?

Die Vorfahren des Menschen sind durch verschiedene Fossilien belegt. Die ältesten Funde stammen aus Afrika, spätere auch aus dem Nahen Osten, Asien und Europa. Auch wenn die Zuordnung der Fossilien nicht immer unumstritten ist, zeichnet sich doch eine heute allgemein anerkannte Entwicklungslinie zum modernen Menschen ab. Zwei Merkmale spielten dabei eine zentrale Rolle: die Entwicklung des aufrechten Ganges und die des Gehirns.

Der aufrechte Gang

Der aufrechte Gang entwickelte sich wahrscheinlich schon vor etwa 4,4 Millionen Jahren bei den noch auf Bäumen lebenden Vorfahren des Menschen. Sie waren dabei zumindest zeitweise auf zwei Beinen unterwegs. Erst später, nachdem viele afrikanische Regenwälder infolge eines Klimawandels verschwanden und zu lockeren Baumbeständen und Savannen wurden, entwickelten sie den aufrechten

Gang weiter und perfektionierten ihn schließlich. Nach dieser sogenannten **Savannenhypothese** konnten frühe Vorfahren im hohen Gras der Savanne nicht nur Beute, sondern auch Feinde eher erkennen. Zudem war die Fortbewegung auf zwei Beinen energetisch günstiger als die auf vier Beinen. Die Vormenschen konnten also aufgrund der aufrechten Fortbewegungsweise bei der Nahrungssuche größere Strecken zurücklegen. Durch den aufrechten Gang wurden Arme und Hände frei und Materialien oder Nahrung konnten über längere Strecken getragen werden.

Entwicklung des Gehirns

Fossilien belegen, dass das Gehirnvolumen des Menschen vor allem in den letzten zwei Millionen Jahren stark zugenommen hat. Zur Erklärung dieser Beobachtung gibt es unterschiedliche Hypothesen. Eine besagt, dass die veränderte Ernährung in der Savanne hierfür verantwortlich ist. Statt pflanzlicher Kost dominierte nun eiweißreiche tierische Nahrung. Eine andere geht davon aus, dass sich das Gehirn und die kognitiven Fähigkeiten mit den Herausforderungen, die das Leben in größeren sozialen Gruppen mit sich brachte, weiter entwickelt haben. Wahrscheinlich beeinflussen sich beide Faktoren wechselseitig.

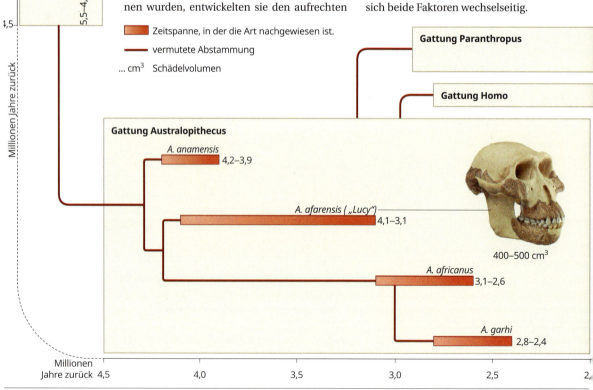

1 Vereinfachter Stammbaum des Menschen

Frühe Homini

Die frühesten Fossilien der menschlichen Stammesgeschichte sind zwischen sieben und vier Millionen Jahre alt. Sie stammen aus Afrika und lassen ein Mosaik von Merkmalen des Menschen und des Affen erkennen. Sie zeigen beispielsweise Angepasstheiten an das Leben in Bäumen sowie an den aufrechten Gang. Wichtige Vertreter sind *Sahelanthropus tschadensis* und *Ardipithecus ramidus* (→ **Abb. 1**).

Die Gattung Australopithecus

Vor etwa vier Millionen Jahren trat eine Gruppe von Vormenschen auf, die man als Gattung der **Australopithecinen** (lat. *australis*: südlich; gr. *pithecos*: Affe) zusammenfasst. Am bekanntesten unter ihnen ist der Fund eines Skeletts, das „Lucy" genannt wurde. Lucy mit dem wissenschaftlichen Namen *Australopithecus afarensis* war dem modernen Menschen ähnlicher als den Menschenaffen (→ **Abb. 2**). Das zentral gelegene Hinterhauptsloch, die Form des Beckens sowie Form und Stellung der Oberschenkelknochen beweisen, dass Lucy aufrecht gehen konnte. Ihr Gehirnvolumen dagegen entsprach noch dem eines Schimpansen. Aus der Gattung der Australopithecinen entwickelten sich vor etwa drei Millionen Jahren robuste Arten der Gattung **Paranthropus**.

Die Gattung Homo

Vor etwa 2,5 Millionen Jahren finden sich in Ostafrika die ersten Vertreter der Gattung **Homo**. Im Unterschied zu den Australopithecinen besaßen sie ein deutlich größeres Gehirn. Der robust gebaute *Homo habilis* und der grazile *Homo ergaster* konnten bereits einfache Steinwerkzeuge herstellen und sich gut auf zwei Beinen fortbewegen. Die Nachfahren von *Homo ergaster* wanderten als erste vor etwa 1,8 Millionen Jahren bis nach Asien aus und entwickelten sich dort zu *Homo erectus*. Er stellte nicht nur aufwendige Steinwerkzeuge her, sondern nutzte auch das Feuer. Zu seinen Nachfahren zählt *Homo floresiensis*, dessen fossile Überreste auf der zu Indonesien gehörenden Insel Flores entdeckt wurden und der nur eine geschätzte Körpergröße von 110 Zentimeter besaß. In einer zweiten großen Auswanderungswelle vor etwa 1 bis 0,8 Millionen Jahren gelangten Menschenvorfahren aus Afrika nach Europa und entwickelten sich dort zu *Homo heidelbergensis*, *Homo neanderthalensis* und zu *Homo sapiens*.

❶ ≡ Erstellen Sie ein Fließdiagramm zu wesentlichen Schritten der Menschwerdung.

❷ ≡ Erklären Sie die Vorteile des aufrechten Gangs in der Savanne.

2 *Australopithecus afarensis* (Rekonstruktion)

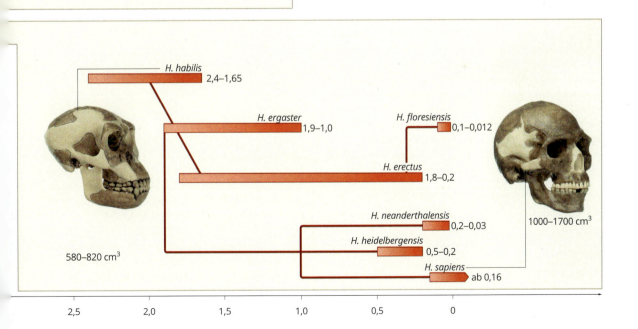

H. habilis 2,4–1,65

H. ergaster 1,9–1,0

H. floresiensis 0,1–0,012

H. erectus 1,8–0,2

H. neanderthalensis 0,2–0,03

H. heidelbergensis 0,5–0,2

H. sapiens ab 0,16

580–820 cm³

1000–1700 cm³

2,5   2,0   1,5   1,0   0,5   0

❸ *Homo naledi* – eine neue Hominidenart?

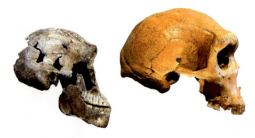

Anschließend wurde die Krümmung der Fingerglieder bei verschiedenen Primaten verglichen. Der Krümmungsindex steht dabei für die Ausprägung der Krümmung.

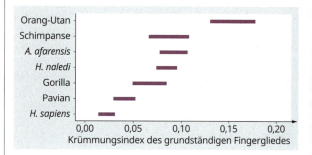

Forscher entdeckten im Jahr 2013 in einer Höhle bei Johannesburg die Fossilien eines bislang unbekannten Frühmenschen. Die Forscher gaben ihm den Namen *Homo naledi*. Am Fundort wurden unter anderem Schädel sowie sehr gut erhaltene Handknochen und Fußknochen dieser Art gefunden.

Zusätzlich wurden ausgewählte Merkmale verschiedener Vertreter der Gattungen Australopithecus und Homo mit denen von *Homo naledi* verglichen.

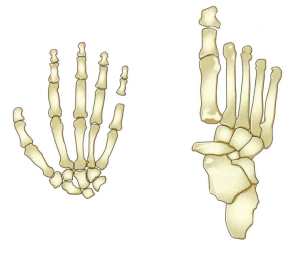

Merkmal	*A. afarensis*	*H. habilis*	*H. erectus*	*H. naledi*
Alter (Mio. Jahre)	3,9 – 2,9	2,1 – 1,5	1,9 – 0,4	0,23 – 0,33
Gehirnvolumen (cm³)	375 – 550	500 – 650	870 – 1150	460 – 560
Zähne	große Backenzähne	kleine Backenzähne	kleine Backenzähne	vordere Backenzähne groß, hintere klein
Werkzeuggebrauch	nein	ja	ja	eventuell
Körpergröße (m)	1,00 – 1,50	1,30 – 1,45	1,40 – 1,65	1,40 – 1,50
Gewicht (kg)	30 – 70	25 – 45	50 – 65	45 – 50

Aufgrund der anatomischen Merkmale entbrannte unter Wissenschaftlern eine Diskussion darüber, wie *Homo naledi* in den Stammbaum der Hominiden einzuordnen ist. Zur Klärung dieser Frage wurden vergleichende anatomische Untersuchungen mit *Homo sapiens*, Vertretern der Gattung Australopithecus, den eher am Boden lebenden Primaten Gorilla, Schimpanse und Pavian sowie dem eher in Bäumen lebenden Orang-Utan vorgenommen. Zunächst wurde die Daumenlänge bei verschiedenen Primaten bestimmt. Sie ist ein Hinweis auf die Opponierbarkeit des Daumens.

Wann Vertreter von *Homo naledi* lebten, war zeitweise unklar. Aufgrund der Schädelanatomie nahmen manche Wissenschaftler ein Alter von 2,5 Millionen Jahren an. Im Jahre 2017 konnte dann das Alter der Fossilfunde bestimmt werden: Es liegt bei 236 000 bis 335 000 Jahren.

a) ☰ Analysieren Sie die anatomisch-morphologischen Daten im Hinblick auf die Lebensweise von *H. naledi*.

b) ☰ Nennen Sie charakteristische Merkmale der Gattung Homo.

c) ☰ Diskutieren und beurteilen Sie auf der Basis sämtlicher Materialien die Zuordnung von *Homo naledi* zur Gattung Homo.

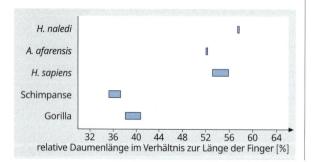

5.3* Herkunft des modernen Menschen

Wo liegt der Ursprung des modernen Menschen und wie verbreitete er sich über die Welt?

Um Herkunft, Wanderungen und Verwandtschaftsbeziehungen von *Homo sapiens* zu klären, bestimmt man zum eine das absolute Alter der Fossilfunde. Zum anderen untersucht man das Erbgut heute lebender Menschen und vergleicht es mit dem fossiler Menschen. Mithilfe dieser Methoden gelang es, den Ursprung und die Verbreitung des modernen Menschen in den Grundzügen zu klären.

Out-of-Africa-Theorie

Die ältesten Funde von *Homo sapiens* stammen aus Marokko und sind rund 300 000 Jahre alt. Der moderne Mensch hatte sich demnach bereits über Afrika verbreitet, bevor er sich vor rund 100 000 Jahren von Ostafrika kommend über die restliche Welt ausdehnte. Für diese **Out-of-Africa-Theorie** spricht die Tatsache, dass Fossilfunde von *Homo sapiens* außerhalb von Afrika stets jünger sind, also solche aus Afrika. Daneben wird diese Theorie durch molekulargenetische Untersuchungen gestützt. So wurden etwa bestimmte DNA-Sequenzen von Populationen verschiedener afrikanischer Völker und Völkern der übrigen Erdteile untersucht und verglichen. Dabei stellte man fest, dass es zwischen den Populationen auf dem afrikanischen Kontinent relativ große genetische Unterschiede gibt. Zwischen den Populationen der übrigen Erdteile sind diese geringer. Daraus kann man schließen, dass die Populationen außerhalb Afrikas länger zu einer gemeinsamen Gruppe gehörten.

Ausbreitung von Homo sapiens

Die Ausbreitung von Homo sapiens erfolgte vermutlich vor etwa 100 000 Jahren über die arabische Halbinsel entlang der Küsten nach Europa, Ostasien und Amerika (→ **Abb. 1**). Hier handelt es sich nicht um gezielte Wanderungen in neue Gebiete. Vielmehr kam es zu einer allmählichen Verlagerung der Sammel- und Jagdgebiete innerhalb einer Generation. Verschoben sich ihre Lebensräume innerhalb eines Jahrzehnts nur um wenige Kilometer, so wurden daraus in 10 000 Jahren große Entfernungen. In Europa und Teilen Asiens trafen Populationen von *Homo sapiens* auf Nachfahren der ersten Auswanderungswellen von *Homo ergaster*. In Europa und im Nahen Osten war dies der **Neandertaler**, in Sibirien und Südostasien der **Denisova-Mensch**. Bei letzterem handelt es sich um eine lange Zeit unbekannte Schwesterngruppe der frühen Menschen, deren Fossilien 2010 in der Denisova-Höhle in Sibirien gefunden wurden. Molekulargenetische Untersuchungen zeigen, dass es bei diesem Zusammentreffen zu einer Vermischung zwischen diesen Gruppen kam.

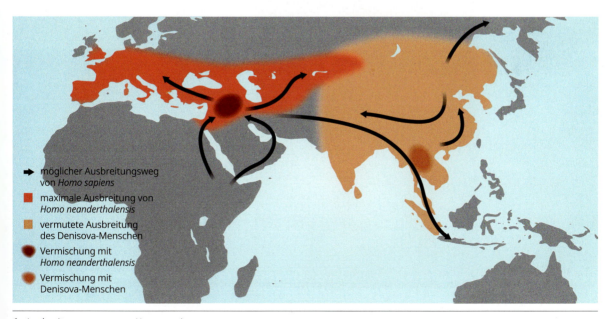

möglicher Ausbreitungsweg von *Homo sapiens*

maximale Ausbreitung von *Homo neanderthalensis*

vermutete Ausbreitung des Denisova-Menschen

Vermischung mit *Homo neanderthalensis*

Vermischung mit Denisova-Menschen

1 Ausbreitungswege von *Homo sapiens*

5.4* Die Stellung des Neandertalers – eine wissenschaftliche Kontroverse

Gehören Neandertaler und moderne Menschen zu einer gemeinsamen Art?

Zu den bekanntesten menschlichen Fossilfunden gehört zweifellos der Neandertaler. Benannt ist diese ausgestorbene Menschenform nach einem Fundort im Neandertal bei Düsseldorf. Dort war 1856 ein unvollständiges Skelett gefunden worden, das als *Homo neanderthalensis* einer eigenen Art zugeordnet wurde.

Anatomische Merkmale

Bereits nach der Entdeckung der ersten Knochen kam es zu wissenschaftlichen Kontroversen. Manche Anatomen ordneten die Funde einem fossilen Menschen zu, während andere sie als pathologisch veränderte Skelettteile des modernen Menschen interpretierten. Erst später ging man davon aus, dass es sich beim Neandertaler tatsächlich um eine ausgestorbene Menschenform handelt. Im Vergleich zum modernen Menschen war der Neandertaler klein und stämmig gebaut (→ **Abb. 1**). Das Gehirnvolumen entsprach ungefähr dem des *Homo sapiens*. Er besaß eine fliehende Stirn und ein fliehendes Kinn. Aufgrund dieser Merkmale stellte man sich die Neandertaler lange Zeit nur als primitive Wesen vor.

Kulturelle Eigenschaften

In den 1960er Jahren änderte sich diese Sichtweise. Neue Funde belegten, dass Neandertaler geschickte Jäger waren. Sie erbeuteten Rentiere, Hirsche und manchmal auch Mammuts. Die Verwendung von Steinwerkzeugen sowie Lanzen und Speeren ist durch viele Funde belegt. Auch die Beherrschung des Feuers konnte nachgewiesen werden. Die Nutzung von Tierfellen als Kleidung und der Bau von Zelten oder Schutzhütten gilt als wahrscheinlich. Anatomische Untersuchungen von Schädeln und der Kehlkopfregion legen die Vermutung nahe, dass Neandertaler sprechen konnten. An manchen Fundorten gibt es Hinweise auf Bestattungen, die von einigen Forschern so interpretiert werden, dass der Neandertaler bereits Vorstellungen von einem Jenseits hatte.

Aufgrund derartiger Erkenntnisse ordneten viele Paläoanthropologen den Neandertaler nun als *Homo sapiens neanderthalensis* dem modernen Menschen als Unterart zu. Unklar blieb aber weiterhin die Beziehung zum heutigen Menschen. Im Nahen Osten lebten beide Menschenformen offenbar 50 000 Jahre in enger Nachbarschaft, während der Neandertaler

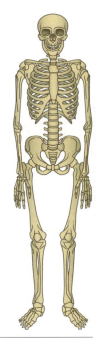

1 Neandertaler. A Rekonstruktion; **B** Skelette von Neandertaler (links) und modernem Menschen (rechts)

in Europa nach der Zuwanderung des *Homo sapiens* innerhalb weniger Jahrtausende ausstarb. So verlor sich seine Spur vor gut 30 000 Jahren. Verdrängte ihn *Homo sapiens* oder vermischte sich dieser mit dem Neandertaler?

DNA-Vergleiche

Eine Klärung dieser Frage sollten DNA-Vergleiche bringen: Um die Jahrtausendwende wurde aus Neandertaler-Knochen ein aus 379 Basenpaaren bestehendes mtDNA-Segment isoliert und mithilfe der PCR-Methode vervielfältigt. Anschließend wurde dieses mit mtDNA von *Homo sapiens* verglichen. Die Sequenzen wurden paarweise verglichen und jeweils die Basenunterschiede gezählt. Der Vergleich zeigte, dass sich diese in durchschnittlich 26 der betreffenden 379 Basenpaare unterscheiden. Beim Vergleich von *Homo sapiens*-Sequenzen untereinander waren dies nur acht Basenunterschiede (→ **Abb. 2**). Das Ergebnis schien eindeutig: Genetische Spuren des Neandertalers waren im Genom des heutigen Menschen nicht nachweisbar. Eine Vermischung beider Menschenformen hatte demnach nicht stattgefunden. Die Neandertaler bildeten folglich eine eigene, später ausgestorbene Art.

Im Jahr 2010 standen dann erstmals große Teile der ncDNA des Neandertalers zur Verfügung. Deren Vergleich mit dem menschlichen Genom brachte eine erneute Wendung: So stimmen etwa ein bis vier Prozent der DNA von Eurasiern und Nordafrikanern mit der des Neandertalers überein, während diese genetischen Marker bei Afrikanern aus dem Bereich südlich der Sahara nicht nachweisbar waren. Auch zeigte sich, dass Neandertaler und moderne Menschen den für die Sprachfähigkeit relevanten Genabschnitt FOXP2 besitzen. Aus dem Vergleich der ncDNA-Sequenzen ergibt sich nach heutigem Kenntnisstand folgendes Bild: Zwischen Neandertalern und *Homo sapiens* mussten nach dessen Einwanderung aus Afrika sexuelle Kontakte stattgefunden haben. Der Neandertaler wäre demzufolge also doch keine eigene Art, sondern eine Unterart des *Homo sapiens*.

❶ ≡ Nehmen Sie Stellung zu den Bezeichnungen *Homo neanderthalensis* und *Homo sapiens neanderthalensis*.

❷ ≡ Erklären Sie, warum man im Genom von Südafrikanern keine Spuren des Neandertalers findet.

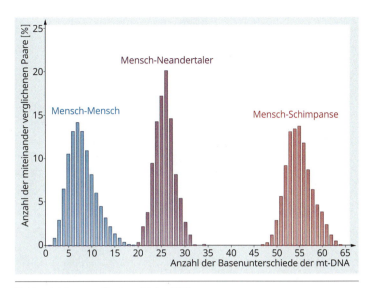

2 Vergleich von mitochondrialer DNA

Materialgebundene Aufgaben

❸ **Stammbaum-Hypothese zur menschlichen Evolution**

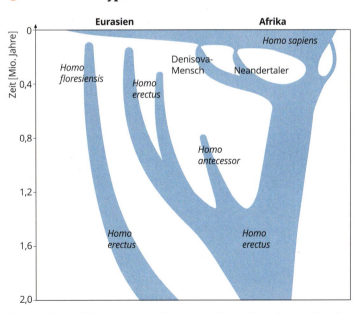

Die in der Abbildung dargestellte Stammbaum-Hypothese zeigt den heutigen Forschungsstand zur Evolution von *Homo sapiens* und frühen Menschenformen.

a) ≡ Beschreiben Sie mithilfe der Abbildung, wie die Evolution von *Homo sapiens*, Neandertalern und Denisova-Mensch abgelaufen sein könnte.

b) ≡ Begründen Sie, dass man im Erbgut des modernen Menschen Sequenzen des Genoms von Neandertaler und Denisova-Mensch findet.

1 Phänotypische Vielfalt des Menschen

5.5* Vielfalt des Menschen

Wie erklärt sich die erkennbare äußere Vielfalt des modernen Menschen?

Menschen verschiedener Regionen der Erde unterscheiden sich in ihrem äußeren Erscheinungsbild. Die sichtbaren Unterschiede betreffen vor allem die Hautfarbe, Kopfform und die Haare (→ **Abb. 1**). Wie konnte sich diese Vielfalt im Laufe der Evolution entwickeln?

Ausbreitung des modernen Menschen
Der moderne Mensch besiedelte von Afrika kommend vor etwa 100 000 Jahren schrittweise alle übrigen Kontinente. Die Population von *Homo sapiens*, die Afrika verließen, repräsentierte nur einen Teil des Genpools der Ausgangspopulation. Nachdem sie herangewachsen war, spaltete sich eine Teilpopulation ab, die wieder nur einen Teil des Genpools der Ursprungspopulation repräsentierte. So nahmen mit der Länge des Weges im Laufe der Zeit die genetischen Unterschiede zwischen den sich aufspaltenden Populationen immer mehr ab. Auf diese Weise entstanden auf den Erdteilen außerhalb Afrikas Populationen, die untereinander weniger genetische Unterschiede aufweisen als die Populationen in Afrika.

Anpassungen an Umweltbedingungen
Bei den verschiedenen menschlichen Populationen bildeten sich im Laufe der Zeit unterschiedliche äußere Merkmale aus. Sie sind das Ergebnis von Anpassungen an die jeweiligen Besiedelungsgebiete und deren jeweilige Umweltbedingungen.

Die Hautfarbe stellt beispielsweise eine Anpassung an die unterschiedliche Sonneneinstrahlung auf der Erde dar. Menschen decken einen Großteil ihres Vitamin-D-Bedarfs durch die Sonnenbestrahlung ihrer Haut. Dadurch entsteht aus Vorstufen, die der Körper selbst herstellen kann, Vitamin D. Dies ist für die Knochenbildung von großer Bedeutung. In nördlichen Breiten mit geringer Sonneneinstrahlung haben hellhäutige Menschen einen Selektionsvorteil. Ihre Haut enthält wenig Melanin und lässt ausreichend UV-Strahlung der Sonne durch, sodass genügend Vitamin D gebildet werden kann. In den südlichen Breiten ist dunkle Haut vorteilhaft. Der erhöhte Melaninanteil in der Haut schirmt das genetische Material in den Hautzellen vor der energiereichen UV-Strahlung der Sonne ab und verhindert Mutationen. Trotzdem gelangt noch genügend Strahlung für die Vitamin-D-Bildung in die unteren Hautschichten.

Verschieden und doch gleich

Lange hielt man solche morphologischen Unterschiede für so beträchtlich, dass man die Menschen in verschiedene Rassen einteilte. Mit dem Begriff **Rasse** oder **Unterart** werden Populationen derselben Art bezeichnet, die sich in der Häufigkeitsverteilung ihrer genetischen Merkmale von anderen Populationen unterscheiden. Molekulargenetische Untersuchungen bei verschiedenen menschlichen Populationen ergaben jedoch, dass die genetischen Unterschiede zwischen den menschlichen Populationen verschwindend gering sind. So sind von den proteincodierenden Genen eines Menschen maximal 25 Prozent variabel. 84 Prozent dieser Variabilität ist auf Unterschiede der Individuen innerhalb der Population zurückzuführen, 16 Prozent auf Unterschiede zwischen Populationen (→ **Abb. 2**). Dabei betragen die genetischen Unterschiede zwischen geografischen Gruppen nur zehn Prozent. Sie sind also verschwindend gering im Vergleich zu den genetischen Unterschieden innerhalb einer Population.

Auf genetischer Ebene bestehen also nur geringe Unterschiede zwischen den Menschen, auch wenn die verschiedenen Phänotypen manchmal einen anderen Eindruck vermitteln. Die Einteilung der Menschen in verschiedene Rassen ist demnach in der Biologie völlig überholt. Der Rassebegriff ist ungeeignet, um die individuelle und geografische Vielfalt des Menschen angemessen zu beschreiben.

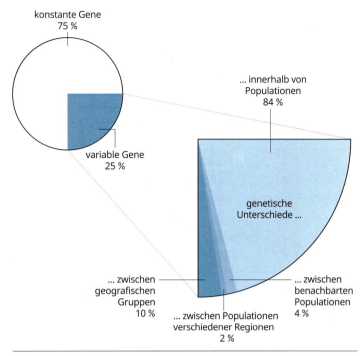

2 Genetische Unterschiede innerhalb und zwischen Populationen

❶ ☰ Erklären Sie anhand der Abbildung 2 die genetischen Unterschiede innerhalb und zwischen den verschiedenen Populationen.

❷ ☰ Entwickeln Sie eine Hypothese, warum die genetische Variabilität in der schwarzafrikanischen Bevölkerung deutlich höher ist als bei allen übrigen menschlichen Populationen.

Materialgebundene Aufgaben

❸ **Genetische Distanz verschiedener geografischer Gruppen des Menschen**

Der nebenstehende Stammbaum gibt die genetische Distanz oder verwandtschaftliche Nähe zwischen heutigen menschlichen Populationen wieder. Er beruht auf der Analyse von 110 Genen, wobei die angegebenen Werte die gemittelten prozentualen Unterschiede zeigen.

a) ☰ Nennen Sie die wesentlichen Aussagen des Stammbaums.

b) ☰ Vergleichen Sie den Stammbaum mit historischen Vorstellungen von der Existenz menschlicher Rassen.

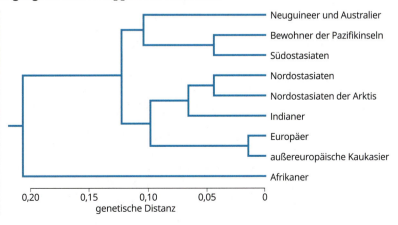

❹ Theorien zur Entstehung von *Homo sapiens*

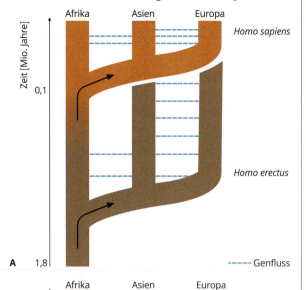

A

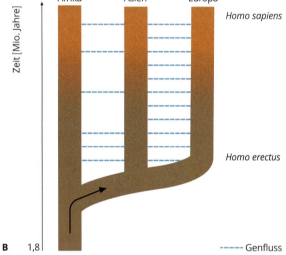

B

Über die Herkunft des modernen Menschen gingen die wissenschaftlichen Meinungen lange Zeit auseinander. Neben der Out-of-Africa-Theorie (A) vertraten manche Wissenschaftler die Theorie vom multiregionalen Ursprung des modernen Menschen (B). Nach dieser Theorie hat sich der moderne Mensch in verschiedenen Regionen der Erde unabhängig voneinander aus regionalen Populationen von *Homo erectus* entwickelt.

a) ☰ Vergleichen Sie die beiden Theorien zum Ursprung des modernen Menschen anhand der obigen Abbildungen.

b) ☰ Erklären Sie, warum es auch nach der multiregionalen Theorie nicht zwangsläufig zu einer Aufspaltung in verschiedene Arten kommen muss.

c) ☰ Nehmen Sie begründet Stellung zur Gültigkeit der multiregionalen Theorie.

❺ Der Denisova-Mensch

In der Denisova-Höhle in Südsibirien wurde 2008 das Fingerglied einer bislang unbekannten Menschenform gefunden. Im Jahr 2010 gelang es, die mtDNA aus diesem Knochen zu sequenzieren und mit jener von 54 heute lebenden Menschen zu vergleichen. Ferner wurde die mtDNA von *Homo sapiens* mit der von sechs Neandertalern verglichen.

Hominidenvergleich	Zahl der mtDNA-Unterschiede	Aufspaltung der Entwicklungslinien
Homo sapiens/ Denisova-Mensch	385	?
Homo sapiens/ Neandertaler	202	vor ca. 400 000 Jahren

Um den Denisova-Mensch als mögliche neue Art oder aber Unterart von *Homo sapiens* einordnen zu können, wurde die Kern-DNA verschiedener Hominiden miteinander verglichen. Dabei wurde deutlich, dass mehr Übereinstimmungen im Genom zwischen Neandertaler und heutigen Menschen in Eurasien bestehen als zwischen Neandertalern und Menschen in Afrika. Kern-DNA-Vergleiche zwischen dem Denisova-Fossil und heute lebenden ethnischen Gruppen zeigen, dass bei Melanesier – Bewohner einer pazifischen Inselgruppe nordöstlich von Australien – zusätzlich zum Anteil des Neandertalers vier bis sechs Prozent des untersuchten genetischen Materials vom Denisova-Menschen stammen.

Beginn der Wanderungsbewegung aus Afrika	Hominidenart	Zuwanderungsgebiet
vor ca. 2 Mio. Jahren	*Homo erectus*	Asien
vor ca. 800 000 Jahren	*Homo erectus*	Europa, Asien (einschl. Melanesien)
vor ca. 100 000 Jahren	*Homo sapiens*	gesamte Erde

a) ☰ Werten Sie die Befunde der Kern-DNA-Vergleiche von Neandertaler und Denisova-Mensch mit heutigen Populationen hinsichtlich ihrer Verwandtschaftsverhältnisse aus.

b) ☰ Entwickeln Sie mithilfe der tabellarischen Übersicht der Wanderungsbewegungen eine Hypothese, wie es zu dieser Verteilung des genetischen Materials kommen konnte.

c) ☰ Prüfen Sie auf der Basis sämtlicher Materialien, ob es sich beim Denisova-Mensch um eine neue Art oder eine Unterart handelt.

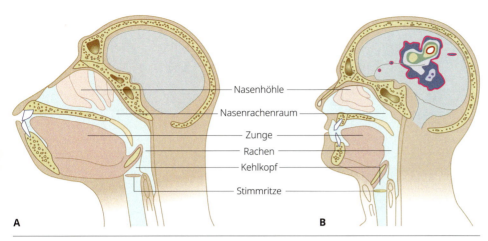

1 Lage des Kehlkopfes. A Schimpanse; **B** Mensch

5.6* Kulturelle Evolution des Menschen

Wie unterscheiden sich biologische und kulturelle Evolution des Menschen und welche wesentlichen Schritte zeichnet die kulturelle Evolution aus?

Der Mensch hat sich in biologischer Hinsicht im Verlauf der letzten 80 000 Jahre nur wenig verändert. Die Unterschiede zwischen Steinzeitmenschen und modernem Menschen beruhen in erster Linie auf der Entwicklung von Werkzeugen, der Herstellung von Schmuck- und Kunstgegenständen, der Entwicklung von Schrift sowie der Erfindungen in Wissenschaft und Technik. Diese Entwicklungen bilden die zentralen Elemente der kulturellen Evolution.

Kultur und Tradition

Die biologische Evolution des Menschen bildet die Grundlage für seine kulturelle Evolution. Sie begann vermutlich mit der Fähigkeit, individuelle Erfahrungen an die nächste Generation weiterzugeben. Dies geschah wahrscheinlich überwiegend durch Nachahmung. Die Weitergabe von Informationen durch Verhalten, insbesondere durch den Vorgang des Lehrens und Lernens, wird als **Kultur** bezeichnet. Die Übertragung von Informationen von einer Generation zur nächsten auf nichtgenetischem Weg wird als kulturelle **Tradition** verstanden. Die Fähigkeit zur Tradition zeigen schon Tiere: Die Rotgesichtsmakaken in Japan sind bekannt dafür, dass sie das Kartoffelwaschen erlernt und an folgende Generationen weitergegeben haben.

Sprache

Die wichtigste Voraussetzung für die kulturelle Evolution des Menschen war die Fähigkeit, Informationen durch **Sprache** auszutauschen und weiterzugeben. Zwar verfügen viele Tiere ebenfalls über komplexe Kommunikationssysteme: Vor allem Primaten setzen Lautäußerungen gezielt ein, um Artgenossen bestimmte Informationen zu vermitteln. Allerdings fehlen ihnen die anatomischen Voraussetzungen für eine artikulierte Wortsprache. Der entscheidende Unterschied ist die Lage des Kehlkopfs: Er sitzt bei Affen weit oben im Hals und ermöglicht so, die Verbindung von Mund- und Nasenhöhle zu schließen (→ **Abb. 1**). Dadurch ist es möglich, gleichzeitig zu atmen und zu schlucken. Der für die Bildung von Vokalen und Konsonanten wichtige Rachenraum wird dadurch allerdings zu klein, sodass Wörter nicht herausgebracht werden können.

Grundlage für die Sprachentwicklung war aber nicht nur eine anatomische Veränderung im Mund- und Rachenraum, sondern auch die Entwicklung eines Sprachzentrums im Gehirn. Hierbei handelt es sich um bestimmte Bereiche der Großhirnrinde, die für die Wahrnehmung und Produktion von Sprache wichtig sind. Die Angaben, wann Sprache entstanden ist, schwanken zwischen 2,5 Millionen und 50 000 Jahren. Auch über den Ursprung der Sprache gibt es verschiedene Hypothesen: Etwa, dass Sprache aus Gesten und Gebärden bei der Jagd oder aus der Mutter-Kind-Kommunikation hervorgegangen sein könnte. Oder, dass sich Sprach- und Werkzeugkultur parallel entwickelt und wechselseitig gefördert haben.

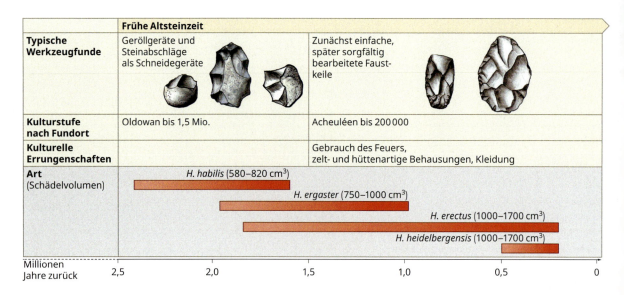

	Frühe Altsteinzeit	
Typische Werkzeugfunde	Geröllgeräte und Steinabschläge als Schneidegeräte	Zunächst einfache, später sorgfältig bearbeitete Faustkeile
Kulturstufe nach Fundort	Oldowan bis 1,5 Mio.	Acheuléen bis 200 000
Kulturelle Errungenschaften		Gebrauch des Feuers, zelt- und hüttenartige Behausungen, Kleidung
Art (Schädelvolumen)	*H. habilis* (580–820 cm³) *H. ergaster* (750–1000 cm³) *H. erectus* (1000–1700 cm³) *H. heidelbergensis* (1000–1700 cm³)	

Millionen Jahre zurück 2,5 2,0 1,5 1,0 0,5 0

2 Zeitabschnitte der kulturellen Entwicklung

Steinzeit

Die Steinzeit ist die früheste Epoche der Menschheitsgeschichte. Sie ist durch die Herstellung unterschiedlicher Steinwerkzeuge gekennzeichnet. So begann vor etwa 2,5 Millionen Jahren in der frühen **Altsteinzeit** *Homo habilis* durch Abschlagen von Steinen Geröllwerkzeuge herzustellen. Mit ihnen wurden vermutlich das Fleisch von Tierkadavern abgeschabt und Knochen zerschlagen, um an das Knochenmark zu kommen. Nach ihrem Fundort in Ostafrika ordnet man die Geröllwerkzeuge der **Oldowan-Kultur** zu (→ **Abb. 2**).

Die weiteren Kulturstufen des Menschen in der Altsteinzeit wurden nach französischen Fundorten benannt. Spätestens vor etwa 1,5 Millionen Jahren in der **Acheuléen-Kultur** hat *Homo ergaster* ein Allzweckwerkzeug, den Faustkeil, erfunden. Dabei handelt es sich um ein beidseitig zugespitztes Steinwerkzeug mit Schnittkanten. Angekohlte Tierknochen an Lagerplätzen von *Homo ergaster* sprechen dafür, dass er schon das Feuer nutzte. Aufgrund dieser Lebensweise vermutet man, dass *Homo ergaster* bereits mithilfe einer einfachen Sprache kommuniziert hat. Dadurch wurde die Weitergabe von Informationen an Gruppenmitglieder möglich, und die Geschwindigkeit der kulturellen Evolution beschleunigte sich.

Die weitere Entwicklung des Menschen wurde wesentlich durch seine Sozialisierung vorangetrieben. Das Leben in der Gruppe bedeutete für jedes Gruppenmitglied Schutz und Fürsorge für sich und seine Nachkommen und erhöhte seine Überlebenschancen. Kooperation, Arbeitsteilung und Lernfähigkeit bildeten wichtige Grundlagen für die Weiterentwicklung des Menschen.

In der **Moustérien-Kultur** wurden die Steinwerkzeuge und Jagdwaffen durch *Homo heidelbergensis* und *Homo neanderthalensis* weiterentwickelt und perfektioniert. Dazu gehörten der als Fernwaffe eingesetzte Wurfspeer und Geschoss-Spitzen. Grabbeigaben lassen vermuten, dass zumindest der Neandertaler schon religiöse Vorstellungen wie ein Leben nach dem Tod entwickelt hatte.

Eine bemerkenswerte Beschleunigung erfuhr die kulturelle Entwicklung bei *Homo sapiens* vor etwa 40 000 Jahren. Er entwickelte plötzlich Kunstgegenstände wie Schmuck und Skulpturen. Vor etwa 32 000 Jahren begannen steinzeitliche Künstler Höhlenmalereien anzufertigen. So entdeckte man im französischen Chauvet eine 500 Meter lange Höhlenwand, die über 400 Darstellungen von Wildpferden, Mammuts, Nashörnern und Löwen zeigt.

In der **Jungsteinzeit,** etwa 5500 Jahre vor Christus, war das Klima in Europa erheblich wärmer geworden. Die Menschen gaben ihr Nomadenleben auf, bauten Pflanzen an und hielten Tiere. Als Folge der veränderten Ernährung nahm die Bevölkerung stark zu. Mit der Sesshaftigkeit bekam die kulturelle Entwicklung einen neuen Schub. Sie ging mit einer Reihe von Erfindungen wie Rad, Sichel, Pflug und geschliffene Steinaxt einher.

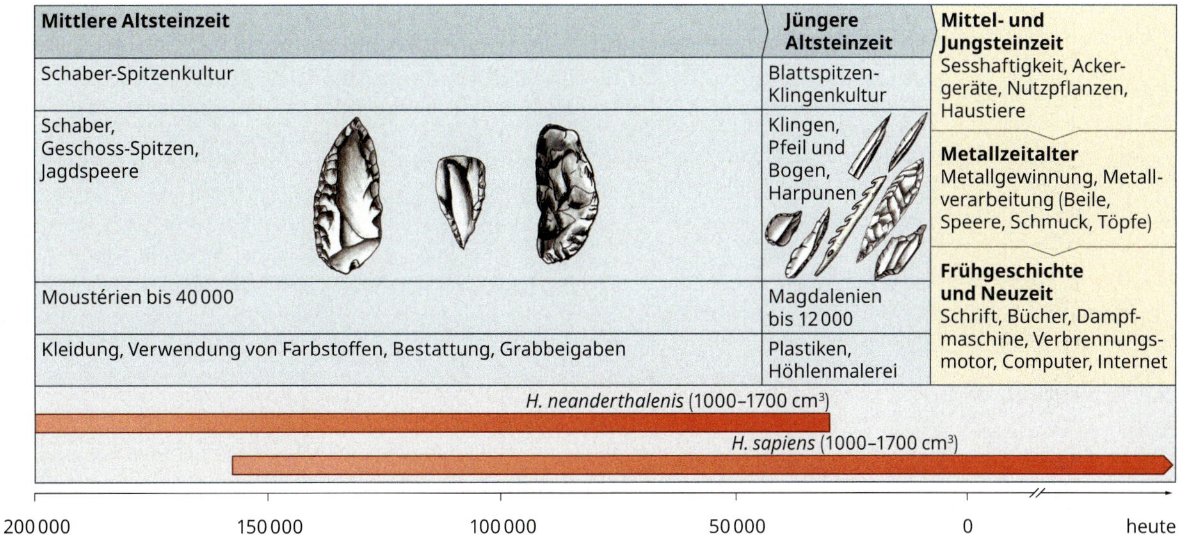

Mittlere Altsteinzeit			Jüngere Altsteinzeit	Mittel- und Jungsteinzeit
Schaber-Spitzenkultur			Blattspitzen-Klingenkultur	Sesshaftigkeit, Acker-geräte, Nutzpflanzen, Haustiere
Schaber, Geschoss-Spitzen, Jagdspeere			Klingen, Pfeil und Bogen, Harpunen	**Metallzeitalter** Metallgewinnung, Metall-verarbeitung (Beile, Speere, Schmuck, Töpfe)
Moustérien bis 40 000			Magdalénien bis 12 000	**Frühgeschichte und Neuzeit** Schrift, Bücher, Dampf-maschine, Verbrennungs-motor, Computer, Internet
Kleidung, Verwendung von Farbstoffen, Bestattung, Grabbeigaben			Plastiken, Höhlenmalerei	

H. neanderthalensis (1000–1700 cm³)

H. sapiens (1000–1700 cm³)

200 000	150 000	100 000	50 000	0	heute

Metallzeitalter

Metalle lösten mit der Zeit Stein als bevorzugten Werkstoff ab. Der Übergang zu den **Metallzeitaltern** vollzog sich wie auch die Sesshaftigkeit in den verschiedenen Regionen der Erde zu sehr unterschiedlichen Zeiten. Die Gewinnung und Verarbeitung von Metall, wie die von Kupfer, Bronze und Eisen, waren ein weiterer Meilenstein in der kulturellen Entwicklung. Sie wurden nicht nur zur Herstellung von Werkzeugen und Waffen, sondern auch zur Herstellung von Gebrauchs- und Kunstgegenständen genutzt. Die Metalle gaben ganzen Zeitaltern ihren Namen.

Frühgeschichte und Neuzeit

Unsere heutige Kultur ist ohne Schrift nicht vorstellbar. Die ersten Bilderschriften wurden vor 3200 Jahren verwendet. Damit konnten wichtige Informationen festgehalten und an andere Menschen übermittelt werden. Das Lesen ermöglicht dem Einzelnen, sein Wissen zu erweitern und selbständig zu lernen. Mit der Erfindung des Buchdrucks in der Mitte des 15. Jahrhunderts durch Johannes GUTENBERG wurden Informationen und Wissen für viele Menschen zugänglich. Das war die Grundlage für die folgende rasante wissenschaftlich-technische Entwicklung. Die Erfindung der Dampfmaschine war der Ausgangspunkt einer Welle von neuen technischen Errungenschaften wie die Stromerzeugung, der Verbrennungsmotor und die Atomindustrie. Die Entwicklungen der Computertechnik und des Internets bildeten den Übergang vom **Industriezeitalter** zum **Informationszeitalter.**

Materialgebundene Aufgaben

❶ Gene und Meme

Mit der kulturellen Entwicklung des *Homo sapiens* begann eine neue Phase der Evolution, in der die natürliche Selektion durch Erfindungen beeinflusst wurde. In Analogie zur biologischen Evolution mit der ihr zugrundeliegenden Informationseinheit „Gen" hat man für die kulturelle Evolution die Informationseinheit „Mem" (lat. *memoria*: Gedächtnis) geprägt.

Die kulturelle Evolution kann demnach durch folgende Merkmale charakterisiert werden:

– Die kulturelle Evolution verläuft lamarckistisch.
– Die Informationseinheit der kulturellen Evolution ist das Mem.
– Die Gesamtheit aller Meme bilden den Memepool.
– Evolutionsfaktoren sind Mememutationen (veränderte oder neue Ideen), Memefluss (Wanderung von Memen von einer Gruppe zur anderen), Selektion (Wettbewerb) und Memedrift (Durchsetzung oder Verschwinden von Memen in kleineren, isolierten Gruppen).
– In Bevölkerungsgruppen kann es zu einer Vereinigung verschiedener Ideen kommen.
– Durch Lernen am Erfolg passen sich die Gruppenmitglieder den neuen Ideen an.
– Neue Ideen können sich vor allem behaupten, wenn eine Marktlücke besteht.

a) ≡ Nennen Sie die Merkmale der biologischen Evolution und stellen Sie diese den Merkmalen der kulturellen Evolution tabellarisch gegenüber.
b) ≡ Erörtern Sie den Begriff „Verwandtschaft" im biologischen und kulturellen Sinn.
c) ≡ Erklären Sie, warum die kulturelle Evolution viel schneller verläuft als die biologische Evolution.

405

Der Mensch und seine nächsten Verwandten

Primatenmerkmale

– großes Gehirn
– nach vorne gerichtete Augen, gutes Sehvermögen
– Extremitäten mit meistens fünf Fingern und Zehen
– opponierbare Daumen
– lange Schwangerschaft mit wenigen Jungen
– späte Geschlechtsreife bei Jungen
– oft in Gruppen lebend, komplexes Sozialverhalten

Systematik

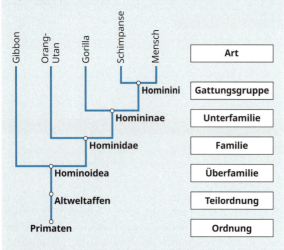

Mensch im Vergleich zu Menschenaffen

– Hinterhauptsloch zentral, nicht peripher
– schlüsselförmiges, kürzeres und breiteres Becken
– Zunahme des Verhältnis von Gehirnschädel zu Gesichtsschädel
– Rückbildung der Schnauze und der Überaugenwülste
– Gebiss mit reduzierten Eckzähnen und fehlender „Affenlücke" im Oberkiefer

Stammesgeschichte des Menschen

Aufrechter Gang

– Entwicklung vor etwa 4,4 Millionen Jahren
– teilweise zweibeinige Fortbewegung bei auf Bäumen lebenden Vorfahren
– Umwandlung der Wälder in Savannenlandschaft als Folge eines Klimawandels (Savannenhypothese)
– Perfektionierung des aufrechten Ganges
– Vorteile:
  • Feinde und Beute werden besser gesehen.
  • Zweibeinige Fortbewegung ist energetisch günstiger als vierbeinige.
  • Hände werden frei.

Zunahme des Gehirnvolumens

– Beginn vor etwa 2 Millionen Jahren
– Wechsel der Ernährung hin zu eiweißreicher tierischer Nahrung als mögliche Ursache
– Kognitive Herausforderungen durch das Leben in sozialen Gruppen begünstigen die Gehirnentwicklung.

Zentrale Gattungen:

Frühe Homini

– Fundorte in Afrika
– Mosaik von Merkmalen des Menschen und des Affen
– Angepasstheiten an das Leben in Bäumen sowie an den aufrechten Gang

Beispiele: *Sahelanthropus tschadensis, Ardipithecus rami*

Gattung Australopithecus

– erstmals vor etwa 4 Millionen Jahren in Afrika
– aufrechter Gang
– geringes Gehirnvolumen

Beispiel: *Australopithecus afarensis* („Lucy")

Gattung Homo

– erstmals vor etwa 2,5 Millionen Jahren in Ostafrika
– großes Hirnvolumen
– Werkzeuggebrauch

Beispiele: *Homo erectus, Homo heidelbergensis, Homo neanderthalensis, Homo sapiens*

Herkunft des modernen Menschen

Out-of-Africa-Theorie

– älteste Funde von *Homo sapiens* in Afrika, von dort Verbreitung über die gesamte Welt
– Fossilfunde und DNA-Sequenzvergleiche als Belege

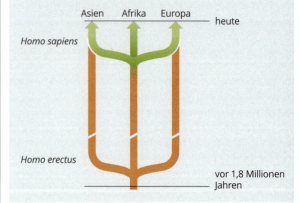

Ausbreitungswege von *Homo sapiens*

Zeit [rel. Einheit]

```
              ┌─────────┐
              │ Amerika │
              └─────────┘
                   ↑
┌─────────┐  ┌───────────┐  ┌──────────┐
│ Europa  │  │ Australien│  │ Sibirien │
└─────────┘  └───────────┘  └──────────┘
     ↖             ↑              ↗
            ┌──────────────┐
            │ Südostasien  │
            └──────────────┘
                   ↑
            ┌──────────────┐
            │  Arabische   │
            │  Halbinsel   │
            └──────────────┘
                   ↑
         ┌──────────────────┐
         │      Afrika      │
         └──────────────────┘
```

Vielfalt des modernen Menschen

Entwicklung der Vielfalt

Population in Afrika:
großer Genpool

Auswanderung einer Teilpopulation in die restliche Welt:
Verkleinerung des Genpools

Ausbreitung weiterer Teilpopulationen in Bereiche mit unterschiedlichen Umweltbedingungen:
weitere Verkleinerung des Genpools

Anpassung an unterschiedliche Umweltbedingungen der Besiedlungsgebiete führt zur **Ausbildung unterschiedlicher Merkmale.**

Genetische Unterschiede
– nur 25 Prozent der menschlichen Gene variabel
– Unterschiede überwiegend zwischen Individuen innerhalb einer Population, nicht aber zwischen menschlichen Populationen
  • biologischer Rassenbegriff beim Menschen ungeeignet

Die Stellung des Neandertalers

Anatomische Merkmale
– klein und stämmig
– Gehirnvolumen ähnlich wie bei modernem Menschen
– fliehende Stirn und fliehendes Kinn

Kulturelle Merkmale
– geschickte Jäger
– Verwendung von Steinwerkzeugen und Waffen
– Nutzung des Feuers
– Bau von Zelten und Schutzhütten
– Tierfelle als Kleidung
– vermutlich Sprache
– Bestattungen, Grabbeigabe

Beziehung zu *Homo sapiens*
– ein bis vier Prozent Übereinstimmung der DNA mit der von Eurasiern und Nordafrikanern
  • Vermischung des Neandertalers mit Homo sapiens
  • Einordung des Neandertalers als Unterart des modernen Menschen: *Homo sapiens neanderthalensis*

Kulturelle Evolution des Menschen

Kultur: Weitergabe von Informationen durch Verhalten, insbesondere durch Lehren und Lernen

Tradition: Übertragung von Informationen von einer Generation zur nächsten auf nichtgenetischem Weg

Voraussetzung: Entwicklung der Sprache

Schritte der kulturellen Evolution
– Herstellung von Werkzeugen
– Arbeitsteilung
– Herstellung von Kunstgegenständen
– Entwicklung der Schrift (vor ca. 3200 Jahren)
– Erfindungen in Wissenschaft und Technik

AUFGABENSTELLUNG

Evolution der Katzen

Die Katzen (*Felidae*) sind eine Familie aus der Ordnung der Raubtiere (*Carnivora*). Nach der traditionellen Systematik werden sie in drei Unterfamilien gegliedert: die Großkatzen (*Pantherinae*), die Kleinkatzen (*Felinae*) und die Geparde. Die Großkatzen unterteilt man weiter in die Gattung der eigentlichen Großkatzen (*Panthera*), zu der Löwe, Tiger, Jaguar, Leopard und Schneeleopard gehören, und die Gattung *Neofelis* mit dem Nebelparder und dem Borneo-Nebelparder. Zu den Kleinkatzen gehören verschiedene Gattungen mit Arten wie Puma und Wieselkatze. Die Geparde nehmen in dieser Systematik eine Sonderstellung ein, da sie im Gegensatz zu allen anderen Katzen ihre Krallen nur unvollständig einziehen können.

Im Folgenden sollen Sie sich mit verschiedenen Aspekten der Evolution von Groß- und Kleinkatzen beschäftigen.

1. Stammbaumvergleiche

1.1 Erstellen Sie auf Basis von M1 ein Kladogramm und erklären Sie dabei Ihre Vorgehensweise. (25 BE)

1.2 Beschreiben Sie die Verfahrensschritte beim Erstellen eines molekulargenetischen Stammbaums. (10 BE)

1.3 Vergleichen Sie das erstellte Kladogramm aus M1 mit dem Chronogramm aus M2 und beurteilen Sie die Aussagekraft des jeweiligen Stammbaums. (8 BE)

2. Evolution des Geparts

2.1 Vergleichen Sie die Häufigkeit heterozygoter Gene bei Arten anhand von M5 und erläutern Sie die Bedeutung der Heterozygotie für die phänotypische Variabilität einer Population. (8 BE)

2.2 Werten Sie M3, M4 und M5 im Hinblick auf die Frage aus, warum der Gepardenbestand rückläufig ist. (22 BE)

2.3 Entwickeln Sie einen Maßnahmenkatalog, wie der Gefährdung des Gepardenbestands entgegengewirkt werden kann. (7 BE)

3. Entstehung des Gepardenfells

3.1 Nennen Sie die Definition des Artbegriffs und beurteilen Sie unter Berücksichtigung von M6 die von Pocock vorgenommene Postulierung einer neuen Art „Königsgepard" auf Basis dieser Definition. (8 BE)

3.2 Stellen Sie die Entstehung des normalen Gepardenfells mithilfe der Synthetischen Theorie dar. (12 BE)

3.3 Erstellen Sie auf der Basis von M6 eine Hypothese, die die Entstehung des gestreiften Fells bei Geparden erklärt. Berücksichtigen Sie auch die genetische Ursache dieses Merkmals. (10 BE)

MATERIAL

M1 **Anatomisch-morphologische Merkmale sowie Verhaltensmerkmale verschiedener Groß- und Kleinkatzen**

Zur Klärung des phylogenetischen Zusammenhangs wurden möglichst komplexe morphologisch-anatomische Merkmale sowie Verhaltensmerkmale rezenter Katzenarten miteinander verglichen. Die nachfolgende Tabelle gibt die entsprechenden Ergebnisse wieder:

Nr.	Merkmal	Löwe *Panthera leo*	Tiger *Panthera tigris*	Jaguar *Panthera onca*	Leopard *Panthera pardus*	Schneeleopard *Panthera unica*	Nebelparder *Neofelis nebulosa*	Puma *Puma concolor*
1	Schwanzhaltung in Ruhe	+	+	+	+	+	+	+
2	Zerreißhandlung (beim Fressen)	+	+	+	+	+	+	−
3	Lautäußerung (brüllen)	+	+	+	+	−	−	−
4	Fressstellung	+	+	+	+	−	−	−
5	Krallenscheiden	+	+	+	+	?	+	−
6	Zungenbein*	+	+	+	+	+	−	−
7	Nasenspiegel**	+	+	+	+	+	−	−
8	Fellzeichnung	+	−	+	+	−	−	−
9	Stirnzeichnung	+	−	+	+	−	−	−
10	Pupillenform	+	−	+	+	−	−	−

+ gleiche Ausprägung des Merkmals wie beim Löwen
− nicht vorhanden beziehungsweise andere Ausprägung des Merkmals
? nicht bekannt

* kleiner gebogener Knochen am Mundboden unterhalb der Zunge
**ein durch Schleimhaut gebildeter Bereich um die Nasenlöcher von Säugetieren

M2   Chronologischer Stammbaum der Groß- und Kleinkatzen auf der Basis molekulargenetischer Daten

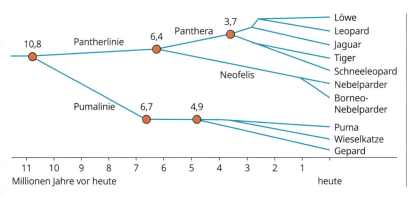

Millionen Jahre vor heute

heute

Auf der Basis von Sequenzvergleichen an 30 Genen der Kern-DNA und auf Sequenzanalysen der mitochondrialen DNA (mtDNA) verschiedener heute lebender Katzen wurde der nebenstehende chronologische Stammbaum erstellt. Die Datierung von Fossilfunden diente dabei als molekulare Uhr.

M3   Verbreitung des Gepards

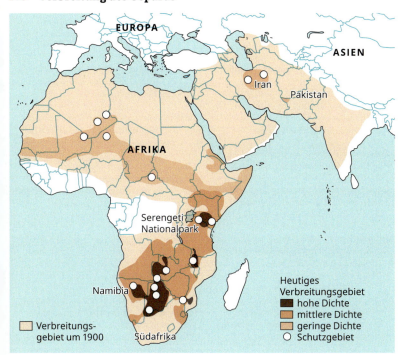

Geparde wanderten vor rund 100 000 Jahren von Nordamerika kommend über die Beringstraße nach Asien und von dort nach Afrika. Die wenigen Exemplare, die diesen Weg nahmen, verteilten sich bald südlich und östlich über ein gigantisches Gebiet nach Asien und von dort nach Afrika. Ihre Vermehrungsrate war zunächst hoch. Von den ursprünglich mehr als 100 000 in Afrika vorkommenden Individuen existieren derzeit noch etwa 7100 Tiere.

M4   Eigenschaften des Gepards

Die Fertilität der Geparden-Männchen ist stark herabgesetzt. Bei Reihenuntersuchungen erwiesen sich über 70 Prozent der Spermien als anormal. Die Nachwuchssterblichkeit ist bei den Geparden hoch: In den ersten acht Monaten sterben bis zu 70 Prozent der Jungen. Auch ausgewachsene Geparde sind sehr krankheitsanfällig.

M5   Heterozygotie-Untersuchungen

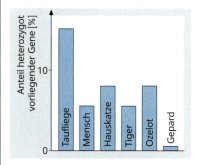

M6   Der „Königsgepard"

Geparde sind sich zum Verwechseln ähnlich, sie sind von nahezu gleicher Statur und ihr gelbes Fell ist von schwarzen Punkten übersät. Im Jahre 1926 wurde dem englischen Zoologen Reginald POCOCK aus dem damaligen Rhodesien ein gestreiftes Gepardenfell zugesandt. POCOCK postulierte daraufhin die Existenz einer neuen Art – die des Königsgepard *Acinonyx rex*. Auch später wurden im Länderdreieck zwischen Mozambique, Simbabwe und Südafrika immer wieder Geparde gesichtet, deren schwarze Punkte sich zu länglichen Flecken und auf dem Rücken sogar zu Streifen verdichtet hatten. Diese Geparde leben meist in hügeligen Waldgebieten und sind in der Dämmerung aktiv. Seit 1981 brachten gefleckte Geparden-Paare in südafrikanischen Wildgehegen insgesamt zehnmal gestreiften Nachwuchs zur Welt.

abiotischer Umweltfaktor: Faktor der unbelebten Umwelt (z. B. Licht, Temperatur), dem ein Lebewesen in seiner Umwelt ausgesetzt ist

Absorption: Aufnahme von Strahlung beim Durchgang durch einen Stoff

Absorptionsspektrum: grafische Darstellung des Absorptionsvermögens eines Stoffes in Abhängigkeit von der Wellenlänge

Acetylcholin: Neurotransmitter; kommt vor im Gehirn, im peripheren Nervensystem und an motorischen Endplatten der Wirbeltiere

Adaptation: Anpassung eines Rezeptors oder Sinnesorgans an unterschiedliche Reizintensitäten oder -dauer (z. B. Hell-Dunkel-Adaptation des Auges)

adaptive Radiation: Aufspaltung einer Art in mehrere Arten durch evolutive Anpassung an verschiedene ökologische Bedingungen

adäquater Reiz: spezifische Reizart, durch die jede Sinneszelle erregt wird

aerob: in Anwesenheit von Sauerstoff verlaufend; im Gegensatz zu anaerob

Akkommodation: Fähigkeit des Auges, sehr nahe oder auch weit entfernte Gegenstände scharf auf der Netzhaut abzubilden

Aktionspotential: kurzzeitige Änderung des Membranpotentials einer erregbaren Zelle als Folge einer plötzlichen Änderung der Ionendurchlässigkeit der Zellmembran nach dem Alles-oder-Nichts-Gesetz

aktiver Transport: Transport eines Stoffes durch eine Biomembran gegen seinen Konzentrations- und/oder elektrochemischen Gradienten mithilfe von Stoffwechselenergie (ATP) und spezifischen Carriern; im Gegensatz zum passiven Transport

aktives Zentrum: der für die Bindung und Umsetzung des Substrats spezifisch wirksame Teil eines Enzyms

Allel: eine von mehreren Zustandsformen eines Gens

ALLEN-Regel: Regel, nach der Körperanhänge gleichwarmer Tiere in kalten Klimazonen kleiner sind als bei nahe verwandten Arten in warmen Klimazonen

Alles-oder-Nichts-Gesetz: Auf einen Reiz, der das Schwellenpotential erreicht hat, erfolgt ein Aktionspotential mit immer gleicher Intensität.

allopatrische Artbildung: durch geografische Trennung von Populationen geförderte Artbildung

Aminosäuren: Grundbausteine der Proteine; an ein zentrales Kohlenstoff-Atom sind eine Aminogruppe, eine Carboxylgruppe, ein organischer Rest sowie ein Wasserstoffatom gebunden

Anabolismus: Gesamtheit der aufbauenden Stoffwechselreaktionen; die Reaktionen laufen unter Aufwendung von Energie ab; im Gegensatz zu Katabolismus

anaerob: unter Mangel oder Ausschluss von Sauerstoff verlaufend; im Gegensatz zu aerob

Analogie: Anpassungsähnlichkeit von Merkmalen; im Gegensatz zu Homologie

Angepasstheit: Fähigkeit eines Lebewesens, aufgrund seiner genetischen Anlagen in einer gegebenen Umwelt zu überleben und sich fortzupflanzen

Anpassung: Prozess, der in der Evolution durch Selektion zur Angepasstheit führt

apomorphe Merkmale: abgeleitete Merkmale, die erstmals bei einer gemeinsamen Stammart aufgetreten sind

Apoptose: programmierter Zelltod z. B. während der Keimesentwicklung oder aufgrund krankhafter Veränderung der Zellen

Archaeen: Gruppe sehr ursprünglicher, an extreme Lebensräume angepasster Prokaryoten, die den Eukaryoten stammesgeschichtlich näherstehen als die Bakterien

Art: Gruppe natürlicher Populationen, deren Individuen durch gemeinsame Abstammung miteinander verbunden sind und fruchtbare Nachkommen miteinander zeugen können (biologischer Artbegriff)

Assimilation: Umwandlung körperfremder, energiearmer Stoffe in körpereigene, energiereiche Stoffe

Assoziationsregion: Bereiche der Großhirnrinde, die mit der Verarbeitung komplexer Sinneseindrücke befasst sind

Atmung: Vorgang in einer Zelle, bei dem die Aufnahme von Sauerstoff-Molekülen mit der Bildung von Kohlenstoffdioxid-Molekülen gekoppelt ist

Atmungskette: Elektronentransportkette, die Elektronen von Substraten auf molekularen Sauerstoff überträgt, wobei Wasser entsteht

ATP (Adenosintriphosphat): energiespeichernde und -übertragende Verbindung des Stoffwechsels aus Adenin, Ribose und drei Phosphatgruppen, die bei der hydrolytischen Spaltung ihrer Phosphatbindungen Energie freisetzt, welche zum Antrieb energieverbrauchender Prozesse dient

Autoradiografie: Nachweis radioaktiv markierter Stoffe durch Schwärzung eines Röntgenfilms (Autoradiogramm)

autotroph: „sich selbst ernährend"; Synthese von organischen aus anorganischen Stoffen; im Gegensatz zu heterotroph

Axon: bis zu einem Meter langer Fortsatz der Nervenzellen, der Aktionspotentiale vom Zellkörper wegleitet

Bakterien: Gruppe einzelliger, zellkernloser Kleinstlebewesen; zählen zu den Prokaryoten

Basiskonzepte: grundlegende Gemeinsamkeiten, Muster und Prinzipien, die man bei biologischen Phänomen, Lebewesen und Biosystemen findet

BERGMANN-Regel: Regel, nach der gleichwarme Tiere in kälteren Klimazonen größer sind als verwandte Arten in wärmeren Klimazonen

binäre Nomenklatur: Grundprinzip der wissenschaftlichen Nomenklatur der Systematik, nach dem der Name jeder Art aus zwei Bestandteilen besteht, dem Gattungsnamen und dem Artnamen

Biodiversität: Vielfalt des Lebens auf den Ebenen der Gene, Arten und Ökosysteme

Bioindikator (Leitorganismen): Vorkommen stenöker Arten in einem bestimmten Biotop zeigt an, dass dort die Umweltfaktoren ihrem Toleranzbereich entsprechen

biologischer Katalysator: Molekül, das Stoffwechselreaktionen beschleunigt und damit häufig erst ermöglicht

Biomasse: Gesamtmenge der lebenden organischen Substanz in einem Ökosystem

Biomembran: Struktur aus einer Phospholipid-Doppelschicht mit auf- und eingelagerten Proteinen, die das Cytoplasma nach außen und die Kompartimente gegeneinander abgrenzt

Biosphäre: Gesamtheit aller Ökosysteme

Biotechnologie: technische Verfahren zur Herstellung, Umwandlung oder zum Abbau organischer Stoffe unter Einsatz natürlich vorkommender oder gentechnisch veränderter Lebewesen

biotischer Umweltfaktor: Faktor, dem ein Lebewesen in seiner Umwelt ausgesetzt ist, der von anderen Lebewesen ausgeht

Biotop: Lebensraum einer Lebensgemeinschaft

Biozönose: Lebensgemeinschaft aller Organismen eines Biotops mit ihren biotischen Beziehungen

Bruttoprimärproduktion: Gesamtmenge der von den autotrophen Lebewesen eines Ökosystems pro Flächen- und Zeiteinheit gebildeten Biomasse

C_4-Pflanzen: Pflanzen, deren erstes Produkt der Kohlenstoffdioxidfixierung der C_4-Körper Oxalacetat ist

CALVIN-Zyklus: zyklischer Stoffwechselweg, über den Pflanzen Kohlenstoffdioxid fixieren und Kohlenhydrate aufbauen; lichtunabhängige Reaktionen der Fotosynthese

Carrier: Transportprotein-Molekül in der Biomembran zum gerichteten und selektiven Stofftransport

CAM-Pflanzen: Pflanzen, die nachts Kohlenstoffdioxid fixieren und dieses in der Vakuole in Form des C_4-Körpers Äpfelsäure speichern

cDNA, complementary DNA: wird in Umkehrung der Transkription mithilfe des Enzyms Reverse Transkriptase aus mRNA hergestellt

chemiosmotisches Modell: Modell, das die ATP-Bildung als Folge einer Reihe von Redoxreaktionen und eines gerichteten Protonenflusses durch die Membran erklärt

Chloroplast: von einer Doppelmembran umgebener Zellbestandteil in Fotosynthese betreibenden Pflanzenzellen und Einzellern; enthält den Farbstoff Chlorophyll (Plastiden)

Chromatografie: Methode zur Trennung von Stoffgemischen zwischen einer mobilen und einer stationären Phase

Chromosom: fadenartige Struktur aus DNA und Histonen im Zellkern von Eukaryotenzellen; am besten sichtbar im kondensierten Zustand während Mitose und Meiose

Chronogramm: Form des Dendogramms, das eine Zeitachse enthält

Citratzyklus: zyklischer Stoffwechselweg zur vollständigen Oxidation von Acetyl-CoA (C_2-Körper) zu Kohlenstoffdioxid und Wasser

Codon: aus drei Nucleotiden bestehender Abschnitt der mRNA, der bei der Proteinbiosynthese für eine Aminosäure codiert

Coevolution: evolutionärer Prozess, bei dem sich zwei Arten in wechselseitiger Anpassung aufeinander spezialisieren

Cofaktor: Hilfsmolekül von Enzymen, das am Ablauf der enzymatischen Reaktion beteiligt ist

Cosubstrat (Coenzym): organischer Cofaktor; gibt im Verlauf der Enzymreaktion Protonen, Elektronen oder chemische Gruppen an das Substrat ab oder nimmt sie vom Substrat auf

CRISPR/Cas: gentechnische Methode, um DNA gezielt zu schneiden und anschließend zu verändern

Crossing-over: Austausch entsprechender Abschnitte homologer Ein-Chromatid Chromosomenstücke während der Meiose

Cuticula: wachsartiger Schutzüberzug auf der Epidermis

Cytoplasma: die Zellorganellen umgebender, von der Zellmembran umschlossener Zellinhalt

Cytoskelett: Netzwerk aus verschiedenen Proteinfäden, das der Zelle Form und Stabilität gibt und den Zellbestandteilen Befestigungsmöglichkeiten bietet

Denaturierung: Konformationsänderung von Proteinen oder Nucleinsäuren, die durch Hitze, Änderungen des pH-Wertes oder der Ionenkonzentration hervorgerufen werden und zumeist zu einem Funktionsverlust des betreffenden Moleküls führen

Dendogramm: Stammbaum, der die stammesgeschichtliche Verwandtschaft von Lebewesen wiedergibt

Depolarisierung: Verringerung der Spannung über der Zellmembran

Destruent: Lebewesen, das abgestorbene Biomasse in anorganische Stoffe zersetzt und so wieder dem Stoffkreislauf zuführt

Dictyosom: Zellorganell bestehend aus einem Stapel flacher Membranvesikel, in denen Stoffe, vor allem Proteine, umgewandelt, sortiert und verpackt werden; die Stoffe werden in GOLGI-Vesikeln zu anderen Zellorganellen oder zur Zellmembran transportiert; die Gesamtheit der Dictyosomen einer Zelle bildet den GOLGI-Apparat

Diffusion: Vorgang, bei dem sich Teilchen aufgrund ihrer Eigenbewegung im ihnen zur Verfügung stehenden Raum gleichmäßig verteilen

Dissimilation: Umwandlung körpereigener, energiereicher Stoffe in körperfremde, energieärmere Stoffe

diurnaler Säurerhythmus: bei CAM-Pflanzen erfolgende regelmäßige Änderung des Säuregehalts im Tag-Nacht-Wechsel

Divergenz: divergente Evolution; ursprünglich gleich gestaltete Strukturen ähnlicher Organismen entwickeln sich aufgrund unterschiedlicher Evolutionsfaktoren unterschiedlich

DNA (Desoxyribonucleinsäure): Makromolekül aus vier verschiedenen Nucleotiden mit den Basen Adenin, Guanin, Cytosin, Thymin, dem Zucker Desoxyribose und der Phosphatgruppe

DNA-Chips: synonym Gen-Chips, DNA-Microarrays; dienen in der medizinischen Diagnostik zur Untersuchung von Genen auf Mutationen oder deren Aktivität

DNA-Sonde: einzelsträngige, meist mit einem Fluoreszenzfarbstoff markierte synthetische DNA-Basensequenz zur Identifizierung komplementärer DNA-Basensequenzen

Doping: Einnahme unerlaubter Substanzen oder Nutzung unerlaubter Methoden zur Steigerung der sportlichen Leistung

Doppelhelix: räumliche Struktur der Erbinformation, bestehend aus zwei Polynucleotiden, die durch Basenpaarung zusammengehalten werden

Ein-Chromatid-Chromosom: aus einem Chromatid bestehendes Chromosom; entsteht in der Anaphase durch Trennung des Zwei-Chromatiden-Chromosoms; wird in der Interphase durch Verdopplung wieder zum Zwei-Chromatiden-Chromosom

Emission: Abgabe von Abgasen und anderen Stoffen in die Umwelt

Endocytose: Aufnahme extrazellulären Materials in die Zelle, indem sich ein Bereich der Zellmembran einstülpt, das Material einschließt und sich dann als Vesikel nach innen ablöst

Endoplasmatisches Retikulum (ER): Membransystem in der Zelle von Eukaryoten; es wirkt bei der Synthese, der Umwandlung und dem Transport von Stoffen mit; existiert in zwei Formen, dem rauen, mit Ribosomen besetzten und dem glatten ER ohne Ribosomen

Endosymbionten-Theorie: heute allgemein anerkannte Theorie, nach der Mitochondrien und Plastiden von ursprünglich frei lebenden Bakterien abstammen

Endosymbiose: Bezeichnung für eine Symbiose, bei der der eine Partner im Körper des anderen Partners lebt

Endprodukthemmung: Hemmung der Aktivität eines Enzyms am Beginn eines Stoffwechselweges durch das Endprodukt der Reaktionsfolge

Energie: Fähigkeit eines Stoffes, Körpers oder Systems, Arbeit zu leisten

Energieentwertung: bei Energieumwandlungen frei werdende Wärme kann von Zellen nicht genutzt werden und ist daher für diese wertlos

Energiefluss: Weitergabe von energiereichen Stoffen in einer Nahrungskette

Energieumwandlung: Umwandlung einer Energieform in eine andere Energieform

Enhancer (Verstärker): Kontroll-DNA-Sequenz, die bestimmte Transkriptionsfaktoren erkennt, die die Geschwindigkeit der Transkription eines Gens verstärken können; im Gegensatz zu Silencer

Enzym: komplexe Proteinverbindung, die als Katalysator in der Zelle dient; senkt die Aktivierungsenergie, beschleunigt die Reaktion, ohne nach der Reaktion chemisch verändert zu sein; zeigt Substratspezifität und Wirkungsspezifität; Benennung mit der Endung -ase

Enzym-Substrat-Komplex: lockere kurzzeitige Verbindung zwischen Enzym und Substrat

Epidermis: Abschlussgewebe bei Pflanzen und Tieren

Epigenetik: regulatorische Prozesse, die zur Veränderung der Aktivität von Chromosomen und deren Genen führen, die nicht auf einer Änderung der DNA-Basensequenz beruhen

Eukaryot: ein- oder vielzelliges Lebewesen, dessen Zelltyp sich durch den Besitz von Zellkern, Mitochondrien und eine umfangreiche Kompartimentierung von einem Prokaryoten unterscheidet

euryök: Bezeichnung für Arten, die eine große ökologische Potenz besitzen; im Gegensatz zu stenök

eutroph: mineralstoffreich; im Gegensatz zu oligotroph

Eutrophierung: Anreicherung eines Gewässers mit Mineralstoffen

Evolution: alle Prozesse, die zur Entstehung des Lebens in seiner heutigen Form und Vielfalt geführt haben

Evolutionsfaktoren: jegliche Faktoren, die zu Veränderungen der Allelhäufigkeiten im Genpool einer Population geführt haben und führen

Exocytose: Verschmelzung eines Vesikels mit der Zellmembran, wodurch sein Inhalt in den extrazellulären Raum ausgeschieden wird

Exon: codierender DNA-Abschnitt eines Eukaryoten-Gens, von dem ein Genprodukt hergestellt wird; meist unterbrochen durch nicht codierende Bereiche, die Introns

Fitness: Maß für die relative Anzahl der Gene, die ein Individuum durch eigene Fortpflanzung (direkte Fitness) oder durch Unterstützung der Fortpflanzung Verwandter (indirekte Fitness) in den Genpool der nächsten Generation einbringt; die Summe aus direkter und indirekter Fitness ist die Gesamtfitness

Flaschenhalseffekt: Form von Gendrift, die sich aus einer drastischen Verkleinerung einer Population, z. B. durch eine Naturkatastrophe, ergibt

Fließgleichgewicht: Zustand gleicher Konzentrationen von Stoffen in einem offenen System bei dauerndem Zu- und Abfluss von Stoffen und Energie

Fluoreszenz: Aufleuchten von Stoffen bei Bestrahlung, wobei das ausgesandte Licht eine größere Wellenlänge aufweist als das absorbierte

Fortpflanzung: Kennzeichen des Lebens, wobei durch die Weitergabe genetischer Information artgleiche, eigenständige Individuen entstehen; zur geschlechtlichen Fortpflanzung gehört die Befruchtung von Keimzellen beider Geschlechter unter Bildung einer Zygote; bei der ungeschlechtlichen Fortpflanzung entstehen neue Lebewesen aus einem Teil des Elternorganismus

fossil: Bezeichnung für erhaltene Reste oder Spuren ausgestorbener Lebewesen vergangener Erdzeitalter

Fotolyse: lichtinduzierte Spaltung von Wasser in Protonen, Elektronen und Sauerstoff

Fotosynthese: wichtigste Form der autotrophen Assimilation, bei der mithilfe des Chlorophylls und Sonnenlichts aus Kohlenstoffdioxid und Wasser Glucose und Sauerstoff entstehen

Fotosystem: funktionelle Gruppe von Licht absorbierenden Pigmenten und ihren Reaktionszentren auf der Thylakoidmembran von Chloroplasten zur Umwandlung von Lichtenergie in chemische Energie

freie Energie: Anteil der Energie, die von Zellen für Arbeitsprozesse genutzt werden kann

Gärung: anaerober Stoffwechselweg, bei dem ein relativ energiereiches Endprodukt (zum Beispiel Ethanol, Milchsäure) entsteht

Gelelektrophorese: Methode zur Auftrennung eines Gemisches gelöster geladener Teilchen (Nucleinsäuren, Proteine) in einem elektrischen Feld nach ihrer Masse und Ladung

Gen: aus DNA bestehende Einheit der Erbinformation, die für ein Polypeptid oder ein RNA-Molekül codiert

Gendrift: Veränderung des Genpools einer Population durch Zufallsprozesse

Gene Pharming: Produktion von Medikamenten in transgenen Tieren

Gen-Editierung: Sammelbegriff für moderne molekularbiologische Verfahren, mit denen Gene gezielt an- oder ausgeschaltet, eingefügt oder entfernt werden

genetischer Code: aus 64 Codons bestehender Schlüssel für die Übersetzung der genetischen Information in Proteine

genetischer Fingerabdruck: Bezeichnung für ein Muster hochgradig variabler und damit zur Personenidentifizierung geeigneter DNA-Sequenzen

Genexpression: das Genprodukt wird über Transkription und Translation hergestellt

Genfluss: ungehinderter Austausch von Genen zwischen Populationen

Genom: Gesamtheit der DNA eines Virus, einer Zelle oder eines Organismus

genomische Bibliothek: Sammlung von Bakterienklonen, die das gesamte Genom eines Lebewesens als Fragmente in Plasmidvektoren eingebaut repräsentieren

Genotyp: Gesamtheit aller Erbanlagen eines Individuums

Genpool: Gesamtheit der Gene in einer Population

Gentechnik: Verfahren zur gezielten Veränderung des Genoms einer Zelle, das die Isolierung, Neukombination und Übertragung von DNA mit dem Ziel ihrer Replikation und Genexpression beinhaltet

Gentransfer: Methoden der natürlichen oder künstlichen Übertragung von Genen von einem Individuum auf ein anderes

Gewebe: Verband gleichartiger differenzierter Zellen zur Erfüllung einer gleichartigen Funktion

GFP (green fluorescent protein): in der Gentechnik eingesetztes Protein, das bei Anregung mit blauem Licht grün fluoresziert

Glykolyse: im Cytoplasma lokalisierter erster Teil des Glucoseabbaus bis zu Pyruvat zur Gewinnung von ATP; Pyruvat dient als Ausgangspunkt für die anaerobe Gärung oder aerobe Zellatmung

Golgi-Apparat: Gesamtheit aller Dictyosomen einer Zelle

Grundumsatz: Energiemenge, die eine nüchterne Person bei völliger Ruhe und bei einer Umgebungstemperatur, bei der sie weder friert noch schwitzt, zur Aufrechterhaltung zentraler Lebensfunktionen benötigt

Grüne Gentechnik: Verfahren zur Erzeugung gentechnisch veränderter landwirtschaftlicher Produkte

Habitat: Aufenthaltsbereich einer Art in einem Biotop

Haushaltsgene: Gene, die unabhängig vom Zelltyp und den äußeren Einflüssen, exprimiert werden; Synonym: konstitutive Gene

heterotroph: Aufnahme organischer Stoffe als Energie- und Kohlenstoffquelle; im Gegensatz zu autotroph

Hominiden: Familie der Primaten, zu der neben den rezenten und fossilen Menschen und ihren direkten Vorfahren heute auch die Menschenaffen gerechnet werden

Homologie: Ähnlichkeit von Merkmalen aufgrund gemeinsamer Abstammung und damit ähnlicher genetischer Ausstattung; im Gegensatz zu Analogie

Hormon: chemischer Botenstoff, der in endokrinen Drüsenzellen in geringsten Konzentrationen gebildet, über das Blut im Körper verteilt und an Zielzellen mit spezifischen Rezeptoren wirksam wird

Hyperpolarisierung: elektrischer Zustand an einer Zellmembran, bei der das Zellinnere stärker negativ zur extrazellulären Flüssigkeit ist als beim Ruhepotential

Hypophyse: Hirnanhangsdrüse an der Basis des Zwischenhirns; wird vom Hypothalamus angeregt Hormone zu bilden

Hypothalamus: Teil des Zwischenhirns, oberste Steuerzentrale des Hormonsystems

Hypothese: begründete Vermutung über einen Sachverhalt; naturwissenschaftliche Hypothesen müssen prinzipiell überprüfbar und damit widerlegbar sein

interspezifisch: zwischen Arten

Interzellulare: Hohlraum zwischen Pflanzenzellen

intraspezifisch: zwischen Angehörigen derselben Art

Intron: nicht codierende Sequenz eines Eukaryoten-Gens; wird transkribiert, aber nicht translatiert; im Gegensatz zu Exon

Ionenpumpe: aktives Transportsystem, das unter ATP-Verbrauch Ionen gegen das Konzentrationsgefälle durch Biomembranen schleust

Isolation: Evolutionsfaktor, der den Genfluss zwischen Individuen oder Populationen verhindert und so zur Artbildung beiträgt

Kalorimetrie: Messung der Wärme, die beispielsweise beim Verbrennen von Nährstoffen in einer Brennkammer, dem Kalorimeter, frei wird

Katabolismus: Gesamtheit aller abbauenden Stoffwechselreaktionen; bei den Reaktionen wird Energie freigesetzt; im Gegensatz zu Anabolismus

Kladogramm: Form des Dendogramms, das die relativen Verwandtschaftsverhältnisse von Lebewesen wiedergibt

Klimax: Endstadium einer Sukzession

Klon: genetisch identische Zellen oder Individuen

Kohlenhydrat: organisches Molekül mit den Bestandteilen Kohlenstoff, Wasserstoff und Sauerstoff im Verhältnis 1:2:1; eingeteilt in Monosaccharide (Einfachzucker) sowie ihre Dimere (Disaccharide) und Polymere (Polysaccharide)

Kompartiment: durch eine Biomembran abgegrenzter Reaktionsraum in einer Zelle

Kompartimentierung: Unterteilung eines Systems in voneinander abgegrenzte Bereiche oder Räume, in denen verschiedene Vorgänge ablaufen können, ohne sich gegenseitig zu stören

Konkurrenz: Wettbewerb zwischen Individuen um begrenzt verfügbare Ressourcen

Konkurrenzausschlussprinzip: Konkurrenz zweier Arten um dieselben Ressourcen schließt eine längere Koexistenz im selben Lebensraum aus

Konsument: Lebewesen, das sich von Produzenten ernährt

kontinuierliche Erregungsleitung: langsame Weiterleitung von Aktionspotentialen in marklosen Axonen; im Gegensatz zur saltatorischen Erregungsleitung

Konvergenz: konvergente Evolution, Entstehung analoger Merkmale (Analogie) aufgrund ähnlicher Lebensweise

Kreationismus: religiös geprägte Vorstellung, nach der Lebewesen nicht durch Evolution, sondern durch Schöpfung entstanden sind

K-Stratege: Lebewesen, das seine Energie vorwiegend in die Sicherung der eigenen Existenz und in die Brutpflege investiert; hat wenige, aber konkurrenzstarke Nachkommen; im Gegensatz zu r-Strategen

Leistungsumsatz: Energiemenge, die eine Person über den Grundumsatz hinaus für Arbeitstätigkeiten umsetzt

Lernen: Verhaltensänderung, die auf individueller Erfahrung beruht

Lichtkompensationspunkt: Lichtintensität, bei der die Abgabe von Kohlenstoffdioxid infolge der Zellatmung genau so groß ist wie die Aufnahme von Kohlenstoffdioxid durch die Fotosynthese

Lipide: Stoffgruppe unpolarer wasserunlöslicher Verbindungen, zu der Fette, Phospholipide und Steroide gehören

Lysosom: membranumschlossenes Vesikel im Cytoplasma der Eukaryotenzelle, das Enzyme zum Abbau zelleigener und fremder Stoffe enthält

Markscheide: schützende Hülle aus der Zellmembran von speziellen Gliazellen, den SCHWANN-Zellen, die das Axon einer markhaltigen Nervenzelle im peripheren Nervensystem umgibt

Meiose: Zellteilung bei Lebewesen mit geschlechtlicher Fortpflanzung, bei der aus einer diploiden Mutterzelle haploide Keimzellen (Eizelle und Spermien) entstehen

Membranpotential: elektrische Spannung über der Zellmembran, die durch eine unterschiedliche Ionenverteilung zwischen Cytoplasma und extrazellulärer Flüssigkeit entsteht (Ruhepotential)

Mikrotubuli: röhrenförmige Strukturen aus dem Protein Tubulin, die das Cytoplasma von Eukaryotenzellen durchziehen sowie in Cilien, Geißeln und im Spindelapparat vorkommen

Mimikry: täuschende Nachahmung von Signalen; z. B. Nachahmung der Warntracht einer wehrhaften Art durch eine harmlose Art („Scheinwarntracht")

Mineralstoffe: anorganische Ionen wie zum Beispiel Calcium- und Phosphat-Ionen, die vom Organismus für den Aufbau von Körpersubstanz und für einen geregelten Stoffwechsel aufgenommen werden

Mitochondrium: von einer Doppelmembran umgebenes, zur Selbstvermehrung fähiges Zellorganell, in dem vor allem Enzyme der Zellatmung lokalisiert sind („Kraftwerk der Zelle")

Modifikation: Veränderung im Phänotyp eines Lebewesens, hervorgerufen durch Umwelteinflüsse; wird nicht vererbt, da das Erbgut nicht verändert wird

monophyletische Gruppe: Taxon, welches sämtliche stammesgeschichtliche Abkömmlinge eines Vorfahren umfasst

motorische Rindenfelder: Bereiche der Großhirnrinde, denen bestimmte Muskelbereiche des Körpers zugeordnet sind, deren Bewegung sie steuern

Motorproteine: Proteine, die in der Zelle Bewegungsvorgänge bewirken, etwa den Materialtransport zwischen Zellkörper und Endknöpfchen einer Nervenzelle

Muskelfaser: lang gestreckte Muskelzelle; im Skelettmuskel in Muskelfaserbündeln angeordnet und weiter in Myofibrillen untergliedert

Mutation: spontane oder durch Mutagene verursachte Veränderung der Basensequenz der DNA, die auf die Tochterzellen vererbt wird; man unterscheidet Gen-, Chromosomen- und Genommutationen

Myofibrille: fadenförmige Struktur in der Muskelfaser eines quer gestreiften Muskels; besteht aus hintereinander angeordneten kontraktilen Einheiten, den Sarkomeren

nachhaltige Entwicklung: Befriedigung der Bedürfnisse der gegenwärtigen Generation, ohne die Möglichkeiten der zukünftigen Generationen zu gefährden, ihre Bedürfnisse befriedigen zu können

NAD⁺ (Nicotinamid-Adenin-Dinucleotid): Cosubstrat, das Enzymen in Redoxreaktionen des Stoffwechsels bei der Elektronenübertragung hilft

Nährstoff: organische Verbindung der Stoffklassen Kohlenhydrate, Lipide und Proteine, die als Baustoff oder Energielieferant dient

Nahrungskette: der Weg, auf dem organische Stoffe in einem Ökosystem von den Produzenten über Konsumenten an die Destruenten weitergegeben werden

Nahrungsnetz: Bezeichnung für die vernetzten Nahrungsbeziehungen innerhalb eines Ökosystems

Nettoprimärproduktion: Produktion organischer Substanz in einem Ökosystem abzüglich des durch Zellatmung abgegebenen Kohlenstoffdioxids

Netzhaut: kleidet die Innenflächen des hinteren Teils des Linsenauges aus; enthält Lichtsinneszellen, Nervenzellen und Pigmentzellen

Neuro-Enhancement: Einnahme psychoaktiver Substanzen mit dem Ziel, die geistige Leistung zu steigern

Neurotransmitter (Überträgerstoff): chemischer Stoff, der die Erregung an den Synapsen überträgt

Nucleotid: Baustein der Nucleinsäuren, bestehend aus einem Zucker (Pentose), einer organischen stickstoffhaltigen Base und einer Phospatgruppe

ökologische Nische: Gesamtheit der Ansprüche einer Art an die biotische und abiotische Umwelt; bezeichnet keinen Ort

ökologische Potenz: die durch Konkurrenz mit anderen Lebewesen verringerte physiologische Potenz

ökologisches Gleichgewicht: Zustand ökologischer Systeme mit der Fähigkeit zur Selbstregulation

Ökosystem: dynamisches Beziehungsgefüge aus Biozönose und Biotop, das durch Stoffkreisläufe gebildet wird

oligotroph: mineralstoffarm; im Gegensatz zu eutroph

Operator: Region eines Operons, die als Bindestelle für den Repressor fungiert und damit die Transkription eines benachbarten Gens kontrolliert

Operon: genetische Funktionseinheit bei Bakterien, bestehend aus Promotor und Operator sowie Strukturgenen

Organ: Verband verschiedenartiger Gewebe, die sich bei der Erfüllung einer bestimmten Funktion ergänzen

Organismus: Bezeichnung für Lebewesen, die über Organe und Organsysteme verfügen

Osmose: Diffusion durch eine semipermeable Membran

Out-of-Africa-Hypothese: Hypothese, nach der der anatomisch moderne Mensch aus Afrika stammt

Oxidation: Elektronenabgabe; im Gegensatz zu Reduktion

Parasit: Lebewesen, das auf oder in anderen Lebewesen lebt, sich von ihnen ernährt und sie dabei schädigt, aber zumeist nicht tötet

Parasitismus: Beziehung zwischen Arten (Parasit und Wirt), die nur dem Parasiten nutzt, dem Wirt dagegen schadet

Parasympathikus: einer der beiden Teile des vegetativen Nervensystems der Wirbeltiere; Gegenspieler zum Sympathikus

Parenchym: Grundgewebe eines Organs

passiver Transport: Stofftransport mit dem Konzentrationsgefälle ohne Verbrauch von ATP; z. B. Diffusion, carriervermittelte Diffusion durch eine Membran; im Gegensatz zum aktiven Transport

PCR (Polymerase-Kettenreaktion): Verfahren zur Vervielfältigung kurzer DNA-Basensequenzen in vitro

peripheres Nervensystem: sensorische und motorische Nervenzellen, die mit dem Zentralnervensystem verbunden sind

Phänotyp: Gesamtheit der körperlichen und physiologischen Merkmale eines Lebewesens

Phosphorylierung: Reaktion, bei der eine Phosphatgruppe an ein anderes Molekül gebunden wird

Phylogenese: Stammesgeschichte einer Art oder Verwandtschaftsgruppe

Phylogramm: Form des Dendogramms, bei dem die Länge der Äste als Maß für die Merkmalsunterschiede dient

physiologische Potenz: Bereich eines Umweltfaktors, in dem Individuen einer Art ohne Konkurrenz durch andere Lebewesen leben können

Plasmid: kleiner extrachromosomaler DNA-Ring bei Bakterien; Plasmide sind wichtige Vektoren

Plastiden: von einer Doppelmembran umgebene, zur Selbstvermehrung fähige Zellorganellen

plesiomorphe Merkmale: ursprüngliche Merkmale, die bereits bei einer frühen Stammart aufgetreten sind

Population: Gesamtheit der Individuen einer Art in einem definierten Gebiet

postzygote Isolation: Form der reproduktiven Isolation, bei der noch eine Befruchtung stattfindet, die Nachkommen jedoch nicht lebensfähig, steril oder benachteiligt sind

präzygote Isolation: Form der reproduktiven Isolation, bei der die Paarung potenzieller Sexualpartner unterbunden ist

Primaten: Ordnung der Säugetiere, zu der Halbaffen, Affen und Menschen gehören

Produzent: Lebewesen, das durch Chemosynthese oder Fotosynthese Biomasse erzeugt

Prokaryot: Lebewesen, dessen Erbmaterial nicht membranumhüllt ist; im Gegensatz zu Eukaryot

Promotor: Nucleotidsequenz in der DNA, an die die RNA-Polymerase zu Beginn der Transkription bindet

Proteinbiosynthese: synonym Genexpression; Produktion von Proteinen nach der genetischen Information der DNA mit den beiden Teilschritten Transkription und Translation

Proteine: Eiweißstoffe bestimmter räumlicher Konformation, die aus 20 verschiedenen Monomeren, den Aminosäuren, aufgebaut sind

Proteom: die Gesamtheit aller Proteine eines Organismus

Protonengradient: Differenz zwischen den Protonenkonzentrationen auf den beiden Seiten einer Biomembran, beispielsweise der inneren Mitochondrienmembran oder der Thylakoidmembran eines Chloroplasten

proximate Erklärung: Erklärung, die auf die unmittelbaren Mechanismen eines Verhaltens abzielt; Synonym: Wirkursachen

Räuber: Lebewesen, das sich von anderen Lebewesen ernährt und diese in der Regel sofort tötet

Redoxreaktion: gekoppelte Elektronenabgabe (Oxidation) mit der Elektronenaufnahme (Reduktion) zweier Reaktionspartner bei einer chemischen Umsetzung

Reduktion: Elektronenaufnahme; im Gegensatz zu Oxidation

Refraktärphase: Zeitspanne nach einem Aktionspotential, in der eine erneute Reizung ohne Reaktion bleibt

Rekombination: Neukombination des genetischen Materials, z. B. im Rahmen der Meiose; führt zur genetischen Variabilität einer Art und ist ein wichtiger Evolutionsfaktor

Replikation: identische Verdopplung der DNA im Verlauf der S-Phase der Interphase

Repressor: Protein, das durch Binden an einen bestimmten Bereich der DNA die Transkription eines benachbarten Gens verhindert

Restriktionsenzyme: bakterielle Enzyme, die DNA an palindromischen Basensequenzen zerschneiden

rezent: heute lebend; im Gegensatz zu fossil

Rezeptorpotential: Reaktion einer Rezeptorzelle auf einen Reiz in Form einer zur Reizstärke proportionalen Spannungsänderung über die Rezeptormembran

RGT-Regel: Reaktionsgeschwindigkeits-Temperatur-Regel; einfache Faustformel, nach der sich die Geschwindigkeit einer chemischen Reaktion bei einer Temperaturerhöhung um 10 °C verdoppelt bis verdreifacht

Ribosom: aus zwei Untereinheiten zusammengesetzter, membranloser Zellbestandteil, an dem im Cytoplasma die Proteinbiosynthese erfolgt

RNA (Ribonucleinsäure): einzelsträngiges Makromolekül aus vier verschiedenen Ribonucleotiden, die die Basen Adenin, Guanin, Cytosin und Uracil sowie den Zucker Ribose enthalten

RNA-Interferenz: natürlicher Vorgang in Zellen, der der zielgerichteten Abschaltung von Genen dient

Rote Gentechnik: Teilbereich der Gentechnik, der sich mit medizinischen und pharmazeutischen Anwendungsbereichen beschäftigt

Rote Liste: Liste vom Aussterben bedrohter Tier- und Pflanzenarten

r-Stratege: Arten, die bei der Fortpflanzung auf eine hohe Reproduktionsrate setzen, jedoch wenig in die Aufzucht ihrer Jungen investieren; im Gegensatz zu K-Strategen

Rudiment: Reste von Organen und Strukturen, die im Laufe der Evolution zurückgebildet wurden

Ruhepotential: Membranpotential von Zellen, hervorgerufen durch eine ungleiche Ladungsverteilung; im Gegensatz zu Aktionspotential

saltatorische Erregungsleitung: besonders schnelle, sprunghafte Weiterleitung von Aktionspotentialen entlang der durch RANVIER-Schnürringe unterteilten Axone mit Myelinscheiden; im Gegensatz zur kontinuierlichen Erregungsleitung

Saprobien: Organismen, die organische Stoffe in Gewässern abbauen; sie dienen als Bioindikatoren für den Belastungsgrad eines Gewässers

Sarkomer: funktionelle Struktureinheit einer Myofibrille; wird durch die Z-Scheiben begrenzt, gehört zur Feinstruktur einer Muskelzelle

Schlüssel-Schloss-Modell: Grundsatz, wonach bestimmte Moleküle wie Enzym und Substrat in Wechselwirkung treten, wobei sie in ihrer räumlichen Struktur wie Schlüssel und Schloss zusammenpassen

Schwellenpotential: Potential, das eine Nervenzelle erreichen muss, damit ein Aktionspotential ausgelöst wird

second messenger: Botenstoff, der im Zellinneren wirkt, wenn spezifische Membranrezeptoren aktiviert wurden

Selektion: „natürliche Auslese"; zentraler Begriff der Evolutionstheorie; unterschiedlicher Fortpflanzungserfolg der Individuen einer Population aufgrund unterschiedlicher Angepasstheit

Sequenzierung: molekularbiologisches Verfahren zur Bestimmung der Basensequenz der DNA

Sexualdimorphismus: Unterschiede zwischen den Geschlechtern einer Art, die die sekundären Geschlechtsmerkmale (z. B. Gefieder beim Pfau, Geweih beim Hirsch) betreffen

sexuelle Selektion: Evolutionsmechanismus, der auf individuell unterschiedlichem Erfolg im Zugang zu Sexualpartnern beruht

Silencer (Dämpfer): Basensequenz, die bestimmte Transkriptionsfaktoren erkennt, die die Geschwindigkeit der Transkription eines Gens dämpfen können; im Gegensatz zu Enhancer

somatosensorische Rindenfelder: Bereiche der Großhirnrinde, die Informationen über Berührung und Druck aus den verschiedenen Körperregionen auswerten

Spleißen: Bezeichnung für das Herausschneiden des Introns aus der prä-mRNA im Verlauf der Transkription

stenök: Bezeichnung für Arten mit kleiner ökologischer Potenz

Stoffkreislauf: mit einem Energieumsatz verbundener Kreislaufprozess, in dem Stoffe auf-, um- und abgebaut werden

Stoffwechsel: Gesamtheit der biochemischen Reaktionen einer Zelle oder eines Organismus

Stoma (Spaltöffnung): mikroskopisch kleiner Spalt einschließlich der ihn umgebenden Schließzellen in der Epidermis von Pflanzen; Plural: Stomata

STR (short tandem repeat): Bezeichnung für kurze, sich wiederholende DNA-Sequenzen im nicht codierenden Bereich der DNA, die für den genetischen Fingerabdruck genutzt werden

Substrat: chemische Verbindung, die spezifisch von einem Enzym umgesetzt wird; bindet nur nach dem Schlüssel-Schloss-Prinzip

Substratinduktion: Form der Stoffwechselregulation, bei der das Substrat als allosterischer Effektor wirkt und so die eigene Umsetzung beschleunigt

Substratspezifität: Eigenschaft von Enzymen, nur jeweils ein bestimmtes Substrat nach dem Schlüssel-Schloss-Prinzip oder nach dem Modell der induzierten Passform binden zu können

Sukzession: regelhafte zeitliche Abfolge in der Entwicklung von Ökosystemen

Symbiose: enges, für beide Beteiligten vorteilhaftes Zusammenleben zweier Arten

Sympathikus: einer der beiden Teile des vegetativen Nervensystems der Wirbeltiere; Gegenspieler zum Parasympathikus

sympatrische Artbildung: Artbildungsprozess, der durch reproduktive Isolation von Individuen innerhalb einer Population erfolgt

Synapse: Stelle, an der eine Nervenzelle mit einer anderen oder einer Effektorzelle kommuniziert; bildet bei chemischen Synapsen einen synaptischen Spalt zwischen der prä- und der postsynaptischen Zellmembran, sodass Informationen über Neurotransmitter übertragen werden

Synthetische Theorie der Evolution: in den 40er Jahren des 20. Jahrhunderts erfolgte Synthese aus der Evolutionstheorie DARWINS und den Erkenntnissen der Genetik

Systematik: Zweig der Biologie, der sich mit der Beschreibung und Klassifizierung der Lebewesen beschäftigt

Taxon: Gruppe von Lebewesen, die aufgrund gemeinsamer Merkmale, eine systematische Einheit bildet

Theorie: in sich widerspruchsfreies System von Hypothesen, das überprüfbare Voraussagen ermöglicht und mit anderen Theorien verträglich ist

Thylakoid: flache Membransäckchen in einem Chloroplasten mit eingelagertem Chlorophyll und anderen Blattfarbstoffen in die Phospholipid-Doppelschicht

Tracer: künstliche, oft radioaktiv markierte Substanz, mit der Stoffwechselaktivitäten sichtbar und damit nachvollziehbar gemacht werden können

Training: planmäßige Durchführung vielfältiger Übungen zur Stärkung der Kondition und Steigerung der Leistungsfähigkeit

Transduktion: 1) Genetik: natürlicher oder künstlicher Gentransfer durch Viren; 2) Sinnesphysiologie: Umwandlung physikalischer oder chemischer Umweltreize in elektrische Signale

transgene Lebewesen: Lebewesen, denen durch künstlichen Gentransfer ein fremdes Gen eingeschleust wurde

Transkription: Teil der Genexpression, bei dem ein Strang der DNA in eine komplementäre RNA überschrieben wird

Translation: Teil der Genexpression, bei dem die mRNA-Basensequenz mithilfe von tRNA an einem Ribosom in die Aminosäuresequenz eines Polypeptids übersetzt wird

Transpiration: Abgabe von Wasser durch Verdunstung

Treibhauseffekt: Bezeichnung für den durch Kohlenstoffdioxid und andere Gase verursachten globalen Temperaturanstieg

Trophiestufe: Einteilung der Lebewesen eines Ökosystems anhand ihrer Ernährung (z. B. Produzenten, Primär-, Sekundärkonsumenten)

ultimate Erklärung: Erklärung, die auf die Funktion beziehungsweise den Selektionsvorteil eines Verhaltens abzielt; Synonym: Zweckursachen

Vakuole: von einer Membran umgebener, mit Zellsaft gefüllter Raum in einer Pflanzenzelle mit Speicher- und Abbaufunktion

vegetatives Nervensystem: Teil des Nervensystems der Wirbeltiere, das nicht der direkten willkürlichen Kontrolle unterliegt; versorgt vor allem Eingeweide, Blutgefäße, Herz, Ausscheidungs- und Geschlechtsorgane sowie Drüsen

Vektor: „Gentaxi", Plasmid oder Virus zur Einschleusung von Fremdgenen in das Genom eines Lebewesens

Virus: nichtzellulärer Partikel, der aus DNA oder RNA besteht, die von einer Proteinhülle umschlossen ist; benötigt zu seiner Reproduktion eine Wirtszelle

Weiße Gentechnik: Teilbereich der Gentechnik, der sich mit dem Einsatz gentechnisch veränderter Lebewesen für die industrielle Produktion von Chemikalien und Enzymen beschäftigt

Wirkungsspektrum: grafische Darstellung der Fotosyntheserate in Abhängigkeit von der Wellenlänge des absorbierten Lichtes

Wirkungsspezifität: Eigenschaften von Enzymen, jeweils nur eine spezifische Wirkung auf ihr Substrat zu haben

Xerophyten: Pflanzen, die an sehr trockene Standorte angepasst sind; Synonym: Trockenpflanzen

Zellatmung: Energiefreisetzung in der Zelle durch Oxidation von energiereichen chemischen Verbindungen unter Sauerstoffverbrauch

Zelle: kleinste, mit allen Merkmalen des Lebens ausgestattete Bau- und Funktionseinheit aller Lebewesen

Zellkern: membranbegrenzter Zellbestandteil in Eukaryotenzellen, der die Chromosomen enthält

Zellkultur: Kultivierung tierischer oder pflanzlicher Zellen in einem Nährmedium außerhalb des Organismus

Zellmembran: Biomembran, die jede Zelle umgibt

Zellorganell: von Biomembran begrenzter Reaktionsraum eukaryotischer Zellen, der eine bestimmte Funktion erfüllt

Zellwand: formgebende, außerhalb der Zellmembran gelegene Hülle bei Pflanzenzellen, Bakterien, Pilzen und manchen eukaryotischen Einzellern

Zentralnervensystem (ZNS): Teil des Nervensystems bei Wirbeltieren, der das Gehirn und Rückenmark umfasst

Zooplankton: tierisches Plankton; besteht aus heterotrophen Organismen, die sich direkt oder indirekt vom Phytoplankton ernähren

Züchtung: gezielte Verbesserung oder Erhaltung genetisch fixierter Merkmale von Nutztieren und Nutzpflanzen (künstliche Selektion)

Zwei-Chromatiden-Chromosom: aus zwei identischen Chromatiden bestehendes Chromosom zu Beginn der Mitose und Meiose; in der Anaphase trennen sich die Zwei-Chromatiden-Chromosomen in die Ein-Chromatid-Chromosomen

Zygote: befruchtete Eizelle, diploid; Produkt der Verschmelzung von Eizelle und Spermium

Operatoren – Arbeitsanweisungen

Die in der folgenden Tabelle aufgelisteten Operatoren entsprechen denen, die auch in Klausuren und in den Abiturprüfungen verwendet werden.

Abschätzen: durch begründetes Überlegen Näherungswerte angeben

Analysieren: wichtige Bestandteile oder Eigenschaften auf eine bestimmte Fragestellung hin herausarbeiten

Anwenden: einen bekannten Sachverhalt oder eine bekannte Methode auf etwas Neues beziehen

Aufbauen eines Experiments: Objekte und Geräte zielgerichtet anordnen und kombinieren

Aufstellen einer Hypothese: eine begründete Vermutung auf der Grundlage von Beobachtungen, Untersuchungen, Experimenten oder Aussagen formulieren

Aufstellen einer Reaktionsgleichung: vorgegebene chemische Informationen in eine Reaktionsgleichung übersetzen

Auswerten: Daten, Einzelergebnisse oder andere Elemente in einen Zusammenhang stellen und gegebenenfalls zu einer Gesamtaussage zusammenführen

Begründen: Sachverhalte auf Regeln und Gesetzmäßigkeiten beziehungsweise kausale Beziehungen von Ursachen und Wirkung zurückführen

Berechnen: numerische Ergebnisse von einem Ansatz ausgehend gewinnen

Beschreiben: Strukturen, Sachverhalte oder Zusammenhänge strukturiert und fachsprachlich richtig mit eigenen Worten wiedergeben

Bestätigen: die Gültigkeit einer Aussage (zum Beispiel einer Hypothese, einer Modellvorstellung, eines Naturgesetzes) zu einem Experiment, zu vorliegenden Daten oder zu Schlussfolgerungen feststellen

Beurteilen / Stellung nehmen: zu einem Sachverhalt ein selbstständiges Urteil unter Verwendung von Fachwissen und Fachmethoden formulieren und begründen

Bewerten: einen Gegenstand an erkennbaren Wertkategorien oder an bekannten Beurteilungskriterien messen

Darstellen: Sachverhalte, Zusammenhänge, Methoden etc. strukturiert und gegebenenfalls fachsprachlich wiedergeben

Deuten: Sachverhalte in einen Erklärungszusammenhang bringen

Diskutieren / Erörtern: Argumente, Sachverhalte und Beispiele zu einer Aussage oder These einander gegenüberstellen und abwägen

Dokumentieren: bei Verwendung eines elektronischen Rechners den Lösungsweg nachvollziehbar darstellen

Durchführen eines Experiments: an einer Experimentieranordnung zielgerichtete Messungen und Änderungen vornehmen oder eine Experimentieranleitung umsetzen

Entwickeln: Sachverhalte und Methoden zielgerichtet miteinander verknüpfen: eine Hypothese, eine Skizze, ein Experiment, ein Modell oder eine Theorie schrittweise weiterführen und ausbauen

Erklären: einen Sachverhalt nachvollziehbar und verständlich zum Ausdruck bringen mit Bezug auf Regeln, Gesetzmäßigkeiten und Ursachen

Erläutern: einen Sachverhalt durch zusätzliche Informationen veranschaulichen und verständlich machen

Ermitteln: einen Zusammenhang oder eine Lösung finden und das Ergebnis formulieren

Herleiten: aus Größengleichungen durch mathematische Operationen begründet eine Bestimmungsgleichung einer naturwissenschaftlichen Größe erstellen

Nennen: Elemente, Sachverhalte, Begriffe, Daten ohne Erläuterungen angeben

Ordnen: vorliegende Objekte oder Sachverhalte in Kategorien einordnen

Planen eines Experiments: zu einem vorgegebenen Problem eine Experimentieranordnung finden oder erstellen

Protokollieren: Beobachtungen oder die Durchführung von Experimenten zeichnerisch bzw. fachsprachlich richtig wiedergeben

Skizzieren: Sachverhalte, Strukturen oder Ergebnisse auf das Wesentliche reduziert grafisch übersichtlich darstellen

Überprüfen / Prüfen: Sachverhalte oder Aussagen an Fakten oder innerer Logik messen und eventuelle Widersprüche aufdecken

Verallgemeinern: aus einem erkannten Sachverhalt eine erweiterte Aussage formulieren

Vergleichen: Gemeinsamkeiten, Ähnlichkeiten und Unterschiede feststellen

Zeichnen: eine anschauliche und hinreichend exakte grafische Darstellung beobachtbarer oder gegebener Strukturen anfertigen

Zusammenfassen: das Wesentliche in konzentrierter Form herausstellen

Seite 78 f. – Alkoholbedingte Stoffwechsel-veränderungen von Leberzellen

1. Enzymaktivität

1.1 Nach der Verteilungsphase sinkt die Blutalkoholkonzentration fast linear. Geringe Mengen Ethanol werden mit dem Urin, der Atemluft und dem Schweiß ausgeschieden. Bei der vorliegenden Blutalkoholkonzentration von 1,2 Promille sind die Enzyme des Ethanolabbaus gesättigt, und Ethanol wird mit maximaler Reaktionsgeschwindigkeit umgesetzt. Erst unterhalb einer Blutalkoholkonzentration von 0,2 Promille erfolgt der Alkoholabbau konzentrationsabhängig. Dies ist in der Grafik jedoch nicht dargestellt.

1.2 Coenzyme lagern sich zusammen mit dem Substrat vorübergehend an das aktive Zentrum eines Enzyms. Im Gegensatz zum Enzym wird das Coenzym bei der Reaktion chemisch verändert. Das Coenzym NAD^+ übernimmt ein Wasserstoff-Ion (H^-) vom Substrat-Molekül. Es wird zu $NADH + H^+$ reduziert. In einer weiteren enzymatischen Reaktion wird $NADH + H^+$ wieder oxidiert, es gibt den Wasserstoff also wieder ab. Sowohl für den Abbau von Ethanol zu Ethanal, als auch für den Abbau von Ethanal zu Acetat wird das Coenzym NAD^+ benötigt. Dieses wird dabei zu $NADH + H^+$ reduziert, sodass beim Alkoholabbau in Leberzellen hohe $NADH + H^+$-Konzentrationen entstehen können. Infolgedessen wird Pyruvat mithilfe von $NADH + H^+$ im erhöhten Maße zu Lactat reduziert. Dieses wird an das Blut abgegeben, sodass bei Menschen mit einem übermäßigen Alkoholkonsum hohe Lactatkonzentrationen im Blut vorkommen können.

2. Veränderter Stoffwechsel in Leberzellen

2.1 Da sowohl bei der Oxidation von Ethanol zu Ethanal, als auch bei der Oxidation von Ethanal zu Acetat $NADH + H^+$ entsteht, liegen bei einem übermäßigen Alkoholkonsum hohe $NADH + H^+$-Konzentrationen in Leberzellen vor. Diese können als negative Effektoren auf allosterische Enzyme des Citratzyklus wirken, sodass der Abbau von Pyruvat zu Kohlenstoffdioxid und Wasser gehemmt wird. Durch die Anlagerung eines negativen Effektors, etwa eines NADH-Moleküls an das regulatorische Zentrum eines allosterischen Enzyms, verändert sich dessen aktives Zentrum. Infolgedessen können Substrat-Moleküle weniger gut daran binden. Die Affinität zwischen den Enzym- und Substrat-Molekülen nimmt ab, und die Umsetzung des Substrats verläuft mit geringerer Geschwindigkeit.

2.2 Fette werden aus Glycerol und Fettsäuren gebildet, Fettsäuren aus Acetyl-CoA-Molekülen. Acetyl-CoA ist das Produkt der oxidativen Decarboxylierung von Pyruvat. Bei hohen Acetyl-CoA-Konzentrationen werden Acetyl-CoA-Moleküle zum Aufbau von Fettsäuren genutzt. Dabei wird $NADH + H^+$ zu NAD^+ oxidiert. Da in den Leberzellen eines Menschen bei übermäßigem Alkoholkonsum hohe $NADH + H^+$-Konzentrationen vorliegen und der Citratzyklus dadurch gehemmt wird, entwickeln sich hohe Konzentrationen von Acetyl-CoA. Diese werden zum Aufbau von Fettsäuren genutzt. Da sie von den geschädigten Leberzellen nicht mehr an das Blut abgegeben werden können, verbleiben sie in den Leberzellen, und es entwickelt sich eine alkoholbedingte Leberverfettung.

3. Genetisch bedingte Alkoholintoleranz

3.1 30 Minuten nach dem Konsum von Alkohol beträgt bei einem Menschen, der nicht von dem Flushing-Syndrom betroffen ist, die Ethanalkonzentration im Blut 0,1 µg/mol. Sie sinkt innerhalb von zwei Stunden auf einen Wert von etwa 0,02 µg/mol.

Im Vergleich dazu beträgt bei einem Menschen, der von dem Flushing-Syndrom betroffen ist, die Ethanal-Konzentration im Blut 30 Minuten nach dem Konsum von Alkohol 0,5 µg/mol. Sie steigt in den folgenden 30 Minuten auf etwa 0,6 µg/mol an und beträgt eine Stunde später noch 0,4 µg/mol. Vier Stunden nach dem Alkoholkonsum beträgt sie noch 0,3 µg/mol. Liegt bei den betroffenen Personen eine Punktmutation im Gen für Aldehyd-Dehydrogenase vor, wird im ersten Schritt Ethanol zu Ethanal abgebaut. Die veränderte Aldehyd-Dehydrogenase kann Ethanal jedoch nicht zu Acetat umsetzen. So wird es von den Leberzellen an das Blut abgegeben. Es entwickeln sich infolgedessen hohe Ethanalkonzentrationen im Blut. Sie sinken durch die Ausscheidung mit dem Urin. Liegt eine Mutation im Gen für Alkohol-Dehydrogenase vor, besitzt der Mensch eine Alkohol-Dehydrogenase mit einer etwa fünffach höheren Aktivität. So wird im ersten Schritt Ethanol mit hoher Geschwindigkeit zu Ethanal abgebaut. Die Aldehyd-Dehydrogenase besitzt jedoch keine erhöhte Affinität und arbeitet mit unveränderter Maximalgeschwindigkeit. So entstehen ebenfalls hohe Ethanalkonzentrationen in Leberzellen und demzufolge auch im Blut. Die in M3 dargestellten Ethanalkonzentrationen könnten also sowohl durch eine Mutation des Gens für Aldehyd-Dehydrogenase, als auch durch eine Mutation des Gens für Alkohol-Dehydrogenase erklärt werden.

3.2 Punktmutationen betreffen nur einzelne Basen beziehungsweise komplementäre Basenpaare der DNA. Wird dadurch eine Aminosäure codiert, die etwa im aktiven Zentrum eines Enzym-Moleküls an der Bindung oder Umsetzung des Substrat-Moleküls beteiligt ist, kann sich dadurch die Aktivität eines Enzyms deutlich verändern.

Seite 132 f. – Epigenetische Regulation bei der Entwicklung von Bienen

1. Epigenetische Versuche zur Entwicklung von Königin und Arbeiterinnen

1.1 Der Verpackungsgrad des Chromatins bestimmt die Häufigkeit, mit der ein Gen in einem bestimmten DNA-Abschnitt transkribiert wird. Die Zugänglichkeit des Chromatins wird durch verschiedene chemische Modifikationen an den Histonen und an der DNA vermittelt. Eine Methylierung der Histone bewirkt beispielsweise eine Kondensation des Chromatins. Es kommt zur Stilllegung entsprechender DNA-Abschnitte, die nicht mehr transkribiert werden können. Eine Acetylierung der Histone bewirkt dagegen eine Auflockerung des Chromatins; es wird dekondensiert und so zugänglich für die Transkription. Eine der wichtigsten epigenetischen Veränderungen der DNA ist die Methylierung. Dabei werden Methylgruppen etwa an Cytosin-Bausteine der DNA vor allem in der Abfolge Cytosin Guanin gebunden. Dadurch wird verhindert, dass die nachfolgenden Gensequenzen abgelesen und in ein Polypeptid übersetzt werden können. Auf diese Weise kann auf epigenetischem Weg ein Gen abgeschaltet werden.

1.2 In den dargestellten Fütterungsversuchen wurden Bienenlarven drei, vier oder fünf Tage lang mit Gelée royale gefüttert. Anschließend wurde jeweils der Methylierungsgrad des Gens für Methyltransferase 3, die Expressionshäufigkeit des Methyltransferase 3-Gens und die Aktivität der Methyltransferase 3 in den Bienen analysiert. Außerdem wurde untersucht, welchen Phänotyp die Bienenlarven entwickelt hatten. Das erste Diagramm zeigt, dass der Methylierungsgrad der Methyltransferase 3 mit zunehmender Dauer der Fütterung abnimmt. Er liegt bei dreitägiger Fütterung mit Gelée royale bei 80 Prozent, bei viertägiger Fütterung etwa bei 65 Prozent und bei fünftägiger Fütterung bei 60 Prozent. Das zweite Diagramm zeigt, dass die Expression des Methyltransferase 3-Gens abnimmt. Sie liegt bei dreitägiger Fütterung mit Gelée royale bei 100 Prozent, bei viertägiger Fütterung etwa bei 90 Prozent und bei fünftägiger Fütterung bei 80 Prozent. Daraus kann man schlussfolgern, dass in den Bienenlarven weniger Methyltransferase 3 vorliegt, je länger sie mit Gelée royale gefüttert wurden. Das Gen wurde weniger häufig exprimiert. Das dritte Diagramm zeigt, dass die Aktivität der Methyltransferase 3 in den Bienenlarven mit zunehmender Dauer der Fütterung abnimmt. Sie liegt bei dreitägiger Fütterung mit Gelée royale bei 100 Prozent, bei viertägiger Fütterung etwa bei 75 Prozent und bei fünftägiger Fütterung bei 50 Prozent. Da das Gen für Methyltransferase mit zunehmender Fütterungsdauer weniger häufig exprimiert wird, hat die Aktivität der Methyltransferase in den Bienenlarven abgenommen. Die Analyse der unterschiedlich gebildeten Bienen-Phänotypen zeigt, dass sich nach drei Tagen Fütterung mit Gelée royale etwa 50 Prozent Arbeiterinnen entwickelt hatten, etwa 25 Prozent Königinnen und 25 Prozent Zwischenformen. Nach einem weiteren Tag der Fütterung sinkt der Anteil der Arbeiterinnen und der Anteil der Königinnen steigt, sodass beide jeweils etwa 40 Prozent der Gesamtpopulation ausmachen und 20 Prozent Zwischenformen darstellen. Nach fünf Tagen Fütterung mit Gelée royale entwickelten sich aus den Bienenlarven fast 100 Prozent Königinnen. Die Fütterungsversuche zeigen, dass das Enzym Methyltransferase 3 bei der Entwicklung der Bienenlarven zu Bienenköniginnen eine entscheidende Rolle spielt. Ist die Aktivität von Methyltransferase 3 hoch, entwickeln sich Arbeiterinnen aus den Bienenlarven. Ist ihre Aktivität gering, werden weniger Gene methyliert, und es entwickeln sich Königinnen aus den Bienenlarven.

1.3 Das Schema zeigt, dass Methyltransferaseinhibitoren im Gelée royale enthalten sind. Das Enzym Methyltransferase wird gehemmt, sodass keine DNA-Methylierung bestimmter Gene erfolgt. Dies hat zur Folge, dass die betreffenden Gene, etwa das Gen des Juvenilhormons, exprimiert werden. Das Juvenilhormon wird gebildet, und die Bienenlarven bilden funktionstüchtige Eierstöcke aus und wachsen verstärkt. Sie entwickeln sich zu Königinnen.

1.4 Werden die Bienenlarven nur wenige Tage mit Gelée royale gefüttert, wird das Juvenilhormon nur in sehr geringem Maße produziert. Da die Larven nur eine geringe Konzentration an DNA-Methyltransferaseinhibitoren aufgenommen haben, werden die Methyltransferasen nicht gehemmt. Sie methylieren die DNA im Bereich des Juvenilhormon-Gens. So kann dieses nicht transkribiert werden und das Juvenilhormon wird nicht produziert. Das Wachstum der Bienenlarven erfolgt nur in einem eingeschränkten Maße, und die Eierstöcke werden nicht ausgebildet.

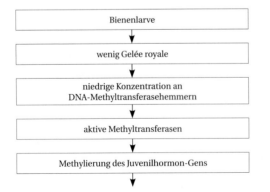

2. **Hemmung der Expression von Methyltransferase 3 durch RNA-Interferenz**

2.1 Um die Expression des Methyltransferase-Gens zu blockieren, muss zunächst eine siRNA in die entprechenden Zellen eingebracht werden. Die Sequenz der siRNA ist komplementär zu einem Abschnitt der mRNA des Methyltransferase 3-Gens. Sie bindet an den RISC-Komplex und wird in ihre Einzelstränge getrennt. Der so beladene RISC-Komplex bindet die mRNA des Methyltransferase 3-Gens, und es erfolgt der Abbau des siRNA-mRNA-Komplexes. Die Transkription des Methyltransferase 3-Gens wird somit verhindert.

2.2 Die Methyltransferase 3 scheint bestimmte Gene zu methylieren, die an der Entstehung des Königinnen-Phänotyps beteiligt sind. Es bilden sich aber nicht zu 100 Prozent Königinnen aus, was unterschiedliche Gründe haben kann. Die Methyltransferase 3 ist nicht die einzige Methyltransferase, die die Entwicklung der Königinnen steuert. Ebenso kann in dem Experiment nicht sichergestellt werden, dass die Methyltransferase 3 spezifische siRNA die komplette mRNA des Methyltransferase 3-Gens beseitigt hat.

3. **Epigenetische Regulation des alternativen Spleißens**

3.1 Eukaryotische Gene enthalten im Gegensatz zu prokaryotischen Genen codierende Bereiche (Exons) und nichtcodierende Bereiche (Introns), die sich in abwechselnder Form auf der DNA befinden. Meistens sind die DNA-Bereiche der Introns um ein Vielfaches größer als die der Exons. Nach der Transkription des eukaryotischen Gens bildet sich die prä-mRNA, die in verschiedenen Prozessierungsschritten zur mRNA reift. Einen dieser Reifungsschritte stellt das alternative Spleißen dar. Dabei können die verschiedenen Exons miteinander zu unterschiedlichen mRNA-Molekülen kombiniert werden.

3.2 Das alternative Spleißen führt zur Ausbildung verschiedener mRNA-Moleküle, die wiederum in verschiedene Proteine übersetzt werden. Diese Proteine können aufgrund ihrer Strukturunterschiede ganz andere Eigenschaften besitzen. Durch die veränderte Proteinzusammensetzung in den Zellen kann es ebenso zu der Ausbildung unterschiedlicher Phänotypen kommen.

Seite 166 f. – Wirkungsweisen von Herbiziden

1. **Hemmung der Elektronentransportkette**

1.1 In der Elektronentransportkette werden Elektronen von einem Protein an ein anderes abgegeben. Dabei wird Energie frei. Diese wird vom Cytochrom-b/f-Komplex genutzt, um Protonen aus dem Stroma in den Innenraum der Thylakoide zu pumpen. Zwischen dem Thylakoidinnenraum und dem Stroma entsteht so ein Protonengradient. Diffundieren Protonen aufgrund des Konzentrations- und Ladungsgefälles durch den Kanal der ATP-Synthasen, die sich in der Thylakoidmembran befinden, kann die in dem Protonengradienten gespeicherte Energie von ihnen genutzt werden, um eine Phosphatgruppe an ADP zu binden und ATP zu bilden.

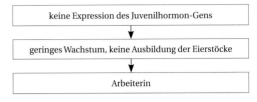

1.2 DCMU unterbricht den nichtzyklischen Elektronentransport der Fotosynthese, indem es Elektronen vom Fotosystem I abzieht. So kann kein ATP mehr durch den nichtzyklischen Elektronentransport gebildet werden. Durch den zyklischen Elektronentransport kann jedoch weiterhin ATP gebildet werden. Die ATP-Konzentration nimmt in den Blattzellen ab, da insgesamt weniger ATP gebildet wird. Die Konzentrationen von NADPH + H$^+$ in Blattzellen verändern sich nicht maßgeblich, da weiterhin die Fotolyse des Wassers erfolgt und Elektronen und Protonen auf NADP$^+$-Moleküle übertragen werden können.

1.3 In Anwesenheit von Paraquat werden die Elektronen bis zum Ferredoxin transportiert und dann an Paraquat abgegeben. Da somit der zyklische Elektronentransport nicht stattfinden kann, kann darüber kein zusätzliches ATP gebildet werden. Infolgedessen nimmt die ATP-Konzentration in den Blattzellen ab. Da vom Ferredoxin auch keine Elektronen auf NADP$^+$-Moleküle übertragen werden können, nimmt die Konzentration von NADPH + H$^+$ in den Blattzellen ab.

2. Hemmung der Carotinoidsynthese

2.1 Licht über 480 nm kann von Chlorophyllen nicht absorbiert werden. Das Absorptionsspektrum der Carotinoide liegt zwischen den Wellenlängen 400 bis 500 Nanometer. Carotinoide erweitern also das Absorptionsspektrum der fotosynthetisch aktiven Organismen im blau-grünen Spektralbereich. Zusammen mit anderen Pigment-Molekülen, die an Protein-Moleküle der Thylakoidmembranen gebunden sind, gehören Carotinoide zum Antennenkomplex der Fotosysteme. Durch Lichtabsorption gelangen Fotosynthesepigmente in einen energiereicheren angeregten Zustand. Die Energie kann von einem Pigment-Molekül auf ein benachbartes Pigment-Molekül im Antennenkomplex übertragen werden, wenn dieses Licht in einem etwas längerwelligeren, energieärmeren Strahlungsbereich absorbiert. Da im Antennenkomplex die Pigment-Moleküle nach zunehmender Wellenlänge angeordnet sind, wird die Energie von den äußeren zu den weiter innen liegenden Pigment-Molekülen geleitet. Schließlich wird sie auf das Chlorophyll a-Molekül im Reaktionszentrum des Fotosystems übertragen.

2.2 Carotinoide verhindern, dass bei hohen Lichtintensitäten reaktive Sauerstoffverbindungen gebildet werden, welche die Chlorophyll-Moleküle in Blattzellen zerstören. Sie sind daran beteiligt, dass Lichtenergie in Wärmeenergie umgewandelt wird und der Antennenkomplex des Fotosystems II weniger Licht absorbiert. Infolgedessen werden keine reaktiven Sauerstoffverbindungen gebildet, die unter anderem Chlorophylle zerstören. Wird die Carotinoidsynthese durch Bleichherbizide gehemmt, ist dieser Sonnenschutz nicht gegeben. Infolgedessen werden reaktive Sauerstoffverbindungen gebildet, welche Chlorophyll-Moleküle zerstören. Die so geschädigten Blätter bleichen aus und sterben ab, da ohne Chlorophyll Lichtenergie nicht in chemische Energie umgewandelt werden kann. Somit steht den Zellen keine Energie für Reaktionen zur Verfügung, die Energie benötigen.

3. Fusicoccin – ein Pilztoxin als Herbizid

3.1

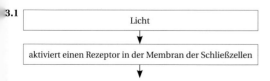

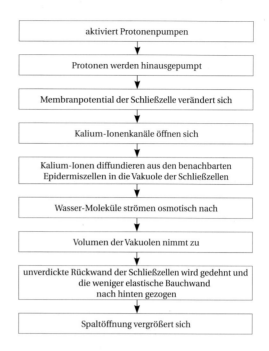

3.2 Die in M5 dargestellten Versuchsbeobachtungen zeigen, dass durch Fusicoccin die Spaltöffnungen bei Licht und Dunkelheit sowie bei allen CO$_2$-Konzentrationen sehr groß sind, während sie im Kontrollversuch bei Dunkelheit geschlossen und im Licht nur bei niedrigen CO$_2$-Konzentrationen groß sind. Nach den Modellvorstellungen in M6 werden die in der Membran der Schließzellen sich befindenden Protonenpumpen normalerweise durch Phosphorylierung mithilfe von ATP aktiviert. Dann pumpen sie unter Verbrauch von ATP Protonen nach außen. Durch die Dephosphorylierung werden sie inaktiviert. Fusicoccin aktiviert die Protonenpumpen, sodass die Protonenpumpen ständig Protonen nach außen pumpen. Infolgedessen öffnen sich die Stomata. Fusicoccin bewirkt also, dass die Stomata permanent geöffnet sind. Dadurch verliert die Pflanze zu viel Wasser, sie welkt und vertrocknet.

Seite 270 f. - Der Einfluss einer neu eingeführten Art auf das Nahrungsnetz eines Ökosystems

1. Nahrungsbeziehungen

1.1 Dargestellt ist ein Nahrungsnetz, in dem das Phytoplankton die Produzenten bildet. Es stellt somit die erste Trophiestufe im Nahrungsnetz dieses aquatischen Ökosystems dar. Die zum herbivoren Zooplankton zählenden Blatt- und Ruderfußkrebse ernähren sich vom Phytoplankton. Diese Primärkonsumenten werden von der Schwebgarnelenart *Mysis diluviana* gefressen. Die Garnelen bilden damit die Sekundärkonsumenten. Der Kokanee-Lachs ist ein Friedfisch, der sich von Blatt- und Ruderfußkrebsen sowie – in geringerem Maße – auch von der Schwebgarnele *Mysis diluviana* ernährt. Er bildet damit die Trophiestufe der Tertiärkonsumenten. Seesaibling, Grizzlybären und Weißkopfseeadler stellen die Quartär- oder Endkonsumenten dar. In diesem Nahrungsnetz wird deutlich, dass zwischen dem Kokanee-Lachs und der Schwebgarnelenart *Mysis diluviana* eine Nahrungskonkurrenz um die Blatt- und Ruderfußkrebse besteht.

1.2 In dem in M1 dargestellten Nahrungsnetz wird deutlich, dass der Kokanee-Lachs und die Schwebgarnele in einem Räuber-Beute-Verhältnis zueinander stehen. Allerdings ist die Schwebgarnele in nur geringem Maße Nahrung für den Kokanee-Lachs. Dieser Umstand lässt sich mithilfe von M2 erklären: Am Tag befindet sich die Schwebgarnele ausschließlich auf dem Grund des Flathead Lakes und nur in der Nacht ist sie auch in den oberflächennahen Bereichen des Sees anzutreffen. Der Kokanee-Lachs hingegen findet sich vorwiegend im oberflächennahen Bereich des Sees bis zu einer Tiefe von 30 Metern, wo er bei Tag seiner Beute nachstellt. Aus diesem Verhalten des Kokanee-Lachses ist abzuleiten, dass die Garnele allenfalls in geringem Umfang für den Lachs als Nahrungsquelle infrage kommt.

2. Populationsentwicklungen

2.1 In M3 wird die Populationsentwicklung von Blattfuß- und Ruderfußkrebsen im Flathead Lake vor und nach Einführung der Schwebgarnele dargestellt. Vor Einführung der Schwebgarnele kann man bei den Blattfußkrebsen einen exponentiellen Anstieg der Populationsdichte von Januar bis August feststellen. Danach sinkt die Populationsdichte bis zum Jahresende deutlich ab. Blattfußkrebse zeigen damit eine für r-Strategen typische Populationsdynamik, bei der dichteabhängige Faktoren, wie etwa die intraspezifische Konkurrenz um Nahrung, das Populationswachstum zur Jahresmitte hin begrenzen. Nachdem die Schwebgarnele eingebracht wurde, verringerte sich die Individuenzahl der Blattfußkrebse deutlich. Diese Veränderung ist darauf zurückzuführen, dass zwischen der Garnelenart und den Blattfußkrebsen eine Räuber-Beute-Beziehung besteht, in der die Kleinkrebse Beute für *Mysis diluviana* sind. Eine vergleichbare Entwicklung lässt sich auch bei den Ruderfußkrebsen beobachten. Auch hier verringerte sich die Populationsdichte der Krebse deutlich, nachdem die Garnelenart eingeführt worden war. Beim Vergleich beider Diagramme fällt auf, dass die Populationsdynamik der Blattfußkrebse ausgeprägter ist als die der Ruderfußkrebse. Verantwortlich ist hierfür möglicherweise die geringe Populationsgröße der Blattfußkrebse.

2.2 Schon bevor die Zahl der im See ausgesetzten Garnelen stark zunahm, schwankten die Populationsdichten von Lachsen und Adlern periodisch. Diese Schwankungen lassen sich zumindest teilweise durch die Räuber-Beute-Beziehung der beiden Arten erklären: Eine Zunahme der Dichte der Lachspopulation von 1980 bis 1981 führte zu einer starken Vermehrung der Adler, was von 1981 bis 1982 zu einer Abnahme der Lachspopulation führte. Parallel dazu verringerte sich die Populationsdichte der Adler, wodurch sich die Lachspopulation von 1983 bis 1984 wieder erholen konnte. Nachdem die Populationsdichte der Garnelen, die Nahrungskonkurrenten der Lachse sind, nach 1984 stark zunahm, verringerte sich die Populationsdichte der Lachse in den Jahren 1986 und 1987 auf ein Minimum. Gleichzeitig verringerte sich die Populationsdichte ihrer Räuber, der Adler, auf ein Minimum. Interessant hierbei ist, dass die stärkste Abnahme der Lachspopulation nicht durch ihre Räuber, sondern durch ihre Nahrungskonkurrenten hervorgerufen wurde.

2.3 Nachdem *Mysis diluviana* zwischen 1968 und 1977 in das Wassereinzugsgebiet des Flathead Lake eingeführt worden war, erreichte sie 1981 den See. Bis 1986 fand dann ein exponentielles Populationswachstum statt. Dieses ist vermutlich auf die nahezu unbegrenzten Nahrungsressourcen bei der Neubesiedlung des Sees zurückzuführen. Nach dieser anfänglichen Massenvermehrung nahm die Populationsdichte der Schwebgarnele ab 1986 wieder stark ab. Verantwortlich hierfür ist die entsprechende Abnahme der Beutepopulation von Blatt- und Ruderfußkrebsen, wie sie in M3 deutlich wird.

3. Einfluss des Neobionten

3.1 Die Garnelen wurden als Beute für die Lachse ausgesetzt. Dadurch wollte man die Dichte der Lachspopulation erhöhen. Erreicht wurde allerdings das Gegenteil: Die Lachspopulation brach zusammen. Vor dem Aussetzen der Garnelen hätte man unter kontrollierten Bedingungen, etwa in Wasserbassins, testen können, wie stark die Garnelen von den Lachsen bei gleichzeitiger Anwesenheit von Blatt- und Ruderfußkrebsen gefressen werden und wie stark die Nahrungskonkurrenz zwischen Garnelen und Lachsen ist. Das wesentliche Problem liegt aber darin begründet, dass sich das Verhalten einer Art in einem fremden Ökosystem nur schlecht vorhersagen lässt. Der Grund dafür ist, dass in einem Ökosystem nicht nur Räuber-Beute-Beziehungen zwischen zwei Arten eine Rolle spielen. Vielmehr bestehen auch vielfältige Nahrungs- und Konkurrenzbeziehungen zwischen den Gliedern der Lebensgemeinschaft, die durch die Einführung einer neuen Art in kaum vorhersehbarer Weise beeinflusst werden können. Dies macht die Folgen der Einführung einer nicht heimischen Art in ein Ökosystem nahezu unkalkulierbar.

3.2 Zwischen den Schwebgarnelen und den Kleinkrebsen des Flathead Lake besteht eine Räuber-Beute-Beziehung. Die Kleinkrebse ernähren sich wiederum vom Phytoplankton. Die Massenvermehrung der Schwebgarnele hatte eine Verringerung der Populationsdichten der Kleinkrebse zur Folge. Eine geringe Populationsdichte des Zooplanktons zog wiederum eine höhere Populationsdichte des Phytoplanktons nach sich. Diese war an der Algenblüte zu erkennen.

Seite 340 f. – Nozizeptoren

1. Transduktion

1.1 Alle drei Nozizeptoren besitzen spannungsgesteuerte Natrium- und Kalium-Ionenkanäle, die für die Bildung von Aktionspotentialen notwendig sind. Außerdem besitzen alle TRPV-Kanäle, die sich bei Temperaturen über 45 °C einer hohen Protonenkonzentration und durch den Agonisten Capsaicin öffnen und dann Natrium- und Calcium-Ionen in den Nozizeptor einfließen lassen.
Der mechanosensible Nozizeptor besitzt zusätzlich zu den TRPV-Kanälen mechanische Kanäle. Diese öffnen sich mechanisch, etwa bei Druck, und lassen Natrium- und Calcium-Ionen in den Nozizeptor eintreten.
Der temperatursensible Nozizeptor besitzt zusätzlich zu den TRPV-Kanälen TRPA 1-Kanäle, die sich bei schädigender Kälte öffnen und Natrium- und Calcium-Ionen in den Nozizeptor eintreten lassen.
Der polymodale Nozizeptor besitzt TRPV-Kanäle und mechanische Kanäle. Er zeichnet sich zusätzlich durch verschiedene Rezeptoren auf seiner Membranoberfläche aus.

1.2

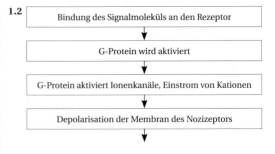

Bindung des Signalmoleküls an den Rezeptor
↓
G-Protein wird aktiviert
↓
G-Protein aktiviert Ionenkanäle, Einstrom von Kationen
↓
Depolarisation der Membran des Nozizeptors
↓

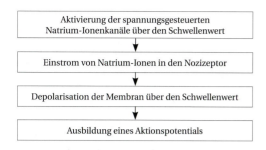

Aktivierung der spannungsgesteuerten
Natrium-Ionenkanäle über den Schwellenwert

↓

Einstrom von Natrium-Ionen in den Nozireptor

↓

Depolarisation der Membran über den Schwellenwert

↓

Ausbildung eines Aktionspotentials

1.3 Gemeinsamkeiten
- An den Endigungen der Nozizeptoren werden wie bei Riechsinneszellen durch bestimmte Reize Ionenkanäle in der Zellmembran geöffnet und die Membran depolarisiert. Dieser Vorgang entspricht der Ausbildung eines Rezeptorpotentials in Riechsinneszellen.
- Wie bei Riechsinneszellen muss der Reiz einen Schwellenwert überschreiten.
- Wie bei Riechsinneszellen binden chemische Stoffe an Rezeptoren auf der Zellmembran der Nozizeptoren, wodurch mithilfe von G-Proteinen und intrazellulären Botenstoffen Ionenkanäle geöffnet werden.
- Nozizeptoren werden wie Riechsinneszellen durch verschiedene Reizarten erregt, da sie über verschiedene Ionenkanäle und Rezeptoren verfügen, die einen Ioneneinstrom bewirken und die Membran depolarisieren.
- Nozizeptoren übertragen die Erregung wie Riechsinneszellen mithilfe von Synapsen auf das nachgeschaltete Neuron.

Unterschiede
- Die Aktionspotentiale entstehen bei Nozizeptoren an der Nervenendigung selbst und nicht wie bei Riechsinneszellen am Axonhügel.
- Während Riechsinneszellen adaptieren, erkennt man in M3 keine Adaptation der Nozizeptoren.

2. Erregungsweiterleitung von Nozizeptoren

2.1 Es findet eine saltatorische Erregungsweiterleitung statt. Nur in den RANVIER-Schnürringen einer A-delta-Faser befinden sich spannungsgesteuerte Ionenkanäle. Bildet sich dort ein Aktionspotential, breitet sich die Erregung bis zum nächsten Schnürring durch Ausgleichsströme aus. Dabei erfolgt eine Abnahme des Membranpotentials mit zunehmender Entfernung vom letzten Schnürring, da die Ionen der Ausgleichsströme von entgegengesetzt geladenen Ionen an der Außen- und Innenseite der Membran gebunden werden. Wird am nächsten Schürring der Schwellenwert überschritten, entsteht dort ein neues Aktionspotential. So schwächt die Erregung mit der Entfernung vom Ausgangspunkt der Erregung nicht ab.

2.2 Abbildung B zeigt die Zeit in Abhängigkeit von der Strecke, die die Ausgleichsströme und Aktionspotentiale für die Überwindung benötigen. Durch die Ausgleichsströme wird eine Axonstrecke von 1,5 Millimeter in etwa 0,25 Millisekunden überwunden. In etwa der gleichen Zeit wird durch die Bildung eines Aktionspotentials nur eine Strecke von etwa 0,1 Millimeter überwunden. Die Ausgleichsströme fließen also wesentlich schneller als Aktionspotentiale entstehen.

2.3 Der erste Schmerz erreicht durch die schnelle saltatorische Erregungsleitung der A-delta-Faser das Rückenmark. Durch die langsame kontinuierliche Erregungsleitung übertragen C-Fasern die Erregung in das Rückenmark. Sie sind für den zweiten dumpfen, länger anhaltenden Schmerz verantwortlich.

3. Schmerzlinderung durch Betäubungsmittel

3.1 Wenn der Schwellenwert überschritten wird, aber Lidocain die Natrium-Ionenkanäle blockiert, können in der Depolarisationsphase keine Natrium-Ionen in die Zelle einströmen. Es können an den Nozizeptoren keine Aktionspotentiale entstehen und weitergeleitet werden. Somit nimmt der Patient keinen Schmerz in dem betäubten Gebiet wahr. Durch den Abbau von Lidocain nimmt die betäubende Wirkung ab. Durch den chirurgischen Eingriff wurde Gewebe verletzt, sodass es zu einer Freisetzung von Signalstoffen kommt, die den Schmerz nach dem Eingriff verursachen.

3.2 Morphin-Moleküle binden an Rezeptoren für körpereigene Endorphine, die sich an der Präsynapse der Nozizeptoren befinden. Dadurch werden die G-Proteine aktiviert. Diese führen zu einer Hemmung der Calcium-Ionenkanäle der Synapse, sodass infolgedessen keine Transmittervesikel mit der präsynaptischen Membran verschmelzen und kein Glutamat in den synaptischen Spalt freigesetzt wird. Da dieses nicht an die Rezeptoren der postsynaptischen Membran bindet, wird sie nicht depolarisiert und die spannungsgesteuerten Natrium-Ionenkanäle öffnen sich nicht. Das Aktionspotential des Nozizeptors wird nicht in das ZNS weitergeleitet. Der Schmerz wird nicht wahrgenommen.

Seite 408 f. – Evolution der Katzen

1. Stammbaumvergleiche

1.1

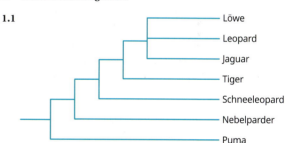

Löwe
Leopard
Jaguar
Tiger
Schneeleopard
Nebelparder
Puma

Durch einen Vergleich verschiedener homologer Merkmale, die bei unterschiedlichen Taxa auftreten, lässt sich das oben dargestellte Kladogramm aufstellen. Dabei gilt: Je mehr übereinstimmende Merkmale auftreten, desto näher ist die stammesgeschichtliche Verwandtschaft der untersuchten Taxa. Nach der vorliegenden Tabelle stimmen bei Löwe, Leopard und Jaguar gleich zehn Merkmale überein. Eine weitere Abstufung im Verwandtschaftsgrad zwischen diesen drei Arten ist aufgrund der vorliegenden Daten nicht möglich. Löwe, Leopard und Jaguar bilden also eine monophyletische Gruppe. Die weiteren Abstufungen im Verwandtschaftsgrad zu den anderen Katzen ergeben sich aus der Anzahl der Unterschiede zum Löwen: Beim Tiger liegen drei, beim Schneeleopard fünf, beim Nebelparder sieben und beim Puma neun Unterschiede vor.

1.2 Zunächst müssen die DNA-Sequenzen der zu vergleichenden Arten gewonnen werden. Dazu muss zunächst die DNA isoliert, mithilfe einer PCR vervielfältigt und sequenziert werden. Anschließend werden die ermittelten Basensequenzen miteinander verglichen: Dabei gilt: Je mehr Unterschiede zwischen den Basensequenzen der Lebewesen auftreten, desto länger liegt die Aufspaltung der jeweiligen Entwicklungslinien zurück. Daraus lässt sich eine grafische Darstellung ableiten, die die ermittelte Reihenfolge der Aufspaltungen der Entwicklungslinien abbildet. Es folgt abschließend eine zeitliche Kalibrierung: Der Abgleich mit dem Alter von sicher datierten Fossilien lässt Rückschlüsse auf den Zeitpunkt der einzelnen Aufspaltungen zu.

1.3 Das Kladogramm weist den Puma als Außengruppe auf, alle übrigen Arten bilden die Innengruppe. Diese Einteilung entspricht der traditionellen Systematik mit einer Unterscheidung zwischen Kleinkatzen und Großkatzen. Im Chronogramm werden zwei Hauptentwicklungslinien unterschieden, die Pumalinie und die Pantherlinie. Zur Pumalinie gehören Puma, Gepard und Wieselkatze, zur Pantherlinie alle übrigen Arten. Nach dem Kladogramm stimmen Löwe, Jaguar und Leopard in allen angegebenen Merkmalen überein. Nach dem Chronogramm sind Löwe und Leopard näher miteinander verwandt als mit dem Jaguar. Im Kladogramm weist der Nebelparder mehr Unterschiede zu den anderen Großkatzen auf; auch im Chronogramm haben sich Nebelparder und Borneo-Nebelparder früher als die anderen Großkatzen abgespalten. Anders als das Chronogramm liefert das Kladogramm definitionsgemäß keine Hinweise auf den Zeitpunkt der jeweiligen Aufspaltung.

Kladogramme beruhen auf dem Vergleich morphologischer oder ethologischer Merkmale. Diese können nicht per se als eindeutige Belege einer engeren Verwandtschaft angesehen werden. Ähnliche morphologische Merkmale könnten auch Folge ähnlicher Selektionsbedingungen sein, ohne dass eine engere Verwandtschaft tatsächlich vorliegt. Solche Analogien sind Folge einer konvergenten Entwicklung. Nur wenn Ähnlichkeiten auf Homologie beruhen, können sie als Belege für eine gemeinsame Abstammung angesehen werden. Das dargestellte Chronogramm beruht auf dem Sequenzvergleich von Kern- beziehungsweise mtDNA. Mutationen verändern die Basensequenz der DNA. Diese Veränderungen erfolgen spontan und zufällig. Besonders aussagekräftig sind Vergleiche von Basensequenzen nichtcodierender DNA-Abschnitte, da sie selektionsneutral sind. Geht man von einer gleichbleibenden Mutationsrate aus, spiegelt die Anzahl der Sequenzunterschiede mehr oder weniger direkt wider, wann sich die Entwicklungslinien der beiden verglichenen Arten getrennt haben („Molekulare Uhr"). Noch aussagekräftiger sind unter Umständen mtDNA-Vergleiche, da die mtDNA rein maternal vererbt wird. Aus diesem Grund werden die Gene ohne Rekombination weitergegeben, und die Veränderungen sind unter Umständen nur auf Mutationen zurückzuführen. Daher sind Stammbäume, die auf Basis molekularer Sequenzvergleiche aufgestellt werden, eindeutiger und aussagekräftiger als solche, die auf dem Vergleich morphologisch-anatomischer und ethologischer Merkmale beruhen.

2. Evolution des Gepards

2.1 Die Geparde besitzen einen auffallend niedrigen Heterozygotie-Wert, der entsprechende Wert liegt deutlich unter dem anderer Katzen. Ein hoher Anteil heterozygoter Individuen innerhalb einer Population hat eine größere phänotypische Variabilität der Population zur Folge. Damit verfügt die entsprechende Population über eine größere Anpassungsfähigkeit an eine sich wandelnde Umwelt.

2.2 Geparde durchlebten vor rund 100 000 Jahren einen Flaschenhalseffekt. In der Folge sank die genetische Variabilität der Gepardenpopulation erheblich. Nachdem sich die zunächst sehr kleine Population in der Folge weiter vergrößerte, nahm vermutlich auch die Variabilität wieder zu. Aktuell ist die Gepardenpopulation allerdings wieder sehr klein und in verschieden kleine Teilpopulationen in Afrika aufgeteilt (M3). Ein Genfluss zwischen den Teilpopulationen ist – wenn überhaupt –

nur sehr eingeschränkt möglich. In kleinen Populationen führt die fortgesetzte Inzucht zu einer weiteren genetischen Verarmung der Population. Ein Beleg hierfür sind die dramatisch niedrigen Heterozygotie-Werte der Geparde (M5). Eine eingeschränkte genetische Variabilität führt zu einer höheren Anfälligkeit für Infektionen, verringerter Fertilität und schlechterer Anpassungsfähigkeit gegenüber sich ändernden Umweltbedingungen (M4). In der Folge sinkt die Populationsdichte der Geparde weiter.

2.3 Um der Gefährdung des Gepardenbestands entgegenzuwirken, könnten beispielsweise Korridore zwischen den Teilpopulationen geschaffen werden, um so der Verinselung und dem fehlenden Genfluss zwischen den Teilpopulationen entgegenwirken zu können. Ein weiterer möglicher Ansatz wäre das Einkreuzen von Individuen aus anderen Regionen, um so die genetische Variabilität zu erhöhen.

3. Entstehung des Gepardenfells

3.1 Nach dem morphologischen Artbegriff ist eine Art eine Lebensform, die sich äußerlich von anderen Lebewesen unterscheidet. Nach der biologischen Artdefinition sind Arten Gruppen natürlicher Populationen, deren Individuen sich tatsächlich oder potenziell untereinander kreuzen können und die von anderen solchen Gruppen reproduktiv isoliert sind. Auf das Beispiel des Königsgepards trifft nur die morphologische Artdefinition zu, da sich der Königsgepard in einem äußeren Merkmal, der Fellzeichnung, vom Gepard unterscheidet. Nach der biologischen Artdefinition ist der Königsgepard keine eigene Art. Zwar gibt das Material keine direkte Auskunft darüber, ob sich Königsgeparde untereinander fortpflanzen können und ob diese von den Geparden reproduktiv isoliert sind. Es wird aber darauf hingewiesen, dass gefleckte Geparde mehrfach gestreiften Nachwuchs hervorgebracht haben. Gefleckte und gestreifte Geparde bilden demnach eine gemeinsame Fortpflanzungsgemeinschaft und stellen nicht verschiedene Arten dar.

3.2 Nach der Synthetischen Evolutionstheorie kann man sich die Entstehung des gefleckten Gepardenfells folgendermaßen vorstellen: Ausgangspunkt der Entwicklung war eine Stammpopulation mit einem bestimmten Genpool. Als Folge einer Mutation, die die Fellzeichnung betraf, änderte sich der Genpool der Gepardenpopulation. Möglicherweise bot das gefleckte Fell eine bessere Tarnung, sodass Tiere mit diesem Fell mehr Beute machen konnten und in der Folge auch mehr Nachkommen zeugen konnten. Geparden mit dem Allel für Fellzeichnung waren daher jetzt stärker im Genpool der Population vertreten. Durch die Evolutionsfaktoren Mutation und Selektion sowie gegebenenfalls Rekombination hatte sich die Allelhäufigkeit des Genpools geändert. Es war zu einer Artumwandlung gekommen. Möglicherweise kam es im weiteren Verlauf der Evolution aufgrund von Isolation und Gendrift zu einer Artaufspaltung, die zu einer Raubkatzenart ohne Fellzeichnung und zu einer mit gestreiftem Fell führte.

3.3 Das gestreifte Fell einzelner Geparde ist Folge einer Mutation. Dafür spricht, dass gefleckte Tiere mehrmals Nachwuchs mit gestreiftem Fell hervorbrachten. Tiere mit dieser Fellzeichnung leben in hügeligen Waldgebieten und sind dämmerungsaktiv. Unter diesen Bedingungen stellt ein gestreiftes Fell möglicherweise einen Selektionsvorteil dar, bietet es hier doch eine bessere Tarnung als ein geflecktes Fell.

GHS-Verordnung

Mit dem GHS „**Globally Harmonised System of Classification and Labelling of Chemicals**" ist die Einstufung und Kennzeichnung von gefährlichen Stoffen global vereinheitlicht. Neben den GHS-Gefahrensymbolen werden Signalwörter verwendet, die auf potentielle Gefahren aufmerksam machen sollen. Es gibt zwei Signalwörter:

GEFAHR für schwerwiegende Gefahrenkategorien

ACHTUNG für weniger schwerwiegende Gefahrenkategorien

Gefahrenhinweise: H-Sätze (Hazard Statement) sind standardisierte Textbausteine, die die Art und gegebenenfalls den Schweregrad der Gefährdung beschreiben.

Sicherheitshinweise: P-Sätze (Precautionary Statement) beschreiben in standardisierter Form die empfohlenen Maßnahmen zur Begrenzung oder Vermeidung schädlicher Wirkungen, wenn mit der Chemikalie umgegangen wird.

Symbol	Bezeichnung	Erläuterungstext
1	explosiv	Stoffe, die explodieren können.
	entzündbar, Kategorie 1	Stoffe, die sich an der Luft von allein entzünden können.
2	entzündbar, Kategorie 2	Stoffe, die schon durch kurzzeitige Einwirkung einer Zündquelle entzündet werden können.
	entzündbar, Kategorie 3	Stoffe, die sich beim Erwärmen selbst entzünden können.
3	oxidierend, Kategorie 1, 2, 3	Stoffe, die einen Brand oder eine Explosion verursachen oder verstärken.
4	komprimierte Gase	Komprimierte Gase stehen unter Druck. Vor direkter Sonneneinstrahlung schützen.
5	ätzend, Kategorie 1	Stoffe, die das Hautgewebe an der betroffenen Stelle innerhalb weniger Minuten vollständig zerstören können oder bei Kontakt mit den Augen Schäden verursachen.
7	ätzend, Kategorie 2	Stoffe, die auf der Haut nach mehrstündiger Einwirkung deutliche Entzündungen hervorrufen können.
	akute Toxizität, Kategorie 1	Stoffe, die beim Verschlucken oder Einatmen oder bei Aufnahme durch die Haut schwere Gesundheitsschäden oder gar den Tod bewirken können.
6	akute Toxizität, Kategorie 2	Stoffe, die beim Verschlucken oder Einatmen oder bei Aufnahme durch die Haut schwere Gesundheitsschäden bewirken können.
	akute Toxizität, Kategorie 3	Stoffe, die beim Verschlucken oder Einatmen oder bei Aufnahme durch die Haut beschränkte Gesundheitsschäden hervorrufen können.
7	akute Toxizität, Kategorie 4	Stoffe, die beim Verschlucken oder Einatmen oder bei Aufnahme durch die Haut chronische Gesundheitsschäden hervorrufen können.
	Gesundheitsgefahr, Kategorie 1A, 1B, 2	Stoffe, die beim Verschlucken oder Einatmen oder bei Aufnahme durch die Haut krebsauslösend sind.
8	Gesundheitsgefahr gezielte Organtoxizität, Kategorie 1, 2	Stoffe, die beim Verschlucken oder Einatmen oder bei Aufnahme durch die Haut krebsauslösend sind.
7	gezielte Organtoxizität, Kategorie 3	Stoffe, die bei Aufnahme Unwohlsein oder leichte Beschwerden bewirken können.
8	Gesundheitsgefahr atemwegssensibilisierend, Kategorie 1	Stoffe, die beim Einatmen allergische Reaktionen bewirken können.
7	hautsensibilisierend, Kategorie 1	Stoffe, die auf der Haut allergische Reaktionen bewirken können.
9	umweltgefährlich, Kategorie 1, 2, 3	Stoffe, die selbst oder in Form ihrer Umwandlungsprodukte geeignet sind, sofort oder später Gefahren für die Umwelt herbeizuführen.

Hinweise zum sicheren Experimentieren

Den Versuchen auf Praktikums-seiten werden Sicherheitsleisten vorangestellt:

Sie enthalten die GHS-Gefahrensymbole für die im Versuch verwendeten Chemikalien sowie Symbole für Sicherheitsmaßnahmen und Entsorgungshinweise.

Die GHS-Gefahrensymbole sind nummeriert von GHS 1 bis GHS 9. Diese Nummern stehen sowohl am Symbol als auch an den entsprechenden Chemikalien unter den in den Praktika aufgeführten Materialien.

Die GHS-Gefahrensymbole und ihre Bezeichnung sowie Nummern:

Bezeichnung	Symbol	Nummer
Bombe		GHS01
Flamme		GHS02
Flamme mit Kreis		GHS03
Gasflasche		GHS04
Ätzwirkung		GHS05
Totenkopf		GHS06
Ausrufezeichen		GHS07
Gesundheitsgefahr		GHS08
Umwelt		GHS09

Konnten Chemikalien nicht nach GHS eingestuft werden, so ist der Name der Chemikalie mit einer **Raute** versehen. In diesen Fällen muss die Gefahrenkennzeichnung des Herstellers berücksichtigt werden.
Stoffe, die nicht als Gefahrenstoffe deklariert worden sind, sind mit einem **Sternchen** gekennzeichnet.

Verwendete Symbole für Sicherheitsmaßnahmen:

Brille Handschuhe Abzug

Verwendete Symbole für Entsorgungshinweise:

Mülleimer Waschbecken Behälter 1-4

Entsorgung. Das für die Praktikumsversuche empfohlene Entsorgungssystem basiert auf folgenden Prinzipien:

- *möglichst kleinste Stoffmengen verwenden*
- *gefährliche Abfälle vermeiden:*
  Zu den wichtigsten Regeln für einen verantwortungsvollen Umgang mit Stoffen gehört es, die Entstehung von unnötigen Abfällen oder unnötig großen Mengen an Abfällen zu vermeiden. Dazu ist eine sorgfältige Planung der experimentellen Arbeit in Hinblick auf Art und Menge der verwendeten Stoffe notwendig.
- *gefährliche Abfälle umwandeln:*
  Nicht vermeidbare gefährliche Abfallstoffe sollen in weniger gefährliche Stoffe umgewandelt werden. Säuren und Laugen werden neutralisiert. Lösliche Stoffe können zu schwer löslichen Stoffen umgesetzt werden.
- *gefährliche Abfälle sammeln:*
  Abfälle, die nicht an Ort und Stelle in ungefährliche Produkte umgewandelt werden können, sind zu sammeln, um sie später einer geordneten Entsorgung zuzuführen. Durch das Sammeln in getrennten Behältern wird zum einen die endgültige Beseitigung erleichtert und zum anderen eine Wiederaufbereitung ermöglicht.

Entsorgungskonzept. Gefährliche Abfälle, die nicht vermeidbar sind und nicht in ungefährliche Produkte umgewandelt werden können, werden getrennt gesammelt. Eine gute Orientierung, was gesammelt werden sollte und was nicht, ergibt sich aus dem Umgang mit haushaltsüblichen Stoffen. So kann man kleinere Mengen an Essigsäure sicher bedenkenlos in den Ausguss geben. Beim Sammeln von Abfallstoffen sollte man sich auf ein möglichst einfaches System beschränken. Das hier empfohlene Entsorgungssystem verwendet vier Sammelgefäße. Bei den Behältern 2, 3 und 4 erfolgt die endgültige Entsorgung durch ein zugelassenes Entsorgungsunternehmen.

 Im **Behälter 1** werden saure und alkalische Lösungen gesammelt. Der Inhalt dieses Behälters sollte neutralisiert werden, bevor er ganz gefüllt ist. Der neutralisierte Inhalt kann dann der Kanalisation zugeführt werden. Abfälle, die giftige Stoffe enthalten, etwa saure Chromat-Lösungen, dürfen deshalb nicht in diesen Behälter gegeben werden.

 Im **Behälter 2** werden giftige anorganische Stoffe wie Schwermetallsalze oder Chromate gesammelt.

 Im **Behälter 3** werden wasserlösliche und wasserunlösliche halogenfreie organische Verbindungen gesammelt. Um das Volumen an brennbaren Flüssigkeiten gering zu halten, sollte man im Einzelfall abwägen, ob nicht kleinere Mengen wasserlöslicher organischer Verbindungen wie Ethanol oder Aceton in den Ausguss gegeben werden können.

 Im **Behälter 4** werden halogenhaltige organische Verbindungen gesammelt.

Stoffliste

Stoff	GHS-Gefahrensymbole, Sicherheitssymbole, Entsorgungssymbole				Signalwort	GHS-Gefahren-hinweise (H-Sätze)
Aceton	🔥2 ❗7	👓 🧤		B3	Gefahr	H225, H319, H336
Ammoniak	5 ☠6 🌐9	👓 🧤 💧		B1	Gefahr	H221, H280, H331, H314, H400
Benzin	🔥2 ❗7 ⚠8 🌐9	👓 🧤 💧		B3	Gefahr	H225, H304, H315, H336, H361f, H373, H411
Benzin/Propan-2-ol-Gemisch	🔥2 ❗7 ⚠8 🌐9	👓 🧤 💧		B3	Gefahr	H225, H304, H315, H319, H336, H361f, H373, H411
Brennspiritus	🔥2 ❗7	👓		B3	Gefahr	H225, H319
Cyclopentan	🔥2	👓		B3	Gefahr	H225, H412
Ethanol	🔥2 ❗7	👓		B3	Gefahr	H225, H319
Harnstoff	*	–		🚰	–	–
Kupfer(II)-sulfatpenta-hydrat-Lösung	❗7 🌐9	👓 🧤		B2	Achtung	H302, H315, H319, H410
Methylenblau	❗7	👓		B3	Achtung	H302, H412
Natronlauge	5	👓 🧤		B1	Gefahr	H290, H314
N-Methylharnstoff	❗7	👓		B1	Gefahr	H302
Saccharide: Dextrin, Glucose, Fructose, Lactose, Saccharose, Stärke	*	–		🚰	–	–
Silbernitrat-Lösung	3 5 🌐9	👓 🧤		B2	Gefahr	H272, H290, H314, H410
Thymolphthalein-Lösung	*	–		🚰	–	–
Universalindikator-Lösung	🔥2 ❗7	👓		B3	Gefahr	H225, H319
Untersuchungskoffer zur chemischen Wasseruntersuchung mit Testkits	🔥2 5 ❗7	👓 🧤		🚰	Achtung	H225, H290, H314, H319
Urease	*	👓		🪣	–	–

Trotz sorgfältiger Prüfung ist es möglich, dass bei der Zusammenstellung Fehler aufgetreten sind. Die gegebenen Daten sind daher von jeder Lehrkraft zu prüfen.

GHS-Gefahrenhinweise

H-Sätze

Physikalische Gefahr	
H 221	Entzündbares Gas.
H 225	Flüssigkeit und Dampf leicht entzündbar.
H 272	Kann Brand verstärken; Oxidationsmittel.
H 280	Enthält Gas unter Druck; kann bei Erwärmung explodieren.
H 290	Kann gegenüber Metallen korrosiv sein.

Gesundheitsgefahren	
H 302	Gesundheitsschädlich bei Verschlucken.
H 304	Kann bei Verschlucken und Eindringen in die Atemwege tödlich sein.
H 314	Verursacht schwere Verätzungen der Haut und schwere Augenschäden.
H 315	Verursacht Hautreizungen.
H 319	Verursacht schwere Augenreizung.
H 331	Giftig bei Einatmen.
H 336	Kann Schläfrigkeit und Benommenheit verursachen.
H 361f	Kann vermutlich die Fruchtbarkeit beeinträchtigen.
H 373	Kann die Organe schädigen (alle betroffenen Organe nennen, sofern bekannt) bei längerer oder wiederholter Exposition (Expositionsweg angeben, wenn schlüssig belegt ist, dass diese Gefahr bei keinem anderen Expositionsweg besteht).

Umweltgefahren	
H 400	Sehr giftig für Wasserorganismen.
H 410	Sehr giftig für Wasserorganismen mit langfristiger Wirkung.
H 411	Giftig für Wasserorganismen, mit langfristiger Wirkung.
H 412	Schädlich für Wasserorganismen, mit langfristiger Wirkung.

Bildquelle

|A1PIX - Your Photo Today, Ottobrunn: 186. |alamy images, Abingdon/Oxfordshire: AGAMI Photo Agency 168; Amazon-Images 257; Aurora Photos / Turner, Alasdair 205; BIOSPHOTO/ Gunther, Michel 257; Buiten-Beeld 10; Fried, Robert 58; GFC Collection 235; Harvey, Martin 350; HHelene 11, 231; IanDagnall Computing 348; imageBROKER/Hölzl, Reinhard 180; julienxw 182; Kneschke, Robert 309; Neera, Nisakorn 20; Panther Media GmbH 180; Paul Fearn 347; Richard Levine 42; Robert Harding Picture Library Ltd. 224; Science History Images / Photo Researchers 346; Science Photo Library/LAGUNA DESIGN 11; Tetra Images 324; Vernon-Parry, Christopher 192; ZUMA Press, Inc. 228. |Arco Images GmbH, Lünen: C. Huetter 178. |Avenue Images GmbH, Hamburg: Romilly Lockyer/Cultura 76. |Bildagentur Schapowalow, Hamburg: Robert Harding 177. |Biosphoto, Berlin: 173; Denis Palanque 264. |Blickwinkel, Witten: A. Hartl 186; Fess-Klein 173; K. Wagner 173; R. Koenig 180, 180; W. Layer 173, 177. |Caro Fotoagentur, Berlin: Oberhaeuser 398. |CORTEX Biophysik GmbH, Leipzig: 41. |Deutsches Klimarechenzentrum, Hamburg: Simulationen: Max-Planck-Institut für Meteorologie und Deutsches Klimarechnenzentrum 256, 256, 256, 256. |EcoSphere Europe GmbH, Rheinbach: 171. |Esteller, Manel: (c) 2005 National Academy of Sciences, USA / Abb. 3 von PNAS vol. 102 Nr. 30, 10604-10609 105, 105. |F1online, Frankfurt/M.: sciencephoto 313; VisualsUnlimited 66. |Focus Photo- u. Presseagentur GmbH, Hamburg: eye of science 181. |fotolia.com, New York: Bernd Lang 173; BillionPhotos.com

34; Dietmar Hess 180; Eichinger, Hannes 40; electroshot 190; Gruber, Konstanze 190; jarrycz 184; Kaulitzki, Sebastian 72; Klaußner, Xaver 184; Stefan Thiermayer 173, 173. |Getty Images, München: ColorBlind Images 337; FLPA/Tidman, Roger 266; Gerold & Cynthia Merker 376; Harrington, Mike 74; Howard Kingsnorth 129; Hunt, Steven 282; Jack Goldfarb/Design Pics 376; Jim Cooper 29; moodboard 400; Ralph Lee Hopkins 384; Tim Tadder 14. |Getty Images (RF), München: @prasanth/gulfu photography 108; Atypeek 307; Burini, Joao Paulo 231; Hans L Bonnevier, Johner 104; Jan-Otto 153; Kladke, Hillary 101; Maxime Chénier 191. |Hawks, Professor John - University of Wisconsin-Madison, Madison, WI: 396. |Hill, William Ely: 307. |iStockphoto.com, Calgary: amidala76 265; guvendemir 10; Madzia71 261; mfto 302. |Johannes Lieder GmbH & Co. KG, Ludwigsburg: 350, 350. |juniors@wildlife Bildagentur GmbH, Hamburg: 278, 383; Avalon 222; Biosphoto 112; Eszterhas, S. 387; Minden Pictures 192, 388. |KAGE Mikrofotografie GbR, Lauterstein: 274. |Leenders, Prof. K. L. - University Medical Centre Groningen, GZ Groningen: 292. |Marcus Sommer SOMSO Modelle GmbH, Coburg: © Marcus Sommmer SOMSO Modelle GmbH, 2011, www.somso.de 394, 395, 395. |mauritius images GmbH, Mittenwald: blickwinkel 28; Blossey, Hans 236; Chromorange/Weingartner, Ernst 30; Cultura RF/Rakusen, Monty 237; Kroiss, Harald 187; Lacz, Gerard 376; Lukasseck, Frank 372; Masterfile RM/ Dyball, Ken & Michelle 186; Memento 344; Minden Pictures/Wothe, Konrad 387; nature picture library/Abbott,

John 188; nature picture library/Laman, Russell 342; RODRUN/Knöll 12; Science Source/Biology Pics 11; Sodaware/imageBROKER 333; Sodaware/ Science Source/Schroeder, Monica 307; Vitting, Andreas 10. |NASA Headquarters, Washington, DC: Gene Feldmann 136. |OKAPIA KG - Michael Grzimek & Co., Frankfurt/M.: Amelie Benoist/BSIP 272; Andreas Hartl 112; ANP 194; ARDEA/Hopkin, Steve 132; BAV/LADE-OKAPIA 128; BIOS 188; Christian Huetter/imageBROKER 182; Claude Nuridsany/Marie Pérennou 374; Dr. Hinrich Baesemann 175; FLPA/Trewhella, Steve 141; Fotofeeling 381; Francois Gohier 112; Gaugler, Dr. Gary 188; Gerhart Dagner 170; Holt Studios/Cattlin, Nigel 191; imageBROKER/Cuveland, Justus de 230, 231; imageBROKER/Fischer, Guenter 160; imagebroker/Hans Lang 178; imageBROKER/Schreiter, Ottfried 241; J.C. Révy/ISM 39; Kage Mikrofotografie Titel; LADE-OKAPIA/Rosenfeld, M. 35; M. & C. Denis-Huot/ BIOS 380; NAS/Biophoto Associates 39; NAS/K.R. Porter 46; Nigel Cattlin/ Holt Studios 261; Peter Arnold 286; Photo Researchers/Charlie Ott 384; Photo Researchers/Martin Shields 384; Rolfes, Willi 233. |PantherMedia GmbH (panthermedia.net), München: 59to1 186; aleksander_bolbot 210. |Picture-Alliance GmbH, Frankfurt/M.: Arco Images GmbH/ Mahlke, D. 184; blickwinkel/Derder, S. 210. |plainpicture, Hamburg: photocake.de 181. |Premium Stock Photography GmbH, Düsseldorf: Wermter 196. |Prof. Dr. Thomas Münte - Universitaet Lübeck, Lübeck: 324. |Raichle, Prof. Dr. Marcus E. , Washington University in St. Luis, Department of